普通高等教育"十一五"国家级规划教材

普通高等教育经济管理类专业系列教材

现代质量管理学

主　编　韩福荣

副主编　苏　秦　刘　宇　宋明顺

参　编　温德成　张晓东　徐　哲

朱晓燕　杨跃进

机械工业出版社

本书是编者基于长期的教学和实践经验，在广泛调研的基础上，吸收了管理科学的新理论、新方法、新标准和实践成果编写而成的。全书共11章，主要内容包括：质量管理基本理论、供应商质量控制、顾客满意管理、质量策划与质量改进、统计过程控制、抽样检验、质量经济性分析、可靠性工程基础、质量管理体系、六西格玛管理、卓越质量管理模式等。本书具有结构严谨、系统性强、内容新颖等特点。

本书既可以作为普通高等院校经济管理类专业本科生、研究生的教材，也可以供从事质量管理研究和实践的人员参考和使用。

图书在版编目（CIP）数据

现代质量管理学/韩福荣主编. —5版. —北京：机械工业出版社，2024.3

普通高等教育“十一五”国家级规划教材　普通高等教育经济管理类专业系列教材

ISBN 978-7-111-74637-9

Ⅰ. ①现…　Ⅱ. ①韩…　Ⅲ. ①质量管理学–高等学校–教材　Ⅳ. ①F273.2

中国国家版本馆CIP数据核字（2024）第030515号

机械工业出版社（北京市百万庄大街22号　邮政编码100037）

策划编辑：曹俊玲　　责任编辑：曹俊玲

责任校对：张婉茹　李　杉　　封面设计：张　静

责任印制：郜　敏

三河市宏达印刷有限公司印刷

2024年4月第5版第1次印刷

184mm×260mm・23印张・569千字

标准书号：ISBN 978-7-111-74637-9

定价：69.80元

电话服务　　网络服务

客服电话：010-88361066　　机　工　官　网：www.cmpbook.com

010-88379833　　机　工　官　博：weibo.com/cmp1952

010-68326294　　金　书　网：www.golden-book.com

封底无防伪标均为盗版　　机工教育服务网：www.cmpedu.com

前　言

科技进步和市场需求始终是质量管理发展的两个基本动力。迄今为止，质量管理经历了质量检验、统计质量管理、全面质量管理及全方位质量管理发展阶段。质量的理念也在不断地发展变化，呈现出符合性质量、适用性质量及顾客与相关方满意的质量的演变过程。从质量的载体、对象和内容的全方位变化，可以看到质量管理的职能也发生了从检验（把关）、保证、管理到经营的全方位变化。现代质量管理经历了“点、线、面、体、网”的发展过程。

以“福特制”为代表的规模生产方式是20世纪的伟大创举，它奠定了质量管理的学科基础。在传统的质量管理中，生产者是主导，其研究的主要内容是建立在“质量环”基础上的，顾客满意基本上是建立在实现生产者利益前提下的满意。在以实体经济为基础的“互联网+”背景下，满足顾客个性化需求的“戴尔制”已经成为生产方式的主旋律。与之相适应，在信息化、数据化、智能化的当今市场环境下，为满足顾客与相关方的需求，需要形成基于数字化的新的质量生态系统。党的二十大报告提出，加快建设制造强国、质量强国、航天强国、交通强国、网络强国、数字中国。中共中央、国务院印发的《质量强国建设纲要》提出，加强全面质量管理，促进质量变革创新，着力提升产品、工程、服务质量，着力推动品牌建设，着力增强产业质量竞争力，着力提高经济发展质量效益，着力提高全民质量素养，积极对接国际先进技术、规则、标准，全方位建设质量强国，为全面建设社会主义现代化国家、实现中华民族伟大复兴的中国梦提供质量支撑；鼓励企业制定实施以质取胜生产经营战略，创新质量管理理念、方法、工具，推动全员、全要素、全过程、全数据的新型质量管理体系应用，加快质量管理成熟度跃升。因此，本书在继承传统内容的基础上力图有所创新。

本书正是从这一基本思想出发进行的修改，总体结构如下图所示。

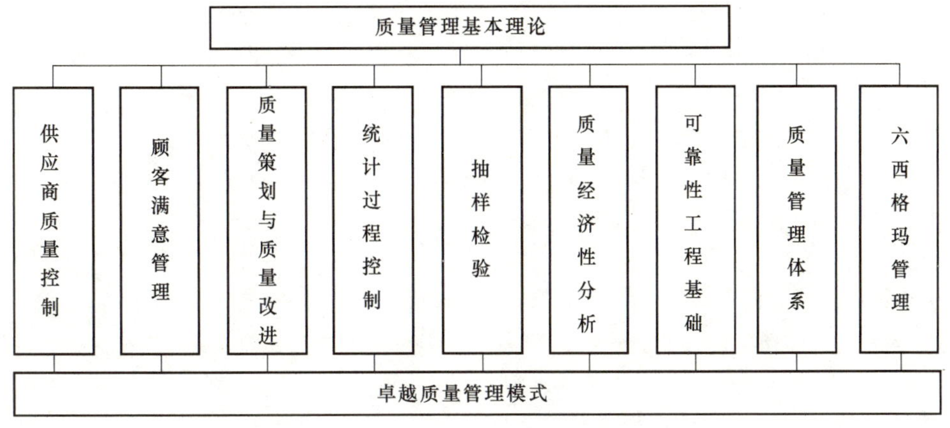

本书自出版以来，受到广大师生的欢迎。此次修订根据质量管理学科发展的新趋势、新特点以及理论与实践的新成果对内容进行了重要补充，使之成为集理论、方法与实践于一体的经济管理类专业教材。

考虑到内容的完整性及知识的延伸，为便于读者学习，某些章附有附录及案例，并设有思考题和作业题。附录部分的内容除第六章外，均以二维码的形式提供，读者扫描标题下方的二维码，即可阅读相关内容。

参加本书编写的有：北京工业大学韩福荣（第一章第一~三节、第十一章），山东大学温德成、西安交通大学苏秦（第二章、第三章），北京科立特管理咨询公司张晓东（第一章第四节、第四章），北京信息科技大学朱晓燕（第五章、第六章），中国计量大学宋明顺（第七章），北京航空航天大学徐哲（第八章），北京信息科技大学刘宇（第九章），北京中航科创质量技术开发中心杨跃进（第十章）。北京工业大学章帆制作了本书的教学电子课件。全书由韩福荣担任主编，苏秦、刘宇、宋明顺担任副主编。

为了方便教学，为教师提供与本书配套的教学电子课件。凡使用本书作为教材的教师，可登录机械工业出版社教育服务网（www. cmpedu. com）注册后免费下载。

编者在本书编写过程中参考了大量相关文献，中国质量协会等单位提供了相关资料，在此一并表示衷心的感谢。

限于编者水平，书中难免有疏漏和不妥之处，恳请广大读者不吝赐教。

韩福荣

目　录

第一章

质量管理基本理论

本章要点

- 质量及质量管理的相关术语；
- 质量管理的发展与创新；
- 质量管理基本理论；
- 数字化质量管理。

第一节　重 要 术 语

本节依据ISO 9000：2015《质量管理体系　基础和术语》，重点介绍质量、质量管理及相关术语的含义。

一、质量及相关术语

（一）质量

“客体的一组固有特性满足要求的程度”。

1. 客体

“可感知或可想象到的任何事物”。

示例：产品、服务、过程、人员、组织、体系、资源。

注：客体可能是物质的（如一台发动机、一张纸、一颗钻石）、非物质的（如转换率、一个项目计划）或想象的（如组织未来的状态）

2. 特性

“可区分的特征”。

注1：特性可以是固有的或赋予的。

注2：特性可以是定性的或定量的。

注3：有各种类别的特性，如：物理的（如机械的、电的、化学的或生物学的特性）、感官的（如嗅觉、触觉、味觉、视觉、听觉）、行为的（如礼貌、诚实、正直）、时间的（如准时性、可靠性、可用性、连续性）、人因工效的（如生理的特性或有关人身安全的特性）、功能的（如飞机的最高速度）。

3. 要求

“明示的、通常隐含的或必须履行的需求或期望”。

注 1："通常隐含"是指组织和相关方的惯例或一般做法，所考虑的需求或期望是不言而喻的。

注 2：规定要求是经明示的要求，如：在成文信息中阐明。

注 3：特定要求可使用限定词表示，如：产品要求、质量管理要求、顾客要求、质量要求。

注 4：要求可由不同的相关方或组织自己提出。

注 5：为实现较高的顾客满意，可能有必要满足那些顾客既没有明示，也不是通常隐含或必须履行的期望。

程度是特性满足的一种度量。质量对于同一品种来说有不同档次，有高低优劣之分，度量必须在同一等级上进行。等级则是指对功能用途相同但质量要求不同的产品所做的分类。所以档次低与质量差并不具有直接联系。

4. 理解要点

质量是客体的一组固有特性，以满足顾客（或其他相关方）明示的、通常隐含或必须履行的需求和期望的程度。

由于顾客及其相关方的需求是动态、广泛的，因此，质量具有广义性、时效性、相对性及经济性。

（1）广义性。质量不仅是指产品质量，还包括服务、过程、人员、组织、体系及资源等的质量。

（2）时效性。顾客及相关方的需求因时间、地点而变化，质量要求也必须不断做调整。

（3）相对性。由于顾客及相关方的需求日趋多元化、个性化，即使对同一产品的同一功能也可能提出不同的需求。需求应因"人"而异，只要能满足需求，就应该认为产品质量是好的。对于质量没有绝对的评价标准。

（4）经济性。"物有所值""物美价廉""性价比高"等概念，均反映出质量的经济性。质量和价格是产品在市场中的两个参数。

5. 质量概念的演变

随着科学技术和市场需求的不断发展，质量的概念也在逐渐地拓展、深化和完善。它经历了符合性质量、适用性质量、顾客及相关方满意的质量、战略导向下可持续发展的质量的发展过程。

（1）符合性质量。符合性质量的判断依据是标准，符合标准的产品就是合格品。由于标准水平有高低之分，有时将产品分为优等品、一等品和合格品。除此之外，产品的特性还由性能扩充为时间方面的质量，如可靠性、安全性等。

符合性质量是一种静态的质量观，难以全面地反映顾客的要求，特别是隐含的需求和期望。

我国大型工具书《辞海》对质量的定义是："产品或工作的优劣程度。"这是一种符合性质量观。这种定义说明了三层含义：产品质量、工作质量和评价标准。

（2）适用性质量。适用性是指"产品在使用时能成功地满足顾客要求的程度"。适用性质量最早是由著名质量管理专家朱兰提出的。

适用性质量概念的判断依据是顾客的要求。顾客的要求包括生理的、心理的和伦理的等多方面。因此，适用性的内涵也在不断地拓展和丰富。如日本质量管理专家狩野纪昭教授依照顾客的要求和感受，提出了"基本型""一元型""魅力型"的质量。

（3）顾客及相关方满意的质量。国际标准化组织（ISO）提出的“客体的一组固有特性满足要求的程度”，将质量的概念拓展到客体的质量主体概念，实际上提出了好的质量不仅要符合技术标准的要求（符合性），同时还必须满足顾客的要求（适用性），满足社会（环境、卫生等）、员工等相关方的要求。质量评价的对象也从产品扩展到客体等所有方面。

（4）战略导向下可持续发展的质量。这种质量观是一个广义的质量观，是追求卓越、可持续发展的质量（见第十一章）。

质量概念演变的四个方向，归结如下：

第一个方向是从产品、服务的质量拓展到客体的质量。

第二个方向是生产主导型的质量，是符合性质量（优劣），重视证明，是标准化的概念。

第三个方向是达到顾客及相关方的要求，是消费者主导型的适用性质量，是动态的概念，重视改进、相关方利益的平衡和协调。

第四个方向是在战略导向下，企业在发展中追求卓越的经营型质量，重视可持续发展。

还应指出的是，不少学者从其他视角对质量的概念进行了研究。日本田口玄一博士提出的“质量损失函数”概念和质量工程学理论等，将产品的质量定义为：产品出厂后避免对社会造成损失的特性，可用“质量损失”来对产品质量进行定量描述。质量损失包括直接损失（如空气污染、噪声污染等）和间接损失（如顾客对产品的不满意以及由此导致的市场损失、销售损失等），并以信噪比来衡量设计参数的稳健程度。他还提出了产品开发的三次设计法。产品开发设计（包括生产工艺设计）可以分为三个阶段进行，即系统设计、参数设计、容差设计，这在世界上产生了广泛的影响。日本狩野纪昭教授提出，根据顾客的感受和质量特性的实现程度，将质量特性划分为三种类型：基本质量、一元质量和魅力质量。

随着生产方式从规模生产向规模定制的转变，在个性化需求日益增长的背景下，不少学者提出了主观质量的概念，认为符合性质量观是一种客观的质量观，是绝对质量观，而顾客满意是以消费者为中心的主观的质量观，是相对质量观。

（二）过程

“利用输入实现预期结果的相互关联或相互作用的一组活动”。

注1：过程的“预期结果”是称为输出，还是称为产品或服务，随相关语境而定。

注2：一个过程的输入通常是其他过程的输出，而一个过程的输出又通常是其他过程的输入。

注3：两个或两个以上相互关联和相互作用的连续过程也可作为一个过程。

注4：组织通常对过程进行策划，并使其在受控条件下运行，以增加价值。

注5：不易或不能经济地确认其输出是否合格的过程，通常称之为“特殊过程”。

1. 理解要点

构成过程的环节包括输入、转化与输出。一个过程的输出通常是其他过程的输入，从而构成过程网。

为了实现过程的目标，必须对过程的诸环节进行策划和控制，使其在受控条件下运行。

资源是过程的一种重要输入，是有效控制过程的必备条件。

过程控制中应重点注意以下三个方面：

(1) 组织通常对过程进行策划，识别全过程，特别要关注关键过程。组织的过程包括管理过程、资源提供过程、产品实现过程、测量分析和改进过程等。

(2) 关键过程，即为组织、顾客和其他相关方创造重要价值或做出重要贡献的过程。

(3) 特殊过程，即不易或不能经济地进行验证的过程。

2. 例解

蒸汽生产过程如图 1-1 所示，其过程评析模式如图 1-2 所示。

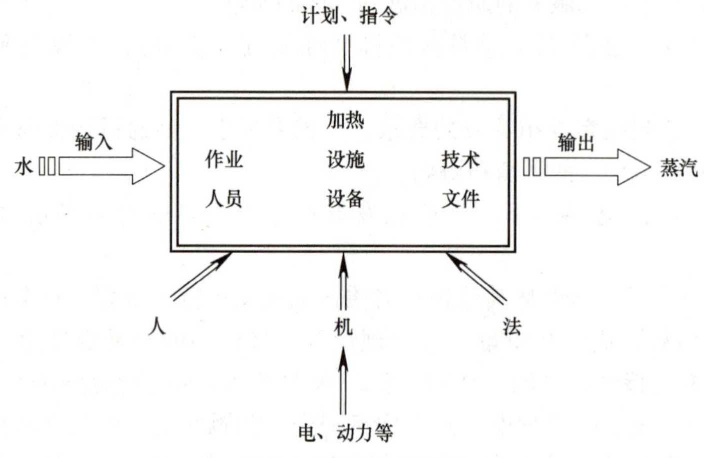

图 1-1　蒸汽生产过程

图 1-1 是对过程概念的一种直观解析；图 1-2 说明了基于过程模式的 ISO 9001 标准、ISO 14001 标准、ISO 9004 标准及 OHSAS 18000 标准所关注的重点。

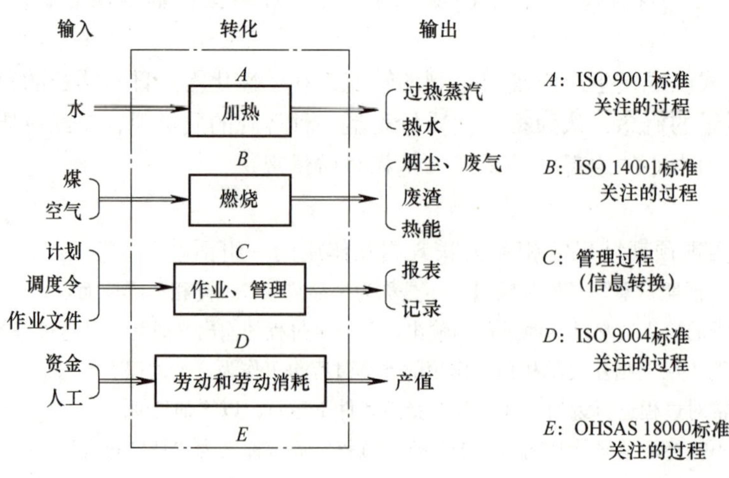

图 1-2　过程评析模式

(三) 程序

“为进行某项活动或过程所规定的途径”。

注：程序可以形成文件，也可以不形成文件。

理解要点：

（1）通过程序所展示的途径实施对过程的控制。形成文件的程序通常包括某项活动的目的和范围，明确做什么（What）、谁来做（Who）、何时做（When）、何地做（Where）、为什么做（Why）和如何做（How）（简称5W1H），以及所需的资源和如何进行控制与记录等。

（2）程序是一种路径。依据路径依存原理，一旦进入，程序是很难超越的。由一种程序可以造出另一种程序，程序有着客观、顽强的执行规律，具有动态因果性。程序为结果的实现提供路径，同时又为追溯失误和总结成功经验提供依据。

（3）程序的规范性功能，使所控制的过程处于受控状态。但程序维护既定的途径有时是和与时俱进的创新相背离的。因此，只有既遵守程序又不断改进程序，才能对过程实施有效的控制。

（四）产品

“在组织和顾客之间未发生任何交易的情况下，组织能够产生的输出”。

注1：在供方和顾客之间未发生任何必要交易的情况下，可以实现产品的生产。但是，当产品交付给顾客时，通常包含服务因素。

注2：通常，产品的主要要素是有形的。

注3：硬件是有形的，其量具有计数的特性（如轮胎）。流程性材料是有形的，其量具有连续的特性（如燃料和软饮料）。硬件和流程性材料经常被称为货物。软件由信息组成，无论采用何种介质传递（如计算机程序、移动电话应用程序、操作手册、字典、音乐作品版权、驾驶执照）。

理解要点：

从上述定义可知，就活动、过程的结果而言，产品是指产品的内涵，而无形和有形则揭示了其外延。过程的一般性决定其结果，即产品的通用性。产品的四种类型（硬件、软件、流程材料及服务）涵盖了所有行业，为ISO 9000族标准应用的普遍性奠定了基础。产品在涉及产品法律责任时，还有其特定的含义。如在我国《产品质量法》中，“产品是指经过加工、制作，用于销售的产品”。实际上，上述定义限定在硬件、流程性材料范畴，不包括软件和服务。美国《统一产品责任示范法》限定产品为“具有价值的，为进入市场而生产的能够作为组装或作为部件、零件交付的物品”。其范围更广泛，但也未包括服务。日本法律规定的产品范围则是指一切产品，包括制成品和天然产品。

过程、程序及产品的关系如图1-3所示。

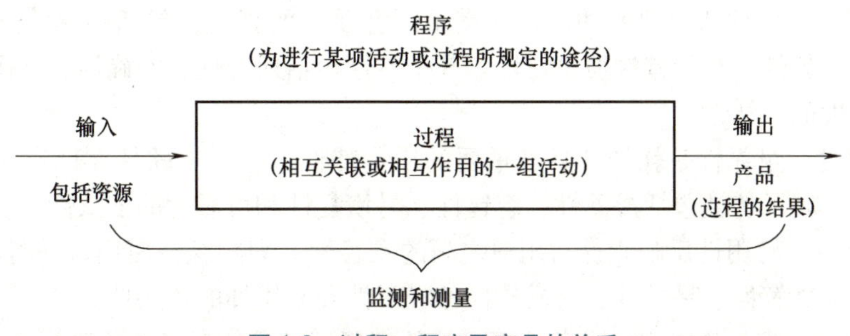

图1-3　过程、程序及产品的关系

（五）质量特性

“与要求有关的、客体的固有特性”。

注 1：固有意味着本身就存在的，尤其是那种永久的特性。

注 2：赋予客体的特性（如客体的价格）不是它们的质量特性。

就产品而言，质量特性将顾客的要求转化为可以定量或定性的指标，为产品的实现过程提供依据。产品的质量特性有各种类型，包括性能的、感官的、行为的、时间的、人体工效的以及功能的等。

不同类别的产品，质量特性的具体表现形式也不尽相同。

1. 硬件产品的质量特性

一般而言，硬件产品是指加工、装配类的生产过程的结果。其质量特性通常包括：

（1）性能。性能是指产品的内在特性，如物理、化学结构等。

（2）寿命。寿命是指产品在规定的使用条件下可使用的总时间。产品的寿命一般可分为如下三种：

1）自然寿命。自然寿命是指产品在规定的使用条件下完成规定功能的总时间。

2）技术寿命。因技术进步，不断出现技术上更先进的产品，而使技术落后的产品被淘汰。产品从开始使用到被淘汰为止所经历的时间，称为技术寿命。

3）经济寿命。经济寿命是指产品自然寿命后期，由于性能退化，故障频发，使用费用日益增加，只能依靠大量的维修费用来延长的自然寿命。

（3）可信性。可信性是用于表述可用性及其影响因素（可靠性、维修性和保障性）的集合术语，是对产品的非量化描述。可靠性是指产品在规定的条件下和规定的时间内，完成规定功能的能力。维修性是指产品在规定的条件、时间、程序和方法下进行维修，保持或恢复到规定状态的能力。保障性是指按规定的要求和时间，提供维修所必需的资源的能力。显然，具备上述“三性”的产品，必然是一个可用而且好用的产品。

（4）安全性。安全性是指产品在使用时保障人身和环境安全的能力。

（5）经济性。经济性是指产品在整个寿命周期内的费用，是制造费用和使用费用的总和。

2. 软件产品的质量特性

软件作为信息产品，是一种逻辑的而不是物理的系统。因此对软件质量进行定量度量比较困难。ISO/IEC 9126 定义了如下六个方面的质量特性并推荐了 27 个子特性，为软件质量的评价和度量奠定了基础。

（1）功能性。软件所实现的功能，即满足顾客要求的程度，包括顾客陈述的或隐含的需求程度。这是软件产品的首选质量特性。其子特性包括适合性、准确性、互操作性、保密安全性和功能性的依从性。

（2）可靠性。可靠性是软件产品最重要的质量特性。它反映软件在稳定状态下维持正常工作的能力。其子特性包括成熟性、容错性、易恢复性和可靠性的依从性。

（3）易用性。易用性反映软件与用户之间的友善性，即顾客在使用软件时的方便程度。其子特性包括易理解性、易学性、易操作性、吸引性和易用性的依从性。

（4）效率。效率是指在规定的条件下，软件实现某种功能时耗费物理资源的有效程度。其子特性包括时间特性、资源利用性和效率的依从性。

（5）可维护性。可维护性是指软件在环境改变或发生错误时，进行修改的难易程度。易于维护的软件是一个易理解、易测试和易修改的产品，因此，可维护性是软件的又一个重要特性。其子特性包括易分析性、易修改性、稳定性、易测试性和维护性的依从性。

（6）可移植性。可移植性是指软件能够移植到不同运行环境的方便程度。其子特性包括适应性、易安装性、共存性、易替换性和可移植性的依存性。

上述软件的各种质量特性之间的关系如表 1-1 所示。

表 1-1　软件质量特性之间的关系

质量特性	功能性	可靠性	易用性	效率	可维护性	可移植性
功能性		▲			▲	
可靠性				▼		▲
易用性				▼	▲	▲
效率		▼			▼	▼
可维护性		▲		▼		▼
可移植性		▼		▼		

注：▲表示互利影响，▼表示不利影响。

3. 流程性材料的质量特性

流程性材料是指经过各种转化制成的（最终或中间）产品，有固体、液体、气体或其组合。其中包括粒状、块状、线状或板状材料。流程性材料通常以散装形式，如管道、桶、袋、箱、罐或卷的形式交付。

流程性材料是一类产品的集合性概念，是流程生产过程的结果。产品的主要质量特性包括：

（1）物理性能，如密度、黏度、粒度和电传导性能等。

（2）化学性能，如耐腐蚀性、抗氧化性和稳定性等。

（3）力学性能，如强度、硬度和韧性等。

（4）外观，如几何形状、色泽等。

4. 服务的质量特性

服务是提供服务的组织或个人在和顾客的接触活动中，至少完成一项活动的结果，是指通过销售或附属于商品在销售过程中所提供的活动、利益或满足。顾客对服务的需求既多样化，又个性化，因此，服务具有以下几种质量特性：

（1）无形性。无形性是指服务的抽象性和不可触知性，即服务作为无形的活动，不像实体产品那样展示在顾客的面前，看不见，摸不着，不易在头脑中成形，因而顾客往往凭自己消费后所获得的满意程度做出对服务质量的评价，主观随意性较大。

（2）非储存性。服务是“一个行动，一次表演，一项努力”。它只存在于被产出的那个时点，“生产”一结束，服务作为产品也就不存在了，即一旦在限定的时间内丧失服务的机会，便一去不复返。

(3) 同步性。服务的生产和消费过程在时间与空间上并存，具有不可分割性。在服务时，顾客是参与其中的，必须在服务的过程中消费服务。因此，服务质量是顾客对服务过程和服务结果的总评价。

(4) 异质性。异质性是指服务的可变性或波动性。即使是同一种类型的服务，也会因服务人员、顾客及环境的不同而不同，服务难以始终如一地保持稳定、标准化。

(六) 质量环

质量环是指从识别需要到评定这些需要是否得到满足的各个阶段中，影响质量的相互作用活动的概念模式。

质量环反映的是一种连续不断、周而复始的过程。不同产品的质量环的具体形态会有所不同，但它们都共同揭示出产品“从摇篮走向坟墓”所经历的客观过程，是生产规律的客观反映。

1. 朱兰质量螺旋

美国著名质量管理专家朱兰（J. M. Juran）博士认为：“对质量形成的诸过程进行管理就是质量管理。”因此，质量环是质量管理活动的载体。产品质量形成的过程如图 1-4 所示，称为朱兰质量螺旋。

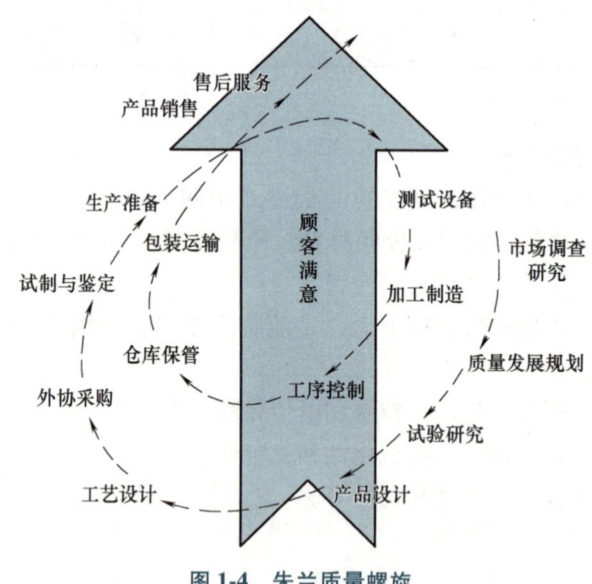

图 1-4　朱兰质量螺旋

通过图 1-4 可以看出：①质量形成的过程共包括市场研究（调查）、设计、开发、计划、采购、生产、控制、检验、销售和服务等环节。②上述过程是一个不断循环螺旋式提高的过程，每循环一次，顾客所需的产品质量也随之上升到一个新的高度，产品质量在循环中不断提高。

下面所述不同类型产品的质量环，都是在朱兰质量螺旋的基础上提出的。

2. 硬件产品的质量环

硬件产品的质量环如图 1-5 所示。

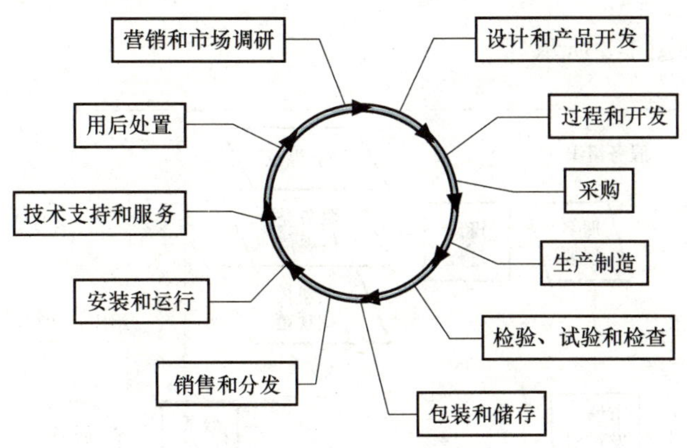

图 1-5　硬件产品的质量环

3. 软件产品的质量环

软件产品的质量环如图 1-6 所示。

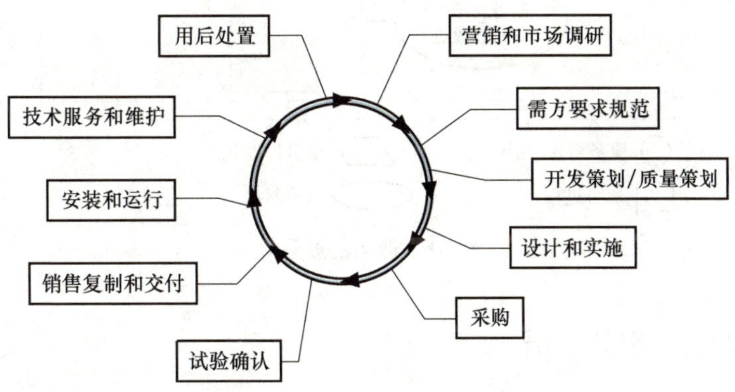

图 1-6　软件产品的质量环

4. 流程性材料的质量环

流程性材料的质量环如图 1-7 所示。

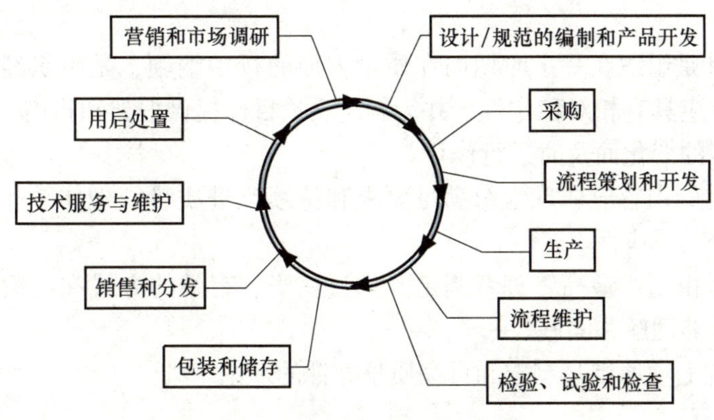

图 1-7　流程性材料的质量环

5. 服务的质量环

服务的质量环如图 1-8 所示。

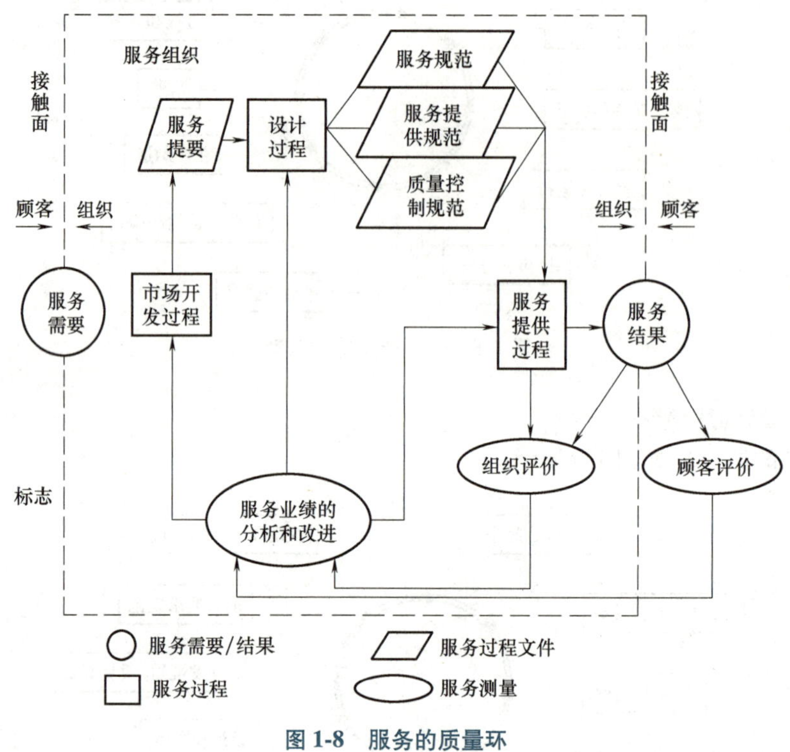

图 1-8 服务的质量环

二、质量管理及相关术语

（一）质量方针

“关于质量的方针”。

注 1：通常，质量方针与组织的总方针相一致，可以与组织的愿景和使命相一致，并为制定质量目标提供框架。

注 2：ISO 9000 标准中提出的质量管理原则可以作为制定质量方针的基础。

理解要点：

（1）质量方针是组织在一定时期内在质量方面的行动纲领，是组织经营方针的重要组成部分。质量方针应具有相对稳定性，并为制定质量目标提供框架和指南，同时也必须为适应组织内外部环境的变化而及时进行修订。

（2）质量方针的内容应体现组织满足要求和持续改进质量管理体系有效性的承诺，并在贯彻中不断评审其适应性。

（3）质量方针由组织最高管理者制定并通过适当、有效的方式在组织内各层次进行沟通，使全体员工能够理解并实施。

（4）质量管理七项原则是制定和贯彻质量方针的理论基础。

（二）质量目标

“关于质量的目标”。

注 1：质量目标通常依据组织的质量方针制定。

注 2：通常，在组织的相关职能、层级和过程分别制定质量目标。

1. 目标

“要实现的结果”。

注 1：目标可以是战略的、战术的或操作层面的。

注 2：目标可以涉及不同的领域（如财务的、职业健康与安全的和环境的目标），并可应用于不同的层次（如战略的、组织整体的、项目的、产品和过程的）。

注 3：可以采用其他的方式表述目标，例如：采用预期的结果、活动的目的或运行准则作为质量目标，或使用其他有类似含义的词（如目的、终点或标的）。

注 4：在质量管理体系环境中，组织制定的质量目标与质量方针保持一致，以实现特定的结果。

2. 理解要点

（1）质量目标是动员和组织员工实现组织质量方针的具体体现，是企业经营目标的重要组成部分。

（2）质量目标应是可测量的，并与质量方针保持一致，以利于评价和改进。质量目标要切实可行，并富有挑战性。

（3）质量目标可分为单目标、多目标、定性和定量、时点和时期等类型，无论哪类目标，都应包括满足产品要求所需的内容。

（4）质量目标应在组织内不同的层次进行分解和展开，总的质量目标是各层次质量目标制定的依据，各层次质量目标是实现总的质量目标的保证。

（5）质量目标的制定、实施和评价应随着组织内外环境的变化而不断地进行。应依据质量目标实现的程度评价组织质量管理体系的有效性。

表 1-2 为兴海饭店质量方针与质量目标的相互关系。

表 1-2　兴海饭店质量方针与质量目标的相互关系

质量方针	质量目标
关注顾客的需求	顾客满意率≥90%
确保四星标准	服务质量达标率≥90% 清洁卫生达标率≥90% 设施完好率≥95%
营造温馨家园	服务承诺兑现率≥95%
坚持持续改进，实现不断创新	质量管理系统有效运行，年内实现 ISO 14000 质量体系认证

（三）质量管理

“关于质量的管理”。

注：质量管理可包括制定质量方针和质量目标，以及通过质量策划、质量保证、质量控制和质量改进实现这些质量目标的过程。

理解要点：

（1）制定质量方针和质量目标，为实现质量目标实施质量策划、质量控制、质量保证和质量改进等全部活动，即为质量管理。

（2）质量管理职能是通过建立、实施、保持和持续改进质量管理体系来实现的。

（3）除质量管理外，组织的其他经营过程还包括生产、财务、营销和物质等管理过程。

这些管理过程本身都存在质量活动，其工作质量目标也都包括向顾客提供满意的产品。因此，质量管理是构成各项管理的重要内容，也只有与各项管理融为一体，才能实现其自身目标。

（4）质量管理经过一个世纪的历程（详见第二节），才发展到现在的全面质量管理阶段。

（四）质量管理体系

“管理体系中关于质量的部分”。

1. 管理体系

“组织建立方针和目标以及实现这些目标的过程的相互关联或相互作用的一组要素”。

注 1：一个管理体系可以针对单一的领域或几个领域，如质量管理、财务管理或环境管理。

注 2：管理体系要素规定了组织的结构、岗位和职责、策划、运行、方针、惯例、规则、理念、目标，以及实现这些目标的过程。

注 3：管理体系的范围可能包括整个组织，组织中可被明确识别的职能或可被明确识别的部门，以及跨组织的单一职能或多个职能。

2. 理解要点

（1）质量管理体系是组织内部建立的为实现质量目标，基于过程方法构成的质量管理模式。

（2）构成体系的基本过程一般包括管理职责、资源提供、产品实现以及测量、分析与改进等相关的活动。

（3）质量管理体系涵盖了从确定顾客需求、设计研发、生产、检验、销售、交付之前全过程的策划、实施、监控、纠正与改进活动的要求。

（4）针对质量管理体系的要求，国际标准化组织的质量管理和质量保证技术委员会（TC 176/SC）制定了 ISO 9000 系列标准，不同的行业又制定了相应的技术规范，如 IATF 16949《汽车生产件及维修零部件组织应用 ISO 9001：2015 的特别要求》、ISO 13485《医疗器械质量管理体系用于法规的要求》等。

（五）质量策划

“质量管理的一部分，致力于制定质量目标并规定必要的运行过程和相关资源以实现质量目标”。

注：编制质量计划可以是质量策划的一部分。

1. 质量计划

“对特定的客体，规定由谁及何时应用程序和相关资源的规范”。

注 1：这些程序通常包括所涉及的那些质量管理过程以及产品和服务实现过程。

注 2：通常，质量计划引用质量手册的部分内容或程序文件。

注 3：质量计划通常是质量策划的结果之一。

2. 理解要点

（1）质量策划是制定质量目标并规定为实现目标所需要的过程以及相关资源的一项系统性活动。

（2）质量策划是质量管理的一部分，质量管理是通过运作质量管理体系而实现的，因此质量管理体系的策划是关键，它包括过程、产品实现、资源提供和测量分析、改进等诸多环节的策划。

（3）质量策划与质量计划是有区别的。质量策划强调一系列的活动谋划；质量计划是质量策划的结果，是其书面表现的形式之一。

（六）质量控制

“质量管理的一部分，致力于满足质量要求”。

理解要点：

（1）质量控制的目标是确保产品、体系、过程的固有特性达到规定的要求。

（2）质量控制通过相关“作业技术和活动”，即在产品质量形成的各个环节中对其影响因素“5M1E”（人、机器、材料、方法、测量、环境）进行控制，达到其规定的要求。

（3）质量控制是质量管理的一部分，围绕着规定的质量标准（目标），使质量形成过程保持受控状态，即持续、稳定地生产合格品，发现产生不合格品的原因并进行纠正，预防产生不合格品。质量控制的方式有统计过程控制、技术控制和自适应控制等。

（4）质量要求不断变化，因此质量控制的内容和方法也具有动态性，应不断地完善和改进。

（七）质量保证

“质量管理的一部分，致力于提供质量要求会得到满足的信任”。

理解要点：

（1）“保证”一词非常类似保险，两者都试图取得某种保护。质量保证不能混同于“保证质量”。保证质量属于质量控制的范围；质量保证虽然包括对顾客要求的产品质量的保证，但这仅是质量保证的基础，其核心是提供足够的信任。

（2）质量保证可分为内部质量保证和外部质量保证。内部质量保证是对组织的管理者提供信任，使其确信组织的质量管理体系有效运行；外部质量保证主要是向顾客提供信任，展示组织具备持续满足其要求的能力。

质量保证证实的方法可包括组织的自我合格声明、提供体系或产品的合格证据、外部的审核合格结论、国家质量认证机构提供的认证证书等。

（八）质量改进

“质量管理的一部分，致力于增强满足质量要求的能力”。

注：质量要求可以是有关任何方面的，如有效性、效率或可追溯性。

理解要点：

质量改进的目的在于增强组织满足要求的能力，是在现有基础上的提高，包括有效性和效率等。由于质量要求涉及体系的有效性、过程或者体系运作的效率或原因、产品的可追溯性等各个方面，因此，质量改进的对象、途径和方法也不尽相同。一般而言，质量改进应进行必要的策划，确定拟改进的项目，制订实施的计划，采取相应的措施，评价改进的效果等。

第二节　质量管理发展史

质量管理的历史源远流长，发展到今天，按时间大致可以划分为三个时期：20 世纪以前的质量检验思想、20 世纪的质量管理和 21 世纪的质量管理。

一、20 世纪以前的质量检验思想

人类历史上自从有商品生产以来，就开始了以商品的成品检验为主的质量检验。这个时期是指从开始出现质量检验一直到 19 世纪末资本主义的工厂逐步取代分散经营的家庭手工业作坊为止的时期。在这个时期，受小生产经营方式或手工业作坊式生产经营方式的影响，产品质量主要依靠工人的实际操作经验，靠手摸、眼看等感官估计和简单的度量衡器测量而定。工人既是操作者又是质量检验者，且经验就是“标准”。质量标准的实施是靠“师傅带徒弟”的方式言传身教进行的，因此，有人又称之为“操作者的质量管理”。

根据历史文献记载，我国早在 2400 多年以前就有了青铜制刀枪武器的质量检验制度。周礼《考工记》开始就写道：“审曲面势，以饬五材，以辨民器，谓之百工。”其中，“审曲面势”就是对当时的手工业产品做类型与规格的设计；“以饬五材”是指确定所用的原材料；“以辨民器”就是对生产出的产品进行质量检查，合格者才能使用。先秦时期的《礼记·月令》篇，有“物勒工名，以考其诚，功有不当，必行其罪，以穷其情”的记载。其内容是在生产的产品上刻上工匠或工场的名字，并在政府中设置了负责质量的官员职位“大工尹”，其目的是考查质量，如果质量不好就要处罚和治罪。当时的手工业产品主要是兵器、车辆、量器、钟和鼓等。由于兵器的质量是决定当时战争胜负的关键，是生死攸关的大事，因此，质量检验就更加详尽和严格。如弓箭就分为“兵矢”“田矢”“旋矢”三类。在选择“弓”的原料时规定，“柏最好，其次是桔、木瓜、桑等，竹为下”；对弓体本身的弹射力，箭的射程、速度，箭上的羽毛及其位置等也有具体规定。这些规定都是根据实践经验总结出来的，目的是要生产出高质量的弓和箭。

北宋时期，为了加强对兵器的质量检验，专设了军器监。当时军器监总管沈括所著的《梦溪笔谈》中就谈到了当时兵器生产的质量管理情况。古书记载，当时兵器生产批量剧增，质量标准也更具体。如对弓的质量标准就有下列六条：①弓体轻巧而强度高；②开弓容易且弹力大；③多次使用，弓力不减弱；④天气变化时，无论冷热，弓力保持一致；⑤射箭时弦声清脆、坚实；⑥开弓时，弓体正，不偏扭。虽然这些质量标准基本上还是实践经验的总结，但质量检验是很严格的，历代封建王朝都对产品规定了成品验收制度以及对质量不合格的处罚措施。官府监造的产品一般都由生产者自检后，再由官方派员验收。秦、汉、唐、宋、明、清等朝代都以法律形式颁布了对产品质量不合格的处罚措施，如笞（杖打 30 次、40 次和 50 次）、没收、罚款，以及对官吏撤职、降职等。这个时期就形成了早期的质量检验的思想、行为和实践。

二、20 世纪的质量管理

资产阶级工业革命成功之后，机器工业生产取代了手工作坊式生产，质量管理也得到了迅速发展。在 20 世纪这一时期，质量管理一般分为以下三个主要阶段：

1. 质量检验阶段

通过严格检验来保证工序间和出厂的产品质量，是这一阶段执行质量职能的主要内容。然而，由谁来执行这一职能则有一个变化的过程。

质量检验所使用的手段是各种各样的检测设备和仪表，方式是严格把关，进行百分之百的检验。1875 年，美国出现了以泰勒为代表的“科学管理运动”。它强调工长在保证质量方面的作用，于是，执行质量管理的责任就由操作者转移给了工长。所以，有人称之为“工长的质量管理”。1940 年以前，随着企业的规模扩大，这一职能又由工长转移到专职的检验人员，大多数企业都设置专职的检验部门并直属厂长领导，负责全厂各生产单位产品的检验工作。所以，有人称之为“检验员的质量管理”。

专职检验的特点是“三权分立”：检验活动与其他职能分离，出现了专职的检验员和独立的检验部门，即有人专职制定标准（立法），有人负责生产制造（执法），有人专职按照标准检验产品质量（司法）。专职检验既是从产成品中挑出废品，以保证出厂产品的质量，又是一道重要的生产工序。通过检验，反馈质量信息，从而避免今后出现同类废品。但这种检验也有其弱点：第一，出现质量问题时容易扯皮、推诿，缺乏系统优化的观念；第二，它属于“事后检验”，无法在生产过程中完全起到预防、控制的作用，一经发现废品，就是“既成事实”，一般很难补救；第三，它要求对成品进行百分之百的检验，这样做有时在经济上并不合理，有时从技术上考虑也不可行（例如破坏性检验），在生产规模扩大和大批量生产的情况下，这个弱点尤为突出。后来，又改为百分比抽样方法，以减少检验费用，但这种抽样方法片面地认为样本和总体是成比例的。因此，抽取的样本数总是和检查批量数保持一个规定的比值，如百分之几或千分之几。但这实际上存在着“大批严、小批宽，同质不同法”的弊端，以至于产品批量增大后，抽样检验越来越严格，使相同质量的产品因批量大小不同而得到不同的处理。

2. 统计质量控制阶段

由于以“事后检验把关”为主的质量管理不断暴露其弊端，一些著名的统计学家和质量管理专家开始研究运用数理统计学的原理来解决这些问题。美国贝尔电话实验室的工程师休哈特提出了统计过程控制（SPC）理论——应用统计技术对生产过程进行监控，以减少对检验的依赖。这种方法解决了质量检验事后把关的不足。1924 年 5 月 16 日，休哈特设计出了世界上第一张控制图。1930 年，贝尔电话实验室的另外两名成员道奇和罗米格又提出了统计抽样方法，并设计了实际使用的“抽样检验表”，解决了全数检验和破坏性检验在应用中的困难。20 世纪 40 年代，美国贝尔电话公司应用统计质量控制技术取得成效；美国军方在军需物资供应商中推进统计质量控制技术；美国军方制定了战时标准 Z1. 1、Z1. 2、Z1. 3——最初的质量管理标准，三个标准均以休哈特、道奇和罗米格的理论为基础。

20 世纪 50 年代，美国著名的质量管理专家戴明提出质量改进的观点——在休哈特之后系统和科学地提出用统计学的方法进行持续改进，指出大多数质量问题是生产和经营系统的问题，强调最高管理层对质量管理的责任。此后，戴明不断完善他的理论，最终形成了对质量管理产生重大影响的“戴明十四法”。自此提高可靠性的专门方法——可靠性工程开始形成。1958 年，美国军方制定了 MIL-Q-9858A（《质量大纲要求》）等系列军用质量管理标准——在 MIL-Q-9858A 中提出了“质量保证”的概念，并在西方工业社会产生了广泛的影响。

由于采取质量控制的统计方法在实际中取得了显著效果，第二次世界大战后，日本、英国等很多国家开始积极开展统计质量控制活动，并取得成效。利用数理统计原理，将事后检验变为事前控制，质量管理的职能由专职检验人员转移到由专业的质量控制工程师来承担。这标志着事后检验的观念改变为预测质量事故的发生并事先加以预防的观念的形成。但在这个阶段，由于过分强调质量控制的统计方法，忽视了其组织的管理工作，使得人们误认为“质量管理就是统计方法”，并且由于数理统计方法理论比较深奥，因而人们对质量管理产

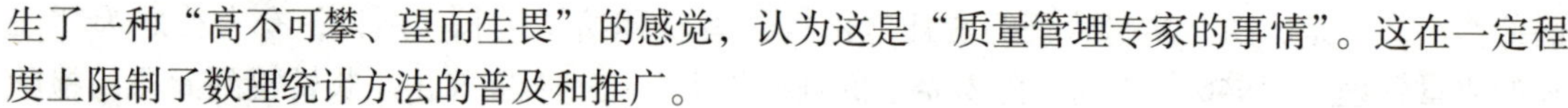

生了一种“高不可攀、望而生畏”的感觉，认为这是“质量管理专家的事情”。这在一定程度上限制了数理统计方法的普及和推广。

3. 全面质量管理阶段

20 世纪 60 年代，科学技术日新月异，社会生产力迅速发展，市场竞争日益激烈，质量管理出现了很多新情况：①人们对产品质量的要求更高。过去，对产品的要求一般注重产品的使用性能，现在又增加了耐用性、美观性、安全性、可信性和经济性等。②在生产技术和质量管理活动中广泛使用系统分析的方法。它要求用系统的观点分析、研究质量问题，把质量管理看作处于较大系统（例如企业管理，甚至整个社会系统）中的一个子系统。③管理科学理论又有了一些新发展。其中突出的一点就是重视人的因素，“员工参与管理”，强调要依靠广大员工搞好质量管理。④“保护消费者权益”运动的兴起。20 世纪 60 年代初，许多国家的广大消费者为保护自己的利益，纷纷组织起来同伪劣产品的生产销售企业进行抗争。美国著名的质量管理专家朱兰认为，保护消费者权益的运动是质量管理学在理论和实践方面的重大发展动力。⑤随着市场竞争，尤其是国际市场竞争的加剧，各国企业越来越重视产品责任（PL）和质量保证（QA）问题，仅仅依赖质量检验和运用统计方法是很难保证并提高产品质量的。同时，把质量职能完全交给专门的质量控制工程师和技术人员，并且主要限于产品的制造过程，显然难以适应新形势的需要。因此，许多企业开始了全面质量管理的实践。

美国通用电气公司质量经理费根堡姆于 1961 年在其著作《全面质量管理》一书中，首次提出全面质量管理的概念，并指出：为了生产具有合理成本和较高质量的产品，以适应市场的要求，只注意个别部门的活动是不够的，需要对覆盖所有职能部门的质量活动进行策划。该书强调执行质量职能是企业全体人员的责任，应该使企业全体人员都具有质量意识并承担质量责任。他指出：“全面质量管理是为了能够在最经济的水平上，在充分满足用户要求的条件下进行市场研究、设计、生产和服务，把企业各部门的研制质量、维持质量和提高质量的活动构成为一体的有效体系。”

朱兰提出，质量策划、质量控制和质量改进是实施质量管理的三个主要环节，称之为“朱兰三部曲”（详见第四章）。他主编的《质量控制手册》于 1951 年首次出版，最终版是 1993 年出版的第 5 版，直到现在仍是质量管理领域的权威著作。

20 世纪 60 年代以后，费根堡姆的全面质量管理概念逐步被世界各国所接受。各国在运用时各有侧重，在日本被称为全公司的质量控制（CWQC），在加拿大被总结制定为四级质量大纲标准（CSAZ 299），在英国被总结制定为三级质量保证体系标准（BS 5750），等等。1987 年，国际标准化组织（ISO）在总结各国全面质量管理经验的基础上，制定了 ISO 9000《质量管理和质量保证》等系列标准。在此基础上不断地改进，国际标准化组织相继提出了 ISO 9000 族 1994 版、2000 版、2008 版和 2015 版标准。

日本在推行全面质量管理的过程中，广泛地开展群众性的质量管理活动，提出了“质量管理小组”“质量改进的七种工具”等，在实际工作中收到良好成效。

综上所述，20 世纪质量管理发展的三个阶段质的区别是：质量检验阶段主要依靠事后把关，是一种防守型的质量管理；统计质量控制阶段主要在生产过程中实施控制，通过控制原因而实现预期的目标，是一种预防型的质量管理；而全面质量管理则保留了这两者的长处，以满足顾客的要求为目标，对产品生命周期的整个过程（质量环）实施管理，是一种

“全面的、全过程的、全员参加的”质量管理。质量管理发展中的重要事件可参阅本章附录B。

三、21世纪的质量管理

经济学与管理学的渊源和发展是密切相关的。经济学与管理学有同一位祖师：亚当·斯密（1723—1790），并源于同一部经典著作——1776年出版的《国富论》。过了100多年，经济学家阿尔弗里德·马歇尔（1842—1924）于1890年出版了《经济学原理》，奠定了现代经济学（微观）的基础。宏观经济学的创造人约翰·梅纳德·凯恩斯于1936年出版了《就业利息和货币通论》。管理学家费雷德里克·泰勒（1856—1915）于1911年出版了《科学管理原理》，开创了管理科学。亚当·斯密和泰勒两位学者被称为这两门科学的奠基人。

经济学的基本内容，有的学者将其归纳为九个内容：三个假定（经济人、资源稀缺和保护私有财产）、三个原理（利益最大化、供求原理和等价交换原理）和三种方法（成本收益分析法、均衡分析方法和帕累托标准）。

经济学关注市场，关联政治，研究越来越数量化，所以经济学要“落地”。

管理学的基本内容，可简述为三个方面：从思想上来说是哲学的（文化），从理论上来说是科学的（方法），从操作上来说是艺术的（实践）。

管理学关注现场，注重实践和方法，关注成果，关联科学技术，但缺乏坚实的理论基础，所以管理学要“升天”。

质量管理是管理学的重要组成部分，质量管理的发展与创新自然也孕育在管理学总的发展脉络中。

回顾质量管理的发展历史，可以清楚地看到，质量的概念在不断地拓宽和深化，人们在解决质量问题中所运用的理论方法和手段，也在不断地完善和发展。而这一过程又是同科学技术的进步和生产力水平的不断提高密切相关的。同样可以预料，随着新技术革命的兴起、知识经济的到来以及由此而提出的挑战，人们对质量的认识，以及解决质量问题的方法和手段必然会更为完善、丰富。知识创新与管理创新必将促进质量水平的迅速提高。日本学者倔弘一在《21世纪的企业系统》一书中，分别以“经济增长率”与“经营环境”为坐标，提出了企业经营环境矩阵，如图1-9所示。

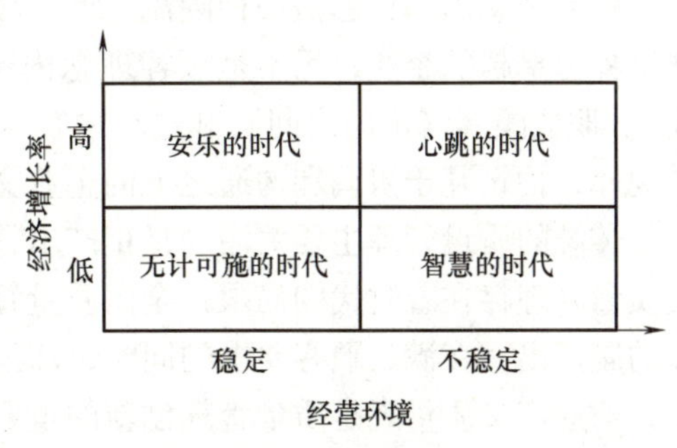

图1-9　企业经营环境矩阵

20世纪工业化社会的生产方式最主要的特征就是大量生产以及与其相关联的比较稳定的市场环境。显然，在相对稳定的市场环境下，企业只要能够保证控制某部分市场，就能够保持长久的竞争力。传统的质量管理，包括全面质量管理都是在这样的环境下实施的。在21世纪信息化时代，信息将“穿透”所有的领域，特别是在信息化、数据化、智能化及网络世界背景下，产品技术寿命缩短，企业及其所依附的市场环境都处在不稳定状态，“当今世界，唯一不变的是‘变’”，这类似于图1-9中“智慧的时代”。美国欧文·拉兹洛在其新作《管理的新思维》中指出，企业面临三个问题：“第一，隐藏在我们所经历的变化过程之中的事物的进化模式和进化趋势究竟是什么？第二，未来将会展现出怎样一种画面？第三，将如何面对未来的变化？”他在对实施全面质量管理的企业进行调研后指出：“全面质量管理关注的是今天，但不能有效地预测明天。”在多变的环境中，管理的重点不只是维持，更重要的是创新。

1. 质量管理的创新

（1）从战略的层面上关注质量。朱兰博士说：“21 世纪是质量的世纪。”这是一种战略性思维。质量因素的复杂性、质量问题的严重性及质量地位的重要性，在多变的环境中尤为突出。

在稳定的市场环境中，未来往往是过去的线性延续。例如，在质量管理中被人们熟练运用的“戴明环”，即 PDCA 循环，其实质正是基于当前基础的反馈过程。但是，若多变代替稳定，这一原则必须通过对未来的预测加以补充。

当今世界，技术进步与创新如此之快，产品的技术含量如此之高，可供选择的空间如此之大，广告如此之多，消费者很难做出最佳选择。战略决策的前提是科学地预测。传统的市场预测是企业的自我封闭行为，把顾客排除在外。在开放系统的营销体系中，顾客是企业功能的外延，企业不仅要满足顾客今天现实的需求，更重要的是要预测其明天的期望。而明天主要不是由顾客推动，而是企业自我的开创，从市场引导的被动生产向引导市场、引导消费的主动生产转变。

不仅如此，从基于“信息不对称”的“货比三家”的市场法则，到选择优秀的供方参与质量的开发，形成“共生共荣”的命运共同体，进而形成“供方—企业—顾客”的质量创新循环及战略网络，这也是企业质量战略的重要选择。

（2）质量观念的创新。传统的质量管理在产品的定位上主要关注产品的固有特性，停留在满足顾客生理需求的层面上，在体现顾客心理或伦理需求和期望的赋予特性上还有很大距离。顾客的购买欲望，不仅是好（hǎo），更重要的是好（hào，喜好），质量突出表现在产品的魅力上。

现在，企业的质量策划是围绕产品而不是围绕顾客转；是围绕着使自己的产品让顾客满意而不是用顾客满意来塑造自己的产品。企业还缺乏以产品铸就品牌、以品牌树立企业形象的视野。

顾客理念内部化已是一种潮流。谁是顾客？通常认为，顾客是产品和服务的接受者。审视世界上卓越的企业，无不是顾客理念内部化。内部顾客分为三类：职级顾客（上下级之间）、职能顾客（部门之间）和过程顾客（工序之间）。顾客理念内部化，对于回归生产运作规律，构筑基于协调和沟通之上的企业文化有着重要的作用。

传统的质量管理主要关注的是正产出，即预期的产品。应从可持续发展的角度来评判全面质量管理存在着时代的局限：全面质量管理并不全面，它忽视了生产过程中给环境带来破坏的副产出；在满足顾客要求的同时，却没有使相关方的利益得到满足。在低碳经济的背景下，树立广义质量观是质量管理创新的重要方面，特别是以可持续发展质量观指引下的生态质量管理理论与实践更得到关注。

从符合性质量、适用性质量再到相关方满意的质量的广义质量观的确立，是知识经济时代及成熟市场经济的必然选择。此外，还包括从“微观”到“宏观”质量的开拓。

随着新兴服务业的发展，服务质量的内涵与外延不断扩大，服务质量管理的深度与广度急剧拓展。

2. 质量管理的融合与回归

产业革命以来的200多年中，亚当·斯密的分工理论始终主宰着工业社会的组织，技术和生产方式的整体性已被专业化所取代，与此同时，管理也呈现出“专业化”，将与企业产品的生产流程密切相关联的管理职能分成诸如生产管理、质量管理、财务管理、市场营销等。分工在产生了效率的同时，也带来了协调的困难。

最近几十年，科学技术的发展又向人们展示了自然组织更深层次的根本统一，与科学技术的交叉融合相关联，管理也展示出交叉、渗透及融合的新趋势。

当信息时代来临的时候，IT技术的发展使得效率不一定产生于分工，而更有可能产生于整合之中。由顾客主宰的买方市场环境制约着企业的生存和发展，满足顾客的需求和期望，是企业各种职能管理的共同目标。管理是整合资源的动态活动，整合淡化了管理的职能边界，融合是必然的发展趋势。质量管理发展的历史已经展现了这种趋势。在ISO 9000质量管理体系的推行过程中，提出了各种管理体系整合。以美国波多里奇奖、日本戴明奖及欧洲质量管理奖为标志的卓越绩效管理模式的实施，都充分表明了质量管理的这种融合与回归。这些优秀的管理模式所倡导的内容已经远远超出了传统质量管理的范畴。2002年，美国质量协会（ASQ）在关于质量的未来的研究报告中，提出了质量功能的分散和集成，指出：“对于各种组织来说，质量将比以往任何时候变得更重要。但是，带有‘质量’头衔的单独部门和专业人员，他们的地位将继续下降。”“质量知识的载体与工具将实用于更广泛的组织及其更多类型的人员，所以现在要定义谁，以及什么机构从事质量专业已经变得越加困难。现在的质量人员，往往不是在一个质量部门从业，而是分散在组织的多个部门。”“质量专业正在变成管理集成的一部分。”以市场为指导的质量经营将把质量管理从内涵到外延推向一个新的世界。

3. 质量管理的国际化

以信息技术和现代交通为纽带的经济全球化的潮流正在迅速发展。“地球是圆的，世界是平的”，各国经济的依存度日益加强。国际贸易壁垒表现出许多新特点：关税壁垒日趋减弱，而非关税壁垒逐渐显现，特别是技术壁垒尤为突出，其表现形式有技术法规、标准、合格评定程序等。

无论是产品的优势还是市场的优势，其核心都是技术上的优势，最终体现在专利、标准的优势上。“三流企业卖苦力，二流企业卖产品，一流企业卖专利，超一流企业卖标准”，说的就是这个道理。

为了削弱和消除技术法规、标准、合格评定程序等技术性因素所形成的贸易技术壁垒对国际贸易的影响，经过八轮多边贸易谈判，于1994年3月签订了世界贸易组织贸易技术壁垒协定（WTO/TBT）。协定中提出了成员方应遵守的原则，包括“协调原则”“透明度原则”“采用国际标准和国际准则的原则”“等效相互承认原则”等。

生产过程和资本流通的国际化，是企业组织形态国际化的前提。技术法规、标准及合格评定程序等，是质量管理的基础性、实质性内容，企业应采用国际通用的标准和准则。传统的质量管理必然要跨越企业和国家的范围而走向国际。全球出现的ISO 9000热，以及种类繁多、内容广泛的质量认证制度得到市场的普遍认同，从一个侧面展现了质量管理的国际化。

在知识经济背景下，产品同质化日益明显，竞争与合作并存，管理作为共同职能提出了管理模式化的要求。组织的管理模式化与以文化为支撑的组织管理个性化相匹配，丰富的管理实践希望对其进行理论上的升华，以适应新时代的要求。因此，质量管理理论创新是其进一步发展的关键。

在市场经济条件下，自由产生了效率，同时也带来了混乱。随着消费个性化趋势的增强，生产的随意性以及社会利益的冲突也日益显现，法律法规的作用必须予以强化。

4. 质量管理的颠覆性创新

在机械化、信息化、数据化及智能化的四次工业革命的潮流中，现实对传统往往是一种颠覆性的创新，大数据容量大、类型多、存储速度快、应用价值高。与此相适应的大数据的采集、存储、处理、传输、应用的信息技术以及与之相适应的设施系统和运行方式构建出新型的数字经济。它所揭示的规律，是传统的统计规律所不及的。互联网、物联网、线上与线下拓展了企业边界，使传统质量管理职能面临颠覆性创新。在智能化、数字化背景下，质量管理实施的对象与载体都将发生彻底的改变。以产品和服务全寿命周期的质量生态系统将逐步形成和完善，必将开创新的质量管理科学新天地。

综上所述，现代质量管理经历了“点、线、面、体、网”的发展过程。

（1）点：主要是指质量检验阶段。

（2）线：主要是指 SPC——向前端的延伸/发展（SPC，可靠性）过程控制。

（3）面：是指 TQC（CWQC）——向所有职能领域的扩展，三全一多样。

（4）体：是指 TQM——顾客及相关方满意。

（5）网：信息化、数字化、智能化，囊括全员、全要素、全过程、全数据的新型网络体系。

第三节　质量管理基本理论概述

现代质量管理在其产生和发展的历程中，吸收和借鉴了现代科学技术、应用数学及管理科学等知识，其理论日趋完善，实践日益丰富，已形成了比较完整的理论体系，包括质量检验理论、质量控制理论、质量保证理论、质量监督理论、生态质量管理理论和品牌理论等。

一、质量检验理论

（一）质量检验理论的基本概念

质量检验是指对产品的一个或多个质量特性进行观察、测量、试验，并将结果和规定的质量要求进行比较，以确定每项质量特性合格情况的技术性检查活动。

质量检验理论中所涉及的基本概念包括检验、试验、验证、确认、监视、审核及评审。在 ISO 9000：2015《质量管理体系　基础和术语》中给出了明确的定义，现分述如下：

1. 检验

“对符合规定要求的确定”。

注 1：显示合格的检验结果可用于验证的目的。

注 2：检验的结果可表明合格、不合格或合格的程度。

2. 试验

“按照要求对特定的预期用途或应用的确定”。

注：显示合格的试验结果可用于确认的目的。

3. 验证

“通过提供客观证据对规定要求已得到满足的认定”。

注 1：验证所需的客观证据可以是检验结果或其他形式的确定结果，如：变换方法进行计算或文件评审。

注 2：为验证所进行的活动有时被称为鉴定过程。

注 3：“已验证”一词用于表明相应的状态。

4. 确认

“通过提供客观证据对特定的预期用途或应用要求已得到满足的认定”。

注 1：确认所需的客观证据可以是试验结果或其他形式的确定结果，如：变换方法进行计算或文件评审。

注 2：“已确认”一词用于表明相应的状态。

注 3：确认所使用的条件可以是实际的或是模拟的。

5. 监视

“确定体系、过程、产品、服务或活动的状态”。

注 1：确定状态可能需要检查、监督或密切观察。

注 2：通常，监视是在不同的阶段或不同的时间，对客体状态的确定。

6. 审核

“为获得客观证据并对其进行客观的评价，以确定满足审核准则的程度所进行的系统的、独立的并形成文件的过程”。

注 1：审核的基本要素包括由对被审核客体不承担责任的人员，按照程序对客体是否合格所做的确定。

注 2：审核可以是内部（第一方）审核，或外部（第二方或第三方）审核，也可以是多体系审核或联合审核。

注 3：内部审核，有时称为第一方审核，由组织自己或以组织的名义进行，用于管理评审和其他内部目的，可作为组织自我合格声明的基础。内部审核可以由与正在被审核的活动无责任关系的人员进行，以证实独立性。

注 4：通常，外部审核包括第二方和第三方审核。第二方审核由组织的相关方，如顾客或由其他人员以相关方的名义进行。第三方审核由外部独立的审核组织进行，如提供合格认证/注册的组织或政府机构。

7. 评审

“对客体实现所规定目标的适宜性、充分性或有效性的确定”。

示例：管理评审、设计和开发评审、顾客要求评审、纠正措施评审和同行评审。

注：评审也可包括确定效率。

（二）质量检验的功能

质量检验的功能体现在以下四个方面：

（1）鉴别功能。质量检验功能的结果要做出符合性的结论，以判定产品过程及体系是否符合检验准则的要求。检验准则包括产品的技术法规、标准、法律法规乃至顾客的要求等。

（2）把关功能。把关是质量检验最重要的功能，应做到不合格的原材料不投产，不合格的零件不转序，不合格的产品不出厂。

（3）预防功能。预防功能是指在抽样检验和过程控制的首批检验过程中，通过对样本的检验提供的信息，显示批质量或过程质量的状态，起到防止产生不合格品的作用。

（4）报告功能。报告功能是指将质量检验所得到的信息经过整理分析，通过信息反馈系统为相关部门的决策提供依据。

（三）质量检验的过程

质量检验的功能是通过质量检验过程所形成的。质量检验的过程包括定位（Define，简称 D）、测量（Measure，简称 M）、比较（Compare，简称 C）、判断（Determine，简称 D）、处置（Act，简称 A）和改进（Improve，简称 I）六个步骤。

（1）定位（D）。质量检验是多目标、多层次的系统，质量特性也因对象及产品的作用不同而呈现多元化的特点。因此，质量检验的手段及相关资源的配备均与拟检验的目标有关，必须依据质量特性确定质量检验的类型及实施的方法。

（2）测量（M）。测量包括监视、试验和验证，是对产品质量特性进行具体的观察得到的观测结果。

（3）比较（C）。比较是指将所测量的结果与检验的依据进行对照。

（4）判断（D）。判断受检的质量特性是否符合要求，并做出合格与否的结论。

（5）处置（A）。处置是指对合格品予以放行、转序、出厂以及接收等处理，对不合格品进行返修、返工、让步接收或报废处置，并及时反馈质量信息。

（6）改进（I）。改进是指分析检验结果的信息，评价产品实现的过程，提出改进的方向和途径。实际上它已超出了传统的质量检验的范畴，属于质量管理的内容。

质量检验的上述过程构成了一个完整的运行体系，即质量检验体系是质量管理体系的有机组成部分，从而实现检验所具备的鉴别、把关、预防和报告的功能。

（四）质量检验的方法体系

质量检验的方法体系如表 1-3 所示。

表 1-3 质量检验的方法体系

职能分类	技术分类	管理分类
检验 试验 验证 确认 监视 审核 评审	理化检验： 度量衡 光学、热学 机械、电子 化学检验： 常规化学分析、仪器分析 重量分析、光学分析 滴定分析、色谱分析 质谱分析 微生物检验 感官检验： 味觉、嗅觉、听觉、视觉、触觉	自检 互检 专检 抽检 全检 免检 进货检验 过程检验 成品检验

（五）质量检验过程和职能的改进与创新

质量检验的过程和职能既随着产品质量概念的发展而变化，也随着生产技术发展水平的提高而不断完善、改进和创新。

(1) 检验过程的集成化。随着生产过程自动化、智能化的飞速发展，以及检验和测量技术的不断创新，检验过程的集成化程度明显加强。自动生产、自动检验、自动判断及自动反馈可以在很短的时间内一次完成，大大提高了生产效率。

由于受检对象的广泛性，除了对产品进行技术性的检验活动外，还要对过程质量及体系质量等进行管理性的评价和审核。因此，检验、验证、监视、试验、审核及确认等活动的交叉互补，将是一种必然的发展趋势。

(2) 检验准则的国际化。经济的全球化、生产过程的跨国化，必然导致检验准则的国际化。广泛地采用国际标准及所涉及的法律法规，是企业提高国际竞争力的重要方法，因为标准水平决定了产品的技术水平。

(3) 检验手段的现代化。作为检验手段的测量、监视和试验设备是一个国家技术水平的重要标志，也是产品创新和技术创新的物质基础。其发展趋势可归纳为“六高、一长、三化”，即高性能、高准确度、高灵敏度、高稳定度、高可靠度、高环境水平，长寿命，微型化、智能化、网络化。例如，在线自动监测系统是一套以在线自动分析仪器为核心，由现代传感器技术、自动测量技术、自动控制技术、计算机应用技术以及相关的专用分析软件和通信网络所组成的一个综合性的在线自动监测体系。

同时也必须看到，现代化检验设备不仅本身是检验过程的重要资源，而且由其科学选型、正确使用、合理维护等所构成的检测管理过程也必须处于受控状态。管理过程的科学化是其手段现代化的重要补充，两者缺一不可。

(4) 检验功能从重点把关向预防和报告功能转移。其背景是：一方面，组织开展的“合格供方”评价及“质量信得过供方”活动，可以使其在采购过程中实施少检或免检；另一方面，对外协、外包等供方来说，与组织建立“共生共荣”的命运共同体是供应链管理的重要内容，也是其自身发展的客观需要。同时，由于先进制造技术的广泛应用，制造过程正朝着“零缺陷”的方向发展。总体来讲，从趋势上看，检验中的把关功能将逐步弱化，由于产品的技术寿命日益缩短，技术创新对信息提出了更高的要求，信息的传递和反馈加速，自然也强化了报告和预防的功能。

(5) 提高检验人员的综合素质，优化人员结构。检验功能的转变、检验手段的现代化对检验人员提出了更高的要求。检验过程能否科学、准确地实现预期的目标，关键在于检验人员的素质。从某种意义上讲，检验结果的观察和测量取决于检验人员的“感觉”。例如，用精密的千分尺测量一个零件，仪器的端面和零件接触的“密切程度”却要靠“感觉”决定，“感觉”不同，读数也不一样。何况许多高、精、尖的监视、测量和试验设备，其在使用时对检验人员的技术及心理素质提出了比传统质量检验人员更高的要求。

随着质量的内涵不断地拓展和深化，从“符合性”“适用性”到“顾客及相关方满意”，质量评价的主体在逐渐发生变化。传统的检验即“专检、互检及自检”（三检）体制与供方、顾客及相关方评价体制相结合，已成为一种趋势，以适应供应链的复合性检验体制以及检验人员结构多元化的要求。

二、质量控制理论

（一）质量控制理论概述

控制是管理的基本职能，质量管理也包括质量控制过程。一般而言，控制过程必须具备三个条件：①明确的控制目标或标准；②监测过程的实际状态与控制目标或标准之间的偏差；③纠正偏差的手段或措施。所以，广义上的质量控制就是组织确立系统过程的质量目标、监测系统质量过程的状况以及纠正质量过程偏离质量目标的质量管理活动。

1. 质量控制的原理

一般地，组织往往是多任务、多目标系统，因此对组织系统中的质量过程的控制必然要求对相关的系统内部过程网络加以控制，以协调组织系统各部分的功能，最终达到组织的质量目标。组织的质量控制也是基于三个基本原理：①质量控制就是控制和协调系统质量过程以及系统的输入和输出；②确定系统质量过程输出的控制标准；③纠正系统质量过程实际输出与控制标准之间的偏差。

2. 质量控制的类型

质量控制的类型如表 1-4 所示。

表 1-4 质量控制的类型

控制类型	特点
目标控制和过程控制	为了确保组织的目标以及为此制订的计划能够得以实现，预先确定标准或目标，以此测量、监视和评价组织活动，并对偏差进行纠正，最终实现组织的预期目标。现代质量管理理论突出强调控制影响目标的过程因素的重要性，从对组织目标控制转向对组织实现目标的过程控制，即从控制结果转变为控制过程
反馈控制和前馈控制	反馈控制是质量控制的基本过程。其实质与物理系统、生物系统和社会系统中控制的基本过程是相同的，即系统将偏离标准的变异信息输出通过反馈输入进行自我控制，并引发纠正措施。有效的质量控制系统必须有一定的预测未来的能力，并以未来作为控制参照系进行质量控制过程，由此产生了质量控制过程的前馈控制
全面控制和重点控制	对组织系统的所有过程进行全面控制，同时又对重点过程进行控制，包括对重点过程中主导因素的控制
程序控制、跟踪控制和自适应控制	程序控制是以预先设定的程序为标准对过程进行的控制；跟踪控制是以控制对象预先设置的先行变量为标准对过程进行的控制；自适应控制是以系统前期状态参数为系统当期控制依据的动态过程控制
内部控制和外部控制	内部控制是指发出控制信号的信号源、控制过程和控制结果都局限在系统之内的控制过程；外部控制是指控制信号的输入来自系统外部，作为控制过程的结果输出系统之外的控制过程
统计控制、技术控制和管理控制	统计控制是基于统计理论的控制；技术控制和管理控制即采用技术与管理手段的控制。一个完整的控制过程往往是三者的有机结合

（二）统计过程控制理论

1. 统计过程控制模式

统计过程控制的理论依据是产品质量统计观点。统计过程控制模式如图 1-10 所示。

过程总体从物理意义上讲，包括已加工的、在加工的以及待加工的产品。从过程总体抽取样本，只能从已加工部分中实现，而对总体过程的控制，实际上是着眼于待加工部分的质量稳定与合格。因此，就统计理论而言，统计控制理论实质上是从样本分布（已知信息）推断过程总体的分布状况。在具体质量控制的实施中，如果采用$\overline{X}$-R 控制图，则以 $\overline{X}$ 作为 μ

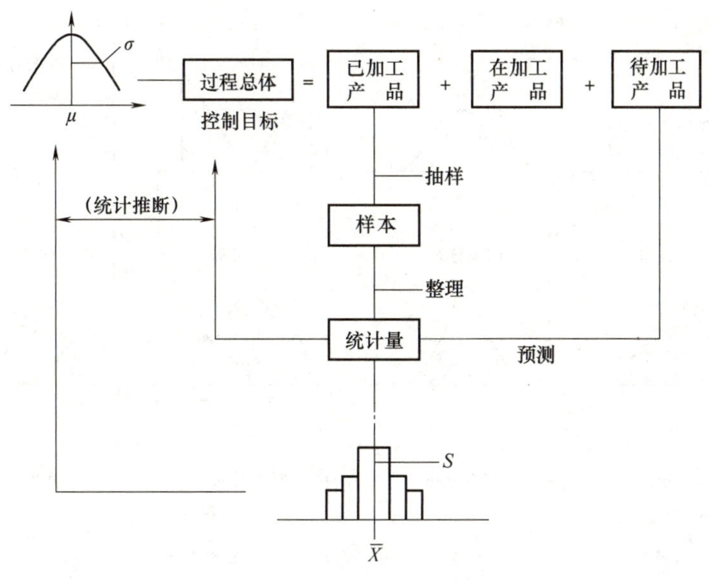

图 1-10　统计过程控制模式

的估计，即$\overline{X}\rightarrow\mu$；以 R 作为 σ 的估计，即 $R\rightarrow\sigma$。利用样本的平均值$\overline{X}$和极差 R 来推断 μ 和 σ 时，$\overline{X}$及 R 都是随机变量，都有其特定的概率分布。样本的分布与总体的分布既有内在的联系，又不完全相同。但是，由于大数定律的作用，在样本含量足够大时，计量型的样本分布总是趋于正态分布，如图 1-11 所示。

产品质量的统计观点如下：

(1) 产品质量的波动性（变异性）。实践证明，任何一个过程，无论其设备精度多么高，操作者的技术多么好，材料加工测量方法及环境的变化多么小，通过构成过程的因素，即人、机器、材料、方法、测量、环境（5M1E）所加工出来的产品的质量特征值，总是存在差别。产品质量特征值存在的客观差别，称为产品质量的波动性（变异性）。生产过程中所采用的公差制度，就是对这种波动性的承认和运用。过程控制的目标就是使质量特征值的波动保持在某个规定的范围内。

(2) 产品质量波动的原因。产品质量特征值的波动是由 5M1E 波动造成的，从管理的角度出发，造成质量变异的因素可以分为两种不同性质的因素，即偶然性因素和系统性因素。

偶然性因素的特点是数量多，每一个因素对整体的影响小，表现形式多种多样，大小和方向是随机的，并且每一个因素对产品质量的影响都比较小。显然，偶然性因素在加工过程中是不可避免的。这种不可避免性是指在现有的技术条件下难以消除，或者即使可以消除，但从经济上考虑也不值得。因此，在加工过程中，偶然性因素的存在被看作正常的现象。

如果在加工过程中，只存在偶然性因素的影响，那么产品质量特征值所表现出来的偶然性波动，称为正常波动。此时的加工过程处于稳定状态或统计控制状态。

系统性因素的特点是因素的数目不多，但对产品质量的影响很大，在一定条件下可以发

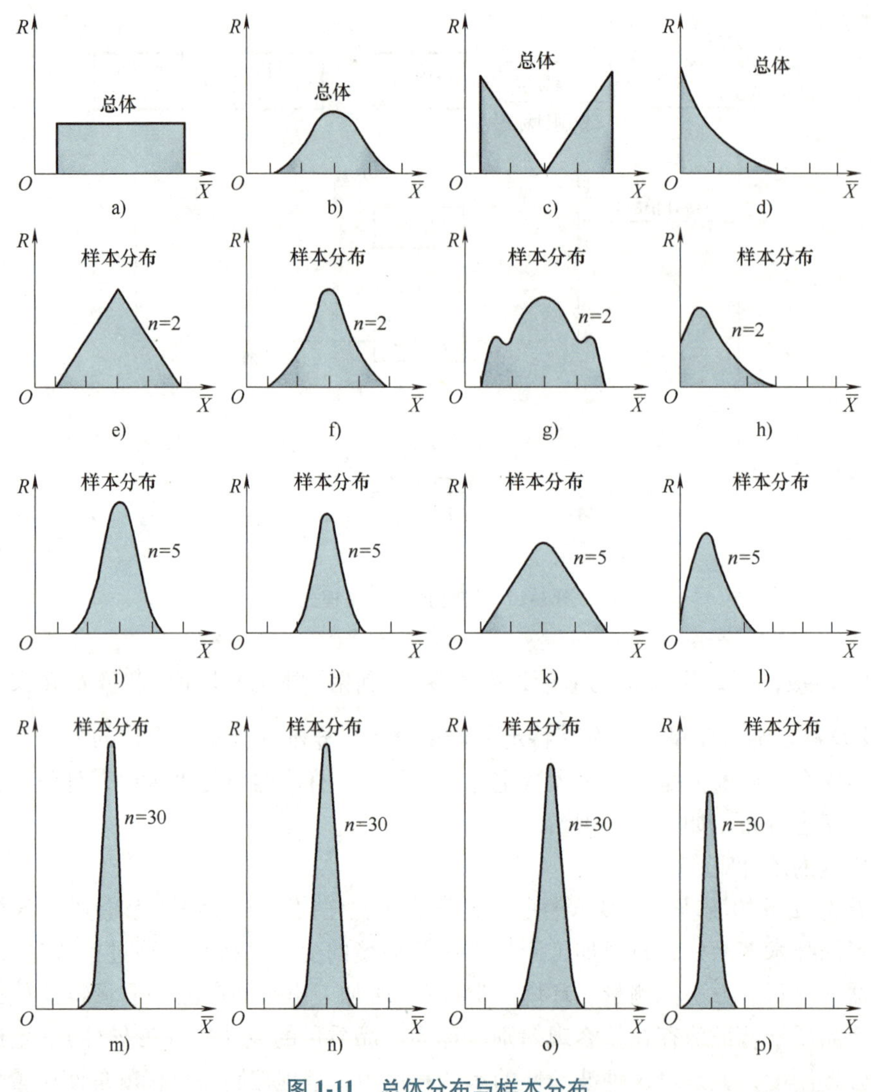

图 1-11　总体分布与样本分布

现并消除。系统性因素引起的产品质量特征值的较大波动称为产品质量特征值的异常波动。由于这种异常波动往往会显著地偏离产品的技术要求，预示着不合格品将会大量产生，因此将这种加工过程状态称为非稳定状态（异常状态）或非统计控制状态。应当指出，在加工过程中，有时会同时存在两类不同性质的影响因素，在它们的作用下，也存在两种相互交织在一起的不同的产品质量波动。因此，可以根据它们表现出的不同特征和变化规律，利用相应的统计方法予以识别，分而治之。所以，对两类质量特征值波动进行分析，进而区分两类不同的影响因素，是统计过程控制的基础。

（3）产品质量特征值波动的规律。统计理论证明，如果只存在偶然性因素过程状态，那么产品质量特征值的波动服从典型的概率分布；如果过程中除了存在偶然性因素引起的波动外，还存在系统性因素引起的异常波动，则过程的波动就会偏离某种典型的概率分布。

一般来讲，计量值数据服从正态分布，计件值数据服从二项分布或服从超几何分布，计点值数据服从泊松分布。

上面所述的概率分布，一般来说都存在一个集中的位置和分散的趋势，因此可以用它们来定量反映分布的特征。反映分散常用的统计量有平均值（μ）、中位数（$\tilde{X}$）及众数（M_e）等。反映分散程度的特征数常用的有标准偏差（σ）、极差（R）等。

图 1-12 反映了加工过程中产品质量特征值分布中 μ、σ 的变化状态。

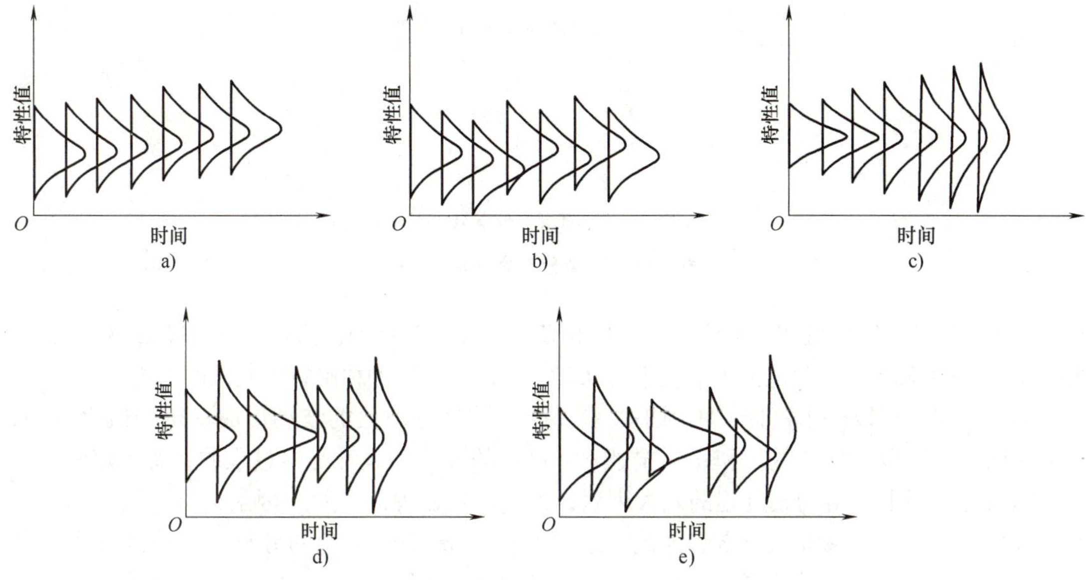

图 1-12　μ、σ 变化状态示意图

a）σ 不变，μ 呈倾向性变化　b）σ 不变，μ 呈无规律变化　c）μ 不变，σ 呈有规律变化
d）μ 不变，σ 呈无规律变化　e）μ、σ 均呈无规律变化

从图 1-12 中可见，所谓生产过程处于稳定状态，就是在整个生产过程中，μ 和 σ 没有发生异常变化。

在偶然性因素的作用下，过程处于稳定状态时，产品质量的波动服从正态分布。这样就可以利用正态分布的性质去描述或控制偶然波动的大小和范围。在加工过程中，如果上述分析所依存的条件遭到破坏，即在众多微小的随机因素中，一旦有某个因素的作用变大了，则产品质量发生变异，偏离了已有的分布，而这个显著变大的因素就是系统性因素。因此，完全可以利用偶然误差所遵循的正态分布规律是否发生变化，把偶然性因素与系统性因素区别开来，从而进一步采取措施，消除系统性因素，使过程维持在稳定状态。

事实上，由于产品质量特征值不同，因而所形成的概率分布性质各异。但统计理论证明，在一定的条件下都可以用正态分布来近似表示，如图 1-13 所示。

在对过程进行控制时，通常用样本的平均值（$\overline{X}$）去推断过程总体的平均值（μ），用样本的标准偏差（s）去推断总体的标准偏差（σ）。当样本大小 n 足够大时（一般 $n \geqslant 30$），其样本的平均值（$\overline{X}$）的分布趋于正态分布，可以忽略其总体的分布性质，如图 1-11 所示。

应该指出，上述这种近似仅是一种量上的描述，并不涉及质的变化。二项分布和泊松分布是离散型分布，而正态分布是连续型分布。

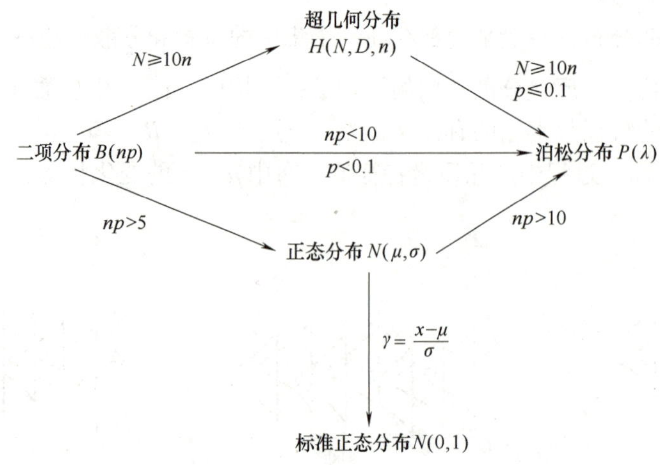

图 1-13　典型分布之间的关系

从正态分布的性质可知，不论μ与σ取何值，产品质量特征值落在［$\mu+3\sigma$，$\mu-3\sigma$］范围内的概率为 99.73%，在此范围外的概率为 0.27%。这是后述的休哈特控制图的理论基础。

综上所述，可以得出这样一种因果关系：产品质量特征值的波动形成一定的概率分布，其分布的性质可以用特征数μ和σ来描述；μ和σ的大小和波动是由过程的状态决定的，而过程的状态实际上是由构成过程的六大因素，即 5M1E 显现的；六大因素又可以以其变化状态分为偶然性因素和系统性因素。因此，通过对μ和σ变化状态的分析，可以区分出偶然性因素和系统性因素所造成的质量差别，从而发现造成质量异常波动的系统性因素，为过程的维持或改进指明方向。这种逻辑关系揭示了过程统计控制的基本原理。

2. 统计过程控制的实践

统计过程控制的具体运用主要是控制图法及抽样检验。控制图的作用是控制生产过程的质量，抽样检验的目的则是控制产品生产出来后质量能达到所规定的验收标准，详见第五章与第六章。

3. 统计过程控制理论面临的挑战和机遇

统计过程控制理论产生的背景是 20 世纪的规模生产。规模生产孕育了统计技术，统计技术也为其创造了高效益。21 世纪的市场需求更加多样化、个性化，单件、小批的生产方式给统计技术的应用带来困难。超精密的质量要求，如 ppm（百万级）甚至 ppb（亿万级）质量水平，目前的统计控制技术难以实施。在大数据、智能化背景下，对总体进行全面描述，在某些领域里基于样本的统计推断理论面临着挑战。

同时，信息技术的广泛应用又给统计技术的应用带来新的机遇。例如，多元统计控制问题，其复杂的运算以往一般只停留在演示的水平上，而今已进入了实用阶段。

实践表明，由于随机现象的普遍性，统计控制思想作为一种理论思维，必将与时俱进，融入现代的管理思想中，继续指导人们的管理实践。

三、质量保证理论

1. 质量保证的产生和发展

ISO 9000：2015《质量管理体系　基础和术语》对质量保证的定义为：“质量管理的一

部分，致力于提供质量要求会得到满足的信任。”由于现代产品的性质和特征与传统产品相比发生了本质的变化，顾客不可能依据自身的知识和经验对产品的质量是否满足其要求做出充分准确的判断，因此逐渐形成了由产品供方向市场及其利益相关方提供产品质量满足顾客要求的信任的保证。

最早制定和实施质量保证标准的是美国军方。20 世纪中叶，军事科技和工业技术迅速发展，武器装备系统集成度越来越高，生产过程日益复杂，许多产品的质量问题往往是在使用过程中才暴露出来，因此，1959 年美国军方发布了 MIL-Q-9858A，针对供应商的质量管理体系提出要求。随后美国在军品生产方面的质量保证活动取得成功，在世界范围内产生了很大的影响，一些工业发达国家随之效仿。在 20 世纪 70 年代末，许多国家先后制定和发布了一系列用于民品生产的质量管理和质量保证标准。当今世界，经济全球化进程日益深入，各国间的经济交流与合作规模不断扩大，自然产生了质量保证的国际化标准。

由此可见，质量保证的产生和发展主要取决于三个方面，或者说由三种动力所驱动：科学技术的发展、市场需求的变化及经济的全球化。现代科学技术，特别是现代信息技术的飞速发展，不仅使现代产品发展成为系统集成式的复杂产品系统，而且带动了国际贸易和商务活动的空前发展。除了传统的货物贸易以外，技术和服务贸易、投资和国际金融资本流动促使生产要素在全球范围内进行配置，逐渐形成了“全球设计、全球采购、全球生产、全球销售”的产品系统全球网络模式和国际化大市场，进而加速了经济全球化的进程。当今世界，区域经济一体化程度越来越高，国家间的地理边界已经不是阻碍国际经济商贸活动的主要障碍；而社会、政治、经济和文化的因素成为影响和左右国际、国内经济活动的主要因素。在此进程中，国家间的经济竞争日趋激烈，国际分工日益深化。一些发达国家依靠其技术和经济方面的优势地位，通过制定本国高门槛的市场准入制度，制约了发展中国家产业竞争力的发展，其重要手段之一就是“标准”。发达国家也依此形成了削弱发展中国家在经济全球化进程中的作用和地位的技术壁垒与绿色壁垒。也正因为如此，才促使国际标准化运动在世界范围内被广泛接受和认可，借以打破阻碍建立公正的国际经济新秩序的壁垒。国家间的产品质量认可、认证制度就是其中的一部分。

企业要保证长期、稳定地生产满足顾客要求的产品，仅仅依靠产品的设计、制造和使用过程中的技术、工艺标准和规范来保证产品质量是远远不够的，还必须对整个产品生命周期内的产品质量产生、形成和实现的全过程实施系统性的有效控制，才能达到质量保证。其基本方式就是建立并有效运行质量管理体系，并以此向市场公示其信用。

2. 质量保证的模式

最初的产品质量保证就是对实物产品的性能（质量）符合规定要求的承诺，即组织保证向顾客提供“合格产品”。判定合格与否的依据可以是厂商标准、行业标准或国家标准。标准将代表产品质量的性能指标分为几个等级，以判定实物产品所达到的相应的质量水平。其特点是产品质量以特定等级的质量标准衡量，只有合格与不合格两种状态。这是质量保证的初级形式，主要体现为“保证质量”的产品技术规范。即便如此，在市场经济发展初期产品短缺的卖方市场中，处于被动地位的消费者也不可能享受到真正意义上的质量保证，“货已售出，概不退换”就是这个时期质量保证的生动写照。

随着市场经济的发展，尤其是买方市场形成后，市场竞争越来越激烈。为了争夺消费者，人们开始认识到即使产品能够全部达到技术规范的要求，也未必能满足顾客越来越高的质量要求，并赢得顾客的信任。因为：①技术规范不可能将所有的使用要求和顾客期望都明确规定；②技术规范中规定的质量要求在很多情况下只是一种“代用质量”，而不是产品在使用环境下的真正质量；③虽然产品在研发、生产过程中按技术规范要求进行了大量的检验、试验、评审、审核等工作，但也不一定能够保证发现产品在设计和生产过程中的全部缺陷。所以产品的概念逐步扩展到产品质量形成系统，即在实物产品或实际服务的基础之上，还包括了从顾客需求识别到产品售后服务等一系列附加范围。相应地，质量的概念已经从产品性能达到要求的符合性质量，发展到产品的整个系统过程能够满足顾客和相关方需求的质量，所以质量保证的范围也扩展到从产品质量的产生和形成一直到产品质量实现的全过程。质量保证成为建立在系统性质量管理体系基础之上的组织承诺和信用公示。

质量保证这种组织承诺和信用公示的目的，最终还是赢得顾客的信任。顾客的信任可以分为几个层次：对产品信任、对产品质量形成系统信任、对企业品牌的信任和忠实、对企业信誉的赞同。所以，现代意义上的质量保证体现在企业的市场信誉层次上，就是顾客对组织信任的升华，是企业文化对消费者的感召和同化，是“消费者是上帝”的经营理念的真正实现。在低碳经济背景下，绿色环保生态消费观念日渐成熟，质量保证不能停留在产品质量形成系统本身的质量管理体系有效运行的组织承诺和信用公示的层面上，还要满足顾客绿色消费的时代需求和期望，因此，质量保证的模式面临创新的要求。

信用是市场经济之本。对于企业的信用、执法部门的信任，自我声明和承诺是一个方面；证实和确认（如认证、评奖等）是另一个方面。但相比之下，信用要靠建立全社会的信用体系来激励和制约。守信者受益，失信者受损。建立社会信用代码制度，不断加强企业信用体系的建设，这方面许多国家已经有成功的经验。我国已颁布《企业质量信用等级划分通则》（国家标准 GB/T 23791—2009）。根据 2015 年 6 月 11 日《国务院关于批转发展改革委等部门法人和其他组织统一社会信用代码制度建设总体方案的通知》（国发〔2015〕33 号）的要求，国家标准委批准发布了强制性国家标准 GB 32100—2015《法人和其他组织统一社会信用代码编码规则》。

从唯一、统一、共享、便民和低成本转换等角度综合考虑，统一代码设计为 18 位，由登记管理部门代码、机构类别代码、登记管理机关行政区划码、主体标识码（组织机构代码）、校验码五部分组成（见附件）。为便于行业管理和社会识别，统一代码的第一、二、三部分体现了登记管理部门、机构类别和登记管理机关行政区划，兼容了当前各登记管理部门行之有效的有含义代码功能。为保证唯一性和稳定性，第四部分设计为主体标识码（组织机构代码），充分体现了以组织机构代码为基础建立法人和其他组织统一社会信用代码制度的要求。为防止出现错误，第五部分设计为校验码。

从实施层面来看，建立社会信用体系是我国面临的重要而急迫的选择。社会信用体系是社会主义市场经济体制和社会治理体制的重要组成部分，它以法律、法规、标准和契约为依据，以覆盖社会成员的信用记录和信用基础设施网络为基础，以信用信息合规应用和信用服务体系为支撑，以树立诚信文化理念和弘扬诚信传统美德为内在要求，以守信激励和失信约束为奖惩机制，建立能够体现市场经济发展程度、文明发展水平的社会和经济治理体制。而诚信是检验检测机构应遵循的基本道德规范，应贯穿于检验检测机构的所有活动中，诚实守信是检验检测机构的最基本要求。2014 年 6 月 14 日，国务院印发的《社会信用体系建设规划纲要（2014—2020 年）》明确指出：“建立完善中介服务机构及其从业人员的信用记录和披露制度，并作为市场行政执法部门实施信用分类管理的重要依据。重点加强检验检测类等机构信用分类管理，探索建立科学合理的评估指标体系、评估制度和工作机制。”“加强重点人群职业信用建设，建立认证和检验检测从业人员等人员信用记录，推广使用职业信用报告，引导职业道德建设与行为规范。”2014 年 7 月 23 日，中央精神文明建设指导委员会在《关于推进诚信建设制度化的意见》中又明确指出：“制定全国统一的信用信息采集和分类管理标准，统一信用指标目录和建设规范。健全行业信用信息记录制度，以各类企业和从业人员为重点，把信用信息采集融入注册登记、资质审核、日常监管各环节，尽快完善工商、税务、安全生产、产品质量、环境保护、食品药品、医疗卫生、知识产权、工程建设、交通运输、检验检测等事关人民群众日常生产生活重点领域的信用档案。”“建立诚信发布制度。推动各地各部门依据法律法规，按照客观、真实、准确的原则，建立诚信红黑名单制度，把恪守诚信者列入‘红名单’，把失信违法者列入‘黑名单’。”2019 年国务院办公厅发布《关于加快推进社会信用体系建设以信用为基础的新型监管机制的指导意见》，2020 年国务院办公厅发布《关于进一步完善失信约束制度构建诚信建设长效机制的指导意见》，2022 年中共中央办公厅、国务院办公厅分别印发《关于推进社会信用体系建设高质量发展促进形成新发展格局的意见》和《关于加快建设全国统一大市场的意见》。

四、质量监督理论

在市场经济环境下，特别是在不完全的市场经济条件下，作为买卖双方争议和行为的评判，质量监督作为一种功能随之产生并发展起来。在 20 世纪，许多发达国家的质量监督基本都经历了产生、发展并逐步完善的过程。

1. 质量监督的概念

质量监督是指为了确保满足规定的要求，对产品、过程或体系的状况进行连续的监视和验证，并对记录进行分析的过程。

理解要点：

（1）质量监督的对象是产品、过程或体系，以及作为这些对象的行为主体的组织（如生产、销售及相关方等）。监督的实施者是顾客或以顾客的名义进行监督。

（2）由于受监督的对象随着环境或时间的变化而变化，所以质量监督应该是连续的，即持续地或以一定频次进行。

（3）质量监督的方式和手段包括监视、验证以及与其相关联的设施、活动和由制度、法规等形成的机制。

（4）质量监督建立在信息的收集（包括记录的分析）、整理、传递和反馈的循环过程中。

2. 质量监督的背景分析

（1）不公正的市场环境。不少经济学理论是建立在完全公正的市场环境下的，而现实普遍存在的是不完整、不公正、不断发展的市场环境。在这种环境下，虚假的广告和无序的竞争使市场变得混乱，因此需要制衡力量的介入，质量监督就是其中的一种。

（2）不对称的市场信息。在商品交易中，俗话所说的“买的不如卖的精”，就是指卖者掌握的信息多，在交易中处于有利的地位。这实际上就是信息经济学所讲的“信息不对称”。由于信息不对称，在交易过程中总有一方因为获取信息不完整而处于弱势地位。

产品的生产者和销售者比消费者掌握更多有关产品的信息，这在信息经济学中被称为“私有信息”。由此便产生了所谓的信息不对称和“逆向选择”行为：生产者会利用私有信息在商品交易中获得利益。生产者和销售者可能“以次充好”，以“假冒伪劣”产品欺骗消费者。低质量产品将会驱逐高质量的产品，导致真正的好产品卖不出去，好的企业倒闭、破产，出现“劣币驱良币”的现象。当然，消费者也不会总被欺骗，长此以往，人们就会相互提防，社会也会缺乏信任。

假信息比无信息的危害更大。当今社会与以往科学不发达、信息不畅通的传统社会相比有很大的不同，人们关注的焦点已从信息的多寡转向信息的真假。消费者有权要求获得充分的信息，同时也必须树立充分和完备信息的理念。

（3）不同的产品责任理论。产品责任是指产品产生质量事故就其所造成的后果所应承担的赔偿责任。随着经济国际化进程的发展，产品的生产、销售和消费的国际性越来越普遍，产品责任及其相应的法律、法规也必然从国内法发展到国际法。由于各国有关产品责任的含义、理论具有差异性，跨国的产品责任案件日益增多。就我国而言，现行的产品质量责任法律制度主要围绕国家的质量监督体制和产品的质量问题，与国际通用的技术法规、标准差距很大。《中华人民共和国产品质量法》规定：“产品质量应当检验合格，不得以不合格产品冒充合格产品。”实际上，就是仅以合格与否来判断企业的产品责任。由于现实中标准或规定存在问题，并且判定权又在生产者和销售者手中，常常使消费者处于被动地位而蒙受损失。一些发达国家已经形成了完整的产品责任法律体系，其立法所依据的理论已从疏忽理论、担保理论发展到了严格责任理论。同一种产品在不同的国家承担不同的责任，显然有悖于公平的市场竞争规则。

综上所述，质量监督作为“确保满足规定的要求”的制衡作用的客观需求是十分明显的。

3. 质量监督的类型

质量监督可以从不同的角度进行分类，如表 1-5 所示。

表 1-5 质量监督的分类

项目	分类
监督范围	内部监督、外部监督
监督主体	国家监督、社会组织监督、消费者监督
监督时间	事前监督、事后监督
监督方式	行政监督、技术监督、法律监督、舆论监督

4. 监督的方式和途径

（1）建立和完善买方市场机制。在买方市场条件下，“买者有选择，卖者有竞争”，并形成了比较完整的法律法规体系，与卖方市场环境相比，具有较完善的质量监督功能。因此，建立和完善买方市场机制，是从根本上提高产品质量的有效途径。

（2）建立有效的质量监督体系。应建立四个层次不同行为主体的质量监督体系：一是质量监督人格化，即任何与产品生产、销售相关的人都有质量责任；二是质量监督法人化，即任何产品的生产、销售企业都要对其质量负责；三是质量监督职能化，即政府与社会各类质量监督部门应有质量监督的责任；四是质量监督社会化，即各类民间机构和消费者都有权监督产品质量。

（3）法律监督。法律监督是上述质量监督体系建立和实施的基础，必须依法授权、依法定责，建立市场公平竞争的机制。世界各国都有比较完备的法律监督体系，主要是产品责任法。产品责任法是调整有关产品生产者、销售者和消费者之间侵权行为的法律规范的总称，如美国的《统一产品责任示范法》、欧盟的《产品责任指令》、英国的《货物买卖法》、日本的《制造物责任法》等。

我国涉及产品质量的法律法规主要包括三个方面：①产品质量的基本法，如《中华人民共和国产品质量法》；②产品质量涉及的专门法律，如《中华人民共和国标准化法》《中华人民共和国计量法》《中华人民共和国食品卫生法》《中华人民共和国食品安全法》《中华人民共和国药品管理法》《中华人民共和国商检法》等；③有关产品质量的综合性法律，如《中华人民共和国消费者权益保护法》《中华人民共和国商标法》《中华人民共和国反不正当竞争法》等。

（4）技术监督。一是用技术手段监督。所谓技术手段，就是依据科学的检测方法、先进精确的检测设施、准确的检测结果来评价监督对象，即用科学的数据说话。二是对技术水平监督。技术监督实际上是一种符合性监督。作为符合性质量的监督和评价有两个基本因素：标准和计量。保证受检产品符合标准的要求，显然标准的水平决定了其质量的水平。谁的技术先进，谁就有制定标准的权力，谁就掌握了市场的主动权。计量与监视设备是技术监督的手段，其水平与精度是技术水平评价的基础。“计量是工业的眼睛”已形象地说明了它的作用。质量的技术监督相较于行政监督具有客观性、准确性和稳定性的优点，应成为我国质量的国家监督抽查制度的主体。同时，还可以利用互联网、大数据等信息化技术，基于舆情、信息反馈实施有效监督。

（5）质量认证制度。质量认证制度是解决由于信息不对称所产生的“逆向选择”行为的一种有效途径。通过质量认证，可以证实生产者所传达的信息的真实性和准确性。质量认证如同一面镜子，见证生产者和销售者的真实情况。质量认证制度在证实真实引导消费的同时，客观上产生警示和惩戒的作用。

例如，世界各国普遍实施的强制性产品认证制度，即通过制定强制性产品认证的产品目录和实施强制性产品认证程序，对列入目录的产品实施强制性检测和审核。凡是列入目录的产品，若没有获得指定的认证机构的认证证书，没有按规定加施认证标志，一律不得生产和销售。国家利用强制性产品认证制度作为市场准入制度的手段，也是国际上的惯例。我国实施的《3C 产品认证》就是一种强制性产品认证。

（6）生产许可证制度。生产许可证制度从 1984 年实施以来，一直是我国产业结构调整和提高产品质量的有力措施，是强制性质量监督和管理的重要手段。实践表明，生产许可证制度对于现阶段我国转型期的市场环境是必要的，并收到了一定的效果，但它正随着我国经济的逐步开放呈弱化的趋势。从实质上讲，它是违背市场准入制度的行政审批的垄断行为。食品质量安全许可证的标志由“QS”和“生产许可”中文字样组成，如图 1-14 所示。QS 是 Qiyeshipin Shengchanxuke 的缩写。

修订后的《中华人民共和国食品安全法》（简称《食品安全法》）已于 2015 年 10 月 1 日起施行，作为其配套规章，原国家食品药品监督管理总局制定的《食品生产许可管理办法》规定从2018年10月1日起，食品生产者生产的食品不再使用原包装、标签和“QS”标志。新获证及换证食品生产者，应当在食品包装或者标签上标注新的食品生产许可证编号。

食品生产许可证编号应由“SC”（“生产”的汉语拼音字母缩写）和14位阿拉伯数字组成，有效期从3年延长至5年，数字从左至右依次为：3位食品类别编码、2位省（自治区、直辖市）代码、2位市（地）代码、2位县（区）代码、4位顺序码、1位校验码。

图1-14 食品安全许可证标志

（7）消费者协会等社会组织的监督。一个成熟的买方市场，必然会培育出理性的消费者。消费者协会是由消费者组织依法成立的保护消费者合法权益的社会团体，具有一定的权威性和公正性，是世界上大多数国家都普遍实行的一种社会质量监督形式。

5. 质量监督完善

激励和监督是管理学中两个基本的推动力。监督可分为事前监督和事后监督。事前监督实际上是控制，事后监督是对结果的评价。两者分别说明了“应该怎么做”及“做得怎么样”的问题。以上述思想来审视经济全球化背景下的质量监督，可以从以下三个方面做起：全面实施市场准入制度、建立完善的质量监督机制及强化质量技术基础。

（1）全面实施市场准入制度。制度实质上是为规范人们的活动和相互关系而设定的一些制约。其主要作用是通过建立一个人们相互作用的稳定结构来减少不稳定性。

市场准入制度也称市场准入管制，是国家通过制定关于市场主体和交易对象进入市场的有关法律法规以规范市场秩序，营造良好的竞争环境的活动。就产品质量的市场准入制度而言，通过建立技术法规、标准及合格评定程序等，构筑技术屏障，保护消费者的利益，引导、激励和督促生产者和销售者建立自律机制，以不断提高产品质量。

WTO/TBT协议承认技术贸易措施存在的合理性和必要性，允许成员方可以基于维护国家安全、人类安全与健康、动植物安全与健康、环境保护、防止欺诈行为等正当理由而采取技术性贸易措施，制定与别国不同的技术法规、标准和合格评定程序，但应以不给国际贸易造成不必要的障碍为前提。显然，每一个国家都面临着两个同样的问题：既要遵守WTO/TBT协议的原则和规则，又要构筑本国的市场准入制度体系。由于世界各个国家和地区的经济发展水平及市场发育程度不同，WTO/TBT协议在普遍原则的基础上，已为各成员方留出了上述活动的空间。

我国已在食品市场建立了市场准入制度（先从五类食品实行）。其核心内容主要包括以下三个方面：①对食品生产企业实行生产许可证管理。对符合条件且产品经全部项目检验合格的企业，颁发食品质量安全生产许可证。②对食品出厂实行强制检验。承担检验的机构必须具备法定资格和条件，经省级以上的技术监督部门审查批准，在国家质量监督检验检疫总局统一公布的承担食品检验工作的检验机构名录中备案。③实施食品质量安全市场准入标志管理（见图1-14）。自2003年8月1日起在我国境内从事米、面、油、酱油和醋生产加工的企业，未获得食品生产许可证和未经检验合格的这五类产品，将不得出厂，不得在市场上销售。

（2）建立完善的质量监督机制。质量监督机制是通过组织、法律法规、程序等所形成的客观制约，从而迫使生产者、销售者在其生产经营活动中做到自我约束、自我完善及自我改进。这里不妨举一个生物学的例子加以说明。非洲草原中生存着牛头羚和狮子，草原、狮子和牛头羚共生共存。牛头羚爱吃草的根茎胜于枝叶，照此下去，草原将逐渐被吃光。但由于狮子的存在，为了逃避狮子的追捕，牛头羚只是在奔跑中匆匆地吃上几口，使草原免除了拔根之险，并且草籽随牛头羚的粪便四处传播，扩大了草原的面积。狮子吃掉弱小的牛头羚后，牛头羚种群日益强壮。而狮子为了捕到强壮的牛头羚也必然逐渐强大，否则就有被饿死的危险。这个例子展示了自然生态的平衡机制。

市场监督机制类似生态循环机制。市场混乱，行政的干预就必然加强；而当权力涉足市场，为权力寻租提供了条件，就会滋生腐败；若要根治腐败，最终又必须依靠市场。

因此，从机制的角度来看监督，重点不仅是消除违规的混乱现象，更重要的是根除产生混乱的原因，培育完善的市场运作机制。

技术监督作为一种制约力量，是符合市场经济发展需要的，也是政府宏观调控职能的一部分。世界各国的表现形式和实施途径不尽相同。国家的调控职能关键在于培养公平竞争的市场环境，而不是直接干预具体的事务，既当裁判员又当运动员，是难以达到预期目的的。

建立技术监督机制，首先要建立制约机制，其含义通过简单的“公平秤”原理即可明了。消费者在自由市场买菜，如果信不过菜商，可以将商品拿到“公平秤”上去核实。“公平秤”的监督作用维护了市场的公平，提升了市场的信誉。除了制约机制以外，还应建立信誉机制和信息公开机制。

建立信息公开机制，公正、公平和公开“三位一体”，公开是前提，公正是过程，公平是目的。因此，无论是生产者、销售者的活动，还是监督者（包括舆论监督）的行为及其所依据的法律法规，都应公开透明。

（3）强化质量技术基础。2005 年，联合国贸易与发展组织和世界贸易组织首次提出“国家质量基础”（National Quality Infrastructure，NQI）的概念。国家质量基础是以质量提升为目标的技术支撑体系，主要包括标准、计量、认证认可、检验检测等要素。2006 年，联合国工业发展组织（UNIDO）和国际标准化组织（ISO）在总结质量领域 100 多年实践经验的基础上，正式提出计量、标准、合格评定共同构成国家质量基础，是未来经济可持续发展的三大支柱。

计量是控制质量的基础，标准引领质量提升，合格评定控制质量并建立质量信任，三者形成完整的技术链条，相互作用、相互促进，共同支撑质量的发展。计量是标准和合格评定的基准；标准是合格评定的依据，是计量的重要价值体现；合格评定是推动计量溯源水平提升和标准实施的重要手段。简单地说，计量解决准确测量的问题，质量中的量值要求由标准统一规范，标准执行得如何就需要通过检验检测和认证认可来判定。

五、生态质量管理理论

（一）生态质量管理理论的背景

现代质量管理理论是建立在质量产生、形成和实现的全过程基础之上，研究关于质量的策划、控制、保证和改进的理论与方法，其核心思想是以“顾客满意”作为衡量质量的标准。所以，现代质量管理本质上是以市场为导向的工业时代的质量管理。

工业时代的生产方式可以归纳为两种运行模式（见图 1-15 和图 1-16）：工业生产传统模式（已经运行上百年，至今尚广泛存在）和末端处理模式（20 世纪中叶开始至今）。从总体上看，它们共同的特征是：以输出产品（通过交换）实现价值增值为目的，从环境中源源不断地获取能源和原料为起始，在环境中不断累积废弃物为终止的单向线性进程。

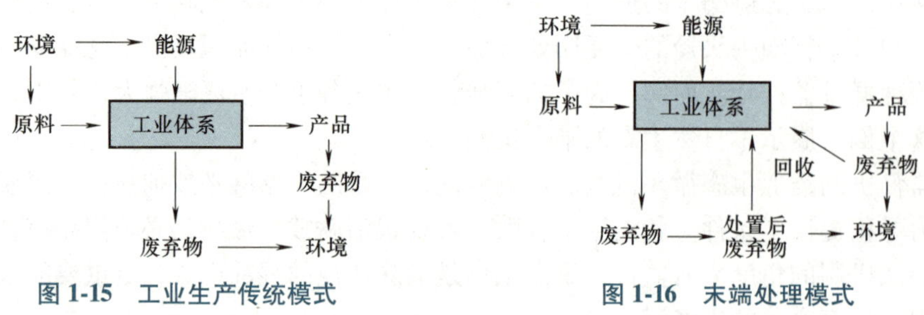

图 1-15　工业生产传统模式

图 1-16　末端处理模式

全面质量管理实际上是在上述工业生产模式中，将质量研究的理论范畴系统性地扩展到整个产品生命周期（从摇篮到坟墓）全过程的质量管理的理论体系中。但是，这种以市场需求为导向，以实现产品（交换）价值为目的的传统工业生产模式，忽视了基本的生态环境准则，将自然资源看作取之不尽、用之不竭的无穷资源，认为环境对经济运行所产生的废弃物具有无限的承受和消纳能力。这种工业生产模式长期运行的结果必然造成日益严重的环境和生态问题。生态环境污染和破坏的根本原因就在于市场经济制度下的工业生产运行模式。因此，这种普遍认同的观念导致了在世界范围内出现将经济运行从产品经济的工业生产模式向生态型循环经济模式的重组和转型的大趋势。有学者将其与 16 世纪的文艺复兴运动相媲美，称之为划时代的历史更替。

生态质量管理就是在低碳经济背景下提出来的。它是在经济与社会可持续发展战略的理论框架内，研究既能满足消费者的需求，又能满足生态环境可持续发展要求的质量管理理论和方法。在这里，称这种质量观念为“生态质量”（EQ）；称这种质量管理的理论和方法为“生态质量管理”（EQM）；称以这种质量管理思想指导下形成的质量管理体系为“生态质量管理体系”（EQMS）。生态质量管理是面向生态型循环经济，基于理想的生态工业模式（见图 1-17）的质量管理理论和方法。

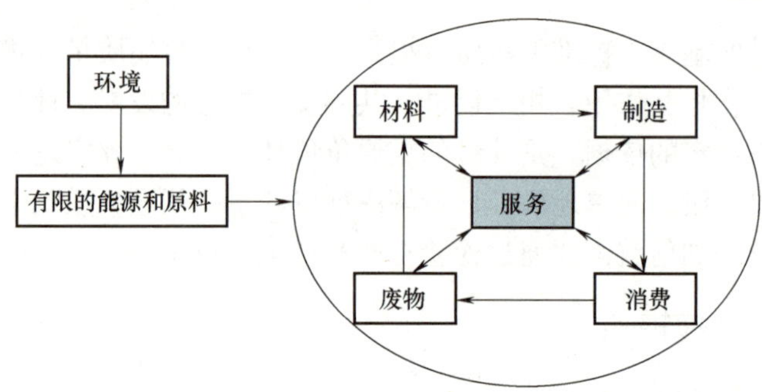

图 1-17　理想的生态工业模式

生态型循环经济是遵循自然生态系统的物质循环和能量流动规律重构的经济系统。一个理想的工业生态系统应该和谐地纳入自然生态系统的物质能量循环利用过程，是以产品清洁生产、区域循环经济和废弃物高效回收利用为特征的生态经济发展模式。生态工业运行模式遵循“4R 原则”：①减量化（Reduce），以资源投入最小化为目标；②资源化（Reuse），以废弃物利用最大化为目标；③无害化（Recycle），以污染物排放最低化为目标；④重组化（Reorganize），以生态经济系统最优化为目标。

质量生态系统借鉴自然生态系统的两大结构特征：生态循环系统及生态位理论。

1. 生态循环系统

将质量体系视为类似于自然生态系统，具有自我循环的机制以及对于环境变化的适应能力，以生态学的方法研究质量演化过程的规律，在产品开发时就要考虑顾客的需求，过去把满足顾客需要的注意力放在产品上，现在需要把注意力转移到同顾客的关系构筑上。任何生态系统的实质都是相互依赖中的协同进化关系。微软的成功是建立在帮助别人成功的基础上的。

最好的质量改进是组织的适应能力，即与其他相关方协同进化的能力。

在现代经济环境中，质量系统就是质量链。质量链更像生态系统，虽然其中包含组织子系统，但整体上却不是组织系统。质量链的这种系统结构决定了其功能的外在表现是生态型的协同进化，构筑不同类型的产业生态链。

打造具有国际竞争力的数字产业集群，顺应产业发展大势，推动短板产业补链、优势产业延链、传统产业升链和新兴产业建链等。

图 1-18 展示的是某公司的全球化协同质量链。

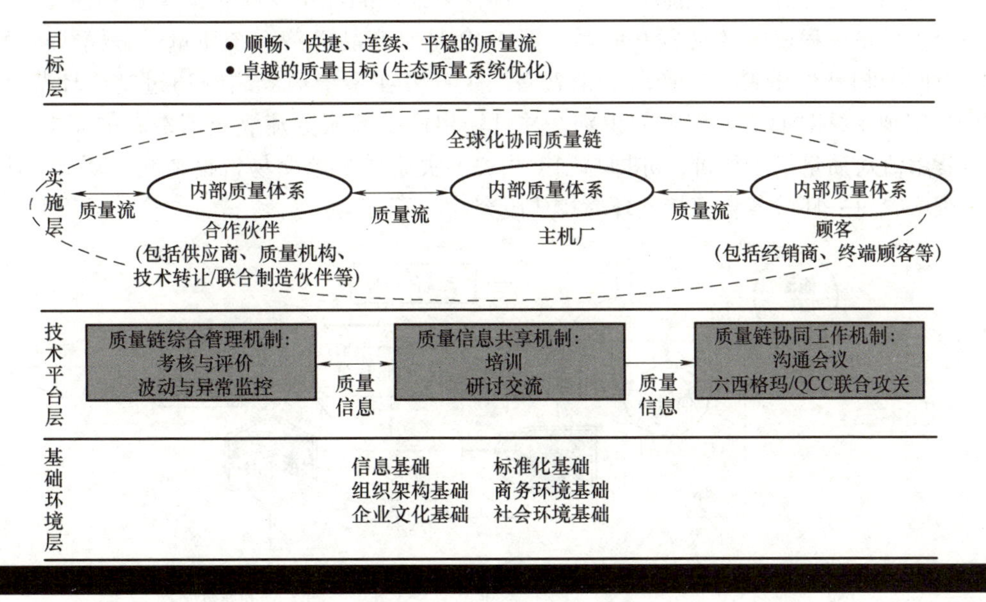

图 1-18 某公司的全球化协同质量链

2. 生态位理论

质量空间中特定的质量群中的某种质量过程，在质量竞争以及与质量环境相互作用的演化过程中，形成其在质量群中所具有的独特的地位和作用。这种地位和作用是通过对于质量环境因素适应的范围和程度来表达的。生态位类型如下：

（1）共生。商业生态圈的第一个层次是共生：各成员分工协作，为共同的目标，有机地联合成一个整体，协同为用户创造价值，实现生态圈的整体价值最大化。共生的核心是创造一个价值平台，这个平台可供生态圈中各商业伙伴共同利用和分享，从而使价值创造活动能够得以系统化地组织。

（2）互生。在共生之上，生态圈成员还呈现一种相互依赖关系，每个成员的利益都与其他成员以及生态圈整体的健康发展相联系。成员所创造的价值会在整个生态圈中进行分享。如果缺乏这种分享，生态圈的健康水平就会受到威胁，成员可能会出现衰退，或转向其他生态圈。

（3）再生。任何产业都有其发展边界，当外部环境变化或产业进入成熟期之后，可能会发生整个产业的衰退。再生是指通过重新关注最适合的市场和微观经济环境的产业区域，将一些资源转移到新的生态圈，建立更好的合作框架和更健全的经济秩序，从而成功地穿越未来更宽广的市场范围。

（4）重叠。当两个或多个生物利用同一资源或共同占有其环境较量时，就会出现生态位重叠现象。重叠程度越大，竞争就越激烈。商业世界也一样，企业对资源的需求越相似，产品和市场基础越相近，竞争就越激烈。

（二）生态质量管理理论的基本思想

生态质量管理理论将质量作为“自然—社会—经济”这样一个不断演化中的复杂生态经济系统内部的一个系统过程加以研究。

这里使用“生态经济系统能值分析”工具，考察产品经济系统中质量过程模式与生态经济系统中质量过程模式的区别和联系。图 1-19 是对产品经济系统质量过程模式的概括，其中只有两个相互作用者：生产者和消费者。生产者在系统边界之外通过交流环节（◇，即市场）实现系统对消费者需求的识别，并且输出产品和服务流满足消费者的需求；消费者则以货币流对质量给予评价，亦即与制度相关的关于质量的交易价格在交流环节上决定。在此过程中，每一环节各自直接向环境排放废弃物（⏚）。

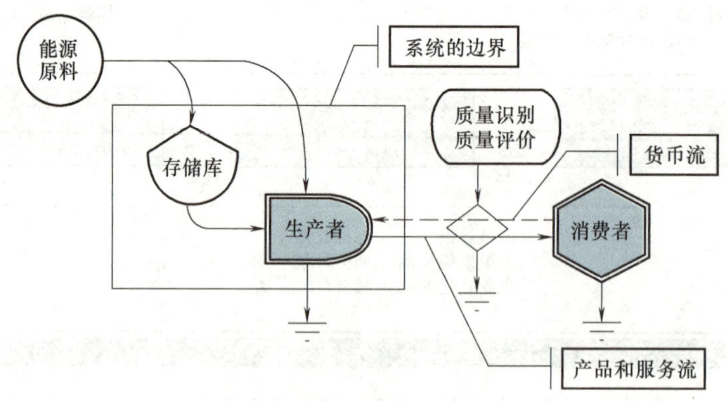

图 1-19　产品经济系统质量过程模式

在自然生态系统的宏观构成中，一般都具有生产者、消费者和分解者三个有机的子系统。一个成熟健康的生态系统将这三者的相互作用纳入一个完整的系统循环之中，即生产者会满足消费者的需求，两者所产生的废弃物又会通过分解者（即环境自净能力）的作用成为生产者可以利用的基本营养物质，从而形成具有自持能力的循环系统。可见，图 1-19 所示的产品经济系统质量过程模式不具有生态功能。

在成熟的生态经济系统中，具有完整生态功能的生产者、消费者和分解者，它们相互作用的质量过程模式如图 1-20 所示。

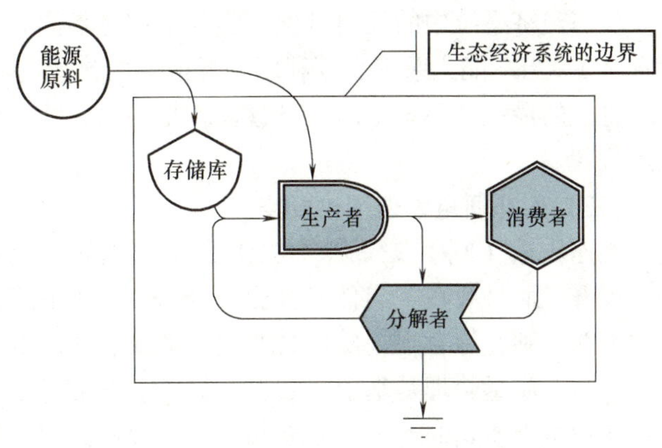

图 1-20　生态经济系统质量过程模式

在生态经济系统中，生产者是指系统利用生产力要素的组合，产出满足社会需求的各类产品和服务，其中必然会产生相应的废弃物和污染物。消费者是指利用中间产品和最终产品的用户，在消费过程中也会产生不同的废弃物和污染物。分解者是指对上述各类废弃物和污染物进行处置、自净和消纳的系统环节。一个健康的、具有活力的生态经济系统应当能对上述三大功能综合协调，达成流畅的物质和能量循环，并且使系统对环境的危害最小化。所以，生态质量管理不要研究作为生产者输出的产品满足消费者需求的程度，更重要的是要研究在生态经济系统中，消费者的需求如何被满足以及被满足的程度。在生态质量管理理念中，消费者的“要求”这个概念不局限于“顾客对产品或服务的满意”，而是扩展到对“相关方满意”（包括对“生活质量”的满意）。

这样一种具有活力的生态经济系统（一般的自然生态系统亦是如此）的最佳设计或自组织遵循最大功率原则：系统为了与其他系统竞争而生存和永续发展，必须从环境输入大量的低能质（LEQ）的能量；同时必须从系统反馈所储存的高能质（HEQ）的能量，以强化系统外界环境，使系统内部与外界互利共生，从而保证能够不断地从环境中获取更多的能量，以产出最大功率。这样的生态系统内部，子系统呈现出等级体系的能级结构，低能质部分处于较低的等级并且数量众多；高能质部分的数量较少，处于较高等级的控制地位。系统中的任何能量转换过程，都是由大量的低能质能量转换为少量的高能质能量，并且向环境中排放不能为系统再利用的耗散能；反之，少量的高能质能量可以高效率地转换为大量的低能质能量，从而处于系统的中心控制地位。理论上，系统中不同能质的能量转换过程都要遵循热力学第二定律。所以，任何一个系统过程都可以归纳为如图 1-21 所示的系统的能量过程。

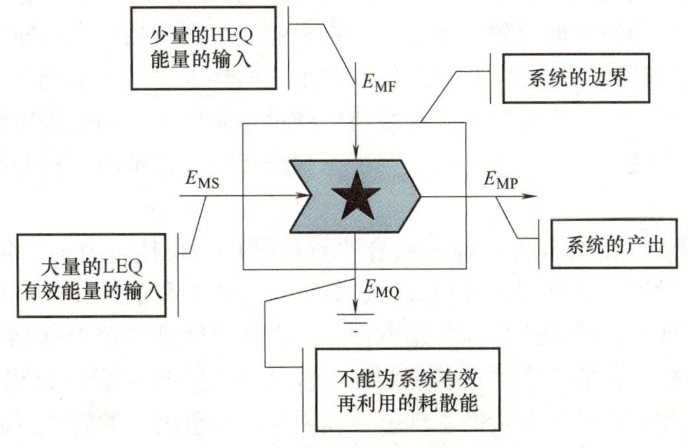

图 1-21　系统的能量转换过程

生态经济系统中的任何过程，实际上都是不同物化形态的各种能质能量的相互作用的过程（★）。当不能为系统有效利用的耗散能的排放为零时，系统中能量相互作用的过程即达到理论上的最大功率。生态质量管理就是要以系统进化论的观点，研究质量在系统组合中的作用规律。

（三）生态质量管理理论要点

生态质量（EQ）是一种“立体的”质量观。质量职能不仅要在产品整个生命周期的时序上展开，而且要在“自然—社会—经济”系统的三个维度上展开，以生态经济系统最大化功率为原则，综合规划质量的产生、形成和实现的生态经济系统中的“过程网络”体系。所以，生态质量管理是基于“自然—社会—经济”宏、中观的生态经济系统模式，侧重研究系统中微观质量的产生、形成和实现过程机制的质量理论。

生态质量管理必须遵循以下原则：①工业生产模式生态化重组原则；②3R 原则，即源头减量（Reduce）、过程再用（Reuse）和循环使用（Recycle）；③过程的正、负产出同等控制原则；④过程耦合（纵向耦合、横向耦合），系统综合质量过程最优原则；⑤倡导质量的服务功能的实现原则。

生态质量管理理论的要点可以概括如下：

（1）生态质量管理是系统综合的质量管理。从生态质量管理的观点出发，在质量的全部职能中，质量策划过程尤其重要。它已经不仅仅对满足质量要求的手段、方式产生影响，而且是有计划、有组织地围绕产品质量和可靠性开展的分析与决策活动；它强调的是建立在对整个生态经济系统运行规律充分全面认识的“知识经济”基础上的全系统质量规划。生态质量是在“企业群落”或生态产业集团中综合实现的。例如，A 产业的副产品被 B 产业当作原料利用，B 产业的副产品被 C 产业当作原料使用，如此循环，形成生态型的产业链或生态产业集团。

（2）生态质量管理是全过程的质量控制。在产品生命周期内，一个产品质量的形成系统是从原材料的采掘或自然资源的获取直到最终处置或回收。只有全过程各个环节的质量都得以实现，才能获得最终成品质量。在质量正产出的同时伴随着某种副产出，生态质量观念应包括整个生命周期过程的质量，既包含正产出，同时也考虑副产出。这种集正副产出为一体的生命周期全过程的综合质量观念是生态质量研究的基础。

（3）生态质量管理是循环控制的质量管理。人类的物质生产过程是一个不断利用自然资源的过程。环境作为质量形成的因素之一，在影响或孕育产品质量的同时，其自身也在不断变化。这种过程应是相互补充、相互制约和共生的循环过程，而不能以对一方的破坏作为代价来支持另一方的延续。生态质量是环境与生产过程循环互动的过程质量。生态质量管理理论引入生态经济系统分析的手段，研究在生态型循环经济系统内质量的产生、形成和实现的新的运行模式。

（4）生态质量管理是技术与管理相结合的质量管理。在技术方面，生态质量管理借鉴清洁生产的思想，对生产全过程的各种方案进行审查、甄别和优选，寻找在生态经济系统内质量的服务功能实现的最佳方式。在管理方面，生态质量管理借鉴 ISO 14000 环境管理体系的理论框架，形成标准化的生态质量管理和评价模式。生态质量管理过程的综合质量控制，应在质量过程审查和物料平衡分析的基础上，编制生态质量因素的管理控制大纲，并依据生态质量管理的标准模式以及生态经济系统中质量过程的运行规律，通过技术和管理等综合手段实现系统生态质量管理的目标。

（5）生态质量管理理论提倡产品质量服务功能实现模式的创新。在市场经济条件下，物质总是在不断地被消耗，消费者的要求永远不可能获得绝对满足。生态质量理念倡导改变原有的提高生活满意度的物质至上主义的消费倾向，创造性地构造“自然—社会—经济”生态经济系统，以最少的物质投入获得最满意的质量服务功能实现的模式。

（6）生态质量管理提倡理性消费，注重生态伦理与生态文化在质量管理过程中的作用。

（四）生态产业实践与生态质量管理

当今一些发达国家和发展中国家正在或将要在某些生产领域进行产业重组，探索构建一种高效有序的生态型循环经济体系。我国也开始了这方面的实践。

广西贵港国家生态工业（制糖）示范园，通过产业系统内部中间产品和废弃物的相互交换和有机衔接，形成了一个较为完整闭合式的生态工业网络，使系统资源得到最佳配置，废弃物得到有效利用，环境污染降到最低。在生态产业园内形成了三条主要的生态链：①甘蔗—制糖—蔗渣造纸生态链；②制糖—废糖蜜制酒精—酒精废液制复合肥（返回蔗田）生态链；③制糖—低聚果糖生态链。在此过程中，产业间具有彼此耦合的关系，资源性物流取代了废弃物物流，各个环节实现了充分的资源共享，将污染负效益转化成资源正效益。生态质量管理理论要研究的正是类似这种区域生态经济系统中质量产生、形成和实现全过程的基本规律与特性，以及与此相适应的质量管理模式和质量评价体系。

总之，生态质量管理研究生态经济系统可持续发展运行模式的基本规律，提出生态质量的概念和生态质量管理理论的基本框架；在复杂系统进化论的思想基础之上，研究符合可持续发展战略原则的生态质量管理的系统方法；探索构造生态质量管理评价体系的基本原理，并构造用以评价生态经济系统中过程质量管理体系的指标体系。生态质量管理理论是以系统论、控制论和生态学理论为基础，建立在现代质量管理理论基础之上的质量管理理论体系。

六、品牌理论

“品牌”一词源于美国，到 20 世纪 30 年代，“品牌”开始被应用到学术界、营销界和传播界。1950 年，美国著名品牌大师大卫 · 奥格威首先明确界定了“品牌”的概念：品牌是一种错综复杂的象征，是产品属性、包装、名称、价格、历史、声誉、广告风格的无形组合。

半个多世纪以来，品牌的概念经历了一个从简单有形标识到复杂的各种无形因素的组合不断“虚化”的过程。品牌的内涵越来越脱离产品有形的物质特性，而转向消费者对品牌的全方位体验和感受。品牌作为一种消费者所体验的“无形”资产的重要性远远超过了其载体产品的“有形”资产。品牌是质量的凝聚和象征。

品牌理论的研究随着商品经济的发展而不断深入。从 20 世纪 60 年代开始，尤其是 90 年代以后，品牌理论的内涵日益丰富。

（一）品牌理论的发展

20 世纪 50 年代以前，产品处于短缺时代，市场为“买者无选择，卖者无竞争”的卖方市场。20 世纪 60 年代以后，由于生产标准化和规模化，产品日益丰富，市场逐渐向“买者有选择，卖者有竞争”的买方市场演进。企业要想获得市场竞争的优势，就要使自己的品牌具有有别于其他竞争者的形象。大卫 · 奥格威于 1955 年提出了品牌形象理论：创造差异化产品，每一广告都是对其品牌形象的长期投资，并指出，当属于某种产品概念的品牌之间没有质量上的差异时，决定竞争胜负的关键集中在消费者对于商标和企业本身特殊性质的印象上。因此，描绘品牌的形象比强调产品的具体功能特征更为重要。

20 世纪 80 年代初，生产过剩使得企业同类产品间的竞争不断升级，企业不仅要有良好的产品和形象，更重要的是确定自己的顾客群，市场细分成为营销理论关注的热点。拉·里斯和杰克·特劳特在《定位》一书中介绍了品牌定位理论，其基本观点是：针对潜在顾客的心理采取行动，即在顾客头脑里给产品定位。定位理论不同于形象理论，首次明确提出从消费者角度出发，提供给消费者有别于竞争对手的产品。

20 世纪 90 年代，随着科技的进步、消费者需求的变化，市场竞争不断加剧。品牌除了具有产品标识等物质功能外，还具有满足消费者心理和精神需要的附加价值，致使品牌资产理论在营销界兴起，其杰出的贡献者是大卫·艾克。他指出，构筑品牌资产的五大元素是：品牌认知、品牌知名、品牌联想、品牌忠诚和其他专有资产。品牌资产综合了消费者的态度和行为以及市场手段等，维系着企业产品与消费者的关系，应提升品牌知名度、品牌美誉度和品牌忠诚度，从而增强品牌的增值获利能力。

20 世纪 90 年代末至 21 世纪初，伴随着体验经济、品牌的消费者导向和关系营销的盛行，T. 邓肯和莫瑞蒂提出用八个指标评价消费者与品牌的关系：知名度、可信度、一致性、接触点、同应度、热忱心、亲和力和喜爱度。古德伊尔提出了品牌角色阶梯模型——质量、情感、个性、偶像、象征。品牌关系理论主要是从品牌与消费者的角度研究，强调品牌与消费者之间的联动协同效应。

传统的品牌理论大多是从战术层面进行探讨的。在日益激烈的市场竞争中，企业逐步认识到品牌竞争是市场竞争的集中体现和最终归宿。而竞争理论将品牌的研究上升到战略的高度，使品牌研究具有了战略和哲学的高度，从而诞生了品牌战略理论。

随着对品牌关系研究和实践的深入，品牌与其生存的商业环境的互动具有生态系统特征。在詹姆斯·穆尔提出商业生态系统时代概念的基础上，越来越多的学者从生态协同和进化的仿生学角度对品牌孕育展开全新的研究。大卫·艾克首先明确提出了基于单个企业品牌系统的“品牌群”概念。T. 邓肯指出，真正的品牌其实是存在于利益相关者的内心的，品牌生态系统内各相关利益团体之间存在内在的双向互动联系和重叠交叉现象，他还指出了企业品牌与商业生态环境的协同进化能力和适应能力。品牌生态系统理论应运而生。

同时，品牌的内涵从 20 世纪 60 年代的产品品牌发展到 90 年代的服务品牌、组织品牌、个人品牌等，这种延伸主要是为了适应服务业迅速发展的要求。随着品牌实践和研究的深入，在 20 世纪末又有学者提出了区域品牌、雇主品牌、媒体品牌等概念。近年来，国际上还进行了国家品牌的评价。

（二）品牌理论发展评述

纵观品牌理论的发展，其演化的内在规律及未来发展大体如下：

1. 市场营销理论是品牌理论发展的载体

营销理论从 4P（产品营销）到 4C（品牌服务营销）再到 4S（品牌观念营销）的发展，逐步形成了品牌形象理论、品牌定位理论、品牌资产理论、品牌关系理论等。近年来，对营销战略及商业生态环境的关注，直接为品牌战略理论和品牌生态理论的研究奠定了基础。

2. 科技进步推动、市场需求拉动是品牌理论发展的动力

科技进步而引发的产业转移，带动产品迅速更新换代。科技创造了产品，需求成就了品牌。斯蒂芬·金在《发展的新品牌》中指出："一个产品是工厂创造的，一个品牌是消费者购买的。"随着经济全球化、信息网络化的发展，市场需求越来越多样化和个性化。在这样的背景下，品牌的形成和发展过程，实际上就是将品牌的各利益相关方联系在一起的过程。品牌表现为广泛的利益相关方协力的结果，很多知名品牌是众多品牌的集成。如图 1-22 所示的数码成像产品是所关联到的惠普、微软、尼康等知名品牌的"族产品"。

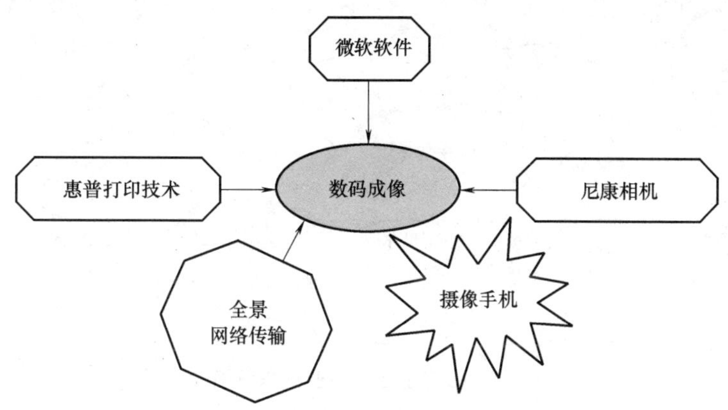

图 1-22　数码成像品牌的相关"族产品"

从品牌经营的视觉看，其利益相关方有员工、股东、顾客、供方及社会等；组织生产的相关品牌有供应商品牌、中间商品牌、竞争者品牌等。上述因素对品牌创建都产生了重要的影响。

3. 文化是品牌产生和发展的基础

市场所呈现出的各种需求，无不渗透出特定的文化，品牌是反映产品或服务的品质的"品"与打造品牌的"牌"的有机组合。一般来说，前者孕育品牌的美誉度和忠诚度，而后者打造品牌的知晓度和知名度。这些都是与其依存的不同类别、不同层次的文化相关联的，文化铸就品牌。

4. 品牌生态理论是品牌理论发展的新趋势

品牌生态理论的研究为品牌理论提供了新的视角，也是企业品牌与商业生态环境协同进化和不断适应的结果。经济社会日益表现为各种"物理""事理""情理"不断融合的系统。品牌与其相关利益者群体建立一种和谐共生的生态关系，将有利于共同进化与相互提高。在品牌价值网络经济背景下，各品牌组合形成各类品牌种群和群落，同时政府、金融、媒体以及制度、经济、文化等构成生态环境，彼此双向互动，形成各种信息循环。图 1-23 所示为 IT 品牌企业与商业生态环境的关系。微软、康柏、思科、太阳微、英特尔和 IBM 这六大世界知名 IT 品牌通过彼此的产业链交织成网状，形成了无数个节点，彼此联系，相互作用，共荣共生。这是品牌生态价值网络形态的写照。

与自然生态系统中的单个物种一样，品牌生态系统中的每一个成员，不管其表面上有多么强大，最终都将与整个网络共命运。传统的价值链由供应商和分销商组成，它们直接参与产品和服务的创立与提供，而品牌生态系统中许多企业和各利益相关方在传统的价值链之

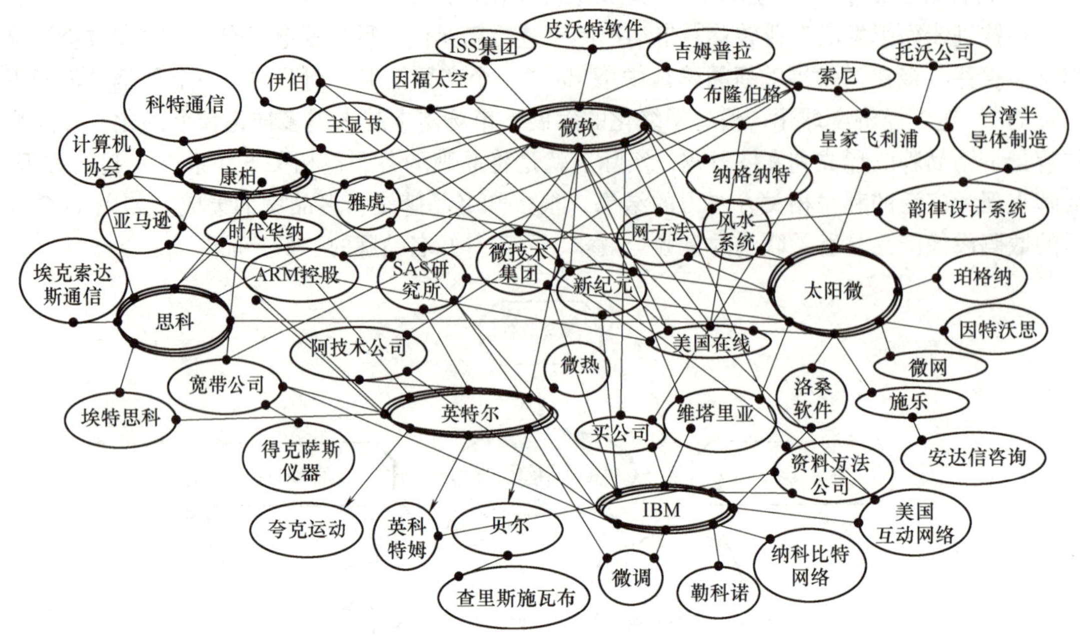

图 1-23　IT 品牌企业与商业生态环境的关系

外。品牌生态系统还可能包括提供企业职能外包的托牌公司、提供融资的机构、与产品配合使用的产品的制造商，甚至包括竞争对手和客户，因为它们的行动和反馈将对品牌的培育过程产生影响。

与那些主要关注内部能力的企业不同，2011 年在世界品牌 500 强中排名第六和第四的沃尔玛和微软从一开始就认识到这一点，其商业生态系统的成功做法就是创造可供该生态系统中其他成员利用的“平台”——各种服务、工具或技术，来提高自己的品牌地位。比如，沃尔玛的采购系统为供应商提供有关客户需求和购买偏好的、无价的实时信息，同时向零售商提供比竞争对手更大的成本优势。又如，微软为其他软件公司提供软件工具和技术，使其能够很容易地为应用甚广的视窗操作系统编制程序。反过来，这些程序又为微软源源不断地提供新的视窗应用软件。这样，两个超级品牌企业各自的共生互利的关系不仅最终使用户受益，也使两家企业的品牌生态系统拥有了胜过其他竞争网络的集体优势。比尔 · 盖茨曾说，“微软的发展是建立在别人发展基础上的”。这句话不无道理。

第四节　数字化质量管理

一、数字化质量管理的由来

数字化是将信息、知识转变为数据，构筑相应的数字化模型，进而转变为二进制代码，由计算机处理的过程。数字化质量管理就是将质量管理中的信息和知识数字化，利用计算机的展示、处理、传递和储存功能，帮助开展质量计划、质量工作组织、质量控制和质量改进等活动。数字化质量管理的发展伴随着计算机技术的发展而发展，随着网络、大数据时代的来临，数字化质量管理的内涵也在不断充实。

20 世纪 70 年代，日本质量管理界就预见电子计算机未来在质量管理中的应用，同时，以美国为代表的发达国家陆续推出大量有关质量管理的工具和方法软件。随着质量管理的发展，数字化质量管理的范围也随之拓展。质量管理随着工业化的不断进化而发展，从质量检验、质量控制一直拓展到质量管理、质量经营。质量管理的发展如图 1-24 所示。

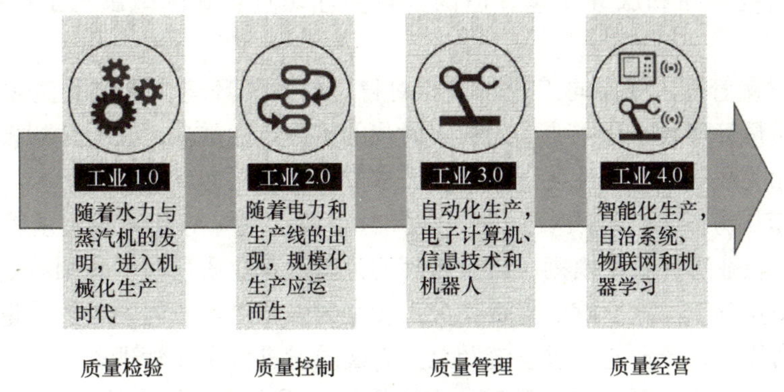

图 1-24　质量管理的发展

进入 20 世纪 70 年代，数理统计软件开始陆续被开发出来。

1968 年，斯坦福大学的 Norman H. Nie 等三位研究生开发了最早的 SPSS 统计软件，全称为“Statistical Product and Service Solutions”，即“统计产品和服务解决方案”，是第一个用于大型机的统计软件。

BMDP 第 1 版诞生于 1961 年，由加州大学洛杉矶分校研发，是全球三大统计软件之一。早期曾有很多独具特色的分析方法，各大著名大学都使用，后来 BMDP 被 SPSS 公司并购。最新的版本是 BMDP 2007。

Minitab 最初是由美国的宾夕法尼亚州立大学（Pennsylvania State University）于 1972 年开发的，是质量管理和六西格玛实施的软件工具，是持续质量改进的工具软件。

1976 年，在北卡罗来纳州卡瑞市成立了 SAS 软件研究所（SAS Institute），JMP 是 SAS 的一个事业部，1989 年推出第 1 版交互式数理统计软件，用于六西格玛管理等数据分析。

1987 年，日本科学技术研修所推出“JUSE-QCAS”，它是质量管理统计解析专业软件，后改名为 JUSE-Statworks，包括 QC 新老七种工具、DOE、多变量解析、质量工程、可靠性解析等模块。

1992 年 SPSS 推出 Windows 版本；2009 年，SPSS 公司宣布重新包装旗下的 SPSS 产品线，定位为预测统计分析软件（Predictive Analytics Software）。

此外，Statistica、MINILAB 等大量类似的软件也被陆续开发出来。

随着质量管理进入质量经营阶段，质量管理信息系统陆续被开发出来，囿于质量管理信息系统的性质和各国企业质量管理的水平参差不齐，目前尚未出现全球权威的质量管理信息系统。

二、数字化质量管理的内容

2021 年 12 月，我国工业和信息化部办公厅印发了《制造业质量管理数字化实施指南（试行）》，通过该指南可以看出质量管理数字化与传统质量管理的区别与联系：

（1）质量管理数字化是通过新一代信息技术融合应用，推动质量管理活动数字化、网络化、智能化升级，增强全生命周期、全价值链、全产业链质量管理能力，提高产品和服务质量，促进制造业高质量发展的过程。

（2）与传统质量管理相比，质量管理数字化工作内涵并未发生本质性的改变，均是利用一系列技术、方法和工具，系统化开展质量策划、质量控制、质量保证和质量改进等活动，有效管控产品和服务质量。但两者在关注焦点、管理范围、工作手段等方面存在差别。

（3）传统质量管理主要面向工业时代相对稳定的发展环境，更多关注规模化生产中的质量问题；而质量管理数字化主要面向数字时代的不确定性需求，在关注规模化生产质量问题的同时，更加关注对用户个性化、差异化需求的快速满足和高效响应。

（4）管理范围方面，传统质量管理更多针对企业、供应链范畴的质量管理。随着数字化的深入发展，企业边界日益模糊，质量管理的范围从企业质量向生态圈质量加速转变，由强调质量管理岗位分工、上下游质量责任分工转变为强调以客户为中心的质量协作，更加注重对产品全生命周期、产业链、供应链乃至生态圈质量进行全面管理。

（5）管理手段方面，质量管理数字化在应用传统质量管理沉淀的方法、工具的基础上，进一步应用数字化、智能化的设备装置、系统平台等技术，注重以客户为中心的流程优化重构与管理方式变革，充分挖掘数据在质量管理中的创新驱动作用，系统化提升企业质量管理数字化能力。

（6）对应资源管理、研发管理、制造管理、供应商管理、顾客关系管理等，都有大量的软件系统予以支撑，数字化管理的进程也在不断深化。不同过程的数字化过程管理产品见表 1-6。

表 1-6　不同过程的数字化过程管理产品

管理过程	对应的软件
资源管理	ERP
制造管理	MES
研发管理	IPD
供应链管理	SCM
顾客关系管理	CRM
资产管理	EAM

针对各类过程运行的质量，关于过程测量、过程分析、过程控制和过程改进的质量工具和方法陆续被引入相应的过程管理软件，基于过程质量和体系质量的软件系统陆续被开发出来。未来，随着企业持续追求卓越，大量的系统方法会嵌入或独立开发出来，用于质量经营的各个领域。

三、数字化管理的等级

我国是一个发展中国家，工业化历史不长，信息化水平也参差不齐，不同水平的企业在开展数字化质量管理过程中，实施的内容和关注的重点也不同。单纯从数字化质量管理的水平出发，可以划分为四个等级，如图 1-25 所示。

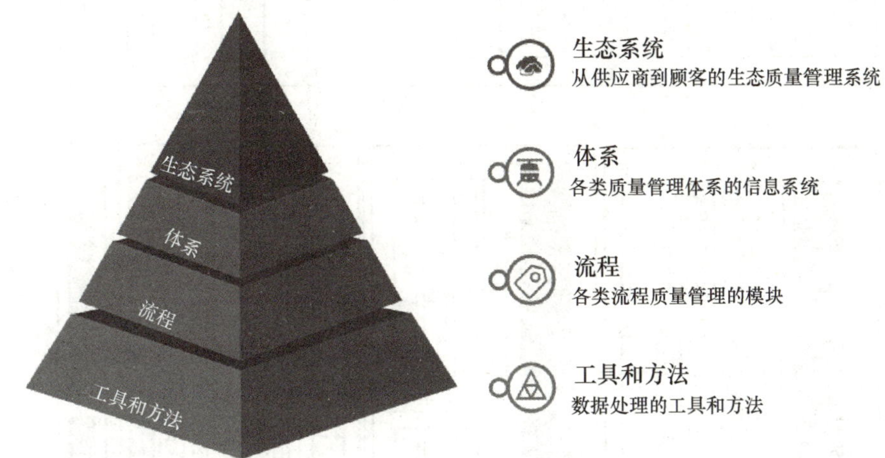

图 1-25 数字化质量管理的四个等级

数字化质量管理的第一个等级是“工具和方法”级。它主要利用多种数理统计和质量改进的工具和方法，对数据和语言性资料进行处理，帮助企业开展质量分析和质量改进活动。

第二个等级是“流程”级。它开始整合相关工具和方法，对各个关键流程的质量进行控制乃至管理。早期是制造过程的质量控制，例如一些 SPC 的软件系统，帮助企业开展制造过程控制，如图 1-26 所示。

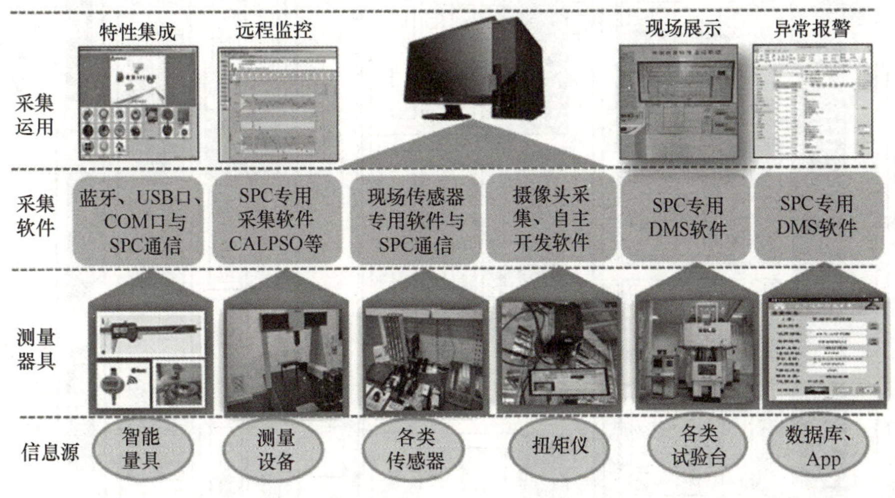

图 1-26 基于 SPC 的制造过程质量控制系统

第三个等级是“体系”级。软件基于顾客满意的质量管理体系，整合质量管理体系运行的关键过程的数据和信息，引入多种系统工具和方法，为企业质量管理体系的运行提供支撑。图 1-27 所示为科立特质量管理信息系统架构。

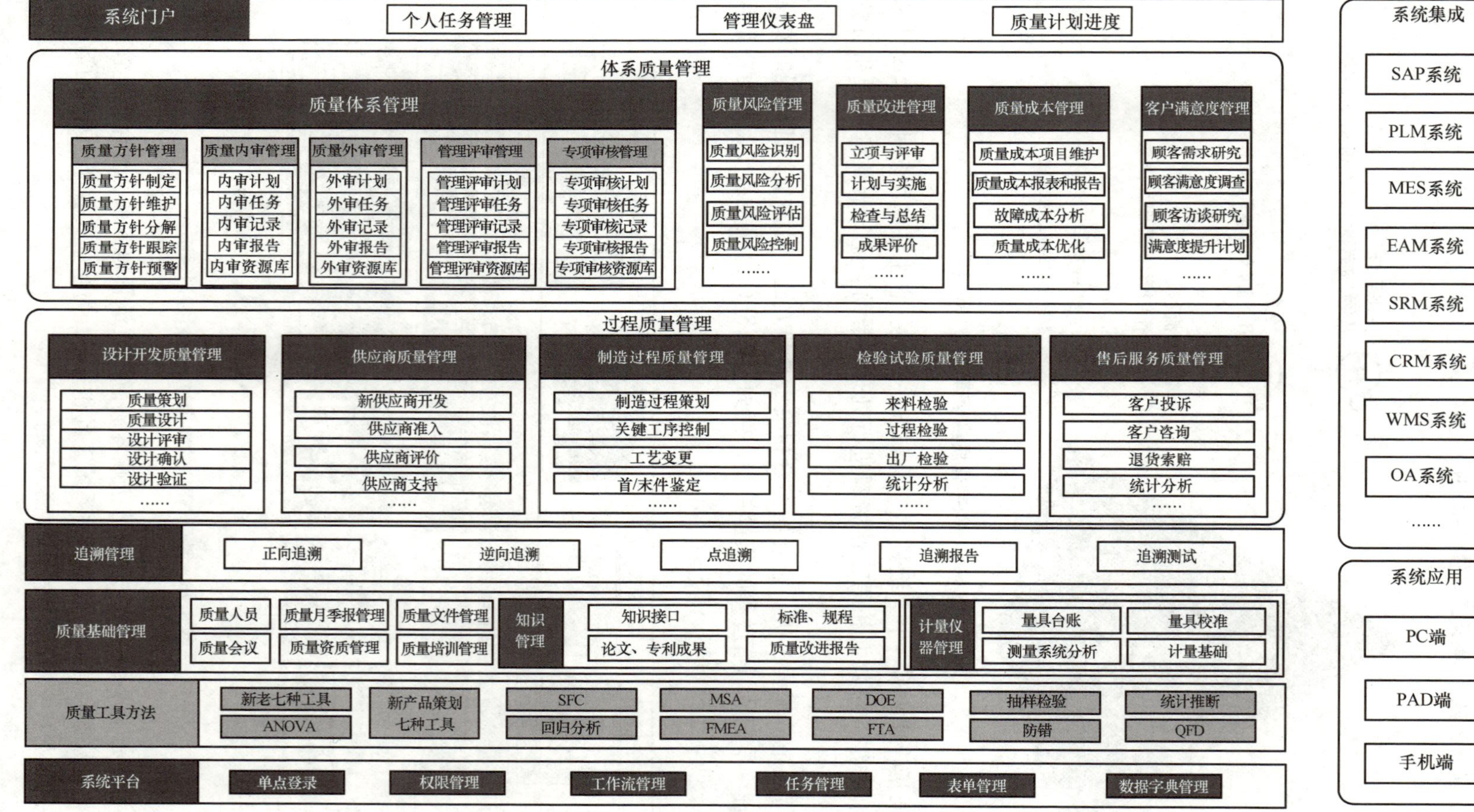

图 1-27 科立特质量管理信息系统架构

第四个等级是"生态"级。软件系统从利益相关方满意为出发点，整合多种管理体系的关键过程，同时，兼顾股东、顾客、员工、供方和合作者、社会的多方利益，为提升企业经营管理的成熟度提供支撑。

附　　录

附录 A　ISO 9000：2015 标准规定的术语

附录 B　质量管理百年历程

思　考　题

1. 试举例说明"过程"和"过程方法"的含义。
2. 试述质量概念及其发展。
3. 简述质量管理的发展以及启示。
4. 试述质量控制理论的基本内容及实践。
5. 简述生态质量管理的理论。
6. 简述品牌理论的发展。

第二章

供应商质量控制

本章要点

- 供应商的产品质量对企业的影响；
- 制造商与供应商关系的典型形式；
- 供应商的选择战略；
- 按照产品形成的阶段，从过程、体系、产品等多方面对供应商进行质量控制；
- 与供应商契约的内容以及契约的有效性要求；
- 如何对供应商进行业绩评定和动态管理。

第一节　供应商选择与质量控制

随着生产社会化的不断发展，企业的生产活动分工越来越细，专业化程度越来越高，促使生产技术水平不断改进，产品质量得到大幅度改善。通常，某一产品很少由一家企业从最初的原材料加工开始直至形成顾客最终使用的产品，往往是通过多家企业分工协作来完成的。另外，先进生产方式的广泛应用，如准时制生产、敏捷制造、零库存等，使企业与供应商的关系更加紧密，开始由单纯的买卖关系向链合共赢的合作关系演变。

一、供应商的产品质量对企业的影响

在经济全球化不断深化的今天，企业越来越注重培育和发挥自身的核心能力，对于非核心业务大多采用外包的方式，由供应商提供核心业务以外的作业。

供应商所提供的零部件质量在很大程度上直接决定着企业产品的质量和成本，影响着顾客对企业的满意程度。供应商提供的产品和服务对企业的发展起着十分重要的作用。因此，在链合共赢原则下，加强对供应商的质量控制已经成为企业质量管理创新的重要途径。

二、制造商与供应商关系的典型形式

在制造商与供应商的关系中，存在两种典型的关系模式：一种是传统的竞争关系；另一种是合作伙伴关系，或者叫链合共赢（Win-Win）关系。当然，许多企业与供应商的关系形

式处于这两种模式的中间状态。

1. 竞争关系模式

竞争关系模式表现为价格驱动，具有以下特征：

（1）制造商同时向多家供应商购货，通过供应商之间的竞争获得价格好处，同时也有利于保证供应的连续性。

（2）制造商通过在供应商之间分配采购数量对其加以控制。

（3）制造商与供应商之间是一种短期合同关系，稳定性较差。

（4）制造商与供应商的信息交流少。

（5）供应商的选择范围大多限于投标评估。

2. 合作伙伴关系模式

合作伙伴关系模式是一种链合共赢的关系，强调在合作的供应商和制造商之间共同分享信息，通过合作和协商协调相互的行为，达到链合共赢的目的。这种关系模式具有以下特征：

（1）制造商对供应商给予技术支持，帮助供应商降低成本、改进质量，缩短产品开发的周期。

（2）供应商参与制造商的新产品的早期开发。

（3）通过建立相互信任的关系提高效率，降低交易成本。

（4）制造商与供应商之间是长期稳定的紧密合作关系。

（5）制造商与供应商之间有较多的信息交流，且信息共享。

（6）制造商主动寻求优秀的供应商。

企业通过建立与供应商之间的链合共赢关系，可以给企业、供应商以及双方带来许多利益点，如表 2-1 所示。

表 2-1 链合共赢关系给企业、供应商以及双方带来的利益点

项目	企业	供应商	双方
利益点	1. 提高产品质量	1. 提高市场需求的稳定性	1. 增强质量优势
	2. 降低采购成本	2. 货款回笼及时、可靠	2. 增进沟通，减少纠纷
	3. 实现数量折扣	3. 准确把握顾客需求	3. 实现优势互补
	4. 获得及时、可靠的交付	4. 获得合作伙伴的技术和管理支持	4. 共同降低运营成本，实现成本优势
	5. 降低库存费用	5. 提高零部件的质量	5. 提高资产收益率
	6. 缩短产品开发周期	6. 降低生产成本	6. 降低双方的交易成本
	7. 降低进货检验费用	7. 增强盈利能力	7. 增强抵御市场风险的能力

三、供应商的选择

选择合适的供应商是对供应商进行质量控制的最有效手段；如果供应商选择不当，无论后续的控制方法多么先进，控制手段多么严格，都只能起到事倍功半的效果。因此，企业要对供应商进行质量控制，首先必须科学、合理地选择供应商。

（一）供应商战略的确定

企业在新产品的设计与开发阶段以及业务流程策划与再造等过程中，都必须考虑产品的哪些零部件需要自产，哪些需要由供应商提供，哪些供应商是企业的重要供应商，以及企业应该与供应商建立一种什么样的关系等问题。这些问题的解决过程就是企业的供应商战略确定的过程。

1. 企业自产与外购的选择

企业在生产经营过程中，所需要的原材料和零部件不可能都由自己生产，决定其中哪些应由供应商提供，不是一个简单的买与不买的问题，因为这涉及企业的业务流程，甚至涉及企业与供应商之间的业务流程再造，属于企业战略层面的问题。因而对零部件的自产和外购的选择，必须综合考虑企业的经营环境、市场供应情况以及企业自身情况。

（1）经营环境。企业对零部件自产还是外购的决策需要建立在对其经营环境的准确分析和把握的基础之上。企业所在行业的整体状况与发展态势、国家的宏观经济形势、企业产品的社会需求现状及未来预测等因素都会影响企业产品的产销量。而预期的产销量既是企业进行各项决策，如投资规模、设备配置等的主要依据，也是企业零部件自产与外购决策的重要依据。另外，竞争对手的零部件的自产与外购情况也是企业进行决策的重要参考依据。

（2）市场供应情况。零部件的市场供应情况也是企业决定自产还是外购的重要依据之一。企业与其供应商的关系，实质就是相互依存的关系，正如一家势力雄厚、规模巨大的企业会吸引很多供应商在其周围投资设厂一样，具有完善配套供应商的区域也常常会吸引大型企业甚至跨国公司前来投资办厂。某种零部件的市场供应能力、价格、质量和服务水平在很大限度上影响着企业的自产与外购决策。因此，企业应全面了解其产品中零部件的市场供应情况，注意通过互联网、展览会、供应商来信等渠道收集供应商的企业介绍、产品样本、获奖证书、代理商授权书、营业执照、产品实物质量水平以及市场行情等方面的信息。然后，按照供应商提供的物资种类，可分别建立原材料、零部件、包装材料等不同类别的潜在供应商档案。同时，建立潜在供应商一览表，并随时进行有效的更新。

（3）企业自身情况。企业决定其所需零部件是自产还是外购，必须综合分析企业的实力、核心业务及发展战略。通常，涉及企业核心业务的部分应由企业自己来做，否则企业可能会失去竞争优势。对于不涉及企业核心业务或核心能力的零部件，在决定是自产还是向供应商采购之前，企业需综合衡量外购的风险以及自产的优势，与供应商签订合同前谨慎审视自己，评价需要和期望，这样才有可能选择正确的供应商，取得链合共赢的效果。

2. 供应商的重要性分类

由于产品组成中各种原材料或零部件的重要性不同，因而决定了企业与不同供应商的关系密切程度不同，以及企业对不同供应商的质量控制的宽严程度不同。这就需要对供应商进行分类管理。

企业可以按照供应商提供零部件对产品影响的重要程度分为Ⅰ、Ⅱ、Ⅲ三类。Ⅰ类供应商所提供的产品对企业生产的产品质量有非常重要的影响；Ⅱ类供应商所提供的产品对企业生产的产品质量有重要的影响；Ⅲ类供应商所提供的产品对企业生产的产品质量有一般影响。

3. 供应商的关系选择

如前所述，企业与供应商的关系存在两种典型的形式，即传统的竞争关系和链合共赢的合作伙伴关系。当然，对于许多企业来说，其与供应商的关系往往处于这两种典型形式的中间状态。但是，企业必须明确自己与不同的供应商之间应建立一种什么样的关系。

与供应商的关系选择可以与供应商的类别结合起来。对于第Ⅲ类供应商，通常可采用最简单的合作方式，即直接采购。而对于第Ⅰ类供应商，企业应倾向于与之建立链合共赢的合作伙伴关系。这种合作伙伴关系往往不限于单纯的采购供货，还包括以项目方式提供服务、合作开发产品或服务项目，乃至指导和协助供应商进行质量改进等。近年来的发展趋势是，作为客户的企业越来越深地介入供应商的业务流程。例如，通过建立基于信息技术的业务模式，使两者之间的供需业务如同在一家公司内的生产计划和送货安排一样及时与有效。甚至将企业的原料仓库与供应商的成品库合为一体，将企业内部的业务流程与供应商的业务流程直接衔接，以及直接处理跨越两者的综合业务，形成跨越企业界限的高效率的业务流程，从而建立供应链竞争优势。对于第Ⅱ类供应商，企业可以综合考虑供应商所供应零部件的价值、数量以及供应商的规模等因素，从而进行适当的关系定位。

另外，企业与供应商的关系定位往往不是企业一厢情愿的事，还需要考虑企业自身的规模和实力以及供应商的规模和实力。如果企业自身规模很小，所购原材料或零部件占供应商业务量的比例很小，就不存在紧密协作或整合双方业务流程的可能性。此时，不管该供应商提供的零部件对企业的产品质量多么重要，简单的买卖关系都可能是一种最佳的选择。

当企业明确了哪些零部件需要外购后，需要根据外购件的重要程度对未来的供应商进行分类，并确定与各类供应商的关系原则。然后在此原则指导下，进一步确定选择供应商的评价程序和内容。

（二）供应商的基本情况调查

质量是产品的一项重要特性，既具有主观性的一面，又具有客观性的一面。质量的主观性要求企业针对目标顾客的需求与期望来开发和制造产品，以满足目标顾客的要求。这就需要在设计和开发的策划阶段对产品的质量水平进行定位，这种定位决定了对采购原材料和零部件的质量要求，从而决定了对供应商选择和控制的基本准则。

1. 选择供应商的准备

选择供应商的准备是整个采购工作的起点，是在与供应商接触之前必须做好的工作，这也是经验丰富的采购人员通常采用的工作方法。仅就供应商的质量控制而言，策划阶段的主要工作有：熟悉采购要求、研究拟采购产品的质量标准以及制定供应商评价准则（初稿）。随着设计和开发的进展，对供应商的要求也会发生变化，所以，这里制定的准则只能是初步的。

供应商评价准则最好由设计人员、采购人员和管理人员共同制定，以便同时满足技术和采购的要求。

企业在制定供应商评价准则时，要根据已有的技术文件来制定。这些技术文件已经考虑了顾客的需求和期望。但是就采购本身来说，法律法规可能有其他的要求。这时采购人员应进行识别，并且在制定供应商评价准则时满足有关法律法规的要求。

负责对供应商评价的人员在与供应商接触之前就应该首先熟悉采购产品的性能，比较全面地掌握采购产品的专业知识，这些专业知识有时可能是很广泛的，如机械、电子、化学、信息等。对不同的产品，其质量要求也是不同的，要注意区分外购原材料和零部件的质量特性，特别是关键质量特性。

2. 确定供应商群体范围

一般来讲，每一个企业都有自己相对稳定的供应商群体，这是企业的重要资源之一。在产品的设计和开发过程中，寻求供应商的最佳方法就是优先考虑原来已有的供应商群体，在原有的供应商群体中寻找最适合新产品设计和开发所需的供应商。在大多数情况下，企业的新产品设计和开发与原来的产品之间有许多联系，有的零部件或物资是通用的，这样原有的供应商群体可以轻易地满足新产品的需求。有时企业开发的是全新产品，或者由于市场需求的增加和新产品的投产，原有的供应商群体可能无法满足企业的需要，这时采购人员就要到社会供应商群体中重新寻找新的供应商，有时甚至需要到国际市场寻求合格的供应商。

如果被调查对象是企业的原有供应商，现在要扩展新供货品种，则可查询企业对该供应商的评定资料和以往供货的业绩记录。具体评定内容应包括该供应商的供应能力、供货及时性、财务状况、相对于竞争对手的优势、对质量问题处理的及时性，以及其他质量管理体系的相关信息。

如果被调查对象是准备合作的新供应商，企业没有关于该供应商的详细资料，可以对其进行直接调查。企业可根据产品和供应商的具体情况设计调查表。调查表的内容应包括企业规模、生产规模、主导产品、生产设备、检测人员和设备、过程能力指数、体系认证情况、主要原材料来源、相关经验、主要顾客及其反馈信息和遵纪守法情况等。调查表应尽可能地全面、具体，尽量用数据或量值进行表述，应注意调查内容便于进行现场审核。同时需要注意，对任何一种新产品，应同时调查若干有意向的企业，并由其主要领导签字确认调查内容的真实性。当然，通过调查其他企业或企业内其他分公司对该供应商的评审资料也是一种常用的方法。这些资料会提供该供应商在同种或类似产品方面的各类信息，甚至可能包括其技术开发实力或在哪些方面具有合作优势。

企业可在此基础上确定供应商群体范围，并形成文件。这种文件一般以初选供应商名单的形式提出，由采购部门拟订，经设计、质量、生产、销售、工艺等部门的人员评审后上报企业的有关领导审批。

随着我国企业逐渐融入国际经济大循环，企业在确定供应商群体范围时应该关注运用全球采购的杠杆，以实现采购成本的降低和采购产品质量的提高。

3. 供应商的基础信息

企业对供应商的管理，很大一部分是对供应商基础数据的管理，而供应商的基础数据又可以分为两个方面：一是供应商的基础信息，二是供应商的供货信息。

供应商的供货能力是企业采购时需要考虑的一个十分重要的因素，但它是随时变化的。这就需要对供应商的供货能力进行管理，及时掌握其变化，为采购人员按照订单的优先级进行采购提供必要的参考依据。

对供应商供应情况等数据进行长期积累并进行分析，利用分析的结果可以对供应商进行评价。同时，这也可以为企业组织生产提供基础数据，不会发生由于供应商的能力不足而对企业的生产造成影响的情况。

由于信息技术的广泛应用，供应商信息的变动可以通过网络及时地反馈给企业的相应部门，企业可以方便、及时地了解供应商的最新情况，以调整供应商供货的内容信息，使得所有供应商的质量管理变得在线、可控，从而避免了因不能及时获得供应商信息的改变而对采购造成影响的情况出现。

4. 生产设备与检测设备

供应商生产设备的整体水平、关键设备的先进程度和已使用年限，是确保其产品质量的硬件，并且往往是企业在短期内无法大幅度改善的，而设备生产能力是过程能力中的一个关键因素。因此，了解供应商的设备状况，有助于企业掌握供应商的质量保证能力和质量改进潜力。一般来说，设备陈旧落后的供应商无论其如何控制产品质量，要达到企业规定的质量要求都是非常困难的。

供应商的检测设备是供应商赖以测量、分析和改进的基础条件。如果供应商不具备必要的检测手段，就无法提供真实、准确的质量数据，那么对供应商的质量控制就如同空中楼阁。所以，在初选供应商时，了解供应商检测设备的配备情况和先进程度同样是十分必要的。

5. 过程能力指数和过程性能指数

供应商是否进行过程能力指数和过程性能指数的计算分析，可以在一定程度上反映其是否在生产过程中进行了预防控制。过程能力指数和过程性能指数的变化可以反映供应商的质量保证能力与质量改进潜力的大小，这在很大限度上反映了供应商的实力和管理水平。因此，调查供应商的过程能力指数和过程性能指数是选择供应商的重要依据。

6. 主要原材料的来源

在某些行业中，原材料的质量对产品的影响很大，如钢铁、石化行业。如果企业采购的产品其质量在较大程度上依赖于原材料的质量，那么企业在选择供应商时往往比较关心供应商的主要原材料来源，因此需要对供应商使用的主要原材料进行调查。

7. 主要客户及其反馈信息

对于供应商所提供的产品质量如何、服务质量如何，以及交付情况、供应商的信誉等方面的信息，企业不能只凭供应商的一面之词。企业可以首先了解供应商的主要客户有哪些，而这些客户的实力和在行业中的地位就可以在一定程度上反映供应商的能力。然后选择其重点客户进行调查，从侧面了解供应商的情况。

8. 遵纪守法情况

一个值得信赖的供应商首先应该是遵纪守法的模范，良好的守法记录对于优秀的供应商来说是一个最基本的要求。因此，企业在选择供应商时，应把供应商的遵纪守法情况作为筛选的前提条件。

（三）供应商审核

企业在分析供应商基本情况的基础上，对于Ⅰ类和Ⅱ类供应商，如果认为有必要对其做进一步的调查，供应商审核是选择供应商的重要依据。通过供应商审核，企业可以了解供应商有哪些优点和缺点，审核结果可以作为选择供应商的依据，也可以对预选合格、列入合格供应商名单的供应商进行排序，确定哪些供应商可以优先成为自己的供应商和战略伙伴。

审核时，企业应选派有经验的审核员或委托有资格的第三方审核机构到供应商处进行现场审核和调查。企业应有自己的审核标准，把握关键要素和过程。对已通过体系认证的，可关注其反映持续改进的管理评审、内审、纠正措施、预防措施、检验与试验等较易发现问题的过程。如果这些方面做得好，就说明该企业具有较好的合作潜力。对未通过体系认证的企业，应着重从控制的有效性入手，关注其采购、设备、人员、检验等重要过程。如果企业未获得质量管理体系认证证书，则可能未按照 ISO 9001 标准建立体系，也可能按照 ISO 9001 标准建立了质量管理体系但没有寻求认证。但是，这并不意味着它的质量管理体系不健全，更不意味着它没有管理体系。只要企业对关键要素和过程控制良好，产品质量能够达到企业要求，就具备了合作的基本条件。

审核过程中还应对被审核方的财务状况、顾客满意度、过程能力、员工素质、服务水平等进行调查。审核和调查应形成明确详细的审核报告与调查报告。审核结束后，企业应对供应商的相关合作经验、质量保证能力、履约能力、物流保障能力、服务和技术支持能力进行综合评估，根据评估结果优选供应商。

1. 供应商审核的时机

在对供应商进行评价和选择或者是对已有的供应商进行业绩考核时，往往需要进行供应商审核。

审核不是针对所有的初选供应商进行的，也不是对所有列入“合格供应商名单”中的全部供应商都进行绩效考核。这是因为供应商审核会耗费企业的人力和物力，必须有针对性地进行。一般来说，对新入选的供应商，企业在对供应商做了初步筛选的基础上，对提供重要零部件、大批量供货或有可能成为主要供应商的供应商进行审核；对现有的供应商，主要是对批量提供产品或质量有问题的供应商进行重新评价审核。

一般来说，应在批量供货之前对待选供应商进行审核，将审核合格的供应商正式列入“合格供应商名单”。对提供重要产品的Ⅰ类供应商，企业可能会将供应商审核提前到产品试制阶段；有些产品特别重要或者投资额特别巨大，企业为了减少风险，甚至在产品设计和开发的初期就开始对供应商进行审核。

对原有供应商的审核一般分为例行审核和特殊情况下的审核两种。

例行审核是根据双方规定的时间间隔，定期对供应商进行的审核。

特殊情况下的审核一般在如下情况下进行：供应商提供的产品质量特性波动较大，经常出现不合格品的情况；顾客对企业提供的产品有抱怨或投诉，经过分析，这些抱怨或投诉与供应商提供的产品或服务有关；企业的经营或外部市场有重大变化，需要供应商进行比较大的改进等。

2. 供应商审核的分类及其相互关系

供应商审核一般分为产品审核、过程审核和质量管理体系审核三类。

（1）产品审核。产品审核主要是确认供应商的产品质量，必要时还可以要求供应商改进产品质量以符合企业的要求。产品审核的主要内容包括产品的功能审核、产品的外观审核和产品的包装审核等。

（2）过程审核。过程审核视企业产品的实际情况而定，不是对每一种采购产品都要进行过程审核。一般来说，只有当供应商提供的产品对生产工艺有很强的依赖性的时候，才有必要进行过程审核。有时供应商会邀请企业对供应商的过程能力进行“会诊”，这也可以看作是一种过程审核。

（3）质量管理体系审核。质量管理体系审核是针对供应商整个质量管理体系进行的审核，这其中不可避免地包括对过程和产品的审核。一般选择 ISO 9001：2015 标准作为审核的准则，有时也可以根据供应商或产品的不同情况选择其他标准，如医药行业可以选择 ISO 13485：2016标准，汽车行业可以选择 IATF 16949：2016 标准等。

一般来说，对供应商审核的顺序应该是：首先进行产品审核，只有在产品审核合格的基础上才能继续进行其他审核，而当产品不符合要求时，就没有必要进行质量管理体系审核和过程审核；然后进行过程审核；最后进行质量管理体系审核。对于不同的产品、不同的供应商，这三种审核并不都是必需的，如果只进行一种或两种审核就可以对供应商提供合格产品的能力做出结论，这时就没有必要进行其他审核。

（四）供应商的评价和选择

了解供应商的基本情况和进行供应商审核，其目的都是对供应商进行评定，从中选择合适的供应商。为了确保供应商的选择质量，企业应依据一定的原则，按照规定的程序，通过合理的方法来评价和选择供应商。

1. 评价和选择供应商的基本原则

（1）全面兼顾与突出重点原则。评价和选择供应商的指标体系必须全面反映供应商目前的综合水平，避免只顾一点而不计其他的做法，如比价采购。对于重点指标要给予重点考虑。

（2）科学性原则。评价和选择供应商的指标体系的大小必须适宜，亦即指标体系的设置应有一定的科学性。如果指标体系过大，层次过多、指标过细，势必将评价者的注意力吸引到细小的问题上，而且容易把评价工作烦琐化；而指标体系过小，层次过少、指标过粗，又不能充分反映供应商的水平。

（3）可操作性原则。评价和选择供应商的指标体系应具有足够的灵活性和可操作性，使评价和选择工作方便进行。

2. 选择供应商的程序

任何一个运作规范的企业在选择供应商的过程中都会遵循一定的程序，图 2-1 为某公司的供应商选择、审核与认可流程图。尽管不同的企业对供应商的选择程序会存在一定的差异，但有几个基本步骤是许多企业共有的，可以将其归纳如下：

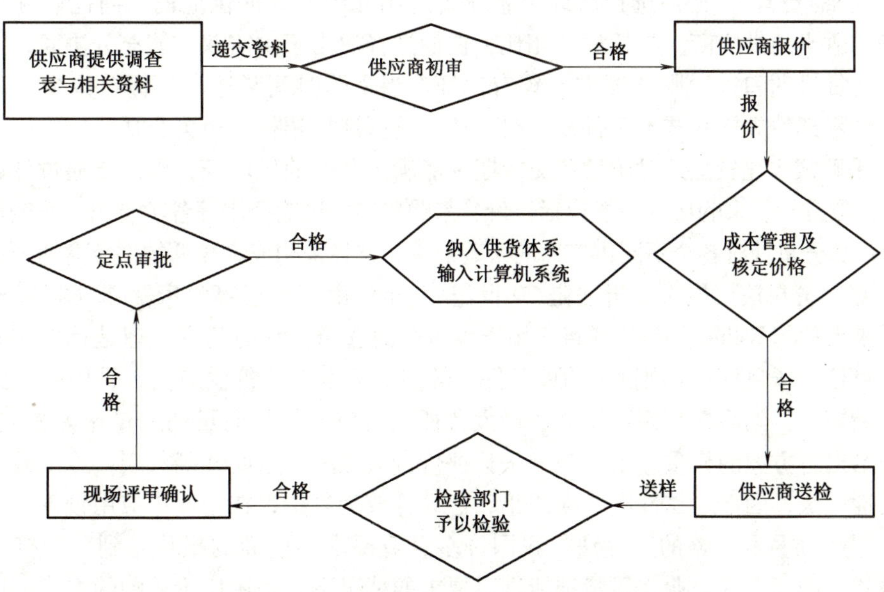

图 2-1 某公司的供应商选择、审核与认可流程图

（1）建立供应商选定工作小组，由质量管理部门牵头，产品开发、生产、供应、服务等部门派人参加，企业主管质量的领导担任组长，统筹评价和选择工作。

（2）选定工作小组确定供应商候选名单，并对候选供应商提交的材料逐个进行审核。

（3）对候选供应商所供应的原材料或零部件进行检验，应符合企业的质量要求和法定标准。

（4）由制造商选定工作小组派人到供应商企业进行现场考察，现场考察小组必须有质量管理部门的人员参加。在现场考察和取样检查结束后，应有综合分析意见的书面报告。必要时，应进行供应商审核。

（5）制造商选定工作小组对评价结果进行分析，选定供应商，将之纳入供应商管理系统。

3. 选择供应商的方法

选择供应商的方法较多，一般要根据可选供应商的数量多少、对供应商的了解程度以及企业对所购原材料或零部件的重要程度和时间紧迫程度来确定。目前较常用的方法有主观判断法、招标法、协商选择法、采购成本比较法、层次分析法、基于质量和价格的选优法、质量能力评级法。其中，基于质量和价格的选优法正在引起更多企业的注意。

（1）主观判断法。主观判断法是根据征询和调查所得的资料并结合人的分析判断，对供应商进行分析和评价的一种方法。这种方法主要是倾听和采纳有经验的采购人员的意见，或者直接由采购人员凭经验做出判断。它常用于选择企业非主要原材料或零部件的供应商。

（2）招标法。当采购数量大、供应商竞争激烈时，可采用招标法来选择合适的供应商。它是由企业提出招标条件，投标供应商进行竞标，然后由企业决标，与提供最有利条件的供应商签订合同或协议。招标法既可以公开招标，也可以邀请招标。公开招标对投标者的资格不予限制；邀请招标则由企业预先选择几家供应商。采用招标法，企业能在更广泛的范围内选择合适的供应商。但招标法手续较繁杂、时间长，不能适应紧急订购的需要；有时由于企业对投标者了解不够，双方未能充分协商，可能出现货不对路或不能按时到货等情况。

（3）协商选择法。协商选择法即由企业先选出几个较好的供应商，同他们分别进行协商，再确定适当的供应商。与招标法相比，协商选择法由于供需双方能充分协商，因此在产品质量、交货日期和售后服务等方面较有保证。当采购时间紧迫、投标单位少、竞争程度低、采购的零部件规格和技术条件复杂时，协商选择法比招标法更为合适。

（4）采购成本比较法。对质量和交货期都能满足要求的供应商，则需要通过计算采购成本来进行比较分析。采购成本一般包括售价、采购费用、运输费用等各项支出。采购成本比较法是通过计算分析针对各个不同供应商的采购成本，选择采购成本较低的供应商的一种方法。

（5）层次分析法。层次分析法是 20 世纪 70 年代由著名运筹学家赛惕（T. L. Satty）提出的，后来韦伯（Weber）等学者将之用于供应商的选择。它的基本原理是首先根据具有递阶结构的目标、子目标（准则）、约束条件、部门等因素来评价供应商，采用两两比较的方法确定判断矩阵；然后把与判断矩阵的最大特征相对应的特征向量的分量作为相应的系数；最后综合给出各方案的权重。由于该方法让评价者对照相对重要性函数表，给出因素两两比较的重要性等级，因而可靠性高、误差小，但计算较为复杂，在企业里应用较少。

（6）基于质量和价格的选优法。我国许多企业要求供应商的报价是到厂价格，由供应商负责送货，因而有的企业在质量都能满足要求的情况下，采用比价采购的方式来选择供应商。然而，即使不同的供应商提供的产品都是合格品，但由于其质量分布不同，给企业带来的质量损失也就不同，甚至相差很大。所以，忽略质量差异是不恰当的。这就要求企业通过综合考虑价格和质量损失来优选供应商。

（7）质量能力评级法。在供应商的产品报价可以接受的情况下，企业对供应商的质量能力进行评级，达到相应级别的供应商可以进入企业的合格供应商名录。这种质量能力评级主要是对供应商的质量管理体系、产品、过程等进行审核评分，以确保供应商具备提供合格产品的能力。比如德国大众集团通过质量能力评定来选择供应商，只有达到 A 级的供应商才有机会被德国大众集团选定为合作伙伴。

（五）供应商数量的确定

对于供应商的数量确定，目前还无法通过一个公认的数学模型来解决，但是有一些准则可以为企业提供指导。企业如果需要考虑是否对某种零部件选择单一供应商时，应分析是否符合以下条件：

（1）当前只有一家供应商能够按企业的要求提供该种零部件，企业别无选择。

（2）某供应商提供的产品质量和价格具有绝对优势，其他供应商无法与之竞争。

（3）订单太小而没有必要再分。

（4）同单一供应商合作可以获得额外的价格折扣。

（5）需要与供应商结成伙伴关系，并重新整合双方的业务流程。

（6）供应商对成为单一供应源十分积极，并愿意与企业全方位合作。

（7）采购零部件的生产需要高昂的先期投入，如开模费等。

（8）企业与某供应商已经进行了长期的合作，而且双方都重视对方并对以前的合作非常满意。

（9）企业采用先进制造方式，如准时制生产、自动补充库存、与供应商采用 EDI 的信息交流方式等，都会考虑单一供应源的可行性。

从理论上讲，采用单一供应商管理方便，有利于降低采购成本，也有利于供需双方建立深层次、长期稳定的合作关系，产品质量易于控制。但是采用单一供应商隐藏着一定的风险，如对供应商的过度依赖。例如 2000 年 3 月，诺基亚和爱立信移动电话的核心部件供应商——美国新墨西哥州的一家半导体厂商发生了严重火灾，导致这一核心部件供应中断了数周。由于诺基亚有多家供应商提供这一产品，诺基亚针对这一事件迅速调整了采购计划，保证了正常的生产和销售；而爱立信只有这一家供应商，结果导致爱立信退出了移动电话的直接生产，至少损失了 4 亿美元，其移动电话的市场占有率也从 12%降低到 9%，而诺基亚移动电话的市场占有率则由 27%提高到 30%。

因此，企业要在综合分析零部件的重要性、成本、市场供应情况、供应商的供货能力和可靠程度，以及与供应商的关系等因素的基础上确定供应商的数量。

一般来说，对于同一种外购产品，企业可以保持 2~3 个供应商，以保证供应的稳定性和可靠性，有利于产品质量的持续改进和提高；对于经营稳健、供应能力强、信誉好、关系密切的供应商可以只保留一家，这对供需双方都是很有利的。

四、供应商的质量控制

从传统意义上讲，对供应商的质量控制仅仅意味着提供的产品满足企业的技术要求。根据现代质量管理理论，企业为了持续改进总体业绩，已经将质量管理的范畴扩展到供应链的起点，将供应商质量控制的含义扩展到供应商所有与产品质量有关的活动。在某种意义上，对供应商的质量控制得如何，可能会严重影响甚至决定企业的生存和未来的发展能力。

这里将按照产品形成的阶段，从过程、体系、产品等多方面讨论在链合共赢的原则下如何对供应商进行质量控制。

（一）产品设计与开发阶段对供应商的质量控制

在产品设计与开发阶段，应根据不同产品的不同要求，在产品开发设计建议书和/或产品设计开发任务书中提出先行试验项目和课题，有针对性地为采用新原理、新结构、新材料、新工艺进行先行试验。为了确保试验的效果和以后批量生产的需要，这一阶段的一项重要工作就是对供应商进行初步控制，确保在新产品设计的各个阶段以及批量生产时，都能够有适合新产品或新服务需要的合格供应商。

需要注意的是，设计与开发阶段对供应商的要求与批量生产阶段对供应商的要求是不同的。在确保质量的前提下，设计与开发阶段往往更加强调及时供货，以保证设计和试制经常变动的需要；批量生产阶段往往更加强调价格的适当，以确保企业能够保持强有力的竞争力。

1. 设计与开发策划阶段对供应商的质量控制

在产品的设计与开发策划阶段，对供应商的质量控制是在对供应商进行初步选择的基础上进行的。在进行供应商选择之前，企业已经具有了比较完善的供应商选择、评价和重新评价的准则。除非设计的产品非常简单而且数量很少，否则这些准则应该形成文件，并且这些文件应该与设计开发的其他文件相一致，以便在企业和技术接口的各个方面得到良好的配合。

在传统的企业与供应商关系中，企业把供应商看作对手，对供应商的防范心很强，甚至不按时向供应商支付应该支付的货款，形成所谓的“三角债”。其实，这样既不符合供应商的利益，也不符合企业的根本利益。

在链合共赢的合作伙伴关系中，企业把供应商视为价值链中的关键一员，并采取有效措施调动供应商的积极性，与供应商共同分析质量问题，共同进行持续的质量改进，共同赢得市场、赢得顾客。所以，全方位地与供应商进行沟通并发挥供应商的优势是非常重要的。在产品的设计与开发阶段，利用供应商的技术优势与专门经验是进行供应商质量控制的创新手段。

目前，越来越多的企业让供应商及早参与产品的设计与开发，以充分利用供应商的技术优势和专门经验，真正实现与供应商链合共赢的合作。一般有以下两种做法：

（1）邀请供应商参与产品的早期设计与开发，鼓励供应商提出降低成本、改善性能、提高产品质量和可靠性、改善可加工性的意见。让供应商参与设计与开发的过程，表现了企业的诚意，供应商则可以充分了解对产品的质量要求。为了共同的利益，供应商从价值链的起点就开始控制质量，对产品的最终质量有利。

（2）对供应商进行培训，明确设计与开发产品的目标质量，与供应商共同探讨质量控制过程，达成一致的产品质量控制、质量检验和最终放行的标准。

显然，企业与供应商一同采用质量功能展开的方法进行产品设计与开发，不仅有助于供应商明了最终顾客的要求，更重要的是供应商可以直接将零部件质量需求转化为过程特性要求和工艺要求，从而达到控制供应商设计质量的目的。

当然，邀请供应商参与新产品的早期开发的做法会涉及企业的技术秘密问题，因为在产品的设计与开发阶段，新产品信息和技术秘密外泄有可能会使竞争对手抢得先机，特别是在供应商同时为企业和竞争对手供货的情况下，所以一定要十分注意保护企业的技术和商业秘密，防止泄密事件的发生，以免造成对供应商和企业自身的伤害。为此，企业可以根据自己的实际情况灵活掌握。如果企业已经与供应商形成战略联盟，采用以上办法应该说是高效和有益的；如果没有与供应商形成战略联盟，在保护企业的技术和商业秘密方面就需要采取一些措施。

2. 试制阶段对供应商的质量控制

初选供应商经批准后，就成为合格供应商。按照建立和实施质量管理体系的惯例，一般应建立“合格供应商名单”，列入这个名单的企业就有资格为企业提供合格的产品。而这个名单就成为企业采购部门下一步要重点控制的对象。

三个阶段对供应商的控制是不同的。设计与开发阶段主要是对供应商资源的策划、优选和沟通，而试制阶段则要求供应商提供样件或样品（以下称样件），这就产生了对外购件的质量检验、不合格品控制等过程。这一阶段与批量生产阶段也不相同。这一阶段的特点是：批量小，没有库存或库存很少，要求供货及时且价格比较宽松。而批量生产时的特点是：批量大，产品质量稳定甚至免检，价格比较低，可以有一定的库存以便周转。

根据试制阶段的特点，应注意通过以下方面加强对供应商的控制：

（1）与供应商共享技术和资源。首先与选定的供应商签订试制合同，目的是使初选供应商在规定的时间内提供符合要求的样件。合同中应包括技术标准、产品接收准则、保密要求等内容。应该与供应商沟通，要求供应商严格遵守企业的保密规定。

签订试制合同后，企业应该向供应商提供更加详细的技术文件。供应商对一些技术要求可能需要一个学习、理解和掌握的过程。这时企业可以帮助供应商尽快掌握专有技术，如操作要求、工艺方法、检验方法、改进途径等。对一些特殊的资源，如检验设备、加工设备、技术人员等，企业可以帮助供应商尽快配备这些资源，形成生产能力，满足试制的要求。

（2）对供应商提供的样件的质量检验。在试制阶段，由于供应商提供的产品或服务数量有限，仅仅是为了保证产品试制的需要，这个阶段的供应商并不一定会自然成为企业批量生产阶段的供应商，因而没有必要对供应商进行全面的控制，如下一节将要讨论的对供应商的过程能力、质量保证体系和测量系统的评价等。但是，考虑到工作的连续性，企业应有意识地与供应商在质量要求、技术标准、质量管理体系要求、测量系统要求等方面达成一致，尽量使批量生产时的供应商从试制阶段的供应商中产生。

对供应商提供的样件一般采用全数检验的形式进行检验，但是有时可能需要进行抽样检验，如当供应商提供的是流程性材料、破坏性检验、服务或数量比较大的产品时。

在进行全数检验以前，企业一定要在采购资料中对检验方法、使用的计量器具、对检验人员的要求、不合格的判定和处置等方面与供应商达成一致。

试制阶段使用的抽样方案与批量生产时使用的抽样方案一般是不一样的。批量生产时针对连续批一般使用计数调整型抽样方案，试制阶段针对孤立批一般使用计数标准型抽样方案。

（3）对供应商质量保证能力的初步评价。经过试制阶段，对供应商提供的产品进行综合分析，可以得出对供应商的初步评价。有的企业试制阶段又分为几个小阶段，如样件试制、中试等，统一按照试制阶段来讨论对供应商的质量控制。

在这个阶段胜出的供应商往往成为最后的赢家，成为企业最后选定的供应商。

企业对供应商的评价内容一般包括质量、价格、供货的及时性、信誉等，参加评价的人员包括生产人员、设计人员、工艺人员、质量管理人员、检验人员和计划人员等，必要时可以请企业的顾客参与评价。

评价合格的供应商列入“合格供应商名单（试制）”，经企业的授权人员批准后成为企业在试制阶段的合格供应商和批量生产时的主要备选供应商。

（4）产品质量问题的解决。在样件试制阶段，对产品质量问题的解决方法一般有改进、妥协和更换供应商。这个阶段还不存在批量检验的问题，返工、返修和让步接收的产品数量都不会很大，主要还是解决改进方面的问题，包括产品质量的改进和供应商选择的改进。

帮助供应商进行质量改进也是这个阶段的重要步骤。由于产品处于样品试制阶段，可能有些样件的质量达不到设计要求，这时企业可以帮助供应商分析过程，选择改进的切入点，改进样件的质量。

在不影响最终产品质量的前提下，企业与供应商之间的技术妥协有时也许是不可避免的。如有些技术问题在短期内无法解决，且回避这些问题对企业的最终产品没有影响或影响不大时，双方的技术人员可以进行重新设计或设计更改，形成折中方案，在双方都能接受的条件下对设计输出进行必要的修改。

在改进和妥协无法解决问题时，可以从初选供应商名单的备选供应商中选择其他供应商探讨解决质量问题的途径。如果所有供应商都不能解决这些质量问题，那么很可能需要对设计输出重新进行评审，检查设计输出在技术上和质量上是否可行。

（二）批量生产阶段对供应商的质量控制

企业在批量生产过程中，对供应商的质量控制主要包括监控供应商的过程能力指数和过程性能指数、供应商的测量系统，审核供应商的质量管理体系，检验进货质量，推动供应商的质量改进，以及对来自供应商的不合格品的处置和质量问题的解决等活动。

1. 对供应商质量保证能力的监控

在批量生产阶段，供应商提供的产品或服务的质量直接决定了企业向顾客提供的产品或服务的质量特性。企业在与供应商合作的过程中，应监控供应商的质量保证能力的变化。为了使监控有效，企业应就此与供应商达成一致，并遵循协商一致的标准和程序进行。监控的目的一般有两个：一是防止供应商的质量保证能力出现下降的情况，确保最终产品或服务的质量，达到顾客满意；二是与供应商共同发现改进的机会，寻找改进的切入点，在更高层次上创造价值。

在批量生产阶段，由于供应商大批量连续供货，采购产品的质量、价格、供货的及时性等因素对企业产品的质量和企业实现其经营方针及目标都有十分重要的作用。为了更加科学地评价和选择供应商，这一阶段的供应商评价应尽量采用定量分析的方法。根据产品和服务的不同，定量分析的方法也不同，常用的方法有过程能力分析、测量系统分析、质量管理体系评价和水平对比法等。

2. 质量检验的管理

对供应商的质量控制来讲，质量检验的管理主要是进货检验的管理以及对供应商的检验工作进行适当的评价和控制，但重点仍然是企业的进货检验。

批量生产时，供应商提供的产品一般属于连续批的产品。一般来说，经过了对供应商的评价、小批试制阶段的改进等，供应商提供的产品质量是比较稳定的，其波动一般也是在允许范围内的。但是，有时也会有异常因素的入侵，产生突发性的波动，如果恰好此时供应商在质量检验方面出现了疏忽，就可能会有大批不合格品交付。所以，企业要防止投入使用这种发生了突发性波动的批次的产品。

对批量正常进货的检验，首先应重视供应商提供的质量证明文件，并在此基础上进行核对性检查。对批量正常进货的检验可根据采购产品的不同情况，选择不同的检验方法。

进货检验应在采购产品入库或投产前进行，有关部门应向检验部门提供采购产品的图样、技术协议、验收文件以及供应商的质量保证文件或由供应商签发的合格证明，以便进货检验人员进行核对。进货检验一般可集中在进货检验站进行。对于关键产品、大量进货或体积庞大的货物，可根据需要派出检验人员常驻供应商处进行检验或到供应商处进行巡回检验。

3. 库存质量控制

库存质量控制是指对进入企业仓库的采购产品的质量控制。仓库管理人员的业务素质和责任心是有效实现采购产品质量控制的一个重要组成部分。库存质量控制主要靠仓库管理人员来控制。

采购产品进厂，就进入了企业的物资管理阶段，但在正式入库以前，还不能算是库存物资。必须经过进货检验并办理了入库手续以后，采购产品才算进入了储存状态，采购产品才正式成为企业的生产资源。

（1）到货控制。采购产品到货，要按照采购人员提供的采购文件进行验收。验收的内容有运单、数量、包装等，检查产品是否有损坏情况，验证随货提供的合格证明或其他质量证明文件等。仓库管理人员要检查产品的标识，必要时要根据企业的规定对采购产品重新进行标识。

仓库管理人员要对到货产品进行登记，登记内容包括产品名称、供应商、运单号、随货证件、数量、到货日期、规格型号，以及在数量上、质量上不符合的情况。

（2）入库前的检查。仓库管理人员应及时对进厂产品进行检查，检查内容包括以下几个方面：

1）查看随货合格证明和其他质量文件。

2）按运单检查数量。

3）检查包装和产品的外观质量。

4）查看产品的规格型号是否与要求的一致。

5）查看质量检验部门提供的检验记录或检验报告。

进货检验完成后，质量检验人员应按照公司文件的要求向仓库管理人员提供检验记录或检验报告，仓库管理人员凭检验记录或检验报告办理入库手续。检验不合格的产品不得入库，并按照规定及时通知供应商进行处置。

（3）入库手续。仓库管理人员接到质量检验人员提供的合格记录和合格报告后，应及时办理入库手续。采购产品可能并不实现真正意义上的“入库”，而是直接进入生产线。但按照传统的定义，这种情况仍然称为产品的“入库”。

入库手续由于技术和管理的进步而在不断变化，特别是计算机的广泛使用，更是加速了这种变化。以下提出一些常见的步骤：

1）通知采购人员产品入库的情况，并通知财务人员。

2）产品从待检区移入仓库或直接送达生产线，必要时需要对产品重新进行标识，并按规格型号分类存放；有的产品需进行拆包、清洗、涂油、重新包装等。完成这些过程之后，产品进入保管状态。入库保管的产品还应注意产品出库的方便，有利于产品先进先出。

3）在“仓库进货记录”上登记进货日期和检查报告的编号等其他仓库记录。

第二节　供应商契约与供应商动态管理

一、与供应商契约的内容

企业与供应商之间的契约，一般包括企业的需求及技术要求、基本供货合同、质量保证协议及技术协议等类型。契约内容应涵盖从产品开发、试制、检验、包装、运送直到不合格品处理、售后服务的全过程，所以契约可包含多个层次，如供货合同、质量保证协议、技术协议和售后服务协议等。以家电制造商为例，作为家用电器产品的主机制造商，由于零配件种类较多，涉及的专业又十分复杂，家电制造商注重规模经济，所以除核心技术外，大部分零部件的生产都是由供应商来完成的。供应商供应的零部件质量的好坏直接影响主机的产品质量和企业的品牌形象。由于供应商数量较多、地域分布广、涉及的专业类别复杂，对供应商的直接质量控制比较复杂，企业无法花费大量的人力和物力进行全面监控。契约化控制是目前对供应商进行控制的最有效的方法之一。

企业通过明确对产品的需求及技术参数的设计，明确供应商的质量控制职责、企业的监控手段以及违约责任，加上适时的沟通来使企业所需的零部件的质量得到保证。

企业与供应商之间的契约主要分为以下几类：产品技术信息、质量协议、基本供货协议和技术协议。

（一）产品技术信息

产品技术信息一方面作为供应商完成产品加工的技术基础，另一方面作为产品验收及出现质量纠纷时进行确认的依据。产品技术信息是双方的：企业应尽可能地向供应商提供详细的技术信息；供应商对接收的技术信息进行评审，确保设备、工艺、人员等生产要素满足企业产品的要求。

采购产品的技术信息对企业来说是产品的设计输出，而对供应商来说则是产品实现的设计输入。技术信息规定得准确与否、详细与否，将直接影响产出产品的质量水平及产品验收结果的判断，还将影响到不合格的责任划分。

采购产品的技术信息一般包括两个方面：一方面是企业提供给供应商的技术文件，如技术设计图样、产品技术标准，尤其是企业的企业标准、样品及技术规范；另一方面是国家法律法规的要求和强制性标准。供应商往往十分重视企业的技术要求，而对国家法律法规的要求和强制性标准却容易忽视，并且这一部分内容被忽视以后造成的产品质量问题往往都是致命的缺陷或重大不合格。

企业应将尽可能详细并且完整、准确的技术资料提供给供应商；供应商在接收了技术资料以后，应及时组织本公司相关人员进行评审，重点评审对方企业的技术标准和特殊技术要求。例如，某公司选定一家供应商为其提供一种抑制无线电干扰的电容器。为确保产品的质量，该公司向其供应商提出“抑制无线电干扰电容器”的技术要求，如表 2-2 所示。

表 2-2　某公司"抑制无线电干扰电容器"的技术要求

序号	项目	技术要求
1	标志	制造厂名或商标 产品型号 电气额定值 250V 电源种类符号~
2	外形尺寸	直径 $38_{-0.3}^{0}$mm 高 $50_{-0.3}^{0}$mm
3	泄漏电流	滤波器外表面与地之间传递的容性耦合电流不超过 0.1mA
4	电气强度	接地端与接地端子之间，引线端子与外壳间均能承受 50Hz、1500V、1min 的耐压试验
5	绝缘电阻	直流 500V 下绝缘电阻>100MΩ
6	温度	在正常使用中易触及表面非金属材料≤95℃
7	非正常操作	短路试验无破裂、断路、绝缘击穿等损坏
8	拉力弯曲和扭转	拉力 890N、弯曲 67.8N·m、扭转 67.8N·m 分别施加 5min 后仍能正常使用
9	插入衰减	20~50Hz
10	其余指标符合国家标准和本公司的设计图样	

表 2-2 中的技术要求，第 1、2、6、8、9、10 项为企业的特殊要求，而第 3、4、5、7 项为国家强制性标准要求。供应商在评审上述要求时，应注重考虑本公司的技术能力、设备、人员及质量保证能力和以往生产的产品，确保以后能及时按照所签订单保质保量地交付产品。

对国家强制性标准要求的项目，供应商应仔细核对企业提供的技术参数与国家标准的差异，往往对方企业标准的要求严于国家标准，如表 2-2 的技术要求第 3 项"泄漏电流"和第 5 项"绝缘电阻"，国家标准要求分别为 0.3mA 和 2MΩ，而企业标准要求为 0.1mA 和 100MΩ，远远严于国家标准。在这种情况下，供应商首先要满足的应是对方企业标准的要求，这一点丝毫不能含糊。一旦出现产品符合国家标准而不符合对方企业标准要求的情况，最后的结果只能是产品被判为不合格，因为只有符合顾客要求的产品才是合格的产品。

在国家强制标准要求的产品中，有一些涉及人身安全和人类健康的产品，国家对这些产品实行安全认证和强制认证。如国家实行的中国强制性产品认证（China Compulsory Certification，简称 3C），规定在强制性认证产品目录范围内的产品，只有获得 3C 认证以后才能在市场上流通。对于提供这类产品的供应商，应及时掌握国家法律法规的相关规定。一般情况下，企业不会对供应商提出强制认证要求，供应商应自觉地将国家强制认证要求纳入产品实现的输入。

采购技术信息的详细程度取决于企业对供应商质量控制的严格程度和对产品质量水平要求的高低。质量管理水平高且技术力量雄厚的企业，对供应商技术信息要求就严格。一般不仅对产品本身的技术性能进行规定，而且对供应商的加工工艺、生产设备、人员素质、检测手段，甚至供应商的供应商进行规定，其控制模式接近于现在家电行业中流行的 OEM（Original Equipment Manufacturing）模式。

对于企业提出的产品技术信息，供应商应认真分析，着重考虑自己的技术能力、设备和质量保证能力能否达到企业提供的产品技术要求，尤其是对尺寸要求比较严格的机加工零部件和尺寸变形较大的塑料橡胶零部件。曾经有一家制造商，其某产品操作面板的材料要求为ABS工程塑料，设计技术要求中有一个长度尺寸为1249.99~1250.01mm。当初设计时，设计人员由于经验不足，没有考虑这个尺寸公差对于该类产品装配来说要求太严了，只考虑了对模具加工的公差要求。供应商拿到图样以后，为了赶进度开发模具，未组织技术人员进行有效的评审，等模具开发完毕加工零部件时，才发现公差要求太严，设备和模具根本无法满足。幸好这家公司及时调整设计，否则供应商不仅要浪费几十万元的模具开发费，而且要赔偿对方因生产延误造成的损失，给双方带来不必要的经济损失。

对于产品技术信息，一旦双方确定以后，就作为产品契约的一部分，应按照双方约定的渠道和手段进行交接。供应商在接收技术信息资料时，要确认下列内容：版本状态、文件编号、审批手续、文件生效日期、发放文件的部门及文件发放人员的权限。发放文件的企业要规定向供应商发放文件的部门和人员，尤其是需要开发模具或需要供应商前期投资时，必须由部门负责人或公司领导授权发放。文件的发放和接收要建立档案，经过双方签字认可，避免由于技术信息的发放混乱而造成不必要的损失。需要开发模具时，供需双方应签订《模具开发协议》，详细规定下列内容：模具开发时间、模具费用的承担方和模具开发费支付方式。费用如需在后期的产品中分摊时，必须事先约定好分摊的零部件数量和分摊的时间期限、模具知识产权的归属、模具的验收方法和验收人员资格要求等。

（二）质量协议

质量协议是企业与供应商的质量契约，规定供应商的质量职责，评价供应商的质量管理能力，规定产品质量水平，明确违约责任及经济索赔标准。质量协议是企业对供应商进行质量控制最关键的契约，是企业实施预防质量的有效手段。对于企业来说，无法也没必要花费大量的人力和财力对产品上的每个零部件的加工、检验和试验过程进行控制。

质量协议是企业和供应商达成的质量管理契约，规定了双方在产品质量上的权利和义务。由于企业是供应商的顾客，契约的内容往往围绕着企业展开，目的是通过协议内容明确供应商的质量职责并促使其自觉进行质量管理，确保供应商交付的产品质量符合企业的要求。质量协议的内容没有固定的模式，根据供需双方的实际状况和产品的性质、加工复杂程度而定，总体上包括：质量管理、质量管理监督、验收检验程序、不合格品的处理方式、过程控制、质量保证和责任区分、质量指标约定及违约责任、争议的处理等。

（三）基本供货协议

基本供货协议规定双方物资流通计划、供应商对供货计划的实施、违约责任及经济索赔标准、物资运输、交付程序等内容。

（四）技术协议

技术协议是企业与供应商就产品特殊技术要求、检测方式、检测流程等方面达成的技术契约。它通常是指供需双方针对检测进行的约定；当产品的技术含量高、应用新材料没有可参照的标准时，企业可对产品的某个参数进行免除检验，充分相信供应商。这时，企业为确保产品质量，可与供应商签订一般质量协议的补充协议，专门对某个参数的要求和检测进行约定。

二、契约的有效性要求

（一）契约的实效性

起草与签署契约时，必须考虑产品形成过程中的实际情况，以及契约执行的可操作性。有些协议在制定时可能需要考虑的因素较多，规定得较为详细，但如果过于烦琐，缺乏可操作性，反而起不到应有的作用。

例如，某公司需从供应商处采购大量的加工轴承用的钢材。由于轴承对材料要求较严、加工精度较高，公司为保证质量，在协议中要求对方对每一批材料进行化学成分分析和力学性能试验。供应商如果引进整套试验设备，势必耗费大量的成本，同时要配备相应的技术人员；如果不增加资源配置，那么每次都要送社会检验机构检验，支付昂贵的试验费用。类似这种契约，如果供应商仔细审验的话，就会考虑进行利润-成本-风险分析，在价格上提高要求。这种协议履行起来有较大难度，同时也容易引起一些不必要的纠纷，不利于供应链的稳固和质量优势的形成。

（二）契约的激励性

契约中应明确供需双方的权利和责任，同时也应规定必要的奖惩性条款，一方面约束供应商的质量行为，另一方面鼓励供应商不断提高产品质量。

对供应商的奖惩包括两种类型：一是因质量责任的划分而产生的奖惩；二是根据业绩考核而产生的奖惩。在实际操作中，适当的奖励可能会产生意想不到的管理效果。例如，某供应商的产品在顾客手中出现了较为严重的质量问题，企业立即通知供应商分析原因，采取整改措施。供应商接到通知后，积极地派人到现场进行协助调查和分析，使问题很快得到解决。本来根据双方的协议规定，该供应商除了应承担全部质量责任外，还应承担数额不菲的罚款。但企业考虑到该供应商是自己的重要供应商，合作一直很顺利且质量稳定，于是决定奖励供应商对质量问题的快速反应和积极的态度，免除了所有的罚款。年终评定时发现，该供应商的产品合格率比上年有较大幅度的提高。

对于契约中的惩罚性条款要注意其可操作性，否则容易造成对供应商的失控，或引起与供应商的纠纷。例如，生产空调机的某公司与某阀门供应商签署协议，规定乙方（阀门供应商）的所有产品应保修五年，并规定如五年内出现质量问题的比率在0.03%以下时，供应商为甲方免费更换不合格品；当该比率为0.03%~0.05%时，乙方除免费更换不合格品外，还要向甲方支付1万~5万元的赔偿金等。结果乙方的产品在顾客手中经常出现质量问题，但甲方一直在使用乙方的产品，市场返回的不合格品经过长时间使用、拆换及若干次周转后，很多已无法确定出厂日期。企业要对市场退回的不合格品按出厂时段进行统计将浪费大量的人力，而且周期太长。这样一来，根据契约，企业实际上无法对供应商的质量问题要求索赔。

三、对供应商的业绩评定

对供应商的业绩评定既是企业进行供应商质量控制的重要内容，也是企业对供应商进行动态管理的依据和前提。因而，企业应建立一套科学的供应商业绩评定标准，通过科学、公正的业绩评定，对供应商进行业绩分级，并采取相应的措施鼓励优秀供应商、淘汰不合格供应商，这对于促进供应商提高产品质量和供货积极性，建立完善、稳固的供应商关系十分重

要。对于供应商较多的企业来说，供应商的业绩评定还能促进供应商之间的良性竞争。

（一）供应商选择评价与供应商业绩评定

供应商选择评价和供应商业绩评定的区别在于：供应商选择评价的目的在于选择合适的合作伙伴，评价时企业对供应商掌握的第一手材料较少，缺乏可评价的产品供货记录，因而评价的重点在于考察供应商的规模实力、质量管理体系、设备先进程度、供应商的顾客反馈、原材料来源和样品的质量水平，通过对这些因素的评价来推断供应商未来满足企业需要的能力。供应商业绩评定的目的在于对供应商满足企业要求的结果进行评定，及时肯定优秀供应商，鞭策合格供应商，淘汰不合格供应商。评定时企业已经掌握了丰富的第一手材料，因而评价的依据不再是一些间接的信息，而是利用与供应商合作过程中积累的数据对供应商的产品及服务质量、供货及时率、订货满足率等方面进行综合评价，并根据评价结果对供应商进行业绩分级。

（二）供应商业绩评定的主要指标

供应商业绩评定的指标主要有供应商提供产品的质量、服务的质量、满足企业订货的情况、及时交付产品的情况等。

1. 供应商的产品及服务

供应商的产品及服务主要是指供应商的产品质量和服务质量，这是评价供应商业绩的最重要的指标。

（1）产品质量指标。产品质量指标主要考察四个方面：产品实物质量水平、进货检验质量、投入使用质量和产品寿命。

1）产品实物质量水平通过产品的主要性能指标来反映。

2）进货检验质量主要通过批次合格率（每百批产品中经检验合格的总批数）、零部件的让步接收情况以及质量问题重复出现情况来体现。

3）投入使用质量通过零部件投入使用合格率（每百个零部件投入生产后总的合格数）来体现。

4）产品寿命通过三包期内每百单位零部件在整机使用中未出现故障的零部件总数来体现。

（2）服务质量。供应商的服务质量包括售前、售中和售后服务质量。

1）售前服务。售前服务主要是指供应商的业务人员与企业相关部门的交流和沟通，探讨所供零部件的技术参数及加工过程，介绍供应商的基本情况、技术实力、主要设备及过程控制，需要开发模具时共同选择模具开发商、商定模具开发费用，为实现零部件的加工制作做好准备。

2）售中服务。供应商应确保及时、保质保量地交付货物，及时了解产品的质量状况，出现质量问题积极协助主机厂进行分析，并提出改进措施；了解提供给主机厂的零部件的使用状况，必要时可以开展联合设计。

3）售后服务。当产品出现质量问题时，供应商的反应速度、处理态度和问题解决的结果应达到要求；为用户提供产品维修、保养和技术支持，开展用户满意度调查，及时了解产品的市场质量信息反馈，并根据用户的反馈意见积极展开持续改进。

2. 订货满足率与交付及时率

当今各行各业竞争都十分激烈，企业间比拼的除了核心技术，还包括抢占市场的先机。

能否及时地将自己的产品输送到销售一线，直接影响着市场的整体策划。所以，生产的计划完成率和完成速度对销售的影响非同一般，而企业生产计划的完成与否关键取决于其供应商的订货满足率与交付及时率。

许多企业的生产基本是实行以销定产，有些企业要求更严，实行成品和零部件的零库存。这对主机厂和其供应商的物流要求很高，需要有一套科学的物流管理方法和严格的考评机制来维持。一般运作方式为：在每月中旬由销售或市场部门将下月的产品需求计划下达给生产部门；生产部门经过召集相关部门进行评审确定以后，下达生产计划；物流部门根据生产计划和零部件的库存情况，制订下月的采购计划；采购部门接到采购计划以后，由业务员分解给各个供应商。以上这些计划的下达一环扣一环，最终目的是在生产日期规定的提前量上保证原材料和零部件到达主机厂，满足生产的需要。在这种运作模式下，要求供应商严格执行主机厂的采购计划，否则将造成损失。

实际上，由于种种原因，对于供应商较多的企业，经常会有个别或少数供应商不能按量或按时交货，尤其是货款支付不及时的企业，这种情况更加严重。这就要求企业对所有供应商建立供货档案，签署契约，明确违约责任。每月统计对每个供应商下达的采购计划的时间、数量和要求供货的时间，记录实际供货数量和时间，对未完成计划的原因进行分析，对未完成计划造成的损失进行测算，并及时通知供应商。年底针对每月的供货情况进行统计分析，必要时对同类型的供应商进行对比分析，为供应商总体业绩评价提供依据，对所造成的损失根据双方签署的契约进行追偿。

（三）供应商业绩的评定方法

1. 不合格项评分法

根据供应商提供不合格品对企业产成品的影响程度，定期进行不合格分级评定。例如，某公司规定致命不合格项分值为 5 分，严重不合格项的分值为 3 分，轻微不合格项的分值为 1 分。质量工程师定期对供应商的不合格项总分进行统计，据此对供应商进行等级评定，并将评定结果及时通知供应商。这种方法操作简单，节省人力，但评价指标偏少，无法反映供应商的综合业绩水平，因而适合于对提供简单、量大、价值低的零部件的供应商进行业绩评定。

2. 综合评分法

质量管理部门不但要收集每个供应商的月度投入使用合格率，而且应定期调查供应部门和销售部门的主管，对该供应商的质量稳定性、售后服务水平和供货及时性、供货量的保证能力等方面进行综合评价。例如，某公司采用满分为 100 分的评价体系，各分项满分分别规定为：产品实物质量水平 15 分，年度平均投入使用合格率 15 分，全年批次合格率 15 分，服务质量 15 分，订货满足率 15 分，交付及时率 15 分，顾客反馈质量 10 分。经过充分收集资料并经调查分析后，得出每个供应商的综合评分，然后根据得分的高低评出供应商的优劣等级。这种方法可以比较全面、准确地反映供应商的综合实力。但由于这种方法耗时费力，所以只适合进行较长周期的评定，如半年评定或年终评定。

3. 模糊综合评价法

模糊综合评价法是运用模糊集理论对供应商业绩进行综合评价的一种方法。这种方法将供应商的客观表现与评价者的主观判断结合起来，是一种定量与定性相结合的有效方法，特别适合供应商的质量数据不全、定量和定性指标都需评价的场合。模糊综合评价法同样适用于供应商的选择评价。

四、对供应商的动态管理

企业可根据供应商的业绩评定结果，定期对所有供应商进行分级评定，并依此对供应商进行动态管理，以达到奖优汰劣，推动供应商不断提高产品质量和服务质量的目的。

（一）供应商动态分级

根据对供应商的业绩评价，所有供应商可以划分为 A、B、C、D 四级。

1. A 级供应商

A 级供应商是优秀供应商。对于优秀供应商，企业首先应肯定供应商的优异供货业绩，并对供应商表示感谢。其次，应根据这些优秀供应商的重要性类别来选择管理对策。对于Ⅲ类优秀供应商，由于其供应的零部件对于企业产品的质量影响不大，可以通过增大订单比例、采用更短的付款周期等措施来鼓励该类供应商继续保持或改进供货业绩水平；对于Ⅰ类和部分Ⅱ类优秀供应商，企业应从业务流程整体优化的角度寻求与供应商进一步合作和改进的机会，通过业务流程的整合避免不必要的重复工作，消除不增值的活动。有条件的企业可以考虑将自己的供应商管理系统与供应商的顾客关系管理系统对接起来，实现数据共享，使供应商与企业共同直接关注最终顾客，双方共担风险、共享利益。

2. B 级供应商

B 级供应商是良好供应商，可以较好地满足企业的要求。B 级供应商尽管稍逊于 A 级供应商，但同样是企业值得珍惜的重要资源。企业应本着链合共赢的原则，加强与 B 级供应商的沟通，及时支付供应商的货款。对于Ⅰ类供应商，其业绩至少应达到 B 级；对于Ⅱ类供应商，应保证同一种产品至少有一家供应商达到 B 级。

3. C 级供应商

C 级供应商是合格供应商，能够满足合同约定的当前运作要求。它提供的产品或服务其他供应商也能轻易提供，所以合格供应商不具备额外竞争能力。对于企业来说，如果Ⅰ类供应商的业绩只有 C 级，应暂停供货，但可以作为应急备选供应商；如果Ⅱ类供应商的业绩为 C 级，其供货比例应维持在 20%以下；如果Ⅲ类供应商的业绩为 C 级，其供货比例应维持在 40%以下。

对于所有的 C 级供应商，企业应向其提出警示，促使其由合格供应商发展为良好供应商，当然这需要供需双方共同付出努力。

4. D 级供应商

D 级供应商是不合格供应商，其不能满足企业的基本采购要求。在正常情况下，企业应选择终止与 D 级供应商的合作，并代之以更好的供应商。

供应商的业绩评定和分级可根据企业的计划定期进行，可以每月进行一次，也可以每季度进行一次，还可以每半年或每年进行一次，并可以结合产品的特点和供应商的质量波动情况来决定。因而，任何一家供应商的业绩级别都不是一成不变的。对于在评定期间隔内供货质量急剧下降，或出现重大质量事故的供应商，可根据需要随时淘汰。

（二）供应商的动态管理

针对供应商的不同业绩表现分级采取有针对性的管理措施，是企业不断优化供应商队伍、强化供应链质量优势的有效手段。

对各类供应商的管理可以结合企业的供应商定点个数来区别对待。

对于定点个数为 1 的情况，A 级供应商的订单分配为 100%，继续维持与其紧密的合作关系；B 级供应商的订单分配为 100%，但需开发该外购件的新供应商；如果此供应商为 C 级、D 级，则应尽快更换供应商。

对于供应商定点个数为 2 的情况，订单分配与管理对策如表 2-3 所示。

表 2-3 供应商定点个数为 2 时的订单分配与管理对策示例表

供应商类别组合	订单分配	管理对策
A、B	60%：40%	维持与这两家供应商的关系
A、C	80%：20%	促进 C 级供应商提高产品质量
A、A	55%：45%	根据两家供应商的排名分配订单
B、B	55%：45%	根据两家供应商的排名分配订单，同时督促供应商提高产品质量
B、C	70%：30%	在督促供应商提高产品质量的同时，寻求更好的供应商
C、C	55%：45%	根据两家供应商的排名暂时分配订单，同时尽快寻求优秀供应商

对于定点个数为 3 的情况，三类供应商的组合情形较多，订单分配与管理对策如表 2-4 所示。

表 2-4 供应商定点个数为 3 时的订单分配与管理对策示例表

供应商类别组合	订单分配	管理对策
A、B、C	55%：30%：15%	维持与这三家供应商的关系，促进 C 级供应商提高产品质量
A、A、A	40%：33%：27%	对这三家供应商进行比较排名，按名次分配订单
A、A、B	45%：40%：15%	对两家 A 级供应商进行排名，按名次分配订单
A、A、C	48%：42%：10%	对两家 A 级供应商进行排名，按名次分配订单，促进 C 级供应商提高产品质量
A、B、B	50%：25%：25%	维持与这三家供应商的关系
A、C、C	70%：15%：15%	促进 C 级供应商提高产品质量，同时考察新的供应商
B、B、B	40%：33%：27%	对这三家供应商进行比较排名，按名次分配订单，在促进供应商提高产品质量的同时，寻求更好的供应商
B、B、C	40%：40%：20%	采取有力措施，促进供应商提高产品质量，寻求优秀的供应商
B、C、C	50%：25%：25%	尽快选定优秀供应商
C、C、C	40%：33%：27%	对这三家供应商进行比较排名，按名次分配订单。该产品的供应商缺乏竞争力，企业应检讨对供应商的管理工作，并尽快更换供应商

无论定点的供应商个数多少，都应及时淘汰 D 级供应商。

这种分级评定和管理将供货订单与供应商业绩、外购件分级结合起来，使订单的分配比较科学合理，并通过订单的分配来引导供应商提高产品质量。

思 考 题

1. 企业与供应商之间的典型关系形式有哪几种？各有什么特点？
2. 企业在决定某零部件是自产还是外购时，应考虑哪些因素？
3. 在什么情况下企业可以选择单一供应商？
4. 企业在选择供应商时应考虑哪些因素？
5. 企业在选择供应商时可以采用哪些方法？
6. 在试制阶段，企业对供应商质量控制的重点是什么？
7. 在批量生产阶段，企业对供应商质量控制的重点是什么？
8. 企业与供应商之间的契约主要包括哪些？
9. 供应商业绩评定的常用方法有哪些？
10. 企业应如何对供应商进行动态管理？

第三章 顾客满意管理

本章要点

- 顾客满意管理的基本理论；
- 顾客满意的测量方法；
- 顾客满意度调查表的基本结构、设计要求；
- 顾客满意度调查常用的方法；
- 顾客满意度调查后资料的整理和对顾客满意的评价；
- 顾客关系管理的基本要素，如何识别顾客和顾客需求以及顾客关系的价值。

根据GB/T 19000—2016标准的定义，顾客满意就是顾客对其期望已被满足程度的感受。顾客满意既是企业质量管理的出发点，也是组织质量管理的归宿，企业质量管理体系的各个过程始终处于“顾客要求”和“顾客满意”之间，顾客满意是检验组织的质量管理体系是否有效的根本标准。

国内外关于企业管理、质量管理的理论和实践已经证明，顾客是企业生存和发展的基础，没有满意的顾客就没有企业的生存空间，也就没有企业的未来。顾客满意管理是企业质量管理工作的核心，质量管理工作者应成为顾客满意管理的专家。

对于一个企业来讲，如何进行顾客满意的监视和测量呢？GB/T 19001—2016标准对此并没有具体的要求，在企业管理中也没有固定的模式。在企业的顾客比较单一、数量也不是很多的情况下，顾客是否满意，企业的管理者和企业员工心里应该很清楚，根据平时的观察就能够得出基本正确的结论，这种监视和测量无疑是有效的。这样的企业一般就没有必要再大动干戈去组织所谓“正式”“专业”的顾客满意度调查；有的企业产品比较复杂，顾客比较多，信息量比较大，在这种情况下，实施比较正规的顾客满意度调查可能是必要的。本章的内容就是对顾客和顾客需求的识别、顾客满意度调查的方法、顾客满意信息的分析和应用等方面进行讨论，并提供一些实用的方法以供参考。

第一节 顾客满意管理概述

本节将首先讨论顾客的识别，即首先解决“谁是企业的顾客”的问题；其次是对已经识别的顾客确定其需求，即解决顾客真正需要的产品和服务是什么，这些需求如何进行表述；然后结合 GB/T 19000—2016 标准的要求，探讨顾客满意管理的总体思路。

一、顾客的识别

要实现顾客满意，首先必须识别顾客，识别顾客的需求，即弄清谁是企业的顾客，顾客的需求是什么。这是顾客满意管理的基础。要建立并保持一个有效的质量管理体系，顾客的识别和顾客需求的识别都是非常重要的。

按照 GB/T 19000—2016 的定义，顾客是“能够或实际接受为其提供的，或者按其要求提供的产品或服务的个人或组织”。例如，消费者、委托人、最终使用者、零售商、受益者和采购方都可以是顾客。

对于企业来说，有时候其顾客是单一的，比较容易识别；有时候接受企业产品的组织和个人需要通过一些中间环节，如批发商或中间商，在这种情况下，批发商、中间商和最终使用者都成了企业的顾客。

供方、企业和顾客构成了基本的供应链关系，如图 3-1 所示。

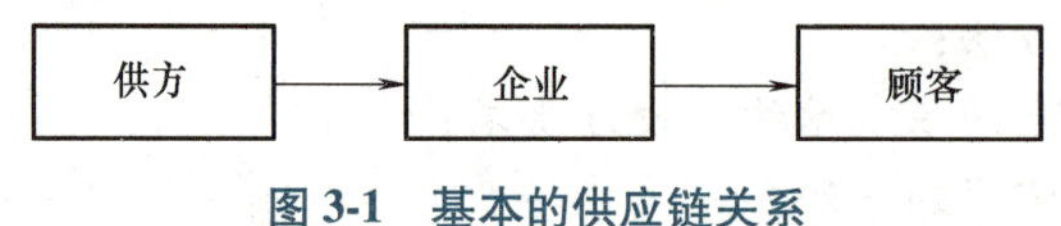

图 3-1 基本的供应链关系

在企业管理中，一个组织往往不只有一个供应商，在大多数情况下，一个企业也不会仅有一个顾客。这就形成了以企业为中心的网状供应链，如图 3-2 所示。在这种情况下，顾客的识别和顾客需求的识别就比单一顾客的情况复杂得多。

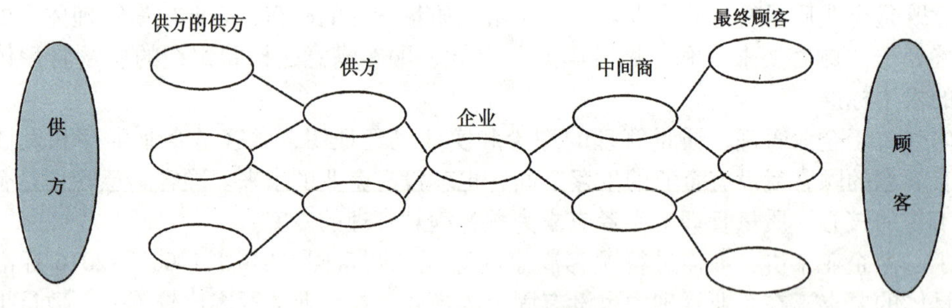

图 3-2 供应链的网状结构

在质量管理体系策划、实施和改进的适当阶段，管理者代表或高层管理者可以组织跨职能的质量管理小组，利用头脑风暴法来回答“谁是外部顾客”这一问题，这种方法非常有效。为什么要强调跨职能呢？因为对顾客的识别，不同职能部门有自己不同的看法，综合各职能部门的意见可以对顾客和顾客需求的识别更加全面、更加客观。在采用头脑风暴法时，不要预先设置框框，要让参加会议的人员畅所欲言，以便迅速列出明显的顾客，接着还会出现一些补充顾客，有些顾客以前可能并没有引起大家的注意。

有时候顾客是由多种角色组成的群体，使用“顾客”一词通常很随意，因此往往不清楚是指组织单位还是指个人。这样，就会使“谁是顾客”这一问题变得模糊起来。

如果一家企业把产品销售给医院，那么其产品将影响到以下人员：①签订采购合同的采购经理；②制定质量保证程序的质量管理人员；③各专业部门（如X射线科、妇产科、内科等）的领导；④医生；⑤护士；⑥各行政科室的领导等。其范围甚至还可以延伸到病人、病人家属、保险公司等，这些受到影响的组织或个人都是这家企业的顾客。如果对顾客识别不准确，则可能因为其中某位顾客不满意，使得这家企业的经营出现问题。

企业认识到“顾客是由多种角色组成的阵容”，可以改善决策，从而减少出现不愉快后果的风险。

一个类似“顾客是由多种角色组成的阵容”的例子是商业链，在到达最终顾客之前，销售可能要通过若干中间环节。比如一家制造家电的企业，试图通过中间商（如进口商、分配商）到国外市场销售产品。如果企业能够同国外在当地销售的大公司直接签订合同，它的销售额就可能急剧上升，所以中间商是不可忽视的顾客。

许多企业随着规模的不断扩大，顾客的数量也在不断地增加。如果企业已经具有了一个数量比较大的顾客群，那么应该认识到，每个顾客对企业业绩的影响不是相同的，并且负责顾客满意管理的工作人员对这些顾客的重要性也不应该看作是相同的。因此，企业有必要对顾客进行分类，使管理人员能够按照顾客的重要性和影响程度来安排优先次序，并分配资源。

按照关键的少数和次要的多数的分类方法，顾客可以分为两类。通过排列图分析可以看出，在任何一个顾客群体中，往往是相对较少的人发挥了相当大的作用，这种现象被广泛地称为帕累托分析（排列图分析）。比如，精明的超级市场经理发现，约80%的销售额来自20%的顾客。这少数的顾客通常称为关键顾客，图3-3显示了这一关系。

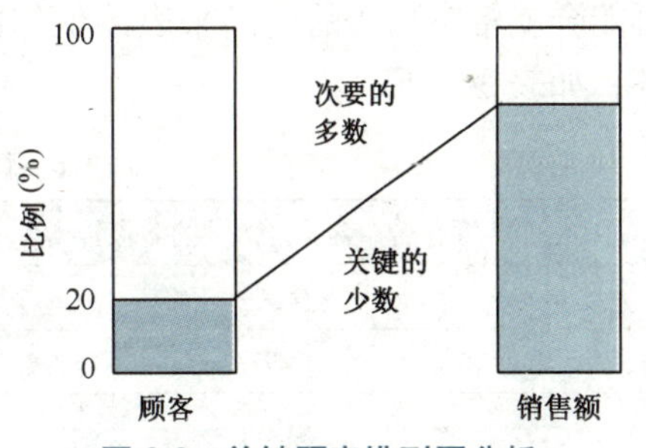

图3-3 关键顾客排列图分析

应用帕累托原理对顾客的重要程度进行分析的步骤为：①编写顾客的书面名单；②按重要性对顾客排队；③识别关键的少数；④识别次要的多数。

一旦得出了结论，就要制定措施，管理好与关键顾客的关系。但应当注意，一般情况下，组织自己确定的关键顾客和一般顾客的文件或信息，如果不是确有必要，最好不要公开，以防止引起不良后果。

关键顾客和一般顾客在一定的条件下还会互相转化。有时候在某些方面、某个时间段是次要的多数顾客，在其他方面、其他时间段又成了关键的少数顾客，对这种关系及其转化组织也应及时识别。

既要充分满足关键少数的需要，又不慢待次要多数的需要，才是企业的正确态度。有的文献认为，对次要的多数可以不予关注，甚至可以舍弃次要的多数的看法并不可取。

二、顾客需求的识别

由于文化、科技的发展以及经济全球化的深入，人类需求的复杂性进一步深化，人们的需求无论是数量上还是种类上，似乎都是无止境的，并且随着财富的增加，这些需求也在不断扩大。

对于顾客需求的识别，最简单的设想是顾客对自己的需求完全了解。有的企业设计一个问卷式的调查表对顾客进行调查，认为这样就可以直接从顾客那里获得需要的信息，有的人甚至认为这样的第一手资料是绝对真实的。其实，事情并不是如此简单。在某些情况下，顾客可能是最不知道自己需求的人。顾客暂时不知道这些需求对他自己来说可能没有任何影响，但一旦形成了消费时尚（或其他的外部影响），顾客就会很快跟上潮流。

但是，作为企业的经营者，不能及时、正确地识别顾客的需求，就很难为自己的产品或服务定位，其结果可能是灾难性的。例如，大多数顾客在笔记本电脑问世以前，都不可能表达对这种产品的需求，谁会异想天开地认为可以带着计算机旅行呢？然而一旦该产品上市，许多顾客就会发现自己真的需要它。顾客的需求是不断变化的，任何人都不可能列出一张最终的顾客需求清单。

顾客的需求是多种多样的，为了对这些需求进行研究，可以将顾客需求进行分类。在此，顾客需求分为以下类别：①表述的需求；②真正的需求；③感觉的需求；④文化的需求。

1. 表述的需求与真正的需求

顾客通常是从他们的视角、用他们的语言来表述他们的需求的。例如，顾客购买商品，可能会就希望购买的商品来表述他们的需求。然而，他们真正的需求是产品能够提供的服务，如表 3-1 所示。

表 3-1 顾客表述的需求和真正的需求

顾客希望购买（表述的需求）	顾客真正的需求
食品	充饥、营养、好的味道
汽车	运输
彩电	娱乐
房屋	居住空间
房屋涂料	多彩的视觉形象

若不能很好地掌握表述的需求与真正的需求之间的差异，有时候就会造成错觉，把表述的需求当作真正的需求，造成决策错误。

就这个问题，朱兰博士曾经举过一个例子：

两家公司间曾为发网（妇女修剪头发后将头发固定的一种网）的销售市场展开竞争，他们都将注意力集中在产品本身上——纤维品的种类和颜色、制造发网的工艺过程、包装以及销售渠道等。而当发胶出现后，两家竞争对手同时消失了，因为这种发胶通过喷雾器能把妇女的头发无形地固定起来。虽然顾客表述的是买发网，而实际上她们真正需要的是能有效地固定她们头发的商品。

在企业建立和改进质量管理体系时，可以通过提出并回答下列问题对顾客的真正需求进行识别：

- 顾客为什么购买这种产品？
- 顾客想从该产品上得到什么？

仔细观察一下现实生活，并不是每一个人对这些问题都是十分清楚的。从计划经济年代走过来的人们可能还记得 20 世纪 80 年代的抢购风，那时人们根本没有时间考虑真正需要什么，由于商品短缺，抢到什么就买什么。一般的消费者这样做可能会造成一些损失，但是一般不会造成大的伤害。而对于企业的管理者来说，这种不问真正需求的盲目跟风或对顾客需求的错误判断可能会毁了一个企业。

2. 感觉的需求

顾客会很自然地在其感觉的基础上陈述他们的需求，其中一些感觉是与产品有关的，而其他的似乎与产品毫无关系。

假设两人都需要就餐，一个人去了高级酒店，另一个人去了路边摊点，两人都吃饱了饭，结果呈现了实际上相同的外观效果，不同之处在于他们所支付的价格以及对“产品”所包含的内容的感觉。

不懂得股市投资而信奉“短线是银、长线是金”的购买股票的顾客会对其经历以变形的感觉表述出来，暂时成功的例子会被大肆宣扬，而亏损的投资者一般从来不提自己的失败，成功是一种感觉，失败也是一种感觉。仅从企业营销的角度来看这个问题，人们这种变形的感觉虽然不科学，但是很难使整个世界完全处于理性状态，并且人们这种变形的感觉是不会消失的，而且会反复上演成功或亏损的结果。

如果一张邮票原本的价格是 1 元，而当这张邮票的印刷有纰漏时，人们会感到它的价值可能会上涨到几千元甚至更多，而且可能纰漏越多其价值越高。这也是一种感觉，不一定合理，但事实的确如此。

工厂将月饼通过输送带运到包装部门，在输送带的末端有两组包装人员：一组用普通纸袋包装，以供平价商场销售；另一组用豪华盒子包装，以供高档商场销售。仅仅因为包装的不同，等质、等量的月饼可能会有几倍的价格差异，原因就是满足顾客感觉的需求。

人们往往认为，这种感觉的需求有时候是不合理的，甚至是疯狂的。但是，它的确是一种顾客需求。有需求就有商机，在遵纪守法经营的前提下，企业可以发现并满足顾客的这些需求。

3. 文化的需求

有时候顾客的需求超出了产品或服务质量特性的范围，如还包括自尊、受到尊重、成就感等，以及其他更广泛意义上的属于所谓文化模式的一些因素。很多未能成功识别顾客需求的例子就在于不能理解这种文化模式的性质，甚至不了解它的存在。

比如一家制鞋厂遭到销售地顾客的投诉，最后经过调查发现，该厂生产的皮鞋的鞋底花纹违背了销售地顾客的习惯。

顾客的文化需求既表现在外部顾客，也表现在内部顾客。在内部顾客关系管理上，这种文化需求更应该加以注意。

三、以顾客为关注焦点的质量管理

明确了顾客是谁并识别了顾客需求后，企业在质量管理体系策划、实施和改进的过程中就应该全面管理好与顾客的关系。这些管理是多方面的，按照 PDCA 循环的次序，企业可以考虑采取如下活动进行顾客满意管理：

1. 全面了解顾客的需求和期望

GB/T 19001—2016 标准 8.2 条款“产品和服务的要求”就是关于这方面的要求。这是企业管理的最基本的要求。从街头商贩到跨国公司在做生意以前都应该首先了解并确定顾客的需求。

顾客的需求和期望主要表现在对产品和服务的特性方面。企业的管理者要及时运用技术规范或其他形式的企业语言表达顾客需求，并在企业内部进行有效沟通，以保证顾客的要求得到实现和满足。

例如，一家化工厂在与顾客签订合同时，顾客提出某种化工产品中硫酸的残留含量应低于0.8%，并提出了验收方法，这就是顾客的要求。但是销售人员误认为是硫酸的残留含量应高于0.8%，结果造成大批产品不合格。这不仅给企业带来了损失，也激怒了一位老顾客，使这位顾客断绝了与企业的业务往来。

2. 确保企业的各项目标能够体现顾客的需求和期望

企业在策划和实施质量目标时，应以顾客满意为出发点，充分考虑顾客的需求和期望。这要求管理者从顾客的角度去识别和定义质量，而不是习惯上从企业自身的角度、从专家的角度或者从技术的角度去识别和定义质量。

对于一个长途汽车站来说，没有候车厅是不行的。一家企业在制定自己的发展目标时，为了做大做强汽车站，投资建设了规模恢宏的候车大厅。结果由于大厅占地面积太大，占据了本应该是客车停放的位置，没有客车进站，豪华的候车厅也变得毫无用处。这个例子说明，企业如果不能很好地体现顾客的需求和期望，恐怕既做不大也做不强。

企业在确定目标时，不仅要考虑外部顾客的需求，还要考虑内部顾客的需求，根据内部顾客的需求制定自己的目标。这在各部门制定自己的质量目标时尤其重要。

把顾客的需求与企业的目标紧密联系起来，进行定量和定性的描述，有助于顾客意识的形成，有助于实施顾客满意的监视和测量，有助于在整个企业内形成一种关注顾客需求的文化氛围。

3. 确保顾客的需求和期望在整个企业中受到重视

企业的管理者和全体员工都要能够了解顾客需求的内容、细节和变化，并采取措施来满足顾客的需求。企业的全部活动均应以满足顾客的需求为目标，因此必须将顾客的需求在企业内部进行有效沟通，确保企业的全体成员都能够理解顾客的需求和期望，知道如何为实现这些需求和期望而运作。

在关注外部顾客对产品和服务总体要求的前提下，沟通的具体内容应当根据企业的不同部门和不同岗位而有所不同，有的侧重于外部顾客的需求，有的则侧重于内部顾客的需求。

当然，由于员工在企业中所处的位置和所负的责任不同，对顾客需求了解的范围是不一样的，不要机械地认为全体员工都应该丝毫不差地了解顾客的需求。例如，处于加工或检验岗位的员工可能只需要了解技术规范就可以了，因为技术规范就是顾客要求的集中体现。

4. 有计划地、系统地测量顾客满意度，并针对测量结果采取改进措施

所谓有计划地、系统地测量顾客满意度，是指这种测量应该是一种经常性、有目的的活动，而不是一种突击性的临时行动。因此应在企业的质量管理过程中对这种测量进行策划和实施，不能够也不应该把这种测量仅仅委托给企业之外的专家去完成。

测量和数据分析的方法应该是立足于对质量管理体系的保持和改进的有效性。当前顾客满意度测量的方法很多，反映顾客满意度的指标也很多。其中许多方法是专门的咨询机构使用的非常复杂的专业方法，但对企业顾客满意管理不一定有特别的价值。所以，企业在进行顾客满意度测量和分析时一定要坚持有效性的原则，不必追求时髦复杂的方法。

测量的目的在于改进，如果没有针对性的改进，无论使用什么先进的顾客满意体系和什么现代化的分析手段，任何顾客满意度的测量都只是空谈。这就像人们去医院看病一样，任何检查的目的都在于医治，如果没有医治，任何检查都是无用的。

顾客满意度的测量、分析和改进也可以包括内部顾客。例如，山东东阿阿胶集团公司在建立和实施质量管理体系时建立了《员工满意控制程序》，对内部员工满意度的信息收集、分析和利用明确了职责，规定了程序，实践证明这种做法有助于企业追求卓越。

5. 处理好与顾客的关系，力求顾客满意

企业与顾客的关系是以企业为顾客提供产品或服务为纽带而产生的，良好的顾客关系有助于保持顾客的忠诚，改进顾客满意的程度。

6. 对关注顾客的榜样进行鼓励和表彰

如果企业已经具有了深刻的以顾客为关注焦点的意识，在条件成熟时不妨进行一次为顾客着想的革命，再次强调任何工作都要从顾客的角度去考虑，哪怕是最微小过程的最细微之处。也就是说，要站在顾客（当然包括内部顾客）的立场去感觉和体验。要将为顾客着想的员工作为企业各个部门的榜样，对关注顾客有突出贡献的员工给予相应的表彰。

如果一个企业还没有建立以顾客为关注焦点的企业文化，则应该按照本节介绍的前五个步骤逐步建立这种文化，真正在企业的各个岗位、各种职能上都形成顾客至上的质量文化氛围。

第二节 顾客满意的测量方法

对顾客满意进行监视和测量，这既是 GB/T 19001—2016 标准 9.1.2 条款的要求，也是整个质量管理体系标准的重点。在对整个过程进行监视和测量时，许多过程都有与顾客相关的要求，含有顾客满意的要求，这时仍然应该考虑顾客满意程度的信息。

对顾客满意的监视和测量方法是多种多样的，有简有繁。企业在选用测量方法时要坚持有效性原则，选择适合企业实际情况的方法。需要注意的是，顾客满意度指数（Customer Satisfaction Index，CSI）测评只是评价顾客满意的方法中的一种，并不是每个企业都必须采用的测评方法。顾客满意度指数通常是基于一定的满意度模型对调查数据进行统计分析，进而得到的顾客满意程度的综合度量值。

目前，已有不少国家和地区进行了顾客满意度指数测评，其中影响较大的有瑞典、美国、欧洲和中国。瑞典首先于 1989 年在全国范围内进行了顾客满意度指数测评，之后，德国（1992 年）、美国（1994 年）、欧洲（1999 年）等国家和地区也都开展了顾客满意度指数测评。1999 年 12 月，我国国务院发布了《关于进一步加强产品质量工作若干问题的决定》，提出“要研究和探索产品质量用户满意度指数测评方法”。此后，在国家质量监督检验检疫总局的领导下，清华大学中国企业研究中心提出了具有中国特色的顾客满意度指数测评模型，并于 2002 年正式在全国范围内进行测评。

一、顾客满意度指数模型简介

（一）瑞典顾客满意度晴雨表

1989 年，美国密歇根大学国家质量研究中心（NQRC）的科罗斯·费耐尔（Claes

Fornell）教授应用结构方程模型理论，构建了瑞典顾客满意度晴雨表（Swedish Customer Satisfaction Barometer，SCSB）模型，用于测评顾客满意度指数。

该模型包含五个潜在变量和六种关系，如图 3-4 所示。其中，顾客期望和感知绩效是顾客满意度的前提变量，顾客抱怨和顾客忠诚是顾客满意度的结果变量。潜在变量不能直接测量，需要通过观测变量间接测量。

顾客期望是指顾客在购买产品或服务之前对其质量的预期。感知绩效是指顾客购买产品或服务后结合价格的综合感受，包括质量（给定价格）和价格（给定质量）两个观测变量。顾客满意度是指顾客对产品或服务的综合满意程度，包括总体满意度、与期望的差距以及与理想产品或服务的差距三个观测变量。顾客抱怨用于测评顾客不满意的程度，包括对员工的抱怨和对管理的抱怨两个观测变量。顾客忠诚是指顾客愿意再次购买的可能性，包括价格承受度和再次购买意向两个观测变量。

（二）美国顾客满意度指数

1990 年，美国国民经济研究协会（NERA）、美国质量协会（ASQ）以及国家质量研究中心（NQRC）等机构，在研究瑞典顾客满意度晴雨表的基础上，开始建立美国顾客满意度指数。1994 年，美国顾客满意度指数（American Customer Satisfaction Index，ACSI）模型正式被提出。

该模型包含六个潜在变量和九种关系，如图 3-5 所示。其中，顾客期望、感知质量和感知价值是顾客满意度的前提变量，顾客抱怨和顾客忠诚是顾客满意度的结果变量。相对于 SCSB 模型，ACSI 模型增加了感知质量这一变量。感知质量是指顾客在购买产品或服务后对质量的实际感受，它对感知价值和顾客满意度产生影响。

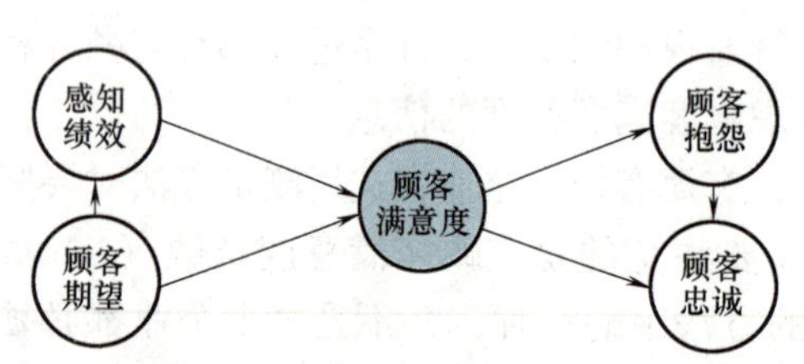

图 3-4　瑞典顾客满意度晴雨表模型

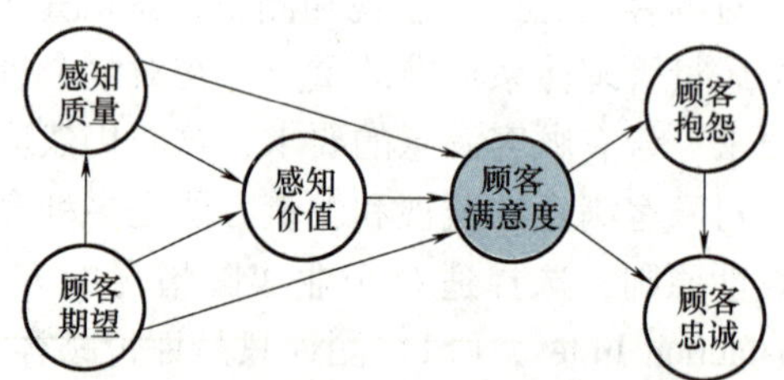

图 3-5　美国顾客满意度指数模型

顾客期望包括总体期望、顾客化期望和可靠性期望三个观测变量；感知质量包括总体感知质量、顾客化感知质量和可靠性感知质量三个观测变量；感知价值包括给定价格下对质量的感知和给定质量下对价格的感知两个观测变量；顾客满意度包括总体满意度、与预期产品或服务的差距以及与理想产品或服务的差距；顾客抱怨的观测变量是顾客是否对产品或服务进行正式或非正式的抱怨；顾客忠诚包括重复购买的可能性、重复购买的前提下可容忍的涨价幅度以及导致重复购买的降价幅度三个观测变量。

（三）欧洲顾客满意度指数

欧洲顾客满意度指数（European Customer Satisfaction Index，ECSI）模型是由欧洲质量组织（EOQ）和欧洲质量管理基金会（EFQM）等机构于 1999 年提出的，并在欧盟的 12 个国家进行了调查。与 ACSI 模型相比，ECSI 模型去掉了顾客抱怨变量而增加了企业形象变量。因为各种研究显示，顾客抱怨对顾客满意度和顾客忠诚的影响较小。企业形象是指顾客对企业的印象，这一印象会对顾客的期望值、满意度以及忠诚度产生影响。欧洲顾客满意度指数模型如图 3-6 所示。

（四）中国顾客满意度指数

清华大学中国企业研究中心在国内外研究的基础上，结合我国国情，提出了中国顾客满意度指数（Chinese Customer Satisfaction Index，CCSI）基本模型。该模型包括六个潜在变量和 11 种关系，如图 3-7 所示。其中，品牌形象、预期质量、感知质量和感知价值是顾客满意度的前提变量，顾客忠诚是顾客满意度的结果变量。与其他模型对比不难发现，在潜在变量方面，CCSI 基本模型与 ECSI 模型相类似，但变量间的关系有所不同。在 CCSI 基本模型中，品牌形象对预期质量、感知质量、感知价值以及顾客满意度产生影响。

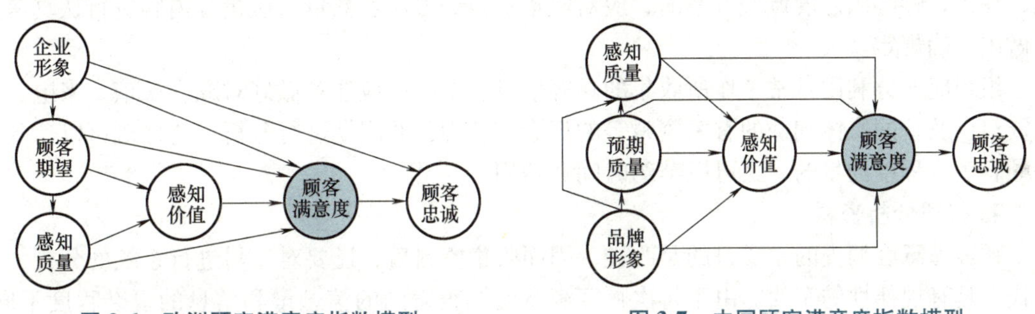

图 3-6　欧洲顾客满意度指数模型　　图 3-7　中国顾客满意度指数模型

清华大学中国企业研究中心在 CCSI 基本模型的基础上，又结合各行业的不同特点，分别设计了耐用消费品顾客满意度指数模型、非耐用消费品顾客满意度指数模型、服务行业顾客满意度指数模型和特殊行业顾客满意度指数模型。

二、顾客满意度调查的程序

顾客满意度调查的形式多种多样。但就其一般过程而言，它们的基本程序都是相同的，图 3-8 表明了顾客满意度调查的基本程序。

根据图 3-8 所示的顺序，对顾客满意度调查的基本步骤进行简单的介绍。

1. 确定调查目的或调查课题

顾客满意度调查对组织来说往往是一件大事，既要花费时间，又要支付成本。特别是对重大项目的顾客满意度调查，可能花费更大。调查目的可以不止一个，但如果在一次调查中目的过多，调查得到的效果就可能会差一些。一般来说，调查的目的越单纯，调查项目就会越简洁，调查的效果也会好一些，调查结果与实际情况的误差也会小一些。不要幻想通过一次调查就能得到所有想要的结果，解决所有存在的问题。确定调查目的，应是做好顾客满意度调查的第一步。

2. 确定调查方案

调查方案就是调查的具体实施计划，包括对资源的要求、数据收集和分析的方法等。调查的组织者应根据调查目的确定调查

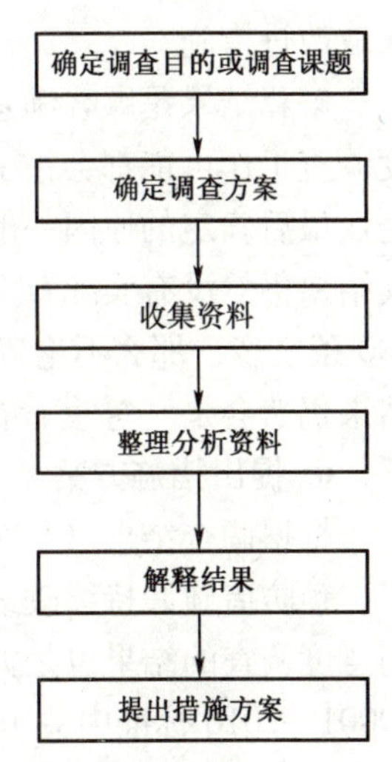

图 3-8　顾客满意度调查的基本程序

方案。这实际上就是一个质量策划的过程，如果策划得好，调查所获得的效果就好；如果策划不完整，就很容易导致调查的失败或支付更多的费用。

调查方案一般应形成文件，纳入相应的顾客满意管理的质量计划之中或作为其附件。通常情况下，调查方案应由参与调查的人员共同拟订。如果参与调查的人员未能参与调查方案的拟订，则应在调查之前对调查方案进行认真研究，使参与调查的人员对调查方案有一个明确的认识和理解。

3. 收集资料

收集资料是顾客满意度调查最关键的环节。如果没有资料、资料不足或资料本身未能真实反映顾客的情况，顾客满意度调查的结论必然会出现严重缺陷，甚至得出相反的结论。因此，在制订顾客满意度调查方案时，应对收集资料的方法、数量、质量等内容进行认真考虑并做出明确规定。

组织应充分利用日常工作所收集的顾客信息。平时就应注意做好对顾客来信、来电、来访资料以及新闻媒体刊载的有关资料等的记录和整理，并定期进行分析。这样既可以达到了解顾客满意程度的目的，又可以节约时间和费用。

4. 整理分析资料

顾客满意度调查的主要目的是改进，因而收集资料后，还要对资料进行系统的分析，从中找出具有规律性的东西。由于每次顾客满意度调查得到的信息量和信息的复杂程度不同，信息的整理和分析方法也不同，有时候使用简单的数据分析方法就能够得出理想的结论，有时候则需要使用专门的分析方法和统计软件进行分析才能得出结论。

5. 解释结果

经过对调查收集到的资料进行整理分析，有时候很容易就能得到结果，这时企业可以针对这些结果采取改进措施，达到调查的目的；有时候调查结果比较复杂，这时需要专业人员对顾客满意度调查分析的结果从技术的角度解释结果、确定原因。解释结果要注意寻找末端因素，即确定真正引起现象的原因，而不是把一个大现象分解为几个小的现象，寻找出一个或几个中间的现象，因为这些中间现象并不是真正的末端因素，企业不能针对这些中间现象采取改进措施。

解释结果是顾客满意度调查的关键步骤，如果解释的结果是错误的，那么整个顾客满意度调查工作可能都会被引入歧途。由于资源的限制，并且为了使改进能够取得预期的效果，企业最后确定的原因一般不应太多。如果原因太多，将会使得企业对质量改进无从下手，则其结果仍然没有实际意义。如一个咨询公司对一家企业的顾客满意度调查分析得出的结论有100条之多，那么不论咨询公司有多么良好的愿望并且工作多么认真，企业的管理者对这些结果仍然会是“雾里看花”。

6. 提出措施方案

根据调查结果以及对结果的解释，调查小组还应提出措施方案。这些措施方案往往与纠正、预防措施和持续改进有关。如果不进行改进，任何数据分析都是没有实际意义的，顾客满意度调查的结果也是如此。针对顾客满意度调查的结果制定纠正和预防措施，要按照GB/T 19001—2016标准中关于纠正和预防措施的要求实施有效的控制，确保纠正和预防措施所需的资源，并对采取的纠正和预防措施实施有效的跟踪，以确保所采取的措施达到组织预期的目的。

三、调查的抽样方法

在顾客满意度调查中，调查范围内顾客的全体称为总体。为了对顾客满意的情况进行全面分析，在理想情况下需要对总体进行全面研究。然而，由于各种原因（如总体的范围太大、调查成本太高等）的限制，常常难以对总体进行全面的研究，这种情况下就需要进行抽样调查。

抽样调查是指按照预先设计好的抽样方案，从总体中抽取样本，对样本进行分析，然后用样本的信息去推断（估计）总体信息的过程。

对于顾客数量较少的调查项目，也可以采取全数调查的方法。例如山东省某公路机械厂的顾客满意度调查，由于该厂生产的稳定土拌和机是大型施工机械，顾客不是很多，因而采用了对当年新购买该厂稳定土拌和机的全部顾客进行调查的方法。当然，这种全数调查也可以看作抽样调查的特殊形式。

抽样方法可以分成两类：概率抽样和非概率抽样。在前一种类型的样本中，每个被调查者被选中的概率是已知的；在后一种类型的样本中，每个被调查者被选中的概率是未知的。

1. 概率抽样

根据样本的抽取方法不同，概率抽样又可分为三种。

（1）随机抽样（Random Sampling）。随机抽样是指依据概率理论，以随机方式从总体中抽取一定比例的受试者，抽样对象为观察值个体。使用方法如抽签法、随机数表法等。

随机抽样是最常使用的一种方法，如图 3-9 所示。

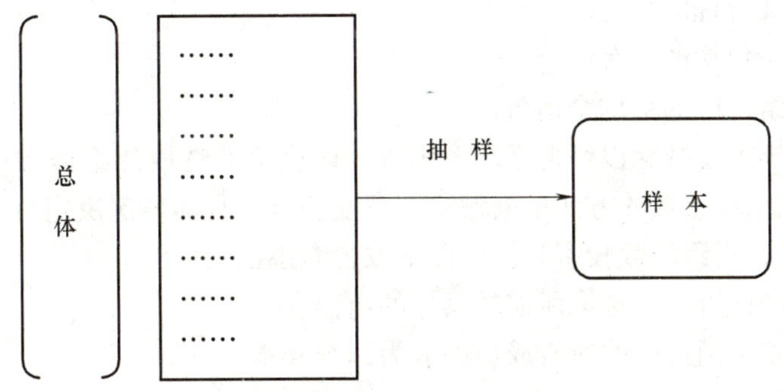

图 3-9 随机抽样示意图

（2）分层随机抽样（Stratified Random Sampling）。在进行顾客满意度调查时，如果被调查对象总体间的差异很大或某些样本点很少，为顾及小群体的样本点也能被抽取，采用分层随机抽样较为适宜。在实施时，调查方案应根据调查的准则，先将被调查者总体分成几个互斥的层（不同的小群体），各层间尽可能异质，而各层内尽可能同质，然后从每层中利用一般随机抽样方法，依一定比例各抽取若干样本，如图 3-10 所示。

分层随机抽样的步骤如下：

1）确认与界定被调查的总体。

2）确定所需样本的大小。

3）确认变量与子群（层次），以确保抽样的代表性。

4）依实际调查情形，把总体的所有成员划分成若干层次。

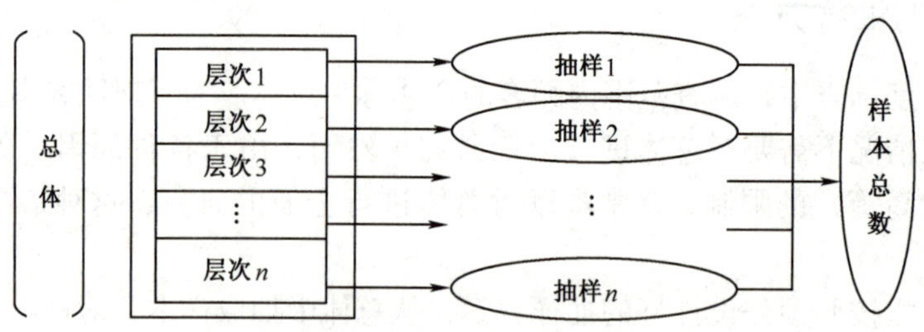

图 3-10　分层随机抽样示意图

5）使用随机抽样方法从每个子群中抽取适当的个体。适当的个体是指按照一定的比例进行计算的个体。

（3）整群抽样（Cluster Sampling）。如果样本所属的总体的数量很大或涵括的地理位置很广，则适合采用整群抽样法。整群抽样法是以一个组群或一个团体为抽样单位，而不以个人为抽样单位，因而采用整群抽样法时，抽取的样本点是一个或几个组群，组群与组群间的特征比较接近，组群内成员之间的差异较大。在顾客满意度调查中，整群抽样的组群如班级、企业、地区、社区、学校、小组、车间、部门等。

整群抽样的步骤如下：

1）确认与界定总体。

2）确定调查所需的样本大小。

3）确认与定义合理的组群。

4）列出总体所包括的所有组群。

5）估计每个组群中的平均个体数。

6）以抽取的样本总数除以组群平均个体数，以决定要选取的组群数目。当所得的商不是整数时，取整数。取整数的方法根据顾客满意度调查的具体情况决定，一般情况下可以采取四舍五入的方法；当组群数较多时，可以采取舍弃小数的方法。

7）采用随机抽样方法，选取所需的具体的组群。

8）被选取的整个组群中的所有成员即成为调查样本。

图 3-11 为整群抽样示意图。

选取样本时，最重要的是所选样本要具有代表性，因为只有具有代表性，才具有从样本推论到总体的性质。而要使样本具有代表性，就要坚持随机取样的原则。这包括取样时的随机性和组群选取的随机性。

整群样本也可以看作简单随机样本，但其中每个抽样单元都是元素的一个集合。例如，要调查学生的情况，可以先对班级或宿舍的学生做整群抽样，然后再从抽到的组群中抽取学生的样本。整群抽样不是像分层抽样那样在每一层中取样，而是在群集中取样，它有时也叫面积抽样法。

需要指出的是，抽样方法并不是互相排斥的。例如，先进行整群抽样，然后再进行元素抽样；既可以通过简单的随机程序采样抽取，也可以通过系统程序来抽取。再者，分层抽样和整群抽样可以结合成一个单一的程序——分层整群抽样。在分层整群抽样里，人们先像前面介绍的那样划分层次，然后在每一层次内进行整群抽样。

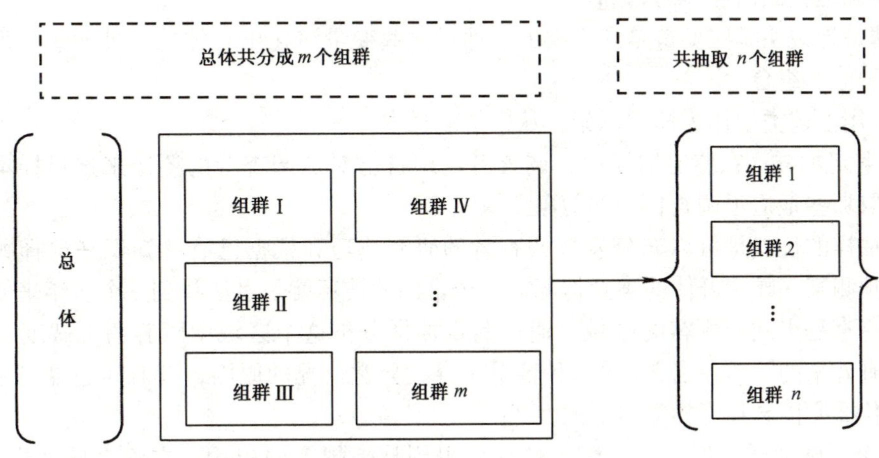

图 3-11 整群抽样示意图

2. 非概率抽样

在概率抽样中，一个元素从总体中被选中的概率是已知的。但是在概率抽样之外，也有许多调查（一般是较小的）应用非概率抽样。非概率抽样的缺点是：元素被选出的概率是未知的，调查者一般不能声称其样本对于较大的总体具有代表性，这就大大限制了把调查结果推广到样本范围之外的可能性。此外，调查者无法估算抽样误差。

非概率抽样的优点是麻烦较少，费用颇低。如果调查者不想将其发现推广到样本以外，非概率样本可以说是极为可取的；如果调查仅仅是为一个较大的调查做试验，情况也是如此。

（1）随意抽样。在随意抽样中，调查者仅仅选取最接近的对象作为被调查者。这种抽样方法在精确性方面受到限制，但是在时间和开支方面得到补偿。

（2）限额抽样。限额抽样相当于分层抽样的非概率抽样，另外，它还要求每一层次样本代表它在总体中所占的比例。

在限额样本里，调查者首先要判定哪些层次可能与调查结果有关（例如在对市民购房需求和期望的调查中的已购房者和未购房者），然后为每一层次确立一个限额，其大小与该层次在总体中所具有的代表性成比例。例如某城市已获得的数据表明，85%的市民已经购房，15%的市民还未购房。如果被调查者的总数定为 200 人，则可以选取 170 人为已购房者，30 人为未购房者。

尽管限额抽样是非概率性的，调查者仍然应防止出现带有偏见的选择，并且尽可能地确保样本具有代表性和普遍性。出现偏差的主要原因是在抽样的时候只图方便。例如调查员在对居民小区的顾客进行调查时，由于楼层较高，调查员可能为了避免上高楼而将抽样限定为容易找到的顾客对象，如住在一层或在小区公园里活动的人群等。这些做法会导致资料错误。

（3）维度抽样。维度抽样基本上是限额抽样的多维形式，它的基本想法是要对与总体有关的所有变量详加说明，并确保这些变量的任意组合都在样本中有所反映。一般地，构造一个多维样本要求做到以下几点：

1）明确地描画出总体的轮廓。

2）清楚地说明哪些变量是最重要的。通过这些变量演化出总体的一种元素类型，包括变量的各种值的组合。

3）利用上述类型作为抽样框架，从中抽取样本。

（4）鉴定抽样。在鉴定抽样中，调查者运用自己对被调查者的鉴定来选择样本，他们一般只选取那些最适于调查目的的对象。

鉴定抽样的优点是可以充分发挥调查者的研究技巧和根据已有的知识来选择顾客。例如，为了预测某一顾客群体的满意情况，一个常用的技巧就是设法找到一个多年来使用公司的产品、一直是忠诚的顾客的区域，通过鉴定抽样分析这个区域中顾客的忠诚度是否有变化，是否有外来的“入侵者”。另一种情况是寻找异常情况的原因，针对问题寻找答案，了解究竟是什么原因导致了异常情况的发生。

（5）滚雪球抽样。近年来，滚雪球抽样得到越来越多的应用。在滚雪球抽样方法中，不论是概率性的还是非概率性的都是逐步产生的。第一步，确认几个具有所需特征的人并访问他们，用这几个人作为标准辨认其他可以包括在样本中的人；第二步，访问新选出的人，由他们辨认出更多的人，以便在第三步去访问，以此类推。“滚雪球”这个词源自雪球开始体积很小，当它滚动时体积变得越来越大。

如果要使滚雪球抽样成为概率抽样，只需在每一个阶段进行随机抽样即可。如果使用非概率抽样，只需在每一阶段用非概率样本就可以了。

四、样本大小的确定

从事过顾客满意度调查的人员都知道，调查人员往往强调样本量要“足够大”。因为只有样本量足够大，其样本的分布才接近正态分布，才能够使用常用的数据分析工具对调查得到的数据进行有效的分析。

那么，样本要多少才算“足够大”呢？

样本的大小涉及调查中所要包括的人数或单元数。确定样本量既要有定性的考虑，也要有定量的考虑。

1. 定性因素

（1）决策的重要性。一般来说，对于有关顾客满意的重要决策，需要更多的信息，而为了更准确地得到这些信息，就需要较大的样本。

（2）调查的性质。调查的性质对样本量的大小也有影响。对于探索性的研究，例如采用定性方法的研究，样本量一般都是比较小的；对于结论性的研究，例如描述性的调查（如顾客满意度指数分析），一般就需要较大的样本量。

（3）回收率。确定样本量时还需考虑到“合格”的调查对象可能拒绝接受调查的情况。

（4）资源限制。确定样本量时还应考虑人力、物力和财力，以及其他一些资源的限制，比如是否有足够的能胜任数据收集工作的人员等。

2. 定量因素

按统计方法来决定样本量的大小，依据的是传统的统计推断方法。在这些方法中，精度水平是事先规定好的，然后使用适当的公式来计算样本量。

按统计方法确定的是纯净的样本量，即去掉可能不合格的以及不回答的调查对象之后的

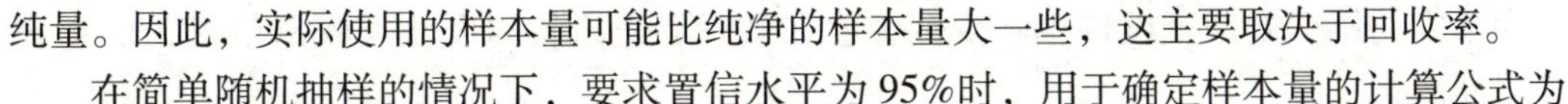

纯量。因此，实际使用的样本量可能比纯净的样本量大一些，这主要取决于回收率。

在简单随机抽样的情况下，要求置信水平为95%时，用于确定样本量的计算公式为

$$n=\left(a\times\frac{s}{d}\right)^2$$

式中　d——允许的最大抽样误差；

s——样本标准差。

公式前面的系数 a 的大小由置信水平大小决定，在95%的置信水平下该系数值为1.96。

注意，该公式仅在顾客总量较大的情况下适用，总量小的情况可用全数抽样。

可见，当置信水平确定后，样本量大小主要由最大允许抽样误差和样本标准差两个参数决定。

这里有一个问题，若在计算样本量时还没有进行抽样，如何知道样本标准差呢？这通常可以通过估计得出。以下是两种估计的方法：

（1）根据以往的资料估计。

（2）采用两步抽样法：第一步，由抽取的部分样本计算得出样本标准差的估计值；第二步，将这个值代入公式后得到样本量，然后再抽取其余部分。

3. 参考数据

如果感觉样本大小的确定过于复杂，这里再给出几个常用数据供参考：

（1）在进行与过去相类似的调查时，可借鉴其中选取的样本数作为自己取样的参考。参考时切忌盲目照搬，防止将错就错的恶性循环发生。

（2）如果是地区性的研究，则平均样本人数为500~1000人较为适合；如果是全国性研究，则平均样本人数为1500~2500人较为适宜。

（3）进行描述性研究时，样本数最少占母群体的10%；如果母群体较小，则样本数最好为母群体的20%。

（4）如果相关研究的目的在于探究变量间有无关系存在，则受试者至少须在30人以上。

（5）进行因果比较研究与实验研究时，各组的人数至少要有30人。

（6）如果实验研究设计适宜，有严密的实验控制，每组受试者至少在15人以上。但权威学者认为，每组受试者最少应有30人。

五、选用顾客满意度调查方法时的注意事项

在其他各项策划完成以后，方法的选用也非常重要，没有恰当的方法，任何目标都难以实现。

1. 调查方选择

企业自行进行顾客满意度调查，可以直接面对顾客，而且双方可以进行交流，成本费用相对较低。但是，由于企业的调查员和顾客属于直接的供需双方，有时候顾客不愿说出真实意见，因而也存在不足。

企业委托专业化的第三方顾客满意度调查机构进行调查，其优点是专业，而且客观。如果企业选择的机构具有顾客调查的良好记录，那么一般情况下可以使调查表设计得更合理，抽样结果更科学，调查访问更容易被顾客接受，因而调查结果也更具真实性。但是只重视形

式、华而不实的第三方调查机构也不少，企业在选择调查机构时要注意收集信息，认真分析，三思而后行。

2. 集中调查和平时收集信息相结合

邮寄调查表、走访顾客虽然是收集信息的有用方法，但毕竟要支付一定的费用；而平时顾客的主动来电、来信、来访则是顾客意见最真实、最直接的反映，因而更加重要。平时注意收集资料，可以减少集中性的调查，从而节约成本，又可以达到顾客满意度调查的目的。

企业质量管理体系建设中对顾客满意的监视和测量，主要采取平时对顾客满意信息的收集、积累和分析的方法，并且及时把这些信息反馈给有关部门，及时调整顾客满意管理的控制措施。

3. 顾客满意度调查的风险

顾客满意度调查的风险是由调查结果反映顾客真实意图程度方面的偏差造成的风险，而这种风险又是与用样本估计总体的有效性和无偏性密切相关的。在选用调查方法时，只要按照科学的抽样方法实施抽样，这种风险就能控制在可以接受的范围内。

（1）大规模的顾客满意度调查不宜经常进行。在一般情况下，不必经常进行大规模的顾客满意度调查，可以采用召开典型顾客座谈会的方式，再充分利用现有的资料，把握顾客的满意程度。

（2）相信科学的抽样调查结果。只要抽样方法是科学的，并有一定数量的样本，其调查结果并不比全数调查的结果风险大。如果抽样方法不科学，那么即使样本数量很大，也不一定能反映顾客满意的真实信息。

（3）选择和管理好调查人员。调查人员的素质对调查结果的影响是不言而喻的。调查人员正式进行调查前应进行必要的培训，培训合格后才能被准许进行调查。对于合格的调查人员，也要按照形成文件的规定进行管理。要严格按照调查方案实施调查，改变调查方案时，必须经项目负责人批准，防止调查工作出现偏差。要特别注意防止形式主义、造假包装、虚拟引导等严重影响调查真实性的现象发生。

（4）选用科学的方法。顾客满意度调查是一门科学性很强的工作，从方案设计到抽样方法，从调查表设计到访问技巧，从资料收集到整理分析，无论哪一步不科学，都会造成成本增大、结果虚假的风险。

4. 正确对待被调查对象

毋庸置疑，对顾客满意度进行调查这件事本身对顾客是有利的，但是这种有利是隐性的，顾客可能一时难以看到。另外，企业要正视这样一个现实，那就是这种调查毕竟会给顾客增添麻烦，顾客并没有义务回答这些问题，他们完全可以拒绝。再者，顾客有自己的工作要做，即使忽视提出的这些问题，本来也无可厚非。如果企业设计的调查表令顾客难以回答，调查人员更应该耐心，绝对不能对顾客指手画脚。因此，不论采用哪种方式，都应善待顾客，绝不能为难顾客。

为了使顾客更好地配合调查，组织可以采用以下方法：

（1）向顾客讲明调查的意义。不论采用何种调查方式，都应向顾客讲明调查的意义和这种调查与其切身利益的关系，使他们理解调查，从而支持调查。

（2）尽量少让顾客支付费用、花费时间。调查表应简明，便于理解和回答。如果需要顾客寄回调查表，可以采用由企业支付邮资的方式来减少顾客的费用；如果采用电话访问的形式，应该由企业支付电话费。

（3）采取奖励政策，吸引顾客回答调查。例如设置奖项，对回答优异的顾客给予奖励。但这种方法可能导致顾客按企业的思路去回答问题，会降低调查结果的真实性。还可以对所有接受调查的顾客都给予奖励（例如赠送纪念品），但这样又会增加组织的调查费用。还有一个办法是设立奖资，所有接受调查的顾客都可以抽奖，这样能吸引更多的顾客参与。

但是奖励政策的应用要恰当，否则会产生相反的效果。例如某客运公司对乘客满意度进行调查时，为了得到乘客的配合，公司买了一批纪念品，如果乘客将填写清楚的调查表交到客运公司总服务台，就可以得到一份纪念品。后来公司发现，有的乘客为了多得到纪念品而多次索要和填写调查表。最后，公司采取调查表与车票一起使用的方法，再与发给乘客有趣的纪念品相配合，效果很好。

（4）善待每一位顾客。对态度不好或有怨言的顾客，更需予以关注，因为这些顾客有可能会提供重要的信息。如果条件允许，可以反复解释，以情动人，则有可能获得意外的效果。而那些有影响力的顾客或典型顾客更应作为调查的重点。在顾客满意度调查中，不能使一部分顾客产生误解，以为自己被冷落了，从而产生怨言。如果有的顾客始终不予配合，那也要对顾客说声“谢谢”，企业可以从候补的被调查顾客中收集信息。

第三节 调查表的设计

样本被选定之后，就要对调查的内容、评分标准进行策划，以确保调查结果的真实性，达到调查的目的。策划人员要紧紧围绕已经确定的顾客满意度调查目的设计调查表。由于顾客满意度调查属于社会调查的范畴，这些调查理论是根据抽样研究方法构建出来的，调查时的视角不同，很可能调查的结果不同。调查结果与调查表的内容有很大关系，同一个调查对象、同一个调查内容、同一个访问员，如果调查表不一样，调查的结论可能会相差悬殊。

不要将调查表的设计看作纯粹的技术问题，它关系到调查信息的真实性，因而企业的管理者要对调查表的设计提出具体要求，并对设计过程实施控制。设计完成的调查表应经过有关授权人员的评审，评审合格后还要经过负责人的批准。

有人说顾客满意度调查有点像变魔术，动机不正确的人员能够把“红球”变成“白球”，而且难以发现蛛丝马迹。这话有一定的道理。企业的管理者一定要防止这种“变魔术”的把戏在自己的企业里出现，因为这种把戏除了误导企业和蒙蔽顾客之外，没有任何好处。

顾客满意度调查表需要根据企业的具体情况来设计，没有固定不变的样式和所谓标准的内容。调查表设计本身也蕴含着风险。这种风险就是如果调查表的设计存有缺陷，就可能造成调查结果“失真”。如果加强对调查表的设计控制，这些风险是能够避免的，至少可以使风险减少到可以接受的程度。

在设计调查表时，如果有类似的调查表可供参考，可根据新的调查任务和现实情况，对原有的调查表加以修改、增删和完善，这样可以减少一些工作量。

一、调查表的基本结构

调查表是指为了调查和统计用的一种表格，是顾客满意度测量中最常用的一种测量工具。调查表通常由三部分组成：开头、正文和结尾。

1. 开头

调查表的开头是调查表说明，包括调查员的自我介绍，说明调查的主办单位和个人的身份，调查的内容、目的、填写方法和所需时间，并说明希望被调查者给予合作和帮助。必要时，要说明保证替被调查者保守秘密，并表示真诚的感谢或说明将赠送的小礼品。开头部分应简明扼要，防止长篇大论，能够说明问题即可。开头部分需要告诉顾客的内容应使用亲切、诚恳和礼貌的语言。

调查表的开头是十分重要的。顾客满意度调查通常十分依赖被调查者的自愿合作。一般情况下，如果被调查对象在听取调查来意后答应参与，那么绝大部分人都会合作，只有非常少的人会在此之后退出。

调查表有时还包括填表说明，可以在给被调查者的信中进行简要说明，也可以在调查表的下面专门设置一栏详细说明。对容易出错的问题，根据需要也可附加一定的指导语，如“限选一项”或“可选多项”等字样。

2. 正文

调查表的正文包括用于测量顾客满意度的大量问题，或用于了解可以为质量改进提供参考信息的问题。这一部分的结构安排要符合逻辑性，从一个主题到另一个主题的转化要平稳自然，不要发生突变或大跳跃，使得被调查者难以接受。

正文中的问题大部分是封闭性的，这些问题的设置要便于以后的数据汇总和分析。当然也可以包括一些开放式的问题，给被调查者一个自由发表意见的机会。一般情况下，开放性的问题数目不宜太多。

3. 结尾

结尾部分通常是人员基本情况，以便了解顾客的某些有价值的特征，主要用于顾客满意度测量后的数据分析。例如，被调查者的性别、年龄、文化程度、职业、家庭情况、经济状况、消费爱好等。

以上介绍的仅仅是调查表的一般结构，并不是唯一的结构，如调查表的开头部分和结尾部分有时候也可以省略。比如，对样本量很大的电话用户或消费品用户进行电话调查时，顾客并不乐意提供个人信息，如果勉强顾客提供，可能会引起顾客反感，反而会给顾客满意度调查造成困难。

二、调查表设计的基本要求

正如前面讨论的一样，调查表设计不是一门精确的科学，而是一种需要经验和智慧的技术。只有对企业的顾客、生产和管理过程、管理者的要求有清楚认识的质量工作者，才有可能设计出出色的调查表。下面介绍调查表设计的基本要求，以供参考。

1. 确定调查的项目

所谓确定调查的项目，即确定测量哪些内容，也就是具体提出哪些问题，问题之间的逻辑结构如何。

很显然，顾客满意度调查表中包括的测量项目应该是与顾客要求紧密相关的内容。此外，调查表中还可以包括一些用于收集顾客不满信息、改进信息和用于必要的数据分析的其他信息。

一个成功的调查表应该站在顾客的角度来感受产品和服务的质量，从顾客的角度选择关键的质量特性和其他关键的评价指标，这是一个基本原则。既不要站在管理者的立场上，也不要站在设计者个人的立场上，而一定要从顾客的角度设计调查表。

调查表的设计要选准关键要素和关键质量特性。在任何一项产品和服务中都有多个质量特性，什么是关键的质量特性呢？这仍然要从顾客的角度去分析和确认，不要自以为是，一定要真正从顾客的角度抓住关键的质量特性。顾客不满意是由多种因素造成的，需要调查的内容也很多，不要试图在一次调查中解决所有的问题，因此调查表不可能也不应该包罗万象。

毋庸置疑，顾客关注的重点就应该是企业关注的重点，因为顾客对这些质量特性的满意与否对企业的生存和发展有重要的作用。要避免那些无关紧要的枝节问题，防止把顾客的关注点引入歧途。

2. 根据调查访问的方式做调整

不同类型的调查访问方式对调查表的设计是有影响的。在面谈调查中，被调查者可以看到问题并与调查员面对面地交谈，因此可以询问比较长的、复杂的和各种类型的问题。在电话访问调查中，被调查者可以与调查员交谈，但是看不到调查表，就只能问一些简短的问题。邮寄调查表或网上调查表由顾客自己阅读，因此问题也应简单些，并要给出详细的指导语，而面访和电话访问调查表要根据对话的风格来设计。

3. 确定每个问题的内容

调查表中的每个问题都应对所需的信息有所贡献，或服务于某些特定的目的。如果从一个问题中得不到满意的数据，那么这个问题就应该取消。不过在一些情况下，可能会问一些与所需信息没有直接关系的问题。有时候在调查表的开头问一些中性的问题也是有用的，目的是让被调查者更好地参与进来，并与其建立友善的关系，特别是当调查表的主题是敏感的或有争议的时候。如果调查表的问题过于敏感，应在调查表中穿插“测谎题”，以探知填答者是否据实回答。

4. 防止“不能答”的问题发生

调研者不应假定被调查者能够对所有的问题都提供准确的或合理的回答，被调查者可能“不知道”，或“回忆不起来”，或“不会表述”。因此，调研者应当想办法避免这些情况的发生。

被调查者可能对某些调查内容不了解。例如，在问到洗衣机使用性能方面的情况时，由于平时多是妻子做家务，丈夫对此可能完全不知道。因此，在询问有关信息之前，可先询问一些测量“熟悉程度”“商品使用情况”“过去经验”的所谓过滤问题。采用过滤问题可以使那些不了解情况的被调查者在该项目上被过滤掉。

被调查者可能对某些调查内容回忆不起来，而不能正确回忆的结果将导致遗漏、压缩或编造等错误。

对比较难以回忆的问题应该提供一些帮助信息。例如，某培训学校调查表中“您对使用过的哪些教材非常满意?”就是帮助回忆的一个例子。帮助信息应通过给出一些提示来刺激被调查者的记忆。例如列出一系列的教材名称，然后问“您对使用过的哪些教材非常满意”。不过在给出提示的时候，调查者也应注意，不要因刺激过强而令被调查者产生回答偏差。

对于有些类型的问题，被调查者无法表达其答案。例如，询问喜欢到什么氛围的饭店去吃饭，被调查者往往不能描述或不能给出适当表达。不过如果给出一些描述饭店氛围的可供选择的答案，被调查者便可以指出他们最喜欢的那一种。否则，如果他们不能表达，则有可能忽视该问题甚至拒绝回答调查表的其余部分。因此应当提供一些帮助，如图片或描述性词语等，来协助被调查者表达答案。

5. 选择问题的措辞

问题的措辞是指将所需问题的内容和结构转化为被调查者容易理解的句子。如果措辞不当，被调查者可能会不予回答或者不能正确回答。为了避免这些问题，在措辞时要遵循如下几个要领：

（1）尽量使用容易理解的词语。调查表中应当使用适合被调查者语言水平的词语。根据调查对象的不同确定所用词语的专业性，最好使用人们熟悉的词语，尽量不使用专业性或技术性很强的词语，避免使用生僻词语或字母组成的缩略词语。

（2）使用不容易产生异议的词语。调查表中使用的词语对被调查者来说应当具有唯一性。有些似乎是明确的词语，实际上对不同的人是有不同意义的，如“通常”“正常地”“频繁地”“经常”“偶尔”“有时”等。有的词各人理解不尽相同，在调查表中应尽量避免使用。比如：

您家里的空调器使用时间是（　　）月，平均每天使用（　　）个小时。

其中这个“月”就有可能导致调查表出现两种情况：一种是填写了“1~2 个月”，另一种则是“6~8 月”。

（3）避免诱导性的问题。诱导性问题是指设计出的问题中所使用的字眼带有趋势性、暗示性，显露出调查者自己的想法。例如下面的问题：

大多数人经常使用 OK 牌洗衣粉，您也是吗？

上述问题带有明显的暗示，属于引导性问题，极容易引导被调查者回答“是”。

6. 确定问题的顺序

提问要有逻辑顺序，与某个特定主题有关的所有问题应在开始另一个新主题之前问完。变换主题时，应采用一些简短的转换表达来帮助被调查者调整思路。

最好将调查表分成几大部分，这样条理清楚，便于被调查者回答。

7. 测试调查表

测试调查表是指在一个小样本中检验调查表，通过试填写，可以发现并取消一些潜在的问题。即使是最好的调查表，通过测试也是可以改进的。一般情况下，没有经过充分测试的调查表不应当用于实际的调查；用于测试的样本也应取自实际调查的总体。

即使实际的调查将采用邮寄或电话调查的方式，测试调查表也最好采用面谈的形式，因为这样可以观察到被调查者的反应和态度。在对测试调查表进行必要的修改之后，还可以用邮寄或电话调查的形式再进行一次测试。

稳妥的测试应当包括对得到的数据进行分析的过程，以确定是否所有收集到的数据都可用，以及是否所需的数据都可以得到。

三、开放型问题和封闭型问题

开放型问题是指对回答类型不做具体、明确的规定，不规定可供选择的答案，被访问者可以在比较广泛的范围内回答的问题。封闭型问题是顾客只可以在调查者提供的有限数量的答案中选择一个或几个答案的问题。

调查表中一般使用封闭型问题，这样既便于被调查者回答，也便于进行调查结果的汇总和分析。但是也可以加入一些开放型问题，以便在更加广泛的范围内获得顾客对企业产品和服务质量的信息，为质量管理体系的有效运行和质量管理体系改进的有效实施提供信息。开放型问题一般可以放在调查表的后面，数量不要太多。

1. 封闭型问题

封闭型问题确定了可供选择的答案数量。

封闭型问题具有以下特点：

（1）答案是标准的，可以进行比较。

（2）把答案转换成数据并进行统计分析比较容易。

（3）顾客对问题的意义通常是比较清楚的；即使不完全了解问题的意义，也可以从答案类型中知道该怎样回答，因而有助于提高回答率。

（4）不妥帖的回答可以减少到最低限度。

（5）当处理敏感性问题的变量的时候，如问及顾客的收入、受教育程度、年龄等时，封闭型问题可以按照一定的梯级进行设计，避开敏感的侧面，被调查者可能比较愿意回答。

（6）封闭型问题比较容易回答，因为回答者仅需在有限的答案中做选择即可。

2. 开放型问题

诸如“您认为 ABC 公司产品质量改进的重点是什么?”“你认为质量管理常用的统计软件应该具备哪些功能?”这类问题就是开放型问题。

（1）开放型问题的优点。开放型问题主要具有以下优点：

1）开放型问题既可以在没有弄清楚一切可能的答案时就加以使用，也可以在调查者希望了解顾客认为什么是恰当的答案时加以使用。例如，“ABC 公司产品质量改进的重点”就是一个没有确定答案的问题，提出这样的问题，有助于让顾客就广泛的问题发表看法，启发企业管理者的思维，说不定会有意想不到的收获。这些优点是封闭型问题所不具备的。

2）开放型问题可以在潜在的答案太多，以致不能都列入调查表时加以使用。例如质量管理常用的统计软件可能需要很多功能，这些功能在封闭型问题中是没有办法全部罗列的，所以只能使用开放型问题，让顾客充分发挥。

3）开放型问题允许顾客有更多的创造性或自我表现的机会，并使他们感到答案确实是他们自己做出来的，而不是别人强加于他们的。对于那些不能简化为几个小问题的复杂问题，采用开放型的问题更可取。

（2）开放型问题的缺点。开放型问题主要具有以下缺点：

1）开放型问题的目的在于为保证有用的信息尽量包含在调查结果中，但无法排除相当多的无价值的不确切的信息同时存在。

2）得到的数据常常不是标准化的，它们因人而异，带有主观性，难以编码。这就给对比分析或统计分析，特别是计算机处理带来较大的困难。

3）回答开放型问题时需要较高的写作技巧和表达能力，相比封闭型问题，通常要求回答人具有较高的文化水平。

4）回答开放型问题需要花费的时间更多，致使回收率可能降低。

3. 开放型问题和封闭型问题的比较

对于不能用几个简单的答案就能概括清楚而要详加讨论的复杂问题，使用开放型问题比较合适；开放型问题可以用来了解顾客独特的要求、对企业的希望或其他市场信息。

封闭型问题一般用在答案是离散的、确定无疑的、数目相对较少的场合；回答封闭型问题一般不需要专门的培训，回答也很迅速。

许多调查表包括上述两者的混合，既有关于基本特性的封闭型问题，又有一些开放型的“思考问题”。一般情况下，各种类型的顾客满意度调查表都应当包括至少一个开放型问题（常常放在调查表末尾），以便了解顾客（或被调查者）是否认为有重要的问题被遗漏。

四、调查表的分析

对于所设计的调查表的初稿，除了抽取少量样本进行检查和分析之外，必要时还要进行信度和效度分析，剔除不合适的项目，反复修改，这样才有可能获得高质量的调查表。

1. 调查表的项目分析

项目分析的主要目的在于求出调查表个别问题的“临界比率”（Critical Ratio，CR）值，将未达显著水准的问题删除。其方法是将所有受试者在预测调查表的得分总和按高低排列，得分前27%者为高分组，得分后27%者为低分组，求出高、低两组受试者在每题得分平均数差异的显著性检验，如果问题的CR值达到显著性水准（$\alpha<0.05$ 或 $\alpha<0.1$），即表示这个问题能鉴别不同受试者的反应程度；未达显著性水准的问题应删除。

2. 调查表的因素分析

项目分析完成后，为检验调查表的结构有效度（Construct Validity），应进行因素分析。结构有效度是指调查表与测量目的的相关程度。因素分析的目的是分析和优化调查表的结构，减少调查表问题的数目，使之变为一组数目较少而彼此相关程度较高的变量。

对于因素分析更加容易理解的解释是，效度是指测量的有效性和针对性。比如，天平是用于称重的，用其来测量体积则没有效度。调查表中的问题对测量的目的应该有很强的针对性，调查表的结构有效度分析就是解决针对性问题的分析方法。

请看某模具企业的顾客满意度测量调查表中的问题：

您对本公司成本控制情况评价如何？

□非常满意　　□满意　　□一般　　□不满意　　□非常不满意

顾客根本不会关注企业的成本情况，把这样的问题列入顾客满意度调查表，顾客（被调查者）又不得不回答，因而难免会造成信息失真。这样的问题对测量的主题毫无帮助，得出的数据若纳入计算中，必然导致信息失真。

3. 调查表信度分析

因素分析之后，要继续对调查表各层面与调查表总体进行信度检验。所谓信度（Reliability），就是调查表的可靠性和稳定性。其计算公式为

$$\alpha = \frac{K}{K-1}\left(1 - \frac{\sum S_i^2}{S^2}\right)$$

式中　K——调查表的总题数；

S——测量调查表总分的变异量；

S_i——每个测验题项总分的变异量。

α 系数一般为 0~1，出现 0 或 1 两个极端值的概率很低。一般认为 α 值在 0.7 以上调查表的信度较高。

还有一种方法可以求出调查表的折半信度。折半信度是指将调查表的题目分成两半计分，根据受试者在两半问题上所得的分数，计算两者的相关系数。

对于信度分析更加容易理解的解释是，信度是指测量的可信性和一致性。比如测量一支笔的重量，如果用精确的电子天平去称，信度几乎是 100%；而用磅秤去称，信度则大大降低。

有些问题的设计使企业无法相对准确地获得顾客心中的感觉。由于信度不高，如果对同一顾客多次测量，排除顾客有意回答一个固定答案的情况，则回答的变化可能会很大。

请看某矿泉水公司的顾客满意度测量调查表中的问题：

您对本公司矿泉水中锶的含量评价如何？

□非常满意　　□满意　　□一般　　□不满意　　□非常不满意

一般的消费者多数不知道什么是锶，更别说锶的含量了。这样的问题太专业，被调查者根本无法知道这个指标的具体数值，甚至从来就不关心这个问题，如果非要让他回答，那么就会导致答案失真。这不是被调查者的错，而是问题的信度不高。

以上三种分析方法的计算工作量比较大，企业在进行顾客满意度调查时，可以在明白以上三种分析方法原理的基础上，采用直观的方法进行分析。如果确实需要按照以上方法进行分析，推荐使用计算机软件，如 SPSS、SAS 等软件完成相关工作，可以大大减少工作量，减少分析的时间。

4. 调查表问题数量的确定

最后正式定稿的问题的数量到底应该是多少最为适宜，并没有统一的标准，调查者可以根据顾客满意度调查的复杂程度和信息量的大小来确定。作为参考，这里提出常用的建议数量：如果是一种通用的或变量较多的调查表，其数量在 20~25 题已经足够；若要测量特定的变量，以 7~10 题为宜。

第四节　常用的调查方法

调查表设计完成后，就要选择和培训调查员。调查员要根据顾客满意度调查的重要性、任务的难易程度以及调查的频度进行选择。一般来说，企业不必设置专门的顾客满意度调查员。但是，除非委托第三方调查，企业的顾客满意度调查员应该尽量从企业内部选择，避免全部从社会上招募临时工作人员。调查员应从质量管理人员、销售人员和技术人员中选择，经过必要的培训即可成为合格的调查员。

调查方法选择得合理与否，会直接影响调查的结果。因此，合理选择调查方法是顾客满意度调查的重要一环。

顾客满意度调查中常用的调查方法有面谈调查法、电话调查法、网络调查法、邮寄调查法、留置调查表调查法、秘密顾客调查法等。

1. 面谈调查法

面谈调查法就是调查员与一个被调查者直接进行面谈，或者与几个被调查者集体面谈；可以进行一次面谈，也可以进行多次面谈的方法。这种方法能直接与被调查者见面，听取意见并观察其反应，灵活性较大，并能相互启发，得到的资料也较真实。但是这种方法的成本较高，且调查结果受调查人员的素质水平影响较大。

2. 电话调查法

电话调查法是由调查员根据抽样的要求，在样本范围内用电话向被调查者提出询问，听取意见的方法。采用这种方式进行调查时，收集资料快，成本低，并能以统一格式进行询问，所得资料便于统一处理。有关资料记载，有人专门编制了电话调查的软件，使人们能够一边进行电话调查，一边把被调查者的回答输入计算机，从而迅速地进行数据处理，并立即得到分析结果。但是这种方法由于受到时间的限制而有一定的局限性：只能对有电话的用户进行询问；不易取得被调查者的合作；不能询问较为复杂的问题，调查难以深入。

3. 网络调查法

网络调查法比电话调查法更加方便、实用、有效，可以不受时间、地点和其他因素的限制，而且成本一般比其他调查方法都低，得到的信息量很大，调查资料的汇总、存储和分析都可以自动完成。如果被调查者经常上网，这是一种较为适合的调查方法。

4. 邮寄调查法

邮寄调查法是一种古老的调查方法，但是今天仍然在被使用。邮寄调查法是将预先设计好的调查表邮寄给被访者，请他们按表格要求填写后寄回的方法。这种方法的调查范围较广，被调查者有充裕的时间来考虑如何回答问题，且不受调查者的影响，收集情况较为真实。但调查表的回收率较低，时间往往拖得较长，被调查者也有可能误解调查表的含义，影响调查结果。

5. 留置调查表调查法

留置调查表调查法是由调查员将调查表当面交给被调查者，并说明问题含义及回答要求，把调查表留给被调查者自行填写，然后由调查员定期收回的方法。这种调查方法和邮寄调查法相比，可以节省邮寄费用，而且回收率较高，但需要花费较多的人力。在顾客分布范围较广时，这种方法实施难度更大。

6. 秘密顾客调查法

秘密顾客调查法通常是某些受委托的顾客匿名光顾被调查企业的服务现场并接受服务，然后对该企业的服务给予评价的方法。这种调查方法一般能够做到100%的回收率，测评结果也较为详细，但随机性较差，容易受到主观因素的影响。

调查员或受委托顾客的素质对秘密顾客调查法的结果影响较大，而且这种方法成本较高，信息量不大，调查结果的真实性和有效性难以保证，处理不好甚至会引起意外的麻烦。因此，在使用这种方法以前最好咨询一下律师，避免引起不必要的法律纠纷。

电话调查法、网络调查法和邮寄调查法是顾客满意度调查中最主要的数据收集方法。

上述调查方法各有优缺点，在顾客满意度调查中，为了保证评价更为客观公正，有时采用多种调查方法相结合的方式进行，这些方法本身就是相互结合、相互渗透的。在进行顾客满意度调查时，应根据调查的有效性选择适当的方法，并根据调查的实际情况适时进行调整。

如某机械厂对顾客满意度的调查，联合使用了面谈调查法、电话调查法和邮寄调查法：

对距离较近的顾客进行面谈调查，对距离较远的顾客进行电话调查，对电话联系有困难的顾客进行邮寄调查。结果证明，多种方法联合使用的调查比较有效。

第五节　资料整理和顾客满意的评价

一、资料整理

经过调查策划、调查表的设计以及调查的实施，企业可以获得大量的数据，但是这些数据仅仅是原始的信息，如果不对其进行整理，数据本身并不能说明任何问题，也就不能达到顾客满意度调查的最终目的。调查的组织者的任务是：通过对这些数据的整理和分析，得出顾客满意情况的结论，指出不满意的方面和造成这些结果的原因，找出改进的优先事项，为企业的管理者进行决策提供信息。

顾客满意度调查资料的整理和顾客满意的评价的基本步骤如下：

1. 接收与核对调查表

收集来的调查表应当认真、细致地做好接收与核对工作。一般应注意以下几点：

（1）调查表的登记。负责接收调查表的人员要事先设计好一定的表格，用于登记交付上来的调查表。表格上的项目一般包括调查员姓名、调查地区、调查实施的时间、交付的日期、实发调查表数、交回调查表数、拒答调查表数、剔除调查表数、其他调查表数、合格调查表数等。

重要的是对不同调查员和不同地区（或单位）交回的调查表在登记之后要及时进行编号，或注明调查员与调查地区等，否则大量的调查表混在一起，一旦弄乱就很难区分，会失去很多有用的信息。

（2）调查表的接收和剔除。负责调查表回收的工作人员要将全部调查表检查一遍，将无效的调查表剔除掉。无效的调查表主要包括以下几种可能情况：

1）不完全的调查表，即有相当多的部分没有填写，其缺失值难以修复，并且缺失值对调查结果有直接影响的调查表。

2）被调查者没有理解调查表的内容而造成答案错误，或是没有按照指导语的要求进行回答，其回答内容与调查表要求的内容大相径庭的调查表。

3）答案没有什么变化的调查表也是值得怀疑的。比如一张调查表有20个问题，所有问题都选择了一个相同的答案选项，这样的调查表可能是被调查者没有认真回答，对这样的调查表应检查其真实性。如果其数量不是太多，可以考虑剔除这样的调查表；如果其所占比例较大，很可能是调查表的设计或调查方法有问题，应进行认真研究，不应急于得出结论。

4）缺损的调查表，即有数页丢失或无法辨认的调查表。

5）由不符合要求的其他人填写的调查表。有时候顾客满意度调查的被调查者是专门的对象，如果发现不是由目标调查者作答的调查表，那么其数据的真实性就值得怀疑。

6）信息前后矛盾或有明显错误的调查表。

（3）估算剔除不合格样本后样本的数目是否符合预定样本量需求，确定是否需要进行补充调查。

2. 不合格调查表的处置

对于不合格的调查表，常用的处置方法有以下几种：

（1）退回去重新填写。不合格的调查表可以退回去让调查员找到原来的答卷人重新填写。在小规模的市场调查中，由于样本量较小，被调查对象又很容易识别，所以退回去重做的办法是可行的。不过第二次调查得到的数据可能会与原来的不同，因为调查的时间不同，或者调查的方式也可能不同。

如果是大规模调查，退回去重新填写的方法可能行不通，即便是行得通也会造成很多负面影响，如顾客抱怨、增加调查成本、延误调查时间等。所以在调查表的设计阶段就应该考虑这些问题，以便留有余地。

（2）剔除。在以下情况下，可以考虑将不符合要求的调查表进行剔除：

1）不符合要求的被调查者的比例很小。

2）样本量较大，在调查表设计阶段已经考虑了对不合格调查表的剔除，而且剔除不合格调查表之后仍然符合调查设计的样本量要求。

3）不是具有独特意义的顾客填写的调查表。

4）不符合要求的答案在全部问题中占有很大比例的调查表。

5）对关键问题回答缺失的调查表。

不过，剔除不合格调查表也可能产生系统误差，因为所谓不符合要求与符合要求的调查对象之间的差异可能是实质性的。另外，对一个调查对象不符合要求的判断也可能是主观的。如果调查者决定要剔除一些调查表，应事先制定不合格调查表的评判标准和剔除控制程序。剔除的调查表不应立即销毁，必要时企业的领导应对剔除的调查表进行检查，在顾客满意度调查报告中应当说明剔除不合格调查表的理由以及剔除的数量。

3. 缺失数据的处理

缺失数据是指未知的变量值，可能是由被调查者没有给出明确的答案或调查员没有记录下他们的答案造成的。

在以下三种情况下，按缺失数据来处理是可行的：①不符合要求的调查表数量较少；②这些调查表中不符合要求的回答的比例很小；③不符合要求的答案所回答的不是关键问题。

处理缺失数据可以参考以下几种方法：

（1）用一个中间值代替。通常可以用一个中间值，最常用的是用该变量的平均值代替对应变量的某些缺失值。这样代替的结果，该变量的平均值不会发生变化，其他参数如相关系数等也不会受到很大影响。这种方法虽然有一定的优点，但从逻辑上看还是存在一定问题的，因为缺失值对应的调查对象如果给出了答案，可能会是高于或低于平均值的其他数值。

（2）用一个估算的答案代替。可以根据调查对象对其他问题的回答模式来估计或计算出适合于缺失问题的答案。调研者试图用现有的数据去推断答卷人如果回答该问题可能会给出什么样的答案。利用一些统计方法，根据现有的数据，可以找到该问题与其他问题之间的联系。例如，洗衣粉的购买量与家庭人口数之间的关系可以通过回答了这两个问题的所有填表人给出的答案来确定。因此，如果某位填表人没有回答洗衣粉的购买量，就可以通过其家庭人口数计算出洗衣粉购买量的一个估计值。不过，这样还是有可能会造成一定的偏差。

（3）配对删除。在配对删除中，并不删除有缺失值的所有数据，而是对每种计算只使用那些完全回答的数据。因此在分析时，不同的项目计算可能会基于不同的样本数来进行。在以下几种情况下这种方法是可行的：①样本量比较大；②缺失数据不多；③变量间不是高度相关的。

上述几种处理缺失数据的方法得到的结果可能是不同的，特别是当缺失值不是随机地出现以及变量间的相关程度较强时。因此，应当想办法使缺失的回答数量保持在最低的水平。在选择处理缺失数据的特定方法时，要认真地考虑可能出现的各种问题。

二、标分

如何对测评结果进行标分，是将顾客满意测量结果量化的关键步骤。调查表的标分可以在数据汇总和分析阶段进行，也可以在调查表的设计阶段进行。

有资料建议，标分分为五级比较合理，如果标分超过五级，一般人难以有足够的辨别力。但是对于具体的调查活动，标分也可以采用其他分级方法。

常用的标分方法有以下几种：

1. 梯级分值法

让评定者按一定的梯级给所消费的产品或服务进行评定，每一个梯级总是对应着一定的分值。这样，评定结果就由梯级变成了分值。

比如，按五个梯级来标示顾客的感受，可使用很满意、满意、一般、不满意、很不满意。这五个梯级可以分别对应 20、10、0、-10、-20 五个分值，这样，调查结果的评定就数字化了。当然，也可以采用 10、8、6、4、2 等分值。具体各梯级设定多少分值，可以根据不同的情况而定。

2. 直接分值法

直接分值法就是提供一个分值区间，由评定者根据自己对产品或服务的感受，直接给出相应的分值的方法。比如，给出（0，10）这个分值区间，就是评定者可在 0~10 这个范畴内给产品或服务打分。这种方法不需要转换分值，比较简单，但准确性较差。其原因是评定者虽然能够明白自己的消费感受，但他们不一定能把这种感受用恰当的分值来表示，不同的顾客对同一产品给出的分值可能相差很大，这种分值的差别就可能导致调查结果的不准确。有人建议增加详细的评分说明，这固然有一定的道理，但是在实际应用中难以对每一分值都给予说明，有时候说明太具体反而限制了被调查者客观回答问题的选择，会造成新的信息失真。

3. 关键词分值法

提供给顾客一系列表示感受的关键词，这些关键词分别代表顾客满意与不满意的状态，顾客可以找到相应的关键词，来表达自己的满意水平。这些关键词都与一定的分值相对应，于是评定数量化了。

比如，关键词是“愤慨”，为-3 分，“气愤、烦恼”为-2 分，“抱怨、遗憾”为-1 分，“无情绪”为 0 分，“稍微好感”为 1 分，“好感、称心”为 2 分，“满足、感谢”为 3 分。

这种方法的重点在于对关键词的确定是否准确，能否代表顾客的感受，关键词之间的层次梯级关系是否清楚，能否明确区分开来，每一个梯级层次之间是否基本等值。由于顾客是从自己的角度来看待这些关键词的，很可能与调查者的角度并不完全相同，对于这种情况，调查者在调查表设计阶段就应该给予重视。关键词分值法与梯级分值法比较相似，两者可以结合使用。

三、权重值的确定

一项产品或服务总是由多种要素（质量特性）构成的，而顾客对每一种要素的感受是不相同的。比如，在对某电器产品的顾客进行满意度调查时，若顾客对安全项目感觉不满意，则管理者应非常重视这个问题；若顾客对外观项目感觉不满意，则相对来说对总体的满意程度影响应该小一些。因此，不能将产品或服务的各种质量特性的评分简单相加，而应该进行加权相加。

与标分的设定一样，权重的确定也可以在调查表的设计阶段完成。

加权相加的关键点是权重值的确定，可以采用以下几种方法来解决：

（1）经验法。经验法就是根据经验，来确定产品或服务的每一个质量特性的权重值的方法。这种方法简单易行，快捷方便；但它的缺点是不准确，不能完全反映真实情况，有时偏差较大。

（2）专家法。专家法就是由顾客调研专家根据对产品属性的研究，比较其消费意义和重要性，然后确定出相应的权重值的方法。这种方法的准确度高于经验法，关键是需要对专家进行认真的选择，以保证权重设计的准确性。

（3）移植法。移植法是指直接移植其他同类优秀企业或相关研究机构研究并制定的同类产品或服务各要素的权重值体系，供本企业使用的方法。这种方法存在的问题是可供移植的标准样本不容易找到，即使找到了标准样本，也不能简单地直接套用，而应该结合自己企业的实际情况进行适当的调整。

（4）测量法。确定产品或服务各属性的权重值的最佳方法是测量法。测量法就是对产品或服务的各属性进行全面分解，并用分解后的属性构成测量调查表，借助这个调查表，对目标对象进行测量，并对测量结果进行统计，就可以得到产品或服务各属性的准确的权重值的方法。这是一种较为科学的方法，但是比较复杂。

四、顾客满意度测量报告的编写

作为对顾客满意度测量工作及测量结果的汇报，一份完整的顾客满意度测量报告是很有用的。它一方面可以全面展示顾客的满意状况，另一方面可以为质量改进提供依据。

1. 顾客满意度测量报告的一般要求

（1）语言简洁。顾客满意度调查的结果是为企业实施和改进顾客关系管理服务的，顾客满意度测量报告的读者往往是企业的管理层或高层管理者。所以顾客满意度测量报告应简明扼要，报告的撰写者应设法避免使用大量晦涩难懂的专业词汇，不要罗列大量烦琐的计算过程，报告的言语不必追求华丽，但要简洁、准确，让读者容易看懂。

（2）结构严谨。在撰写调研报告时，中心要突出，各部分之间的关系逻辑性要强，能够使读者看一遍就可以明白整个调研的基本过程和结果，千万不可把一大堆资料简单地堆积在一起。

（3）结论明确。在调研报告中，对调研获得什么样的结论要明确地加以阐述，不能模棱两可，含糊其辞。

2. 顾客满意度测量报告的主要内容

顾客满意度测量报告可以包括封面、目录、索引、摘要、调查目的、调查方法、调查结果（结论）和改进建议、附录等内容（可以简化处理）。其中封面、目录、索引、摘要部分比较简单，这里不做介绍，以下只介绍主要部分：

（1）调查目的。顾客满意度测量的目的通常可包括以下几方面：

1）了解顾客群体对本企业产品和（或）服务的满意程度。

2）发现本企业产品和（或）服务的各种特性之间顾客满意程度的差异，挖掘薄弱环节，寻找改进机会。

3）发现不同顾客特征对产品和（或）服务不同特性的偏好程度的差异，为市场营销部门更好地制定市场细分策略提供第一手资料。

（2）调查方法。在这一部分中，需要加以简单叙述的内容包括以下几个方面（注意必须简单明了）：

1）顾客群体：说明从什么样的顾客群体中抽取样本进行调查。

2）样本的结构：根据什么样的抽样方法抽取样本，抽取后样本的结构如何，是否具有代表性。

3）使用的调查表：调查表中涉及哪些项目，以及涉及这些项目的原因。

4）调查方式：说明是采用面谈调查法还是采用电话调查法或其他方法，以及如何对调查过程实施质量控制。

5）调查员介绍：对调查员的条件以及训练情况可以进行简略介绍。

6）调查完成情况：原来拟调查多少人，实际上收回的有效调查表是多少，有效调查表的回收率是多少，不合格调查表被剔除的原因及剔除的数量，是否采取补救措施等。

7）顾客满意指标计算方法：如何标分，如何确定权重，如何计算等。

（3）调查结果。这部分内容是将调查所得结果报告出来，通常有必要包括如下信息：

1）顾客满意度、顾客满意率或其他顾客满意指标计算结果及准确程度。

2）与以往相比较，对顾客满意指标的变化趋势做出合理解释。

3）数据分析的结果。

（4）改进建议。在可能的情况下，可针对调查获得的结论提出可以采取哪些纠正或预防措施的建议。

（5）附录。附录部分主要是与正文相关的各种资料，以备读者参考。但是附录并不是必不可少的，没有也是可以的。

附录的资料可用来证明或进一步阐述已经包括在报告正文之内的资料。附录中的资料种类一般包括：

1）调查表。

2）对抽样有关细节的补充说明。

3）调查获得的原始数据、图表。

4）数据分析的图表。

5）对调查所使用的软件说明等。

思 考 题

1. 企业为什么要以顾客为关注焦点？
2. 你所在的学校如何应用顾客满意战略？
3. 学校应如何细分其顾客群？分析每一顾客群的特殊需求。
4. 顾客满意度调查的方法有哪些？各适合于什么场合？
5. 顾客满意度调查的抽样方法有哪些？各适合于什么场合？
6. 根据本章内容，提出一个测评你所在学校可能使用的、超越传统课程评价的顾客满意度评价的新方法。
7. 你可能在计算机及其软件零售店参观过或购买过产品。分小组用头脑风暴法辨识计算机零售店对你最重要的特征；设计一个顾客满意度调查问卷，以评价顾客的重要性和零售店的业绩；提出提高顾客满意度的具体建议。
8. 列举并提供一个顾客满意管理实践的案例。
9. 为什么组织应使顾客投诉易于进行？

第四章

质量策划与质量改进

本章要点

- 质量策划和质量改进与质量管理的关系；
- 质量策划的基本内容和作用；
- 质量策划常用的系统方法——质量功能展开（QFD）；
- 质量计划和方针管理；
- 质量改进的概念、实施过程、步骤和推进方法等；
- 常用的几种质量改进工具。

第一节　质量策划与质量改进概述

美国著名质量管理专家朱兰博士提出的质量管理三部曲为广大质量管理人员所熟知，他将质量管理概括为质量策划、质量控制和质量改进三个阶段，称为质量管理三部曲，如图 4-1所示。质量策划、质量控制和质量改进是质量管理的重要内容。

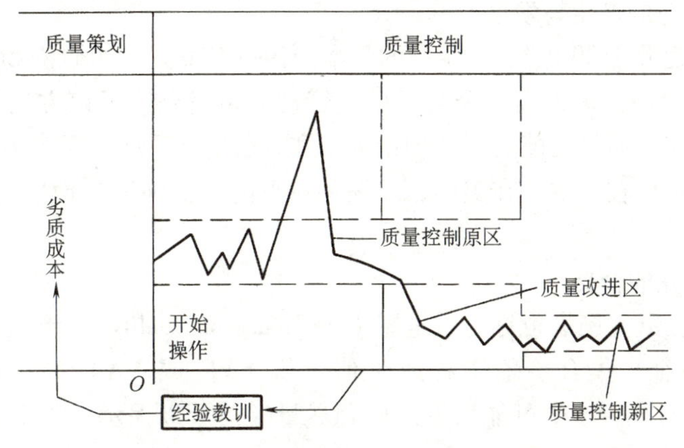

图 4-1　朱兰质量管理三部曲示意图

质量管理是指在质量方面指挥和控制组织的协调活动，通常包括制定质量方针和质量目标，以及通过质量策划、质量保证、质量控制和质量改进实现这些质量目标的过程。

质量策划致力于制定质量目标，并规定必要的运行过程和相关资源以实现质量目标；质量控制致力于满足质量要求；而质量改进致力于增强满足质量要求的能力。

从先后逻辑关系看，质量策划是根据内外部条件制定质量目标和计划，同时，为保证这些目标的实现，规定相关资源的配置；质量保证致力于提供质量要求会得到满足的信任；质量控制是促使符合计划和目标的要求在实施过程中当控制对象脱离规定要求时采取措施，使其回到规定范围或方向上来。换句话说，质量控制就是保证控制对象的持续稳定，而质量改进是在稳定的基础上提高质量。

第二节 质量策划

一、质量策划的内容和作用

质量策划的关键是制定质量目标并设法使其实现。质量目标是在质量方面所追求的目的，通常依据组织的质量方针制定，并分别规定相关职能和层次的分质量目标。此时所指的质量策划是在质量管理体系层面上的，质量策划的结果是质量计划。

在美国三大汽车公司编写的QS 9000标准配套手册之一的《产品质量先期策划和控制计划》中，明确规定质量策划的输出包括：①设计目标；②可靠性和质量目标；③初始材料清单；④初始过程流程图；⑤特殊产品和过程特性的初始清单；⑥产品保证计划；⑦管理者支持。

无论是广义的质量策划还是狭义的质量策划，都是根据外部环境、内部条件以及下一步的经营方针和战略，围绕企业质量管理体系或产品质量所进行的总体决策活动。

目前，国际上许多企业开展质量策划时经常采用的方法是质量功能展开（Quality Function Deployment，QFD）。在国际上曾经开展过一次专项问卷调查，调查企业应用质量功能展开的主要目的是什么，回答“开展质量策划”的列第一位，占总体比例的70%左右。

二、质量功能展开的基本原理和应用步骤

1. 质量功能展开的产生与发展

质量功能展开起源于20世纪60年代的日本。1978年6月，水野滋和赤尾洋二教授编写了《质量功能展开》一书。该书从全公司质量管理的角度介绍了该方法的主要内容。经过几十年的推广和发展，质量功能展开的理论框架和方法论体系逐步完善了。

质量功能展开不仅在日本，在美国、欧洲和亚洲的不少国家和地区也得到了广泛应用，并取得显著效果。

2. 质量功能展开的含义

质量功能展开在欧美国家也称为质量屋（the House of Quality），形式上以大量的系统展开表和矩阵图为特征，集合价值工程或价值分析（VE 或 VA）、故障模式及影响分析（FMEA）的思路，对在生产中可能出现的问题尽量提前予以揭示，以期达到多元设计、多元改善和多元保证的目的。

从全面质量管理的视角出发，质量要素中包括理化特性和外观要素、机械要素、人的要素、时间要素、经济要素、生产要素和市场及环境要素。将这些要素组合成一个有机的系

统，并明确产品从设计开发到最终报废全过程的质量职能，使质量职能得以切实完成，是质量功能展开的目的。

质量功能展开包括综合的质量展开和狭义的质量功能展开（也可称为质量职能展开），而综合的质量展开又包括质量展开（质量表的绘制）、技术展开、可靠性展开和成本展开，其关系如图 4-2 所示。

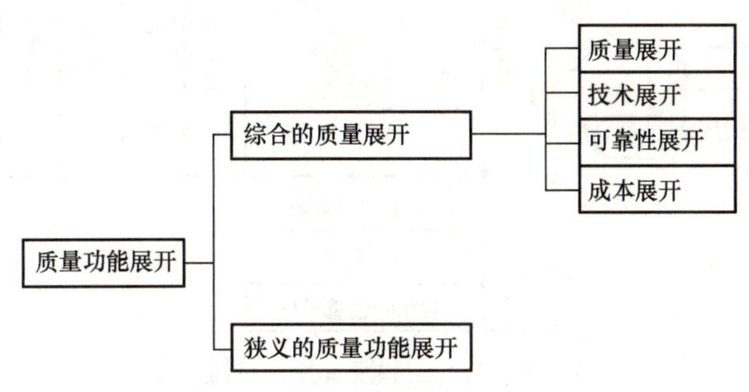

图 4-2　质量功能展开的基本构成

水野滋和赤尾洋二教授对综合的质量展开（QD）的定义如下："将用户的要求变换成代用特性，确定产品的设计质量，然后经过各功能部件的质量，从而至各部分的质量和工序要素，对其中的关系进行系统的展开。"

质量功能展开本身原理简单，包括了大量管理技术的应用，如价值工程或价值分析、故障模式及影响分析、故障树分析（FTA）、亲和图法、矩阵图法、树图法、层次分析法（AHP）、市场调查和用户访谈等，通过系统对应地展开，将大量管理技术有机地融为一体。质量功能展开与其说是一种方法，不如说是一种系统管理的思想在新产品开发中的体现更为贴切。

通过质量功能展开，可以产生产品质量计划、质量控制计划、采购质量计划、检验计划和质量改进计划等一系列具体的质量计划。

QFD 的相关国际标准——ISO 16335 系列标准正在制定，具体内容包括：质量展开、技术展开、成本展开和可靠性展开四大部分。

第三节　质量展开简介

进行产品质量策划时经常应用的是质量功能展开中的质量展开，主要是绘制和应用质量表。质量表的结构及其绘制步骤如图 4-3 所示。本节简单介绍质量展开的实施过程，由于篇幅有限，具体内容可参阅相关文献。

一、质量展开的基本步骤

从图 4-2 可知质量展开在质量功能展开中的位置。实际上，所有的展开都是从质量展开开始的，而且质量策划工作也是质量展开所要完成的工作。所以，无论从整体质量策划的角度还是从质量功能展开的角度看，质量展开都是非常重要的一项工作。

质量展开的具体工作是围绕绘制质量表进行的，质量表的结构和质量展开的基本步骤可以参见图 4-3。

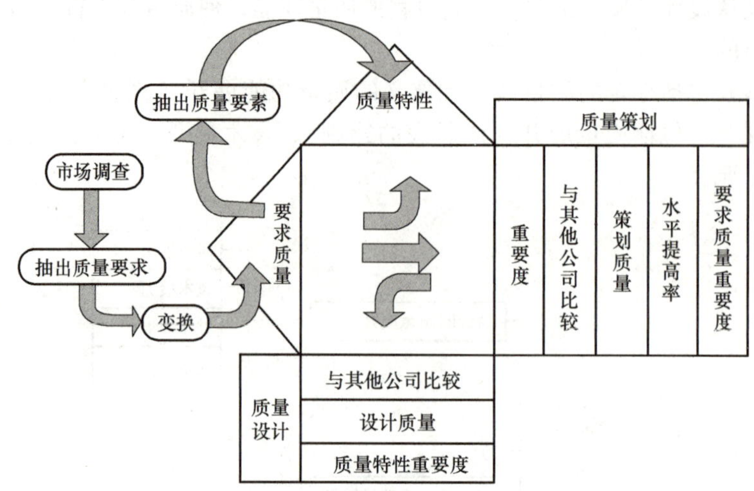

图 4-3 质量表的结构及其绘制步骤示意图

从图 4-3 可以看出，质量展开包括以下主要步骤：①市场调查；②抽出质量要求；③变换；④绘制要求质量展开表；⑤抽出质量要素；⑥绘制质量特性（或要素）展开表；⑦绘制矩阵表；⑧制作质量策划表并开展质量策划；⑨将重要度变化至质量特性；⑩确定设计质量特性重要度。

下面按用户质量要求的收集整理、质量策划和确定设计质量三大部分，对绘制质量表的相关工作进行简单的介绍。

二、用户质量要求的收集整理

1. 市场调查

这里提到的市场调查除了问卷调查、访谈研究以外，还包括从企业内部获取信息（如行业信息、专业杂志、用户意见和投诉等）的灵活应用。

2. 抽出质量要求

企业获得的信息是各种各样的，有意见、抱怨、评价、希望，有关于质量的，也有涉及功能的，还有关于价格的，所以必须对从用户那里收集来的信息进行分类和整理。

3. 变换

原始信息是用户本来的声音，还需要对用户发出的信息进行解读，将其变换成规范的质量要求。通常对原始信息直接变换比较困难，要引入要求项目的范畴，使质量要求的变换容易进行。变换分两步进行，首先转换成要求项目，然后再转换成要求质量。

由于要对质量要求等语言资料进行分类、分层处理，所以对质量要求的表述形式应有具体的要求。因此，变换工作需要根据要求逐一进行，最终将抽出的质量要求变换成要求质量的形式。

4. 绘制要求质量展开表

利用亲和图和树图，根据不同要求质量的层次和亲和度，整理成树状展开的要求质量展开表。表 4-1 是经过整理后的一次性打火机要求质量展开表。从知识管理的角度看，将顾客对产品需求的“隐性知识”变成了看得见的“显性知识”，从而便于评审和共享。

表 4-1 一次性打火机的要求质量展开表

第一层次	第二层次	第三层次
能可靠地点着火	可简单地点着	能单手点着
		一次就能点着
		轻轻地就能点着
	在哪儿都能点着	雨中也能点着
		寒冷的地方也能点着
		大风中也能点着
容易使用	能安心使用	火焰能够调整
		火苗稳定
		能够长时间地点火
		放在哪儿都能安心
	容易处理	扔到哪儿都没事
能够安心携带	拿着放心	仅在必要的时候才能点着
		能够确切地将火苗熄灭
		只有打火时才往外排气
	能够知道何时更换	能够知道气体剩余量
		能够一直用到没有气体为止
能用很长时间	结实	能经受强烈地冲击
		掉到过地上还能用
		掉到过水中还能用
	拿起来方便	能拿在手中
		重量适中
		能放在衣服口袋里
外观设计漂亮	袖珍的外形	外形有点儿圆
		比较薄
	颜色明快	使用亮色
		颜色时髦漂亮
		使用单纯朴素的颜色
让人爱不释手	引人注目	点着火时有声音
		火苗的颜色在变
		能够换外壳
		点火的声音好听
	看起来昂贵	瘦削的外形

5. 抽出质量要素

质量要素采用质量特性的表达方式，是比较接近要求质量的一种表达方式。它处于要求质量向质量特性变换过程中的中间状态，不用考虑其是否可计量。在变换过程中，早期往往采用质量要素的形式，当经过策划和重要度变换后，再对重要的质量要素的可测量性进行探讨。质量要素既可以直接转化成质量特性，也可以用几个代用特性进一步代替该质量要素，如果需要（没有该质量特性的测量标准），可以进一步开发相关质量特性的测量手段和方法，形成企业内标准。

把以用户的语言写出的质量要求变换成用技术语言表达的质量特性，可以将用户的要求转化成产品特性。而将用户的期望变换成技术的实现，就必须将质量要求变换成质量特性。所谓质量特性，是成为质量评价对象的性质和性能，是代表用户质量要求的代用特性。对于有形产品，如果拥有相应的技术，就可以准确地抽出很多质量特性。但现实中有很多感性的特性，尤其是服务业，要从中抽出能够计量的质量特性常常很困难，所以可以先抽出质量要素，再把其中能计量的质量要素变换成质量特性。

6. 绘制质量特性（或要素）展开表

再次利用亲和图和树图，将质量要素或质量特性绘制成质量特性展开表。

7. 绘制矩阵表

根据要求质量展开表和质量特性展开表，可以绘制出矩阵表。通过该表可以找出彼此之间的关联性，并将关联性的强弱分为三级。表 4-2 是一次性打火机的第一层次要求质量和第一层次质量要素之间形成的矩阵表。

表 4-2　一次性打火机的第一层次要求质量和第一层次质量要素矩阵表

要求质量展开表	质量要素展开表						
	形状尺寸	重量	耐久性	点火性	操作性	设计性	话题性
能可靠地点燃			○	◎	○		
容易使用	◎	◎			○		
可安心使用	○	△	◎	○			
可长期使用			◎	○	○	△	
外观设计良好	○	○				◎	○
令人爱不释手			△		△	○	◎

注：“◎”表示关系密切；“○”表示有关系；“△”表示可能有关系，并对不同符号赋予不同权重。近来，国际上开始将关联性的强弱细化成 5 级甚至 9 级。

三、质量策划

该阶段的工作是绘制质量策划表并开展质量策划。质量策划表的结构如表 4-3 所示。

表 4-3　质量策划表的结构

质量策划									
重要度	比较				策　划			重　要　度	
	自己公司	其他公司			策划质量	水平提高率	卖点	绝对重要度	要求质量重要度
		X 公司	Y 公司	Z 公司					

在表 4-3 中，绝对重要度是考虑了策划质量水平、水平提高率和卖点后计算出来的；要求质量重要度是将其 100 分化，使其合计的总和等于 100。

四、确定设计质量

首先要完成的工作就是将要求质量重要度变换成质量特性重要度。具体可以采用配点法，将要求质量重要度变换成质量特性重要度，在变化过程中会结合质量特性与要求质量之间的关联性来确定分值。

确定了质量特性重要度后，再根据竞争对手相应质量特性的水平和该特性的重要度，确定自己企业产品或服务特性的设计水平。至此，质量展开告一段落。

第四节　质量计划与方针管理

一、质量计划的概念和内容

质量计划就是针对某项产品、项目或合同，规定专门的质量措施、资源和活动顺序的文件。当质量管理体系文件的通用部分不能满足某项产品或产品结构的要求，或不能满足顾客要求时，应由有关职能部门编制能满足各项要求的产品质量计划、质量控制计划、采购质量计划、检验计划和质量改进计划等具体质量计划。

质量计划是描述特定情况下质量管理体系要素和资源的文件，是对特定的项目、产品、过程或合同，规定由谁、何时、使用哪些程序和相关资源的文件。当特定项目、产品、过程或合同所涉及的质量管理过程和产品实现过程与现有文件所规定的内容相同时，质量计划可直接引用质量手册的部分内容或程序文件；只有与现有的文件所规定的内容不相同时，才需要具体编制。

要注意质量计划与质量策划的区别，质量计划是质量策划结果的一部分。

1. 质量计划的必要性

在规模较小的企业里，工作计划常常是非正规的。但随着企业的规模和综合实力方面的发展，计划工作由于以下理由逐渐趋向正规化：

（1）促使有关人员对质量进行全盘考虑。

（2）把已经解决的问题变成书面材料并存档，避免反复解决这些问题。

（3）尽可能地把全公司的工作而不是只把部门的工作做到最好。

（4）使实行计划所需要的措施具有合法性和权威性。

（5）明确职责。

（6）对各部门间的活动进行协调。

（7）在执行重复性的任务时，要改进沟通，并保证一致性和可预见性。

（8）要防止趋向于不良的习惯性做法。

（9）为新手规定训练项目并提供参考资料。

（10）当出现分歧时，提供权威性的咨询意见。

（11）为审核批准事项的执行情况规定准则。

在任何一个企业里，质量计划的类型都会受到企业规模、传统、组织形式等因素的影响。这些计划的特征应与企业内的使用习惯相适应。

2. 质量计划的制订

重要的项目企业要制订专门的质量计划，经常采用的组织形式有以下几种：

（1）委员会或部门经理们一起完成规划项目。

（2）由部门负责项目规划的工程师完成计划、汇报、推进等具体工作。

（3）设立一个策划部门。

数量越多，策划工作量越大、越复杂，就越需要建立一个专门的策划部门。典型的规划项目计划工作一般包括以下活动：

（1）把总体目标分解成小目标，分别交给指定的部门来执行。

（2）说明要做的事项。

（3）明确责任。

（4）制定进程表和时间表。

（5）说明方法和程序。

（6）提供设施、仪器、装置和场地。

（7）选择和培训人员。

（8）规定需要控制和汇报的结果。

（9）规定有关评审、考核等事项。

通常可以用具体的表格或简图的形式来归纳上述各项指标，确定责任人员，并制定时间表。

3. 新产品设计中的质量计划

着手试制一种重要的新产品时，质量职能要贯穿企业运行的全过程，几乎关系到所有部门。此时，质量计划包括以下内容：

（1）用户对质量的要求。

（2）列出企业应完成的主要活动或事务。

（3）对每一阶段要进行的活动和具体工作做出详细分析。

（4）制定工作应从何时开始到何时完成的时间表。

（5）明确责任。

（6）保证任务按期完成的各种控制和大致对策。

其他质量计划有质量控制计划、年度质量计划、分公司和公司间的质量计划等，这里不再赘述。

二、编制质量计划的要求

（1）符合企业的质量方针，与现行的质量管理体系文件协调一致。质量计划属于质量手册的支持性文件，也是描述质量管理体系的补充文件。原有的体系文件中已规定的内容，在质量计划中可以直接引用；新的、特殊的要求则应在质量计划中做出详细描述。

（2）满足质量要求。这是企业经营的基本要求，制订质量计划同样要充分体现这一要求，即要在质量计划中具体描述如何满足顾客要求的相应措施和要求。

（3）具有可操作性。对于新的、特殊的要求，制定相应规定，说明要具体。尽管有些可以直接引用现行的质量管理体系文件，但需要补充的内容必须详细地予以描述；否则不能保证质量策划的结果得到体现。

质量计划的编制是为了达到质量目标而筹划的过程，因此质量计划的编制过程就是在质量目标的基础上列出应做之事，确定由哪些人负责去做，制定时间表以及计划的其他组成部分。当执行计划的工作人员已准备就绪时，计划工作才算完成。

三、方针管理的概念

方针管理是从目标管理演化而来的。目标管理（Management by Objectives）也称为目标管理法，简称 MBO，是一种强调自主管理为核心的管理方法。它是 20 世纪 50 年代由美国管理学家彼得·德鲁克（Peter F. Drucker）在管理科学发展过程中创立的。

曾任美国和世界管理科学院院士、美国管理科学院院长的孔茨（Harold Koontz）对目标管理是这样评述的："它不仅明确了一个组织的目的，使一切有关人员都知道，而且它的推行是以强调员工参与管理和自主管理原则为基础的。这样，目标管理给予员工以高度的独立性，是把个人需要和组织需求集合在一起的一种方法。"

方针管理是日本在学习美国的目标管理的基础上改进而来的方法。它是一种运用激励理论和系统化的手段，依靠上下全员参与，充分调动全体员工的积极性和智慧，以企业的方针为中心，遵循 PDCA 循环的原则进行系统管理的方法。ISO 9001 质量管理体系标准明确要求企业要制定出切合实际又具指导性的质量方针和质量目标，并且要求质量目标要在组织内逐级分解并得到落实。与方针管理对应的工作是日常管理，对应方针管理的 PDCA，日常管理的是 SDCA，其中的 S 是标准。

方针管理的作用表现在以下两个方面：一是作为计划管理的工具，将企业的经营目标层层分解、展开，落实到基层，即实现企业内信息自上而下的传递；二是作为一项激励措施，在每项计划指标确定的过程中，充分与下级讨论，尊重下级的主体性，满足员工的高层次需要，同时实现企业内信息自下而上的流动。

方针管理中的方针由课题、目标和措施三个要素构成。课题是指为了实现经营方针或上级方针，作为措施提出来的各项内容中本部门必须进行的活动，以及本部门和其他部门进行工作改进中需要本部门做的项目；目标是指课题所确定的活动在一定期限内要达到的水平或应取得的成果，通常要用量化的指标表示；措施是为了达到目标而采取的手段。

四、方针管理的应用步骤

1. 制定方针

企业方针的制定要立足于企业的生存和发展，其依据主要是三个方面：①企业的经营理念、经营规划和中长期计划；②上一年度方针实施中存在的问题；③外部竞争环境（市场、用户、竞争对手）的变化。

实行方针管理要特别重视方针。如果方针不当，就会导致所确定的计划不妥。确定方针时要遵循以下程序：

（1）确定课题。要确定本部门为了实现经营计划要求的业绩目标和改进目标而必须进行的课题，为此要考虑以下各项目：

1）根据上一级部门方针展开的项目。

2）下级部门的提案和其他部门的要求建议。

3）上一年度需要继续实施的项目。

4）由于市场的变化和新产品、新技术、新系统的导入，新产生的问题项目。

5）有关质量、成本、效率、交货期等问题中，长期以来一直存在可至今没有进行过改进的项目。

6）其他，如其他部门提出的项目。

（2）设立具体的目标。目标是一定时间内必须达到的结果方面的要求，通常需要量化。设立目标时，必须确定目标完成程度的评价尺度，评价尺度也要量化或可测量。在确定目标时，必须有完成期限，而且这个目标要分为必保目标（目标下限）和努力目标（目标上限）。

（3）制定措施和实施计划。要研究为实现目标必须进行哪些活动，阐明完成活动计划应做哪些工作，制定措施，并将这些措施分配到下一级组织的各个部门；各个部门也要设立部门目标，确定目标完成程度的评价尺度。对这些措施和目标，上级组织的领导和下级各部门的负责人之间要进行充分研究，并由上级领导最终决定。

（4）目标展开。下一级部门的负责人根据上一级分配给本部门的课题和目标，结合自己部门的条件提出课题，研究完成这些课题的实施方案，按组织层次逐级进行方针展开，最后落实到具体实施的责任人，制订出每项工作责任人的实施计划。

2. 实施

方针展开结束后，进入实施阶段。实施方针计划时，要向实施人员完全传达计划的内容，使其对自己工作的必要性有充分的认识，要提供必需的资源，并对员工进行必要的培训。在实施过程中，要保存实施情况的记录，进程必须要经过评定认可，每年要进行评审，评审结果为下一年制订目标和计划提供依据。

3. 实施情况的检查

为掌握方针的进展情况，要进行检查。检查分为两种：一种是定期检查，另一种是年末检查。

在方针的实施过程中，要实施定期检查。当过程出现意外情况时，应及时调整方针计划，指导或建议责任人如何改进计划更有效。

年末检查一般是对过去一年的活动进行总结评审。其目的如下：

（1）评审结果证实活动取得效果。

（2）发现计划实施结果不理想的情况、没有解决的问题以及出现的新问题。

（3）对计划实施结果不好的情况和存在的一些问题，在下一年度的方针和计划中体现出来，予以落实。

检查任何活动首先要检查过程。检查投入的人力和时间是不是按计划投入的，消耗是否与预算一致等。任何好的计划如果不按计划实施，是不能实现目标的；如果不能按计划实施，就要调查原因，采取对策。

4. 纠正措施和方针评审

方针管理的最终目的是保证目标的实现，方针评审不能只限于目标能否实现，对实施过程也要进行评审。

如果没有达到目标，必须进行分析，确认是由于计划制订得不合理，还是没有按计划实施。

当问题出在实施上时，要分析是否缺少必要的资源，以及对相关责任人是否进行过必要的培训。

若是由于计划不周，就要对计划进行认真审查，查找问题所在（如掌握的现状有差错，分析预测阶段的信息不准确，对实施效果的估计有差错，对实施能力的把握有差错，等等），以便进行修订，同时在决定实施目标的方法时考虑相关因素。有时，可以根据实际情况的变化修改目标。

第五节 质量改进

企业要提高顾客的满意程度，就必须不断地开展质量改进。一方面，出现了问题就应立即采取纠正措施；另一方面，通过寻找改进的机会，也可预防问题的出现。持续的质量改进是质量管理的基本内容。

一、质量改进的概念及意义

1. 质量改进的概念

质量改进与质量控制不同：质量控制是使产品保持已有的质量水平；而质量改进是对现有的质量水平在控制的基础上加以提高，使质量达到一个新的水平。从图 4-1 的朱兰质量管理三部曲图示中，可以直观地看出两者的差异。

ISO 9000：2015 标准将质量改进定义为："质量管理的一部分，致力于增强满足质量要求的能力。"

2. 质量改进的意义

质量改进是质量管理的重要内容，其重要意义包括以下几方面：

（1）质量改进具有很高的投资收益率。俗话说"质量损失是一座没有被挖掘的金矿"，而质量改进正是通过各种方法把这座"金矿"挖掘出来。

（2）可以促进新产品开发，改进产品性能，延长产品的生命周期。

（3）通过对产品设计和生产工艺的改进，更加合理、有效地使用资金和技术力量，充分挖掘企业的潜力。

（4）可以提高产品的制造质量，减少不合格品，实现增产增效的目的。

（5）通过提高产品的适用性，提升企业产品的市场竞争力。

（6）有利于发挥企业各部门的质量职能，提高工作质量，为产品质量提供强有力的保证。

二、质量改进的基本过程

质量改进活动是一个过程，必须按照一定的步骤进行，否则可能会徒劳无功。

1. 质量改进的基本过程——PDCA 循环

任何一个质量活动都要遵循 PDCA 循环规则，即策划（Plan）、实施（Do）、检查（Check）和处理（Act）。PDCA 循环如图 4-4 所示。

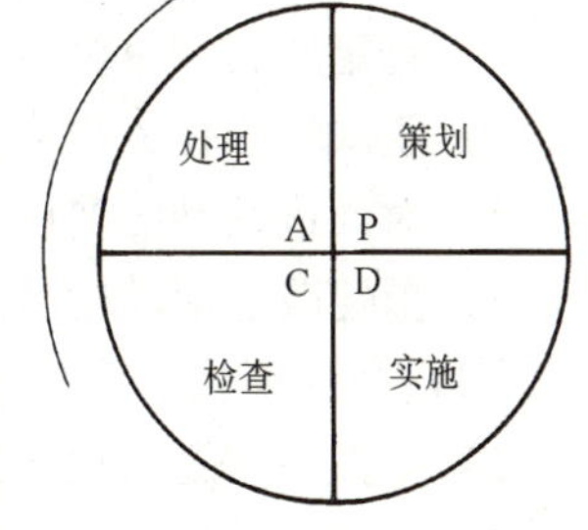

图 4-4　PDCA 循环

（1）PDCA 循环的内容为：

第一阶段是策划，包括制定方针、目标、计划、管理项目等。

第二阶段是实施，即实际去干、去落实具体对策。

第三阶段是检查，即在对策实施后，检查对策的效果。

第四阶段是处理，即总结成功的经验，形成标准，以后就按此标准进行。将没有解决的问题转入下一轮 PDCA 循环解决，为制订下一轮改进计划提供资料。

（2）PDCA 循环的特点有以下几点：

1）四个阶段一个也不能少。

2）大环套小环。例如，在实施阶段也会存在制订实施计划、落实实施计划、检查计划的实施进度和处理的小 PDCA 循环，如图 4-5a 所示。

3）每循环一次，产品质量、工序质量或工作质量就会提高一些。PDCA 是螺旋式不断上升的循环，如图 4-5b 所示。

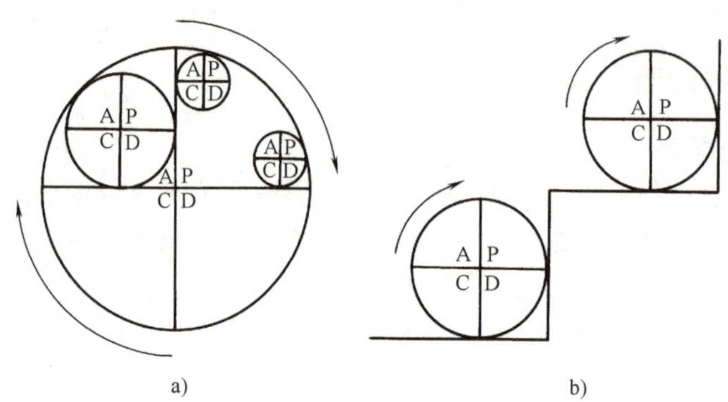

图 4-5　大环套小环和改进上升的示意图

2. 质量改进的步骤、内容及注意事项

质量改进的步骤是一个 PDCA 循环，PDCA 循环又可以分为若干步骤完成。过去习惯的说法是“四阶段、八步骤”，随着 ISO 9000 族标准的颁布实施，“四阶段、七步骤”的说法逐渐得到公认。其一般顺序如下：

（1）明确问题。其活动内容如下：

1）明确所要解决的问题为什么比其他问题重要。

2）问题的背景是什么，到目前为止的情况是怎样的。

3）将不尽如人意的结果用具体的语言表达出来，说明有什么损失，并具体说明希望改进到什么程度。

4）选定题目和目标值。如果有必要，将子题目也确定下来。

5）正式选定任务担当者。若是小组，就需要确定组长和组员。

6）对改进活动的费用做出预算。

7）拟定改进活动的时间表。

（2）把握现状。其活动内容如下：

1）为抓住问题的规律，需要调查四个要点，即时间、地点、种类和特征。

2）为找出结果的波动规律，要从各种不同角度进行调查。

3）去现场收集数据中没有包含的情报。

（3）分析问题原因。其活动分为设立假说和验证假说两大部分。

1）设立假说（选择有可能的原因）：

① 为了收集关于可能原因的全部信息，应画出详细的因果图（包括所有认为可能有关的因素）。

② 运用“把握现状”阶段掌握的信息，消去所有已明确认为无关联的因素，用剩下的

因素重新绘制经过精简的因果图。

③ 在图中标出认为可能性较大的原因。

2）验证假说（从已设定的因素中找出主要原因）：

① 收集新的数据或证据，制订计划以确认可能性较大的原因对问题有多大影响。

② 综合全部调查到的信息，决定主要影响原因。

③ 如果条件允许，可以有意识地将问题再现一次。

需要注意的是，验证假说必须根据重新进行试验和调查所获得的数据有计划地进行。

验证假说就是核实原因与结果之间是否存在关系以及关系是否密切。通过大家讨论由多数意见决定是一种民主的做法，但不见得科学，可能最后调查表明全员一致同意了的意见，结果却可能是错误的。未进行数据解析就拟定对策的情况并不少见。估计有效的方案都试一下，如果结果不错就可以认为问题解决了。用结果推断原因是否正确，容易导致大量的试行错误；即便问题碰巧解决了，由于问题的原因与纠正措施无法一一对应，在大多数情况下无法发现主要原因，这也是有些问题总是重复发生的根源所在。

（4）拟定对策并实施。其活动内容如下：

1）必须将现象的除去（应急措施）与原因的除去（根本的解决措施）严格区分开。

2）采取对策后，尽量不要引起其他质量问题（副作用）；如果产生了副作用，应考虑换一种对策或消除副作用。

3）先准备好若干对策方案，调查各自的利弊，然后选择参加者都能接受的方案。

（5）确认效果。其活动内容如下：

1）使用同一种图表将对策实施前后的不合格品率进行比较。

2）将效果换算成金额，并与目标值进行比较。

3）如果有其他效果，不管大小都可列举出来。

当采取对策后没有出现预期结果时，应确认是否严格按照计划实施了对策。如果是，就意味着对策失败，应重新回到“把握现状”阶段。没有达到预期效果时，应该考虑以下两种情况：①是否已按计划实施；②计划是否有问题。

（6）防止再发生和标准化。其活动内容如下：

1）为改进工作，应再次确认 5W1H 的内容，即 What（什么）、Why（为什么）、Who（谁）、Where（哪里）、When（何时）、How（如何），并将其标准化。

2）进行有关标准的准备及传达。

3）实施教育培训。

4）建立保证严格遵守标准的质量责任制。

（7）总结。其活动内容如下：

1）找出遗留问题。

2）考虑解决这些问题后下一步应该怎么做。

3）总结在本次降低不合格品率的过程中，哪些问题得到了顺利解决，哪些尚未解决。

三、质量改进的组织与推进

1. 质量改进的组织

质量改进的组织分为两个层次：一是从整体的角度为改进项目调动资源，这是管理层，即质量委员会；二是具体开展工作项目的实施层，即质量改进团队，或称质量改进小组、QC 小组。

（1）质量委员会。质量委员会的基本职责是推动、协调质量改进工作并使其制度化。质量委员会通常由高级管理层的部分成员组成，当上层管理者亲自担任质量委员会的领导和成员时，质量委员会的工作最有效。

质量委员会主要有以下职责：

1）制定质量改进方针。

2）参与质量改进，制定并改进与绩效相结合的薪金、奖励制度。

3）为质量改进团队提供资源。

4）对主要的质量改进绩效进行评估并给予公开认可。

（2）质量改进团队。质量改进团队不在企业的组织结构图中，是一个临时性组织，团队没有固定的领导。尽管质量改进团队在世界各国有各种名称，如 QC 小组、质量改进小组、提案活动小组等，但其基本组织结构和方式大致相同，通常包括组长和成员。

2. 质量改进的障碍

虽然质量改进有严密的组织和一定的实施步骤，并在一些企业取得了成果，但多数企业实施质量改进的情况并不尽如人意。有的是由于企业不知道如何去改进，有的是由于某些内在因素阻碍了企业将质量改进持续进行下去。在进行质量改进前，有必要先了解主要会有哪些障碍。

（1）对质量水平的错误认识。有些企业，尤其是质量管理做得较好的一些企业，往往认为自己的产品质量已经不错了，在国内已经名列前茅，产品质量没有什么可改进的地方了；即使有需要改进的地方，如果投入产出比太小，也没有进行质量改进的必要。但实际情况是，它们与世界上质量管理做得好的企业相比，无论是实物水平还是质量管理水平，都有很大差距。这种错误认识成为质量改进的最大障碍。

（2）“高质量意味着高成本”。有些管理人员认为，“提高质量要以增加成本为代价”。这种人一方面认为提高质量只能靠增强检验力度，或只能使用价格更昂贵的原材料，或只能购进精度更高的设备；另一方面，他们被“质量”一词所具有的双重含义而误导。如果质量的提高是基于产品特性的改进（通过产品开发），从这一点上讲，质量的提高的确会造成成本的增加，因为改进产品特性通常是需要投入资本的；但如果质量的提高是基于长期浪费的减少，则成本通常会降低。

（3）对权力下放的错误理解。任何一个企业都知道“一个好的管理者应该懂得如何放权”这个简单的道理。但是在质量改进上，部分企业却做得不够好。这些企业的管理者可能试图将自己的这份权力全部交给下属，使自己能有更多的时间来处理其他工作；或者对下级或基层员工的能力信任度不够，从而在改进的支持和资源保障方面缺乏力度，使质量改进活动难以正常进行。但成功的企业却不这样做，每一个管理者都认真负责质量改进的决策工作，并亲自担负某些不能下放的职责。

3. 持续的质量改进

改进过程不是一次性事件，根据进展的情况和取得的结果，持续进行质量改进活动是非常重要的。中国有句古话叫作“滴水穿石”，企业要想获得成功，就要持续进行质量改进，这也是 ISO 9000：2015 标准中所强调的。而要做到持续改进，必须做好以下几方面的工作：

（1）使质量改进制度化。要使企业的质量改进活动制度化，必须做到以下几点：

1）增加企业年度计划的内容，使其包括质量改进目标，使质量改进成为员工岗位职责的一部分。

2）实施上层管理者审核制度，即 ISO 9000 质量管理体系中要求的管理评审，使质量改进进度成为审核内容之一。

3）修改技术评定和工资、奖励制度，使其包括质量改进的绩效。

4）对质量改进取得的成果进行表彰。

（2）上层管理者不宜下放的职责。上层管理者必须全面参与质量改进活动，只参与意识教育、制定目标而把其余工作都留给下属是不够的。下面描述的管理者的职责是“不宜下放的”：

1）参与质量委员会的工作。这是上层管理者最基本的参与方式。

2）批准质量目标和方针。越来越多的企业已经或者正在建立质量目标和方针，这些目标和方针在公布前必须获得上层管理者的批准。

3）提供资源。只有为质量改进提供必要的资源，包括人员、工作条件、环境等，才能保证质量改进的顺利实施。

4）予以表彰。表彰通常包括某些庆祝活动，这类活动为上层管理者表示其对质量改进的支持提供了机会。

5）修改工资及奖励制度。目前大部分企业的工资及奖励方法不包括质量改进的内容，可以考虑修改这些制度。

（3）检查。上层管理者按计划定期对质量改进的成果进行检查是持续进行年度质量改进的一个必要条件。如果不这样做，质量改进活动同那些受到检查的活动相比，就无法获得同样的重视。

1）检查结果。根据不同的结果，应该安排不同的检查方式，有些项目非常重要，要查得仔细些；其余的项目就可以查得粗略一些。

2）检查的内容。检查的大部分数据来自质量改进团队的报告。通常要求报告明确下列内容：①改进前的废品损失总量；②如果项目成功，预计可减少的成本；③实际所减少的成本；④资本投入；⑤利润。

（4）成绩评定。检查的目的之一是对成绩进行评定，这种评定除了针对项目外，还包括个人。而在组织的较高层次，评定范围扩大到主管和经理，此时评定必须将多个项目的成果考虑进来。

（5）表彰。通过表彰，表彰的对象能够了解自己的努力得到了承认和赞赏，使他们以此为荣，也获得了别人的尊重。

（6）报酬。在通常情况下，报酬主要取决于一些传统指标，如成本、生产率、计划和质量等。为了体现质量改进是岗位职责的一部分，评定中必须加进一项新指标，即质量改进指标。质量改进不是一种短期行为，而是组织的一项职能，并且对企业保持竞争力至关重要，因此，必须在岗位责任和工资及奖励制度中有所反映。否则，质量改进活动将由于得不到足够的重视而受到负面影响。

（7）培训。培训的需求非常广泛，因为质量改进是企业的一项新职能，为所有的人提出了新的任务，承担这些新的任务则需要开展大量培训活动。

第六节　质量改进的常用方法

质量改进中的常用方法非常多，本教材主要介绍排列图、因果图、直方图、检查表、树图和亲和图等方法。

一、排列图

1. 排列图的概念

排列图也称为帕累托图（Pareto Diagram）。质量问题常可用质量损失的形式表现出来，也可以用问题出现的频次。大多数损失往往是由少数质量问题引起的，而这些质量问题又由少数原因引起。因此，只要明确了“关键的少数”，就可集中资源解决这些少数关键问题，避免由此所引起的损失。使用排列图法，可以有效地展现出这些关键的少数问题。

2. 排列图的绘制

（1）确定所要调查的问题并收集数据。

（2）设计一张数据记录表，将数据填入表中，并计算合计栏。

（3）做排列图数据表，表中列有各项不合格数、累计不合格数、各项不合格所占比率以及累计比率。

（4）按数量从大到小的顺序，将数据填入数据表中。其中，“其他”项的数据由许多数据很小的项目合并在一起，列在最后，不必考虑“其他”项的数据大小。

（5）画两个纵轴和一个横轴。将左边的纵轴标上件数（频数）的刻度，最大刻度为总件数（总频数）；将右边的纵轴标上比率（频率）的刻度，最大刻度为100%；在横轴上按频数大小从大到小依次列出各项。

（6）在横轴上按频数大小画出直方柱。

（7）在每个直方柱的右侧上方，标上累计值（累计频数和累计频率百分数），描点并用直线连接，画出累计频数折线（帕累托曲线）。

根据表4-4的数据做出的排列图如图4-6所示。

表4-4　排列图数据表

不合格类型	不合格数/件	累计不合格数/件	比率（%）	累计比率（%）
断裂	104	104	52	52
擦伤	42	146	21	73
污染	20	166	10	83
弯曲	10	176	5	88
裂纹	6	182	3	91
砂眼	4	186	2	93
其他	14	200	7	100
合计	200		100	

3. 应用排列图的注意事项

（1）采用的分类方法不同，得到的排列图也不同。

（2）为了抓住“关键的少数”，在排列图上通常把累计比率分为三类：在 0~80%间的因素为 A 类因素，也即主要因素；在 80%~90%间的因素为 B 类因素，也即次要因素；在90%~100%间的因素为 C 类因素，也即一般因素。

（3）如果“其他”项所占的比率很大，则分类不够理想。

（4）如果数据可以用金额来表示，画排列图时金额最好在纵轴上表示。

（5）排列图可用来确定采取措施的顺序。

（6）对照采取措施前后的排列图，研究各个项目的变化，对措施的效果进行鉴定。

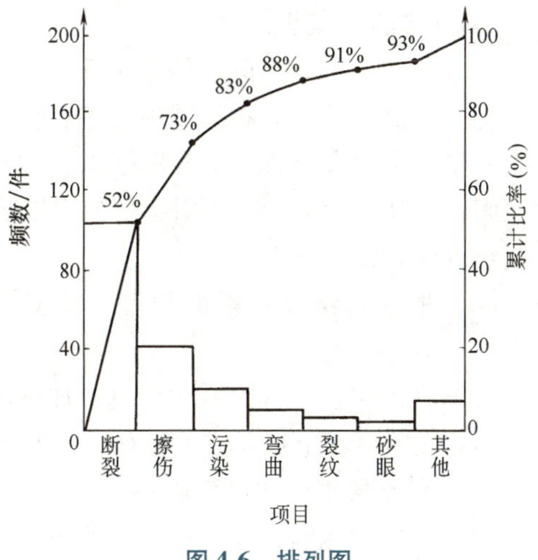

图 4-6　排列图

二、因果图

1. 因果图的概念

所谓因果图（Cause and Effect Diagram），是一种分析质量特性（结果）与影响质量特性的因素（原因）之间关系的图。其形状如鱼刺，故又称鱼刺图（Fishbone Diagram），该方法最早是由日本著名质量管理专家石川馨先生提出的，所以也被称为石川图。通过对影响质量特性的因素进行全面、系统的观察和分析，可以找出这些因素与质量特性之间的因果关系，最终找出解决问题的办法。

2. 因果图的结构

因果图的结构如图 4-7 所示。

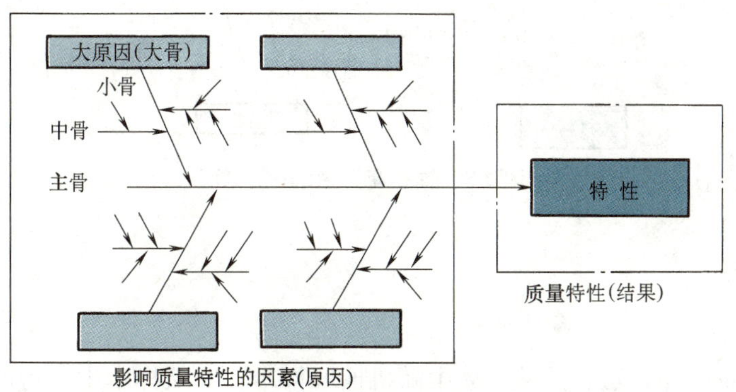

图 4-7　因果图的结构

3. 因果图的绘制

（1）选题，通过分析确定质量特性（结果），因果图中的“结果”可根据具体需要选择。

（2）组织讨论，尽可能找出可能会影响结果的所有因素。由于因果图实质上是一种枚举法，为了能够把所有重要因素都能列举出，故在构造因果图时，强调通过开“诸葛亮会”，畅所欲言，集思广益。

(3) 找出各因素之间的因果关系，在图上以因果关系的箭头表示出来。质量特性（结果）写在右侧，从左向右画箭头（主骨），结果用方框框上；接下来，列出影响结果的主要原因，将其作为大骨，也用方框框上；列出影响大骨（主要原因）的原因，也就是第二层次原因，将其作为中骨；再用小骨列出影响中骨的第三层次原因。以此类推，一直展开到可以制定具体对策为止。

(4) 根据对结果的影响程度，将对结果有显著影响的重要原因用明显的符号标示出来。

(5) 在因果图上标出有关信息，如标题、绘制人和绘制时间等。

最后在因果图上标明有关资料，如产品、工序或小组的名称、参加人员、日期等。

4. 应用因果图的注意事项

(1) 确定原因时，应组织大家集思广益，充分发扬民主精神。

(2) 确定的原因应尽可能具体。

(3) 有多少个质量问题，就要绘制多少张因果图。

5. 因果图示例

图 4-8 为轴颈有刀痕的因果图。

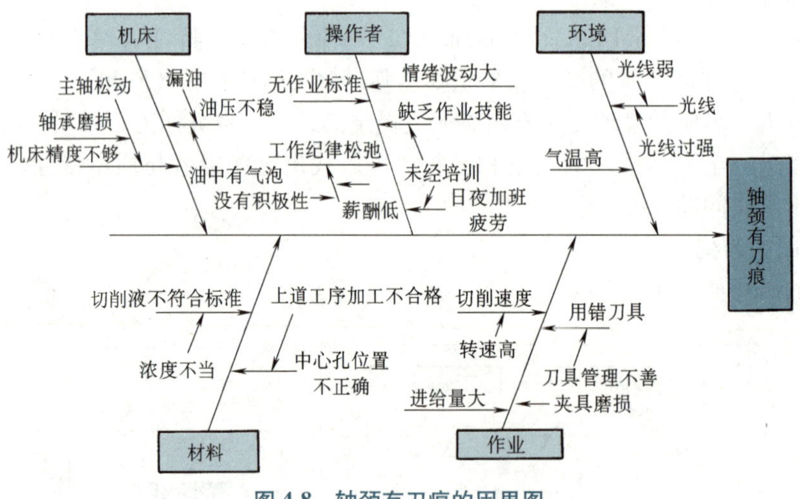

图 4-8 轴颈有刀痕的因果图

三、直方图

1. 直方图的概念

直方图（Histogram）法就是从总体中随机抽取样本，对从样本中获得的数据进行整理，从而根据这些数据找出数据变化的规律，以便预测工序质量的好坏，估算工序质量不合格率的一种方法。直方图是质量管理的一种常用工具。

2. 直方图的作用

(1) 展示出用表格难以说明的大量数据。

（2）显示了各种数值出现的相对频率。

（3）揭示了数据的中心、散布及形状。

（4）推断出数据的潜在分布。

（5）为预测过程提供有用信息。

（6）可以发现“过程是否能够满足顾客的要求”。

3. 直方图的绘制

通过事例对直方图的绘制加以说明。已知车削某零件外圆尺寸 $\phi10_{0}^{+0.035}$mm，为调查车削某零件外圆尺寸的分布情况，从加工过程中取 90 个零件，测得尺寸 $\phi10_{0}^{+x}$mm 的 x 值如表 4-5 所示。

表 4-5　直方图原始数据表　　（单位：μm）

25.10	25.17	25.22	25.22	25.10	25.11	25.19	25.32	25.43	25.25
25.27	25.36	25.06	25.41	25.12	25.15	25.21	25.36	25.29	25.24
25.29	25.23	25.23	25.23	25.19	25.28	25.43	25.38	25.18	25.34
25.20	25.14	25.12	25.34	25.26	25.30	25.32	25.26	25.23	25.20
25.35	25.23	25.26	25.25	25.23	25.22	25.02	25.30	25.22	25.14
25.33	25.10	25.42	25.24	25.30	25.21	25.22	25.35	25.40	25.28
25.25	25.15	25.20	25.19	25.26	25.27	25.22	25.42	25.40	25.28
25.31	25.45	25.24	25.22	25.20	25.19	25.19	25.29	25.22	25.13
25.18	25.27	25.11	25.19	25.31	25.27	25.29	25.28	25.19	25.21

直方图的绘制步骤如下：

（1）求极差 R。原始数据中最大值 x_{max} 和最小值 x_{min} 的差值，即极差。

（2）确定分组的组数和组距。一组数据分多少个子组，通常根据该组数据的数量多少而定，可参考表 4-6。

表 4-6　数据数量与分组数对应表

数据个数	分组数 K
50~100	6~10
100~250	7~12
250 以上	10~20

确定分组数 K 后，确定组距 h 的公式如下

$$h=\frac{R}{K}=\frac{x_{max}-x_{min}}{K}$$

（3）确定各组界限。先从第一组起，第一组的上下界限值为 $x_{min}\pm(h/2)$；第二组的上界限值就是第一组的下界限值，第二组的下界限值加上组距就是第二组的上界限值；以此类推，即可确定出各组的组界。为了避免一个数据可能同时属于两个组，通常规定各组的区间

为左开右闭。

（4）做频数分布表。统计各组的数据个数，即频数 f_i。

（5）画直方图。以横坐标表示质量特性，纵坐标表示频数（或频率），在横轴上标明各组组界，以组距为底，频数为高，画出一系列直方柱，就得到直方图。

（6）在直方图的空白区域，记上有关数据的资料，如收集数据的时间、样本数 n、平均值 $\bar{x}$、标准偏差 s 等，如图 4-9 所示。

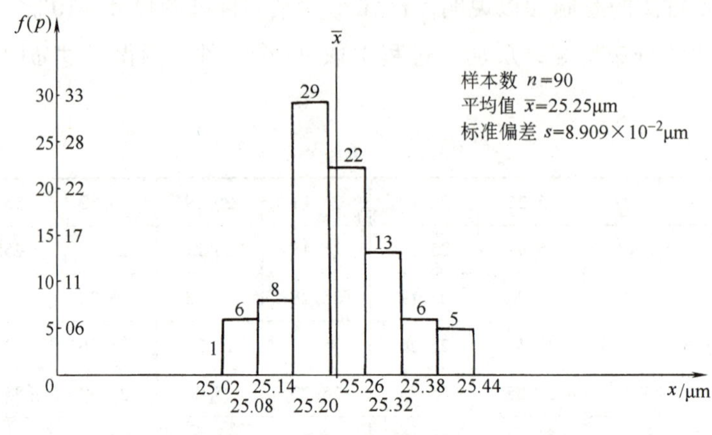

图 4-9　直方图

4. 直方图的使用

（1）直方图的常见类型。直方图的常见类型如图 4-10 所示。

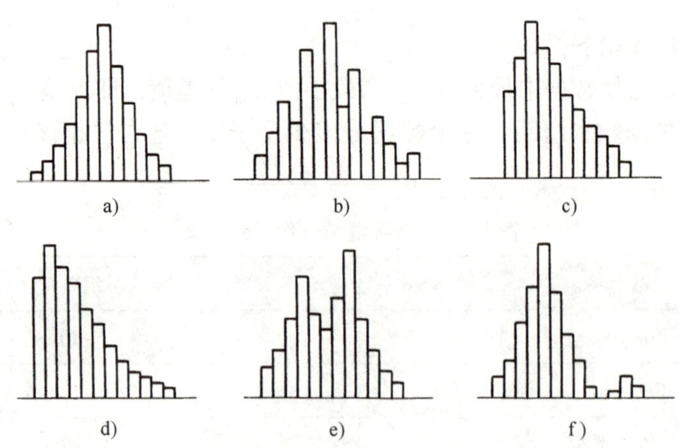

图 4-10　直方图的常见类型

a）标准型　b）锯齿型　c）偏峰型　d）陡壁型　e）双峰型　f）孤岛型

1）标准型：左右对称，这是正常情况下的形状。

2）锯齿型：数据分组过多，或测量读数错误。

3）偏峰型：产品尺寸由于单侧公差，会对操作者的心理产生影响。

4）陡壁型：工序能力不足，进行了全数检验后的形状。

5）双峰型：均值相差较大的两种分布混在一起。

6）孤岛型：数据中混有另一分布的少量数据。

（2）直方图与公差限的比较。加工零件时，若有公差规定，应将公差限用两条直线在直方图上表示出来，并与直方图的分布进行比较。图 4-11 所示的是直方图与公差之间的五种典型情况，评价总体时可予以参考。

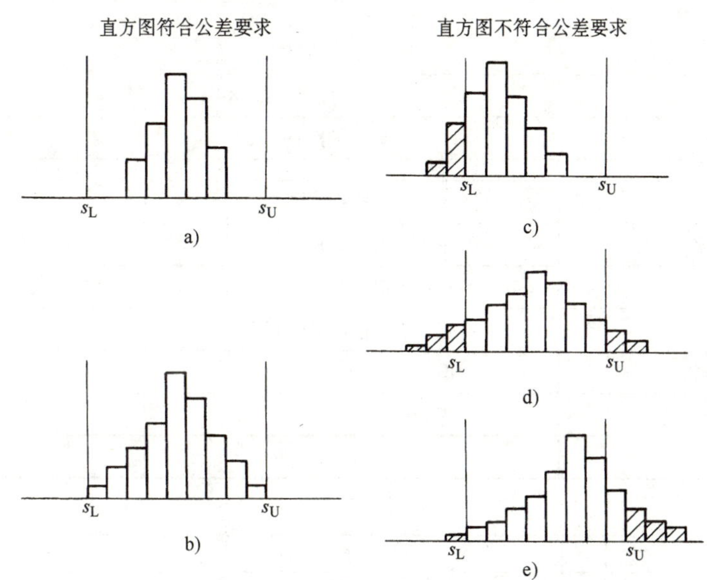

图 4-11 直方图与公差之间的关系

图 4-11a 所示的情况不需要调整，因为直方图充分满足公差要求。

图 4-11b 所示的情况能满足公差要求，但不充分。这种情况下，最好略微减少一些波动。

图 4-11c 所示的情况必须采取措施，使平均值接近公差中心。

图 4-11d 所示的情况要求采取措施，以减少波动。

图 4-11e 所示的情况要同时采取以上两种措施，既要使平均值接近公差中心，又要减少波动。

四、检查表

在质量管理中，强调“用数据说话”，因此需要收集数据。在这里，最根本的一点就是要求数据能够清楚地反映现状。实际收集数据时，方法要简单，数据处理要比较方便。可用检查表来收集数据。一般常用的检查表有以下几种：

1. 不合格项检查表

表 4-7 是某产品最终检验的检查表。每发现一个不合格品，检验员就画一个标记。通过不合格项检查表，可获得有关质量改进的重要线索。

2. 不合格位置检查表

一般地，常在检查表所附产品草图上标记不合格位置，如图 4-12 所示。

表 4-7　某产品最终检验的检查表（不合格项检查表）

品名：	时间：　　年　　月　　日
工序：最终检验	工厂：
不合格种类：缺陷 加工不合格 形状不合格等	班组： 检验员：
检验总数：2 530	批号：82~8~6
备注：全数检查	合同号：82~5~3

不合格种类	检验	小计
表面缺陷	正正正正正正丅	32
砂眼	正正正正下	23
加工不合格	正正正正正正正正正下	48
形状不合格	𤴓	4
其他	正下	8
	总计	115

车型		检查部位	车身
工序		检查人	年　月　日
检查目的	喷漆缺陷	检查件数	872

○ 色斑
╳ 流漆
△ 尘粒

图 4-12　汽车车身喷漆质量缺陷检查表

五、树图

1. 树图的概念

树图将事物或现象分解成树枝状，如图 4-13 所示。它就是把要实现的目的与需要采取的措施或手段系统地展开，并绘制成图，以明确问题的重点，寻找最佳手段或措施。

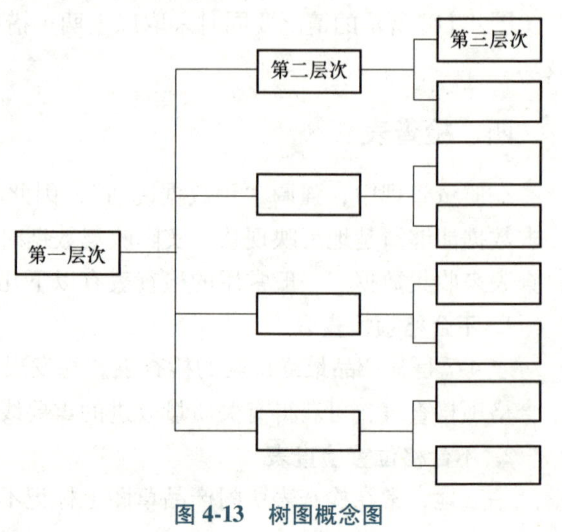

图 4-13　树图概念图

在计划与决策过程中，为了达到某种目的，需要选择和考虑某一种手段；而为了采取这一手段，又需要考虑其下一级的相应手段，使上一级手段成为下一级手段的行动目的。如此把要达到的目的和所需的手段按顺序层层展开，直到可以采取措施为止，并绘制成树图，就能对问题有一个整体的认识，然后从图形中找出问题的重点，提出实现预定目标的最理想途径。

2. 树图的主要用途

（1）制订质量保证计划，对质量保证活动进行展开。

（2）目标、方针和实施事项的展开。

（3）明确部门职能和管理职能。

（4）对解决企业有关质量、成本、交货期等问题的创意进行展开。

（5）新产品研发过程中设计质量的展开。

3. 树图的绘制

（1）确定具体的目的或目标。要明确应用树图最终要达到的目的或目标。确定目的或目标时应该注意：

1）为了能够一目了然，必须把目的或目标以简洁的形式表示出来。

2）如果存在限制事项，必须予以指明。

3）确定目的或目标时，首先要对已经确定的目的或目标问几个“为什么”，即弄清“为什么要实现该目的或目标”。

4）在确认了上一级目的或目标后，还要确认原目的或目标是否恰当。

（2）提出手段和措施。为达到预定的目的或目标，必须集思广益，提出必要的手段和措施。下面几种方法可供参考：

①从水平高的手段和措施开始，按顺序边想边提；②先提出被认为是最低水平的手段和措施，一边编组，一边按顺序提出较高水平的手段和措施；③不管水平的高低，按随意想到的方式提出手段和措施。

（3）进行评价。对提出的手段和措施逐一进行评价，判断每项手段和措施是否适当、可行或需要，调查后方能确认。有限制事项时，要对限制事项进行评价。

评价结果用“○”“△”“×”表示。“○”表示可行，“△”表示调查之后才能确认，“×”表示不可行。

对带有“△”的手段和措施，必须通过调查才能明确是“○”（可行）还是“×”（不可行）。在进行评价时，需要特别注意以下几点：

1）不要用粗浅的认识进行评价，不能轻易否定别人提出的手段和措施。

2）对手段和措施要反复推敲、思考和调查，有许多措施也许初看不可行，但最后证明是可行的。

3）越离奇的思想和手段越容易被否定。但实践证明，有些离奇的思想和手段实现后，往往效果更好，因此要慎重。

4）在进行评价的过程中，可能会出现新的设想，所以要不断补充和完善。

（4）绘制树图。摊开一张白纸，把绘制的目的或目标卡片放在纸的左侧中间；如有限制事项时，把这一限制事项记在目的或目标卡片的下方。

（5）确认目标是否能够充分地实现。绘制了树图，还要从“手段”出发，确认上一级水平的“手段”（目的）是否妥当。也就是说，首先对树图的最低水平（最右端）的手段提出问题。如果回答“行”，就依次对上一级水平的“手段”（目的）提出同样的问题，确认所展开的手段和措施能否达到最初所确定的具体目的或目标；如果回答“不行”，则意味着所展开的手段没有实现上一级水平的“手段”（目的），必须增加缺少的手段和措施。确认后，将为达到目的或目标所必需的所有手段和措施都进行系统的展开，树图即告完成。

树图的绘制过程如图 4-14 所示。

（6）制订实施计划。根据上述方案制订实施计划，要把树图最低水平的手段具体化，并决定其具体的实施内容、日期和负责人等。

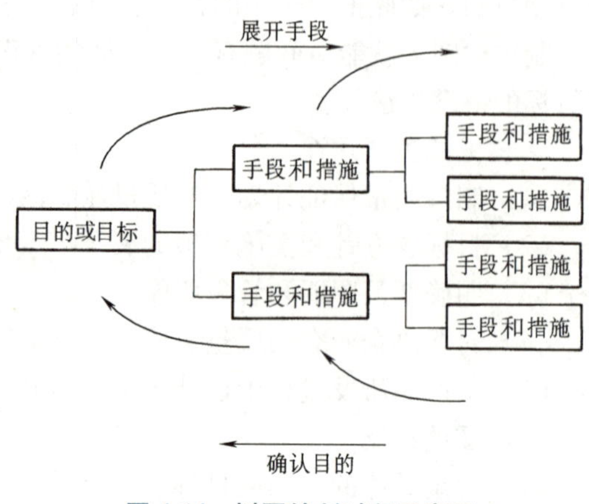

图 4-14　树图绘制过程示意图

六、亲和图

1. 亲和图的概念

亲和图是就某一问题充分收集各种经验、知识、想法和意见等的语言文字资料，按彼此的亲和性归纳整理，做到明确问题、求得统一认识、帮助创意和协调工作的一种方法。

亲和图需要调动右侧大脑的功能，适合那些需要时间慢慢解决、不容易解决而又非解决不可的问题，不适合简单而需迅速解决的问题。

2. 亲和图的主要用途

（1）归纳思想，认识新事物。对未知的事物或领域收集现有的资料，并从杂乱无章的资料中整理出事物的相互关系和脉络，从而达成共识。

（2）打破常规，提出新的创意。由于以往的思维定式往往会阻碍或误导人们的认识，所以需要去除固有观念体系对人们的束缚，从而产生新的创意。

（3）协调和统一认识。不同观点的人集中在一起很难统一意见，此时，为了共同的目标，小组成员可以分别提出自己的经验、意见和想法，然后将这些资料编成卡片并利用该方法进行整理，在这一过程中逐步达成共识。

（4）贯彻方针。向下级贯彻管理人员的想法时，靠强迫和命令不会取得好结果。亲和图可以帮助人们彼此互动，从而有助于方针的理解和贯彻。

3. 亲和图的绘制步骤

（1）确定课题。

（2）按照客观事实，找出原始资料和思想火花，收集语言文字资料。

在使用亲和图的过程中，收集资料是重要的一环。语言文字资料的收集方法将随用途与目的的不同而异，如表 4-8 所示。

1）直接观察法。直接观察法是指亲自到现场去听、去看、去感受，直接掌握情况，增强感性认识。全面质量管理是根据事实进行管理，十分重视掌握实际情况，而亲和图法更强调掌握事实的重要性，所以用直接观察法收集语言文字资料是非常重要的。

2）文献调查法和面谈阅读法。这两种方法包括查阅文献资料、直接征求别人的意见以及启发多数人产生新构思的集体创造性思考方法。因为直接到现场去接触实物是有限制条件的，所以为了广泛收集资料，这种间接调查方法也是有效的。征求别人的意见或新构思也只能用这种方法。

表 4-8　收集方法的选择

目的	直接观察法	文献调查法	面谈阅读法	头脑风暴法	回忆法	内省法
认识事物	●	○	○	○	◎	×
归纳思想	●	◎	●	◎	◎	●
打破常规	●	◎	◎	●	●	●
参与计划	×	×	×	●	◎	◎
贯彻方针	×	×	×	●	◎	◎

注：●—常用；◎—使用；○—不常使用；×—不用。

3）头脑风暴法。头脑风暴法就是采用会议方式，引导每个参加会议的人员围绕某个中心议题广开言路，激发灵感，在自己的头脑中掀起思想风暴，毫无顾忌、畅所欲言地发表独立见解的一种集体开发创造性思维的办法。

4）回忆法和内省法。这两种方法又称“个人头脑风暴法”，是指个人就过去的经验进行回忆，探索自己内心状态的方法。采用这种方法时，要边思考边把想到的东西记在纸上，再反复阅读来扩展思路，获得启发。

可以根据亲和图法的不同用途和目的，收集不同类型的语言资料，如表 4-9 所示。

表 4-9　收集资料类型的选择

目的	事实资料	意见资料	设想资料
认识事物	●	×	×
归纳思想	◎	●	●
打破常规	●	◎	●
参与计划	○	●	○
贯彻方针	○	●	◎

注：●—常用；◎—使用；○—不常使用；×—不用。

（3）将语言文字资料制成卡片。将收集的语言文字资料按内容进行逐个分类，并分别用独立、简洁的语言写在一张张卡片上。注意不要用抽象化的语言表述，而应尽量采用形象生动的、大家都能理解的语言来表示。否则，如果过于抽象化，这些卡片在下一阶段就会失去作用。

（4）整理综合卡片。将卡片汇在一起以后，逐张展开，用一定的时间反复阅读几遍。在阅读卡片的过程中，要将那些内容相似或比较接近的卡片汇总在一起，编成一组。

整理卡片时，无法归入任何一组的卡片孤立地编为一组。

（5）制图。卡片编组整理后，将它们的总体结构用容易理解的图形来表示。

4. 亲和图的应用

通过共同参与讨论，反复观看，结合亲和图进行专题讨论，在互动过程中达到使用该方法的目的。

第七节 质量改进案例

一、背景介绍

某电器公司是一个以半导体为主要产品的专业电子设备生产企业，甲车间属于该厂半导体制造部，负责半导体母板表面进行配线的工序。这道工序的要求非常严格，是以微米为单位进行的作业（见图 4-15）。

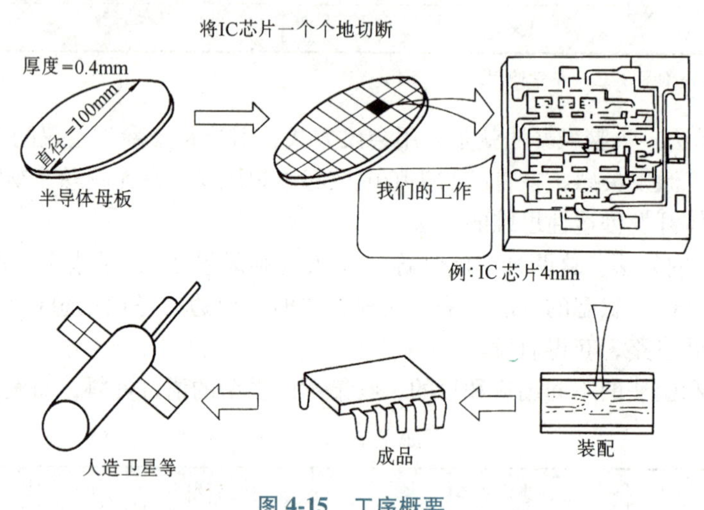

图 4-15 工序概要

QC 小组以“生产顾客欢迎的产品”为目标，持续不断地开展改进活动。

二、工序概要

玻璃膜涂敷机可分为涂敷和烘烤两部分。在涂敷时，边烘烤边旋转，使涂敷液（烘烤后就形成了玻璃膜）从喷嘴上滴下，然后在电路板上形成均匀的涂膜。因为电路板上有很多宽 10mm、高 5mm 以下的极细的铝辅线，为了减小两个层面辅线的距离，需要进行玻璃膜的涂敷。而若距离变大，在通电时辅线可能被烧坏。

三、把握现状

（1）调查烘烤报废数时，平均每月达到了 18 件（见图 4-16）。

（2）经过进一步分析后发现，涂敷膜厚度不够的占 42%（见图 4-17）。

（3）用直方图来进行统计时，偏移出下限的占 8%，工序能力指数 C_{pk} 仅为 0. 55（见图 4-18）。

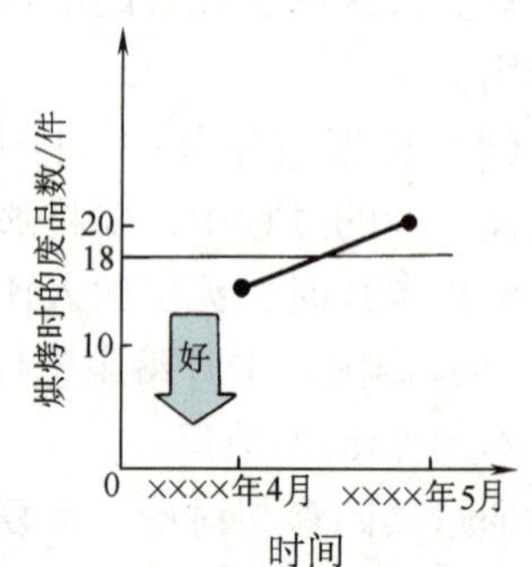

图 4-16 烘烤时发生废品的情况

四、设定目标

经过小组全体人员商定，将完成时间定为 8 月底前，将

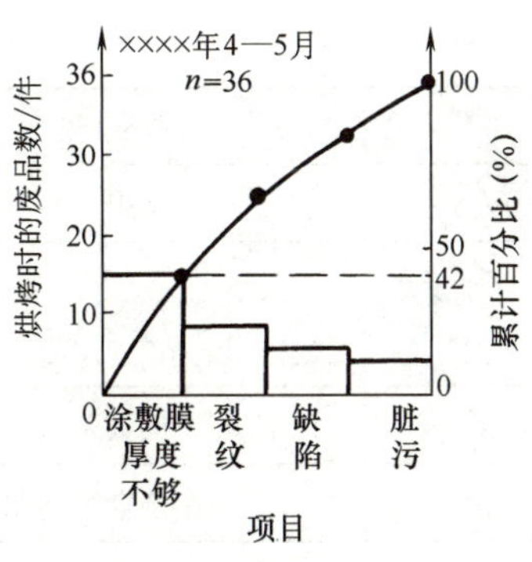

图 4-17　烘烤废品项目明细

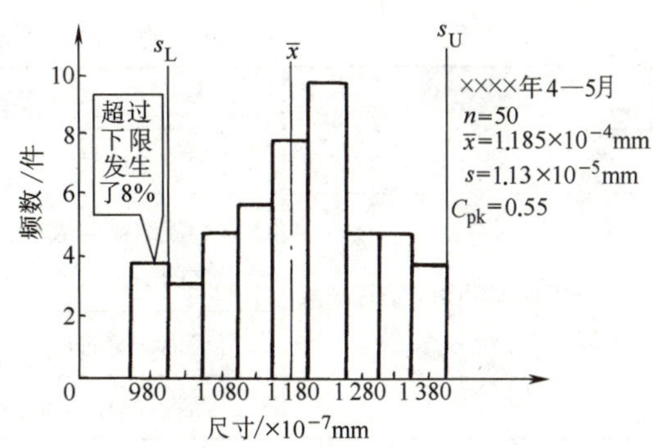

图 4-18　涂敷膜厚度直方图

废品数从每月 18 件降低到每月 9 件。

五、制订活动计划

决定各步骤的责任人，在 3 月底前制订出解决方案。

六、分析主要因素

所有成员在使用因果图（见图 4-19）分析后，找出了以下两方面主要原因：

（1）涂敷液置换时间不一致。

（2）在喷嘴导管内附着有涂敷液结晶。

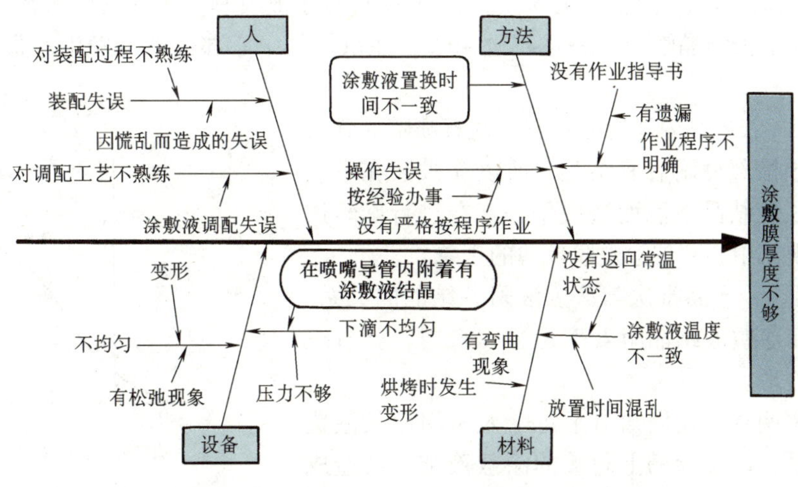

图 4-19　“电路母板涂敷膜厚度不够”的因果图

接着，决定各重要因素调查的内容并着手进行调查（见表 4-10）。

调查项目 1：涂敷液置换时间与涂敷膜厚度的关系。结果发现，置换时间在 10s 以下时，膜厚就偏移至下限以下，稳定的区域是在 18s 以上（见图 4-20）；接着又考虑每个人置换的时间是否有差异，根据每个人置换时间调查的结果，我们知道了哪些是在稳定区域 18s 以下的人（见图 4-21）。

表 4-10 重要因素汇总及调查项目

序号	重要因素	调查项目	调查序号
1	涂敷液置换时间不一致	涂敷液置换时间与涂敷膜厚度的关系	调查 1
2	在喷嘴导管内附着有涂敷液的结晶	涂敷液结晶附着率与涂敷膜厚度小发生次数之间的关系	调查 2
		导管内详情的观测	调查 3
		产品批次与涂敷液附着结晶的关系	调查 4

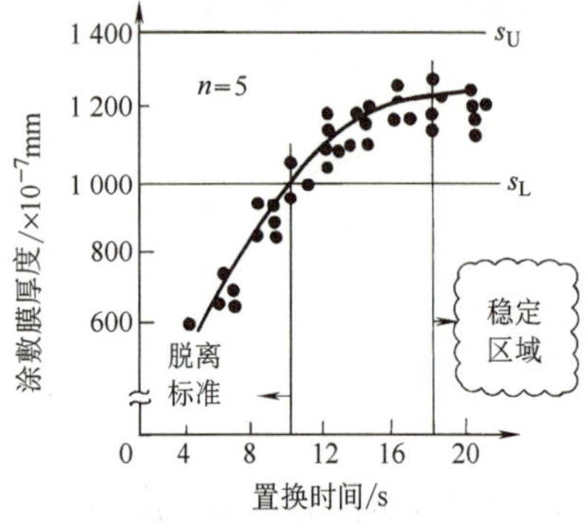

图 4-20 置换时间与涂敷膜厚度的关系

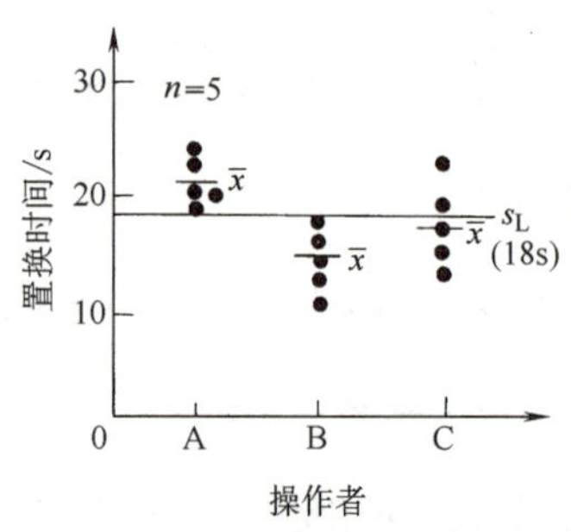

图 4-21 操作者置换时间分析

调查项目 2：涂敷液结晶附着率（见图 4-22）与涂敷膜厚度小的发生次数之间的关系。结果表明，涂敷液结晶附着率一旦超过 40%，在烘烤的中心部位就会发生涂敷膜厚度不够的情况。

调查项目 3：导管内详情的观测。观察喷嘴导管后发现，因为导槽部分附着有结晶，所以涂敷液在下滴的时候就会顺着结晶下滴而造成偏心，在进行旋转烘烤时就会出现其中心部位涂敷膜较薄的现象。

调查项目 4：产品批次与涂敷液附着结晶的关系。经调查发现，涂敷液结晶附着率超过 40% 时，就有三批以上需要处理。

根据以上调查，我们知道了每个人所用涂敷液置换时间的差异，以及导槽上附着的涂敷液结晶会造成涂敷膜厚度小的情况（见表 4-11）。

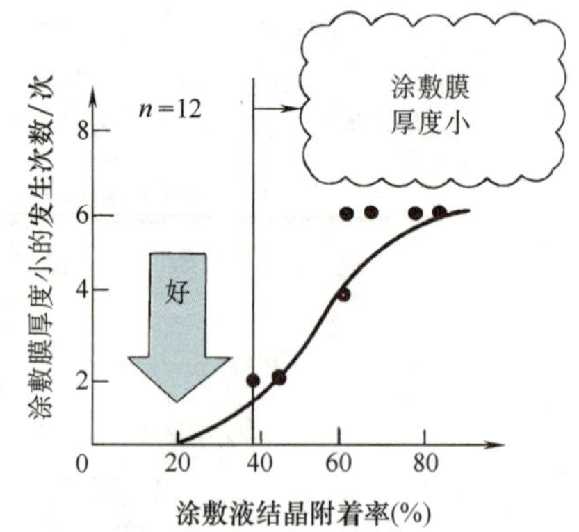

图 4-22 涂敷液结晶附着率的关系图

表 4-11 调查结果汇总

序号	调查项目	调查结果
1	涂敷液置换时间与涂敷膜厚度的关系	● 置换时间在 10s 以下时，涂膜的厚度就会在下限以下，其稳定区域在 18s 以上 ● 操作者 B 和 C 的置换时间短

（续）

序号	调查项目	调查结果
2	涂敷液结晶附着率与涂敷膜厚度小发生次数之间的关系	结晶附着率一旦超过40%，中心部位的涂敷膜厚度就会变小
3	导管内详情的观测	喷嘴导管内如果附着有结晶，涂敷液下落的位置就会发生偏离现象
4	产品批次与涂敷液附着结晶的关系	结晶附着率超过40%，就有三批以上需要处理

七、对策的研讨和实施

根据调查结果，运用树图进行对策的研究和探讨（见图4-23）。

对策1：对程序进行监控的同时，操作置换开关。但是，这样并不能对操作的好坏做出评价。所以，同全体小组人员再一次进行讨论后，形成了对策2。

对策2：改变原来的切换程序，运用自动切换装置进行开、关的切换。

如果在装置内用计算机进行操作会更加简单，应针对人员不能熟练操作的情况进行相应的培训。

进一步理解程序后，就完成了整个置换开关程序的步骤。

将以上结果报告给上级，得到了“既实用又好”的评价。

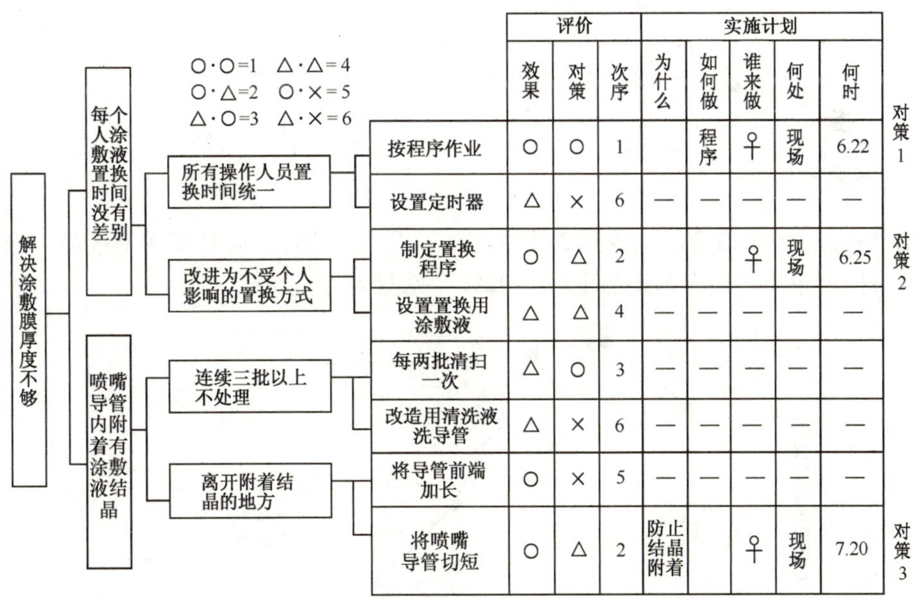

图4-23　用树图来探讨对策

改变这一置换程序使涂敷液膜厚不会发生偏差，工序能力指数 C_{pk} 也提高到1.04（见图4-24）。

对策3：将喷嘴的前端切短，使得涂敷液结晶不附着在上面。

实施的结果：对策实施前有两批存在涂敷结晶附着的情况，现在处理了15批，没有结晶附着的情况出现（见图4-25）。

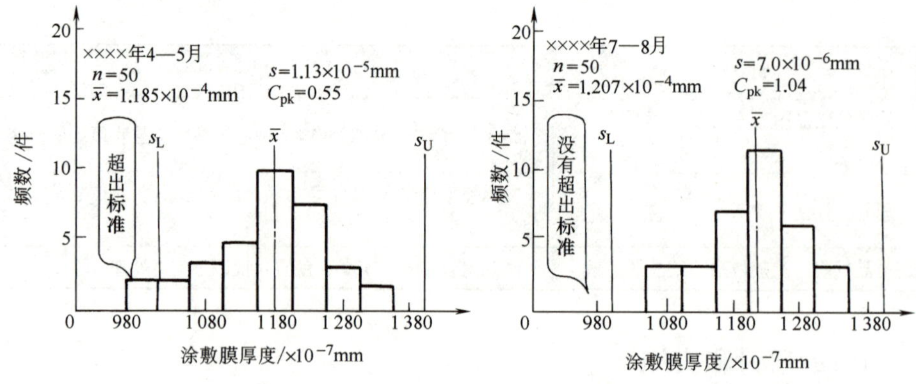

图 4-24　涂敷膜厚度直方图（一）

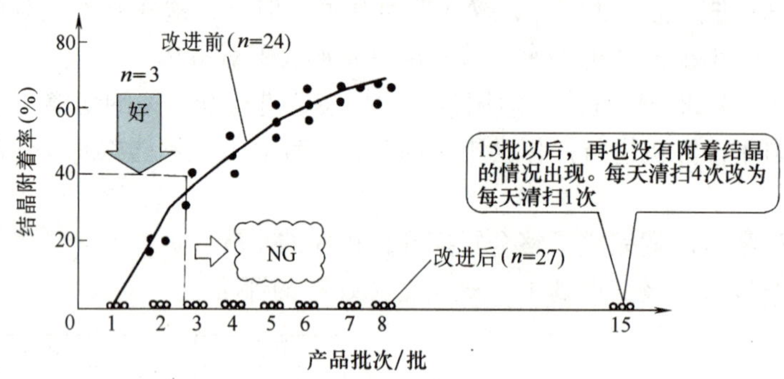

图 4-25　产品批次与涂敷液结晶附着率的关系

八、结果确认

从结果来说，8 月份废品减少到 2 件（4%）（见图 4-26）。而且即使是废品，涂敷膜厚度不够所占比例也小了很多，废品下降了 72%（见图 4-27）。

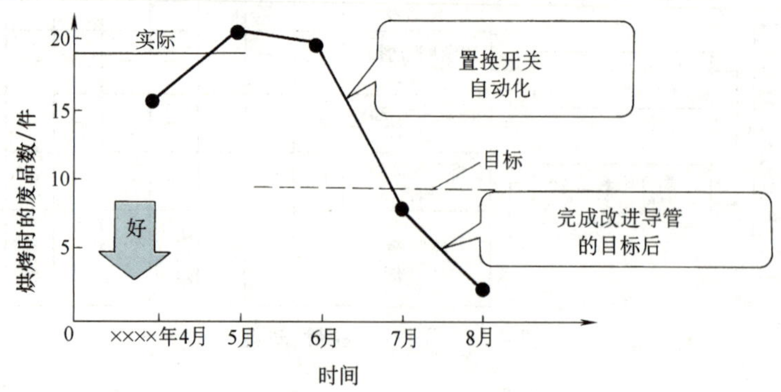

图 4-26　烘烤发生废品的情况

涂敷膜厚度没有发生偏移，工序能力指数 C_{pk} 达到 1. 02（见图 4-28）。从无形的结果来说，员工提高了质量改进意识，从结果中享受到了工作的快乐。

无形的效果如图 4-29 所示。

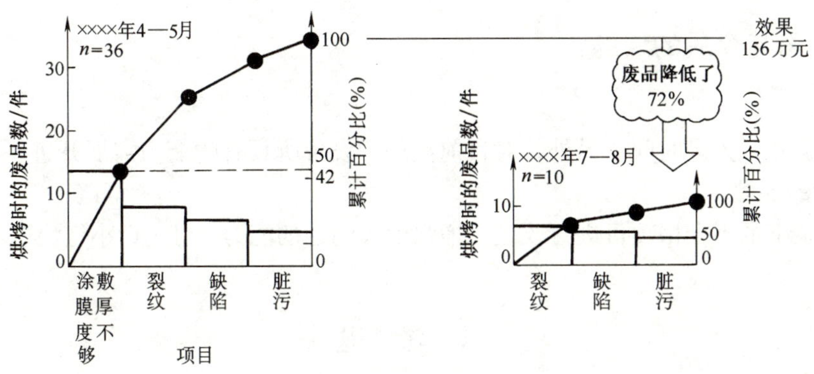

图 4-27　烘烤废品项目明细

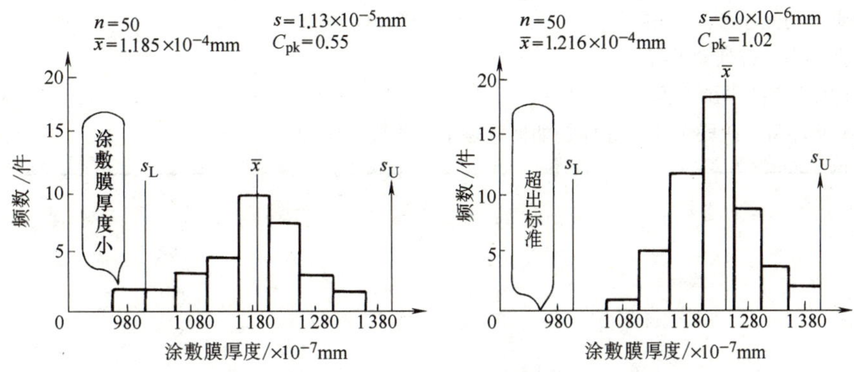

图 4-28　涂敷膜厚度直方图（二）

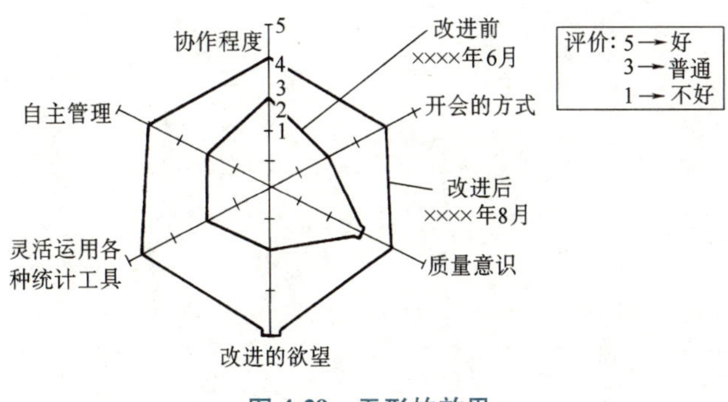

图 4-29　无形的效果

九、标准化和强化管理

1. 标准化

（1）技术部门制定了涂敷液置换程序的作业标准（SOC-10-22082）。

（2）修改了涂敷液置换方法的作业指导书（SI-31-30563）。

2. 强化管理

涂敷液置换方法经小组全体人员认可后，以逐项核对的形式对结晶附着的情况进一步实施目视化管理。

十、反思与今后的课题

1. 反思

采集数据花了大量时间，另外，对目前使用的设备所具有的能力需展开进一步调查。

2. 今后的课题

通过对余下的不合格项目进行改进，增强解决问题的能力，让 QC 小组快速成长。

思 考 题

1. 简述质量改进与质量控制的异同点。
2. 简述质量功能展开的作用。
3. 简述直方图与排列图的异同点。
4. 请叙述使用因果图的注意事项。
5. PDCA 循环每一阶段工作的好坏是如何影响下一阶段工作的？

第五章 统计过程控制

本章要点

- 控制图的分类和统计原理；
- 控制图的应用程序和作图方法；
- 控制图的观测分析；
- 过程能力、分析的方法及意义。
- 不合格品率的计算方法；
- 过程能力指数分析；
- 过程性能指数概述；
- 过程控制的实施。

生产制造过程是产品质量形成的关键环节，在确保设计质量的前提下，产品的质量在很大程度上依赖于生产过程的质量。过程质量是指影响产品质量的因素满足产品制造质量的优劣程度。过程质量的好坏可以从两个方面来衡量：一是过程质量是否稳定；二是稳定的过程能力是否满足技术要求。其中，过程质量的稳定性可以通过控制图进行测定和监控，而过程能力是否满足技术要求可以通过工序能力指数来测定。

第一节 控制图的基本原理

一、控制图概述

统计过程控制（Statistical Process Control，SPC）是应用统计技术对生产过程的各个阶段进行监控，并对过程出现的异常进行预警，从而达到改进与保证质量的目的。其中，控制图理论是统计过程控制保证全过程预防的最常用统计技术。

控制图是判断生产过程是否处于统计控制状态的一种手段，利用它可以判断过程是否存在异常。

1924 年，美国的休哈特（W. A. Sheuhart）提出了过程控制的概念与实施过程监控的方法，并首先提出用控制图对生产过程质量进行监控，以达到预防为主的目的。控制图的种类很多，本节主要介绍常规控制图。常规控制图也称休哈特控制图，它包括以下两部分：

（1）标题部分。标题部分主要包括企业、车间、班组的名称，机床设备的名称和编号，零件的名称和编号，检验部位和要求，测量器具的名称，操作工、调试工、检验工和绘图者的名字，以及控制图的名称和编号等。

（2）控制图部分。它是根据统计原理，在普通坐标纸上作出两条控制界限和一条中心线，然后把按时间顺序抽样所得的质量特性值（或样本统计量）以点子的形式依次描在图上，从点子的动态分布情况来分析生产过程的质量及其趋势的图形。控制图的基本形式如图 5-1 所示。

图上的横坐标是按时间顺序排列的子组号（样本组号），纵坐标为质量特性值或样本统计量。两条控制界限一般用虚线表示，上面一条称为上控制界限，记为 UCL，下面一条称为下控制界限，记为 LCL，中心线用实线表示，记为 CL。

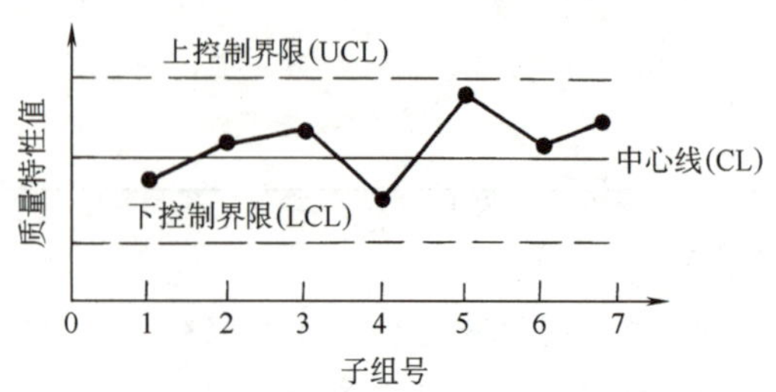

图 5-1 控制图的基本形式

（一）控制图的作用

（1）能及时发现生产过程中的异常现象和缓慢变异，预防不合格品的发生，从而降低生产费用，提高生产效率。

（2）能有效地分析判断生产过程质量的稳定性，从而降低检验、测试费用。购买方通过供货方在制造过程中有效的控制图记录等证据，可免除进货检验，同时仍能在较高程度上保证进货质量。

（3）可查明设备和工艺手段的实际精度，以便做出正确的技术决定，为真正地制定生产目标和规格界限，特别是配合零部件的最优化确立了可靠的基础，同时也为改变不符合经济性的规格标准提供了依据。

（4）使生产成本和质量成为可预测的参数，并能以较快的速度和准确性测量出系统误差的影响程度，从而使同一生产批次内的产品之间的质量差别减至最小，提高产品的质量和经济效益。

（二）控制图的分类

（1）根据控制图控制的数据性质不同，控制图可以分为计量控制图和计数控制图；根据应用的样本统计量不同，计量控制图和计数控制图又分为几种不同类型，如表 5-1 所示。

表 5-1 控制图分类

常规控制图	计量控制图	均值（$\overline{X}$）与极差（R）控制图	
		均值（$\overline{X}$）与标准差（s）控制图	
		单值（X）与移动极差（Rs）控制图	
		中位数 $\widetilde{X}$ 与极差（R）控制图	
	计数控制图	计件控制图	不合格品率（p）控制图
			不合格品数（np）控制图
		计点控制图	不合格数（c）控制图
			单位产品不合格数（u）控制图

（2）根据控制图的用途和应用场合不同，控制图分为分析用控制图和管理用控制图。分析用控制图是在对生产过程控制之初，在对过程稳定与否未知的情况下，收集几组数据而绘制的，主要目的在于判定过程稳定与否，以及判断过程是否存在异常因素。当过程稳定且能满足技术要求时，将分析用控制图的控制界限作为控制标准，将分析用控制图转化为管理用控制图，延长控制界限，对过程进行日常监控，以便及时预警。

（三）控制图的国家标准

1. 国际标准的制定及发展

国际标准化组织于 1982 年根据休哈特控制图基础理论首次发布了控制图国际标准 ISO 8258：1982《休哈特控制图》（Shewhart Control Charts）（第 1 版），该标准为 ISO/TC 69 统计方法应用控制图系列标准之一。随着技术进步和统计过程控制技术的不断成熟，国际标准化组织于 1991 年对 ISO 8258 标准进行了第一次修订，发布了 ISO 8258：1991《休哈特控制图》（第 2 版）。从 2012 年开始，国际标准化组织相继修订并发布了控制图系列标准 ISO 7080-1~ISO 7080-9，其中 ISO 7080-2：2013《休哈特控制图》替代了 ISO 8258：1991 标准。

2. 控制图的国家标准

与国际标准 ISO 8258：1982《休哈特控制图》相对应，1983 年我国发布了国家标准 GB/T 4091—1983《常规控制图》；2001 年国家标准 GB/T 4091—2001 取代了国家标准 GB/T 4091—1983，并等同采用了国际标准 ISO 8258：1991。

2020 年，我国对控制图系列标准进行了整合，由国家市场监督管理总局和国家标准化管理委员会发布了控制图系列标准 GB/T 17989—2020，该标准由 9 大部分组成，具体如下：

第一部分：GB/T 17989. 1—2020《控制图通用指南》，代替 GB/T 17989—2000 标准，修改采用 ISO 7870-1：2014。

第二部分：GB/T 17989. 2—2020《常规控制图》，代替 GB/T 4091—2001 标准，修改采用 ISO 7870-2：2013。

第三部分：GB/T17989. 3 —2020《验收控制图》，修改采用 ISO 7870-3：2012。

第四部分：GB/T 17989. 4—2020《累积和控制图》，代替 GB/Z 4887—2006，修改采用 ISO7870-4：2011。

第五部分：GB/T 17989. 5—2022《特殊控制图》，修改采用 ISO 7870-5：2014。

第六部分：GB/T 17989. 6—2020《指数加权移动平均控制图》，修改采用 ISO 7870-6：2016。

第七部分：GB/T 17989. 7—2020《多元控制图》，修改采用 ISO 7870-7：2020。

第八部分：GB/T 17989. 8—2020《短周期小批量的控制方法》，修改采用 ISO 7870-8：2017。

第九部分：GB/T 17989. 9—2020《平稳过程控制图》，等同采用 ISO 7870-9：2020。

二、控制图的统计原理

（一）3σ 原理

如果质量特性值服从正态分布，即 $X \sim N(\mu, \sigma^2)$，则其分布图如图 5-2 所示。当生产过程中仅有偶然性因素存在时，则从过程中测得的产品质量特性值 X 有 99. 73%的可能在

$\mu\pm3\sigma$ 的范围内。也可以理解为，如果抽取少数产品，测得的质量特性值均应落在 $\mu\pm3\sigma$ 范围内；如果有特性值落在$\mu\pm3\sigma$的范围外，可以认为过程出现了系统性因素，使 X 的分布发生了偏离，如图 5-3 所示。这就是休哈特控制图的 3σ 原理。

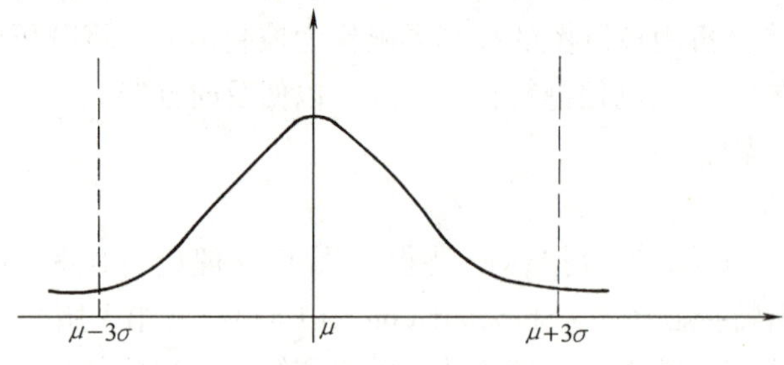

图 5-2　正态分布图

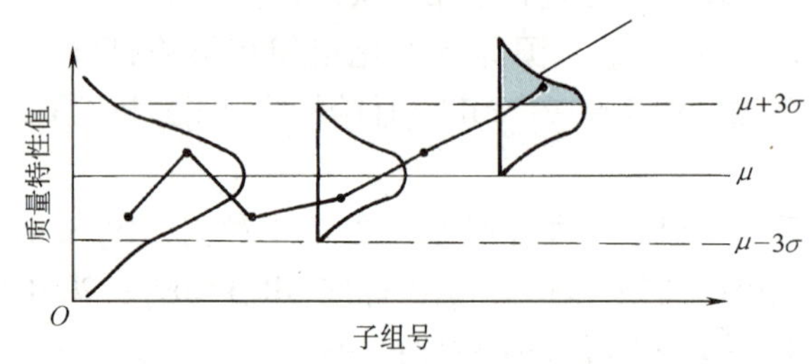

图 5-3　质量特性值分布示意图

如果分组采集数据，可以计算样本统计量，此时样本均值的分布亦服从正态分布 $\overline{X}\sim N(\mu,\ \sigma^2/n)$。当各组的样本量足够大时，样本不合格品率的分布近似服从正态分布 $p\sim N(P,\ P(1-P))$，因此均可以利用 3σ 原理绘制控制图，对过程进行监控。

（二）两类错误

应用控制图判断生产是否稳定，实际上是利用样本数据进行统计推断。既然是统计推断，就可能出现两类错误：第Ⅰ类错误是将正常的过程判为异常，即生产仍处于统计控制状态，但由于偶然性原因的影响，使得点子超出控制界限，虚发警报而将生产误判为出现了异常。处于控制状态的样品有 0.27%的可能落在 3σ 控制界限外，即犯错误的可能性在 1 000 次中约有 3 次。出现这类错误的概率称为第Ⅰ类风险，记作 α。

第Ⅱ类错误是将异常的过程判为正常，即生产已经处于非统计控制状态，但点子没有超出控制界限，而将生产误判为正常，这是漏发警报。把出现这类错误的概率称为第Ⅱ类风险，记作 β。

影响两类错误的因素有以下几种：

1. 控制界限的大小

根据控制图原理，要完全避免两类错误是不可能的，但是控制界限的宽窄对两类风险是有影响的，如果扩大控制界限，则可以减小第Ⅰ类风险，例如将范围从 $\mu\pm3\sigma$ 扩展到 $\mu\pm5\sigma$，有

$$P(|X-\mu|\leqslant5\sigma)=99.999\ 9\%$$

$$P(|X-\mu|>5\sigma)=0.000\ 1\%$$

此时 $\alpha=0.0001\%$，即 100 万次约有 1 次会犯第Ⅰ类错误。但是，由于将控制界限从 3σ 扩展到 5σ，因而使第Ⅱ类风险增大，即 β 增大。如果缩小控制界限，则可以减小犯第Ⅱ类错误的概率 β，但会增大犯第Ⅰ类错误的概率 α。一般来说，当样本大小为定数时，α 越小则 β 越大，反之亦然。因此，控制图控制界限的合理确定，应以两类错误所造成的总损失最小为原则。实践证明，能使两类错误总损失最小的控制界限幅度大致为 3σ，因此选取 $\mu\pm3\sigma$ 作为上下控制界限是经济合理的。

2. 样本量 n 的大小

当 3σ 控制区域一定时，样本量 n 增大，β 减小，控制图的检出力增大。

三、控制图的应用程序和作图方法

应用控制图对生产过程进行分析和改进，包括很多具体工作步骤：从明确关键过程、关键质量特性开始，确立采集的数据和样本量大小，选择并绘制控制图，利用控制图判断过程的统计控制状态，对过程的质量能力及变化趋势进行评定，由此形成过程质量控制标准。图 5-4 给出了国家标准 GB/T 17989.1—2020 中计量控制图的选择和应用过程。综合来看关键步骤如下：

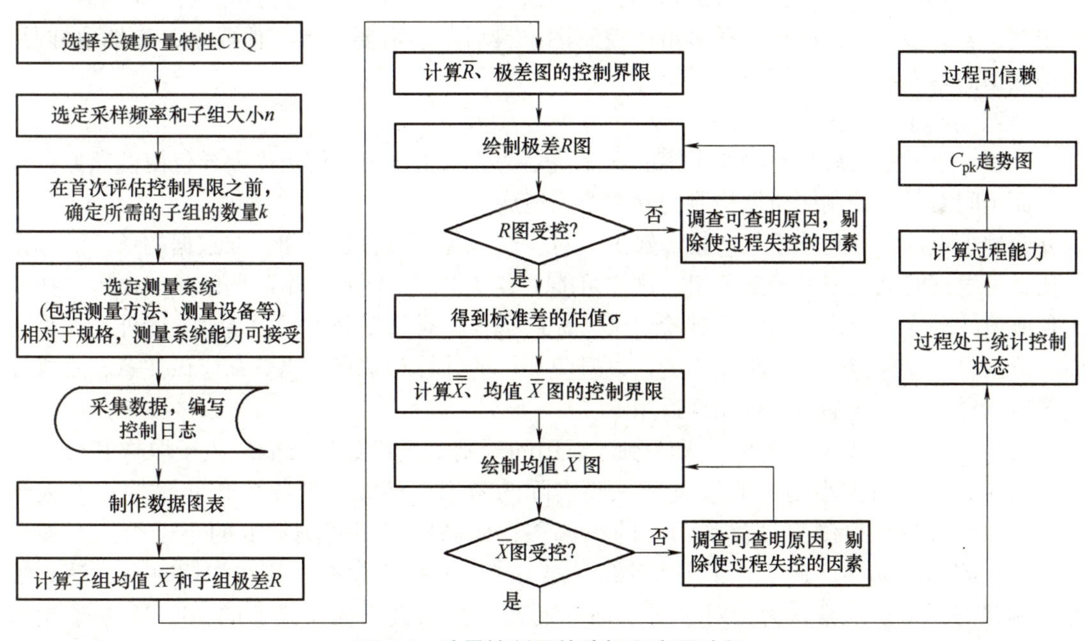

图 5-4 计量控制图的选择和应用过程

（一）合理选择应用控制图的场合

控制图的统计基础是正态分布，因此计量特性值应服从正态分布，或者计数数据所选取的子组样本量应足够大。因此，控制的过程必须具有重复性，即具有统计规律。只有一次性或少数几次的过程，显然难以应用控制图进行控制。

（二）选择控制对象

在使用控制图时，应选择能代表过程的主要质量指标作为控制对象。一个过程往往具有各种各样的特性，需要选择能够真正代表过程情况的指标。例如，假定某产品在强度方面有问题，就应该选择强度作为控制对象；在电动机装配车间，如果对电动机轴的尺寸要求很高，就需要把电动机轴的直径作为控制对象。

（三）选择控制图

选择控制图主要考虑以下几点：首先根据所控制质量指标的数据性质来进行选择，如数据为连续值的应选择 $\overline{X}$-R 图、$\overline{X}$-s 图和 X-Rs 图。在选择单值 X 控制图和均值 $\overline{X}$ 控制图时主要考虑：均值 $\overline{X}$ 控制图比单值控制图有较高的检出力，因为均值控制图利用子组均值可以抵消偶然因素的大小，使异常因素的影响更明显地显示出来，所以与单值控制图相比对过程变异的灵敏度更高。从应用范围来说，均值控制图比单值控制图的应用范围更广，因为根据均值 $\overline{X}$ 分布的原理，无论总体服从何种分布，当样本量较大时，样本均值的分布均为正态分布。从经济性出发，使用单值控制图比均值控制图所需样本量小，经济性好。因此，质量均匀、检验费用高和过程变异小的过程可以使用单值控制图监控。s 控制图和 R 控制图均可以反映质量数据差异程度的变化。R 控制图计算简便，但不如 s 控制图反应过程变异精确。当质量数据为计件值时应选择 p 控制图或 pn 控制图，数据为计点值时应选择 c 控制图或 u 控制图。其次，要确定过程中的异常因素是全部加以控制（全控）还是部分加以控制（选控）。若为全控，应采用休哈特图等；若为选控，应采用选控图；若为单指标，可选择一元控制图；若为多指标，必须选择多指标控制图。最后，还需要考虑其他要求，如抽取样品、取得数据的难易程度和是否经济，等等。

（四）采用合理子组原则取样

合理子组的中心思想是将所考察的观测值划分为若干子组，使组内差异仅由偶然原因造成，而组间差异由控制图所欲检测的异常原因造成。

合理子组的划分有赖于某些技术知识、对生产状况的熟悉程度和获取数据的条件。如果方便，可根据时间或来源确定子组，这样可能更容易追踪与纠正产生问题的具体原因。按收集观测值的顺序所给出的检验和试验记录，提供了根据时间划分子组的基础。此外，在尽可能的范围内，应保持子组大小 n 不变，以避免烦琐的计算和解释。当然，应该注意，常规控制图原理对于 n 变化的情形也同样适用。

关于子组数目或子组大小，无法制定通用的规则。子组数目可能取决于取样和分析样本的费用，而子组大小则可能取决于一些实际的考虑。例如，低频率长间隔抽取的大子组，可以更准确地检测出过程平均中的小偏移；而高频率短间隔抽取的小子组，则能更迅速地检测出大偏移。通常，子组大小取为 4 或 5，而抽样频率一般在初期时高，达到统计控制状态后低。通常认为，对于初步估计而言，抽取大小为 4 或 5 的 20~25 个子组就足够了。

在确定了要控制的质量特性以及子组抽样频数和子组大小以后，必须收集和分析一些原始的检验数据与测量结果，以便能够提供初始的控制图数值，这是为确定绘于控制图上的中心线与控制界限所需要的。预备数据可以从一个连续运作的生产过程中逐个子组地进行收集，直到获得 20~25 个子组为止。注意，在收集原始数据的过程中，过程的影响因素不应发生变化，如原材料的供给、操作方式、机器设置等方面的变化。换言之，在收集原始数据时，过程应该呈现出一种稳定状态。

（五）绘制分析用控制图

利用控制图对过程进行分析，首先应绘制分析用控制图。分析用控制图是在对过程的稳定性没有明确结论时绘制的控制图，它的主要目的是判断过程是否处于稳定状态，或者将一个不稳定的过程逐渐调整为稳定的过程。因此，分析用控制图的控制界限可以随生产过程的变化而变化，随着过程趋于稳定，控制界限逐渐变窄，直至稳定，形成控制标准。

1. 计量控制图的作图方法

计量控制图的控制界限计算方法如表 5-2 所示，详细解释见本章附录 A。计量控制图计算控制界限的系数如表 5-3 所示。

表 5-2　计量控制图计算控制界限公式

控制图	控制界限	
	中心线	UCL 与 LCL
$\overline{X}$-R	$\overline{\overline{X}}$ $\overline{R}$	$\overline{\overline{X}}\pm A_2\overline{R}$ $D_4\overline{R}$、$D_3\overline{R}$
$\overline{X}$-s	$\overline{\overline{X}}$ $\overline{s}$	$\overline{\overline{X}}\pm A_3\overline{s}$ $B_3\overline{s}$，$B_4\overline{s}$
X-Rs	$\overline{X}$ $\overline{Rs}$	$\overline{X}\pm E_2\overline{Rs}$ $D_4\overline{Rs}$，$D_3\overline{Rs}$

表 5-3　计量控制图计算控制界限的系数表

子组中观测值个数 n	控制界限系数												中心线系数			
	E_2	A_2	A_3	A_4	B_3	B_4	B_5	B_6	D_1	D_2	D_3	D_4	C_4	$1/C_4$	d_2	$1/d_2$
2	2.660	1.880	2.659	1.88	0.000	3.267	0.000	2.606	0.000	3.686	0.000	3.267	0.797 9	1.253 3	1.128	0.886 5
3	1.772	1.023	1.954	1.19	0.000	2.568	0.000	2.276	0.000	4.358	0.000	2.574	0.886 2	1.128 4	1.693	0.590 7
4	1.457	0.729	1.628	0.80	0.000	2.266	0.000	2.088	0.000	4.698	0.000	2.282	0.921 3	1.085 4	2.059	0.485 7
5	1.290	0.577	1.427	0.69	0.000	2.089	0.000	1.964	0.000	4.918	0.000	2.114	0.940 0	1.063 8	2.326	0.429 9
6	1.184	0.483	1.287	0.55	0.030	1.970	0.029	1.874	0.000	5.078	0.000	2.004	0.951 5	1.051 0	2.534	0.394 6
7	1.109	0.419	1.182	0.51	0.118	1.882	0.113	1.806	0.204	5.204	0.076	1.924	0.959 4	1.042 3	2.704	0.369 8
8	1.054	0.373	1.099	0.43	0.185	1.815	0.179	1.751	0.388	5.306	0.136	1.864	0.965 0	1.036 3	2.847	0.351 2
9	1.010	0.337	1.032	0.41	0.239	1.761	0.232	1.707	0.547	5.393	0.184	1.816	0.969 3	1.031 7	2.970	0.336 7
10	0.975	0.308	0.975	0.36	0.284	1.716	0.276	1.669	0.687	5.469	0.223	1.777	0.972 7	1.028 1	3.078	0.324 9

（1）$\overline{X}$-R 控制图。举例如下。

【例 5-1】　某制药厂片剂车间生产某种药品，以对颗粒水分的控制为例，绘制 $\overline{X}$-R 控制图，有关数据如表 5-4 所示。

表 5-4 $\overline{X}$-R 控制图数据 （%）

子组样本号	检查值				$\overline{X}_i$	R_i	备注
	X_1	X_2	X_3	X_4			
1	3.0	4.2	3.5	3.8	3.62	1.2	
2	4.3	4.1	3.7	3.9	4.0	0.6	
3	4.2	3.6	3.2	3.4	3.60	1.0	
4	3.9	4.3	4.0	3.6	3.95	0.7	
5	4.4	3.4	3.8	3.9	3.88	1.0	
6	3.7	4.7	4.3	3.6	4.08	1.1	
7	3.8	3.9	4.3	4.5	4.12	0.7	
8	4.4	4.3	3.8	3.9	4.10	0.6	
9	3.7	3.2	3.4	4.2	3.62	1.0	
10	3.1	3.9	4.2	3.0	3.50	1.2	
11	3.2	3.8	3.8	3.7	3.62	0.6	
12	3.1	4.4	4.8	4.2	4.05	1.7	
13	3.4	3.7	3.8	3.9	3.70	0.5	
14	4.4	4.2	4.1	3.5	4.05	0.9	
15	3.4	3.5	3.8	4.4	3.78	1.0	
16	3.9	3.7	3.2	4.8	3.70	1.6	
17	4.4	4.3	4.0	3.7	4.10	0.7	
18	3.6	3.2	3.6	4.4	3.70	1.2	
19	3.2	4.4	4.2	4.5	4.08	1.3	
20	4.7	4.6	3.8	3.2	4.08	1.5	
21	4.8	4.2	4.0	3.0	4.0	1.8	
22	4.5	3.5	3.0	4.8	3.95	1.8	
23	3.8	3.2	4.2	3.0	3.55	1.2	
24	4.2	4.0	3.8	3.5	3.88	0.7	
25	4.3	3.6	3.6	4.4	3.82	1.4	

步骤一：取预备数据。本例中按数据测量的批次进行分组，共分 $K=25$ 个子组，每个子组的数据组成一个样本，子组大小 $n=4$。

步骤二：计算各子组样本的平均值与极差。子组样本的平均值计算公式为

$$\overline{X}_i=\frac{X_1+X_2+X_3+\cdots+X_n}{n}$$

式中 $\overline{X}_i$——第 i 个子组的样本平均值；

X_i——第 i 个子组中的观测值；

n——子组的大小。

各子组样本的极差的计算公式为

$$R_i=\max\{X_i\}-\min\{X_i\}$$

式中 R_i——第 i 个子组的极差。

如本例第 1 组样本的平均值和极差分别为

$$\overline{X}_1=\frac{3.0\%+4.2\%+3.5\%+3.8\%}{4}\approx 3.62\%$$

$$R_1=4.2\%-3.0\%=1.2\%$$

步骤三：计算所有样本的总平均值和平均极差。总平均值的计算公式为

$$\overline{\overline{X}}=\frac{\overline{X}_1+\overline{X}_2+\cdots+\overline{X}_i+\cdots+\overline{X}_n}{k}=\frac{1}{k}\sum_{i=1}^{k}\overline{X}_i$$

式中　$\overline{\overline{X}}$——所有观测值的总平均值；

k——子组的个数。

样本平均极差的计算公式为

$$\overline{R}=\frac{R_1+R_2+\cdots+R_i+\cdots+R_k}{k}=\frac{1}{k}\sum_{i=1}^{k}R_i$$

本例中，总平均值和样本平均极差分别为

$$\overline{\overline{X}}=\frac{96.53\%}{25}=3.861\%$$

$$\overline{R}=\frac{25.7\%}{25}=1.028\%$$

步骤四：计算控制图的参数。本例中 $n=4$，查表 5-3 得 $A_2=0.729$，$D_4=2.282$，$D_3=0$，根据表 5-2 计算结果如下：

$\overline{X}$ 图的控制界限

$$CL_{\overline{X}}=\overline{\overline{X}}=3.861\%$$

$$UCL_{\overline{X}}=\overline{\overline{X}}+A_2\overline{R}=3.861\%+0.729\times1.028\%=4.610\%$$

$$LCL_{\overline{X}}=\overline{\overline{X}}-A_2\overline{R}=3.861\%-0.729\times1.028\%=3.112\%$$

R 图的控制界限

$$CL_R=\overline{R}=1.028$$

$$UCL_R=D_4\overline{R}=2.282\times1.028\%=2.346\%$$

$$LCL_R=D_3\overline{R}=0$$

步骤五：绘制控制图。用普通坐标纸或控制图专用纸来绘制，上面安排 $\overline{X}$ 控制图，下面安排 R 控制图，横坐标表示子组号，纵坐标表示 $\overline{X}$ 值或 R 值。中心线用实线表示，控制界限用虚线表示，在相应的控制界限上标以 CL、UCL、LCL 符号和数值，如图 5-5 所示。

（2）单值（X）与移动极差（Rs）控制图。在某些过程控制情形下，取得合理的子组或者不可能，或者不实际。由于测量单个观测值所需要的时间太长或费用太多，因此不能考虑重复观测。当产品质量相对均匀时，可以使用单值控制图，尽管单值控制图的检出力不如均值控制图，但其具有良好的经济性。单值控制图是利用单个变量值和相邻变量值的移动极差来计算的，其控制界限的计算公式见表 5-2。

【例 5-2】 表 5-5 给出了连续 10 批脱脂奶粉样本的“水分质量分数”的实验室分析结果。将一个样本的奶粉作为一批的代表，在实验室情况下对其成分特性进行分析测试，如脂肪、水

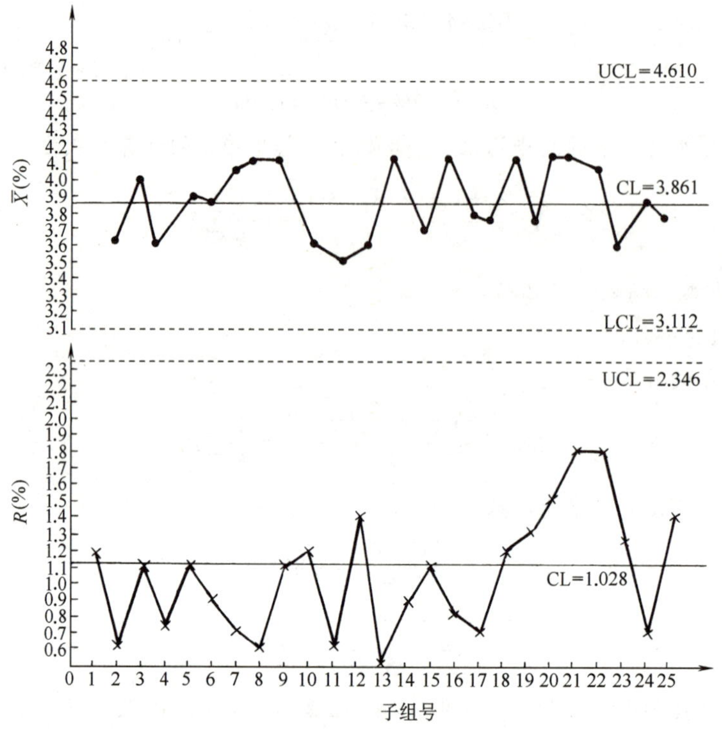

图 5-5　药品颗粒水分控制图

分、酸度、溶解指数、沉积物、细菌和乳清蛋白。希望将该过程的产品水分质量分数控制在4%以下，欲利用单值控制图对过程进行监控。

表 5-5　连续 10 批脱脂奶粉样本的水分质量分数

批号	1	2	3	4	5	6	7	8	9	10
水分质量分数 X（%）	2.9	3.2	3.6	4.3	3.8	3.5	3.0	3.1	3.6	3.5
移动极差 Rs（%）		0.3	0.4	0.7	0.5	0.3	0.5	0.1	0.5	0.1

解

$$\overline{X}=\frac{2.9\%+3.2\%+\cdots+3.5\%}{10}=\frac{34.5\%}{10}=3.45\%$$

$$\overline{Rs}=\frac{0.3\%+0.4\%+\cdots+0.1\%}{9}=\frac{3.4\%}{9}=0.38\%$$

移动极差（Rs）控制图控制界限为

$$\mathrm{CL}_{Rs}=\overline{Rs}=0.38\%$$

$$\mathrm{UCL}_{Rs}=D_4\overline{Rs}=3.267\times0.38\%=1.24\%$$

$$\mathrm{LCL}_{Rs}=D_3\overline{Rs}=0$$

其中，系数 D_3、D_4 和 E_2 的值从表 5-3 中按 $n=2$ 行查得。

单值（X）控制图控制界限为

$$CL_X=\overline{X}=3.45\%$$

$$UCL_X=\overline{X}+E_2\overline{R}s=3.45\%+2.66\times0.38\%=4.46\%$$

$$LCL_X=\overline{X}-E_2\overline{R}s=3.45\%-2.66\times0.38\%=2.44\%$$

控制图如图 5-6 所示，该控制图表明过程处于统计控制状态。

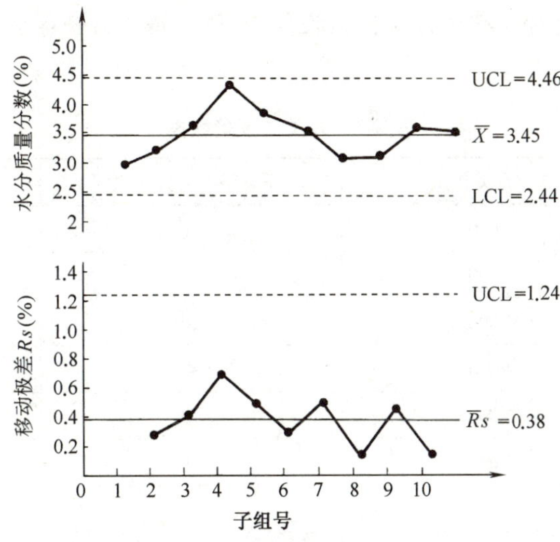

图 5-6　脱脂奶粉的单值（X）控制图

2. 计数控制图的作图示例

计数控制图表示通过记录所考察的子组中的每个个体是否具有某种特性（或特征），如合格或不合格，计算具有该特性的个体的数量；或记录一个单位产品、一组产品或一定面积内某种事件发生的次数对过程进行监控的控制图。表 5-6 给出了计算常规计数控制图的控制界限的公式。

表 5-6　计算常规计数控制图的控制界限的公式

统计量	标准值未给定	
	中心线	UCL 与 LCL
p	$\overline{p}$	$\overline{p}\pm3\sqrt{\overline{p}(1-\overline{p})/n_i}$
np	$n\overline{p}$	$n\overline{p}\pm3\sqrt{n\overline{p}(1-\overline{p})}$
c	$\overline{c}$	$\overline{c}\pm3\sqrt{\overline{c}}$
u	$\overline{u}$	$\overline{u}\pm3\sqrt{\overline{u}/n_i}$

在计量控制图情形下，按通常惯例采用一对控制图，其中一个图用于控制平均值，另一个图用于控制离散程度。上述做法是必要的，因为计量控制图基于正态分布，而正态分布取决于上述两个参数。在计数控制图情形下则不同，所假定的分布只有一个独立参数，即平均值水平，故用一个控制图就足够了。p 控制图和 np 控制图基于二项分布，而 c 控制图和 u 控制图则基于泊松分布。

这些控制图的计算是类似的，但子组大小发生变化时，情况将有所不同。当子组大小为常数时，同一组控制界限可用于每一个子组；当子组大小发生变化时，每一个子组都需要计算出各自的控制界限。因此 np 控制图和 c 控制图可以用于子组大小为常数的情形，而 p 控制图和 u 控制图可用于上述两种情形。

【例 5-3】 表 5-7 的数据给出了对小型开关使用自动检测装置进行全检测所发现的关于开关失效的每小时不合格数。小型开关由一自动装配线生产。由于开关失效是严重的质量问题，要利用不合格品率控制图对过程进行监控。收集 25 组数据作为预备数据（见表 5-7），绘制 p 控制图。

表 5-7 开关的预备数据

子组号	检查的开关数 n/件	不合格开关数 np/件	不合格品百分数 p（%）
1	4 000	8	0. 200
2	4 000	14	0. 350
3	4 000	10	0. 250
4	4 000	4	0. 100
5	4 000	13	0. 325
6	4 000	9	0. 225
7	4 000	7	0. 175
8	4 000	11	0. 275
9	4 000	15	0. 375
10	4 000	13	0. 325
11	4 000	5	0. 125
12	4 000	14	0. 350
13	4 000	12	0. 300
14	4 000	8	0. 200
15	4 000	15	0. 375
16	4 000	11	0. 275
17	4 000	9	0. 225
18	4 000	18	0. 450
19	4 000	6	0. 150
20	4 000	12	0. 300
21	4 000	6	0. 150
22	4 000	12	0. 300
23	4 000	8	0. 200
24	4 000	15	0. 375
25	4 000	14	0. 350
总计	100 000	269	

p 控制图的参数计算如下：

$$\mathrm{CL}_p=\bar{p}=\frac{8+14+\cdots+14}{4\ 000\times25}\approx0.002\ 7=0.27\%$$

$$\mathrm{UCL}_p=\bar{p}+3\sqrt{\bar{p}\ (1-\bar{p})\ /n_i}=0.002\ 7+3\sqrt{0.002\ 7\times\ (1-0.002\ 7)\ /4\ 000}\approx0.005\ 2=0.52\%$$

$$\mathrm{LCL}_p=\bar{p}-3\sqrt{\bar{p}(1-\bar{p})/n_i}=0.002\ 7-3\sqrt{0.002\ 7\times(1-0.002\ 7)/4\ 000}\approx0.000\ 2=0.02\%$$

p 控制图如图 5-7 所示。控制图表明，尽管每小时不合格品百分数比较大，但开关的质量仍处于统计控制状态。

np 控制图同样也适用于这些数据，因为所有的样本大小相等。np 控制图的计算如下，控制图如图 5-8 所示。

$$\mathrm{CL}_{np}=\overline{np}=\frac{8+14+\cdots+14}{25}=10.76$$

$$\mathrm{UCL}_{np}=\overline{np}+3\sqrt{\overline{np}\ (1-\bar{p})}=10.76+3\sqrt{10.76\times(1-0.002\ 7)}=20.59$$

$$\mathrm{LCL}_{np}=\overline{np}-3\sqrt{\overline{np}(1-\bar{p})}=10.76-3\sqrt{10.76\times(1-0.002\ 7)}=0.93$$

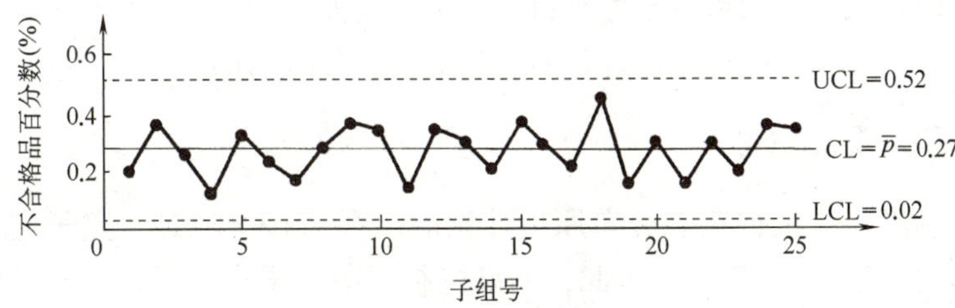

图 5-7　开关数据的 p 控制图

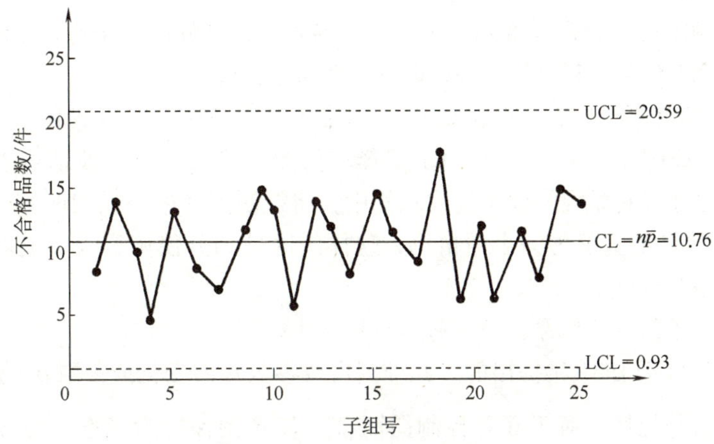

图 5-8　开关数据的 np 控制图

当子组大小变化较大时，p 控制图控制界限为凹凸状，判断过程稳定性有些困难。此时可以利用标准化变量的方法，例如，不点绘 p 值，而改为点绘标准值 Z。计算公式为

$$Z = \frac{p - \bar{p}}{\sqrt{\bar{p}(1 - \bar{p})/n_i}}$$

这样，中心线和控制界限成为常数，而与子组大小无关。即

$$UL = 0$$

$$UCL = 3$$

$$LCL =- 3$$

（六）确定控制标准

利用分析用控制图判断过程稳定性，且通过计算过程能力指数，分析过程能力是否满足技术要求时，可将分析用控制图的控制界限延长，作为控制标准。此时分析用控制图转化为管理用控制图，对过程进行监控。

（七）控制图的管理

（1）控制图的重新制定。控制图是根据稳定状态下的条件（人员、设备、原材料、工艺方法、环境）来制定的。如果上述条件发生变化，如更换操作人员，或原操作人员通过学习，操作水平显著提高；设备更新；采用新型原材料或其他原材料；改变工艺参数或采用新工艺；环境改变等，控制图须重新制定。由于控制图是科学管理生产过程的重要依据，因此经过相当时间的使用后，应重新抽取数据，进行计算，加以检验。

（2）控制图的日常管理。控制图的计算以及日常的记录都应作为技术资料加以妥善保管。对于点子出界或界内点子的排列非随机以及当时处理的情况都应予以记录，因为这些都是以后出现异常时查找原因的重要参考资料。有了长期保存的记录，便能对该过程的质量水平有清楚的了解，这对今后的产品设计和制定标准是十分有用的。

四、控制图的观测分析

控制图的控制界限是根据正态分布原理计算的。根据±3σ 原理，点子应随机排列，且落在控制界限内的概率为 99.73%。因此，如果控制图中点子未出界，且点子的排列也是随机的，则可以认为生产过程处于稳定状态或控制状态；如果控制图中点子出界或界内点子的排列非随机，则认为生产过程失控。

由此得出控制图的两类判异准则：①点子出界判异；②界内点子排列不随机判异。

（一）国家标准 GB/T 17989. 2—2020 中常用的检验模式

两类判异准则在控制图上的表现模式有若干种，首先介绍我国常规控制图标准 GB/T 17989. 2—2020中给出的一组常用于解释均值图、单值图出现波动可查明原因的检验模式。图 5-9 波动可查明原因的检验模式示例中，将控制图在中心线的两侧等分成三个区域 A、B 和 C，每个区域的宽度为一个西格玛，这样的区域划分使调查人员能够轻松地检测出偏离稳定过程的检验模式。

1. 准则 1：点子落在控制限外（见图 5-9 检验 1）

此准则是休哈特于 1931 年提出的。此准则可对参数μ 的变化或参数 σ 的变化给出信号，变化越大，给出信号越快。对于 $\bar{X}$-R 控制图而言，若 R 图保持为稳态，则可除去参数 σ 变

化的可能。准则 1 还可对过程中的单个失控做出反应，如计算错误、测量误差、原材料不合格、设备故障等。若过程正常，则准则 1 犯第Ⅰ类错误的概率或称显著性水平 $\alpha_0=0.0027$。

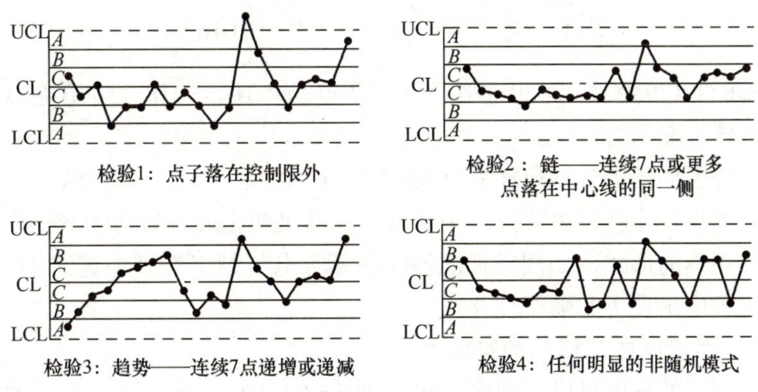

图 5-9　GB/T 17989. 2—2020 波动可查明原因的检验模式示例

2. 准则 2：链——连续 7 点或更多点落在中心线同一侧（见图 5-9 检验 2）

此准则通常是为了补充准则 1 而设计的，以便改进控制图的灵敏度，采用连续 7 点或更多点落在中心线同一侧的检验准则可以判定过程均值或波动性是否已经偏离中心线。在控制图中心线一侧连续出现的点称为链（Run），其中包含的点子数目称为链长。若链长≥7 点，则判异；若过程正常，则出现下列点数的链的 α_0 分别如下：

$$P(\text{中心线一侧出现长为 7 点的链})=2\times\left(\frac{0.9973}{2}\right)^7=0.0153=\alpha_7$$

$$P(\text{中心线一侧出现长为 8 点的链})=2\times\left(\frac{0.9973}{2}\right)^8=0.0076=\alpha_8$$

$$P(\text{中心线一侧出现长为 9 点的链})=2\times\left(\frac{0.9973}{2}\right)^9=0.0038=\alpha_9$$

$$P(\text{中心线一侧出现长为 10 点的链})=2\times\left(\frac{0.9973}{2}\right)^{10}=0.0019=\alpha_{10}$$

国家标准 GB/T 17989. 2—2020 中常用检验准则采用了 7 点链判异，由于 7 点链判异规则犯第Ⅰ类错误的 α 值相对较大，西方电气规则中控制图的判定准则改为 9 点链判异，在国家标准 GB/T 17989. 2—2020 中将其归入了可供参考的判定准则。

3. 准则 3：趋势——连续 7 点递增或递减（见图 5-9 检验 3）

此准则是针对过程均值的趋势设计的，它判定过程出现有规则的线性变化的趋势要比准则 2 更为灵敏。产生趋势的原因可能是工具逐渐磨损、维修水平逐渐降低、操作人员技能逐渐提高等，从而使得参数 μ 随着时间而变化。若过程正常，则

$$P\{n\text{ 点趋势}\}=\frac{2}{n!}\times0.9973^n$$

于是

$$P\{7\text{ 点趋势}\}=\frac{2}{7!}\times0.9973^7=0.00039$$

$$P\{6\text{点趋势}\}=\frac{2}{6!}\times 0.997\ 3^{6}=0.002\ 73$$

$$P\{5\text{点趋势}\}=\frac{2}{5!}\times 0.997\ 3^{5}=0.016\ 44$$

国家标准 GB/T 17989. 2—2020 中选择了“7 点趋势判异”作为常用检验准则，并补充了“6 点趋势判异”准则。

4. 准则 4：任何明显的非随机模式（见图 5-9 检验 4）

出现本准则的现象往往是由于过程中出现了非随机变化或者周期性变化模式，这种模式在控制图上可出现不同形式，如国家标准补充的西方电气判定准则中连续 14 点中相邻点交替上下就表明过程中出现了非随机变化。

（二）西方电气规则中常用的检验模式

识别可查明原因的规则可以有很多，自 20 世纪 50 年代以来，一个常用的规则是被称为“西方电气规则”的最佳准则。图 5-10 中给出了这种规则中的 8 种典型检验模式。该规则同样也遵循休哈特控制图理论中控制图异常的两大判定原理：点出界判异和点在界内排列不随机判异。但给出了生产过程中更常见的不同典型模式，以便帮助使用者更容易地对控制图进行分析。

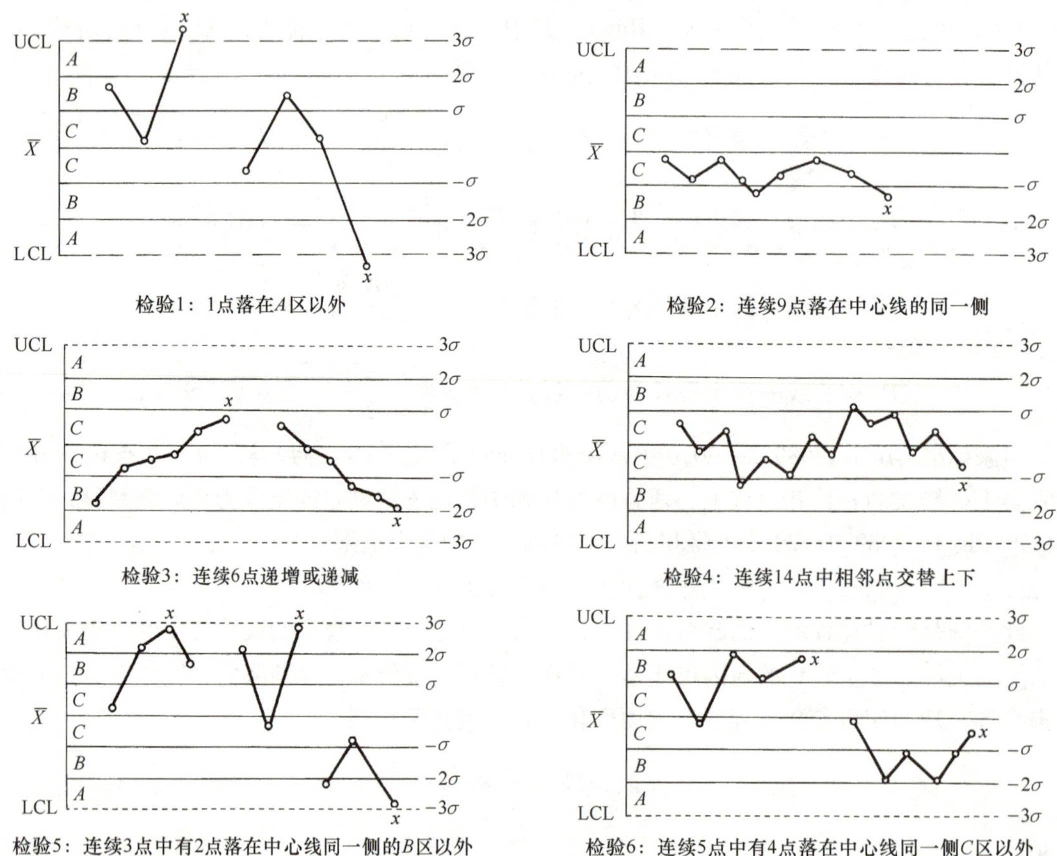

图 5-10 西方电气规则波动可查明原因的 8 种检验模式

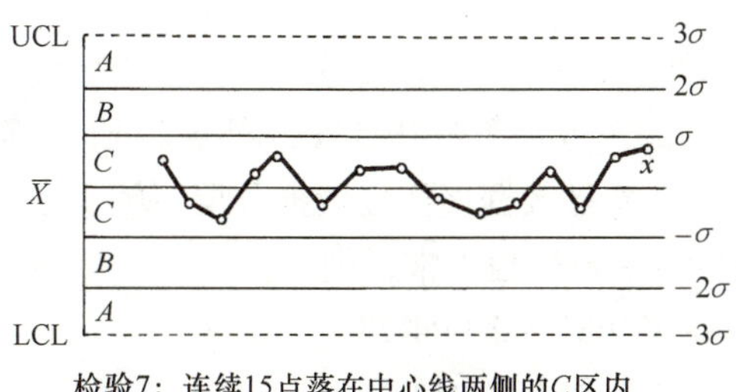

检验7：连续15点落在中心线两侧的C区内

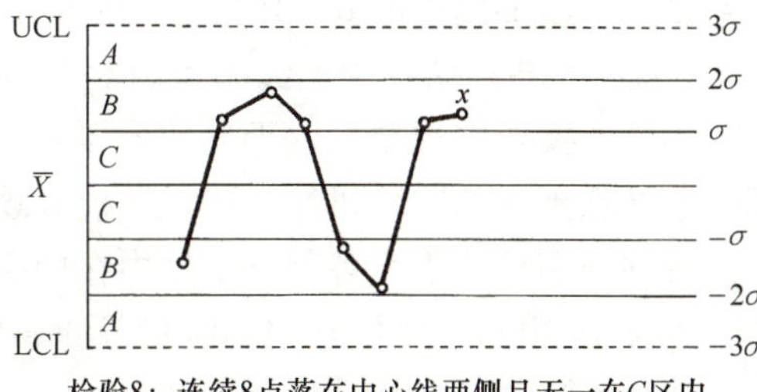

检验8：连续8点落在中心线两侧且无一在C区内

图 5-10　西方电气规则波动可查明原因的 8 种检验模式（续）

1. 1 点落在 *A* 区以外（见图 5-10 检验 1）

该检验模式与常用判定检验准则 1 完全相同，图 5-10 检验 1 中给出了生产过程中出现的不同情况。

2. 连续 9 点落在中心线的同一侧（见图 5-10 检验 2）

该检验模式和常用检验准则 2 原理相同，但两个准则犯第Ⅰ类错误的概率不同，在之前进行了详细计算分析。

3. 连续 6 点递增或递减（见图 5-10 检验 3）

该模式的理论基础与常用判定检验准则 3 相同，选择不同趋势链长度主要基于犯第Ⅰ类错误概率大小的考虑。

4. 连续 14 点中相邻点交替上下（见图 5-10 检验 4）

该检验模式表现的是过程中出现了非随机变化趋势，可能是由于轮流使用两台设备或由两位操作人员轮流进行操作而引起的系统效应，如在采用多头秤加快包装速度的场合包装重量会有类似的情况，往往是数据分层不够造成的。选择 14 点是通过统计模拟试验而得出的，以使其 α 大体与准则 1 的 $\alpha_0=0.0027$ 相当。

5. 连续 3 点中有 2 点落在中心线同一侧的 *B* 区以外（见图 5-10 检验 5）

过程平均值的变化通常可由本模式判定，它对于变异的增加也较灵敏。这里需要说明，3 点中的 2 点可以是任何 2 点，这第 3 点可以在任何位置，若过程正常，则点子落在中心线一侧的 2σ 界限与 3σ 界限之间的概率为

$$\Phi(3)-\Phi(2)=0.998\,650-0.977\,250=0.021\,4$$

3 点中 2 个点子在中心线同一侧的 A 区，另一个点子在控制界限内的任何位置。这表明参数 μ 产生了变化，发生这种情况的概率为

$$2\times C_3^2\times0.021\,4^2\times(0.997\,3-0.021\,4)=0.002\,68$$

这与 $\alpha_0=0.0027$ 接近。

6. 连续 5 点中有 4 点落在中心线同一侧的 *C* 区以外（见图 5-10 检验 6）

与检验 5 类似，第 5 点可在任何位置。本模式对于过程平均值的偏移也是较灵敏的，出现本模式的现象是由于参数 μ 发生了变化。

现在计算本模式的 α。若过程正常，则在控制图中点子落在 1σ 与 3σ 之间的概率为

$$\Phi(3)-\Phi(1)=0.998\,650-0.841\,345=0.157\,305$$

$$P(5\text{ 点中有 4 点在 }A+B\text{ 区})=2\times C_5^1\times0.157\,305^4\times(0.5-0.001\,35-0.157\,305)$$
$$=0.002\,081\,817\approx0.002\,1$$

这与常用检验准则 1 的 $\alpha_0=0.0027$ 接近。

7. 连续 15 点落在中心线两侧的 *C* 区内（见图 5-10 检验 7）

出现本模式的现象是由于参数 σ 变小。对于本模式，也不要被其良好“外貌”所迷惑，而应该注意到它的非随机性。造成本模式现象的原因可能是数据虚假或数据分层不够等。

现在分别计算下列各种点子集中在中心线附近的 α。若过程正常，则

连续 14 个点子集中在中心线附近的 α 为 $\alpha_{14}=0.68268^{14}=0.00478$

连续 15 个点子集中在中心线附近的 α 为 $\alpha_{15}=0.68268^{15}=0.00326$

连续 16 个点子集中在中心线附近的 α 为 $\alpha_{16}=0.68268^{16}=0.00223$

其中，$\alpha_{15}=0.00326$，比较接近常用检验准则 1 的 $\alpha_0=0.0027$，故有模式 7。在这里，从表面上看，似乎 $\alpha_{16}=0.00223$ 与 $\alpha_0=0.0027$ 更接近一些，但是连续 16 点比连续 15 点多了一个点子，应用起来不如 15 点方便，故仍选取连续 15 点集中在中心线附近判异的准则。

8. 连续 8 点落在中心线两侧且无一在 *C* 区内（见图 5-10 检验 8）

造成本模式现象的主要原因是数据分层不够，本模式即是为此设计的。现在计算本模式的 α。若过程正常，则点子落在 1σ 界限与 3σ 界限之间的概率为

$$\Phi(3)-\Phi(1)=0.998650-0.841345=0.157305$$

于是本模式的 α 为

$$\begin{aligned}\alpha_8 &= 2\times[C_8^1+C_8^2+C_8^3+C_8^4+C_8^5+C_8^6+C_8^7+C_8^8]\times0.157305^8\\ &= 2\times255\times0.157305^8\approx0.0002\end{aligned}$$

这里，包括 1 点，2 点，…，8 点在上 $A+B$ 区的各种情形的概率之和。

类似地，可以求出

$$\alpha_7=2\times127\times0.15731^7\approx0.0006$$

$$\alpha_6=2\times63\times0.15731^6\approx0.0019$$

$$\alpha_5=2\times31\times0.15731^5\approx0.006$$

根据上述计算，显然 $\alpha_8=0.0002$ 较 $\alpha_0=0.0027$ 过小，而 $\alpha_6=0.0019$ 与 α_0 比较相当，故有人建议将模式 8 改成：“连续 6 点在中心线两侧，但无一在 *C* 区中。”

西方电气判异准则（即检验模式）小结如表 5-8 所示。

表 5-8 西方电气检验模式小结

检验模式	针对对象	控制图上的控制范围
1. 点出界	界外点	控制界限以外
2. 链长连续 9 点	参数 μ 的变化	控制界限内全部
3. 趋势连续 6 点	参数 μ 随时间的变化	控制界限内全部
4. 连续 14 点中相邻点交替上下	数据分层不够	数据分层不够
5. 连续 3 点中有 2 点落在中心线同一侧 *B* 区外	参数 μ 的变化	控制图 *A* 区
6. 连续 5 点中有 4 点落在中心线同一侧 *C* 区外	参数 μ 的变化	控制图 *B* 区
7. 连续 15 点落在中心线两侧的 *C* 区内	参数 σ 变小或数据分层不够	控制图 *C* 区或数据分层不够
8. 连续 8 点落在中心线两侧且无一在 *C* 区内	数据分层不够	数据分层不够

从表 5-8 可见，检验模式 1、2、3、5、6、7 的控制范围已经覆盖了整个控制图，检验

模式 4、8 用以判断数据分层问题。其实，数据分层问题绝不止表 5-8 中所提到的这两种，故可断言表 5-8 中的 8 种检验模式不可能用以判断常规控制图所有可能发生的异常情形；当然，出现判别不了的情形的可能性是相当小的。

当控制图出现上述几种模式时可说明过程处于失控状态，需要对过程波动的可查明因素进行诊断和纠正。综合使用多个检验模式确实可以提高控制图检测过程均值小偏移的能力，但却以更高的虚发警报概率为代价。如相对于只应用检验模式 1 的虚发警报概率为 0. 002 7，其他检验模式的同时应用会大幅度提升虚发警报的概率，因此要根据过程的波动特点及可能出现的异常模式，合理选择控制图的检验模式。

第二节 过程能力分析

一、过程能力

（一）过程能力的概念

过程能力（Process Capability）是指处于稳定状态下的过程的实际加工能力。处于稳定生产状态下的过程应具备以下条件：①原材料或上一过程的半成品按照标准要求供应；②本过程按作业标准实施，并应在影响过程质量的各主要因素无异常的条件下进行；③过程完成后，产品检测按标准要求进行。

过程能力的测定一般是在连续成批生产状态下进行的。过程满足产品质量要求的能力主要表现在以下两个方面：①产品质量是否稳定；②产品质量精度是否足够。当确保过程稳定的条件下，可以用过程产品质量特性值的变异或波动来表示过程能力。在只有偶然因素影响的稳定生产状态下，质量数据近似地服从正态分布。为了便于过程能力的量化，可以用 3σ 原理来确定其分布范围：当分布范围取为 $\mu\pm3\sigma$ 时，产品质量合格的概率可达 99. 73%，接近 1。因此以 $\pm3\sigma$ 即 6σ 为标准来衡量过程的能力，是具有足够的精度和良好的经济特性的。所以，在实际计算中就用 6σ 的波动范围来定量描述过程能力。记过程能力为 B，则过程能力 $B=6\sigma$。

（二）影响过程能力的因素

加工过程中影响过程能力的因素主要有以下几个方面：

（1）设备方面。如设备精度的稳定性、性能的可靠性、定位装置和传动装置的准确性、设备冷却润滑的保持情况、动力供应的稳定程度等。

（2）工艺方面。如工艺流程的安排，过程之间的衔接，工艺方法、工艺装备、工艺参数、测量方法的选择，过程加工的指导文件，工艺卡、操作规范、作业指导书、过程质量分析表等。

（3）材料方面。如材料的成分、物理性能、化学性能、处理方法、配套元器件的质量等。

（4）操作者方面。如操作人员的技术水平、熟练程度、质量意识、责任心等。

（5）环境方面。如生产现场的温度、湿度、噪声、振动、照明、室内净化、现场污染程度等。

过程能力是上述几个方面因素的综合反映。在实际生产中，这几个方面的因素对不同行业、不同企业、不同过程及质量的影响程度有着明显的不同，起主要作用的因素称为主导性因素。例如，对化工企业来说，一般设备、装置、工艺是主导性因素；铸造过程的主导性因素一般是工艺过程和操作人员的技术水平，手工操作较多的冷加工、热处理及装配调试中的操作人员更为重要。这些因素对产品质量都起着主导作用，因而是主导性因素。在生产过程中，随着企业的技术改造和管理的改善，以及产品质量要求的变化，主导性因素也会随着变化。例如，当设备问题解决了，可能工艺管理或其他方面的问题又成为主导性因素；当工艺问题解决了，可能操作人员的水平、环境条件又上升为主导性因素。进行过程能力分析，就是要抓住影响过程能力的主导性因素，采取措施，提高过程质量，保证产品质量达到要求。

（三）过程能力分析的意义

首先，过程能力的测定和分析是保证产品质量的基础性工作。因为只有掌握了过程能力，才能控制制造过程的符合性质量。如果过程能力不能满足产品设计的要求，那么质量控制就无从谈起。所以，过程能力调查和测试分析是现场质量管理的基础性工作，是保证产品质量的基础。

其次，过程能力的测试分析是提高过程能力的有效手段。因为过程能力是由各种因素造成的，所以通过过程能力的测试分析，可以找到影响过程能力的主导性因素，从而通过改进工艺，改进设备，提高操作水平，改善环境条件，制定有效的工艺方法和操作规程，严格工艺纪律等方式来提高过程能力。

最后，过程能力的测试分析为质量改进指明了方向。因为过程能力是过程加工的实际质量状态，是产品质量保证的客观依据。过程能力的测试分析为设计人员和工艺人员提供了关键的过程能力数据，可以为产品设计提供参考；同时，通过过程能力分析，可以找出影响过程能力的主要问题，为提高加工能力和改进产品质量找到努力的方向。

二、过程能力指数

（一）过程能力指数的概念

过程能力指数是表示过程能力满足产品技术标准的程度。技术标准是指加工过程中产品必须达到的质量要求，通常用标准、公差（容差）、允许范围等来衡量，一般用符号 T 表示。质量标准（T）与过程能力（B）的比值，称为过程能力指数，记为 C_p。

作为技术要求满足程度的指标，过程能力指数越大，说明过程能力越能满足技术要求，甚至有一定的能力储备。但是不能认为过程能力指数越大，加工精度就越高，或者说技术要求越低。

（二）过程能力指数的计算

过程能力指数的计算是在过程稳定的前提下，用过程能力与技术要求相比较，分析过程能力满足技术要求的程度。通常可以用直方图和控制图判断过程的稳定性，并利用直方图和控制图的参数计算过程能力。

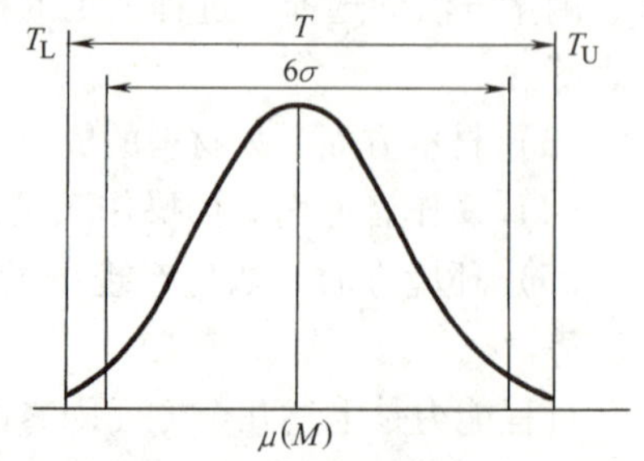

图 5-11　双侧公差且分布中心和标准中心重合

1. 计量值的过程能力指数的计算

（1）双侧公差且分布中心和标准中心重合的情况（见图 5-11）。此时 C_p 值的计算公式为

$$C_p = \frac{T}{6\sigma} = \frac{T_U - T_L}{6\sigma}$$

式中　T_U——质量标准上限；

T_L——质量标准下限。

由于总体标准差 σ 是未知的，因此往往用 σ 的估计值 $\hat{\sigma}$。则过程能力指数的计算公式为

$$C_p = \frac{T_U - T_L}{6\hat{\sigma}}$$

σ 的估计方法有以下两种：

1）绘制直方图，对过程的稳定性进行判断。当过程稳定时，利用所有样本数据的标准偏差 s 估计总体标准差 σ，其中 s 的计算公式为

$$s = \sqrt{\frac{\sum_{i=1}^{n}(X_i - \overline{X})^2}{n-1}}$$

此时，过程能力指数的计算公式为

$$C_p = \frac{T_U - T_L}{6s}$$

2）绘制控制图。当过程处于统计控制状态时，计算过程能力指数。用子组极差与标准差的均值 $\overline{R}$、$\overline{s}$ 和控制图系数估计总体标准差，估计值分别为 $\overline{R}/d_2$ 和 $\overline{s}/c_4$。此时，过程能力指数的计算公式分别为

$$C_p = \frac{T_U - T_L}{6\overline{R}/d_2}$$

$$C_p = \frac{T_U - T_L}{6\overline{s}/c_4}$$

【例 5-4】 某零件的屈服强度界限设计要求为 480～520MPa，从 100 个样品中测得样本标准偏差（s）为 6.2MPa，求过程能力指数。

解 当过程处于稳定状态，而样本大小也足够大时，可以用 s 估计 σ 的过程能力指数

$$C_p = \frac{520\text{MPa} - 480\text{MPa}}{6 \times 6.2\text{MPa}} = 1.075$$

（2）双侧公差且分布中心和标准中心不重合的情况（见图 5-12）。当质量特性分布中心 μ 和标准中心 M 不重合时，虽然分布标准差 σ 未变，但却出现了过程能力不足的现象。

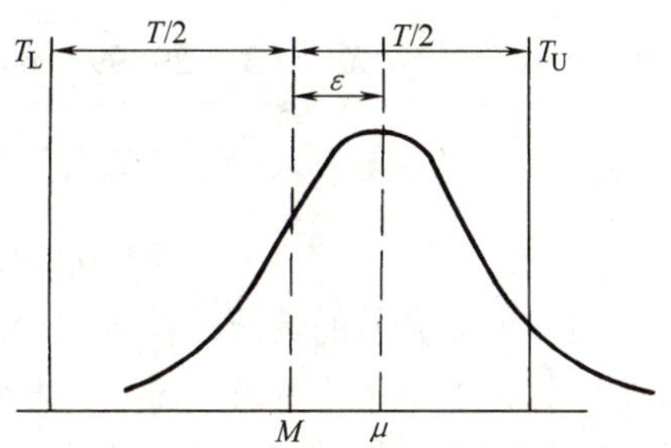

图 5-12　双侧公差且分布中心和标准中心不重合

令 $\varepsilon = |M-\mu|$，这里 ε 为分布中心对标准中心 M 的绝对偏移量。把 ε 对 $T/2$ 的比值称为相对偏移量或偏移系数，记作 K。则

$$K = \frac{\varepsilon}{T/2} = \frac{|M-\mu|}{T/2}$$

其中

$$M = \frac{T_U + T_L}{2}, \quad T = T_U - T_L$$

由上述公式可知：①当 μ 恰好位于标准中心时，$|M-\mu| = 0$，则 $K=0$，这就是分布中心与

标准中心重合的理想状态；②当μ恰好位于标准上限或下限时，即$\mu=T_U$或$\mu=T_L$，则$K=1$；③当μ位于标准界限之外时，即$\varepsilon>T/2$，则$K>1$。所以K值越小越好，$K=0$是理想状态。

从图5-12可以看出，因为分布中心μ和标准中心M不重合，所以实际有效的标准范围就不能完全利用。若偏移量为ε，则分布中心右侧的过程能力指数为

$$C_{p上}=\frac{T/2-\varepsilon}{3\sigma}$$

分布中心左侧的过程能力指数为

$$C_{p下}=\frac{T/2+\varepsilon}{3\sigma}$$

左侧过程能力的增加值补偿不了右侧过程能力的损失，所以在有偏移值时，只能以两者中较小值来计算过程能力指数，这个过程能力指数称为修正过程能力指数，记作C_{pk}。其计算公式为

$$C_{pk}=\frac{T/2-\varepsilon}{3\sigma}=\frac{T}{6\sigma}\left(1-\frac{2\varepsilon}{T}\right)$$

由于
$$K=\frac{2\varepsilon}{T},\quad C_p=\frac{T}{6\sigma}$$

所以
$$C_{pk}=C_p\ (1-K)$$

当$K=0$，$C_{pk}=C_p$，即偏移量为0时，修正过程能力指数就是一般的过程能力指数；当$K\geqslant1$时，$C_{pk}=0$，这时C_p实际上也为0。

【例5-5】 设零件的尺寸要求（技术标准）为ϕ30mm±0.023mm，随机抽样后计算样本特性值$\overline{X}=29.997$mm，$C_p=1.095$，求C_{pk}。

解 已知$C_p=1.095$，$M=\frac{(30.023+29.977)\text{mm}}{2}=30\text{mm}$，$T=(30.023-29.977)\text{mm}=0.046\text{mm}$，$\varepsilon=|M-\overline{X}|=(30-29.997)\text{mm}=0.003\text{mm}$，所以

$$C_{pk}=C_p\ (1-K)\ =1.095\times\left(1-\frac{0.003\text{mm}}{0.046\text{mm}/2}\right)$$
$$=1.095\times\ (1-0.13)\ =0.952$$

（3）单侧公差的情况。技术要求以不大于或不小于某一标准值的形式表示，这种质量标准就是单侧公差。例如，强度、寿命等就只规定下限的质量特性界限；又如机械加工中的形状位置公差、表面粗糙度、材料中的有害杂质含量等，只规定上限标准，而对下限标准不做规定。

在只给定单侧标准的情况下，特性值的分布中心与标准的距离决定了过程能力的大小。为了经济地利用过程能力，并把不合格品率控制在0.3%左右，按3σ分布原理，在单侧标准的情况下，就可用3σ作为计算C_p值的基础。

1）只规定上限时，如图5-13所示，过程能力指数为

$$C_{p上}=\frac{T_U-\mu}{3\sigma}\approx\frac{T_U-\overline{X}}{3s}$$

注意：当$\mu\geqslant T_U$时，则认为$C_p=0$，这时可能出现的不合格品率高达50%~100%。

2）只规定下限时，如图 5-14 所示，过程能力指数为

$$C_{p下}=\frac{\mu-T_L}{3\sigma}\approx\frac{\overline{X}-T_L}{3s}$$

注意：当 $\mu\leqslant T_L$ 时，则认为 $C_p=0$，这时可能出现的不合格品率同样为 50%~100%。

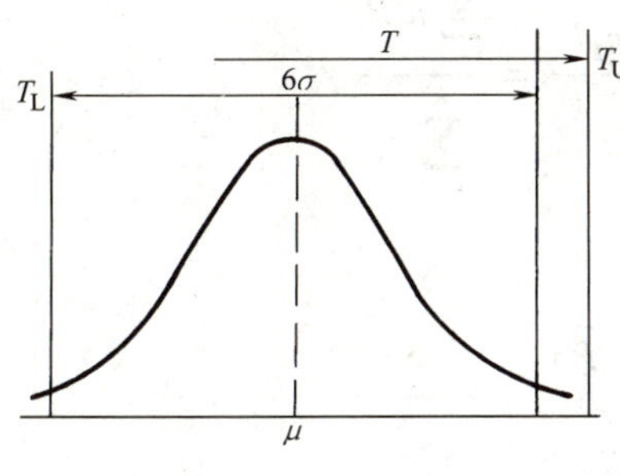

图 5-13　只规定上限时

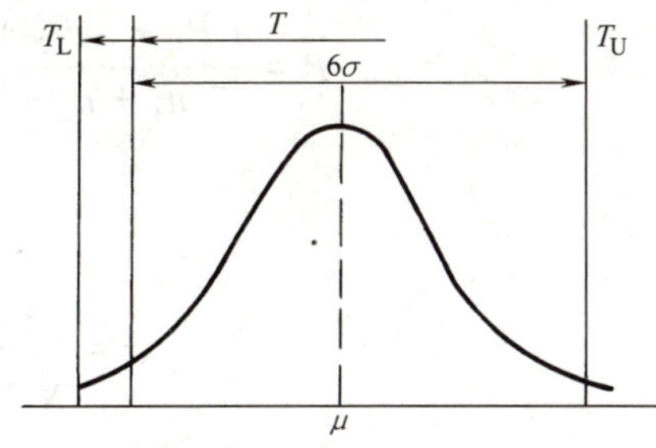

图 5-14　只规定下限时

【例 5-6】　某一产品所含某一杂质要求最高不能超过 12.2mg，样本标准偏差 s 为 0.038mg，$\overline{X}$ 为 12.1mg，求过程能力指数。

解

$$C_p=\frac{T_U-\overline{X}}{3s}=\frac{12.2\text{mg}-12.1\text{mg}}{3\times0.038\text{mg}}=0.877$$

2. 计件值工序能力指数的计算

在计件值情况下相当于单公差的情况，其 C_p 计算公式为

$$C_p=\frac{\mu-T_U}{3\sigma}$$

当以不合格品数 nP 作为检验产品质量指标，并以 $(nP)_\mu$ 作为标准要求时，取样本 k 个，每个样本大小为 n，其中不合格品数分别为 $(nP)_1$，$(nP)_2$，…，$(nP)_k$，则样本不合格品数的平均值为 $n\overline{P}$。其中

$$\overline{P}=\frac{(nP)_1+(nP)_2+\cdots+(nP)_k}{kn}=\frac{\sum_{i=1}^{k}(nP)_i}{kn}$$

由二项分布可得

$$\mu=n\overline{P}$$

$$\sigma=\sqrt{n\overline{P}(1-\overline{P})}$$

$$C_p=\frac{(nP)_\mu-n\overline{P}}{3\sqrt{n\overline{P}(1-\overline{P})}}$$

当以不合格品率 P 作为检验产品质量的指标，并以 P_μ 作为标准要求时，C_p 值可计算如下：

如果要求批不合格品率为 P_μ，取样本 k 个，每个样本大小分别为 n_1，n_2，…，n_k，其样

本平均值 $\bar{n}$ 与不合格品率平均值 $\bar{P}$ 分别为

$$\bar{n}=\frac{1}{k}(n_1+n_2+\cdots+n_k)=\frac{\sum_{i=1}^{k}n_i}{k}$$

$$\bar{P}=\frac{n_1P_1+n_2P_2+\cdots+n_kP_k}{n_1+n_2+\cdots+n_k}=\frac{\sum_{i=1}^{k}n_iP_i}{\sum_{i=1}^{k}n_i}$$

这时有

$$\mu=\bar{P}$$

则

$$\sigma=\sqrt{\frac{1}{\bar{n}}\bar{P}(1-\bar{P})}$$

$$C_{\mathrm{p}}=\frac{P_{\mu}-\bar{P}}{3\sqrt{\frac{1}{\bar{n}}\bar{P}(1-\bar{P})}}$$

注意：样本大小 n 最好为定值，以减小误差。

【例 5-7】 抽取大小 $n=100$ 的样本 20 个，其中不合格数分别为 1，3，5，2，4，0，3，8，5，4，6，4，5，4，3，4，5，7，0，5，当允许样本不合格品数 $(nP)_{\mu}$ 为 10 时，求过程能力指数。

解

$$\bar{P}=\frac{\sum_{i=1}^{k}n_iP_i}{kn}$$

$$=\frac{1+3+5+2+4+0+3+8+5+4+6+4+5+4+3+4+5+7+0+5}{20\times100}$$

$$=0.039$$

$$n\bar{P}=100\times0.039=3.9$$

$$C_{\mathrm{p}}=\frac{(nP)_{\mu}-n\bar{P}}{3\sqrt{n\bar{P}(1-\bar{P})}}=\frac{10-3.9}{3\sqrt{3.9\times(1-0.039)}}=1.050\,3$$

3. 计点值工序能力指数的计算

在计点值情况下仍相当于单侧的情况，其 C_{p} 值可用公式 $C_{\mathrm{p}}=(T_{\mathrm{U}}-\mu)/(3\sigma)$ 求得。

当以不合格数 c 作为检验产品质量的指标，并以 c_{μ} 作为标准要求时，C_{p} 值可以计算如下：

取样本 k 个，每个样本大小为 n，其中不合格数分别为 c_1，c_2，…，c_k，则样本不合格数的平均值为

$$\bar{c}=\frac{1}{k}(c_1+c_2+\cdots+c_k)=\frac{\sum_{i=1}^{k}c_i}{k}$$

由泊松分布可得

$$\mu = \bar{c}$$

$$\sigma = \sqrt{\bar{c}}$$

则

$$C_p = \frac{c_\mu - \bar{c}}{3\sqrt{\bar{c}}}$$

【例 5-8】 抽取大小 $n=50$ 的样本 20 个，其中不合格数分别为 1，2，0，3，2，4，1，0，3，1，2，2，1，6，3，3，5，1，3，2，当允许样本不合格数 c_μ 为 6 时，求过程能力指数。

解

$$\bar{c} = \frac{\sum_{i=1}^{k} c_i}{k}$$

$$= \frac{1+2+0+3+2+4+1+0+3+1+2+2+1+6+3+3+5+1+3+2}{20}$$

$$= 2.25$$

$$C_p = \frac{c_\mu - \bar{c}}{3\sqrt{\bar{c}}} = \frac{6-2.25}{3\sqrt{2.25}} = 0.833$$

三、过程不合格品率的计算

当质量特性的分布呈正态分布时，一定的过程能力指数与一定的不合格品率相对应。例如，当 $C_p=1$，即 $T=6\sigma$ 时，质量特性标准的上下限与 $\pm3\sigma$ 重合。由正态分布的概率函数可知，此时的不合格品率为 0.27%，如图 5-15 所示。

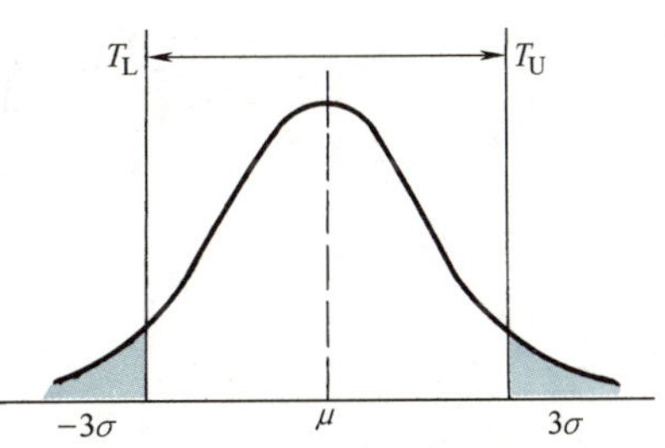

图 5-15　质量特性标准的上下限与±3σ 重合

（一）分布中心和标准中心重合的情况

首先计算合格品率，由概率分布函数的计算公式可知，在 T_L 和 T_U 之间的分布函数值就是合格品率，即

$$P(T_L \leqslant X \leqslant T_U) = \int_{\frac{T_L-\mu}{\sigma}}^{\frac{T_U-\mu}{\sigma}} \frac{1}{\sqrt{2\pi}} e^{-\frac{t^2}{2}} dt$$

$$= \Phi\left(\frac{T_U-\mu}{\sigma}\right) - \Phi\left(-\frac{T_L-\mu}{\sigma}\right)$$

$$= \Phi\left(\frac{T}{2\sigma}\right) - \Phi\left(-\frac{T}{2\sigma}\right)$$

$$= \Phi(3C_p) - \Phi(-3C_p)$$

$$= 1 - 2\Phi(-3C_p)$$

所以不合格品率为

$$P = 1 - P(T_L \leqslant X \leqslant T_U) = 2\Phi(-3C_p)$$

由以上公式可以看出，只要知道 C_p 值就可求出该过程的不合格品率。

【例 5-9】 当 $C_p=1$ 时，求相应的不合格品率 P。

解
$$P=2\Phi(-3\times1)=2\Phi(-3)$$
$$=2\times0.00135=0.0027 \quad (\text{查正态分布表})$$
$$P=0.27\%$$

【例 5-10】 当 $C_p=0.9$ 时，求相应的不合格品率 P。

解
$$P=2\Phi(-3\times0.9)=2\Phi(-2.7)$$
$$=2\times0.003467=0.006934 \quad (\text{查正态分布表})$$
$$P=0.6934\%$$

由不合格品率的计算公式及以上两例可知，当 C_p 值增大时，不合格品率减小；反之，当 C_p 值减小时，不合格品率增大。

（二）分布中心和标准中心不重合的情况（见图 5-16）

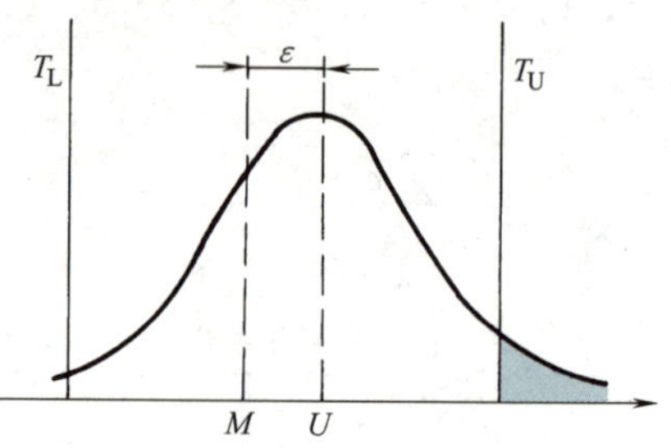

图 5-16 分布中心和标准中心不重合

首先计算合格品率：

$$P(T_L \leqslant X \leqslant T_U)=\int_{\frac{T_L-\mu}{\sigma}}^{\frac{T_U-\mu}{\sigma}} \frac{1}{\sqrt{2\pi}} e^{-\frac{t^2}{2}} dt$$
$$=\Phi\left(\frac{T_U-\mu}{\sigma}\right)-\Phi\left(-\frac{T_L-\mu}{\sigma}\right)$$
$$=\Phi\left(\frac{T_U-M}{\sigma}-\frac{\mu-M}{\sigma}\right)-\Phi\left(-\frac{T_L-M}{\sigma}-\frac{\mu-M}{\sigma}\right)$$
$$=\Phi\left(\frac{T}{2\sigma}-\frac{\varepsilon}{\sigma}\right)-\Phi\left(-\frac{T}{2\sigma}-\frac{\varepsilon}{\sigma}\right)$$
$$=\Phi\left(3C_p-\frac{\varepsilon}{\sigma}\right)-\Phi\left(-3C_p-\frac{\varepsilon}{\sigma}\right)$$
$$=\Phi(3C_p-3KC_p)-\Phi(-3C_p-3KC_p)$$
$$=\Phi[3C_p(1-K)]-\Phi[-3C_p(1+K)]$$

由于
$$K=\frac{2\varepsilon}{T}=\frac{2\varepsilon}{6\sigma C_p}=\frac{\varepsilon}{3\sigma C_p}$$

因此
$$\frac{\varepsilon}{\sigma}=3KC_p$$

结果
$$P(T_L \leqslant X \leqslant T_U)=\Phi(3C_{pk})-\Phi[-3C_p(1+K)]$$

【例 5-11】 已知某零件尺寸要求为 50mm±1.5mm，抽取样本的特性值 $\overline{X}=50.6\text{mm}$，$s=0.5\text{mm}$，求零件的不合格品率 P。

解
$$C_p=\frac{T}{6s}=\frac{51.5\text{mm}-48.5\text{mm}}{6\times0.5\text{mm}}=1.0$$
$$K=\frac{\varepsilon}{T/2}=\frac{|M-\overline{X}|}{T/2}=\frac{0.6\text{mm}}{1.5\text{mm}}=0.40$$

$$
\begin{aligned}
P &= 1 - \Phi[3 \times 1 \times (1 - 0.4)] + \Phi[-3 \times 1 \times (1 + 0.4)] \\
&= 1 - \Phi(3 \times 0.6) + \Phi(-3 \times 1.4) \\
&= 1 - \Phi(1.8) + \Phi(-4.2) \\
&= 1 - 0.964\,1 + 0.000\,013\,35 = 0.035\,913\,35 \approx 3.59\%
\end{aligned}
$$

【例 5-12】 已知某零件尺寸要求为 $\phi 8^{-0.10}_{-0.05}$mm，随机抽样后计算出的样本特性值 $\overline{X}$=7.945mm，s=0.005 19mm，过程能力指数 C_p=1.6，K=0.8，C_{pk}=0.32，求不合格品率 P。

解
$$
\begin{aligned}
P &= 1-\Phi(3\times0.32)+\Phi[-3\times1.6\times(1+0.8)] \\
&= 1-\Phi(0.96)+\Phi(-8.64)= 16.85\%
\end{aligned}
$$

（三）查表法

以上介绍了根据过程能力指数 C_p 和相对偏移量（系数）K 来计算不合格品率的方法。为了应用方便，可根据 C_p 和 K 求总体不合格品率的数值表求不合格品率 P（C_p-K-p 数值表法）。

【例 5-13】 已知某一零件尺寸要求为 50mm±1.5mm。抽取样本求得 $\overline{X}$=50.6mm，s=0.5mm，求零件不合格品率。

解 查表 5-9，从表中 C_p=1.00，K=0.40 相交处查出对应的 P 值为 3.59%，这与前面计算出来的数值是完全相同的。故在实际工作中，使用查表法是比较快捷的。

表 5-9 根据过程能力指数 C_p 和相对偏移量 K 求总体不合格品率 P 的数值表（%）

C_p	K													
	0.00	0.04	0.08	0.12	0.16	0.20	0.24	0.28	0.32	0.36	0.40	0.44	0.48	0.52
0.50	13.36	13.43	13.64	13.99	14.48	15.10	15.86	16.75	17.77	13.92	20.19	21.58	23.09	24.71
0.60	7.19	7.26	7.48	7.85	8.37	9.03	9.85	10.81	11.92	13.18	14.59	16.51	17.85	19.9
0.70	3.57	3.64	3.83	4.16	4.63	5.24	5.99	6.89	7.94	9.16	10.55	12.10	13.84	15.74
0.80	1.64	1.66	1.89	5.09	2.46	2.94	3.55	4.31	5.21	6.28	4.53	8.88	10.62	12.48
0.90	0.69	0.73	0.83	1.00	1.25	1.60	2.05	2.62	3.34	4.21	5.27	6.53	8.02	9.76
1.00	0.27	0.29	0.35	0.45	0.61	0.84	1.14	1.55	2.07	2.75	3.59	4.65	5.94	7.49
1.10	0.10	0.11	0.14	0.20	0.29	0.42	0.61	0.88	1.24	1.74	2.39	3.23	4.31	9.66
1.20	0.03	0.04	0.05	0.08	0.13	0.20	0.31	0.48	0.72	1.06	1.54	2.19	3.06	4.20
1.30	0.01	0.01	0.02	0.03	0.05	0.09	0.15	0.25	0.42	0.63	0.96	1.45	2.13	3.06
1.40	0.00	0.00	0.01	0.01	0.02	0.04	0.07	0.18	0.22	0.36	0.59	0.98	1.45	2.19
1.50			0.00	0.00	0.01	0.02	0.03	0.06	0.11	0.20	0.35	0.59	0.96	1.54
1.60					0.00	0.01	0.01	0.03	0.06	0.11	0.20	0.36	0.63	1.07
1.70						0.00	0.01	0.01	0.03	0.06	0.11	0.22	0.40	0.72
1.80							0.00	0.01	0.01	0.03	0.06	0.13	0.25	0.48
1.90								0.00	0.01	0.01	0.03	0.07	0.15	0.31
2.00									0.00	0.01	0.02	0.04	0.09	0.20

（续）

C_p	K													
	0.00	0.04	0.08	0.12	0.16	0.20	0.24	0.28	0.32	0.36	0.40	0.44	0.48	0.52
2.10										0.00	0.01	0.02	0.05	0.13
2.20											0.00	0.01	0.03	0.08
2.30												0.01	0.02	0.05
2.40												0.00	0.01	0.03
2.50													0.01	0.02
2.60													0.00	0.01
2.70														0.01
2.80														0.00

四、过程能力分析

（一）过程能力评价及改进过程

生产过程中控制图的应用及过程能力的评价和改进是一个循环往复的过程，这个过程从分析用控制图开始，包括对过程的认知及分析、控制图的选择和数据收集，控制图的分析及评价，在控制图处于统计过程控制状态下对过程能力指数的评定、过程的改进及过程能力指数的提升，控制用控制图的应用及管理。整个过程在国家标准 GB/T 17989.2—2020 过程改进的策略中给出了明确的流程，如图 5-17 所示。

（二）过程能力的判定

在过程改进策略中，当控制图处于统计过程控制状态下，计算出过程能力指数后，就可以对过程能力是否充分做出分析和判定，即判断 C_p 值为多少时，才能满足设计要求。

（1）根据过程能力的计算公式，如果质量特性分布中心与标准中心重合，$K=0$，则标准界限范围是 $\pm3\sigma$（即 6σ），这时的过程能力指数 $C_p=1$，可能出现的不合格品率为 0.27%。这时的过程能力基本满足设计质量要求，但有产生超差的危险，应采取措施，加强对过程的控制。

（2）如果标准界限范围是 $\pm4\sigma$（即 8σ），$K=0$，则过程能力指数 $C_p=1.33$。这时的过程能力不仅能满足设计质量要求，而且有一定的富裕，这种过程能力状态是理想的状态。这时需要控制过程的稳定性，以保持过程能力不发生显著变化。

（3）如果标准界限范围是 $\pm5\sigma$（即 10σ），$K=0$，则过程能力指数 $C_p=1.67$。这时过程能力有更多的富裕，也就是说，过程能力非常充分。如果认为过程能力过大，应对标准要求和工艺条件加以分析，一方面可以降低要求，以避免设备精度的浪费；另一方面也可以考虑修订标准，提高产品质量水平。

（4）当过程能力指数 $C_p<1$ 时，则认为过程能力不足。这时应采取措施提高过程能力，如改变工艺条件、修订标准、严格进行全数检查等。

根据以上分析，将过程能力指数 C_p（或 C_{pk}）值的判断标准列于表 5-10。

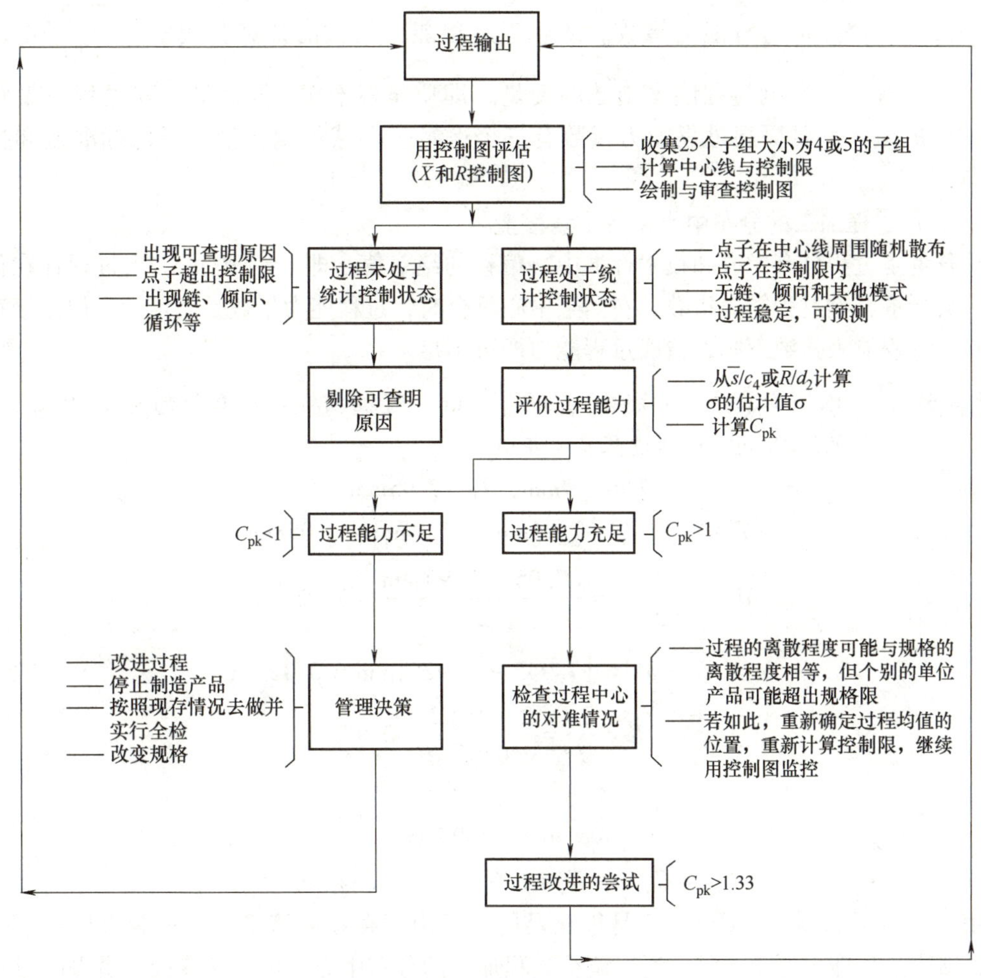

图 5-17　过程改进的策略

表 5-10　过程能力的判断标准

$C_p \geqslant 1.67$	Ⅰ	过程能力过强（应视具体情况而定）
$1.33 \leqslant C_p < 1.67$	Ⅱ	过程能力充分，表示技术管理能力已很好，应继续维持
$1.0 \leqslant C_p < 1.33$	Ⅲ	过程能力较弱，表示技术管理能力较勉强，应设法提高为Ⅱ级
$0.67 \leqslant C_p < 1.0$	Ⅳ	过程能力不足，表示技术管理能力已很差，应采取措施立即改善
$C_p < 0.67$	Ⅴ	过程能力严重不足，表示应采取紧急措施和全数检查，必要时可停工整顿

但一定要注意，过程能力指数的要求在不同行业甚至是不同企业是有差别的，随着技术的进步和设备自动化程度的提升，过程能力指数的要求也会不断提升，所以在过程能力指数评价过程中还要结合行业的技术发展、企业的竞争地位、生产过程的技术特点综合考虑。

（三）提高过程能力指数的途径

在实际的过程能力调查中，过程能力分布中心与标准中心完全重合的情况是很少的，大多数情况下都存在一定量的偏差，所以进行过程能力分析时，计算的过程能力指数一般都是修正的过程能力指数。从修正过程能力指数的计算公式 $C_{pk}=\dfrac{T-2\varepsilon}{6\sigma}$ 中可以看出，式中有三个影响过程能力指数的变量，即质量标准 T、偏移量 ε 和过程质量特性分布的标准差 σ。要提高过程能力指数有三个途径，即减小偏移量、降低标准差和扩大精度范围。

1. 调整过程加工的分布中心，减少偏移量

偏移量是过程分布中心和技术标准中心偏移的绝对值，即 $\varepsilon=|M-\mu|$。当过程存在偏移量时，会严重影响过程能力指数。在两个中心重合时，过程能力指数是充足的，但由于存在偏移量，过程能力指数下降，造成过程能力严重不足。

【例 5-14】 已知某零件尺寸标准为 $\phi 8_{-0.10}^{-0.05}$mm，随机抽样后计算出的样本特性值 $\overline{X}=7.945$mm，$s=0.005\,19$mm，计算过程能力指数。

解

$$T_L=7.9\text{mm},\ T_U=7.95\text{mm}$$

$$T=T_U-T_L=7.95\text{mm}-7.9\text{mm}=0.05\text{mm}$$

$$M=\frac{T_U+T_L}{2}=\frac{(7.95+7.9)\text{mm}}{2}=7.925\text{mm}$$

$$\varepsilon=|\overline{X}-M|=|7.945-7.925|\text{mm}=0.02\text{mm}$$

$$K=\frac{2\varepsilon}{T}=\frac{2\times 0.02}{0.05}=0.8$$

$$C_p=\frac{T}{6s}=\frac{0.05}{6\times 0.005\,19}=1.6$$

$$C_{pk}=C_p(1-K)=1.6\times(1-0.8)=0.32$$

由例 5-14 可以看出，$C_p=1.6$ 是很充足的，但由于存在偏移量，过程能力指数下降到 0.32，造成过程能力严重不足。所以调整过程加工的分布中心，消除偏移量，是提高过程能力指数的有效措施。

2. 提高过程能力，减少分散程度

由公式 $B=6\sigma$ 可知，过程能力 $B=6\sigma$ 是由人、机、物、法、环境五个因素所决定的，这是过程固有的分布宽度。当技术标准固定时，过程能力对过程能力指数的影响是十分显著的。由此可以看出，减少标准差 σ，就可以减小分散程度，从而提高过程能力，以满足技术标准的要求程度。一般来说，可以通过以下措施减小分散程度：

（1）修订操作规程，优化工艺参数；补充增添中间过程，推广应用新工艺和新技术。

（2）改造或更新与产品质量标准要求相适应的设备，对设备进行周期性检查，按计划进行维护，从而保证设备的精度。

（3）提高工具、工艺装备的精度，对大型工艺装备进行周期性检查，加强维护保养，以保证工艺装备的精度。

（4）按产品质量要求和设备精度要求保证环境条件。

（5）加强人员培训，提高操作者的技术水平和质量意识。

（6）加强现场质量控制，设置关键、重点过程的过程管理点，开展 QC 小组活动，使过程处于控制状态。

3. 修订标准范围

标准范围的大小直接影响对过程能力的要求，当确信若降低标准要求或放宽公差范围不致影响产品质量时，就可以修订不切实际的现有公差要求。这样既可以提高过程能力指数，又可以提高劳动生产率。但必须以不影响产品质量和不影响用户使用效果为依据。

第三节 过程性能指数

一、过程性能指数的概念

过程性能指数（Process Performance Index）P_p、P_{pk}又称长期过程能力指数，它反映长期过程能力满足技术要求的程度，是由美国三大汽车公司（福特、通用、克莱斯勒）在QS 9000标准中对统计方法的应用提出的更高要求。它与过程能力指数C_p、C_{pk}的计算公式类似，并且均是反映过程能力满足技术要求的程度，但是两者说明问题的角度不同。一般将C_p、C_{pk}等过程能力指数称为短期过程能力指数，而将P_p、P_{pk}等过程性能指数称为长期过程能力指数。表5-11中列出了过程能力指数系列。

表5-11 过程能力指数系列

C系列过程能力指数	P系列过程性能指数
C_p 无偏移过程能力指数	P_p 无偏移过程性能指数
C_{pU}无偏移上单侧短期过程能力指数	P_{pU}无偏移上单侧过程性能指数
C_{pL}无偏移下单侧短期过程能力指数	P_{pL}无偏移下单侧过程性能指数
C_{pk}有偏移短期过程能力指数	P_{pk}有偏移过程性能指数

二、过程性能指数的计算方法

当总体分布中心和公差中心无偏移时，应计算无偏移过程性能指数。无偏移过程性能指数的计算和无偏移过程能力指数的计算公式类似，当给定公差范围和总体标准差σ时，无偏移过程性能指数的计算公式为$P_p=T/(6\sigma)$，此时总体标准差的估计值与过程能力指数有所不同。计算过程性能指数并不要求在过程稳定的情况下计算，它反映的是生产系统当前的实际状况，因此可以不考虑过程是否稳定。从生产现场收集数据计算标准差s，利用样本标准差估计总体标准差σ，此时无偏移过程性能指数的计算公式为$P_p=T/(6s)$，式中s的计算公式为$s=\sqrt{\dfrac{\sum_{i=1}^{n}(X_i-\overline{X})}{n-1}}$。

对于给定单侧上公差限时，无偏移上单侧过程性能指数的计算公式为

$$P_{pU}=\frac{T_U-\mu}{3s}$$

无偏移下单侧过程性能指数P_{pL}的计算公式为

$$P_{pL}=\frac{\mu-T_L}{3s}$$

将有偏移过程性能指数定义为

$$P_{pk} = \min(P_{pU}, P_{pL})$$

可以证明

$$P_{pk} = (1-K)P_p$$

三、过程性能指数与过程能力指数的区别

通过计算公式可以看出，过程性能指数与过程能力指数的关键区别在于总体标准差的估计方法不同，更重要的是由于估计方法不同，两者说明的问题有很大区别。过程性能指数反映的是当前的过程能力满足技术要求的程度，并不考虑过程的稳定与否；而过程能力指数是在对过程的稳定性确认后计算的指标，因此它反映了一种理想状态下的质量状况。

对于同一个过程，过程性能指数使用的样本标准差 s 往往大于在稳定状态下总体标准差 σ 的估计值（$\overline{R}/d_2$ 或 $\overline{s}/c_4$），因此过程性能指数一般大于过程能力指数。

第四节　过程控制的实施

一、过程控制概述

过程控制的实施是指为实现产品的符合性质量而进行的有组织、系统的过程管理活动。过程控制的实施实际上是对过程的分析、控制和改进。

过程分析的目的主要是分析过程质量影响因素的状态，确定主导性因素，并分析主导性因素的影响方式、途径和程度，据此明确过程主导性因素的最佳水平或最优条件组合，实现过程标准化。

在过程分析的基础上应制订并实施过程控制计划，按标准化过程实施，以最大限度地实现质量因素的最佳组合，并不断实现过程的改进。

根据对象和范围不同，过程控制可划分为管理点、生产线和生产现场控制三个层次，即点、线和面的控制。

管理点的控制是对工序的质量特性、关键部位以及主导性因素进行的重点控制，主要包括设置管理点、管理点控制图表以及文件的编制与管理。

生产线控制也是对过程的全面控制，是针对某产品（或流程）的全部过程进行的控制，主要内容为编制质量控制过程计划和各个过程的控制文件，在质量控制过程表中，明确过程的重要程度和应控制的质量特性值以及控制方法。

生产现场控制是对生产现场的全面管理，包括多个管理点、多条生产线、进场物资、外部协作生产、质量信息等方面的管控，在平衡管理资源的基础上确保管理点、关键过程、关键物资的重点管控，通过标准化的质量控制文件实现整个生产现场的管理。

二、过程分析的方法

过程分析的方法可分为技术分析方法和统计分析方法。

1. 技术分析方法

技术分析方法主要依据工程技术手段和长期生产实践经验来进行。通过技术分析方法可

以判断关键过程及管理点，明确过程的主导因素，分析过程质量影响因素的波动特征，判断质量问题的主要成因等。不懂得技术分析方法，或对所分析的过程的专业技术一知半解，都是无法进行过程分析的。对于一些数据收集困难的过程，技术分析是主要的方法。

2. 统计分析方法

常用的统计分析方法除了第四章介绍的常用工具与技术外，还有试验设计/析因分析、方差/回归分析、安全性评价/风险分析、显著性检验、累计和技术以及统计抽样检验等。图 5-18 为常用统计分析方法在电视机装配线质量控制中的应用框图。

在过程分析实践中，上述两种分析方法难以截然分开，而是相互补充、相互促进、融为一体的。随着计算机技术的普及，过程分析方法和统计分析方法的运用出现了新的局面。

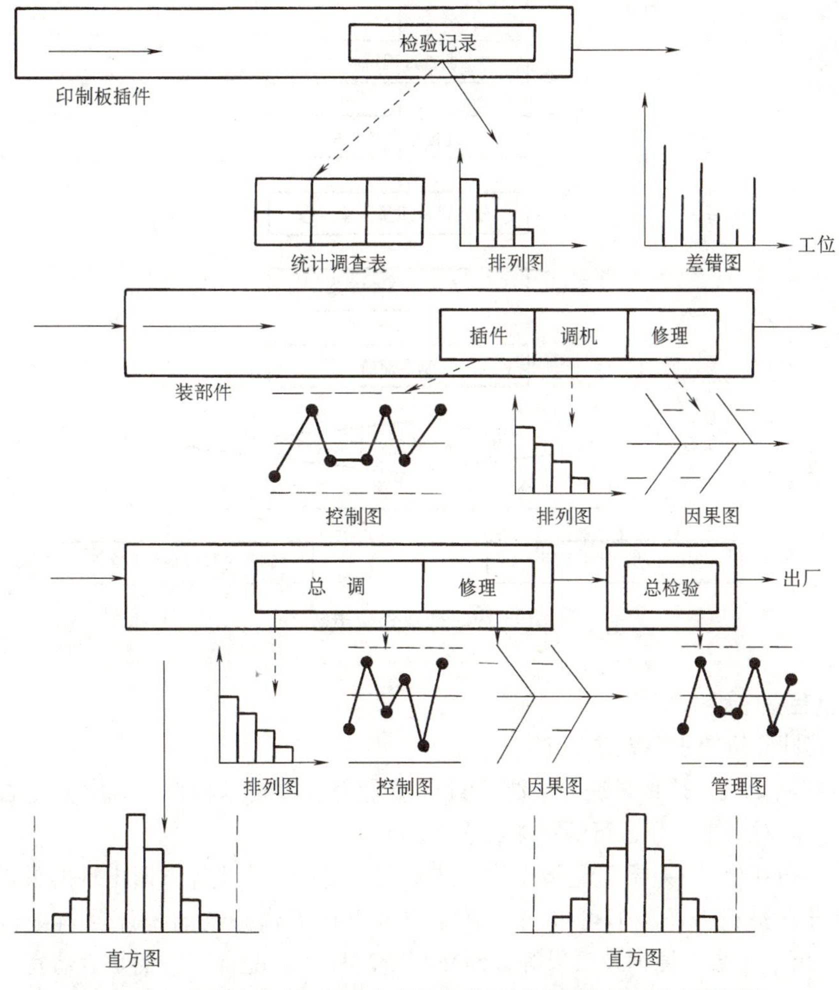

图 5-18 常用统计分析方法在电视机装配线质量控制中的应用框图

在电视机装配线上通过调查表等工具收集生产线的质量数据，利用排列图、各工位差错图、因果图分析装配线存在的关键质量问题以及质量问题产生的主要原因，应用直方图、

控制图分析生产过程的质量波动情况，找出质量数据的变化规律。通过这些分析总结装配线的质量现状，找出装配线的质量改进方向，为下一步质量改进提供重要依据。

三、过程分析步骤

过程分析，即判断过程的运行状态是否符合产品质量要求，是进行过程设计、设备选择以及制定操作标准、技术规范的基础。过程分析步骤如图 5-19 所示。

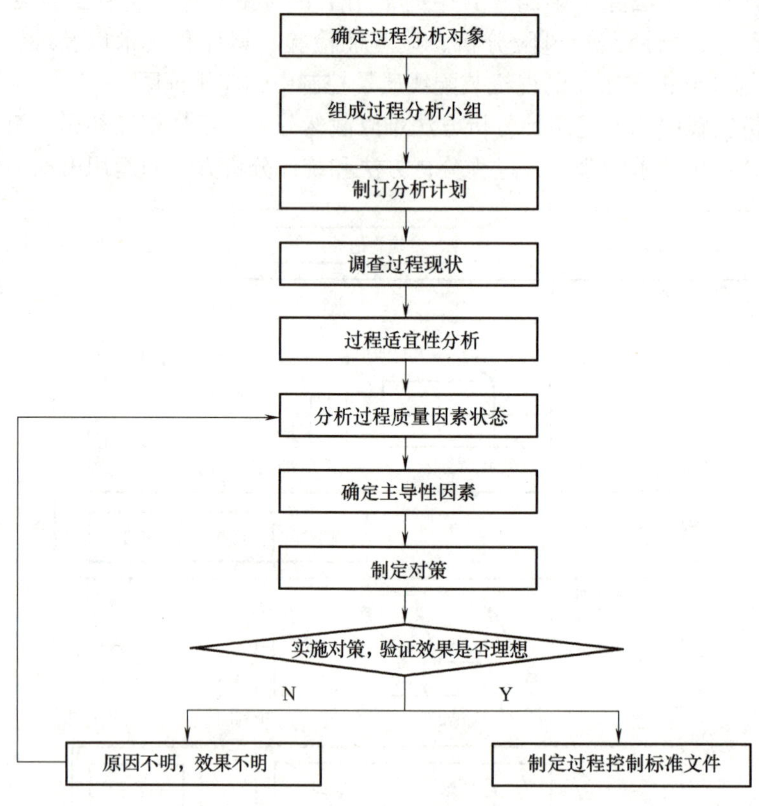

图 5-19　过程分析步骤

（一）过程适宜性分析

过程适宜性分析的主要方法如下：

（1）直接测定法。这种方法直接测定过程质量因素的技术特性，观察其是否达到所规定的标准，从而对未来过程运行的可能状态做出判断。

（2）差错分析法。“差错”是指操作、技术文件阅读、传递等方面出现的失误。它难以用仪表测量方法进行分析，但可以利用对操作者以往工作差错的统计资料进行分析，从“差错”的类型、频数、原因及后果等方面来判断过程“软配合”方面是否适宜。

（3）实际产品测定法。这种方法是依据首件检验、样品检验来判断过程的适宜性。

（4）过程能力分析法。过程能力分析法参见本章第二节。

（二）过程主导性因素分析

主导性因素也称支配性因素，是指在众多的过程质量因素中，对产品质量特性值有决定性影响的因素。依据帕累托原理，与无关紧要的多数相比，它是极其重要的少数。过程的主导性因素往往是由特定的加工方式和性质决定的，人们往往可凭借专业技术和实践经验加以识别，表 5-12 所示的过程主导性因素分类表可供参考。

表 5-12　过程主导性因素分类表

主导性因素	典型过程	基本特征	管理方法
操作者	手工点焊、涂装装配、修理、校正、检验等	操作者的素质和技能对产品质量产生重要影响	岗位培训，资格认定，健全操作规范和标准，贯彻岗位责任制，运用自检表、*np* 控制图、*c* 控制图等
机器设备	各种自动加工设备、试验和测试仪表等	机器设备精度、运行状态和参数制约产品质量	推行预防维修制度，设备检查，过程能力查定，运用 *X-R* 控制图等
加工工艺	电镀、热处理、机械加工流程或生产线等	工艺流程、工艺参数制约产品质量	加强工艺验证，完善工艺规程，使用工艺参数点检表、工艺变更管理书、波动图、*np* 控制图等
工装模具	压力加工、拉削、钻孔、造型、仿形车削等	加工复杂性高，工装模具精度及调整、安装精度影响产品质量	工装、模具定期检定，首件检查，画过程能力图，不合格品统计等方法
物料 元器件	铸造用料、电子元件加工、商品配方、装配等	物料、元器件本身质量影响整机质量	加强入厂检验、理化试验，进行科学物料管理，建立协作厂质量诊断体系及质量信息反馈
时间	铸件时效、炉温控制、工具磨损	随时间变化引起工艺、物料、工具变动	监控工艺参数，画相关图、波动图等
信息	自动控制	利用信息反馈制约加工过程，影响产品质量	记录仪表测量数据，填写信息反馈单

四、过程控制计划的制订和实施

过程控制计划包括过程全面控制计划与过程管理点控制计划两类。

（一）过程全面控制计划

过程全面控制计划是针对某产品（或流程）的全部过程编制的控制计划。计划的内容包括以下几个方面：

1. 编制质量控制过程表

它是在过程流程图的基础上，通过过程分析，明确过程的重要程度（即划分关键、重要及一般过程），确定过程应控制的质量特性值（或项目）和应采用的控制方法等。它包括了每个过程质量保证（控制与检验相结合）的手段和方法，是编制过程管理点计划的依据。

图 5-20 及表 5-13 为 WT-200 型电缆工序过程流程图及工序质量控制过程表。

2. 编制各个过程的控制文件

根据各个过程的质量要求，编制相应的各种实施控制的标准文件、信息记录表，传递和反馈程序，检查、考核、奖惩制度等。

工序质量控制过程表可以使所控制的项目一目了然，做到“总揽全局”，便于实施全面的控制和“目视管理”。它不发到生产现场，只供质量、技术部门控制工序活动时使用。

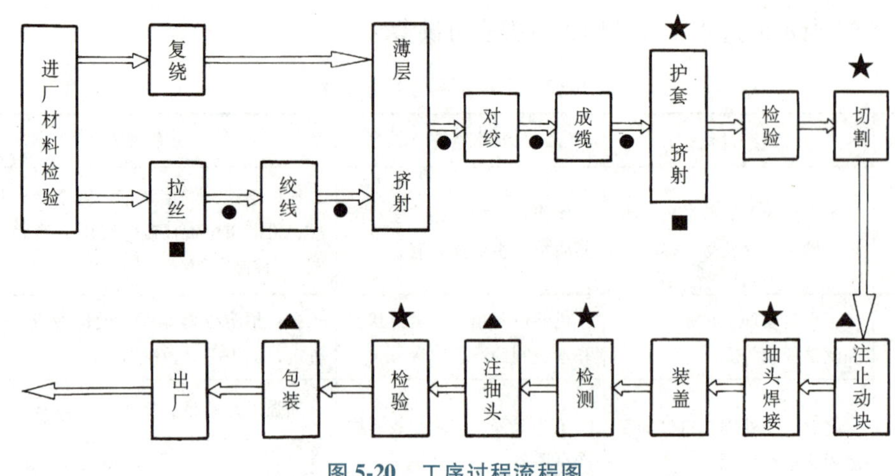

图 5-20　工序过程流程图

★—全检；▲—抽检；●—巡检；■—质量管理点

表 5-13　工序质量控制过程表

序号	工序名称	工序图	质量要求	重要程度	控制式检验			记录	有关标准
					手段与方法	频数	负责人		
1	拉丝		光滑、圆整、无露铜、拉力>2.5N、伸长率>14%	A	杠杆、千分尺、拉力机	抽检50%	张××		
2	绞线		绞合松紧一致，绞合根数7根，拉力>28.0N	B	千分尺、拉力机	全检	李××		
3	复绕		排线整齐，无压线、乱线、伤线现象，拉力>15.5N	A	千分尺、拉力机	抽检	王××		
4	薄层		绝缘表面光滑，色泽均匀，最薄处厚度控制为0，每千米少于2个击穿点，外径为0.6mm±0.02mm，拉力>13N	A	高压检测、显微镜、张力计	抽检	刘××		
5	对绞		节距、颜色准确，对绞后两导线应导通，没有断线	B	卡尺、DT—830万用表	巡检	黄××		
6	成缆		圆整，松紧一致，颜色正确，线对102对，外径10.5~10.8mm	B	卡尺	巡检	唐××		
7	护套		外观无气孔、结疤，表面圆整，护套偏心度最薄厚度不小于1.2mm	A	千分尺、卡尺、万用表	全检	申××		
8	切割		保证200根芯线导通，绝缘达到内控要求；根据线长计算好线段数与长度，并做A、B端标志	A	500V摇表、108型万用表	全检	齐××		
9	焊接		焊点光滑，无毛刺，按颜色焊接，极性正确；绝缘要求达到内控标准	B	计算机	全检	韩××		

（二）过程管理点控制计划

过程管理点是为了保证过程处于稳定状态，重点控制质量特性、关键部位以及主导性因素等。过程管理点控制计划应包括以下几方面内容：

1. 设置管理点

管理点的设置必须依据过程的重要性及质量管理的要求来确定，具体应参照如下标准：

（1）设计所规定的 A 级质量特性及关键部位，少量的 B 级质量特性。

（2）本身有特殊要求的质量特性和项目。所谓特殊要求，是指有的加工部位本身对产品质量没有直接影响，但一旦出现问题会对下一过程产生重大影响，如机械加工工艺面、基准面等。

（3）质量不稳定、事故多发部位。

（4）用户反馈意见多或经质量审核发现问题较多的项目。

2. 对管理点的要求

所设立的管理点应符合如下要求：

（1）控制的部位或项目应尽可能定量化、图表化，便于实施目标管理。

（2）管理点应有控制标准，为发现异常提供依据，并说明纠正对策。

（3）管理点既可以是控制质量特性的点，也可以是控制因素的点；既可以是随产品变化的“活点”，也可以是不随产品变化的固定点。

3. 过程管理点控制图表和文件编制

过程管理控制计划是以质量管理点的控制图表和文件编制为中心展开的。它的编制应按照“5W1H”程序进行，即管什么（What）、怎么管（How）、依据是什么（Why）、在什么地方管（Where）、什么时间管（When）和由谁来管（Who）。

过程管理点控制图表和文件是以过程质量分析表为核心形成的管理网。图 5-21 是某机加工过程控制图表和控制文件编制程序示意图。

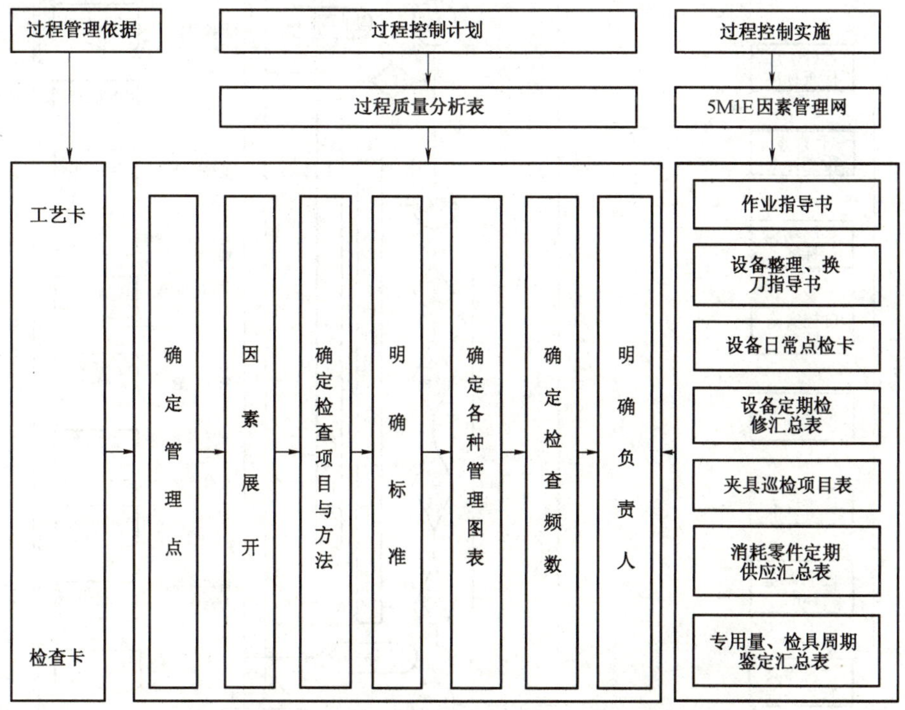

图 5-21 某机加工过程控制图表和控制文件编制程序示意图

4. 过程管理点的管理办法

过程管理点的管理办法包括管理点检验实施办法、质量审核、评定条例、奖惩规则、信息收集和传递线路等。

五、生产现场质量控制系统

现场质量控制系统构成因素为生产过程描述、控制依据的标准、信息系统、管理点的设置、质量记录等。图 5-22 是某公司电视机装配现场质量控制系统图。

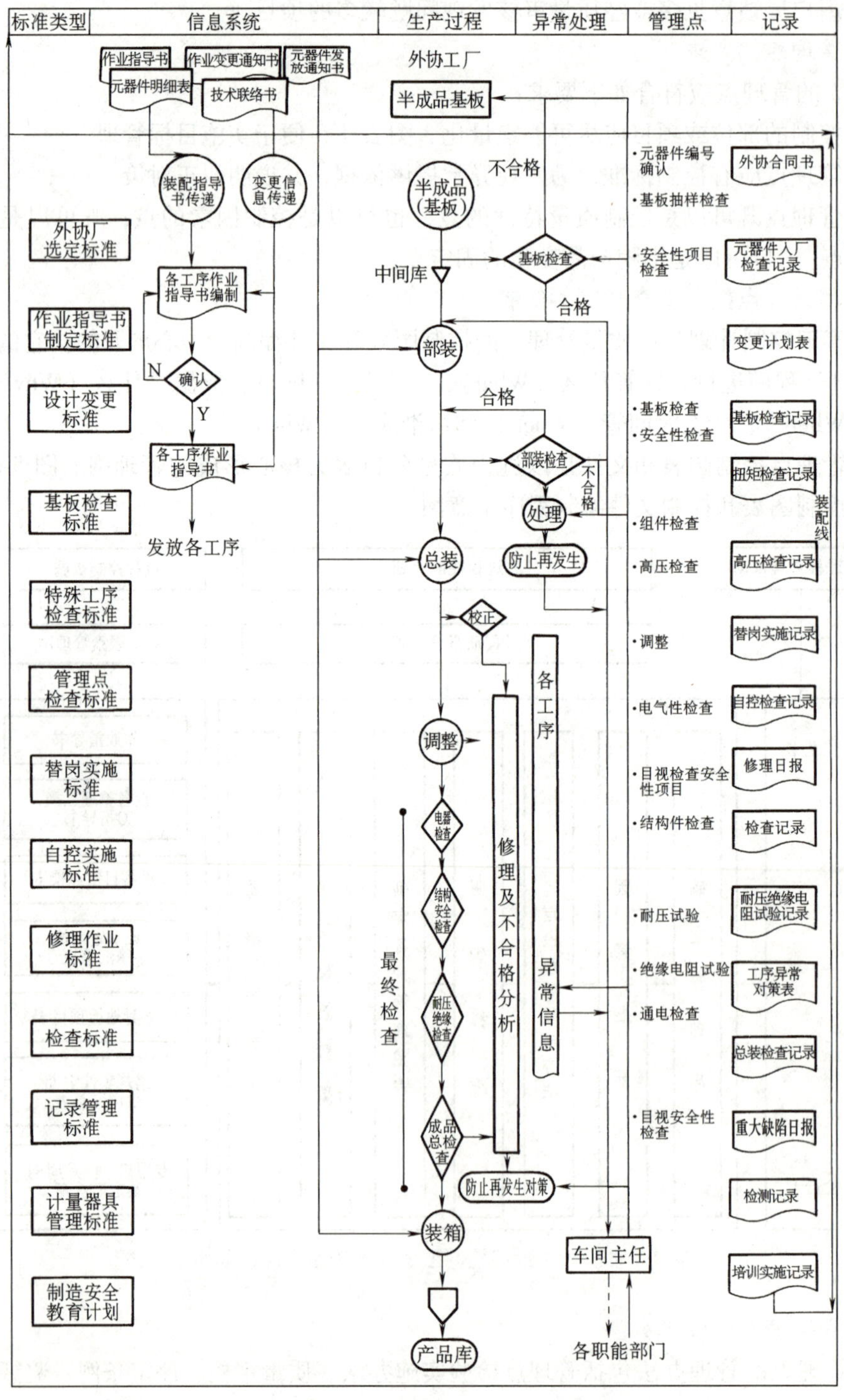

图 5-22 某公司电视机装配现场质量控制系统图

附　　录

附录 A　控制图的基本原理

附录 B　标准正态分布表

思　考　题

1. 产品质量的统计观点包括哪些内容？有何重要意义？
2. 控制图基本原理是什么？试用简洁的语言加以叙述。
3. 控制图的两类错误分别是什么？这两类错误可以同时避免吗？
4. 控制图的作用是什么？
5. 计量控制图和计数控制图各有什么优缺点？
6. 判异的思路是什么？试用简洁的语言加以叙述。
7. 为什么说 $\overline{X}$-R 控制图是计量数据最重要、最常见的控制图？
8. 如何理解过程能力和过程能力指数？

作　业　题

1. 某工厂生产的零件的技术标准要求公差范围为220mm±20mm，经随机抽样得到100个数据，如表5-14所示。要求：

（1）进行统计整理，作出直方图。

（2）计算平均值和标准差。

（3）对直方图进行分析。

2. 已知50件出口产品中有5件存在产品质量问题，现从中任取4件，试写出“抽到不合格品”数目的概率分布。

3. 由车床加工的圆轴直径（单位：mm）服从正态分布 N（15.05，0.06^2），其公差为±0.10mm，求圆轴不合格的概率。

表 5-14　有关数据　（单位：mm）

202	204	205	206	206	207	207	208	208	209
209	210	210	210	211	211	211	211	212	212
212	213	213	213	214	214	214	215	215	215
215	216	216	216	216	217	217	217	217	217
217	218	218	218	218	218	218	218	218	219
219	219	219	220	220	220	220	220	220	220
220	220	220	220	221	221	221	221	221	221
221	222	222	222	223	223	223	223	224	224
224	225	225	255	226	226	227	227	228	228
229	229	230	231	231	232	233	234	235	237

4. 根据西方电气规则，判断图 5-23 中各个控制图的异常情况。

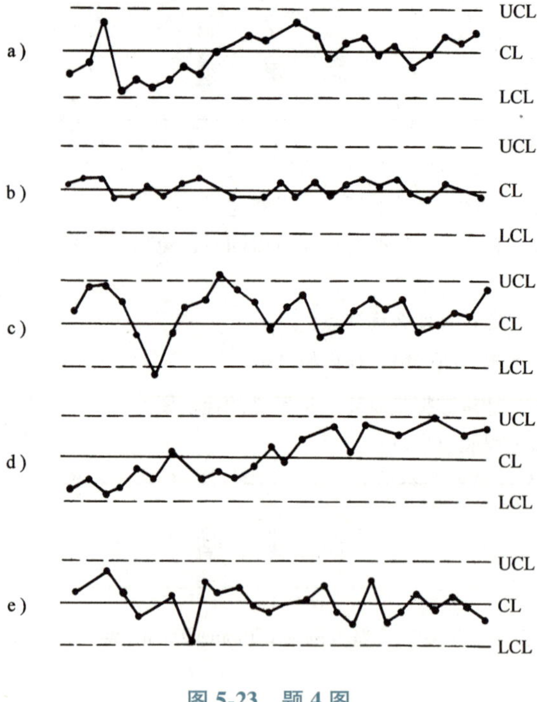

图 5-23　题 4 图

5. 某工序加工一产品，其计量数据如表 5-15 所示。作 $\overline{X}$-R 控制图，判断该工序是否处于稳定状态。

6. 某生产过程生产螺母，检查 30 批产品的数据如表 5-16 所示，试用 p 控制图分析过程是否处于控制状态。

7. 某零件图样尺寸要求长度为 30mm±0. 2mm，样本标准差为 s = 0. 038mm，$\overline{X}=\mu$ = 30. 1mm，其规格上限 T_U = 30. 2mm，求过程能力指数，并对过程能力是否充足做出分析。

表 5-15 计量数据

样本序号	X_1	X_2	X_3	X_4	样本序号	X_1	X_2	X_3	X_4
1	6	9	10	15	16	15	10	11	14
2	10	4	6	11	17	9	8	12	10
3	7	8	10	5	18	15	7	10	11
4	8	9	7	13	19	8	6	9	12
5	9	10	6	14	20	14	15	12	16
6	12	11	10	10	21	9	8	13	12
7	16	10	8	9	22	5	7	10	14
8	7	5	9	4	23	6	10	15	11
9	9	7	10	12	24	8	12	11	10
10	15	16	8	13	25	10	13	9	7
11	8	12	14	16	26	7	14	10	8
12	6	13	9	11	27	5	13	9	12
13	7	13	10	12	28	12	11	10	9
14	7	13	10	12	29	7	13	8	6
15	11	7	10	16	30	4	10	13	9

表 5-16 有关数据

样本序号	样本大小 n	样本不合格品数 c	样本序号	样本大小 n	样本不合格品数 c
1	2 405	230	16	2 254	331
2	2 614	436	17	2 012	198
3	2 013	221	18	2 517	414
4	2 200	346	19	1 995	131
5	2 306	235	20	2 189	269
6	2 278	327	21	2 099	221
7	2 311	285	22	2 481	401
8	2 460	311	23	2 339	358
9	2 187	342	24	2 477	343
10	2 067	308	25	2 340	246
11	2 153	294	26	2 145	223
12	2 315	267	27	2 027	218
13	2 500	456	28	2 249	234
14	2 443	394	29	2 468	245
15	2 170	285	30	2 538	274

8. 已知某零件尺寸要求为 $50^{+0.3}_{-0.1}$mm，取样实际测定后求得 $\overline{X}=50.05$mm，标准差 $s=0.061$mm，求过程能力指数及不合格品率。

第六章

抽样检验

本章要点

- 抽样检验的基本原理；
- 标准型计数抽样检验的方法；
- 调整型计数抽样检验的原理及其使用；
- 质量监督抽样的特点。

第一节　抽样检验概述

一、抽样检验的概念

抽样检验是从一批产品或一个过程中抽取一部分单位产品，进而判断产品批或过程是否接收的活动。它不是逐个检验批中的所有单位产品，而是按照规定的抽样方案和程序从一批产品中随机抽取部分单位产品组成样本，根据样本测定结果来判定该批产品是否接收。

1. 抽样检验的特点

因为抽样检验不是检验批中的全部产品，因此，相对于全数检验，它具有如下特点：

（1）检验的单位产品数量少、费用少、时间省、成本低。

（2）检验对象是一批产品。

（3）接收批中可能包含不合格品，不接收批中也可能包含合格品。

（4）抽样检验存在两类误判的风险，即存在把合格批误判为不合格批，或把不合格批误判为合格批的可能。但从统计检验的原理可知，这两类误判都可以被控制在一定的概率以下。

2. 抽样检验的适用场合

（1）破坏性检验。

（2）数量很多、全数检验工作量很大的产品的检验。

（3）检验对象是连续体的检验。

（4）检验费用比较高的检验。

3. 抽样检验的分类

（1）按检验特性值的属性，抽样检验可以分为计数抽样检验和计量抽样检验。计数抽样检验包括计件抽样检验和计点抽样检验。计件抽样检验是根据被检样本中的不合格品数，进而推断整批产品是否接收的活动；计点抽样检验是根据被检样本中的产品包含不合格数的多少，进而推断整批产品是否接收的活动。计量抽样检验是通过测量被检样本中的产品质量特性的具体数值并与标准进行比较，进而推断整批产品是否接收的活动。

（2）抽取样本的个数可以分为一次抽样检验、二次抽样检验、多次抽样检验和序贯抽样检验。所谓一次抽样检验，就是从检验批中只抽取一个样本就对该批产品做出是否接收的判断；二次抽样检验是一次抽样检验的延伸，它要求对一批产品抽取一个或两个样本后做出批接收与否的结论，但抽取的样本不得多于两个；多次抽样可以抽取 3~7 个样本才对抽检批做出判断；序贯抽样检验不限制抽样次数，但每次只抽取一个单位产品，直至按规则做出判断为止。

二、抽样检验的常用术语

1. 单位产品

单位产品是指为实施抽样检验而划分的基本产品单位。有的单位产品是可以自然划分的，如电视机、电冰箱等；而有的单位产品是不可自然划分的，如铁液、布匹等。对不可自然划分的单位产品，必须根据具体情况给出单位产品的定义，如 1L 自来水、1m^2 玻璃等。

2. 检验批

检验批是指为实施抽样检验而汇集起来的一定数量的单位产品。检验批的形式有“稳定的”和“流动的”两种。前者是将整批产品存放在一起同时提交检验，而后者是将各个单位产品一个一个地从检验点通过。

构成检验批的所有产品应当是同一生产条件下生产的单位产品。一般地，当产品质量较稳定时，宜组成较大的批，以节约检验费用。

3. 批量

批量是指检验批中单位产品的数量，常用 N 表示。

批量的大小应当因时、因地制宜地确定。体积小、质量稳定的产品，批量宜大些，但是不宜过大。如果批量过大，一方面，不易取得具有代表性的样本；另一方面，这样的批一旦被拒收，造成的经济损失也大。

4. 不合格

不合格是指单位产品的任何一个质量特性不满足规范要求。根据质量特性的重要性或不符合的严重程度，不合格分为 A、B、C 三类。

A 类不合格：被认为是应给予最高关注的不合格，也可以认为单位产品的极重要的质量特性不符合规定，或单位产品的质量特性极其严重地不符合规定。

B 类不合格：关注程度稍低于 A 类不合格，也可以认为单位产品的重要的质量特性不符合规定，或单位产品的质量特性严重不符合规定。

C 类不合格：单位产品的一般质量特性不符合规定，或单位产品的质量特性轻微不符合规定。

5. 不合格品

有一个或一个以上不合格的单位产品称为不合格品。不合格品通常分为以下三类：

A 类不合格品：有一个或一个以上 A 类不合格，也可能有 B 类和 C 类不合格的单位产品。

B 类不合格品：有一个或一个以上 B 类不合格，也可能有 C 类不合格，但没有 A 类不合格的单位产品。

C类不合格品：有一个或一个以上C类不合格，但没有A类和B类不合格的单位产品。

6. 抽样方案

抽样方案是指规定了每批应检验的单位产品数和有关批接收准则的一个具体的方案。

三、批质量的表示方法

批质量是指检验批的质量。由于质量特性值的属性不同，衡量批质量的方法也不一样。计数抽样检验衡量批质量的方法有：批中不合格单位产品所占的比重（即批不合格品率）、批不合格品百分数以及批每百个单位产品不合格数。

1. 批不合格品率

批中不合格的单位产品所占的比例，称为批不合格品率。即

$$p=\frac{D}{N}$$

式中 p——批不合格品率；

N——批量；

D——批中的不合格品数。

例如，有一批电视机，批量N=1 000台，已知其中996台是合格品，不合格品数=1 000台-996台=4台，则批不合格品率为

$$p=\frac{4\text{台}}{1\ 000\text{台}}=0.004$$

2. 批不合格品百分数

批中不合格品数除以批量，再乘以100，称为批不合格品百分数。即

$$100p=\frac{D}{N}\times 100$$

以上两种方法常用于计件抽样检验。

3. 批每百单位产品不合格数

批中每百个单位产品平均包含的不合格个数，称为批每百单位产品不合格数。即

$$100p=\frac{C}{N}\times 100$$

式中 C——批中的不合格数。

例如，有一批电视机，批量N=1 000台，已知其中有30台各有一个不合格，有20台各有两个不合格。则

$$\text{不合格数}=30\text{台}+20\text{台}\times 2=70\text{台(不合格)}$$

$$100p=\frac{70\text{台}}{1\ 000\text{台}}\times 100=7$$

这种方法常用于计点抽样检验。

4. 过程平均

一定时期或一定量产品范围内的过程水平的平均值称为过程平均，它是过程处于稳定状态下的质量水平。在抽样检验中常将其解释为："一系列连续提交批的平均不合格品

率”“一系列初次提交的检验批的平均质量（用不合格品百分数或每百单位产品不合格数表示）”。

“过程”是总体的概念，过程平均是不能计算或选择的，但是可以估计，即根据过去抽样检验的数据来估计过程平均。

过程平均是稳定生产前提下的过程平均不合格品率的简称。其理论表达式为

$$\overline{P}=\frac{D_1+D_2+\cdots+D_k}{N_1+N_2+\cdots+N_k}\times100\%$$

式中 $\overline{P}$——过程平均不合格品率；

N_i——第 i（$i=1, 2, \cdots, k$）批产品的批量；

D_i——第 i（$i=1, 2, \cdots, k$）批产品的不合格品数；

k——批数。

实际上，$\overline{P}$ 值是不易得到的，一般可利用抽样检验的结果来估计。

假设从上述 k 批产品中顺序抽取大小为 n_1，n_2，$\cdots$，n_k 的 k 个样本，其中出现的不合格品数分别为 d_1，d_2，$\cdots$，d_k，如果 d_1/n_1，d_2/n_2，$\cdots$，d_k/n_k 之间没有显著差异，则其计算公式为

$$\bar{p}=\frac{d_1+d_2+\cdots+d_k}{n_1+n_2+\cdots+n_k}\times100\%$$

式中 $\bar{p}$——样本的平均不合格品率，它是过程平均不合格品率 $\overline{P}$ 的一个优良估计值。

估计过程平均不合格品率的目的是估计在正常情况下所提供的产品的不合格品率。如果生产过程稳定，这个估计值可用来预测将要交检的产品的不合格品率。必须注意，经过返修或挑选后再次提交检验的批产品的数据，不能用来估计过程平均不合格品率；同时，用来估计过程平均不合格品率的批数，一般不应少于 20 批。如果是新产品，开始时可以用5~10 批的抽检结果进行估计，以后应当至少用 20 批。一般来说，在生产条件基本稳定的情况下，用于估计过程平均不合格品率的产品批数越多，检验的单位产品数量越大，对产品质量水平的估计越可靠。

四、我国已颁布的常用抽样检验标准

我国已颁布的常用抽样检验标准如表 6-1 所示。

表 6-1 我国已颁布的常用抽样检验标准

	抽样检验类型	标准编号和名称
计数抽样方案	标准型抽样检验	GB/T 13262—2008《不合格品百分数的计数标准型一次抽样检验程序及抽样表》
	挑选型抽样检验	GB/T 13546—1992《挑选型计数抽样检查程序及抽样表》
	调整型抽样检验	GB/T 2828.1—2012《计数抽样检验程序 第 1 部分：按接收质量限（AQL）检索的逐批检验抽样计划》，代替 GB/T 2828.1—2003，等同采用（IDT）ISO 2859-1：1999
	孤立批抽样检验	GB/T 2828.2—2008《计数抽样检验程序 第 2 部分：按极限质量（LQ）检索的孤立批检验抽样方案》，代替 GB/T 15239—1994，非等效采用（NEQ）ISO 2859-2：1985（注：国际标准化组织已修订并发布 ISO 2859.2：2020）

（续）

	抽样检验类型	标准编号和名称
计数抽样方案	跳批抽样检验	GB/T 2828.3—2008《计数抽样检验程序　第3部分：跳批抽样程序》，代替 GB/T 13263—1991，等同采用国际标准 ISO 2859-3：2005
	序贯抽样检验	GB/T 2828.5—2011《计数抽样检验程序　第5部分：按接收质量限（AQL）检索的逐批序贯抽样检验系统》，等同采用 ISO 2859-5：2005
		GB/T 8051—2008《计数序贯抽样检验方案》
	连续型抽样检验	GB/T 8052—2002《单水平和多水平计数连续抽样检验程序及表》
计量抽样方案	标准型抽样检验	GB/T 8054—2008《计量标准型一次抽样检验程序及表》
	调整型抽样检验	GB/T 6378.1—2008《计量抽样检验程序　第1部分：按接收质量限（AQL）检索的对单一质量特性和单个 AQL 的逐批检验的一次抽样方案》，代替 GB/T 6378—2002，等同采用 ISO 3591-1：2005
	序贯抽样检验	GB/T 16307—1996《计量截尾序贯抽样检验程序及抽样表（适用于标准差已知的情形）》
监督抽样方案	计数监督抽样	GB/T 2828.4—2008《计数抽样检验程序　第4部分：声称质量水平的评定程序》，代替 GB/T 14437—1997、GB/T 14162—1993，修改采用 ISO 2859-4：2002
		GB/T 2828.11—2008《计数抽样检验程序　第11部分：小总体声称质量水平的评定程序》，代替 GB/T 15482—1995
	计量监督抽样	GB/T 6378.4—2018《计量抽样检验程序　第4部分：对均值的声称质量水平的评定程序》，代替 GB/T 6378.4—2008
	监督复查抽样	GB/T 16306—2008《声称质量水平复检与复验的评定程序》

第二节　抽样检验特性曲线

一、批产品质量的判断过程

抽样检验的对象是一批产品，而不是单个产品。在提交检验的一批产品中允许有一些不合格品，一般用批不合格品率 p 作为衡量其好坏的指标。

当然，$p=0$ 是理想状态。在抽样检验中，要做到这一点是困难的，从经济上讲，也没有必要。因此，在抽样检验时，首先要确定一个合格的批质量水平，即批不合格品率的标准值 p_t，然后将交检批的批不合格品率 p 与 p_t 比较。如果 $p \leqslant p_t$，则认为该批产品可接收；如果 $p>p_t$，则认为该批产品不可接收。但在实际中，通过抽样检验是不可能精确地得到一批产品的批不合格品率 p 的，除非进行全数检验。所以在保证 n 对 N 有代表性的前提下，用样本中包含的不合格品 d 的情况来推断整批质量，并与标准要求进行比较。对批的验收归结为两个参数：样本量 n 和样本中包含的不合格（品）数（用 Ac 或 A 表示，称为接收数）。这样就形成了一个抽样方案（n，Ac）。由此可以看出，用抽样方案（n，Ac）去验收一批产品，实际上是对该批产品质量水平的推断并与标准要求进行比较的过程。

批质量的判断过程是：从批量 N 中随机抽取 n 个单位产品组成一个样本，然后对样本中每一个产品进行逐一测量，记下其中的不合格品数 d。如果 $d \leqslant$ Ac（或 A），则认为该批产品可接收；如果 $d \geqslant$ Ac+1，则认为该批产品不可接收。Ac+1 即为不合格判定数，用 Re（或 R）来表示，即 Re=Ac+1。一次抽样检验的程序如图 6-1 所示。

在抽样检验中，根据从检验批最多可以抽几个样本就必须对该检验批做出接收与否的判断这一标准，抽样方案分为一次抽样、二次抽样和多次抽样三种不同的抽样类型。根据抽样类型的不同，判定程序有所不同。

一次抽样是从批中只抽取一个样本的抽样方式，其操作原理示意图如图 6-1 所示。图中 N 为批量，n 为样本量，d 为批中的不合格品数，Ac 为接收数。

二次抽样是从检验批中最多抽取两个样本，就必须对该检验批做出接收与否判断的一种抽样方式。它根据第一个样本提供的信息，决定是否抽取第二个样本。其示意图如图 6-2 所示。

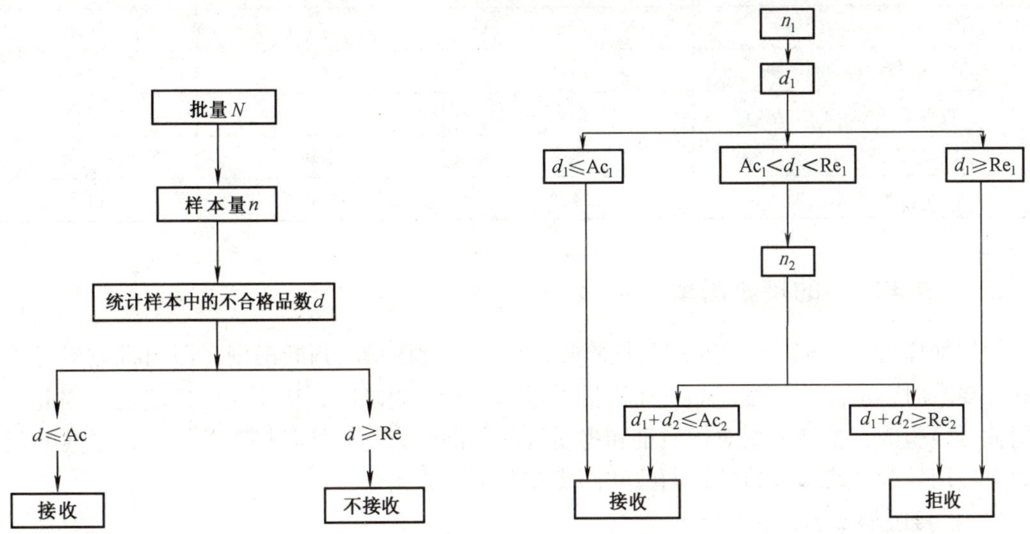

图 6-1　一次抽样检验的程序

图 6-2　二次抽样检验的程序

多次抽样是允许抽取两个以上具有同等大小的样本，最终才能对检验批做出接收与否判定的抽样方式。因此，它可能依次抽取多达 k 个样本，是否需抽取第 i（$i\leqslant k$）个样本由前（$i-1$）个样本所提供的信息而定。其示意图如图 6-3 所示。

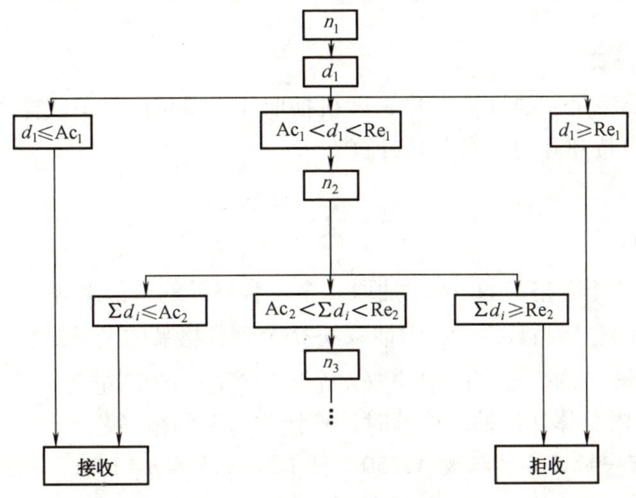

图 6-3　多次抽样检验的程序

根据一次、二次和五次抽样方案抽取的样本个数不同与判定程序和方法的差异，可以看出三种抽样方式各有优缺点，如表 6-2 所示。

表 6-2　一次、二次和五次抽样方案的优缺点比较

项目	一次	二次	五次
对产品批的质量保证	几乎同等		
管理要求	简单	中间	复杂
对检查人员的抽样知识要求	较低	中间	较高
对供方心理上的影响	最差	中间	最好
检验工作量的波动性	不变	变动	变动
检验人员和设备的利用率	最佳	较差	较差
每批平均检验个数	最大	中间	最少
总检验费用	最多	中间	最少
行政费用	最少	中间	最多

二、抽样方案的接收概率

使用抽样方案（n，Ac）对产品批验收，应符合批质量的判断准则，即当批质量优于质量标准要求时，应接收该批产品；而当批质量劣于标准要求时，应不接收检验批。因此，当使用抽样检验时，抽样方案对优质批和劣质批的判断能力的好坏是极为关键的，方案的判别能力可以用接收概率、抽检特性曲线和两类错判风险来衡量。

（一）接收概率的定义

接收概率是指根据规定的抽样方案，把具有给定质量水平的检验批判断为接收的概率。也就是说，用给定的抽样方案（n，Ac）去验收批量 N 和批质量 p 已知的检验批时，把检验批判断为接收的概率。接收概率通常记为 $L(p)$，它是批不合格品率 p 的函数，随着 p 的增大而减小。

（二）接收概率的计算

当 p 一定时，根据不同的情况，可用超几何分布、二项分布和泊松分布计算法求得 $L(p)$ 的值。

1. 超几何分布计算法

假设从不合格品率为 p 的批量 N 中，随机抽取 n 个单位产品组成样本，则样本中出现 d 个不合格品的概率可按超几何分布公式计算

$$L(p)=\sum_{d=0}^{\mathrm{Ac}}\frac{\mathrm{C}_{Np}^{d}\mathrm{C}_{N-Np}^{n-d}}{\mathrm{C}_{N}^{n}} \tag{6-1}$$

式中　C_{Np}^{d}——从批的不合格品数 Np 中抽取 d 个不合格品的全部组合；

C_{N-Np}^{n-d}——从批的合格品数 $N-Np$ 中抽取 $n-d$ 个不合格品的全部组合；

C_{N}^{n}——从批量 N 的一批产品中抽取 n 个单位产品的全部组合。

式（6-1）是有限总体计件抽样检验时计算接收概率的精确公式。

【例 6-1】　设有一批产品，批量 $N=50$，批不合格品率 $p=10\%$，采用方案（50，1）进行验收，求接收概率。

解 $L(p)=L(10\%)=\sum_{d=0}^{1}\frac{C_5^d C_{50-5}^{5-d}}{C_{50}^5}=\frac{\frac{5!}{0!\ 5!}\frac{45!}{5!\ 40!}}{\frac{50!}{5!\ 45!}}+\frac{\frac{5!}{1!\ 4!}\frac{45!}{4!\ 41!}}{\frac{50!}{5!\ 45!}}$

$=0.58+0.35=0.93$

所谓接收概率为0.93，是指使用（50，1）方案对批量$N=50$、不合格品率$p=10\%$的产品批进行验收，接收的可能性为0.93。从长远来看，也是在100次抽检同样的批中，约有93批接收，7批不接收。

用超几何分布计算接收概率虽然精确，但当N与n值较大时，计算很烦琐。一般可用二项分布或泊松分布近似计算。

2. 二项分布计算法

当总体为无穷大或近似无穷大$\left(\frac{n}{N}\leqslant 0.1\right)$时，可以用二项概率去近似超几何概率。利用二项分布计算接收概率的公式为

$$L(p)=\sum_{d=0}^{Ac} C_n^d p^d (1-p)^{n-d} \tag{6-2}$$

式（6-2）是无限总体计件抽样检验时计算接收概率的精确公式。

【例6-2】 已知$N=3\ 000$的一批产品提交做外观检验，若采用（20，1）的抽样方案，当批不合格品率$p=1\%$时，求接收概率。

解 $L(p)=L(1\%)=\sum_{d=0}^{1} C_n^d p^d (1-p)^{n-d}$

$=C_{20}^0\times(0.01)^0\times(0.99)^{20}+C_{20}^1\times(0.01)^1\times(0.99)^{19}$

$=0.817\ 9+0.165\ 2=0.983\ 1$

3. 泊松分布计算法

当$\frac{n}{N}\leqslant 0.1$且$p\leqslant 0.1$时，式（6-2）又可用泊松分布来表示

$$L(p)=\sum_{d=0}^{Ac}\frac{(np)^d}{d!}e^{-np}(e=2.718\ 28) \tag{6-3}$$

式（6-3）是计点抽样检验时计算接收概率的精确公式。

三、OC曲线

（一）OC曲线的概念

根据$L(p)$的计算公式，对于一个具体的抽样方案（n，Ac），当检验批的批质量p已知时，方案的接收概率是可以计算出来的。但在实际中，检验批的不合格品率p是未知的，而且是一个不固定的值，因此，对于一个抽样方案，有一个p就有一个与之对应的接收概率。如果用横坐标表示自变量p的值，纵坐标表示相应的接收概率$L(p)$，则p和$L(p)$构成的一系列点子连成的曲线就是抽样检验特性曲线，简称OC曲线，如图6-4所示。

由接收概率的计算公式可知，OC曲线与抽样方案是一一对应的，即一个抽样方案对应着一条OC曲线，而每条OC曲线又反映了它所对应的抽样方案的特性。OC曲线可以定量地

告诉人们产品质量状况和被接收可能性大小之间的关系；也可以告诉人们采用该抽样方案时，具有某种不合格品率 p 的批被判接收的可能性有多大，或者要使检验批以某种概率接收，它应有多大的批不合格品率 p。同时，人们可以通过比较不同抽样方案的 OC 曲线，从而比较它们对产品质量的辨别能力，选择合适的抽样方案。

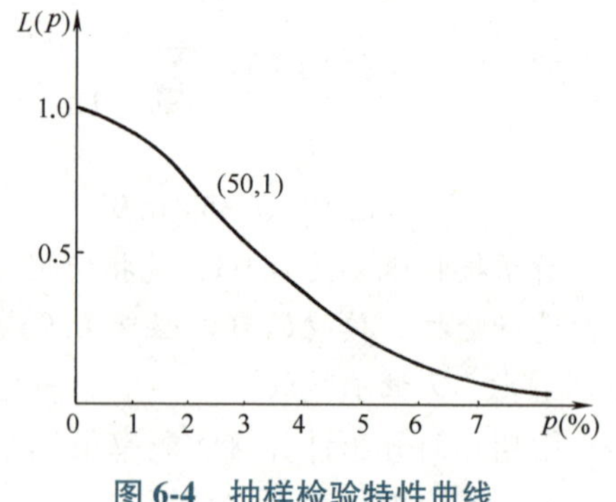

图 6-4　抽样检验特性曲线

（二）OC 曲线分析

1. 理想的 OC 曲线

什么是理想的 OC 曲线呢？如果规定，当批不合格品率不超过 p_t 时，这批产品可以接收，那么一个理想的抽检方案应当满足：当 $p \leqslant p_t$ 时，接收概率 $L(p)=1$；当 $p>p_t$ 时，接收概率 $L(p)=0$。对应的理想 OC 曲线如图 6-5 所示。

但是，理想的 OC 曲线实际上是不存在的，只有在 100%检验且保证不发生错检和漏检的情况下才能得到。

当然，人们也不希望出现不理想的 OC 曲线。比如，抽样方案（1，0）的 OC 曲线为一条直线，如图 6-6 所示。从图中可以看出，这种方案的判断能力是很差的。因为，当批不合格品率 p 达到 50%时，接收概率仍有 50%，也就是说，这么差的两批产品中，有一批将被接收。

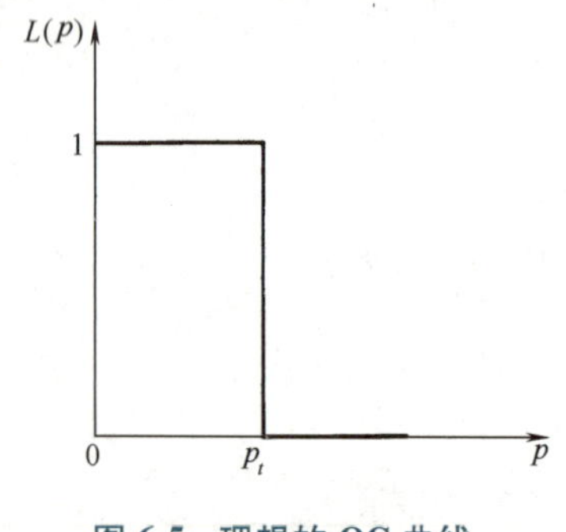

图 6-5　理想的 OC 曲线

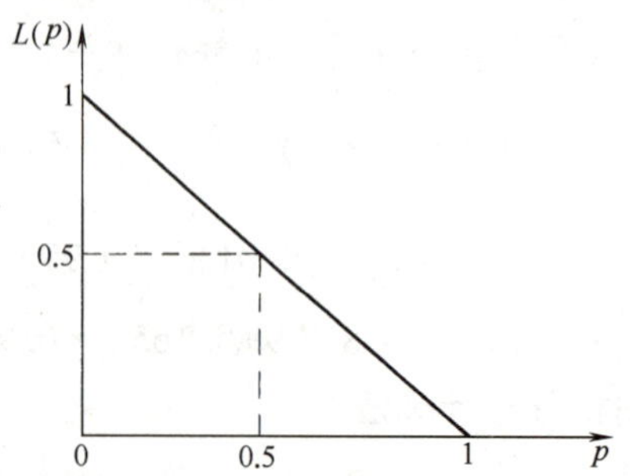

图 6-6　不理想的 OC 曲线

2. 实际需要的 OC 曲线与两类风险

理想的 OC 曲线实际上做不到，而不理想的 OC 曲线判断能力又很差，实际需要的 OC 曲线应当是什么样子呢？一个好的抽样方案或 OC 曲线应当是：当批质量好（$p \leqslant p_0$）时，能以高概率判它接收；当批质量差到某个规定界限（$p \geqslant p_1$）时，能以高概率判它不接收；当产品质量变坏（如 $p_0<p<p_1$）时，接收概率迅速减小。实际需要的 OC 曲线如图 6-7 所示。

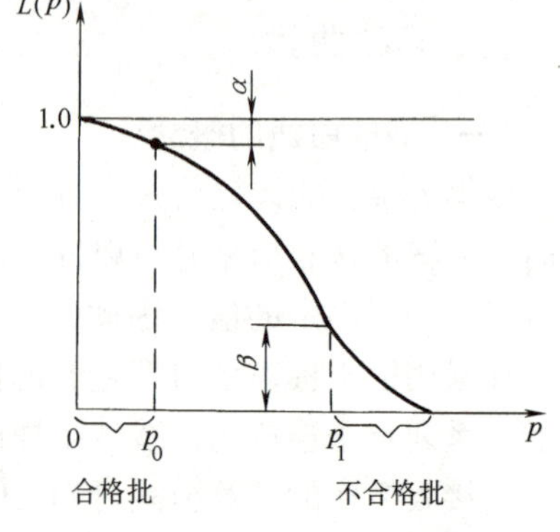

图 6-7　实际需要的 OC 曲线

在实际需要的 OC 曲线中，当检验批质量比较好（$p \leqslant p_0$）时，从图 6-7 可见，不可能 100%地接收交验批（除非 $p=0$），而只能以高概率接收，低概率 α 不接收这批产品。这种由于抽检原因把合格批错判为不合格批而不接收的错判称为第 Ⅰ 类错判。这种错判会给生产者带来损失。这个不接收的小概率α叫作第Ⅰ类错判概率，又称为生产方风险率。它反映了把质量较好的批错判为不接收的可能性大小。

另外，当采用抽样检验来判断不合格品率很高的劣质批（$p \geqslant p_1$）时，也不能肯定100%不接收（除非$p=1$）这批产品，还有小概率β接收的可能。这种由于抽检原因把不合格批错判为接收批的错误称为第Ⅱ类错判。这种错判会使用户蒙受损失。这个接收的小概率β叫作第Ⅱ类错判概率，又称为使用方风险率。它反映了把质量较差的批错判为接收的可能性大小。

一个较好的抽样方案应该由生产方和使用方共同协商，对p_0和p_1进行通盘考虑，使生产者和使用者的利益都受到保护。

【例 6-3】 设有一批产品，$N=1\ 000$，现用抽样方案（30，3）对它进行检验，试画出此抽样方案的 OC 曲线。

解 利用接收概率的计算公式，分别求出$p=5\%$，$p=10\%$，$p=15\%$，$p=20\%$时的接收概率，并列于表 6-3 中，然后用表中的数据画出该抽样方案的 OC 曲线，如图 6-8 所示。

表 6-3 接收概率（$N=1\ 000$，$n=30$，$\mathrm{Ac}=3$）

d \ $p(\%)$	5	10	15	20
0	0. 210	0. 040	0. 007	0. 001
1	0. 342	0. 139	0. 039	0. 009
2	0. 263	0. 229	0. 102	0. 032
3	0. 128	0. 240	0. 171	0. 077
$L(p)$	0. 943	0. 648	0. 319	0. 119

从这个例子可以看出，当$p \leqslant 5\%$时，接收概率为94%左右。但是随着批不合格品率p的增加，接收概率$L(p)$迅速减小，当$p=20\%$时，接收概率就已经只有12%左右了。因而，(30，3）就是一个比较好的抽样方案。

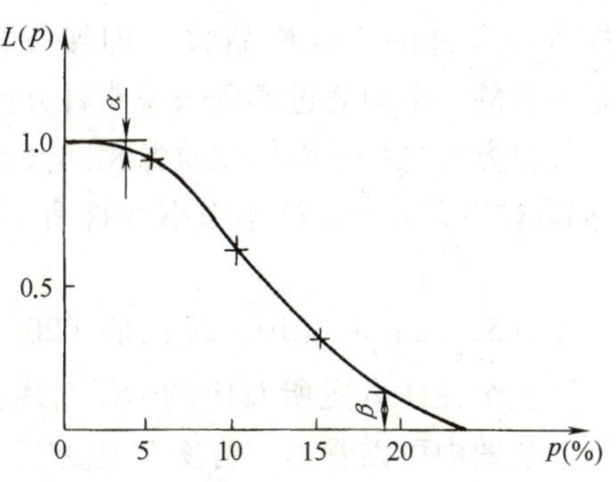

图 6-8 抽样方案（30，3）的 OC 曲线

（三）OC 曲线与 N、n、Ac 之间的关系

OC 曲线与抽样方案（N，n，Ac）是一一对应的。因此，当N、n、Ac 变化时，OC 曲线必然随着变化。以下讨论 OC 曲线怎样随着N、n、Ac 三个参数之一的变化而变化。

1. n、Ac 不变，N 变化

图 6-9 从左至右分别是三个抽样方案（50，20，0）、（100，20，0）、（1 000，20，0）所对应的三条 OC 曲线。从图中可以看出，批量大小对 OC 曲线影响不大，所以当$N/n \geqslant 10$时，就可以采用不考虑批量影响的抽样方案，因此，可以将抽样方案简单地表示为（n，Ac）。但这绝不意味着抽检批量越大越好，因为抽样检验总存在着犯错误的可能，如果批量过大，一旦不被接收，则给生产方造成很大的损失。

2. *N*、Ac 不变，*n* 变化

图 6-10 从左至右是合格判定数为 2，而样本大小 n 分别为 200、100、50 时所对应的三条 OC 曲线。从图中可以看出，当 Ac 一定时，样本量 n 越大，OC 曲线越陡峭，抽样方案越严格。

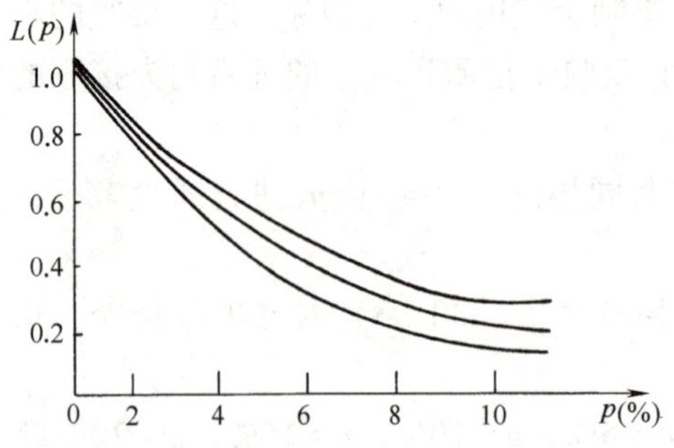

图 6-9 n、Ac 不变时，N 对 OC 曲线的影响

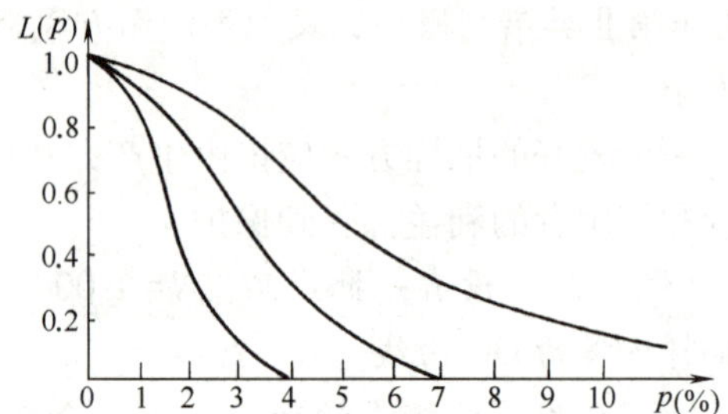

图 6-10 N、Ac 不变，n 对 OC 曲线的影响

3. *N*、*n* 不变，Ac 变化

图 6-11 从左至右是当 $n=100$，Ac 分别为 2、3、4、5 时所对应的 OC 曲线。从图中可以看出，当 n 一定时，接收数 Ac 越小，OC 曲线的倾斜度就越大，抽样方案越严格。

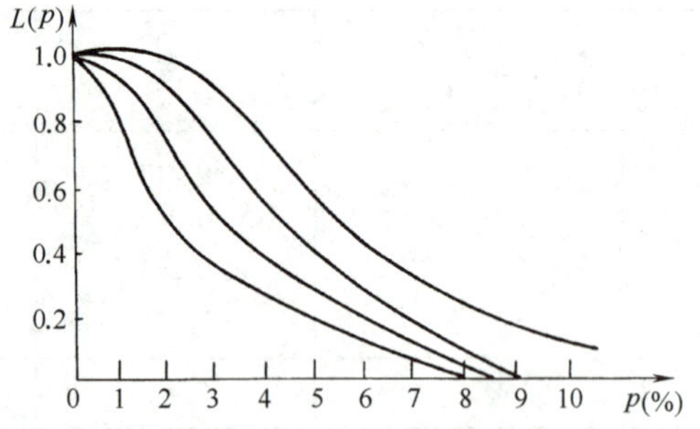

图 6-11 N、n 不变，Ac 对 OC 曲线的影响

四、百分比抽样的不合理性

所谓百分比抽样，就是不论产品的批量 N 如何，均按一定的比例抽取样本进行检验，而在样本中允许的不合格品数（即接收数 Ac）都是一样的。下面通过实例来说明百分比抽样的不合理性。

设供方有批量不同但批质量相同（比如批不合格品率均为 8%）的五批产品，它们均按 5%抽取样本，并规定样本中不允许有不合格品（即 Ac = 0）。因此，可得到下列五个抽样方案：

Ⅰ（5，0）；Ⅱ（10，0）；Ⅲ（20，0）；Ⅳ（30，0）；Ⅴ（100，0）

这五个抽样方案所对应的 OC 曲线如图 6-12 所示。从图中可以看出，方案Ⅴ比方案Ⅰ要严格得多。如 $p=2\%$时，方案Ⅰ的接收概率为 90.2%，而方案Ⅴ的接收概率仅为 13.5%；又如 $p=10\%$ 时，即批中已有 1/10 的不合格品，方案Ⅰ的接收概率仍可达 58.4%，而方案Ⅴ的接收概率已经很小（0.002 7%）。可见百分比抽样是大批严、小批宽，即对 N 大的检验批提高了验收标准，而对 N 小的检验批却降低了验收标准。所以百分比抽样是不合理的，不应当在企业中继续使用。

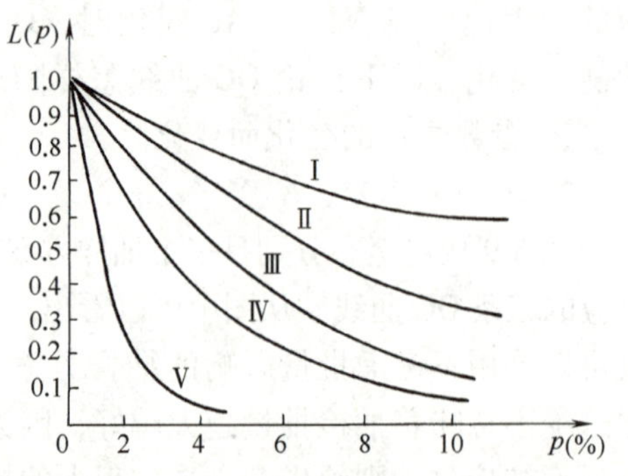

图 6-12 百分比抽样的不合理性

第三节 计数标准型抽样检验

一、计数标准型抽样检验的概念和特点

计数标准型抽样检验方案是最基本的抽检方案。所谓标准型抽样检验，就是同时严格控制生产方与使用方的风险，按供需双方共同制定的 OC 曲线所进行的抽样检验，即它同时规定对生产方的质量要求和对使用方的质量保护。

典型的标准型抽样检验方案是这样确定的：希望不合格品率为 p_1 的批尽量不接收，设其接收概率 $L(p_1)=\beta$；希望不合格品率为 p_0 的批尽量接收，设其不接收概率 $1-L(p_0)=\alpha$。一般规定 $\alpha=0.05$，$\beta=0.10$。其 OC 曲线如图 6-13 所示。

在图 6-13 中：

α 为生产方风险：对于给定的抽样方案，为当批质量水平为某一指定的可接收值时的不接收概率，即好的质量批不被接收时生产方所承担的风险。

β 为使用方风险：对于给定的抽样检验方案，为当批质量水平为某一指定的不满意值时的接收概率，即坏的质量批被接收时使用方所承担的风险。

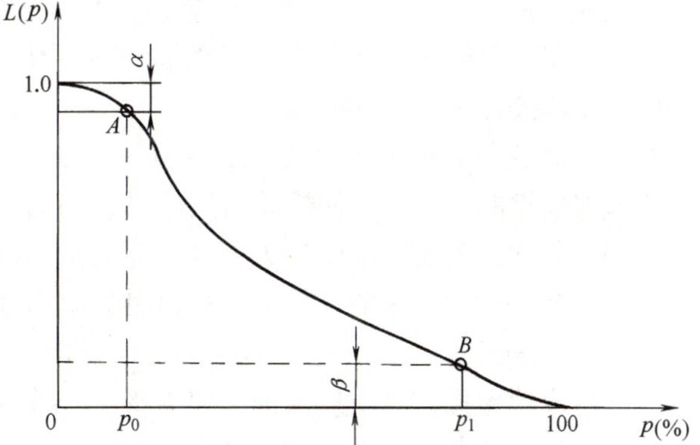

图 6-13 计数标准型抽样检验方案的 OC 曲线

p_0 为生产方风险质量：对于给定的抽样检验方案，与规定的生产方风险相对应的质量水平。

p_1 为使用方风险质量：对于给定的抽样检验方案，与规定的使用方风险相对应的质量水平。

A 为生产方风险点：OC 曲线上对应于生产方风险质量和生产方风险的点。

B 为使用方风险点：OC 曲线上对应于使用方风险质量和使用方风险的点。

计数标准型抽样检验方案的特点如下：

（1）通过选取相应于 p_0 和 p_1 的 α、β 值，同时满足供需双方的要求，对双方提供保护。

（2）不要求提供检验批验前资料（比如，制造过程的平均不合格品率），因此，它适合于对孤立批的检验。

（3）同时适用于破坏性检验和非破坏性检验。

（4）由于同时对双方实施保护，在同等质量要求的条件下，所需抽取的样本量较大。

二、计数标准型抽样检验方案的构成

表 6-4 为计数标准型一次抽样表（GB/T 13262—2008）。只要给出 p_0、p_1，就可以从表中查出样本量 n 和接收数 Ac。GB/T 13262—2008 由下列内容组成：

（1）p_0 栏从 0.091%~0.100%（代表值为 0.095%）至 10.1%~11.2%，共分 42 个区间；p_1 栏从 0.71%~0.80%（代表值为 0.75%）至 31.6%~35.5%，共分 34 个区间。

（2）样本量 n，考虑到使用方便，取以下 209 级：5，6，…，1820，2055。

三、计数标准型抽样检验的步骤

1. 确定单位产品的质量特性

一个单位产品往往有多个检测项目。在技术标准或合同中，必须对单位产品规定需抽检的质量特性以及该质量特性合格与否的判定准则。

2. 规定质量特性不合格的分类与不合格品的分类

一般将产品质量特性的不合格划分为 A 类、B 类和 C 类三种类别。例如，螺钉的直径不合格为 A 类不合格，长度不合格为 B 类不合格，螺纹不合格为 C 类不合格。

3. 确定生产方风险质量与使用方风险质量

p_0 和 p_1 的值需由生产方和使用方协商确定。作为选取 p_0 和 p_1 的依据，通常取生产方风险 $\alpha=0.05$，使用方风险 $\beta=0.10$。

决定 p_0、p_1 时，应综合考虑生产能力、制造成本、质量要求以及检验费用等因素。一般来说，A 类不合格或 A 类不合格品的 p_0 值要选得比 B 类的小，而 B 类不合格或 B 类不合格品的 p_0 值要选得比 C 类的小。

对于 p_1 的选取，一般应使 p_1 与 p_0 拉开一定的距离，通常多数 $p_0/p_1=4\sim10$。如果 p_0/p_1 过小，会增加抽检的样本量，使检验费用增加；而 p_0/p_1 过大，又会放松对质量的要求，对使用方不利。因此，若能够承受较大的样本量，p_0 与 p_1 间的距离可小一些，以求得较强的判别力；若不允许检验较多的样品，只好牺牲判别力而选用与 p_0 较远的 p_1 点。

4. 组成检验批

如何组成检验批，对质量保证有很大影响。检验批应由同一种类、同一规格型号、同一质量等级，且工艺条件和生产时间基本相同的单位产品组成，它可以与投产批、销售批、运输批相同或不同，但一般按包装条件及贸易习惯组成的批，不能直接作为检验批。

批量越大，单位产品所占的检验费用的比例就越小；一旦发生错判，损失将会非常惨重。因此，选择批量时，应考虑以下几点：

（1）当过程处于稳定状态时，尽可能组成大批。这时从整体来看，检验个数就少。为了组成大的批，可以将几个小批集中为一批。

（2）当过程未处于稳定状态时，尽可能将批分得小些。这时，从总体来看，检验个数就多。如果批大，当发生错判时，和好批混在一起的质量差的产品都判成了合格的；和坏批混在一起的质量好的产品都判成了不合格的。这是不利的。

（3）当过程大致稳定，但又经常不稳定时，一般应根据不稳定状态的程序来考虑批的组成。

（4）当没有过程情报时，先形成小批，在小批中进行抽检，把接连进行检验的情报收集起来，判断是否处于稳定状态，再根据前面所叙述的方法确定组成多大批为好。批的组成、批量大小以及识别批的方式等，应由生产方与使用方协商确定。

5. 检索抽样方案

根据事先规定的 p_0、p_1 值，查表 6-4，从 p_0 栏和 p_1 栏相交处读取抽样方案。相交处给出两个数值，左侧的数值为样本量 n，右侧的数值为接收数 Ac。按上述检索方法，如果样本量超过批量，应进行全数检验，但 Ac 值不变。当批量不超过 250 且样本量与批量的比值大于 10%时，则由 GB/T 13262—2008 检索出的抽样方案是近似的，应慎重使用，也可按 GB/T 13264—2008《不合格品百分数的小批计数抽样检验程序及抽样表》中规定的方法确定抽样方案。

表 6-4　不合格品百分数的计数标准型一次抽样检验程序及抽样表（GB/T 13262—2008 的节选）

p_0（%） \ p_1（%）	0.95	1.05	1.20	1.30	1.50	1.70	1.90	2.10	2.40	2.60	3.00	3.40	3.80	p_0 范围
0.095	395，1	370，1	345，1	315，1	280，1	250，1	225，1	210，1	185，1	160，1	68，0	64，0	58，0	0.091~0.100
0.105	380，1	355，1	330，1	310，1	275，1	250，1	225，1	200，1	185，1	160，1	150，1	60，0	56，0	0.101~0.112
0.120	595，2	340，1	320，1	295，1	275，1	245，1	220，1	200，1	180，1	160，1	150，1	130，1	54，0	0.113~0.125
0.130	580，2	535，2	305，1	285，1	260，1	240，1	220，1	200，1	180，1	160，1	150，1	130，1	115，1	0.126~0.140
0.150	545，2	520，2	475，2	270，1	250，1	230，1	215，1	195，1	175，1	160，1	140，1	130，1	115，1	0.141~0.160
0.170	740，3	495，2	470，2	430，2	240，1	220，1	205，1	190，1	175，1	160，1	140，1	125，1	115，1	0.161~0.180
0.190	710，3	665，3	440，2	415，2	370，2	210，1	200，1	185，1	170，1	155，1	140，1	125，1	115，1	0.181~0.200
0.210	875，4	635，3	595，3	395，2	365，2	330，2	190，1	175，1	165，1	155，1	140，1	125，1	115，1	0.201~0.224
0.240	1015，5	785，4	570，3	525，3	350，2	325，2	300，2	170，1	160，1	145，1	135，1	125，1	115，1	0.225~0.250
0.260	1165，6	910，5	705，4	510，3	465，3	310，2	290，2	265，2	150，1	140，1	130，1	120，1	110，1	0.251~0.280
0.300	1275，7	1025，6	810，5	625，4	450，3	410，3	275，2	260，2	240，2	135，1	125，1	115，1	110，1	0.281~0.315
0.340	1385，8	1145，7	920，6	725，5	555，4	400，3	365，3	250，2	230，2	210，2	120，1	110，1	105，1	0.316~0.355
0.380	1630，10	1235，8	1025，7	820，6	640，5	490，4	355，3	330，3	220，2	205，2	190，2	110，1	100，1	0.356~0.400
0.420		1450，10	1100，8	910，7	725，6	565，5	440，4	315，3	295，3	195，2	180，2	165，2	95，1	0.401~0.450
0.480			1300，10	985，8	810，7	545，5	505，5	390，4	285，3	260，3	175，2	165，2	150，2	0.451~0.500
0.530				1165，10	875，8	715，7	495，5	455，5	350，4	255，3	230，3	155，2	145，2	0.501~0.560
0.600					1035，10	770，8	640，7	435，5	405，5	310，4	225，3	205，3	140，2	0.561~0.630
0.670						910，10	690，8	570，7	390，5	360，5	275，4	200，3	185，3	0.631~0.710
0.750							815，10	620，8	610，7	350，5	320，5	250，4	180，3	0.711~0.800
0.850								725，10	550，8	455，7	310，5	285，5	220，4	0.801~0.900
0.950									650，10	490，8	405，7	275，5	255，5	0.901~1.00
1.05										580，10	435，8	360，7	245，5	1.01~1.12
1.20										715，13	515，10	390，8	280，6	1.13~1.25
1.30											635，13	465，10	350，8	1.26~1.40
1.50											825，18	565，13	410，10	1.41~1.60
1.70												745，18	505，13	1.61~1.80
1.90													660，18	1.81~2.00
p_1 范围	0.91~1.00	1.01~1.12	1.13~1.25	1.26~1.40	1.41~1.60	1.61~1.80	1.81~2.00	2.01~2.24	2.25~2.50	2.51~2.80	2.81~3.15	3.16~3.55	3.56~4.00	

【例 6-4】 规定 $p_0=1.05\%$，$p_1=3.00\%$时，求抽样方案。

解 查表 6-4，以 $p_0=1.05\%$所在的行和 $p_1=3.00\%$所在的列的相交处查到（435，8），即样本大小为 435，接收数为 8。

【例 6-5】 规定 $p_0=0.37\%$，$p_1=1.70\%$时，求抽样方案。

解 从表 6-4 中 p_0 为 0.356~0.400 的行，p_1 为 1.61~1.80 的列的相交处查到（490，4），即样本大小为 490，接收数为 4。

6. 抽取样本

样本应从整批中随机抽取，可在批构成之后或在批的构成过程中进行。

抽样检验的目的就是通过样本推断总体，这就要求从被检验批中选取样本的程序必须使得所抽到的样本是无偏的。为了能够抽得无偏的样本，即样本能够代表总体，通常采用的取样方法是随机抽样法。随机抽样包含简单随机抽样、分层随机抽样、整群随机抽样和系统随机抽样等方法。

7. 检验样本

按技术标准或合同等有关文件规定的试验、测量或其他方法，对抽取的样本中每一个单位产品逐个进行检验，判断是否合格，并且统计出样本中的不合格品总数。

8. 批的判断

根据样本检验的结果，若在样本中发现的不合格品数小于或等于接收数，则接收该批；若在样本中发现的不合格品数大于接收数，则不接收该批。

9. 检验批的处置

对于判为接收的批，订货方应整批接收，并剔除样本中的不合格品，同时允许订货方在协商的基础上向供货方提出某些附加条件；对于判为拒收的批，应全部退回供货方，未经有效处理不得再次提交检查。

第四节 计数调整型抽样检验

一、计数调整型抽样检验的概念和特点

所谓调整型抽样检验，是指根据已检验过的批质量信息，随时按一套规则“调整”检验的严格程度的抽样检验过程。当生产方提供的产品正常时，采用正常检验方案进行检验；当产品质量下降或生产不稳定时，采用加严检验方案进行检验，以免第Ⅱ类错判概率 β 变大；当产品质量较为理想且生产稳定时，采用放宽检验方案进行检验，以免第Ⅰ类错判概率 α 变大。这样可以鼓励生产方加强质量管理，提高产品质量的稳定性。调整型抽样检验较多地利用了抽样检验结果的历史资料，因此在对检验批质量提供同等鉴别能力时，所需抽取的样本量要少于标准型抽样检验，且能较好地协调供需双方各自承担的抽样风险。计数调整型抽样检验方案主要适用于大量的连续批的检验，是目前使用最广泛、理论上研究最多的一种抽样检验方法。

具有代表性的调整型抽样检验标准是美国军用标准 MIL-STD-105D（简称 105D）。105D 起源于 1945 年美国哥伦比亚大学统计研究小组为美国海军制定的、由美国国防部命名的抽样检验表 JAN-STD-105。经美国国防部对 JAN-STD-105 某些细节的修改，形成了于 1959 年

正式出版的军用标准 MIL-STD-105A，之后，又相继更新为 1958 年出版的 MIL-STD-105B 和 1961 年出版的 MIL-STD-105C。由于这些标准在美国各工业部门和国际上的广泛影响，从 1960 年起，美国、英国和加拿大三国联合组成了一个 ABC 工作小组，在 MIL-STD-105C 的基础上，负责研究并制定适合于三国的共同的抽样标准，于 1963 年公布了 ABC-STD-105。作为国家标准，该标准在美国命名为 MIL-STD-105D，在英国为 BS-9001，在加拿大为 105-GP-1。日本在此标准的基础上制定了日本标准 JIS-Z-9015。

1974 年，国际标准化组织在 MIL-STD-105D 的基础上，制定颁布了计数调整型抽样检验的国际标准，代号为 ISO 2859。1989 年，将其修订为 ISO 2859-1。1999 年，又对其进行了修订，代号为 ISO 2859-1：1999。1989 年，美国国防部修订了 MIL-STD-105D 标准，新标准的代号为 MIL-STD-105E。1993 年，美国国家标准协会又颁布了新标准，代号为 ANSI/ASQC Z1.4，并于 2003 年、2008 年分别进行了修订，最终版本为 ANSI/ASQ Z1.4—2008。1996 年，美国国防部发布了新的抽样标准 MIL-STD-1916 取代 MIL-STD-105E 作为美军方采购时主要选用的抽样标准，该标准在设计上与 MIL-STD-105E 有很大差别，其采用一次正常、加严、放宽三种抽样方案，取消了多次抽样方案，且将样本中接收数 Ac 全部规定为 0，即采用样本中不允许有不合格品的抽样方案，实际上在样本量相同的情况下将抽样方案的接收概率缩小，使抽样方案的判定更为严格。在 MIL-STD-1916 抽样计划中同时强调供应商应建立预防性的质量管理系统，强调以预防为主，在生产过程中建立统计过程控制系统，善用质量改进工具。

我国在博采众长的基础上，于 1987 年颁发了 GB 2828《逐批检查计数调整型抽样程序及抽样表》，并于 1988 年 5 月 1 日起实施。2003 年我国发布了等同采用国际标准 ISO 2859-1：1999 的 GB/T 2828.1—2003《计数抽样检验程序 第 1 部分：按接收质量限（AQL）检索的逐批检验抽样计划》，于 2012 年 11 月发布了 GB/T 2828.1—2012 代替 GB/T 2828.1—2003，并于 2013 年 12 月 15 日正式实施。

调整型抽样方案有如下特点：

（1）对于一个确定的质量要求，它不是固定采用一个方案，而是采用一组方案进行动态转换。

（2）有利于刺激生产方提高产品质量。

（3）适用于连续多批的产品检验，包括成品、部件和原材料、库存品等。

二、接收质量限

（一）接收质量限的含义

接收质量限（Acceptable Quality Limit，AQL）是当一个连续系列批被提交验收抽样时，可允许的最差过程平均质量水平，也即在抽样检验中，认为满意的连续提交批的过程平均的上限值。它是控制最大过程平均不合格品率的界限，是计数调整型抽样方案的设计基础。

根据上述定义可知：

（1）AQL 是可接收的和不可接收的过程平均的分界线。当生产方提供的产品批过程平均优于 AQL 值时，抽样方案应保证绝大部分的产品批抽检接收；当生产方提供的产品批过程平均劣于 AQL 值时，则转换用加严检验；若不接收批的比例继续增加，就要停止检验。当然，因为 AQL 是平均质量限，所以只规定 AQL 并不能完全保证接收方不接收比 AQL 质量差的产品批。但从长远来看，使用方得到的产品批的平均质量等于或优于 AQL。

（2）AQL 是对所希望的生产过程的一种要求，是描述过程平均的参数，不应把它与生产方生产过程的实际过程平均相混淆。当实际的过程平均 $\overline{P}\leqslant$AQL 时，应使用正常方案进行检验，抽样方案以尽可能高的概率接收；若 $\overline{P}>$AQL 时，应使用加严方案，以降低使用方的风险；而当 $\overline{P}\ll$AQL 时，应使用放宽检验，以带来良好的经济性。

（二）接收质量限的确定

确定 AQL 时，应考虑对生产方的认知程度（如过程平均、质量信誉等）、使用方的质量要求（如性能、功能、寿命、互换性等）、产品复杂程度、产品质量不合格类别、检验项目的数量和经济性等因素。常用方法有以下几种：

1. 根据过程平均确定

根据生产方近期提交的初检产品批的样本检验结果对过程平均的上限加以估计，与此值相等或稍大的标称值如能被使用方接受，则以此作为 AQL 值。此种方法大多用于品种少、批量大而且质量信息充分的场合。

2. 按不合格类别确定

对于不同的不合格类别的产品，分别规定不同的 AQL 值。越是重要的检验项目，验收后的不合格品造成的损失越大，越应指定严格的 AQL。原则上，对 A 类规定的 AQL 要小于对 B 类规定的 AQL，对 C 类规定的 AQL 要大于对 B 类规定的 AQL。另外，可以考虑在同类中对部分或单个不合格品再规定 AQL，也可以考虑在不同类别之间再规定 AQL。

3. 根据检验项目数确定

同一类的检验项目有多个（如同属 B 类不合格的检验项目有三个）时，AQL 的规定值应比只有一个检验项目时的规定值要适当大一些。表 6-5 是美国陆军对严重缺陷按检验项目数规定的 AQL 值。

表 6-5　美国陆军对严重缺陷按检验项目数规定的 AQL 值

检验项目	AQL（%）
1~2	0.25
3~4	0.40
5~7	0.65
8~11	1.0
12~19	1.5
20~48	2.5
≥49	4.0

4. 双方共同确定

规定 AQL 主要考虑的是使用方的要求。但是，AQL 又意味着使用方期望得到的与其能买得起的质量之间的一种折中质量。从这个意义上来说，为使用户要求的质量同供应方的过程能力相协调，双方需要彼此信赖、共同协商，合理地确定一个标称的 AQL 值。这样可以减少由 AQL 值引起的一些纠纷。

5. 按用户要求的质量来确定

当用户根据使用的技术、经济条件提出了必须保证的质量限时，应将该质量要求定为 AQL。

应注意的是，AQL 的值并不是可以任意取的，在计数调整型抽样方案中，AQL（%）只能采用 0.01，0.015，…，1 000 共 26 档，这些值都是 R_5 优先数系。其中，AQL 值在 10 以下时，可以是每百单位不合格品数，也可以是每百单位不合格数；但 AQL 值在 10 以上时，只能是每百单位不合格数。

三、检验水平

（一）检验水平（IL）的含义

如前所述，批量 N 对 OC 曲线基本上无影响。但是，权衡检验成本与所需保护程度得失，n 与 N 之间还是有一定关系的，主要表现在两个方面：其一，对于批量大的检验批来说，一旦错判，将造成较大的经济损失。为了减少错判，必须增大 n，以提高方案对质量优劣的鉴别能力。其二，N 大时，若 n 过小，抽样的随机性波动大，样本对总体的代表性就差。所以，N 大时一般要求 n 也大，N 与 n 呈正比关系，但 n/N 并非常数。因此，检验水平明确了批量 N 与样本量 n 之间的关系。

计数调整型抽样方案规定了两类七种检验水平：一类是一般检验水平，有三种，即Ⅰ、Ⅱ、Ⅲ；另一类是特殊检验水平，共有四种，分别是 S-1、S-2、S-3、S-4。按照Ⅰ、Ⅱ、Ⅲ、S-1、S-2、S-3、S-4 的顺序，当批量 N 一定时，样本量 n 逐渐减小。

在一般检查水平中，Ⅱ为正常检查水平。特殊检验水平所抽取的样本量较小，仅适用于必须用较小的样本而且允许有较大的错判风险的场合。

在计数调整型抽样方案中，检验水平的设计原则是：如果批量增大，样本量一般也随之增大，但不是成比例地增大，而是大批量中样本量所占的比例比小批量中样本量所占的比例要小。在计数调整型抽样方案中，检验水平Ⅰ、Ⅱ、Ⅲ的样本量比约为 0.4∶1.0∶1.6。表 6-6 给出了一般检验水平的批量与样本量之间的关系。

表 6-6　一般检验水平的批量与样本量之间的关系（一次正常检验）

n/N（%）	水平Ⅰ	水平Ⅱ	水平Ⅲ
	N	N	N
≤50	≥4	≥4	≥10
≤30	≥7	≥27	≥167
≤20	≥10	≥160	≥625
≤10	≥50	≥1 250	≥2 000
≤5	≥640	≥4 000	≥63 000
≤1	≥2 500	≥50 000	≥80 000

（二）检验水平的选择

选择检验水平应考虑以下几点：

（1）产品的复杂程度与价格。构造简单、价格低廉的产品的检验水平应低些；检验费用高的产品应选择低检验水平。

（2）破坏性检验。这种检验宜选择低检验水平或特殊检验水平。

（3）生产的稳定性。生产的稳定性差或新产品应选择高检验水平；否则，选择低检验水平。

（4）保证用户的利益。如果想让大于 AQL 的劣质批尽量不合格，则宜选择高检验水平。

（5）批与批之间的质量差异性。批间的质量差异性小而且检验总是合格的批，宜选择低检验水平。

（6）批内质量波动幅度大小。批内质量波动比标准规定的波动幅度小，可采用低检验水平。

在选取检验水平和 AQL 时，应避免 AQL 同检验水平的不协调。例如，在检验水平为特殊水平 S-1 的情况下，字码不超过 D，而与字码 D 相对应的一次正常检验的样本量为 8，所以若规定 AQL 为 0.1%，其样本量为 125，此时指定的 S-1 无效。

四、抽样类型

计数调整型抽样检验中给出了一次、二次和五次抽样方案。例如，本章章末附录 E 样本含量字码 K 的抽样方案表中，可以查得字码 K 与相应的 AQL 值的一次、二次和五次抽样方案。如当 AQL 值为 1.0%时，字码 K 的一次抽样方案为（125，3）；二次抽样方案为 $n_1=n_2=80$，判定组数为 $Ac_1=1$，$Re_1=3$；$Ac_2=4$，$Re_2=5$。

在计数调整型抽样方案中规定了一次、二次和五次抽检方案类型。当批量 N 一定时，对于同一个 AQL 值和同一个检查水平，采用任何一种抽样方案类型，其 OC 曲线基本上都是一致的。所以，当 N、AQL、IL 一定时，不同抽样方案类型的判别力是一样的，所不同的是一次抽样方案的平均样本量比二次抽样方案大，而二次抽样方案的平均样本量比五次抽样方案的要大。

五、检验的严格度与转移规则

所谓检验的严格度，是指交验批所接受检验的严格程度。GB/T 2828.1—2012 规定有三种不同严格度的检验：正常检验、加严检验和放宽检验。正常检验的设计原则是：当过程质量优于 AQL 时，抽样方案应以很高的接收概率接收检验批，以保护生产方的利益。而加严检验是为保护使用方的利益而设立的，其设计原则是：在一般情况下，加严检验的样本量与正常检验的样本量相同而降低接收数，加严检验是带有强制性的。放宽检验的设计原则是：当批质量一贯很好时，为了尽快得到批质量信息并获得经济利益，以减少样本量为宜。放宽检验的样本量一般为正常检验样本量的 40%。

在使用抽样方案时，三种检验之间的转移规则如下：

（1）从正常检验转到加严检验。计数调整型抽样方案标准规定：抽样检验一般从正常检验开始时，只要初检（即第一次提交检验，而不是不被接收批经过返修或挑选后再次提交检验）批中，连续五批或不到五批中就有两批不被接收，则应从下批起转到加严检验。

（2）从加严检验转到正常检验。进行加严检验时，如果连续五批初次检验被接收，则从下批起恢复正常检验。

（3）从正常检验转到放宽检验。从正常检验转为放宽检验必须同时满足下列三个条件，缺一不可：①当前的转移得分至少达到 30 分；②生产稳定；③负责部门认为使用放宽检验可取。

其中对于一次抽样方案转移得分的计算方法如下：

除非负责部门另有规定，在正常检验的一开始就应计算转移得分。在正常检验开始时，应将转移得分设定为 0，而在检验完每个批后应更新转移得分。

1）当接收数等于或大于 2 时，如果当 AQL 加严一级（即使用 AQL 降低一级的抽样方案）后该批被接收，则转移得分加 3 分；否则将转移得分重新设定为 0。

2）当接收数为 0 或 1 时，如果该批被接收，则给转移得分加 2 分；否则将转移得分重新设定为 0。

例如，当使用字码为 J 和 AQL＝1.0%的一次正常抽样方案（80，2）进行验收时，AQL 加严一级的值为 0.65%，则字码 J 和 AQL＝0.65%的一次正常抽样方案为（80，1）。若样本中不合格品为 0 或 1，接收该批产品，转移得分加 3 分；如果样本中不合格品数为 2，则接收该批产品，但使用 AQL 加严一级的抽样方案判断不接收，因此转移得分设定为 0；如果样本中不合格品数大于 2，则不接收该批产品，且转移得分设定为 0。

若使用一次正常抽样方案（50，1）进行验收，当样本中不合格品数为 0 或 1 时，接收该批产品，转移得分加 2 分；如果样本中不合格品数大于 1，则不接收该批产品，转移得分设定为 0。

（4）从放宽检验转到正常检验。进行放宽检验时，如果出现下面任何一种情况，就必须转回到正常检验：①一批放宽检验不被接收；②生产不稳定或延迟；③认为应恢复正常检验的其他情况。

（5）暂停检验。进行加严检验时，如果不被接收批累计达到五批，原则上应停止检验，只有在采取了改进产品质量的措施之后，并经主管部门同意，才能恢复检验。此时，应从加严检验开始。

计数调整型抽样方案的转移规则如图 6-14 所示。

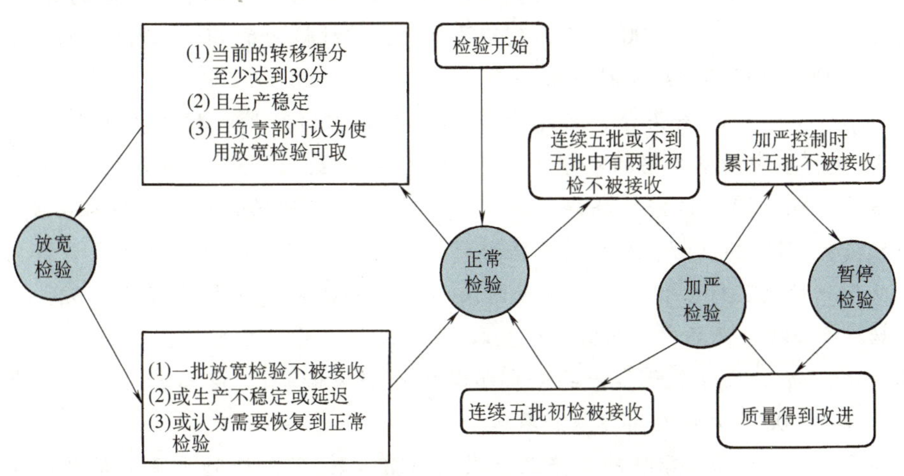

图 6-14　计数调整型抽样方案的转移规则

六、计数调整型抽样方案的使用步骤

根据计数调整型抽样方案的规定，抽样标准的使用程序如下：

（1）确定质量标准和不合格分类。规定判断单位产品是否合格的质量标准。

（2）确定接收质量限。

（3）确定检验水平。

（4）选择抽样方案类型。有关接收质量限、检验水平以及抽样方案类型的概念和确定方法，前面已做了详细的介绍，这里不再赘述。

（5）组成检验批。计数调整型抽样方案规定，检验批可以是投产批、销售批、运输批，但每个批应该由同型号、同等级、同种类，且生产条件和生产时间基本相同的单位产品组成。

（6）规定检验的严格度。

（7）检索抽样方案。抽样方案的检索主要是根据样本量字码和接收质量限（AQL），利用附录的抽检表来进行的。首先进行样本量字码的检索，在附录 A 中，从检验批的批量所在行和规定的检验水平所在列相交处读出样本量字码。接着，再根据检索出的样本量字码、AQL 的值、抽样类型以及检验的宽严程度在附录的相应表中检索出具体抽样方案（n，Ac）。

【例 6-6】 某产品采用计数调整型抽样方案检验，批量为 1 000，AQL = 4%，检验水平为Ⅱ，求正常检验一次抽样方案。

解 从本章附录 A 中，在 N=1 000 和检验水平Ⅱ的交汇处找到字码 J；再根据 J 和 AQL 值，用附录 B（正常检查一次抽样方案表）检索出一次抽样方案为（80，7）。即从 1 000 台该产品中，随机抽取 80 台进行检验，如果被检验的 80 台产品中的不合格品数 $d \leqslant 7$ 台，则 1 000 台产品全部被接收；若被检验的 80 台产品中的不合格品数 $d \geqslant 8$ 台，则 1 000 台产品全部不被接收。

【例 6-7】 如果对例 6-6 产品进行的是加严检验，则由附录 C 可知加严检验的抽样方案为（80，5）。即从 1 000 台该产品中，随机抽取 80 台进行检验，如果被检验的 80 台产品中的不合格品数 $d \leqslant 5$ 台，则 1 000 台产品全部被接收；若被检验的 80 台产品中的不合格品数 $d \geqslant 6$ 台，则 1 000 台产品全部不被接收。

【例 6-8】 接例 6-6，如果该产品连续 10 批产品正常检验均被接收，且从这 10 批产品所抽取的 10 个样本中的不合格品数分别为 1、2、0、1、2、1、3、2、0、1，AQL 加严一级的抽样方案为（80，5）。根据转移得分的计算方法，10 批检验后的转移得分分别为 3、6、9、12、15、18、21、24、27、30，满足转移得分的要求。假定过程稳定且负责部门同意的情况下，从下一批起实行放宽检验，根据附录 D 查得一次放宽抽样方案为（32，5），即从下一批开始从 1 000 台产品中，只需随机抽取 32 台进行检验，如果被检验的 32 台产品中的不合格品数 $d \leqslant 5$ 台，则 1 000 台产品全部被接收；若被检验的 32 台产品中的不合格品数 $d \geqslant 6$ 台，则该 1 000 台产品全部不被接收。

【例 6-9】 对批量为 4 000 的某产品，采用 AQL = 1.5%，检验水平为Ⅲ的一次正常检验，连续 25 批的检验记录如表 6-7 所示，试探讨检验的宽严程度。

表 6-7 检验记录

批号	抽样方案				检验结果		
	N	n	Ac	Re	不合格品数	批合格与否	结论
1	4 000	315	10	11	7	合格	接收
2	4 000	315	10	11	2	合格	接收
3	4 000	315	10	11	4	合格	接收
4	4 000	315	10	11	11	不合格	拒收
5	4 000	315	10	11	9	合格	接收
6	4 000	315	10	11	4	合格	接收
7	4 000	315	10	11	7	合格	接收
8	4 000	315	10	11	3	合格	接收
9	4 000	315	10	11	2	合格	接收
10	4 000	315	10	11	12	不合格	拒收
11	4 000	315	10	11	8	合格	接收
12	4 000	315	10	11	11	不合格	拒收
13	4 000	315	8	9	7	合格	接收
14	4 000	315	8	9	8	合格	接收
15	4 000	315	8	9	4	合格	接收
16	4 000	315	8	9	9	不合格	拒收
17	4 000	315	8	9	3	合格	接收
18	4 000	315	8	9	5	合格	接收
19	4 000	315	8	9	3	合格	接收
20	4 000	315	8	9	1	合格	接收
21	4 000	315	8	9	6	合格	接收
22	4 000	315	10	11	7	合格	接收
23	4 000	315	10	11	2	合格	接收
24	4 000	315	10	11	5	合格	接收
25	4 000	315	10	11	3	合格	接收

解 从正常检验开始，第 4 批和第 10 批不被接收，但未造成转换为加严检验的条件；从第 8 批起到第 12 批为止的连续五批中有两批不被接收，符合转换为加严检验的条件，因此从第 13 批开始由正常检验转为加严检验；从第 17 批起到第 21 批为止的连续五批加严检验均被接收，因此从第 22 批开始由加严检验恢复为正常检验。

（8）抽取样本。

（9）样本的测量与记录。

（10）判断批接收与否。对于一次抽样方案，根据样本检验的结果，若样本中的不合格（品）数小于或等于接收数 Ac，则判该批产品被接收；如果样本中不合格（品）数大于或等于拒收数 Re，则判该批产品不被接收。

（11）对不被接收批的处置。计数调整型抽样方案中规定了不被接收批的再提交，供货方在对不被接收批进行百分之百检验的基础上，将发现的不合格品剔除或修理好后，允许再次提交检验。除非造成批不被接收的原因是某个或某些不可修复的不合格的出现，可能导致整批产品报废。比如，家用电器的绝缘性能不符合技术要求，烟花爆竹存在不可修复的致命不合格等。否则，批不被接收并不意味着整批报废。

七、多特性值的抽样检验

当抽样检验涉及评价多于一个质量特性时，可以将每个质量特性对最终质量的严重程度划分不合格类。GB/T 2828. 1—2012 将“不合格”分为三类：A 类、B 类和 C 类，并给不同类别的不合格分配不同的 AQL 值。最简单的可能是把所有不合格分为 A 和 B 两类，每类单独分配一个 AQL 值，这样，在规定了抽样方案类型后，从正常检验抽样表中可以检索到两个不同的抽样方案。只有当两个方案都做出接收判断时，才能判对该批产品正常检验接收；只要有一个抽样方案做出不接收判断，就不能判对该批产品正常检验接收。

还有一些其他的可能性，例如：

（1）多于两类的情形，如表 6-8 所示。

表 6-8　多于两类的情形

不合格类型	A	B	C
AQL	0. 4%	1. 0%	4. 0%

这时，判定检验批为接收批必须对 A、B、C 三类不合格相应的三个抽样方案都做出接收判断才可以。

（2）给产品的每个性能分配一个独立的 AQL，同时将所有性能合起来再规定一个总的 AQL，如表 6-9 所示。

表 6-9　给每个性能分配一个独立的 AQL

不合格类型	性能 1	性能 2	性能 3
每个性能的 AQL	1. 0%	0. 8%	1. 2%
总的 AQL	1. 5%		

这种做法对于复杂而且有许多独立性能要检验的产品也是有参考价值的。

（3）对 A 类不合格规定一个 AQL，而且将 A 类不合格和 B 类不合格合起来规定一个 AQL，如表 6-10 所示。

表 6-10　将 A 类不合格和 B 类不合格合起来规定一个 AQL

不合格类型	A	A+B
AQL	1. 0%	4. 0%

【例 6-10】　某产品批量 N=1 000，每个样本单位必须检验 5 个尺寸。在考虑了各类不合格的影响后，得知尺寸 1 和尺寸 2 的不合格为 A 类不合格，其他 3 个尺寸的不合格为 B 类不合格，分别规定它们的 AQL，如表 6-11 所示。

表 6-11　分别规定 AQL

不合格类型	检验项目	AQL
A	尺寸 1，尺寸 2	0. 65%
B	尺寸 3，尺寸 4，尺寸 5	2. 5%

假定对A类不合格品和B类不合格品都规定采用检验水平Ⅱ，那么，由附录A可查得样本量字码为J。再由附录B可查得正常检验一次抽样方案，如表6-12所示。

表6-12 正常检验一次抽样方案

不合格类型	样本大小	合格判定数 Ac	不合格判定数 Re
A	80	1	2
B	80	5	6

在进行检验时，由于尺寸测量是非破坏性的，所以只需抽取80个样本单位，就可以测量A类不合格和B类不合格所涉及的5个尺寸。

假设从这批产品中抽取的80个样本单位的测量结果如下：

有1个不合格品，其尺寸2和尺寸3不合格。

有2个不合格品，只有尺寸3不合格。

有1个不合格品，其尺寸4和尺寸5不合格。

按GB/T 2828. 1—2012的定义："有一个或一个以上A类不合格，也可能还有B类和（或）C类不合格的单位产品称为A类不合格品"，"有一个或一个以上B类不合格，也可能还有C类不合格，但不包含A类不合格的单位产品，称为B类不合格品"。于是，在检验出的4个不合格品中，有1个不合格品虽然尺寸2和尺寸3都不合格，也只能算1个A类不合格品；而尺寸4和尺寸5都不合格的那个不合格品也只能算1个B类不合格品。综上所述，被检验的80个样品中含有1个A类不合格品、3个B类不合格品，因此应接收该批产品。

【例6-11】 某皮鞋厂对连续生产的男、女皮鞋跟面进行抽样验收，并规定抽样检验的单位产品为一双皮鞋。需检验的项目有外观和物理性能。外观的质量特性为厚度、花纹深度和同双厚度允差；物理和力学性能指标为硬度和耐磨程度。其技术要求如表6-13所示。

表6-13 技术要求 （单位：mm）

外观要求：			
品种	厚度	花纹深度	同双厚度允差
男皮鞋跟面	5.0	1.5	0.5
女皮鞋跟面	4.0	1.0	0.5
物理和力学性能指标： 硬度：70~79HS 耐磨程度：磨痕长度不大于4. 0mm			

根据质量特性的重要程度，规定物理和力学性能的接收质量限为2. 5%，出于检验的经济性考虑，选取检验水平为S-1；外观的接受质量限为4. 0%，检验水平为一般水平Ⅱ。按现场生产批量组成交检批，批量$N=100$。根据附录B查得一次正常抽样方案：外观检验抽样方案为（20，2），物理和力学性能检验方案为（5，0）。

检验方法如下：从一批产品中，先抽取5双皮鞋，检验其外观及物理和力学性能。如果5双皮鞋的硬度和耐磨程度均符合要求，则物理和力学性能检验合格。继续抽取15双皮鞋进行外观验收，如果20双皮鞋中不超过2双有厚度、花纹深度和同双厚度允差不符合要求，则外观检验合格，接收该批产品；如果外观或物理性能检验有一项不通过，则不接收该批产品。

八、复合抽检特性曲线

抽检特性曲线可以用来衡量抽样方案的质量保证能力，在计数调整型抽样方案中，给出了一次正常检验的 OC 曲线，它也适用于二次和多次正常检验，因为二次抽样和多次抽样的判别能力基本相同。它也可以用于相应的一次、二次和多次加严检验。

但是调整型抽样方案的抽检特性曲线和其他方案有所不同，因为计数调整型抽样方案随着过程质量水平的不同不是一个固定的方案，而是一个通过转移规则有机结合起来的方案组。它是正常方案、加严方案和放宽方案三个方案的特性的复合，称为复合抽检特性曲线，如图 6-15 所示。

从图 6-15 中可以看出，当产品过程质量稳定地处于 AQL 附近时，使用正常抽样方案，以保护生产方的利益（α 风险较小），所以复合 OC 曲线与正常抽样方案的 OC 曲线相吻合。但当转移规则认为过程质量劣于 AQL 时，就由正常检验转为 β 风险小的加严检验，为使用方提供足够的保护，因此复合 OC 曲线的尾部同加严抽样方案的 OC 曲线相吻合。而当产品批的实际质量在一段时间内远远小于 AQL 时，为了节省检验费用，检验由正常检验转为放宽检验，因而复合 OC 曲线在 $p \ll$AQL 处同放宽抽样方案的 OC 曲线相吻合。

九、平均样本量曲线

平均样本量（ASN）是指为了做出接收或不接收的决定，平均每批抽取的单位产品数。它是衡量计数调整型抽样检验经济性的重要指标。一般来说，二次正常检验抽样方案的 ASN 值比一次正常检验抽样方案的 ASN 值小，五次正常检验抽样方案的 ASN 值又比二次正常检验抽样方案的 ASN 值小（见图 6-16）。ASN 值与所提交批的实际质量水平（以 p 表示）有关，是 p 的函数。对于一次抽样方案，平均每批抽取的单位产品数为样本量 n。但是对于二次抽样方案或五次抽样方案，抽取的样本数取决于批质量。当批质量极好时，只抽取一个样本就可以做出接收的判定；当批质量极坏时，只抽取一个样本就可以做出不接收的判断；而当批质量介于两者之间时，抽取多次样本的可能性在增加，如图 6-16 所示。

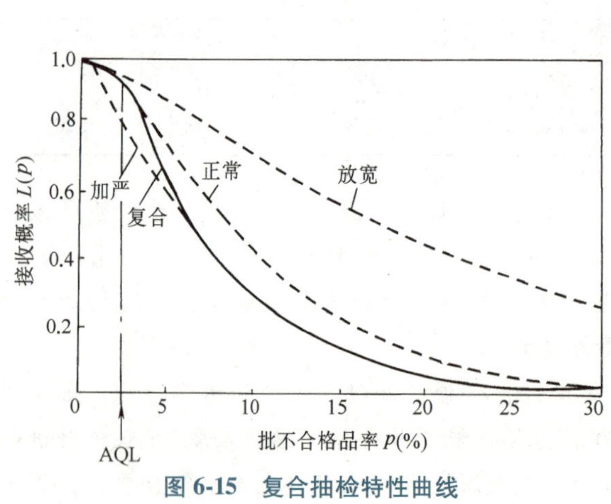

图 6-15　复合抽检特性曲线

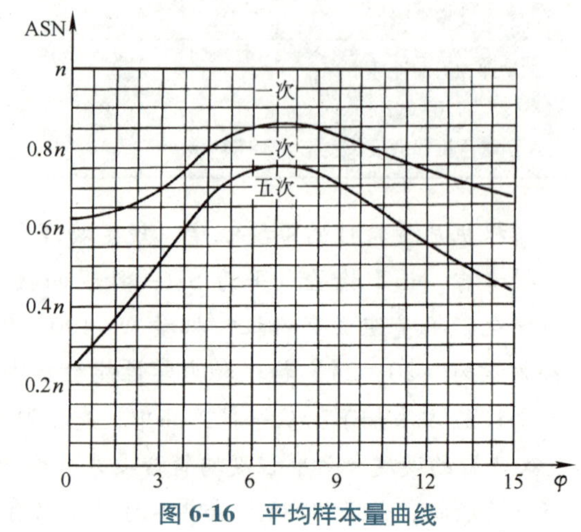

图 6-16　平均样本量曲线

第五节 监督抽样检验

一、监督抽样检验概述

监督抽样检验是由第三方独立对产品进行的决定监督总体是否可通过的抽样检验。它适用于质量监督部门定期或不定期对经过验收合格的产品总体实施的质量监督抽查，也可用于企业内部对生产检验和质量管理工作的监督抽查。其中质量监督抽查是指国家质量监督机构通过对来自市场或企业的抽取的样品进行的检验，判断产品质量是否合格，从而采取强制措施，责成企业提高产品质量。国家质量监督的主要形式是由质量监督行政部门实行的季度质量监督抽查及质量监督机构实行的日常监督检验。

质量监督抽样检验与产品验收抽样检验相比，由于目的和作用不同，它们具有以下不同特点：

产品验收抽样检验的目的是判断产品批是否可被接收，它是由使用方采取的一种微观的质量控制手段。而质量监督抽样检验是在验收抽样合格的基础上进行的一种复检，它是由第三方机构为保证产品质量和保护消费者的利益对产品质量进行的监督，它无法取代逐批产品检验。其目的不在于评估产品总体的质量水平，而在于发现不合格的产品总体。它主要对不合格总体的判定负责。通过监督抽查的总体不等于确认其合格，因为在方案的设计和选取上主要控制将合格总体判为不合格总体的概率，使其错判的可能性尽可能小。但由于其样本量相对较小，将不合格总体判为合格总体的可能性相对较大，因此监督抽样对合格总体的准确性不予保证。

目前，我国有三个质量监督抽样方案和一个质量监督复查抽样标准。其中，GB/T 2828.4—2008《计数抽样检验程序　第4部分：声称质量水平的评定程序》适用于计数监督抽样检验；GB/T 2828.11—2008《计数抽样检验程序　第11部分：小总体声称质量水平的评定程序》适用于小总体的监督抽样检验，为质量指标的监督抽样标准；GB/T 6378.4—2018《计量抽样检验程序　第4部分：对均值的声称质量水平的评定程序》适用于计量监督抽样检验；GB/T 16306—2008《声称质量水平复检与复验的评定程序》适用于质量监督复查和复验。本节主要介绍适用于计数监督抽样检验标准 GB/T 2828.4—2008《计数抽样检验程序　第4部分：声称质量水平的评定程序》。

质量监督抽样检验的术语：

（1）核查总体：被实施检查的单位产品的全体。

（2）声称质量水平（DQL）：核查总体中允许的不合格品百分数（或每百单位产品不合格数）的上限值。

（3）质量水平：核查总体中的实际不合格品百分数或每百单位产品不合格数。

（4）质量比：核查总体的实际质量水平与声称质量水平的比值。

（5）极限质量比（LQR）：与将不合格批判为合格批的较小风险值（本标准规定10%）相对应的质量水平与声称质量水平的比值。

（6）极限质量比水平：极限质量比的等级，本标准给出了四个水平。

（7）不合格（品）限定数L：基于声称质量水平，核查总体的样本中允许出现的不合格（品）数。

（8）核查抽样检验功效：当核查总体的实际质量水平 p 大于声称质量水平 DQL 时，核查总体被判为不合格的概率。

（9）错判风险：将实际上合格的核查总体判为不合格的概率，用 α 表示，本标准规定为 5%。

（10）漏判风险：将实际上不合格的核查总体判为合格的概率，用 β 表示，本标准规定为 10%。

二、GB/T 2828.4—2008《声称质量水平的评定程序及抽样表》的使用

GB/T 2828.4—2008《声称质量水平的评定程序及抽样表》规定了核查抽样检验程序、抽样表的检索方法和对核查抽样检验结论的统计解释。GB/T 2828.4—2008《声称质量水平的评定程序及抽样表》的使用程序如下：

1. 确定核查总体

根据核查需要确定核查总体。核查总体中的产品可以是同厂家、同型号、同一生产周期生产的产品，也可以是不同厂家、不同型号、不同生产周期生产的产品。

2. 确定单位产品的质量特性和不合格分类

对单位产品技术性能、技术指标、安全、卫生指标等质量特性做出明确规定，并根据需要将不合格分为 A 类、B 类和 C 类三类。其分类方法应当与产品验收时的分类方法相同。

3. 规定声称质量水平

由受检方自行申报或由负责部门根据核查需要规定声称质量水平（DQL）。声称质量水平是核查抽样标准的一个重要参数，一般核查质量水平的值不小于产品验收时规定的 AQL 值。当对产品进行不合格分类时，应按不合格的类别分别规定不同的声称质量水平。

4. 规定极限质量比

在抽样表中给出了四个极限质量比（LQR）水平：极限质量比水平 0、Ⅰ、Ⅱ和Ⅲ。极限质量比水平越高，所需的样本量越大，检验的功效越好。负责部门应根据所能承受的样本量和检验功效两个因素选择适宜的极限质量比水平。极限质量比水平一经确定，在实施过程中不能更改。

5. 检索抽样方案

根据声称质量水平（DQL）和极限质量比（LQR）水平从抽样表中查得抽样方案（n, L）。对于一组给定的声称质量水平（DQL）和极限质量比（LQR）水平，如无对应的抽样方案可用，应按箭头方向查得抽样方案。

【例 6-12】 对某企业进行核查抽样检验，其核查总体是该企业生产的各种型号的电器产品的总和。规定声称质量水平 DQL=2.5（%），极限质量比水平为Ⅰ，给出满足要求的抽样方案。

解 根据 GB/T 2828.4—2008《计数抽样检验程序　第 4 部分：声称质量水平的评定程序》的表 1 查得核查抽样方案为（13，1），即样本量为 13，样本中允许的不合格（品）数为 1。根据表 3 还可查到该抽样方案的极限质量比 LQR=10.7（%），错判风险为 α=4.1%。

6. 样本的抽取和检验

从核查总体抽取样本时，应尽可能保证样本的随机性，对事先规定的各检验项目，应按有关标准和技术要求规定的检验方法对样本进行检验，并统计出样本中不合格品数或不合格数。

7. 对核查总体进行判断

若样本中发现的不合格品数 d 小于或等于不合格品限定数 L，即抽检合格，认为核查总体通过，当抽样方案的样本量较小时，把不合格总体判为抽检合格的概率较大，其检验结论应写为“不否定该核查总体的声称质量水平”；若样本中不合格品数 d 大于不合格品限定数 L，即抽检不合格，则可认定核查总体不合格。

【例 6-13】　对某产品进行监督核查，将单位产品的质量特性分为 A 类、B 类和 C 类不合格，声称质量水平依次规定为：1.0（%）、4.0（%）和 10.0（%），极限质量比为Ⅰ水平。

解　从 GB/T 2828.4—2008《计数抽样检验程序　第 4 部分：声称质量水平的评定程序》的表 1 中查得 A 类、B 类和 C 类不合格的抽样方案分别为：(32，1)、(8，1) 和 (3，1)。

检验程序如下：先从核查总体中随机抽取 3 个产品，逐个检验 A 类、B 类和 C 类不合格特性，再从余下的产品中随机抽取 5 个产品，对 A 类和 B 类不合格特性进行检验，最后随机抽取 24 个产品检验 A 类不合格特性。分别统计所有样本中的 A 类、B 类和 C 类不合格的个数，如果 A 类、B 类和 C 类不合格数分别小于等于 1，则该核查总体检验合格；如果任何一个不合格类检验不合格，则判该核查总体检验不合格。

附　录

附录 A　样本量字码表

批量范围	特殊检验水平				一般检验水平		
	S-1	S-2	S-3	S-4	Ⅰ	Ⅱ	Ⅲ
2~8	A	A	A	A	A	A	B
9~15	A	A	A	A	A	B	C
16~25	A	A	B	B	B	C	D
26~50	A	B	B	C	C	D	E
51~90	B	B	C	C	C	E	F
91~150	B	B	C	D	D	F	G
151~280	B	C	D	E	E	G	H
281~500	B	C	D	E	F	H	J
501~1 200	C	C	E	F	G	J	K
1 201~3 200	C	D	E	G	H	K	L
3 201~10 000	C	D	F	G	J	L	M
10 001~35 000	C	D	F	H	K	M	N
35 001~150 000	D	E	G	J	L	N	P
150 001~500 000	D	E	G	J	M	P	Q
500 001 及以上	D	E	H	K	N	Q	R

附录 B　正常检验一次抽样方案表

样本量字码	样本量	接收质量限(AQL) 0.010	0.015	0.025	0.040	0.065	0.10	0.15	0.25	0.40	0.65	1.0	1.5	2.5	4.0	6.5	10	15	25	40	65	100	150	250	400	650	1 000
		Ac Re	Ac Re	Ac Re	Ac Re	Ac Re	Ac Re	Ac Re	Ac Re	Ac Re	Ac Re	Ac Re	Ac Re	Ac Re	Ac Re	Ac Re	Ac Re	Ac Re	Ac Re	Ac Re	Ac Re	Ac Re	Ac Re	Ac Re	Ac Re	Ac Re	Ac Re
A	2	↓	↓	↓	↓	↓	↓	↓	↓	↓	↓	↓	↓	↓	↓	0 1	↓	↓	1 2	2 3	3 4	5 6	7 8	10 11	14 15	21 22	30 31
B	3	↓	↓	↓	↓	↓	↓	↓	↓	↓	↓	↓	↓	↓	0 1	↑	↓	1 2	2 3	3 4	5 6	7 8	10 11	14 15	21 22	30 31	44 45
C	5	↓	↓	↓	↓	↓	↓	↓	↓	↓	↓	↓	↓	0 1	↑	↓	1 2	2 3	3 4	5 6	7 8	10 11	14 15	21 22	30 31	44 45	↑
D	8	↓	↓	↓	↓	↓	↓	↓	↓	↓	↓	↓	0 1	↑	↓	1 2	2 3	3 4	5 6	7 8	10 11	14 15	21 22	30 31	44 45	↑	↑
E	13	↓	↓	↓	↓	↓	↓	↓	↓	↓	↓	0 1	↑	↓	1 2	2 3	3 4	5 6	7 8	10 11	14 15	21 22	30 31	44 45	↑	↑	↑
F	20	↓	↓	↓	↓	↓	↓	↓	↓	↓	0 1	↑	↓	1 2	2 3	3 4	5 6	7 8	10 11	14 15	21 22	↑	↑	↑	↑	↑	↑
G	32	↓	↓	↓	↓	↓	↓	↓	↓	0 1	↑	↓	1 2	2 3	3 4	5 6	7 8	10 11	14 15	21 22	↑	↑	↑	↑	↑	↑	↑
H	50	↓	↓	↓	↓	↓	↓	↓	0 1	↑	↓	1 2	2 3	3 4	5 6	7 8	10 11	14 15	21 22	↑	↑	↑	↑	↑	↑	↑	↑
J	80	↓	↓	↓	↓	↓	↓	0 1	↑	↓	1 2	2 3	3 4	5 6	7 8	10 11	14 15	21 22	↑	↑	↑	↑	↑	↑	↑	↑	↑
K	125	↓	↓	↓	↓	↓	0 1	↑	↓	1 2	2 3	3 4	5 6	7 8	10 11	14 15	21 22	↑	↑	↑	↑	↑	↑	↑	↑	↑	↑
L	200	↓	↓	↓	↓	0 1	↑	↓	1 2	2 3	3 4	5 6	7 8	10 11	14 15	21 22	↑	↑	↑	↑	↑	↑	↑	↑	↑	↑	↑
M	315	↓	↓	↓	0 1	↑	↓	1 2	2 3	3 4	5 6	7 8	10 11	14 15	21 22	↑	↑	↑	↑	↑	↑	↑	↑	↑	↑	↑	↑
N	500	↓	↓	0 1	↑	↓	1 2	2 3	3 4	5 6	7 8	10 11	14 15	21 22	↑	↑	↑	↑	↑	↑	↑	↑	↑	↑	↑	↑	↑
P	800	↓	0 1	↑	↓	1 2	2 3	3 4	5 6	7 8	10 11	14 15	21 22	↑	↑	↑	↑	↑	↑	↑	↑	↑	↑	↑	↑	↑	↑
Q	1 250	0 1	↑	↓	1 2	2 3	3 4	5 6	7 8	10 11	14 15	21 22	↑	↑	↑	↑	↑	↑	↑	↑	↑	↑	↑	↑	↑	↑	↑
R	2 000	↑	↑	1 2	2 3	3 4	5 6	7 8	10 11	14 15	21 22	↑	↑	↑	↑	↑	↑	↑	↑	↑	↑	↑	↑	↑	↑	↑	↑

注：↓—使用箭头下面的第一个抽样方案，当样本量大于或等于批量时，则执行100%检验；↑—使用箭头上面的第一个抽样方案；Ac—接收数；Re—拒收数。

附录 C 一次加严抽样方案表

样本量字码	样本量	接收质量限(AQL)																									
		0.010	0.015	0.025	0.040	0.065	0.10	0.15	0.25	0.40	0.65	1.0	1.5	2.5	4.0	6.5	10	15	25	40	65	100	150	250	400	650	1 000
		Ac Re	Ac Re	Ac Re	Ac Re	Ac Re	Ac Re	Ac Re	Ac Re	Ac Re	Ac Re	Ac Re	Ac Re	Ac Re	Ac Re	Ac Re	Ac Re	Ac Re	Ac Re	Ac Re	Ac Re	Ac Re	Ac Re	Ac Re	Ac Re	Ac Re	Ac Re
A	2	↓	↓	↓	↓	↓	↓	↓	↓	↓	↓	↓	↓	↓	↓	↓	↓	↓	↓	1 2	2 3	3 4	5 6	8 9	12 13	18 19	27 28
B	3	↓	↓	↓	↓	↓	↓	↓	↓	↓	↓	↓	↓	↓	↓	0 1	↓	↓	1 2	2 3	3 4	5 6	8 9	12 13	18 19	27 28	41 42
C	5	↓	↓	↓	↓	↓	↓	↓	↓	↓	↓	↓	↓	↓	0 1	↓	↓	1 2	2 3	3 4	5 6	8 9	12 13	18 19	27 28	41 42	↑
D	8	↓	↓	↓	↓	↓	↓	↓	↓	↓	↓	↓	↓	0 1	↓	↓	1 2	2 3	3 4	5 6	8 9	12 13	18 19	27 28	41 42	↑	↑
E	13	↓	↓	↓	↓	↓	↓	↓	↓	↓	↓	↓	0 1	↓	↓	1 2	2 3	3 4	5 6	8 9	12 13	18 19	27 28	41 42	↑	↑	↑
F	20	↓	↓	↓	↓	↓	↓	↓	↓	↓	↓	0 1	↓	↓	1 2	2 3	3 4	5 6	8 9	12 13	18 19	↑	↑	↑	↑	↑	↑
G	32	↓	↓	↓	↓	↓	↓	↓	↓	↓	0 1	↓	↓	1 2	2 3	3 4	5 6	8 9	12 13	18 19	↑	↑	↑	↑	↑	↑	↑
H	50	↓	↓	↓	↓	↓	↓	↓	↓	0 1	↓	↓	1 2	2 3	3 4	5 6	8 9	12 13	18 19	↑	↑	↑	↑	↑	↑	↑	↑
J	80	↓	↓	↓	↓	↓	↓	↓	0 1	↓	↓	1 2	2 3	3 4	5 6	8 9	12 13	18 19	↑	↑	↑	↑	↑	↑	↑	↑	↑
K	125	↓	↓	↓	↓	↓	↓	0 1	↓	↓	1 2	2 3	3 4	5 6	8 9	12 13	18 19	↑	↑	↑	↑	↑	↑	↑	↑	↑	↑
L	200	↓	↓	↓	↓	↓	0 1	↓	↓	1 2	2 3	3 4	5 6	8 9	12 13	18 19	↑	↑	↑	↑	↑	↑	↑	↑	↑	↑	↑
M	315	↓	↓	↓	↓	0 1	↓	↓	1 2	2 3	3 4	5 6	8 9	12 13	18 19	↑	↑	↑	↑	↑	↑	↑	↑	↑	↑	↑	↑
N	500	↓	↓	↓	0 1	↓	↓	1 2	2 3	3 4	5 6	8 9	12 13	18 19	↑	↑	↑	↑	↑	↑	↑	↑	↑	↑	↑	↑	↑
P	800	↓	↓	0 1	↓	↓	1 2	2 3	3 4	5 6	8 9	12 13	18 19	↑	↑	↑	↑	↑	↑	↑	↑	↑	↑	↑	↑	↑	↑
Q	1 250	↓	0 1	↓	↓	1 2	2 3	3 4	5 6	8 9	12 13	18 19	↑	↑	↑	↑	↑	↑	↑	↑	↑	↑	↑	↑	↑	↑	↑
R	2 000	0 1	↓	↓	1 2	2 3	3 4	5 6	8 9	12 13	18 19	↑	↑	↑	↑	↑	↑	↑	↑	↑	↑	↑	↑	↑	↑	↑	↑
S	3 150			1 2																							

注：↓—使用箭头下面的第一个抽样方案，当样本量大于或等于批量时，则执行100%检验；↑—使用箭头上面的第一个抽样方案；Ac—接收数；Re—拒收数。

附录 D　一次放宽抽样方案表

样本量字码	样本量	接收质量限(AQL)																								
		0.010	0.015	0.025	0.040	0.065	0.10	0.15	0.25	0.40	0.65	1.0	1.5	2.5	4.0	6.5	10	15	25	40	65	100	150	250	400	650	1 000
		Ac Re	Ac Re	Ac Re	Ac Re	Ac Re	Ac Re	Ac Re	Ac Re	Ac Re	Ac Re	Ac Re	Ac Re	Ac Re	Ac Re	Ac Re	Ac Re	Ac Re	Ac Re	Ac Re	Ac Re	Ac Re	Ac Re	Ac Re	Ac Re	Ac Re	Ac Re
A	2	↓	↓	↓	↓	↓	↓	↓	↓	↓	↓	↓	↓	↓	↓	0 1	↓	↓	1 2	2 3	3 4	5 6	7 8	10 11	14 15	21 22	30 31
B	2	↓	↓	↓	↓	↓	↓	↓	↓	↓	↓	↓	↓	↓	0 1	↑	↓	↓	1 2	2 3	3 4	5 6	7 8	10 11	14 15	21 22	30 31
C	2	↓	↓	↓	↓	↓	↓	↓	↓	↓	↓	↓	↓	0 1	↑	↓	↓	1 2	2 3	3 4	5 6	6 7	8 9	10 11	14 15	21 22	↑
D	3	↓	↓	↓	↓	↓	↓	↓	↓	↓	↓	↓	0 1	↑	↓	↓	1 2	2 3	3 4	5 6	6 7	8 9	10 11	14 15	21 22	↑	↑
E	5	↓	↓	↓	↓	↓	↓	↓	↓	↓	↓	0 1	↑	↓	↓	1 2	2 3	3 4	5 6	6 7	8 9	10 11	14 15	21 22	↑	↑	↑
F	8	↓	↓	↓	↓	↓	↓	↓	↓	↓	0 1	↑	↓	↓	1 2	2 3	3 4	5 6	8 7	8 9	10 11	↑	↑	↑	↑	↑	↑
G	13	↓	↓	↓	↓	↓	↓	↓	↓	0 1	↑	↓	↓	1 2	2 3	3 4	5 6	6 7	8 9	10 11	↑	↑	↑	↑	↑	↑	↑
H	20	↓	↓	↓	↓	↓	↓	↓	0 1	↑	↓	↓	1 2	2 3	3 4	5 6	6 7	8 9	10 11	↑	↑	↑	↑	↑	↑	↑	↑
J	32	↓	↓	↓	↓	↓	↓	0 1	↑	↓	↓	1 2	2 3	3 4	5 6	6 7	8 9	10 11	↑	↑	↑	↑	↑	↑	↑	↑	↑
K	50	↓	↓	↓	↓	↓	0 1	↑	↓	↓	1 2	2 3	3 4	5 6	6 7	8 9	10 11	↑	↑	↑	↑	↑	↑	↑	↑	↑	↑
L	80	↓	↓	↓	↓	0 1	↑	↓	↓	1 2	2 3	3 4	5 6	6 7	8 9	10 11	↑	↑	↑	↑	↑	↑	↑	↑	↑	↑	↑
M	125	↓	↓	↓	0 1	↑	↓	↓	1 2	2 3	3 4	5 6	6 7	8 9	10 11	↑	↑	↑	↑	↑	↑	↑	↑	↑	↑	↑	↑
N	200	↓	↓	0 1	↑	↓	↓	1 2	2 3	3 4	5 6	6 7	8 9	10 11	↑	↑	↑	↑	↑	↑	↑	↑	↑	↑	↑	↑	↑
P	315	↓	0 1	↑	↓	↓	1 2	2 3	3 4	5 6	6 7	8 9	10 11	↑	↑	↑	↑	↑	↑	↑	↑	↑	↑	↑	↑	↑	↑
Q	500	0 1	↑	↑	↓	1 2	2 3	3 4	5 6	6 7	8 9	10 11	↑	↑	↑	↑	↑	↑	↑	↑	↑	↑	↑	↑	↑	↑	↑
R	800	↑	↑	↑	1 2	2 3	3 4	5 6	6 7	8 9	10 11	↑	↑	↑	↑	↑	↑	↑	↑	↑	↑	↑	↑	↑	↑	↑	↑

注：⇩—使用箭头下面的第一个抽样方案，当样本量大于或等于批量时，则执行 100%检验；⇧—使用箭头上面的第一个抽样方案；Ac—接收数；Re—拒收数。

附录 E 样本量字码 K 的抽样方案表

抽样方案类型	累计样本量	接收质量限，正常检验（每百单位产品不合格（品）数）																
		<0.10	0.10	0.15	╳	0.25	0.40	0.65	1.0	1.5	2.5	╳	4.0	╳	6.5	╳	10	>10
		Ac Re	Ac Re	Ac Re	Ac Re	Ac Re	Ac Re	Ac Re	Ac Re	Ac Re	Ac Re	Ac Re	Ac Re	Ac Re	Ac Re	Ac Re	Ac Re	Ac Re
一次	125	⇩	0 1	用字码J	用字码M	用字码L	1 2	2 3	3 4	5 6	7 8	8 9	10 11	12 13	14 15	18 19	21 22	⇧
二次	80 160	⇩	*				0 2 1 2	0 3 3 4	1 3 4 5	2 5 6 7	3 6 9 10	4 7 10 11	5 9 12 13	6 10 15 16	7 11 18 19	9 14 23 24	11 16 26 27	⇧
五次	32 64 96 128 160	⇩	*				# 2 0 2 0 2 0 2 1 2	# 2 0 3 0 3 1 3 3 4	# 3 0 3 1 4 2 5 4 5	# 4 1 5 2 6 4 7 6 7	0 4 1 6 3 8 5 9 9 10	0 4 2 7 4 9 6 11 10 11	0 5 3 8 6 10 9 12 12 13	0 6 3 9 7 12 11 15 15 16	1 7 4 10 8 13 12 17 18 19	1 8 6 12 11 17 16 22 23 24	2 9 7 14 13 19 20 25 26 27	⇧
		<0.15	0.15	╳	0.25	0.40	0.65	1.0	1.5	2.5	╳	4.0	╳	6.5	╳	10	╳	>10
		接收质量限，加严检验																

注：⇩—用紧接前面的具有接收数与拒收数的样本量字码；⇧—用紧接后面的具有接收数与拒收数的样本量字码；＊—用本栏上面的一次抽样方案（或用字码 N）；
#—这样的样本量时，不允许接收。

附录 F　GB/T 2828.4—2008 表 1

抽样方案主表

DQL 不合格品百分数（每百单位产品不合格数）	LQR 水平 0		LQR 水平 I		LQR 水平 Ⅱ		LQR 水平 Ⅲ	
	n	*L*	*n*	*L*	*n*	*L*	*n*	*L*
0.010	500	0	3 150	1	←		←	
0.015	315	0	2 000	1	←		←	
0.025	200	0	1 250	1	3 150	2	←	
0.040	125	0	800	1	2 000	2	3 150	3
0.065	80	0	500	1	1 250	2	2 000	3
0.100	50	0	315	1	800	2	1 250	3
0.150	32	0	200	1	500	2	800	3
0.250	20	0	125	1	315	2	500	3
0.400	13	0	80	1	200	2	315	3
0.650	8	0	50	1	125	2	200	3
1.0	5	0	32	1	80	2	125	3
1.5	3	0	20	1	50	2	80	3
2.5	2	0	13	1	32	2	50	3
4.0	→		8	1	20	2	32	3
6.5	→		5	1	13	2	20	3
10.0	→		3	1	8	2	13	3
按不合格品的声称质量水平 DQL 和极限质量比 LQR 水平检索抽样方案								
表中箭头→表示对该极限质量比水平没有适当的抽样方案，使用右边对应极限质量比较小的抽样方案 表中箭头←表示对该极限质量比水平没有适当的抽样方案，使用左边对应极限质量比较大的抽样方案								

附录 G　GB/T 2828.4—2008 表 3

极限质量比（LQR）和错误判定合格的核查总体为抽检不合格的概率——LQR 水平 I 方案

DQL 不合格品百分数（每百单位产品不合格数）	*n*	*L*	LQR	错误判定合格的核查总体抽检不合格的概率 α（%）
0.010	3 150	1	12.34	4.0
0.015	2 000	1	12.96	3.7
0.025	1 250	1	12.40	4.0
0.040	800	1	12.10	4.1

（续）

DQL 不合格品百分数（每百单位产品不合格数）	n	L	LQR	错误判定合格的核查总体抽检不合格的概率 α（%）
0.065	500	1	11.90	4.3
0.10	315	1	12.30	4.0
0.15	200	1	12.90	3.7
0.25	125	1	12.30	4.0
0.40	80	1	11.90	4.1
0.65	50	1	11.60	4.2
1.0	32	1	11.60	4.1
1.5	20	1	12.06	3.6
2.5	13	1	10.70	4.1
4.0	8	1	10.15	3.8
6.5	5	1	8.98	3.7
10	3	1	8.04	2.8
例：假定使用相应于声称质量水平 DQL 为 0.1 的抽样方案为 $n=315$ 和 $L=1$。对于此抽样方案，当实际质量水平为该 DQL 的 12.3 倍，即如果实际不合格品百分数为 1.23 时，判该检查总体抽检合格的风险为 $\beta=10\%$；反之，如果实际质量水平已经是该 DQL，即如果实际不合格品百分数为 0.1，则错误判定该核查总体抽检不合格的概率为 $\alpha=4.0\%$				

思　考　题

1. 什么是抽样特性曲线（OC 曲线）？它与抽样方案有什么关系？
2. 试述计数标准型抽样方案的原理。
3. 监督抽样检验与产品批的抽样检验有何不同？

作　业　题

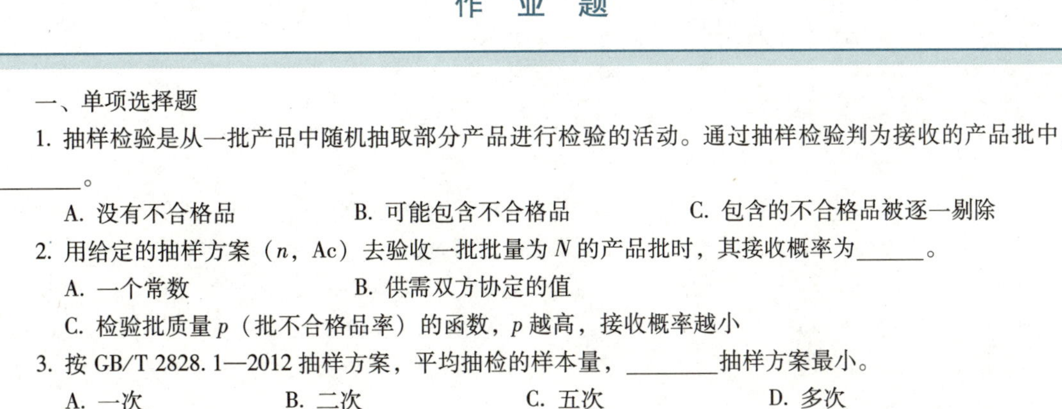

一、单项选择题

1. 抽样检验是从一批产品中随机抽取部分产品进行检验的活动。通过抽样检验判为接收的产品批中，________。

   A. 没有不合格品　　B. 可能包含不合格品　　C. 包含的不合格品被逐一剔除

2. 用给定的抽样方案（n，Ac）去验收一批批量为 N 的产品批时，其接收概率为______。

   A. 一个常数　　B. 供需双方协定的值

   C. 检验批质量 p（批不合格品率）的函数，p 越高，接收概率越小

3. 按 GB/T 2828.1—2012 抽样方案，平均抽检的样本量，________抽样方案最小。

   A. 一次　　B. 二次　　C. 五次　　D. 多次

二、多项选择题

1. 抽样检验一般更适用于________。

   A. 单件产品的验收　B. 寿命试验

   C. 破坏性检验　D. 批量大、检验成本高的产品验收

2. 将产品分成合格品或不合格品的检验可以称为________。

   A. 计量检验　B. 计数检验　C. 计件检验　D. 计点检验

3. 设计计数调整型抽样方案时，接收质量限（AQL）根据供需双方协商可以选择为______。

   A. 26个优选等级中的一个

   B. 根据已知的质量信息随意选择

   C. 用每百单位产品的不合格品数表示批质量时，AQL的选择应小于等于10

   D. 用每百单位产品的不合格数表示批质量时，AQL的选择应大于1.0

   E. AQL为供需双方协定的接收质量限的最大值

三、计算题

在购入产品检验中，指定AQL为1.5%，批量大小$N=7\ 300$，检验水平为Ⅱ，根据计数调整型抽样方案采用一次抽样检验，求一次正常、放宽、加严抽样方案。

第七章 质量经济性分析

本章要点

- 质量成本的构成和质量成本科目设置;
- 质量成本核算的方法;
- 质量成本分析方法和质量成本分析报告;
- 质量特性和质量损失;
- 质量损失函数及其计算方法;
- 质量经济性及其分析;
- 提高质量经济性的主要途径;
- 劣质成本的构成及分析。

第一节 质量成本

一、质量成本的概念

质量管理在企业内部已形成了一个完整、独立的管理体系。企业为了提高产品质量，开展质量管理活动，必须支付一定的费用；为了降低产品寿命周期成本，选择最经济的质量水平，达到质量与效益的最佳组合，就必须支付与质量相关的费用，并对相关费用进行单独的核算与控制。

质量成本的概念是 20 世纪 50 年代由美国质量管理专家朱兰、费根堡姆等人首先提出的，随后在美国的 IBM、GE 等大公司相继推行并收到了一定效果。我国于 20 世纪 80 年代引进质量成本的概念，并在不少企业中开展了质量成本的核算与管理。

质量成本也称质量费用，其定义是：为了确保和保证满意的质量而发生的费用，以及没有达到满意的质量所造成的损失。它是企业生产总成本的组成部分。

成本的概念并不是新的概念，每个企业都要进行成本管理和核算。企业中常见的成本类型有生产成本、销售成本、运输成本、设计成本等，这些成本也可分为可变成本和固定成本。但是，质量成本不同于其他成本概念。它有特定的含义，很多人并不熟悉，甚至根本不知道，或错误地认为一切与保持和提高质量直接或间接的费用都应计入质量成本，结果导致管理上的混乱。同时，成本科目设置的不规范也使企业之间缺乏可比性。例如，有的企业把技术改造、设备大修、员工一般培训、新产品开发设计，甚至把托儿所的费用都一起计入质量成本之中，因为这些费用总可以找到直接或间接与保持和提高质量的关系，但实际上这样计算出来的质量成本与生产总成本没有多少区别。

二、质量成本的构成

质量成本由四部分构成：预防成本、鉴定成本、内部故障成本和外部故障成本。

（一）预防成本

预防成本是指为预防故障所支付的费用。它一般包括：质量策划费用（为质量策划所支出的费用）、过程控制费用（对现有过程进行质量控制和改进所支出的费用）、顾客调查费用（为了掌握顾客的需求而开展的相关调查研究和分析所支出的费用）、产品设计鉴定/生产前预评审费用（为了鉴定设计的质量、可靠性和安全性而评价试制产品，或产品规范的早期审批，以及生产前预评审，如必要的过程确认等所支出的费用）、质量管理体系的研究和管理费用（用于整个质量管理体系的设计和运行管理的费用）、供应商评价费用（为实施供应链质量管理而对供应商进行评价所支出的费用）以及其他预防费用。

（二）鉴定成本

鉴定成本是指为评定质量要求是否被满足而进行试验、检验和检查所支付的费用。它一般包括：外购材料及外协外购件的试验和检验费（为评价外购材料及外协外购件的质量所支出的费用）、计量服务费用（用于与计量有关的费用，包括检验、试验以及过程监测时所用到的仪器、仪表的校准和维护费用）、检验和试验费（用于检验、试验人员评价企业内产品的质量所支出的费用）、质量审核费（对企业内的产品、过程以及质量管理体系的审核费用）以及其他鉴定费用（包括与鉴定过程有关的外包费用、对供应商的评审费用以及顾客对产品质量满意和不满意的调查费用等）。

（三）内部故障（损失）成本

内部故障（损失）成本是指产品在交付前不能满足质量要求所造成的损失。它一般包括：报废损失（包括产成品、半成品、在制品因达不到质量要求且无法修复或在经济上不值得修复造成报废所损失的费用）、返工或返修损失费用（为修复不合格品使其达到质量要求或预期使用要求所支付的费用）、降级损失费（因产品质量达不到规定的质量等级而降级或让步所损失的费用）、停工损失费（因质量问题造成停工所损失的费用）、产品质量事故处理费（因处理企业内产品质量事故所支付的费用）；内部和外部质量审核等的纠正措施费（为解决内部、外部质量审核过程中发现的管理问题和产品质量问题所支付的费用）以及其他内部故障（损失）费用（包括输入延迟、重新设计、资源闲置等）。

（四）外部故障（损失）成本

外部故障（损失）成本是指产品在交付后不能满足质量要求所造成的损失。它一般包括：投诉费（处理顾客投诉所支出的费用）、产品售后服务及保修费（产品售后除合同规定之外的保修，以及纠正非投诉范围的故障和缺陷等所支出的费用）、产品责任费（因产品质量而造成的有关赔偿损失费用）以及其他外部故障（损失）费。

根据以上关于质量成本的定义及其费用科目的构成，有必要对现行的质量成本做以下说明，以明晰质量成本的边界条件。

第一，在质量成本的四项构成中，预防成本和鉴定成本是为了确保质量而进行的投入；内、外部故障（损失）成本是由于出现质量故障而造成的损失。显然，随着预防和鉴定成本的增加，内、外部故障（损失）成本将减少。可以这样理解，假定有一种根本不出现质量故障的理想系统，则其质量成本为零。事实上，这种理想系统是不存在的，因而质量成本是客观存在的。

第二，质量成本并不包括企业中与质量有关的全部费用，而只是其中的一部分。例如，工人生产时的工资或材料费、车间或企业管理费等，均不计入质量成本中，因为这是系统运行所必须具备的条件。计算和控制质量成本，是为了用最经济的手段达到规定的质量目标。

第三，质量成本的计算不是单纯为了得到一个结果，而是为了分析，在差异中寻找质量改进的途径，从而达到降低成本的目的。

应当指出，质量成本属于管理会计的范畴，因此它对企业的经营决策有重要意义。

三、质量成本科目设置

我国的质量成本核算目前尚未正式纳入会计核算体系，因此，质量成本科目的设置必须符合财务会计及成本的规范要求，不能打乱国家统一规定的会计制度和原则。质量成本科目的设置必须便于质量成本还原到相应的会计科目中去，以保证与国家的会计制度和原则的一致性。

质量成本科目一般分为三级科目。一级科目：质量成本；二级科目：预防成本、鉴定成本、内部故障（损失）成本和外部故障（损失）成本；三级科目：质量成本细目。企业可依据实际情况及质量费用的用途、目的和性质进行增删。

由于不同行业的企业具有不同的生产经营特点，所以具体成本科目可能不尽相同。同时，在设置具体质量成本科目（三级）时，还要考虑便于核算和正确归集质量费用，使科目的设置和现行会计核算制度相适应，符合一定的成本开支范围并和质量成本责任制相结合，做到针对性强、目的明确、便于实施。

从目前世界各国及国内各行业对质量成本科目的设置情况来看，世界各国对质量成本二级科目（四个科目）内容的设置都基本相同。

质量成本也是一种机会成本，有的项目可能在短时间内没有发生或很少发生，例如停工损失，但这些在企业中毕竟会有，只不过由于一些企业的质量管理水平较高而减少或防止了因产品质量造成的停工。但只要是可能发生的费用，企业就应该设置相应的科目。

表 7-1 列举了国外几种具有代表性的质量成本科目设置情况。

表 7-1　国外质量成本科目设置情况

美国（费根堡姆）		法国（让·马丽·戈格）		日本（市川龙三氏）	
预防成本	1. 质量计划工作费用 2. 新产品的审查评定费用 3. 培训费用 4. 工序控制费用 5. 收集和分析质量数据的费用 6. 质量报告费	预防成本	1. 审查设计 2. 计划和质量管理 3. 质量管理教育 4. 质量调查 5. 采购质量计划	预防成本	1. 质量管理计划 2. 质量管理技术 3. 质量管理教育 4. 质量管理事务
鉴定成本	1. 进货检验费 2. 零件检验与试验费 3. 成品检验与试验费 4. 测试手段维护保养费 5. 检验材料的消耗或劳务费 6. 检测设备的保管费	检验成本	1. 进货检验 2. 制造过程中的检验和试验 3. 维护和校准 4. 确定试制产品的合格性	鉴定成本	1. 验收检查 2. 工序检查 3. 产品检查 4. 试验 5. 再审 6. 维护保养
内部故障成本	1. 废品损失 2. 返工损失 3. 复检费用 4. 停工损失 5. 降低产量损失 6. 处理费用	亏损成本	1. 废品 2. 修理 3. 保证 4. 拒收进货 5. 不合格品的处理	损失成本	1. 出厂前的不合格品（报废、修整、外协中不合格设计变更） 2. 无偿服务 3. 不合格品的对策
外部故障成本	1. 处理用户申诉费 2. 退货损失 3. 保修费 4. 折价损失 5. 违反产品责任法所造成的损失				

第二节　质量成本核算

一、质量成本核算的方法

目前，国内外企业进行质量成本核算主要采用以下三种基本方法：

(1) 统计核算方法。这种方法采用货币、实物量、工时等多种计量单位，运用一系列的统计指标和统计图表，通过统计调查的方法取得资料，并对统计数据进行分组、整理，获得所要求的各种信息，以揭示质量经济性的基本规律为目的，不注重质量成本数据的完整性及准确性（只需要相对准确）。

(2) 会计核算方法。采用货币作为统一度量；采用设置账户、复式记账、填制凭证、登记账簿、成本计算和分析、编制会计报表等一系列专门方法，对质量管理的全过程进行连续、系统、全面和综合的记录与反映；严格地以审核无误的凭证为依据，质量成本资料必须准确、完整，整个核算过程与现行成本核算相类似。

(3) 会计与统计相结合的核算方法。这种方法根据质量成本数据的来源不同而采取灵活的处理方法。其特点是：采用货币、实物量、工时等多种计量手段；采取统计调查、会计记账等方法收集数据；方式灵活机动，资料力求完整。

质量成本既是一种专项成本，又具有现行财务成本的一些特征，但它更是一种经营管理成本，其出发点和归宿都是为质量经营管理服务。因此，它不能拘泥于现行财务成本核算的规章制度，而应体现自己的特殊性。所以，质量成本核算方法的理想选择是：以会计核算为主，统计核算和业务核算为辅。其基本特征是：以货币计量为主，适当辅以实物计量、工时计量及其他指标，如合格品率、社会贡献率等；主要通过会计专门方法来获取质量成本资料，但在具体运用这些专门方法时，可根据具体情况灵活处理，如对有些数据的收集不必设置原始凭证，也不必进行复式记账，账簿记录也可大大简化，质量成本的归集和分配应灵活多样。对那些通过会计方法获得的信息，力求准确、完整；而对通过统计手段、业务手段获取的资料，原则上只要求基本准确，也不要求以原始凭证作为获取信息的必备依据。

二、质量成本核算的基础工作

质量成本核算的基础工作包括建立健全各种原始记录、计量和计价制度、质量成本核算责任制等。

（1）建立健全各种原始记录。质量成本核算的各种原始记录包括各种台账、表格、卡片、报表等，企业应根据不同的核算要求，设计不同格式的原始凭证，以便及时登记、收集与质量成本有关的数据。

（2）建立健全质量成本的计量和计价制度。质量成本的范围涉及从设计到售后服务的各个环节，且很多与产品成本混杂在一起，需要进行仔细分离。有些属于隐含的、潜在的支出，更需要通过建立一整套完善的计量和计价制度，才能相对完整地收集到质量成本数据。这一切依赖于配置灵敏、准确的计量和检测器具，这些器具应保持良好的工作状态，建立必要的计量制度；同时，还应根据企业实际及市场行情制定不同的计价标准，为质量成本充分运用货币手段打下基础。

（3）建立健全质量成本核算责任制。质量成本各项数据的记录、收集、计算、考核、分析、控制、改进、奖惩只有与责任单位及责任人紧密联系起来，才能落到实处，取得成效。质量成本核算责任制的主要内容包括：质量成本各项内容的责任分解；在充分利用现有财会人员的基础上，培训、充实各级质量成本核算员，并明确职责分工；建立质量成本数据分离、记录、审核、汇集、计算、传递、报告的工作程序和规章，确保质量成本核算及时、准确。

三、质量损失的核算

（1）质量损失的账户设置。一般应设置“质量损失”总账，下设“产品质量损失”和“工作质量损失”两个二级账户，明细科目的设置可根据各企业质量损失的大小以及质量损失各具体项目的构成情况择其要者设置，以有利于对最重要的质量损失项目进行收集和控制。

（2）质量损失各部门的责任分解。在设计开发阶段造成的不良设计损失、最优设计损失和更改设计损失等由技术开发部门和工艺设计部门负责；在生产阶段造成的报废损失、停工损失、减产损失、降级降价损失等由生产部门和检验部门负责；在销售阶段造成的索赔费、退货换货损失、诉讼费、包修费、各种质量罚款损失、市场份额下降损失等由销售服务部门负责；质量计划工作损失中的设计损失由技术开发、工艺设计部门负责；采购损失与储备保管损失等由采购部门和物流部门负责；人力资源损失由人事教育部门负责；销售服务阶段造成的质量信誉损失等由销售服务部门负责；质量计划工作中的各种机会损失原则上由质量管理部门负责，各相关单位予以协助。

第三节　质量成本分析

质量成本分析是质量成本管理的重点环节之一。通过分析质量成本核算的数据，可以找出质量方面存在的问题和管理上的薄弱环节，提出需要改进的措施并向各级领导提供资料信息和建议，以便对质量方面存在的问题做出正确的处理决策。

企业对核算后的质量成本进行分析时要注意两点：一是围绕质量指标体系进行分析，以反映质量管理的有效性和规律性；二是应用正确的分析方法，找出产生质量损失的主要原因，从而围绕重点问题找出改进点，制定措施进行解决。

质量成本分析方法有定性分析和定量分析两种。进行定性分析可以加强质量成本管理的科学性和实效性，如提高企业领导和员工的质量意识，为领导提供正确信息进行决策，帮助管理人员找出改进的目标，加强基础工作，提高管理水平等；定量分析能够计算出定量的经济效果，可以作为评价质量体系有效性的指标。

为了进行定量分析，一般应建立质量指标体系。企业内部的质量指标一般可分为以下三类：

（1）基数比例指标。这一指标反映质量成本占各种基数的比例关系。其基数主要有总产值、产品销售收入、产品销售利润、产品总成本等。

（2）结构比例指标。这一指标反映质量成本内各主要科目占质量总成本的比例。

（3）质量投资效益指标。这一指标反映可控成本（投资成本）增加而使结果成本（损失成本）降低的情况。

一、基数比例指标

1. 质量成本率（每 100 元产品成本中的质量成本含量）

$$质量成本率=\frac{质量总成本}{商品(产品)总成本}\times100\%$$

2. 销售质量成本率（每 100 元销售额中的质量成本含量）

$$销售质量成本率=\frac{质量总成本}{销售额}\times100\%$$

3. 产值质量成本率（每 100 元总产值中的质量成本含量）

$$产值质量成本率=\frac{质量总成本}{总产值}\times100\%$$

4. 销售外部损失成本率（每 100 元销售额中的外部损失含量）

$$销售外部损失成本率=\frac{外部损失}{销售总额}\times 100\%$$

二、结构比例指标

1. 预防成本占质量总成本的比例

$$预防成本占质量总成本的比例=\frac{预防成本}{质量总成本}\times 100\%$$

2. 鉴定成本占质量总成本的比例

$$鉴定成本占质量总成本的比例=\frac{鉴定成本}{质量总成本}\times 100\%$$

3. 内部损失占质量总成本的比例

$$内部损失占质量总成本的比例=\frac{内部损失}{质量总成本}\times 100\%$$

4. 外部损失占质量总成本的比例

$$外部损失占质量总成本的比例=\frac{外部损失}{质量总成本}\times 100\%$$

通过结构比例的分析，可以大致看出各质量管理点接近最佳点的程度。

三、质量投资效益指标

所谓质量投资，是指预防成本和鉴定成本，也就是可控成本。增加投资的目的是减少内部损失与外部损失，所以增加投资的效益就是增加单位投资所获得的内、外部损失的减少额。

假定 K_1 为上期投资额，K_2 为本期投资额，C_1 为上期损失额，C_2 为本期损失额，则增加投资额为

$$\Delta K=K_2-K_1$$

损失减小额为

$$\Delta C=-(C_2-C_1)$$

此处一般为 $C_2<C_1$，负号表示损失费用的节约额。当 $\Delta K<\Delta C$ 时，投资是有效的。单位投资效益为

$$t=\frac{\Delta C}{\Delta K} \tag{7-1}$$

$\Delta K-\Delta C$ 为增加投资的总收益。当 $\Delta K>\Delta C$ 时，则要考虑投资效果作用的年限 t；只有当 $\Delta K\leqslant t\Delta C$，且 $t\leqslant 3$ 年时，才能认为投资是有效的。

四、排列图分析法

应用排列图也可以对质量成本进行分析，而且比较明显直观。表 7-2 是某厂各项质量成本分析的结果，根据表中数据可画出如图 7-1 所示的排列图。

表 7-2　某厂各项质量成本分析结果

项目	内部损失	鉴定成本	预防成本	外部损失	合计
金额/元	208 794.08	54 057.91	8 754.75	3 075.12	274 681.86
百分比（%）	76	19.68	3.2	1.12	100
累计百分比（%）	76	95.68	98.88	100	

由图 7-1 可以看出，内部损失太大，预防成本太小。说明应增加投资，主要增加预防费用，质量总成本还有很大的降低潜力。如果把本期的排列图同上期的排列图对照比较，则可以得到更多的信息。

使用排列图还可以进行跟踪分析。例如，从图 7-1 发现内部损失太大，如果进一步探究，内部损失哪一类损失最大？若再用排列图分析，答案是废品损失最大；又可以提出哪一个车间废品损失最大？再按车间用排列图进行分析，如此等等。这样一步一步地分析下去，最终可以把主要原因或主要问题搜索出来，以便采取改进措施。

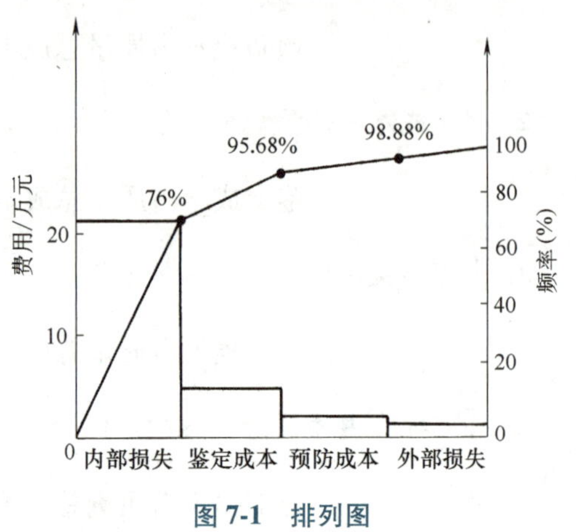

图 7-1　排列图

五、灵敏度分析法

灵敏度分析法是指把质量成本四大项目（预防成本、鉴定成本、内部损失和外部损失）的投入与产生在一定时间内的变化效果或特定的质量改进效果，用灵敏度表示。其公式为

$$\alpha=\frac{\text{报告期内外部损失成本与基准期相应值的差值}}{\text{报告期预防与鉴定成本之和与基准期相应值的差值}}$$

此外，还可采用质量成本趋势分析法，以了解质量成本在一定时间内的变动趋势；也可以用质量成本特性曲线分析，以便找出产品不合格率的适宜水平或质量成本的适宜区域。

六、质量成本报告

质量成本报告是质量管理部门和财务部门对上一期质量成本管理活动或某一典型事件进行调查、分析和建议的书面材料。它是一定时期质量成本管理活动的总结性文件。其目的是为企业领导和各有关职能部门提供质量成本信息，以便评价质量成本管理效果以及质量管理体系的适用性和有效性，并确定目前的质量工作重点以及质量和成本的目标。

（一）质量成本报告内容

质量成本报告一般应包括如下内容：

（1）质量成本、质量成本二级科目以及质量成本三级科目的统计、核算。

（2）质量成本计划的执行情况以及与基准期或前期的对比分析。

（3）质量成本趋势的分析结果。

（4）质量成本指标的分析结果。

（5）分析并找出影响质量成本的关键因素，并提出相应的改进措施。

（6）提出对典型事件的分析结果。

（7）对质量成本管理中存在的问题及取得的成就做出文字说明。

（8）对质量管理和质量保证体系的有效性做出评价。

企业在编写质量成本报告时，应依报送对象、报告形式以及要达到的目的等，确定相应的质量成本报告内容，其详简程度也应有所不同。

（二）质量成本报告分类

质量成本报告按提出单位、报送对象、报告形式和报送时间可划分为四大类。

1. 按提出单位划分

按提出单位，质量成本报告可划分为车间（科室）质量成本报告、财务部门质量成本经济分析报告、质量部门质量成本综合分析报告等。

（1）车间（科室）质量成本报告。由车间（科室）提出的质量成本报告应侧重于质量成本二级科目及三级科目的数据收集和统计，并结合车间（科室）的质量成本管理情况，对质量成本统计结果进行分析，提出相应的改进意见。车间（科室）质量成本报告是财务部门和质量部门质量成本综合分析报告的基础。

（2）财务部门质量成本经济分析报告。财务部门提供的质量成本经济分析报告应侧重于质量成本核算，提供对质量成本总额及质量成本二级科目和三级科目的核算结果，并依此进行质量成本经济分析。其内容一般包括质量成本结构分析、对比分析、指标分析等，并提出报告期质量成本的控制重点。财务部门质量成本经济分析报告是质量部门进行质量成本综合分析的基础。

（3）质量部门质量成本综合分析报告。质量部门提供的质量成本综合分析报告应侧重于质量成本管理的定性分析及报告期质量改进效果的评价，并依质量成本经济分析的结果制订出相应的质量改进措施和计划。

2. 按报送对象划分

按报送对象，质量成本报告可划分为厂级质量成本报告和车间（部门）级质量成本报告。

（1）厂级质量成本报告。报送厂级的质量成本报告应侧重于宏观质量成本管理，简明扼要地说明报告期质量成本计划的执行情况、存在的问题以及要采取的措施和具体建议等，以便于领导了解质量成本的管理情况，进而做出质量和成本决策。

（2）车间（部门）级质量成本报告。报送车间（部门）级的质量成本报告应侧重于微观质量成本管理，应有利于质量成本计划和具体改进措施的实施。因此，报送车间（部门）级的质量成本报告应提供详细的质量成本分析数据，帮助车间（部门）找出质量成本管理中存在的问题，并确定改进措施。

3. 按报告形式划分

按报告形式，质量成本报告可划分为报表式质量成本报告、图表式质量成本报告、陈述式质量成本报告和综合式质量成本报告。

（1）报表式质量成本报告。这种报告采用表格来整理、分析质量成本数据，是质量成本报告的主要形式。其特点是简单明了，便于人们掌握质量成本全貌。企业的质量部门和财务部门应依实际情况，设计报表式质量成本报告的形式。形式一经确定，应保持相对稳定，以便于数据的收集、统计和分析。

（2）图表式质量成本报告。这种报告采用排列图、折线图、饼图或其他图表整理分析质量成本数据，反映质量成本的管理情况。其特点是便于人们抓住重点。图表式质量成本报告所用图表形式多样，以能说明问题为选择依据。

（3）陈述式质量成本报告。这种报告是通过文字来表达质量成本管理的现状、存在的问题和改进的措施。其特点是能较全面深入地进行分析。它是图表式质量成本报告的必要补充。

（4）综合式质量成本报告。这种报告是指综合运用表格式、图表式和陈述式三种报告形式所完成的质量成本报告。其特点是图文并茂、有理有据，能更全面地说明质量成本问题。

4. 按报送时间划分

按报送时间，质量成本报告可划分为定期质量成本报告和不定期质量成本报告。定期质量成本报告包括年报、季报、月报等；不定期质量成本报告是指对目前存在的主要问题、典型事件向有关部门提供的质量成本专题分析报告。

第四节　质 量 损 失

“提高经济效益的巨大潜力蕴藏在产品质量之中”，这句名言已经被世界上许多企业的成功经验所证实。只有减少与质量有关的损失，效益才能得到充分体现和增加。因此，损失和效益是对立的统一体，而这种观念正在日益深入人心。我国许多行业和企业都在努力开展减损活动，并已经取得了良好效果。

美国著名质量管理专家朱兰在他主编的《质量控制手册》一书中指出：“在次品上发生的成本等于一座金矿，可以对它进行有利的开采。”然而，企业中的不合格品损失仅仅属于企业内部的质量损失范畴，不合格品损失犹如水中冰山，暴露在水面上的比例并不大，而大部分隐患和损失都潜藏在水面下。实际上，质量损失应该是产品在整个生命周期过程中，由于质量不满足规定要求，对生产者、使用者和社会所造成的全部损失之和。它存在于产品的设计、制造、销售、使用直至报废的全过程，涉及生产者、使用者和整个社会的利益。

一、生产者的损失

生产者的损失包括因质量不符合要求，在产品交付前和交付后两方面的损失。其中既包括有形损失，也包括无形（隐形）损失。有形损失是指可以通过价值计算的直接损失。如废品损失、返修损失；销售中的修理、退货、赔偿、降级降价损失；辅助生产中的仓储、运输及采购中的某些损失等。据统计，生产和销售中的损失约占总损失的90%，其中废次品、返修、返工、包装不合格等又是主要因素。因此，提高产品的一次合格率是减少生产者质量损失的有效手段。国外开展的“零缺陷生产”“零公差生产”等管理也都是减少生产者损失，最终减少消费者损失的重要措施。

生产者损失除了上述有形损失外，还存在所谓的无形损失。例如，由于产品质量不好而影响企业的信誉，使订货量减少，市场占有率降低。这种损失是巨大的且难以直接计算，对企业的影响也可能是致命的，有时甚至会导致企业破产。

另外，还有一种无形损失，就是不合理地片面追求过高的质量。企业不顾用户的实际需要，制定了过高的内控标准，通常称之为“剩余质量”。这种剩余质量无疑会使生产成本过多增加，那些不必要的投入造成了额外损失。为了减少这种损失，在产品开发设计时必须事先做好认真的调查，制定合理的质量标准，应用价值工程理论进行深入的价值分析，减少不必要的功能，使功能与成本相匹配，以提高质量的经济性。事实上，提高质量水平就可能要增加投入，这样必然会使成本增加，从而导致价格提高，也就可能会使产品在投放市场后失去价格竞争优势。

在无形损失中，通常存在着机会损失。所谓机会损失，是指在质量管理范畴中寻求最优的概念。在质量形成的各个阶段，都存在着质量优化的机会，例如，寻求设计中的最佳生命周期、最佳产品质量水平，寻求制造中的“零缺陷”、最佳过程能力指数、产品的最佳保修期等，这些都会带来最佳效益。而实际效益与最佳效益之差就称为机会损失。

二、消费者（用户）的损失

消费者（用户）的损失是指产品在使用过程中，由于质量缺陷而使消费者蒙受的各种损失。如使用过程中造成人身健康、生命和财产的损失，能耗、物耗的增加，人力的浪费，造成停用、停工、停产、误期或增加大量维修费用等，都属消费者的质量损失。毫无疑问，假冒伪劣产品也会给消费者带来不同程度的损失。《中华人民共和国产品质量法》《中华人民共和国消费者权益保护法》等法律法规规定对消费者的损失给予全部或部分赔偿，其目的在于避免或减少消费者的质量损失，保护消费者的利益。

应该指出的是，消费者损失中包括无形损失和机会损失。例如，功能不匹配就是最典型的一种：仪器的某个组件失效又无法更换，但其他部分功能正常，最终也不得不将整机废弃，给消费者（用户）造成经济损失。这些都是由产品的各组成部分功能不匹配造成的。

从质量的经济性出发，在开始设计一种寿命为 25 年的汽车时，最理想的状态是所有零部件的寿命都是 25 年或接近 25 年，但实际上这是做不到的。所以，通常的设计原则是：对于那些易损零部件的耐用期尽量与整机的寿命或大修周期相等，或使整机寿命与零部件的耐用期成倍数关系，其目的是减少功能不匹配所造成的无形损失。值得注意的是，这类无形损失是普遍存在的，只是很多人尚未意识到或者已熟视无睹。

三、社会（环境）的损失

生产者和消费者的损失，广义来说都属于社会损失；反之，社会损失最终也构成对个人和环境的损害。这里所说的社会损失，主要是指由于产品缺陷对社会造成的公害和污染，对环境和社会资源的破坏和浪费，以及对社会秩序、社会安定造成的不良影响等。例如，交通运输设备（如飞机、汽车、轮船）每年因质量缺陷（非质量缺陷原因除外）造成的人员伤亡事故。又如轴承是常用的机器零件，寿命是它的一项重要质量指标。假如某种规格的汽车轴承原设计的实际使用寿命为 1 000h，若采用新工艺改进质量，使轴承寿命达到了 2 000h，其本身就是一种极大的资源（人、财、物等）节约。而产品在用户的使用过程中会集中反映所发生的社会损失，如大量的能源耗费，这可能比提高轴承寿命所增加的成本大得多。

例如，现在有 A、B 两家轮胎厂，它们具有相同的计划：年产 200 万个轮胎。经年终统计，A 厂生产了 210 万个，完成计划的 105%。经检验，A 厂的轮胎平均跑了约 35 000km；相应地，B 厂生产了 200 万个轮胎，总产量和劳动生产率完成计划的 100%。很明显，若销售价格相同，A 厂的销售收入高于 B 厂。但 B 厂的产品质量好，经检验，每个轮胎平均能跑 40 000km。稍加计算和分析就会发现，A 厂生产的 210 万个轮胎总共能跑 735 亿 km，而 B 厂生产的 200 万个轮胎总共能跑 800 亿 km。表面上，B 厂比 A 厂少生产 10 万个轮胎，实质是 B 厂不仅节约了生产 10 万个轮胎的投入，而且其生产的轮胎比 A 厂生产的轮胎多跑 65 亿 km，相当于 B 厂比 A 厂多生产了 18.6 万个轮胎，并节约了相应的材料、能源和劳动耗费。

上述例子充分说明了质量对人类资源的利用和社会效益的贡献所在。也不难看出，如果用同样的消耗生产出高质量的产品，就相当于工厂超额完成了生产任务，既提高了经济效益，又造福了人类。因此，对于企业来说，提高产品质量、降低消耗和增加效益是相辅相成的统一体。

四、质量波动及其损失

（一）质量特性的波动性质

产品质量的好坏最终用质量特性来描述。产品质量特性是产品满足用户要求的特性，对质量特性的测量数值称为质量特性值。不同的产品有不同的质量特性，通常表现为：功能、寿命、精度、强度、可靠性、维修性、经济性、物理性能、化学性能、力学性能等。同一批产品，即使是由同一工人，用同样的材料、设备、工具在相同的环境下制造出来的，其质量特性值也或多或少会有所差别，而不可能保持绝对一致。通常，即使制造出来一批差异极小的产品，在使用过程中，特别是使用一段时间以后，其性能也会发生变化，这就是质量的波动。

（二）质量波动损失

质量波动是客观存在的事实，只能采取措施减小，而不能完全消除。通常，所谓的合格品或优等品，只不过是误差较小，但仍然存在一定的误差。不管什么原因引起的波动，必然会给生产者、使用者或社会带来损失。例如，在制造时，如果质量特性值的波动幅度超过了规定的公差界限，就可能引起返修、返工或报废，甚至引起停工、停产，必然会造成生产者的损失。如果不合格品已经到了用户手中，还可能引起索赔及相关的法律纠纷。同样，如果产品在使用过程中或使用一段时间后，质量波动的幅度超过了使用的规定界限，则要送去修理或更新，并造成消费者（用户）的损失，如果这种波动的原因或责任属于生产者或供货者，其承担全部或部分损失，但对消费者或多或少总是要造成损失的，至少会造成时间耗损和精神耗损，而时间和精力也是人类的宝贵资源。

对于质量波动的原因和规律，不管是使用时的内部干扰或外部干扰，还是制造时的偶然原因或异常性原因，都可以归纳为规律性（系统性）原因和随机性原因。可以根据数理统计学的基本原理和方法对质量波动加以识别，找出其原因，并采取措施加以消除、调整和补偿。

第五节　质量损失函数

日本质量管理专家田口玄一认为，产品质量与质量损失密切相关。他用货币单位来对产品质量进行度量，质量损失越大，产品质量越差；质量损失越小，产品质量越好。

一、质量特性

（一）质量特性的分类

田口玄一为了阐述其原理，对质量特性在一般分类的基础上做了某些调整，分为计量特性和计数特性，如图 7-2 所示。

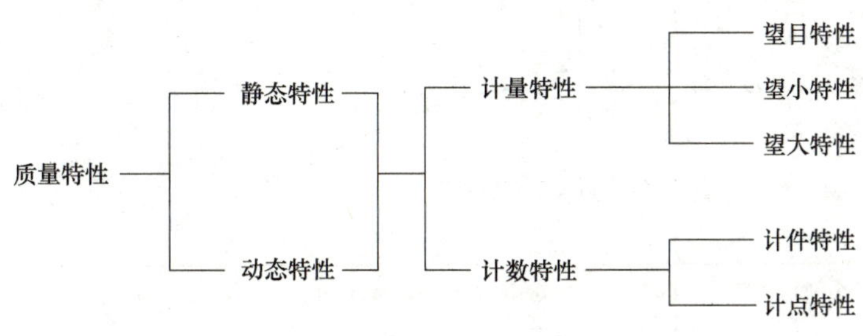

图 7-2　质量特性的分类

计数特性前面章节已做了介绍，这里主要对计量特性进行描述。

（1）望目特性。设目标值为 m，质量特性 Y 围绕目标值 m 波动，希望波动越小越好，则 Y 就被称为望目特性。例如加工某一轴件，图样规定 $\phi10\text{mm}\pm0.05\text{mm}$，加工的轴件的实际直径尺寸 Y 就是望目特性，其目标值 $m=10\text{mm}$。

（2）望小特性。不取负值，希望质量特性 Y 越小越好，波动越小越好，则 Y 被称为望小特性。比如测量误差、合金所含的杂质、轴件的圆度等就属于望小特性。

（3）望大特性。不取负值，希望质量特性 Y 越大越好，波动越小越好，则 Y 被称为望大特性。比如零件的强度、灯泡的寿命等均为望大特性。

（二）质量特性波动

产品在储存或使用过程中，随着时间的推移，发生材料老化变质、磨损等现象，会引起产品质量特性发生波动。引起产品质量特性波动的原因称为干扰。干扰主要有以下三种类型：

（1）外干扰（外噪声）。使用条件和环境条件（如温度、湿度、位置、输入电压、磁场、操作者等）的变化引起产品质量特性波动，人们称这种使用条件和环境条件的变化为外干扰，也称为外噪声。

（2）内干扰（内噪声）。材料老化现象为内干扰，也称为内噪声。

（3）随机干扰（产品间干扰）。在生产制造过程中，由于机器、材料、方法、人、测量和环境（简称 5M1E）等生产条件的微小变化，引起产品质量特性波动，人们称这种在生产制造过程中出现的质量特性波动为产品间波动。

以电视机电源电路为例，其输出特性的干扰分类及抗干扰性能如表 7-3 所示。

表 7-3　电视机电源电路的干扰分类及抗干扰性能

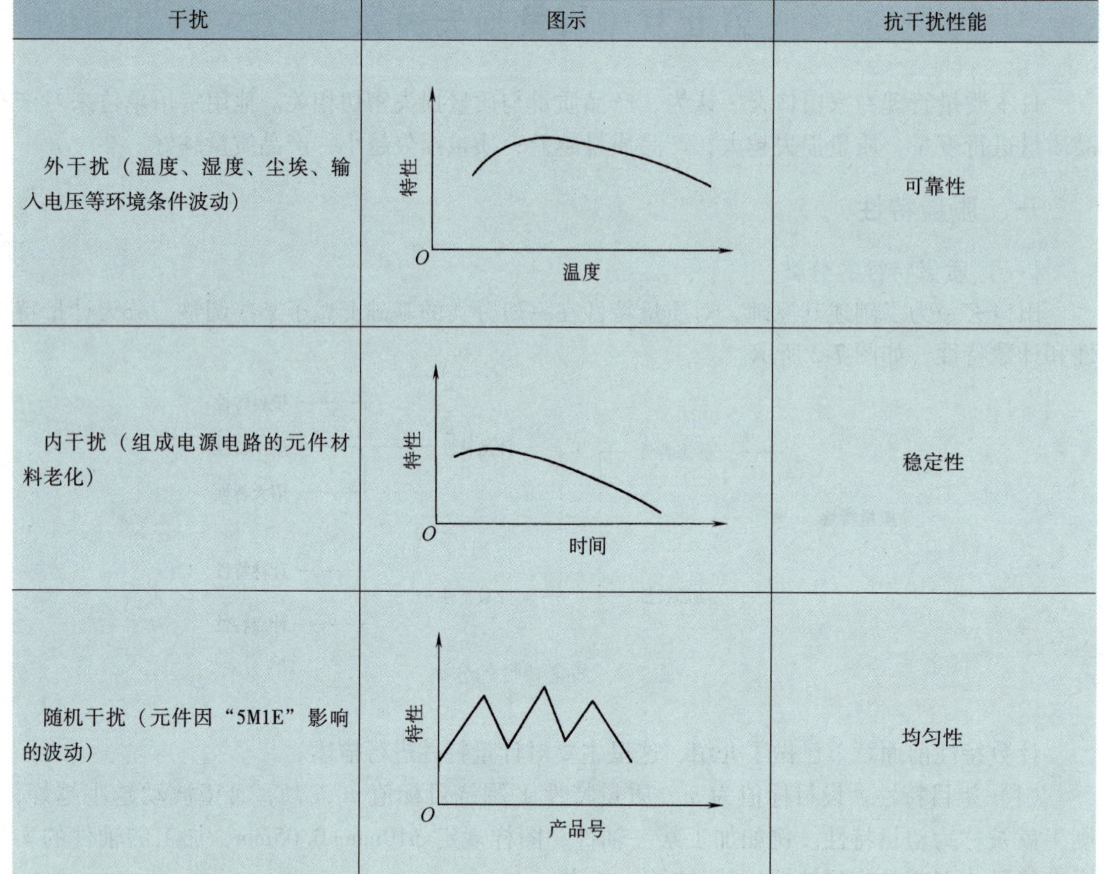

干扰	图示	抗干扰性能
外干扰（温度、湿度、尘埃、输入电压等环境条件波动）	特性；O；温度	可靠性
内干扰（组成电源电路的元件材料老化）	特性；O；时间	稳定性
随机干扰（元件因“5M1E”影响的波动）	特性；O；产品号	均匀性

二、质量损失函数

干扰引起了产品功能的波动，有波动就会造成质量损失。如何度量由于功能波动所造成的损失，田口玄一提出了质量损失函数的概念，它把功能波动与经济损失联系起来。田口玄一把产品（或工艺项目）看作一个系统，这个系统的因素分为输入因素（可再分为可控因素 X 和不可控因素 Z）和输出因素（即质量特性或响应 Y），如图 7-3 所示。系统的设计目标值为 m。

输入因素 X → 系　统 → 输出因素 Y
（可控）
输入因素 Z
（不可控）

图 7-3　传递系统图

田口玄一认为，系统产生的质量损失是由于质量特性 Y 偏离设计目标值造成的，有偏离就会有损失。

（一）望目特性的质量损失函数

1. 定义

设产品的质量特性为 Y，目标值为 m。当 $Y \neq m$ 时，则造成损失，$|Y-m|$越大，损失越大。相应产品质量特性值 Y 的损失为 $L(Y)$，若 $L(Y)$ 在 $Y=m$ 处存在二阶导数，则按泰勒公式有

$$L(Y)=L(m)+\frac{L'(m)}{1!}(Y-m)+\frac{L''(m)}{2!}(Y-m)^2+\cdots$$

设 $Y=m$ 时，$L(Y)=0$，即 $L(m)=0$。又因为 $L(Y)$ 在 $Y=m$ 时有极小值，所以 $L'(m)=0$，再略去二阶以上的高阶项，有

$$L(Y)=K(Y-m)^2 \tag{7-2}$$

式中，$K=L''(m)/2!$ 是不依赖于 Y 的常数。

人们称式（7-2）表示的函数为质量损失函数，如图 7-4 所示。

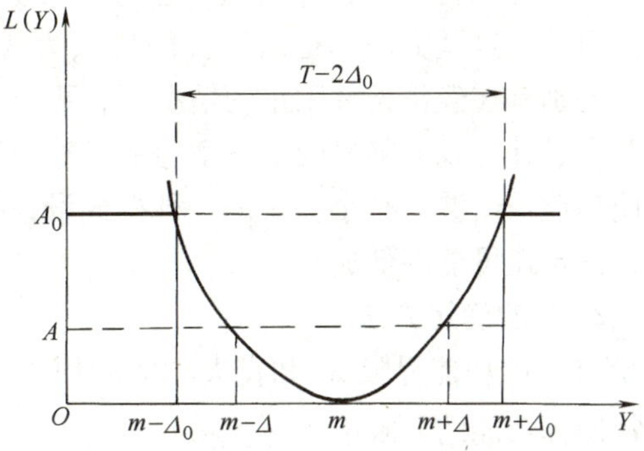

图 7-4 质量损失函数

若有 n 件产品，其质量特性值分别为 Y_1，Y_2，…，Y_n，则此 n 件产品的平均质量损失为

$$\bar{L}(Y)=K\left[\frac{1}{n}\sum_{i=1}^{n}(Y_i-m)^2\right] \tag{7-3}$$

式（7-2）和式（7-3）说明，由于质量特性值波动所造成的损失与偏离目标值 m 的偏差的平方或偏差的均方成正比。不仅不合格会造成损失，合格品也会造成损失，质量特性值偏离目标值越远，造成的损失就越大。这就是田口玄一对于产品质量概念的新观点。把这样的二次方程用作质量损失函数，给人们提供了很多重要信息，从图 7-4 所示的曲线可以看出：

第一，质量损失函数如连续的二次函数曲线所示，质量特性仅仅在规范 T 以内并不一定表示产品质量优良，最佳的质量是质量特性稳定在目标值上，波动最小。这就进一步形象地说明了新的质量概念。这种连续的质量损失概念与传统的损失概念不同。传统的损失概念是不连续的阶跃函数，只要质量特性在规定以内的任何点，都视为没有损失；一旦超出规范的上下限，就发生损失，如图 7-4 中的实线所示。

第二，质量损失是指产品交付用户后造成的损失，而不是制造方由于产品质量缺陷构成的质量成本。虽然田口玄一的质量损失是指“社会的损失”，但这种损失最终仍然要影响到设计制造方，造成损失。这种损失可分为直接损失和间接损失两种。直接损失表现在质量担保（包修、退赔等）费用方面，它与质量成本中的外部损失成本有关；间接损失表现在丢失市场方面，会使企业竞争力减弱，所以也可以在一定程度上用田口玄一的质量损失（给社会造成的损失）来度量制造方的损失。

第三，预期（平均）损失 $E(L)$。

由于 $L(Y)$ 是随机变量，通常用 $L(Y)$ 的数学期望 $E(L)$ 来表示预期质量损失。其表达式可以写成

$$\begin{aligned}E(L)&=K\{D(Y)+[E(Y)-m]^2\}=K\{\sigma^2+[E(Y)-m]^2\}\\&=K[\sigma^2+(\mu-m)^2]\end{aligned} \tag{7-4}$$

从式（7-4）可以看出，将质量特性波动分解成两部分，要提高产品质量就必须使方差 σ^2 和离差 $\delta(\delta=|\mu-m|)$ 越小越好。传统的设计方法，一般在专业设计（即系统设计）完成之后，就进行容差设计，中间没有参数设计这一过程。若要进行质量改进，因为 σ^2 已经在

专业设计过程决定了，所以σ^2一般是不能变的，只能致力于减小离差δ。也就是说，主要依靠提高工序能力，用提高设备精度来提高产品精度，使加工尺寸或其他质量特征尽可能地接近目标值。田口玄一则认为，应同时减小δ和σ^2。一般说来，主要应先通过参数设计减小σ^2，虽然难度较大，但潜力也较大，然后再减小δ（相对容易些）。随机的干扰因素是产生波动的根源，围绕着随机因素减小σ^2和δ有两种方法：一种是通过更新技术，消除一些随机的干扰因素。也就是说，将一些随机因素转换为可控的系统因素，例如在设计中采用高等级的元件和材料等，在制造工艺等条件方面采用高精度加工设备，对加工温度等加以控制。显然，这些方法都是以昂贵的投入为代价的，是不经济的，而且往往也是难以行得通的，特别是在经济条件困难的情况下，更是一条死胡同。因此，在原系统设计的基础上，通过参数设计寻找对随机因素不敏感的可控因素的水平设置，用提高系统本身抗干扰能力的方法使功能输出波动减小。这是一种挖掘设计技术潜力的方法，既可以提高质量又不会提高成本，甚至还可能降低成本。

2. *K* 的确定方法

（1）由功能界限Δ_0和丧失功能的损失A_0求K。所谓功能界限Δ_0，是指判断产品能否正常发挥功能的界限值。

当$|Y-m|\leqslant\Delta_0$时，产品能正常发挥功能。

当$|Y-m|>\Delta_0$时，产品丧失功能。

设产品丧失功能时给社会带来的损失为A_0，由式（7-2）得

$$K=\frac{A_0}{\Delta_0^2} \tag{7-5}$$

（2）由容差Δ和不合格损失A求K。所谓容差Δ，是指判断产品合格与否的界限。

当$|Y-m|\leqslant\Delta$时，产品为合格品。

当$|Y-m|>\Delta$时，产品为不合格品。

当产品为不合格品时，工厂可采取报废、降级或返修等处理方法，此时给工厂带来的损失为A。由式（7-2）得

$$K=\frac{A}{\Delta^2} \tag{7-6}$$

【例 7-1】 某电视机电源电路的直流输出电压Y的目标值$m=115\text{V}$，功能界限$\Delta_0=25\text{V}$，丧失功能的损失$A_0=300$元。

1）求损失函数中的系数K。

2）已知不合格时的返修费$A=1$元，求容差Δ。

3）若某产品的直流输出电压$Y=112\text{V}$，那么该产品是否可以投放市场？

解 1）$K=\dfrac{A_0}{\Delta_0^2}=\dfrac{300\text{ 元}}{25^2\text{V}^2}=0.48\text{ 元/V}^2$，所以损失函数为

$$L(Y)=0.48(Y-115)^2$$

2）由$K=\dfrac{A_0}{\Delta_0^2}=\dfrac{A}{\Delta^2}$得

$$\Delta=\sqrt{\frac{A}{A_0}}\Delta_0=\sqrt{\frac{1\text{ 元}}{300\text{ 元}}}\times25\text{V}=1.4\text{V}$$

3）当 $Y=112\text{V}$ 时，相应的损失为

$$L(112)=0.48\ 元/\text{V}^2\times(112\text{V}-115\text{V})^2=4.32\ 元$$

若不经返修就投放市场，虽然工厂少花了1元返修费，但给用户造成了4.32元的损失。因此，该产品不应投放市场。

【例7-2】 用氧气切割某种装配件共20件，其尺寸与目标尺寸的偏差为（单位：mm）：0.3，0.5，−0.5，−0.2，0，1，1.2，0.8，−0.6，0.9，0，0.2，0.8，1.1，−0.5，−0.2，0，0.3，0.8，1.3；功能界限 $\Delta_0=3\text{mm}$；否则若装配不上，由此造成的损失 $A_0=180$ 元。求这批产品的平均质量损失。

解　由式（7-5）确定系数 K

$$K=\frac{A_0}{\Delta_0^2}=\frac{180\ 元}{3^2\text{mm}^2}=20\ 元/\text{mm}^2$$

由式（7-3）求平均质量损失为

$$L(Y)=K\left[\frac{1}{n}\sum_{i=1}^{n}(Y_i-m)^2\right]$$

$$=20\times\left[\frac{1}{20}\times(0.3^2+0.5^2+\cdots+1.3^2)\right]元=9.48\ 元$$

（二）望小特性的质量损失函数

望小特性 Y 是不取负值，希望 Y 越小越好且波动越小越好的特性，所以它可看作是以0为目标值，但不能取负值的望目特性。

设 Y 为望小特性，由望目特性损失函数式（7-2），令 $m=0$，就得到望小特性的损失函数为

$$L(Y)=KY^2, Y>0 \tag{7-7}$$

式中　K——比例常数，$K=A/\Delta^2=A_0/\Delta_0^2$。

$L(Y)$ 的图形如图7-5所示。

若有 n 件产品，测得望小特性值为 Y_1，Y_2，…，Y_n，则此 n 件产品的平均质量损失为

$$\bar{L}(Y)=K\left(\frac{1}{n}\sum_{i=1}^{n}Y_i^2\right) \tag{7-8}$$

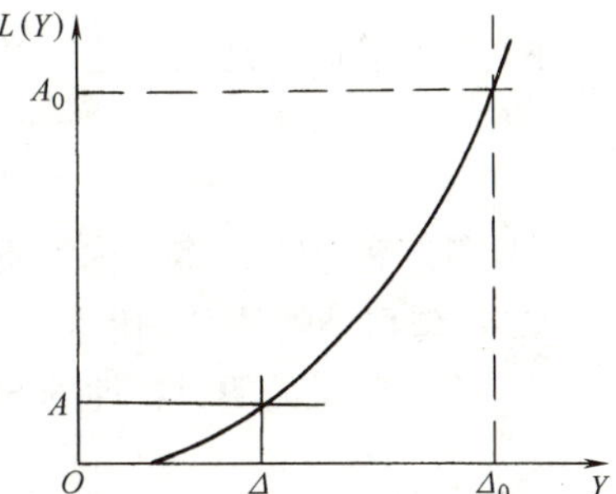

图7-5　望小特性的质量损失函数

（三）望大特性的质量损失函数

望大特性 Y 是不取负值，希望 Y 越大越好且波动越小越好的特性。望大特性 Y 的倒数 $1/Y$ 就是望小特性，由望小特性的损失函数式（7-7），可以得到望大特性的损失函数为

$$L(Y)=K\frac{1}{Y^2} \tag{7-9}$$

式中　K——比例常数，$K=A/\Delta^2=A_0/\Delta_0^2$。

$L(Y)$ 的图形如图7-6所示。

若有 n 件产品，测得望大特性值为 Y_1，Y_2，…，Y_n，则此 n 件产品的平均质量损失为

$$\bar{L}(Y)=K\left(\frac{1}{n}\sum_{i=1}^{n}\frac{1}{Y_i^2}\right) \tag{7-10}$$

三、SN 比

SN 比起源于通信领域，是评价通信设备、线路、信号质量的优良性指标。田口玄一将这一概念引申到质量工程中，作为评价产品质量特性稳定性的指标。

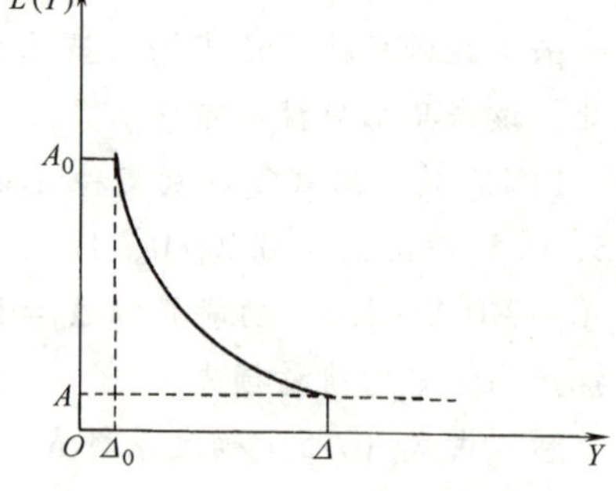

图 7-6　望大特性的质量损失函数

（一）灵敏度

灵敏度是评价产品质量特性平均值的指标。设产品的质量特性 Y 为随机变量，其期望值为 μ，则 μ^2 称为 Y 的灵敏度。

1. 平均值

设有 n 个质量特性值 Y_1，Y_2，…，Y_n，则

$$\overline{Y}=\frac{1}{n}\sum_{i=1}^{n}Y_i \tag{7-11}$$

$\overline{Y}$ 称为产品质量特性 Y 的平均值，是 μ 的无偏估计。

2. 灵敏度

灵敏度 μ^2 的估计 $\hat{\mu}^2$ 的计算公式为

$$\hat{\mu}^2=\frac{1}{n}(S_m-V_e) \tag{7-12}$$

其中

$$S_m=n\overline{Y}^2=\frac{1}{n}\Big(\sum_{i=1}^{n}Y_i\Big)^2 \tag{7-13}$$

$$V_e=\frac{1}{n-1}\sum_{i=1}^{n}(Y_i-\overline{Y})^2 \tag{7-14}$$

在实际计算时，通信理论取常用对数化为分贝（dB）值，用 S 表示

$$S=10\lg\frac{1}{n}(S_m-V_e) \tag{7-15}$$

在质量工程学中，将 S 称为质量特性 Y 的灵敏度。

（二）望目特性的 SN 比

田口玄一定义的望目特性的 SN 比为

$$\eta=\frac{\mu^2}{\sigma^2} \tag{7-16}$$

SN 比 η 的估计 $\hat{\eta}$ 的计算公式为

$$\hat{\eta}=\frac{\hat{\mu}^2}{\hat{\sigma}^2}=\frac{\frac{1}{n}(S_m-V_e)}{V_e} \tag{7-17}$$

在实际计算时，取常用对数化为分贝（dB）值，仍用 η 表示

$$\eta=10\lg\frac{\frac{1}{n}(S_m-V_e)}{V_e} \tag{7-18}$$

在大多数情况下，η 近似服从正态分布，因而可用方差分析进行统计分析。

（三）望小特性的 SN 比

田口玄一认为，对于望小特性 Y，一方面希望 Y 越小越好，另一方面希望 Y 的波动越小越好，因此希望灵敏度 μ^2 和方差 σ^2 均越小越好。所以田口玄一定义的望小特性的 SN 比为

$$\eta=\frac{1}{\mu^2+\sigma^2} \tag{7-19}$$

η 的估计 $\hat{\eta}$ 的计算公式为

$$\hat{\eta}=\frac{1}{V_T}=\frac{n}{\sum_{i=1}^{n}Y_i^2} \tag{7-20}$$

取常用对数化为分贝（dB）值，则得到望小特性 SN 比的计算公式为

$$\eta=-10\lg\frac{1}{n}\sum_{i=1}^{n}Y_i^2 \tag{7-21}$$

（四）望大特性的 SN 比

设 Y 为望大特性，则 $1/Y$ 为望小特性。因此将望小特性 SN 比的估计式（7-20）、式（7-21）中的 Y_i 变换成 $1/Y_i$，可得到望大特性 SN 比的 $\hat{\eta}$ 的计算估计公式为

$$\hat{\eta}=\frac{n}{\sum_{i=1}^{n}\frac{1}{Y_i^2}} \tag{7-22}$$

则得到望大特性 SN 比的计算公式为

$$\eta=-10\lg\frac{1}{n}\sum_{i=1}^{n}\frac{1}{Y_i^2} \tag{7-23}$$

第六节　提高质量经济性的途径

提高经济效益是企业经营管理中的一项主要工作和重要目标。企业的经济效益同许多因素有关，但最重要的是产品质量和质量管理，高的产品质量是企业取得经济效益的基石。

一、质量的经济性

所谓产品质量的经济性，就是追求产品在整个生命周期内给生产者、消费者（用户）以及整个社会带来的总损失最小。

质量波动有其内在的原因和规律，制造过程的质量波动会带来质量损失。质量损失函数为质量的技术经济分析提供了方便且易于操作的工具，具有很高的实用价值。

前面已经提到，如果过程或生产系统处于控制状态，即消除了异常因素的影响，而只受随机因素的作用，则质量特征值（主要指计量值）大多数服从正态分布。当质量特征值服从正态分布时，能使产品质量具有最好的经济性。可用下面的例子加以说明。

如图 7-7 所示，设有 A、B 两个工厂，按同一标准设计并制造同种产品。由于生产条件及控制程序不同，A 厂和 B 厂生产出来的产品质量特性值的分布不同。图中实线表示 A 厂产品质量特性值的分布，其形状基本上服从以目标值 m_0 为中心的正态分布，其标准差 $\sigma_A=$

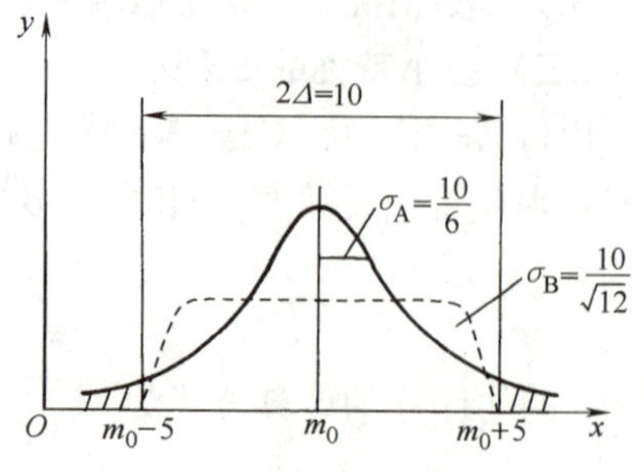

图 7-7 不同分布的经济性

10/6。由“3σ”原则可知，A 厂产品的质量特性值落在 $m_0\pm5$ 范围内的概率为 99.73%。虚线表示 B 厂产品质量特性值的分布，可以看出，此分布呈均匀分布形状，根据数理统计学原理，其分布的标准差约为 $10/\sqrt{12}$，其产品不合格率几乎等于零。

如果将 A 厂和 B 厂的产品进行比较，尽管 A、B 两厂都满足公差要求，甚至 B 厂的不合格率比 A 厂要低，但从质量水平来看，A 厂却优于 B 厂。一个内行的购买者如果想购买一批产品（而不是一个产品），一定会购买 A 厂的产品，其原因在于 A、B 两厂的质量特性值分布性质有着本质的不同。A 厂的产品测量值是呈正态分布的，因此有更大比例的产品接近理想的目标值 m，在使用中其损失较小。

经过计算和对比，可明显看出 A、B 两厂的产品质量水平，就其接近理想目标值的程度来说，差距极其明显。同理，如果 B 厂不是正态分布，但也不是均匀分布，而是其他分布，也可得到同样的结论。因此可以得出结论，只有产品质量特性值在正态分布的情况下，才具有最好的经济性。

质量经济性强调产品不仅要满足适用性要求，还应该讲求经济性。也就是说，要讲求成本低，并研究产品质量同成本变化的关系。质量与费用的最佳选择受到许多内部和外部因素的影响：一方面要保证产品的质量好，使用户满意；另一方面要保证支付的费用尽可能低。这就是质量与经济的协调，是质量经济性的表现。在计算和考虑成本时，不能只讲企业的制造成本，还要考虑产品的使用成本，即从满足整个社会需要的角度出发，用最少的社会劳动消耗取得最好的社会经济效益。

二、产品质量水平与质量经济性

在确定产品的质量水平时，除满足国家规定的有关技术方针、政策等之外，其原则是尽量为企业带来更多的利润。企业的利润一般取决于产品价格与产品成本的差额，而价格和成本往往又取决于产品的质量水平，即所谓的最佳质量水平。因此，最佳质量水平绝非最高质量水平，不应将两者混为一谈。

图 7-8 表示了价格、成本、利润与质量水平变化的一般关系。由图 7-8 可以看出，质量水平为 M 时，利润最高，也就是最佳质量水平。质量水平低于 A 或高于 B 时，都将产生亏损，a、b 两点即为盈亏点。

实际上，企业并非都选择最佳质量水平 M 为目标，而通常选择在 a、b 两点之间的某个质量水平上。这要根据市场需求、企业的技术水平、设备能力、销售渠道等因素综合考虑。

在市场竞争条件下，质量水平与市场需求有密切关系，因而对市场需求的变化情况进行预测就显得特别重要。生产出来的产品通过市场转到用户的手中，用户对质量的要求是变动和不断提高的，并通过市场反映出来，这就要求产品质量要有灵敏的适应性。但新的质量水平从形成到制造出新的质量水平的成品供应市场，有一个相当长的周期，这就往往导致新质量水平产品的供应滞后于用户的需求，从而错过了时机。

正是由于以上原因，对质量水平以及相应的质量保证耗费同满足市场需求之间的关系进行预测和分析就有重要意义。美国麻省理工学院的福雷斯特教授（J. W. Forrester）在研究一个企业如何才能获得高利润的快速增长时，提出了一个基本的通用关系。福雷斯特的分析方法可简要归纳如下：产品的质量水平同满足市场潜在需求的百分比有密切关系，当产品尚未达到一定的质量水平时，不能满足任何潜在的市场需求；当达到一定质量水平后，质量的改善可能会使市场很快扩大；而为了更进一步地满足市场需求，就要大大提高质量水平。图 7-9 就表示了这种依存关系。

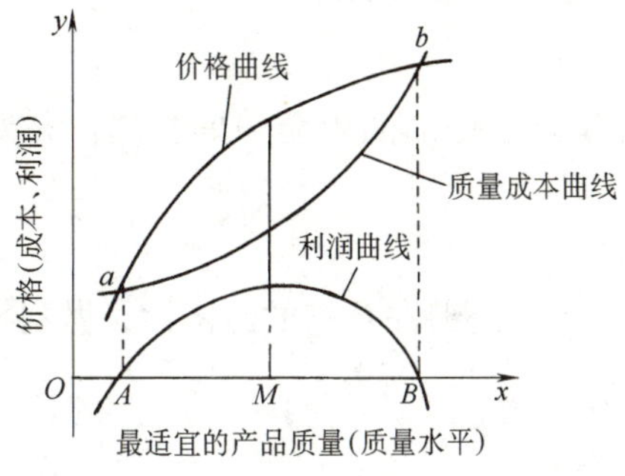

图 7-8 价格、成本、利润与质量水平变化的一般关系

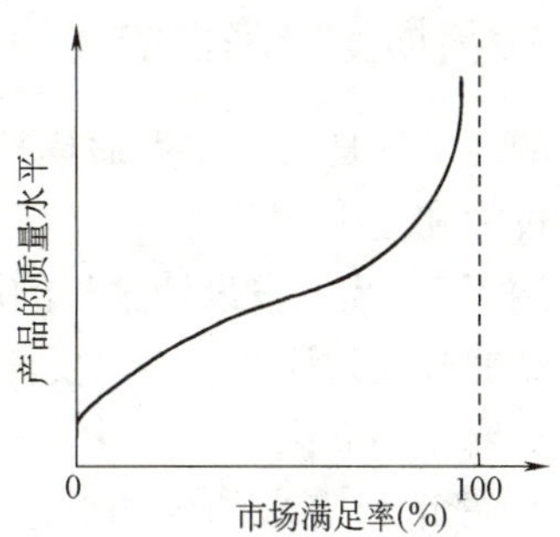

图 7-9 产品质量水平与市场满足率的关系

提高产品质量可以采用不同的方案。图 7-10 中的两种方案 A 和 B，就是表示产品质量水平和质量保证费用之间具有不同依存关系的两种改进质量的方案。其中方案 A 表示只对产品结构做局部改进，这种方法为提高质量所花费的费用较少，并且在产品的早期就能得到较多的收益，但从长远看，提高产品质量的潜力有限；而方案 B 表示对产品进行根本性的改造，在产品被人们接受前，必须投入可观的研究和开发费用，虽然在短期内收益较少，但提高质量的潜力巨大，在未来的市场上将有更好的销路。

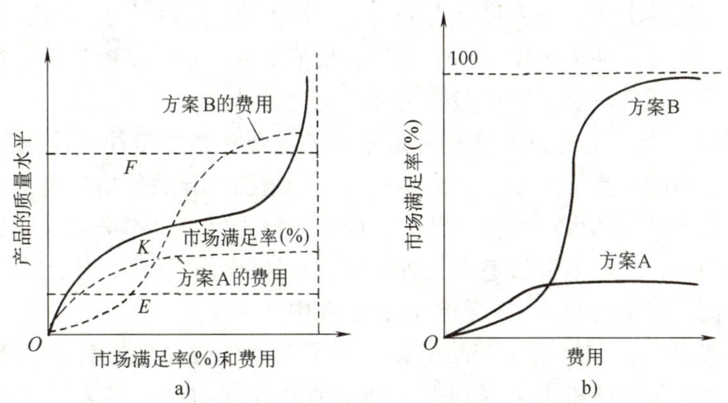

图 7-10 两种方案的费用和市场满足率的比较

企业实际采用方案 A 还是方案 B，要根据市场的目标而定。当把图 7-8 和图 7-9 中的曲线合并到一起时，横坐标在组合图中采用两个标度，即市场满足率和费用，如图 7-10a 所示。图中的水平线 E 和方案 A、B 相交，表明若达到同样的质量水平，方案 B 所花费的费用比方案 A 要多得多，此时方案 B 所对应的只是一个很低的市场满足率；但当产品质量达到 F

高度时，只有方案B才能实现高的市场满足率。方案A、B的交点K，表示方案A和方案B具有相同的质量与相同的费用；而当费用高于K点时，方案B比方案A可获得较高的质量水平。因此，K点是一个重要的分界点。当质量水平高于K点时，应采用B方案；反之，则应采用A方案。

由此可见，选择质量水平是一个比较复杂的技术经济问题，因为它涉及市场需求以及提高质量水平所采用的方法的特点等一系列问题。

三、提高质量经济性的途径

质量的经济性是指产品生命周期全过程的经济性。产品的生命周期包括：开发设计过程、制造过程和使用过程。

（一）提高产品开发设计过程的质量经济性

在产品的开发设计中，不仅要注意技术问题，而且还要注意它的经济性，做到技术和经济的统一。要点如下：

（1）做好市场需求的预测。由于产品的质量水平与市场需求有紧密的关系，因此产品从进入市场到最后退出市场，有一个发展过程，可以分为导入期、增长期、成熟期和衰退期四个阶段，如图7-11所示。一般要进行市场调查，了解产品的目标市场。用户关心的是产品的适用性及使用时产生的费用，因此在产品的设计开发阶段就必须考虑到产品的使用费用。

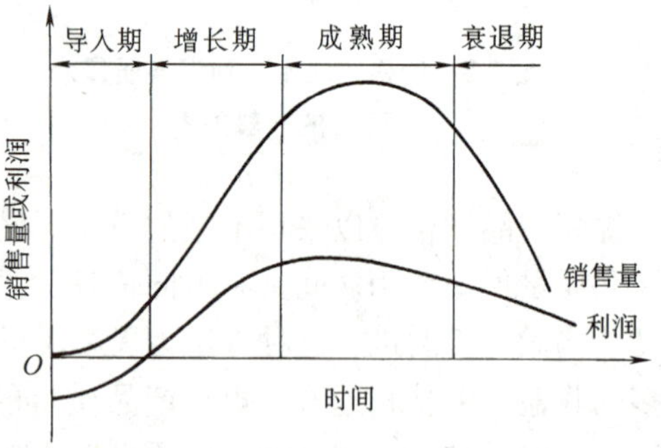

图7-11　产品的生命周期

（2）设计中要有完善的技术经济指标，对总体方案进行可行性分析，做到设计上先进、经济上合理、生产上可行，综合地考虑质量的社会经济效益。此外，还要运用可靠性工程、价值工程、正交试验设计、鲁棒性设计等先进技术，实现产品各组件的质量特征参数指标的优化设计。

（3）注意质价匹配。质量和价格有时是矛盾的，要提高质量往往会增加质量成本，成本增加又会引起价格的提高。如果质量成本不恰当地增加，导致价格过高，超过社会的一般购买力，产品就会滞销；如果产品质量低劣，即使价格再低，也不会有人购买。质价匹配是一个十分重要的问题，不能因盲目追求先进性而忽视经济性；否则，生产出来的产品只能成为样品、展品，而不能变为商品。这种教训在企业中并不少见。

（4）重视功能匹配。如果由于产品的某一个零部件失效又无法替换，而其他部件尽管运行正常，最后也不得不整机丢弃或销毁，会给消费者（用户）带来经济上的损失。虽然真正做到这一点并不容易，但是可以把一些易损零部件的寿命设计成与整机的寿命或修理周期成整倍的关系，并尽量与整机的大修周期重合。

（二）提高生产制造过程的质量经济性

生产制造过程的质量称为符合性质量。符合性质量水平对批量生产具有重要意义，它不仅是产品质量的重要标志，而且也是经济性的重要标志，通常用批量生产的合格品率来表示。合格产品的单位成本费用与符合性质量水平的关系如图7-12所示。

图中，Y_{I}表示生产过程中的预防成本和鉴定成本，Y_{II}表示损失成本，主要是由废品、次品、返修品造成的，于是保证该质量水平的总成本等于$Y_{\mathrm{I}}+Y_{\mathrm{II}}$。可以看出，总成本有一个最低点$A$，对应的$q_0$点是最经济的符合性质量水平。当然这是一个理论上的点，实际用q_0点附近的区间表示这个最佳值。只有在生产中积累较多的实际经验和数据，才能正确地用最经济的符合性质量水平指导生产活动。

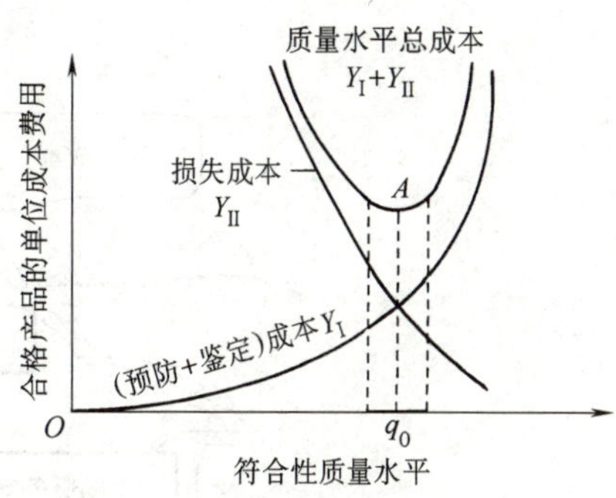

图 7-12　合格产品的单位成本费用与符合性质量水平的关系曲线

从质量损失函数的形式也可以看出，制造过程严格采取措施控制质量特征值m的稳定性以及减小质量特征的分散程度σ，就可以减小质量损失。可以运用前面所讲述的各种工序控制方法，对工序质量状况进行分析、诊断、控制和改善。

（三）提高产品使用过程的质量经济性

产品生命周期的费用不仅与设计和制造成本有关，还与使用成本有关。产品使用过程的经济性，是指在产品的使用寿命期间的总费用。使用过程的费用主要包括以下两部分内容：

（1）产品在使用中，由于质量故障带来的损失费用。对可修复性产品来说，一般是指停工带来的损失；而对不可修复的产品来说，如宇宙飞行、卫星通信、海底电缆、火箭导弹等，则会带来重大的经济损失。

（2）产品在使用期间的运行费用。运行费用包括使用中的人员管理费、维修服务费、运转动力费、零配件及原料使用费等。

第七节　劣质成本

一、劣质成本的概念

劣质成本（Cost of Poor Quality，COPQ）是6σ管理中常用到的术语，是指由于质量低劣造成的损失。换句话说，是由于没有“第一次就把事情做好”而额外付出的成本。劣质成本分为显见成本和隐含成本两大类。显见成本是指通常统计的那些由于产品或服务不良而造成的损失，如内部故障成本中的返工或返修费用、外部故障成本中的保修费等。这些损失占企业销售额的5%~8%。隐含成本大多并不显示在企业财务报表的成本科目中，因此往往被人们忽视，但是它们却实实在在地大量存在于企业中。正像大洋中的冰山，如图7-13所示，露出水面的是显见成本，但只是很小的一部分，而大部分藏在水下的则是隐含成本。在企业，隐含成本一般由拖延交付的赔偿金、人员流动频繁引起的人工成本增加、工作失误所引起的额外费用、纠正错误所造成的时间延误、劣质产品或服务造成的信誉损失等构成。这部分损失可达到销售额的15%~20%。显然，由显见成本和隐含成本构成的劣质成本早已超过了企业当前的平均利润水平。

在研究劣质成本的过程中，人们逐渐发现以下问题：

（1）企业财务报表中的成本数据，不能充分显示企业运营中劣质成本的隐含成本。

（2）劣质成本不仅发生在产品或服务的实现过程，同样发生在企业的支持过程。

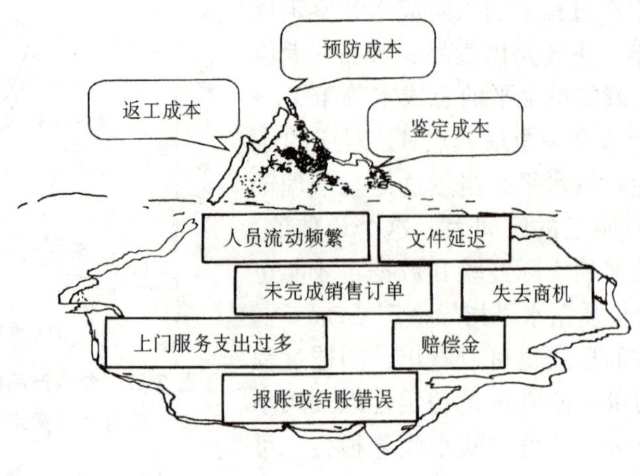

图 7-13　劣质成本示意图

(3) 劣质成本中无论是显见成本还是隐含成本，都是可以逐渐降低直至消除的。

因此，研究劣质成本需要关注以下几个问题：

(1) 研究劣质成本的构成，将隐含成本从企业运营过程中挖掘出来。

(2) 确定劣质成本的统计项目，不仅要考虑产品质量，而且要考虑工作质量。

(3) 研究劣质成本的目的是降低成本损失，变“冰山”为“金山”。

二、劣质成本的构成

劣质成本是由预防成本和鉴定成本中的非增值部分、鉴定成本中的分析故障原因部分、内部故障（损失）成本和外部故障（损失）成本构成的。

(1) 预防成本中的非增值部分。因某种原因，所花费的预防成本并未全部达到预期的目的，这部分未达到预期目的的预防成本可计入劣质成本。例如，为某过程控制支付控制费用，但该过程仍然处于失控状态；为开展质量培训支付费用，但对培训的有效性进行评价时，并未显示出预期的效果等。

(2) 鉴定成本中的非增值部分。为预防进行的预先检验，所花费的鉴定成本并未全部达到预期目的，这部分未达到预期目的的鉴定成本可计入劣质成本。

(3) 鉴定成本中的分析故障原因部分。为分析质量低劣的原因而进行的试验、检验和检查所发生的费用，应计入劣质成本。例如，产品出现质量问题，为寻找问题的原因进行试验和检查所花费的装置费、材料费、人工费等。

(4) 内部故障（损失）成本（如本章第一节所述）。

(5) 外部故障（损失）成本（如本章第一节所述）。

劣质成本按其构成可分成非增值损失成本和故障（损失）成本。一般来说，非增值损失成本是由现行过程中存在的非增值过程造成的损失；而故障（损失）成本是由现行过程中的故障造成的损失。非增值损失成本包括预防成本和鉴定成本中的非增值部分，而故障（损失）成本包括查明故障原因的鉴定成本和内外部故障（损失）成本，如表 7-4 所示。

表 7-4　劣质成本分类

<table>
<tr><td rowspan="5">劣质成本分类</td><td rowspan="2">非增值损失成本</td><td>预防成本（非增值部分）</td></tr>
<tr><td>鉴定成本（非增值部分）</td></tr>
<tr><td rowspan="3">故障（损失）成本</td><td>鉴定成本（分析故障原因）</td></tr>
<tr><td>内部故障（损失）成本</td></tr>
<tr><td>外部故障（损失）成本</td></tr>
</table>

三、劣质成本分析

企业所关注的是在实现顾客满意的前提下，取得最佳的经济效益。但由“冰山图”可知，那些常常不被人们所重视的隐含劣质成本，恰恰是企业运营中最大的潜在障碍。劣质成本是由工作上的错误和缺陷造成的，而这些工作遍及企业的各个部门，渗透于不同过程的各个环节。因此，分析劣质成本要从企业系统和过程网络两方面入手，通过相应的路径，由表及里，由此及彼，层层深入，使劣质成本信息能够被充分识别，为质量改进项目提供界定的依据。

劣质成本分析步骤如图 7-14 所示。

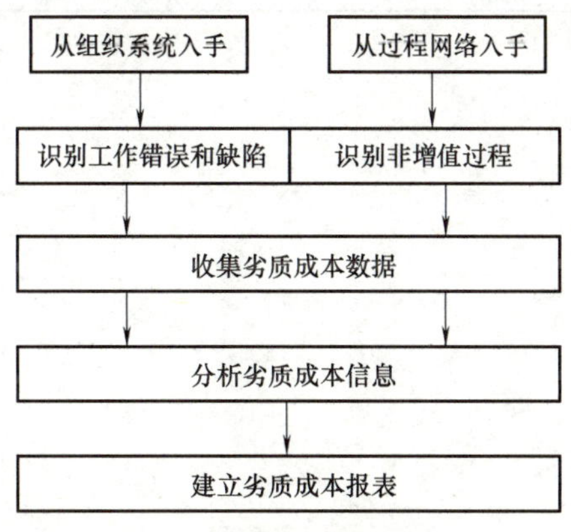

图 7-14　劣质成本分析步骤

通过劣质成本的识别、收集和分析，建立劣质成本报表，从而确定改进的需要并选择改进过程，在优化所选改进过程的基础上识别改进机会。因此，从劣质成本入手选择和界定 6σ 改进项目，可以使改进项目目标明确，充分挖掘降低成本的潜力，体现顾客最关心的问题，涉及关键过程的输出等，将产品、服务和过程改进与降低成本联系起来，让质量改进为企业带来实实在在的经济效益。

思　考　题

1. 质量成本的会计科目设置应遵循什么原则？
2. 简述质量成本纳入法定会计核算科目的必要性及可行性。
3. 简述质量经济分析的意义。

作　业　题

1. 质量成本的构成有哪些？质量教育或培训应登录在哪个科目上？

2. 列出质量保证成本的主要内容。

3. 请进行会计核算法和统计核算法的对比分析。

4. 阐述质量损失的主要内容，并举例说明。

5. 如何进行质量成本分析中的基数和结构指标的差异分析？

6. 某企业加工一零部件 Y 的目标值 $m=35$mm，功能界限 $\Delta_0=2.5$mm，丧失功能的损失 $A_0=100$ 元。

（1）求损失函数中的系数 K。

（2）已知不合格时的返修费 $A=10$ 元，求容差 Δ。

（3）若该产品的加工值 $Y=33$mm，此产品该不该投放市场？

7. 某工厂共加工配件 18 件，其尺寸与目标尺寸的偏差为（单位：mm）：4，6，5，3，-1，1.2，2.8，-2.6，0.9，3，0.8，1.8，-1.1，-1.5，-0.8，0，1.3，0.8；功能界限 $\Delta_0=2.6$mm；否则装配不上，由此造成的损失 $A_0=120$ 元。求这批产品的平均质量损失。

8. 举例说明质量经济性分析方法的原理及应用。

第八章

可靠性工程基础

本章要点

- 产品质量与可靠性，可靠性发展概况；
- 可靠性的基本概念：可靠性、维修性、保障性、测试性、可用性、可信性；
- 可靠性特征量：可靠度、平均故障间隔时间（MTBF）、失效分布、失效率、寿命特性；
- 指数分布失效形式；
- 系统可靠性建模：可靠性框图、串联模型、并联模型、串-并联混合模型、旁联模型、网络模型；
- 可靠性分析：故障模式及影响分析（FMEA），故障模式、故障影响及危害性分析（FMECA），故障树分析（FTA）；
- 可靠性过程管理：生产阶段的可靠性管理，使用、维修阶段的可靠性管理。

第一节　引　言

一、产品质量与可靠性

质量的观念一直在不断地变革，从过去的狭义的注重产品性能的质量观念转向现代的全面质量观念。对于硬件产品来说，通常其质量特性包括：性能、可信性（包括可靠性、维修性和保障性）、安全性、环境适应性、经济性、寿命等，如图 8-1 所示。性能、可信性、安全性、环境适应性是产品的内在质量特性。经济性和寿命反映了产品的竞争能力，称为外延质量特性。由此可见，可靠性是产品的基本质量特性之一，是评价产品质量的重要指标。

随着全面质量管理的深入发展，产品的可靠性和维修性不仅得到了工业部门的重视，而且越来越得到用户的关注。用户购置产品，不仅要求产品具有良好的性能，而且要求产品具有“高可靠性”“长寿命”“便于维修”等特征。从某种意义上讲，性能指标体现了产品的“素质”，可靠性指标体现了产品的“体质”。

现在，在任何工程设计中，都必须把可靠性作为一个重要因素加以考虑，主要原因有以下几点：

(1) 设备系统的复杂化。随着科学技术的发展，设备和系统越来越复杂，因“系统相关的任何一部分失效而导致整个系统失效的机会增多”。设备复杂化，导致了其更多地代替人的操作。但同时复杂化降低了设备的可靠性，容易发生故障。

(2) 使用环境日益恶劣。随着军事、科研的需要，产品所处的工作环境越来越恶劣，高低温、冲击、振动和辐射等条件，使产品的可靠性受到影响。

(3) 产品生产周期的缩短。传统的产品生产要经过设计—试制—生产—检验等过程，然后才交付用户使用。随着现代科技的进步、市场竞争的加剧，一些设计和工艺技术更加成熟，生产周期缩短，要求产品本身有高可靠性。

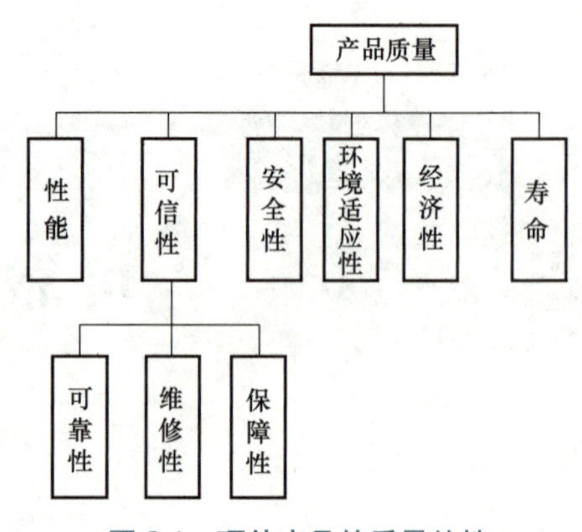

图 8-1　硬件产品的质量特性

二、可靠性发展概况

“千里之堤，溃于蚁穴”，有些电子设备在使用的关键时刻出现故障，会造成巨大的经济损失。成千上万工程技术人员的辛勤研究，几千万甚至上亿元的投资，都可能因为一个小小的元器件、零部件问题或一根导线的问题而毁于一旦。例如，美国 1957 年发射的“先锋号”卫星，由于一个价值 2 美元的器件出现了故障，造成了价值 220 万美元的损失；1986 年 1 月 28 日，美国航天飞机“挑战者号”起飞 73s 后爆炸，7 名宇航员丧生，直接损失达 12 亿美元，使美国的民族精神受到严重创伤，这次事故就是由一个密封圈失效引起的。

可靠性的概念最早来源于航空领域。第二次世界大战期间，许多复杂的系统，如航空电子设备、通信系统以及武器系统，暴露出低下的可靠性水平。当时，美国 60% 的机载电子设备运到远东后不能使用，50% 的电子设备在储存期间失效，其主要原因是电子管的可靠性太差。1943 年美国成立了电子管研究委员会（ANG），专门研究电子管的可靠性问题；1951 年美国航空无线电公司（ARINC）开始了最早的一项可靠性改进计划——“ARINC 军用电子管计划”；1952 年美国国防部成立了一个由军方、工业部门和学术界组成的电子设备可靠性咨询组（AGREE），1955 年 AGREE 开始实施一个从设计、试验、生产到交付、储存和使用的全面的可靠性发展计划，并于 1957 年发表了《军用电子设备可靠性》的系列研究报告。这些报告成为可靠性发展的奠基性文件，标志着可靠性工程发展的重要里程碑。20 世纪 60 年代开始，美国着手实施各类空间研究计划，这些新一代装备对可靠性提出了严格要求。因此，1957 年 AGREE 提出的一整套方法被美国国防部及国家航空航天局（NASA）接受，在新研制的装备中得到广泛应用，并迅速发展，形成了一套较完善的可靠性设计、试验及管理标准，并使装备的可靠性得到大幅度的提高。1975 年 8 月，美国空军成立了一个生产性、可靠性、有效性和维修性（PRAM）计划办公室，到 1978 年 8 月止，仅三年时间里共对 379 个项目的可靠性工作投资达 4 200 万美元，节约了 79 500 万美元。

20 世纪 60 年代以后，英国、法国、日本及苏联等国家也相继开展可靠性研究；70 年代以后，可靠性技术从航天领域迅速扩展到更广泛的民用产品。80 年代以来，可靠性工程向着更深、更广的方向发展。在策略上，把可靠性及维修性置于与性能、费用和进度同等重要的地位；在管理上，加强集中统一管理，强调可靠性及维修性管理应制度化；在技术上，深入开展软件可靠性、机械可靠性以及光电器件可靠性等研究，全面推广计算机辅助设计（CDA）技术在可靠性领域的应用，积极采用模块化、综合化、容错设计、光导纤维和超高速集成电路等新技术来全面提高系统的可靠性。为此，美国推行了一系列可靠性及维修性行动计划。在1991年的海湾战争中，美国的行动计划见到成效，F—16C/D及F15E战斗机的战备完好性都超过了95%。

我国从20世纪六七十年代，首先在电子工业部门和国防部门开始进行可靠性的研究、普及工作。在五年时间内，我国的电视机平均故障间隔时间提高了1个数量级，配套元器件使用可靠性也提高了1~2个数量级。经过了10多年的努力，军用元器件的可靠性提高了2~3个数量级，保证了运载火箭、通信卫星的连续发射成功和海底通信电缆的长期正常运行。1984年组建了全国统一的电子产品可靠性信息交换网，1987年颁布了GJB 299—1987《电子设备可靠性预计手册》，有力地推动了电子产品的可靠性工作。1986年国防科工委成立了全国军事技术装备可靠性标准化技术委员会，相继成立航空、航天、舰船和兵器可靠性标准化分技术委员会，组织编写了可靠性国家军用标准体系表；1987年中国人民解放军总后勤部和国防科工委联合批准颁布了GJB 368.2—1987《装备维修性通用规范》；1988年国防科工委批准颁布了GJB 450—1988《装备研制与生产的可靠性通用大纲》。20世纪90年代以来，可靠性研究的工作对象由电子产品向非电子产品，由硬件向软件，由工作状态向储存状态等领域扩展。可靠性工作的开展促进了与之密切相关的装备可用性、保障性、综合技术保障（ILS）等特性以及效能费用分析的研究。

第二节　可靠性的基本概念

一、可靠性

从工程的角度出发，可靠性可定义为：产品无故障完成任务的能力。从统计的角度出发，1957年美国电子设备可靠性咨询组发表的报告中把可靠性定义为“在规定的时间和给定的条件下，无故障完成规定功能的概率”，即可靠度。我国军标GJB 451A—2005《可靠性维修性保障术语》把可靠性定义为“产品在规定的条件下和规定的时间内，完成规定功能的能力”，简写为R。

（1）产品的可靠性与规定的条件分不开。这里所说的规定的条件，包括使用时的环境条件，如温度、湿度、振动、冲击、辐射，使用时的应力条件、维护方法，储存时的储存条件，以及使用时对操作人员技术等级的要求等。

（2）产品的可靠性与规定的时间密切相关。随着时间的增长，产品的可靠性是不断下降的。另外，不同的产品对应的时间指标也是不同的。在应用中，时间是一个广义的概念，可以用周期、次数、里程或其他单位，也可以建立这些单位与时间之间的隶属函数加以描述。

（3）产品的可靠性还与规定的功能密切相关。这里所说的规定的功能就是产品应具备的技术性能指标。只有对规定的功能有清晰的概念，才能对产品是否发生故障有确切的判断。

从应用的角度出发，可靠性可分为固有可靠性和使用可靠性。前者仅考虑承制方在设计和生产中能控制的故障时间，用于描述产品设计和制造的可靠性水平；后者则要综合考虑产品设计、制造、安装环境、维修策略和修理等因素，用于描述产品在计划的环境中使用的可靠性水平。

从设计的角度出发，可靠性可分为基本可靠性和任务可靠性。前者考虑要求保障的所有的故障的影响，用于度量产品无须保障的工作能力，包括与维修和供应有关的可靠性，通常用平均故障间隔时间 MTBF（Mean Time Between Failure）来度量；后者仅考虑导致任务失败的故障影响，用于描述产品完成任务的能力，通常用任务可靠度 MR（Mission Reliability）和致命性故障间隔任务时间 MTBCF（Mission Time Between Critical Failure）来度量。

二、维修性

产品（或系统）发生故障后，寻求故障部位和原因，排除、修复故障，验证是否恢复到正常工作状态等一系列的活动称为维修。维修可进一步分为预防性维修和故障后维修。维修性通常指后者。

维修性是指产品维修的难易程度，是产品设计所赋予的一种维修简便、迅速和经济的固有属性。它通常被定义为“产品在规定条件下和规定时间内，按规定的程序和方法进行维修时，保持或恢复到规定状态的能力”，简写为 M。其概率度量称为维修度。

所谓规定的条件，主要是指维修的机构和场所及相应人员与设备、设施、工具、备件、技术资料等资源条件。所谓规定的程序和方法，是指按技术文件规定采用的维修工作类型、步骤和方法。

维修性常用的指标有维修度 $M(t)$、平均修复时间（Mean Time to Repair，MTTR）等。

一个产品不能工作的时间 NT（Down Time）包括以下两部分：

（1）在设备、备件、维修人员和维修规程等齐全的条件下，用于直接维修工作的时间，称为直接维修时间（Maintenance Time，MT）。

（2）由于保障资源补给或管理原因等延误而造成的时间，称为延误时间（Delay Time，DT）。

平均修复时间是直接维修时间的平均值。其计算公式为

$$\mathrm{MTTR}=\frac{\text{直接维修时间}}{\text{故障次数}}=\frac{\mathrm{MT}}{n}$$

例如，产品累计 $n=100$ 次故障的总直接维修时间（MT）为 10 000h，则 $\mathrm{MTTR}=\mathrm{MT}/n=$ 10 000h/100 次 = 100h/次。显然，MTTR 越小，说明维修性越好。

提高维修性的主要途径有：定期更换零部件或早期发现故障，进行维护保养；在设计和制造时就考虑使其结构易于早期发现故障，易于进行维修。

三、保障性

保障性在我国国防科技系统被称为“综合保障工程”，在国外则被称为“综合后勤保障”（Integrated Logistics Support，ILS）或“后勤工程”（Logistics Engineering）。综合保障工程最初是针对军方的武器装备，是研究在装备研制时如何处理与保障有关问题的一门科学，其目的是在获得装备的同时得到与其匹配的保障资源，建立保障系统，及时形成战斗力。维

修保障工作只是综合保障工程中的一个方面。

所谓保障性，是指产品的设计特性和计划的保障资源能满足使用要求的能力，简写为S。表征保障性的指标是平均延误时间（Mean Delay Time，MDT）。即

$$\mathrm{MDT}=\frac{\text{维修延误的总时间}}{\text{故障次数}}=\frac{\mathrm{DT}}{n}$$

例如，产品累计 $n=100$ 次维修的累计延误时间（DT）为 3 000h，则 MDT = DT/n = 3 000h/100 次 = 30h/次。显然，MDT 越小越好。它反映了产品使用者的管理水平，以及提供资源的能力。

综合保障工程的任务是：①策划并制定维修规划，保证维修工作有序进行，包括维修类型、维修原则、维修级别、保障资源要求等；②使设计接口协调合理；③向有关人员提供有关资料；④备件保障；⑤培训保障；⑥设备保障；⑦计算机资源保障；⑧其他，包括满足人员、包装、运输、储存、防护和环境等要求。

四、测试性

在维修过程中，极为重要的环节之一是确定产品是否出故障，以及哪个部位出故障。所谓测试性，是指产品能及时并准确地确定其状态（可工作、不可工作或性能下降），并隔离其内部故障的一种设计特性，简写为 T。

测试性与维修性及可靠性密切相关，因为具有良好测试性的设备将减少故障检测及隔离时间，进而减少维修时间，改善维修性；任何不能被检测出的故障状态的存在将直接影响产品的可靠性，通过采用测试性好的设备可及时检测出故障，排除故障，进而提高产品的使用可靠性。

测试性通常用故障检测率（Fault Detection Rate，FDR）、故障隔离率（Fault Isolation Rate，FIR）和虚警率（Fault Alarm Rate，FAR）来度量。

五、可用性

可用性是产品可靠性、维修性和保障性三种固有属性的综合反映，是指产品处于可工作状态或可使用状态的能力，也称为有效性。

可用性的概率表征称为可用度。可用度有多种分类，常用的有以下两种：

一种是将产品能工作时间（Up Time，UT）与总时间（能工作时间与不能工作时间之和）之比，称为使用可用性（Operational Availability），记为 A_0。不能工作时间（NT）包括累计直接维修时间（MT）、累计延误时间（DT），则有

$$A_0=\frac{\mathrm{UT}}{\mathrm{UT+NT}}=\frac{\mathrm{UT}}{\mathrm{UT+MT+DT}}$$

另一种是理想状态，即 MDT = 0，此时将产品的平均故障间隔时间与平均故障间隔时间及平均修复时间的和之比，称为固有可用性（Inherent Availability），记为 A_i。则有

$$A_i=\frac{\mathrm{MTBF}}{\mathrm{MTBF+MTTR}}$$

A_i 反映了生产方设计、制造和管理的综合水平，所以 A_i 越大越好。

六、可信性

可信性的概念是随着科学技术的发展，首先是随着军事技术的发展而发展起来的。可信性是一个非定量的集合性术语，表述可用性及其影响因素：可靠性（R）、维修性（M）、保障性（S）、测试性（T），简写为 R·M·S·T·。可信性已明确不是一个定量的术语，对可信性的定量要求，就是具体的 R·M·S·T· 的定量要求；可信性大纲即 R·M·S·T· 大纲；可信性要求即 R·M·S·T· 要求。美国军标和我国军标分别有 R 大纲、M 大纲、S 大纲、T 大纲。ISO 把这些大纲的主要内容及要素综合为可信性大纲及可信性要素。

产品在完成规定任务的这段时间内所经历的事件和环境按时间次序描述，称为“任务剖面”。产品在任务开始时可用的条件下，在规定的任务剖面中，能完成规定功能的能力，称为产品的“（狭义）可信性”（Dependability），简写为 D。产品在执行任务中的状态及可信性取决于与任务有关的产品可靠性及维修性的综合影响。

产品在规定的条件下，满足给定定量特性要求的自身能力，称为产品的固有能力（Capability），简写为 C，一般就是产品的性能。固有能力参数是一系列指标体系。产品在规定的条件下满足给定定量特征和服务要求的能力称为产品的效能（Effectiveness），简写为 E。它是产品可用性（A）、可信性（D）及固有能力（C）的综合反映。效能的一种简单表达式为

$$E=ADC$$

在产品的生命周期或其预期的有效寿命内，产品研制、生产、使用、维修及保障中发生的或可能发生的一切直接、间接、派生或非派生的所有费用的总和称为生命周期费用（Life Cycle Cost，LCC）。

效能 E 与 LCC 之比，称为效能-费用比，是在方案比较中重要的决策参数。可信性工作的目标是：提高产品的可用性和任务成功性，减少维修人力和保障费用。因此，它对装备的作战能力、生存力、部署机动性、维修人力和使用的保障费用产生重要的影响。为了适应科学技术发展的新形势，必须在质量观念上进行根本改变，从狭义质量转变为广义质量，明确性能、可靠性（广义的，即 R·M·S·T·）、费用和进度是决策衡量的四个首要参数，在研制一开始就不断进行综合权衡，以取得系统的最佳效能-费用比。

第三节　可靠性特征量

对可靠性的相应能力做出定量描述的量，称为可靠性特征量。“寿命”是可靠性的一项最重要的指标。从数学上看，研究可靠性主要是研究产品寿命的概率分布。可靠性特征量主要是关于寿命 T 的一些描述量，主要有：可靠度、累积失效分布函数、失效分布概率密度函数、失效率、平均故障间隔时间、失效前平均时间等。

一、可靠度

可靠度是指产品在规定条件下和规定时间内完成规定功能的概率。它是时间的函数，记为 $R(t)$。设 T 为产品寿命的随机变量，则

$$R(t)=P(T>t)$$

上式表示，可靠度是产品寿命 T 超过规定时间 t 的概率，或产品在规定时间 t 内完成规定功能的概率，并且具有以下两个特点：①$0 \leqslant R(t) \leqslant 1$；②$R(0)=1$，$R(\infty)=0$。

例如，$R(5\,000)=0.95$，意味着在 5 000h 内，平均 100 件产品中大约有 95 件能完成规定的功能，大约有 5 件产品会失效。

可靠性特征量理论上的值称为真值，由产品失效的数学模型确定。它虽然是客观存在的，但实际上是未知的。在实际应用中，人们只能通过对 n 个样本的观测，经过统计计算得到真值的估计值，称为可靠性特征量的估计值，记为$\hat{R}(t)$。其计算公式为

$$\hat{R}(t)=\frac{n_s(t)}{n}=\frac{n-n_f(t)}{n}$$

式中　$n_s(t)$——在规定时间 t 内完成规定功能的产品数量；

$n_f(t)$——在规定时间 t 内失效的产品数量。

【例 8-1】　某电子器件110只的失效时间经分组整理后如表 8-1 所示，试估计它的可靠度函数。

表 8-1　某电子器件失效时间分布

组序	失效时间范围/h	失效数量/个	累计失效数量/个	未失效数量/个
1	0~400	6	6	104
2	400~800	28	34	76
3	800~1 200	37	71	39
4	1 200~1 600	23	94	16
5	1 600~2 000	9	103	7
6	2 000~2 400	5	108	2
7	2 400~2 800	1	109	1
8	2 800~3 200	1	110	0

解　根据估算值公式 $\hat{R}(t)=\frac{n_s(t)}{n}=\frac{n-n_f(t)}{n}$，可计算得到

$$\hat{R}(0)=1,\hat{R}(400)=\frac{104}{110}=0.945$$

$$\hat{R}(800)=\frac{76}{110}=0.691,\hat{R}(1\,200)=\frac{39}{110}=0.355$$

$$\hat{R}(1\,600)=\frac{16}{110}=0.145,\hat{R}(2\,000)=\frac{7}{110}=0.064$$

$$\hat{R}(2\,400)=\frac{2}{110}=0.018,\hat{R}(2\,800)=\frac{1}{110}=0.009$$

若把这些计算结果描在坐标纸上，并用光滑曲线把各个点连接起来，就可得到一条下降的可靠度分布函数曲线，如图 8-2 所示。

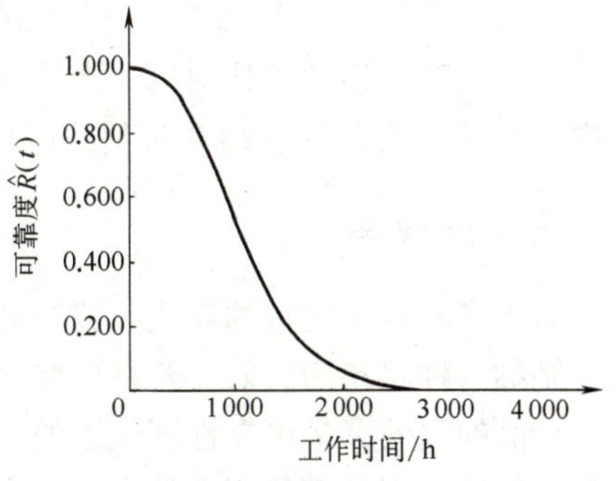

图 8-2　某电子器件的可靠度分布函数曲线

二、失效分布

可靠度是从完成规定功能的角度去看产品的可靠度的，下面再从丧失功能（即失效）的角度去看产品的可靠度。产品在规定条件下和规定时间内失效的概率，称为不可靠度。它显然也是时间的函数，记为 $F(t)$。根据定义有

$$F(t)=P(T\leqslant t)=1-P(T>t)=1-R(t)$$

因此，可靠度与不可靠度之间具有关系：$F(t)+R(t)=1$。同样，它具有以下两个特点：①$0\leqslant F(t)\leqslant 1$；②$F(0)=0$，$F(\infty)=1$。

不可靠度的估计值 $\hat{F}(t)$ 为

$$\hat{F}(t)=\frac{n_f(t)}{n}$$

一般不可靠度也称为累积失效概率、失效分布函数和寿命分布函数。它的导数就是失效分布概率密度函数，记为 $f(t)$。

$f(t)$ 表示产品连续工作时间 t 之后的一个单位时间 Δt 内，产品失效数量与 $t=0$ 时刻的产品总数之比。即

$$f(t)=\lim_{\Delta t\to 0}\frac{n_f(t+\Delta t)-n_f(t)}{n\Delta t}=\frac{\mathrm{d}F(t)}{\mathrm{d}t}=F'(t)=-R'(t)$$

因此，$f(t)$、$F(t)$ 和 $R(t)$ 之间的关系为

$$F(t)=\int_0^t f(t)\,\mathrm{d}t,R(t)=\int_t^\infty f(t)\,\mathrm{d}t=1-\int_0^t f(t)\,\mathrm{d}t$$

三者之间的关系可以用图 8-3 加以描述，即累积失效分布函数 $F(t)$ 是失效分布概率密度函数 $f(t)$ 在 $0\sim T$ 之间的积分面积；可靠度函数 $R(t)$ 是 $f(t)$ 在 $T\sim\infty$ 之间的积分面积。

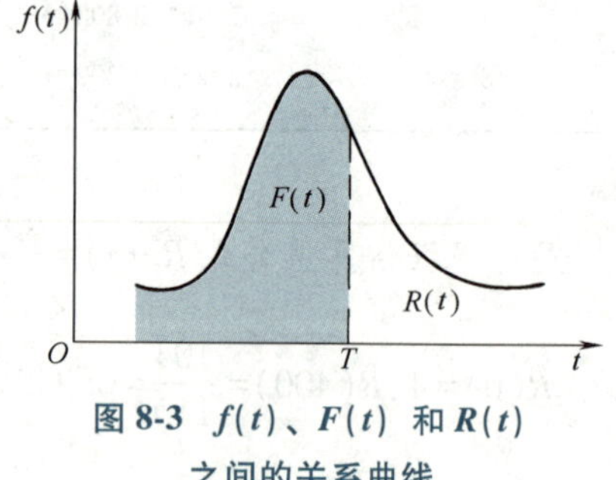

图 8-3 $f(t)$、$F(t)$ 和 $R(t)$ 之间的关系曲线

根据定义，失效分布概率密度函数的估计值 $\hat{f}(t)$ 为

$$\hat{f}(t)=\frac{n_f(t+\Delta t)-n_f(t)}{n\Delta t}=\frac{\Delta n_f(t)}{\Delta t}\Big/n$$

它表示产品连续工作时间 t 之后的 $t\sim t+\Delta t$ 单位时间内，产品失效数量与 $t=0$ 时刻的产品总数之比。

三、失效率

对于产品丧失规定的功能，或产品不能完成规定功能的事件或状态，若是不可修复的产品，则称这种状态为失效；若是可修复的产品，则称这种状态为故障。

产品的失效率是可靠性理论中的一个重要概念，在实践中，它又是某些产品可靠性的重要指标，许多产品都是用失效率的大小来确定其等级的。

1. 失效率的定义

失效率的一般定义是：连续工作时间 t 之后尚未失效的产品在 $t\sim t+\Delta t$ 的单位时间内发

生失效的条件概率，也称瞬时失效率，记为 $\lambda(t)$。即

$$\lambda(t)=\lim_{\Delta t\to 0}\frac{1}{\Delta t}P(t<T\leqslant t+\Delta t/T>t)$$

$$=\lim_{\Delta t\to 0}\frac{P(t<T\leqslant t+\Delta t)}{P(T>t)\Delta t}=\lim_{\Delta t\to 0}\frac{F(t+\Delta t)-F(t)}{P(T>t)\Delta t}$$

$$=\frac{\mathrm{d}F(t)}{\mathrm{d}t}\frac{1}{R(t)}=\frac{f(t)}{R(t)}$$

经过数学变换，可得

$$\lambda(t)=\frac{f(t)}{R(t)}=-\frac{\mathrm{d}R(t)}{\mathrm{d}t}\frac{1}{R(t)}=-\frac{\mathrm{d}[\ln R(t)]}{\mathrm{d}t}$$

$$R(t)=\mathrm{e}^{-\int_0^t\lambda(t)\mathrm{d}t}$$

失效率的估计值 $\hat{\lambda}(t)$ 为

$$\hat{\lambda}(t)=\frac{n_f(t+\Delta t)-n_f(t)}{[n-n_f(t)]\Delta t}=\frac{\Delta n_f(t)}{n_s(t)\Delta t}$$

或
$$\hat{\lambda}(t)=\frac{n_f(t+\Delta t)-n_f(t)}{n\Delta t}\Big/\frac{[n-n_f(t)]}{n}=\frac{\hat{f}(t)}{\hat{R}(t)}$$

【例 8-2】 对 100 个某种型号的产品进行寿命试验，在 $t=100\text{h}$ 前有 2 个失效，在 100~105h 内有 1 个失效；在 $t=1\,000\text{h}$ 前有 40 个失效，在 1 000~1 005h 内有 1 个失效，分别求 $t=100\text{h}$ 和 $t=1\,000\text{h}$ 时，产品的失效率估计值 $\hat{\lambda}(t)$ 和失效密度估计值 $\hat{f}(t)$。

解 根据题意，可以画出失效率估计的示意图，如图 8-4 所示。

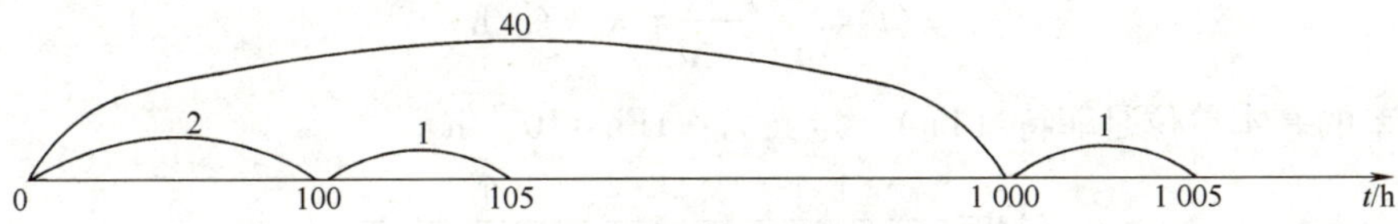

图 8-4 失效率估计示意图

根据估计值公式有

$$\hat{f}(100)=\frac{1}{5\times 100}=0.002,\hat{\lambda}(100)=\frac{1}{5\times 98}=0.002\,04$$

$$\hat{f}(1\,000)=\frac{1}{5\times 100}=0.002,\hat{\lambda}(1\,000)=\frac{1}{5\times 60}=0.003\,33$$

比较上述计算结果可以看出，从失效密度看，在 $t=100\text{h}$ 和 $t=1\,000\text{h}$ 之后的单位时间内失效数量是相同的，因此失效密度是相同的；而从失效率来看，工作到 $t=100\text{h}$ 和 $t=1\,000\text{h}$ 时刻还在正常工作的产品数是不同的，条件不同，失效率也是不同的。因此，失效密度 $f(t)$ 不如失效率 $\lambda(t)$ 的灵敏度高。

2. 平均失效率

失效率是标志产品可靠性常用的指标之一。在工程实践中，往往取平均失效率表示产品

的这一特性。其计算公式为

$$\bar{\lambda}=\int_0^T\lambda(t)\,\mathrm{d}t/T$$

平均失效率的估计值 $\overset{\Delta}{\lambda}$ 为

$$\overset{\Delta}{\lambda}=\frac{n_f}{\mathrm{UT}}=\frac{n_f}{\sum_{i=1}^{n_f}t_{fi}+n_s t}$$

式中 UT——总累积工作时间；

t_{fi}——第 i 个产品失效前的工作时间；

n_s——整个试验期间未出现失效的产品数；

n_f——整个试验期间出现失效的产品数。

【例 8-3】 某产品 100 只，每天工作 12h，第一年年末有 1 只失效，第二年年末有 1 只失效，第三年 6 月末有 2 只失效，其余 96 只工作了 3 年，求此产品的平均失效率。（1 年按 360 天计算）

解 根据题意，有

$$\begin{aligned}\mathrm{UT}&=\sum_{i=1}^{n_f}t_{fi}+n_s t=360\times12\times(1\times1+2\times1+2.5\times2+3\times96)\,\mathrm{h}\\&=1\,278\,720\mathrm{h}\end{aligned}$$

$$\overset{\Delta}{\lambda}=\frac{n_f}{\mathrm{UT}}=\frac{4}{1\,278\,720\mathrm{h}}=0.313\times10^{-5}/\mathrm{h}$$

3. 失效率的单位及失效率等级

从失效率估计值的公式，就可以推导出失效率的单位。即

$$\hat{\lambda}(t)=\frac{\Delta n_f(t)}{n_s(t)\,\Delta t}=**\%/\mathrm{h}$$

失效率的基本单位是菲特（Fit），定义为：$1\mathrm{Fit}=10^{-9}/\mathrm{h}$。

$$1\mathrm{Fit}=\frac{1\text{个}}{1\,000\text{个}\times10^6\mathrm{h}}=\frac{1\text{个}}{10\,000\text{个}\times10^5\mathrm{h}}$$

它表示每 1 000 个产品工作 100 万 h 后只有 1 个失效；或者每 10 000 个产品工作 10 万 h 后只有 1 个失效。这是一个很小的数，只有可靠性很高的产品才能达到这种要求，所以失效率常常表示高可靠性产品的可靠性指标，它越小，可靠性越高。

4. 产品失效率曲线

人们在各种产品的使用和试验中得到大量的寿命数据，经过统计分析后发现，许多产品都服从一条典型的失效率曲线，这条曲线具有两头高、中间低的特点，呈现“U”形，习惯称之为浴盆曲线。这条曲线明显地分为三段，分别对应着三个时期，如图 8-5 所示。

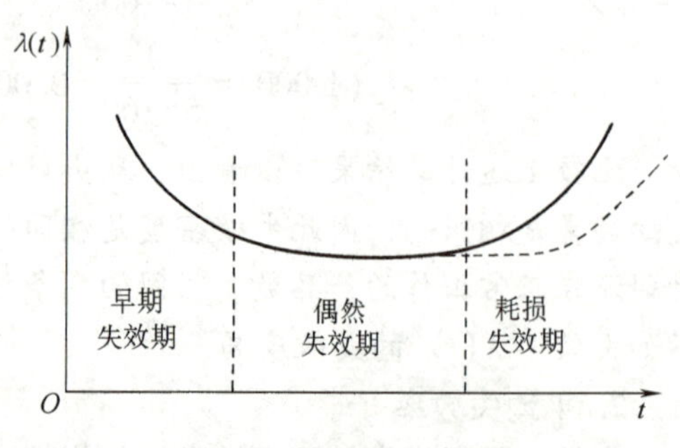

图 8-5 产品失效率曲线

（1）早期失效期。其特点是：失效率较高，但随着工作时间的增加，失效率迅速下降。这

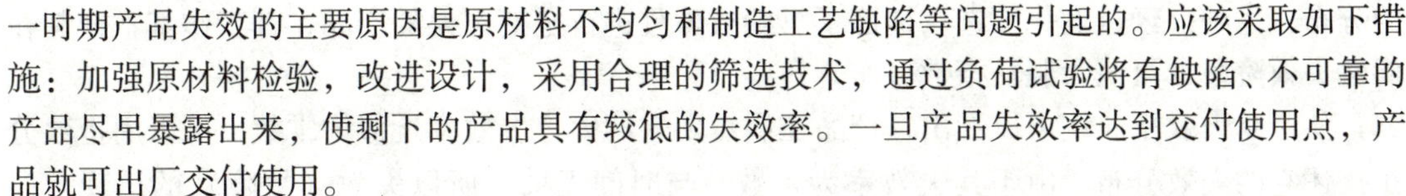

一时期产品失效的主要原因是原材料不均匀和制造工艺缺陷等问题引起的。应该采取如下措施：加强原材料检验，改进设计，采用合理的筛选技术，通过负荷试验将有缺陷、不可靠的产品尽早暴露出来，使剩下的产品具有较低的失效率。一旦产品失效率达到交付使用点，产品就可出厂交付使用。

（2）偶然失效期。其特点是：失效率低而稳定，是一常数或近似常数，这是产品最好的工作时间。在这一时期内，产品失效常常是由多种因素（内在的和外界的）造成的，而每种因素都不太严重，因此失效纯属偶然。在这一阶段要尽力做好产品的维护和保养工作，把这一时期尽量用足。

（3）耗损失效期。其特点是：失效率随着工作时间的增长而上升。这类失效是由于材料老化、疲劳、磨损而引起的。在可靠性工作中常采用预防性措施，提前更换接近耗损期的零部件或元器件，或者采用长寿命的元器件来延长产品的使用寿命，如图 8-5 中的虚线。

四、寿命特性

1. 平均寿命

在寿命特性中，最重要的就是平均寿命。它的定义为产品寿命的平均值。平均寿命的数学意义就是寿命的数学期望，以 θ 或 $E(t)$ 表示。即

$$\theta=\int_0^{\infty} tf(t)\,\mathrm{d}t=E(t)$$

（1）对于可修复产品，平均寿命是指相邻两次故障期的工作时间的平均值，即平均故障间隔时间（Mean Time Between Failure，MTBF）。

（2）对于不可修复产品，平均寿命是指产品失效前的工作时间平均值，即失效前平均工作时间（Mean Time to Failure，MTTF）。

平均寿命 θ 与失效密度函数 $f(t)$、可靠度 $R(t)$ 之间的关系为

$$\begin{aligned}\theta&=\int_0^{\infty} tf(t)\,\mathrm{d}t=\int_0^{\infty} t\,\frac{-\mathrm{d}R(t)}{\mathrm{d}t}\mathrm{d}t=\int_0^{\infty}-t\mathrm{d}R(t)\\&=-\left[tR(t)\Big|_0^{\infty}-\int_0^{\infty}R(t)\,\mathrm{d}t\right]=\int_0^{\infty}R(t)\,\mathrm{d}t\end{aligned}$$

平均寿命的估计值 $\hat{\theta}$ 的表达式为

$$\hat{\theta}=\frac{\text{所有产品的总工作时间}}{\text{总失效数}}=\frac{\mathrm{UT}}{n_f}$$

2. 可靠寿命与中位寿命

当产品可靠度下降到某一可靠度 r 时对应的工作时间，称为可靠寿命，记为 t_r。

$$R(t_r)=r,\quad F(t_r)=1-r$$

当产品可靠度下降到 0.5 时对应的工作时间，称为中位寿命，记为 $t_{0.5}$。

$$R(t_{0.5})=0.5,\quad F(t_{0.5})=0.5$$

第四节　指数分布失效形式

指数分布是可靠性研究中最重要的一种分布，几乎是专门用于描述电子设备可靠性的一种分布。理论上已证明，指数分布在一定的条件下可以用来描述大型复杂系统故障间隔时间

的分布。另外，经过老化筛选，消除了早期故障且进行定期更换的产品，其工作基本控制在偶然失效阶段，可认为服从指数分布。

从产品失效率曲线可以看出，产品在偶然失效期内，失效率近似为常数，可以用指数分布描述它的失效分布。由于其失效率为常数，与时间无关，所以失效（故障）的出现与以往的情况无关，是独立的（无记忆的）。无记忆表明某产品在工作了一段时间 t_0 后，仍与新产品一样，不影响未来工作寿命的长度。

失效概率密度函数为

$$f(t)=\lambda e^{-\lambda t}\quad (t\geqslant 0)$$

可靠度函数为

$$R(t)=\int_t^{\infty} f(t)\mathrm{d}t=\int_t^{\infty}\lambda e^{-\lambda t}\mathrm{d}t=-e^{-\lambda t}\Big|_t^{\infty}=e^{-\lambda t}$$

累积失效概率函数（不可靠度）为

$$F(t)=\int_0^t f(t)\mathrm{d}t=1-R(t)=1-e^{-\lambda t}$$

失效率函数为

$$\lambda(t)=\frac{f(t)}{R(t)}=\frac{\lambda e^{-\lambda t}}{e^{-\lambda t}}=\lambda(\text{常数})$$

平均寿命为

$$\theta=\int_0^{\infty}R(t)\mathrm{d}t=\int_0^{\infty}e^{-\lambda t}\mathrm{d}t=-\frac{1}{\lambda}e^{-\lambda t}\Big|_0^{\infty}=\frac{1}{\lambda}$$

这表明，当失效分布为指数分布时，失效率是一个与时间无关的常数，失效率与平均寿命互为倒数。

可靠寿命为

$$R(t_r)=e^{-\lambda t_r}=r$$

因为

$$-\lambda t_r=\ln r$$

所以

$$t_r=-\frac{1}{\lambda}\ln r$$

当 $r=0.5$ 时，有中位寿命 $t_{0.5}=-(1/\lambda)\ \ln 0.5=0.693\theta$。

当 $t=\theta=1/\lambda$ 时，称为特征寿命。这时

$$R\left(t=\theta=\frac{1}{\lambda}\right)=e^{-\lambda(1/\lambda)}=e^{-1}=0.368$$

$$F\left(t=\theta=\frac{1}{\lambda}\right)=1-0.368=0.632$$

这表明，失效分布服从指数分布的产品能正常使用到平均寿命的概率为 36.8%，或者说有 63.2%的产品连续正常工作达不到平均寿命就会失效。失效分布为指数分布的 $f(t)$、$R(t)$ 和 $F(t)$ 的示意图分别如图 8-6a、b 和 c 所示。

【例 8-4】 已知某公司生产的 X 型号彩色电视机的可靠性指标 MTBF=15 000h，经可靠性测试试验，证实该产品失效分布服从指数分布，求下列可靠性指标：

(1) 产品的失效率 $\lambda(t)$。

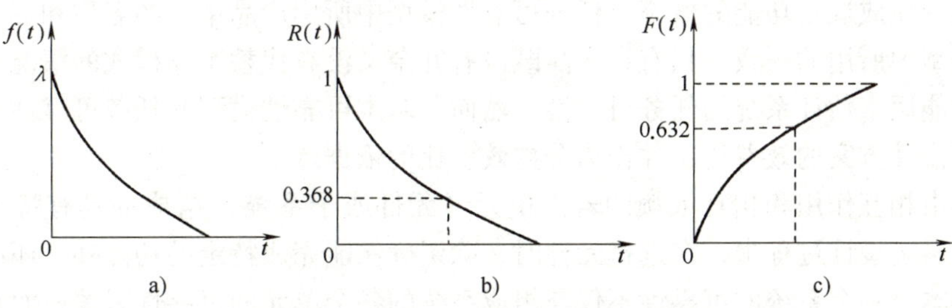

图 8-6　失效分布为指数分布示意图

a）失效分布概率密度函数 $f(t)$　b）可靠度函数 $R(t)$　c）累积失效概率函数 $F(t)$

（2）当产品工作时间 $t=(1\times30\times24)\mathrm{h}=1\ 440\mathrm{h}$ 时，可靠度 $R(t)$ 和累积失效概率函数 $F(t)$。

（3）已知该产品的平均修复时间 MTTR=8h，求产品的固有可用度 A_{i}。

解　根据题意，有：

（1）产品的失效率为

$$\lambda(t)=\lambda=\frac{1}{\mathrm{MTBF}}=\frac{1}{15\ 000\mathrm{h}}=6.7\times10^{-5}/\mathrm{h}$$

（2）产品工作时间 $t=1\ 440\mathrm{h}$ 时的可靠度为

$$R(t=1\ 440)=\mathrm{e}^{-6.7\times10^{-5}\times1440}=\mathrm{e}^{-0.096}=0.908$$

累积失效概率函数为

$$F(t=1\ 440)=1-R(t=1\ 440)=1-0.908=0.092$$

（3）产品的固有可用度为

$$A_{\mathrm{i}}=\frac{\mathrm{MTBF}}{\mathrm{MTBF+MTTR}}=\frac{15\ 000}{15\ 000+8}=0.999$$

失效分布除了指数分布外，还有韦伯分布、正态分布、对数正态分布等，由于篇幅所限，在这里不一一介绍，有兴趣的读者可阅读相关文献。

第五节　可靠性建模与预计

一、可靠性建模

可靠性模型的定义：为分配、预计、分析或估算产品的可靠性所建立的模型。可靠性模型一般可分为基本可靠性模型和任务可靠性模型。基本可靠性模型包括一个可靠性框图和一个相应的可靠性数学模型。基本可靠性模型是一个串联模型，那些冗余或代替工作模式的单元都按串联处理，用以估计产品及其组成单元引起的维修及后勤保障要求。基本可靠性模型的详细程序应该达到产品规定的分析层次，以获取可以利用的信息，而且失效率数据对该层次产品设计来说能够作为考虑维修和后勤保障要求的依据。任务可靠性模型包括一个可靠性框图和一个相应的可靠性数学模型。任务可靠性模型应该能描述在完成任务过程中产品单元的预定用途。预定用于冗余或代替工作模式的单元应该在模型中反映为并联结构，或适用于特定任务阶段及任务范围的类似结构。任务可靠性模型的结构比较复杂，用以估计产品在执行任务过程中完成规定功能的概率。任务可靠性模型中所用产品单元的名称和标志应该与基本可靠性模型中所用的一致。只有在产品既没有冗余又没有代替工作模式的情况下，基本可靠性模型才能用来估计系统的任务可靠性。然而，基本可靠性模型和任务可靠性模型应当用来权衡不同设计方案的效费比，并作为分摊效费比的依据。

系统是由相互作用和相互依赖的若干单元（元件或子系统）组成的具有特定功能的有机整体。在系统设计过程中，在选择元件时，除了确保能完成特定的功能外，还应权衡元件的质量与成本。一个系统的可靠性不仅与组成系统的各个单元的可靠性有关，而且与系统的结构形式有十分密切的关系。一个系统中的单元可能是串联、并联或混联的，或以更复杂的可靠性逻辑结构模式连接。给定任一系统的可靠性逻辑结构模式以及所选元件可靠性指标，系统设计者必须计算系统可靠性指标。如果系统可靠性指标达不到预定水平，则必须修改该系统设计。这个设计—计算—修改的过程将会继续重复，直到所设计的系统达到预定水平。

（一）可靠性框图

计算系统可靠性的第一步是建立系统的可靠性框图，即从可靠性角度用框图来描述单元失效及它们的组合如何导致系统失效的逻辑关系，通常又称为可靠性结构模式。系统可靠性在很大程度上取决于组成单元的可靠度、系统的可靠性结构模式、组成单元的数量。

可靠性框图是指对于复杂系统的一个或多个功能模式，用方框表示的各组成部分的故障或它们的组合如何导致系统故障的逻辑图。可靠性框图法是进行可靠性分析的基本方法之一，在应用中应与产品的工作原理图及功能框图等相协调。可靠性框图模型有以下特点：①每一个方框代表了系统的一个组成单元的一种功能模式，方框之间的连接关系则代表了系统各组成单元之间的功能关系，较为直观和简明；②通过可靠性框图可以建立系统的基本可靠性模型和任务可靠性模型。基本可靠性模型为全串联系统，任务可靠性模型包括串联、并联、混联、旁联及表决等结构。

由可靠性框图可以得到系统的可靠性数学模型，代入系统各组成单元的可靠性数据，就可以得到系统的故障率、平均故障间隔时间等指标。

例如，汽车可以分为五大子系统：发动机、变速器、制动、转向与轮胎。为了保证一辆汽车能正常工作，这五大系统缺一不可。因此，汽车系统的可靠性框图如图 8-7 所示。

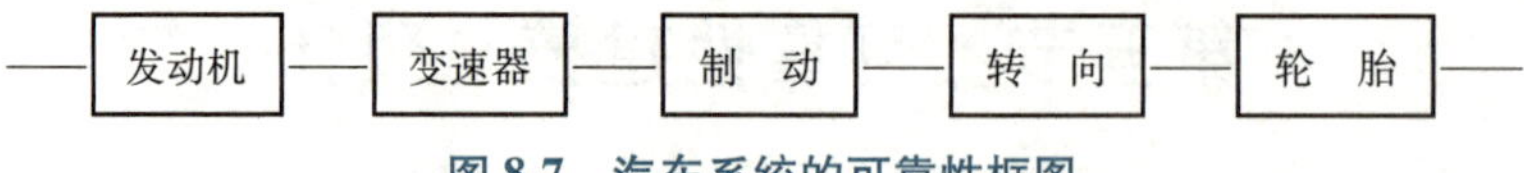

图 8-7 汽车系统的可靠性框图

图 8-7 所示的可靠性框图并不代表这些子系统在汽车中的实际连接方式，它仅表示只有每个子系统都正常工作，才能确保汽车正常工作。此外，在可靠性框图中，方框可以代表一个基本元件、部件，也可以是子系统。如果需要详细分析图 8-7 中各个元件的可靠性，则可进一步分解每个子系统。一个子系统的方框则会被另一个可靠性框图所代替。

需要强调的是，系统的可靠性框图与系统的原理图是有区别的。前者表示系统中各个子系统（元件）之间的逻辑关系（功能关系），而后者表示系统中各个子系统的物理关系。

得到系统的可靠性框图后，下一步就是计算系统的可靠性。下面将分别讨论几种可靠性模型的系统可靠性计算。为了阐述方便，在下面的讨论中采用下列假设：①各单元只可能有两种状态：正常与失效（故障），而没有中间状态；②各单元工作与否是相互独立的，即任一单元的正常工作与否不会影响其他单元的正常与否。

1. 串联模型

串联系统的 n 个单元必须全部工作，系统才会正常工作，任何一个单元故障都会导致系统故障。串联模型是最常用的系统可靠性模型，其可靠性框图如图 8-8 所示。

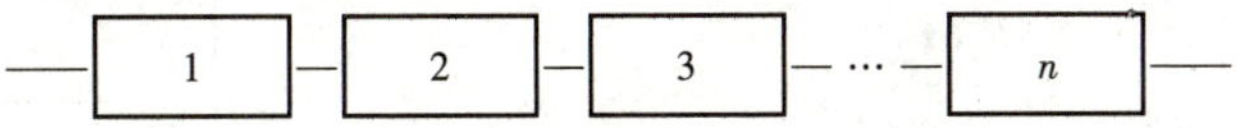

—[1]—[2]—[3]— ··· —[n]—

图 8-8　串联系统的可靠性框图

根据串联系统的定义及其逻辑框图，系统可靠性函数 $R_s(t)$ 等于所有单元可以同时正常工作到时间 t 的概率。利用单元工作与否的独立性假设，系统的寿命 T_s 是第一个出现故障的单元的寿命，系统的可靠性函数 $R_s(t)$ 即为所有单元可靠性函数 $R_i(t)$ 的乘积。即

$$T_s=\min\{T_1,T_2,\cdots,T_n\}$$

$$R_s(t)=\prod_{i=1}^{n}R_i(t)$$

或者利用累积失效概率函数，有

$$F_s(t)=1-\prod_{i=1}^{n}[1-F_i(t)]$$

式中　T_i——第 i 个单元的寿命，$i=1$，2，…，n；

T_s——系统的寿命；

$F_i(t)$——第 i 个单元的累积失效概率函数；

$F_s(t)$——系统累积失效概率函数。

由于单元可靠度 $R_i(t)<1$，则系统可靠性函数 $R_s(t)$ 的公式说明，串联系统中单元数量越多，系统可靠性越低。

若各单元的寿命分布均为指数分布，即

$$R_i(t)=\mathrm{e}^{-\lambda_i t}\quad(i=1,2,\cdots,n)$$

则系统可靠度函数 $R_s(t)$ 为

$$R_s(t)=\prod_{i=1}^{n}R_i(t)=\prod_{i=1}^{n}\mathrm{e}^{-\lambda_i t}=\mathrm{e}^{-(\sum_{i=1}^{n}\lambda_i)t}$$

系统故障率 $\lambda_s(t)$ 和平均寿命 θ_s 分别为

$$\lambda_s(t)=-\frac{R_s'(t)}{R_s(t)}=\sum_{i=1}^{n}\lambda_i$$

$$\theta_s=\int_0^{\infty}R_s(t)\,\mathrm{d}t=1\Big/\sum_{i=1}^{n}\lambda_i$$

式中　λ_i——第 i 个单元的故障率，$i=1$，2，…，n。

上面的公式说明，当串联模型中各单元寿命为指数分布时，系统的寿命也为指数分布。

2. 并联模型

当构成系统的所有单元都发生故障时，系统才发生故障的系统，称为并联系统。在一个并联系统中，只要有任何一个单元工作，系统就处于工作状态。因此，并联系统可以提高系统的可靠性。并联系统的可靠性框图如图 8-9 所示。

设初始时刻 $t=0$，所有单元同时开始工作，则并联系统的寿命 T_s 为最后发生故障的单元的寿命。即

$$T_s=\max\{T_1,T_2,\cdots,T_n\}$$

根据并联系统的定义及其逻辑框图，系统累积失效概率函数 $F_s(t)$ 为所有单元累积故障函数 $F_i(t)$ 的乘积。即

$$F_s(t)=\prod_{i=1}^{n}[1-R_i(t)]$$

那么，系统的可靠性函数 $R_s(t)$ 为

$$R_s(t)=1-F_s(t)=1-\prod_{i=1}^{n}[1-R_i(t)]$$

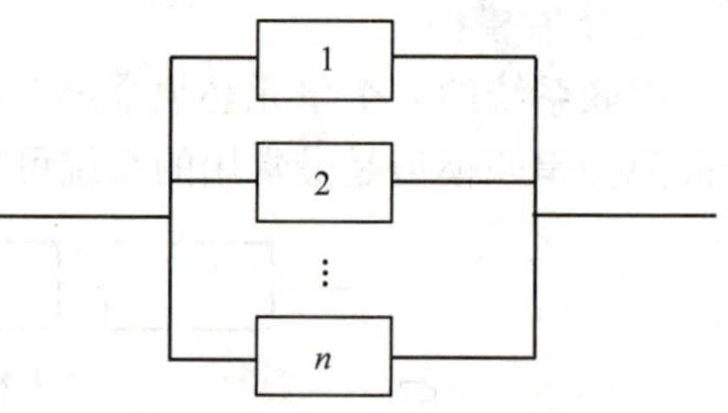

图 8-9　并联系统的可靠性框图

由于单元可靠度 $R_i(t)<1$，则 $F_s(t)$ 会随着系统中单元数量 n 的增大而减小，相应的系统可靠度 $R_s(t)=1-F_s(t)$ 会随着系统中单元数量 n 的增大而增大，即并联系统中单元数量越多，系统可靠性越大。

3. 串-并联混合模型

实际系统中，经常会出现如下三类串-并联混合模型：

（1）串-并联模型。如果一个系统由 m 个子系统串联而成，而每个子系统是由 n 个元件并联而成的，称这样一个系统为串-并联模型。其可靠性框图如图 8-10 所示。

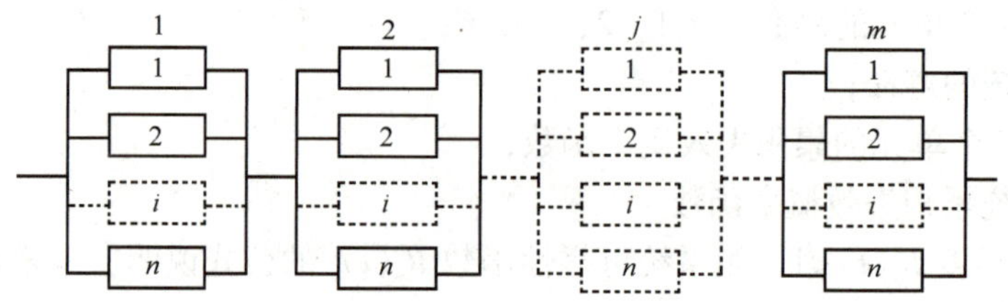

图 8-10　串-并联模型的可靠性框图

假设每个元件都具有相同的累积失效概率 $F(t)$，则串-并联模型的可靠性函数为

$$R_s(t)=[1-F^n(t)]^m$$

串-并联模型可视为是从串联模型变化而来的。考虑一个有 m 个元件的串联系统，如果将每一个元件都加上 $n-1$ 个工作储备元件（Active Redundancy），则得到如图 8-10 所示的串-并联模型。由于串-并联模型中具有工作储备元件，因此其系统可靠性比单纯的串联系统的可靠性要高。但是，串-并联系统成本也较高，存在系统可靠性优化设计问题。

（2）并-串联模型。如果一个系统由 m 个子系统并联而成，而每个子系统是由 n 个元件串联而成的，称这样的系统为并-串联系统。其可靠性框图如图 8-11 所示。

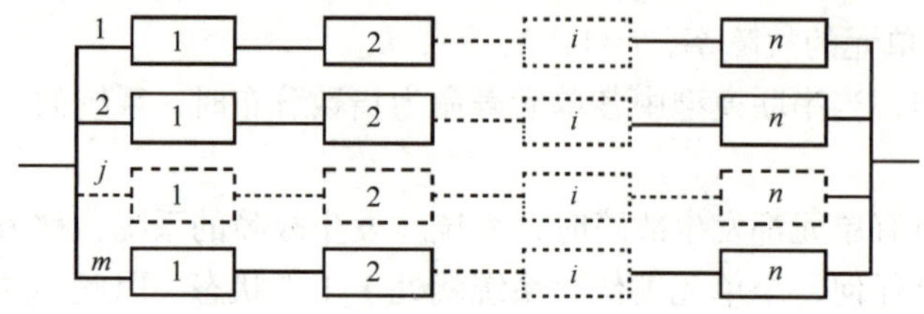

图 8-11　并-串联模型的可靠性框图

假设每个元件都具有相同的可靠性函数 $R(t)$，则并-串联模型的可靠性函数为

$$R_s(t)=1-[1-R^n(t)]^m$$

并-串联模型可视为由一并联系统变化而来的。考虑一个子系统由 n 个元件串联而成，将 m 个这样的子系统并联在一起，即构成如图 8-11 所示的并-串联模型。因为使用了工作储备，并-串联模型的可靠性高于任一子系统。对于一个并-串联模型，也存在系统可靠性优化设计的问题。

（3）串-并联混合模型。有些系统中各个元件之间的关系既有串联也有并联。图 8-12 所示就是属于这类系统的一种可靠性框图。

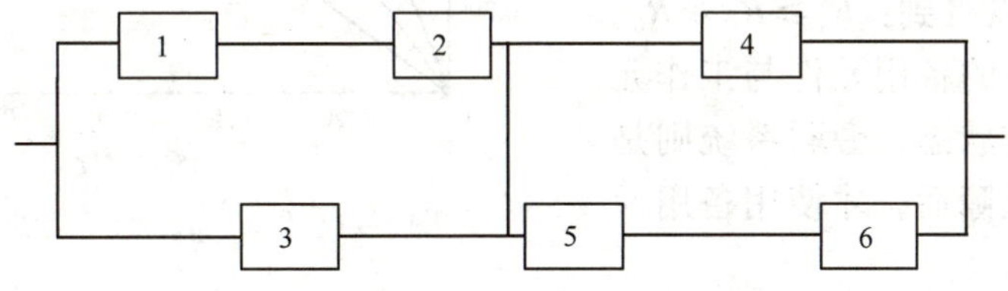

图 8-12　串-并联混合模型的可靠性框图

在图 8-12 中，元件 1 与元件 2 串联构成子系统 1，元件 5 和元件 6 串联构成子系统 2，子系统 1 和元件 3 并联构成子系统 3，子系统 2 和元件 4 并联构成子系统 4，最后子系统 3 和子系统 4 串联成整个串-并联混合系统。假设图 8-12 中元件的可靠性函数均为 $R(t)$，则利用串联模型和并联模型系统的可靠性计算公式，可以得到串-并联混合系统的可靠性函数为

$$\begin{aligned} R_s(t) &= \{1-[1-R^2(t)][1-R(t)]\}\{1-[1-R^2(t)][1-R(t)]\} \\ &= \{1-[1-R^2(t)][1-R(t)]\}^2 \end{aligned}$$

4. 旁联模型

前面讨论的并联模型利用工作储备来提高系统的可靠性，但却未必能有效地提高系统的工作寿命，原因是在这种模型中系统的寿命等于 n 个并联元件中最好的元件的寿命。因此引入旁联模型（Stand-by System Model）。

在一个由 n 个元件组成的旁联系统中，只有一个元件在工作，其他元件则处于非工作状态；当一个工作元件发生故障时，通过一个故障监测和转换装置而使得另一个元件工作。这种系统的可靠性框图如图 8-13 所示。

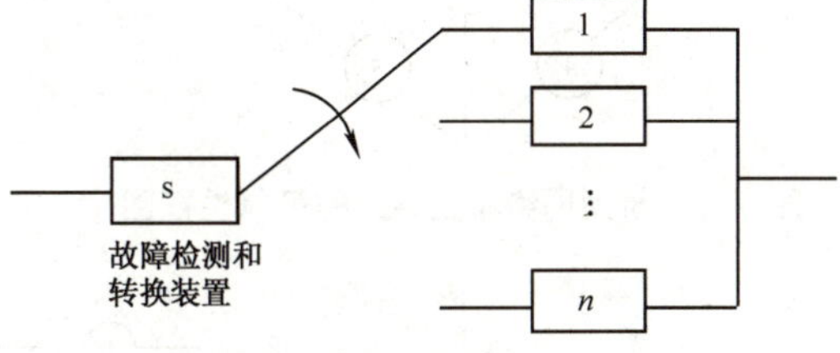

图 8-13　旁联模型的可靠性框图

假设故障监测与转换装置的可靠性为 1，元件 i 的寿命为 T_i，则旁联系统的寿命 T_s 为

$$T_s = T_1 + T_2 + \cdots + T_n$$

当 n 个元件的故障分布均为指数分布，故障率均为 λ 时，可以证明，旁联系统的可靠性函数为

$$R_s(t) = e^{-\lambda t}\left[1 + \lambda t + \frac{(\lambda t)^2}{2} + \frac{(\lambda t)^3}{3} + \cdots + \frac{(\lambda t)^{n-1}}{n-1}\right] = \sum_{i=1}^{n} \frac{(\lambda t)^{i-1}}{(i-1)} e^{-\lambda t}$$

【例 8-5】　以一个备用元件（$n=2$）的系统进行比较。假定各工作元件均相同，故障率为 λ_0。试比较单个元件、旁联系统和并联系统的可靠度。

解　元件可靠性函数为

$$R_0=\mathrm{e}^{-\lambda_0 t}$$

并联系统可靠性函数为

$$R_D(t)=2\mathrm{e}^{-\lambda_0 t}-(\mathrm{e}^{-\lambda_0 t})^2=2R_0-R_0^2$$

旁联系统可靠性函数为

$$R_s(t)=(1+\lambda_0 t)\mathrm{e}^{-\lambda_0 t}=(1-\ln R_0)R_0$$

将这三个可靠性函数作图描述，如图 8-14 所示，可以得到：$R_s \geqslant R_D \geqslant R_0$。这是因为并联系统的备用元件与工作元件都同时处于工作状态，旁联系统则是当工作元件发生故障后，才使用备用元件进行工作。

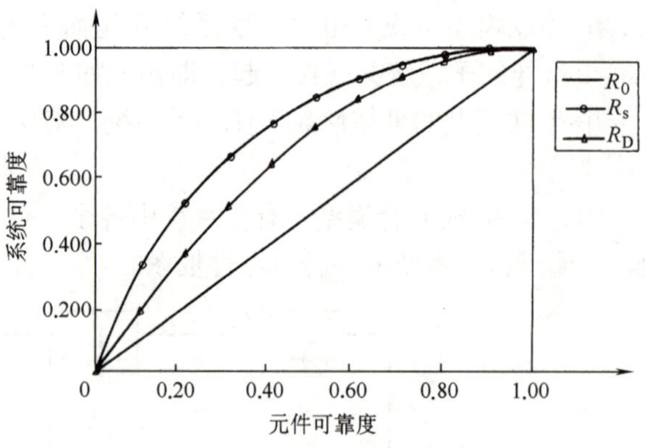

图 8-14　R_s、R_D、R_0 三者之间的关系

5. 网络模型

有些复杂的系统无法用前述的可靠性模型描述，这时需要利用网络理论去描述和计算系统的可靠性。下面以一个桥型网络模型来说明如何计算此类系统的可靠性函数。

在这里，利用条件概率或分解法来计算该系统的可靠性。在图 8-15 所示的桥型网络模型系统中选取元件 3 作为分解元件，分两种情况讨论：

（1）若元件 3 正常工作，系统可靠性框图等价于图 8-16 所示的 R_{s1} 可靠性框图，则

$$R_{s1}(t)=\{1-[1-R_1(t)][1-R_4(t)]\}\{1-[1-R_2(t)][1-R_5(t)]\}$$

（2）若元件 3 发生故障，系统可靠性框图等价于图 8-17 所示的 R_{s2} 可靠性框图，则

$$R_{s2}(t)=1-[1-R_1(t)R_2(t)][1-R_4(t)R_5(t)]$$

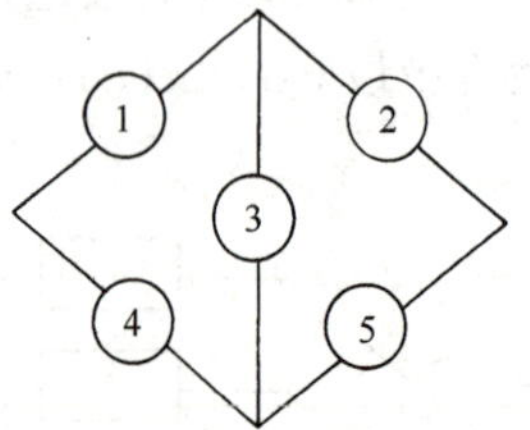

图 8-15　桥型网络模型系统的可靠性框图

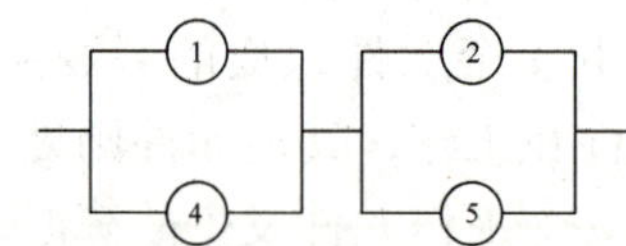

图 8-16　元件 3 正常工作时的系统可靠性框图

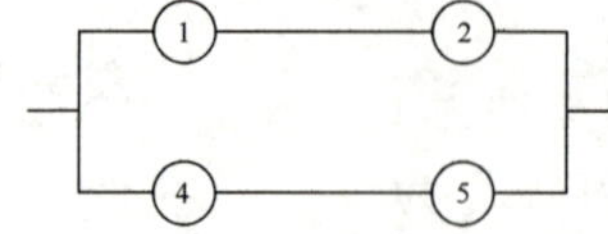

图 8-17　元件 3 发生故障时的系统可靠性框图

利用全概率公式，则图 8-15 所示的系统可靠性 R_s 为

$R_s(t)=P$(系统正常工作)

$=P$(元件 3 正常工作)$\times P$(系统正常工作/元件 3 正常工作)$+$

P(元件 3 发生故障)$\times P$(系统正常工作/元件 3 发生故障)

$$=R_3(t)R_{s1}(t)+[1-R_3(t)]R_{s2}(t)$$

$$=R_3(t)\{1-[1-R_1(t)][1-R_4(t)]\}\{1-[1-R_2(t)][1-R_5(t)]\}$$

$$+[1-R_3(t)][1-R_1(t)R_2(t)][1-R_4(t)R_5(t)]$$

（二）GO_FLOW 法

GO_FLOW 法是基于成功事件的可靠性分析方法，它在模型描述能力和处理上有以下特点：

（1）GO_FLOW 法是从系统的功能原理图直接建模的方法，通过对系统功能的分析，利用本身定义的典型模块（GO_FLOW 法定义了 14 个典型模块）来对系统正常工作的功能关系进行直接描述，这些典型模块充分地描述了系统各单元之间的功能逻辑关系。

（2）GO_FLOW 法除了可以通过分析系统功能流程来分析可靠性外，还能处理系统多态性的问题，GO_FLOW 法是对 GO 法的新的发展，它简化了系统的模型并扩展了处理问题的范围，可以处理复杂系统共因故障及非单调关联系统等。

（3）在建立了系统模型以后，可以采用解析或仿真的手段对系统可靠性进行计算。

GO_FLOW 法适用于系统与复杂系统级产品的可靠性建模分析过程，但仍存在描述能力不足等问题。

（三）Markov 模型

Markov 模型是指利用 Markov 过程及其状态转移图来表达和分析系统可靠性的方法。采用 Markov 模型进行建模的前提是状态之间的转移时间服从指数分布。Markov 模型有以下特点：

（1）Markov 模型由状态和状态之间表示转移方向的连线构成。建立 Markov 模型需要首先将系统结构抽象成为状态。

（2）Markov 模型能比较真实地反映系统的实际工作情况，准确地考虑系统各部分之间功能的相互依存、故障的相互影响，能够体现出复杂系统的余度管理如监控方式、故障覆盖率、余度降级及重构等因素。

（3）Markov 模型的解算方法有解析方法和仿真方法。通过解算可以得到系统的故障率等指标。Markov 模型是对系统状态的抽象，因此它与系统的物理结构差别较大。当系统复杂、状态数目较多时，模型不易创建。

Markov 模型适用于系统与复杂系统级产品的可靠性建模分析过程。但当系统复杂、状态数目较多时，存在状态空间爆炸，模型难以建立并结算的问题。

（四）基于神经网络的系统可靠性模型

神经网络是非线性的，它可用来提取系统输入输出之间复杂的相互关系。从理论上讲，它能实现任意的非线性映射。因而，可用神经网络来表示可靠性领域变量之间的复杂关系，减少传统数据处理方法带来的较大误差。一些产品的失效机理不明，影响因素众多，很难或无法用函数关系表达时，可用神经网络的方法进行系统辨识和参数估计，以求得问题的解决。神经网络具有容错性，它可以在不完善的数据和图形中进行学习和做出决定，局部的损伤可能引起功能衰退，但不会使功能丧失。这在一些可靠性数据不完整时，可得出尽可能近似的答案。神经网络具有推广能力，一旦训练成功，它可以正确处理与训练集相似的数据，在一定的误差容许范围内，它由局部联想整体。在多应力加速寿命试验中，如果失效机理改变，用一般的方法很难处理或处理结果误差较大，但利用神经网络描述复杂函数能力和联想功能，就可以比较好地处理。

神经网络具有大规模并行结构和并行处理能力，同一层处理单元都是同时操作的。因此，它在许多问题上可以做出快速判断、决策和处理。随着可靠性工作的广泛开展，数据越来越多，可以用过去的数据来训练网络的结构，并把过去的数据作为训练的初始值，而用目前最有价值的数据来进行参数估计，这样可以减少误差，同时网络的并行处理也为处理速度提供了保证。

神经网络系统可靠性模型适用于系统与复杂系统级产品的可靠性建模分析过程，然而其最大的问题是对于评估结果的可信性无法证明。

（五）Petri 网络模型

Petri 网是德国学者 C. A. Petri 教授于 1962 年在其博士论文《用自动机通信》中提出的一个网状结构信息流模型。由于它表达直观且对并发、异步等系统有很好的适用性，60 多年来有了较快的发展。“着色 Petri 网”“时间 Petri 网”“随机 Petri 网”等高级 Petri 网实际上都是对 Petri 网的扩展。近年国内外出现了将高级 Petri 网用于可靠性建模和分析的实例。

高级 Petri 网在模型描述和处理上有以下特点：

（1）Petri 网是一个网状结构信息流模型，其建模过程直观形象，具有坚实的数学基础，可以对系统进行数学和图形的描述与分析，它可以建立系统的状态方程、代数方程以及系统行为的其他模型，可以对其进行量化计算。

（2）Petri 网实质上是对系统状态和状态转移的描述，表达形式上完全可以替代 Markov 过程的状态转移图，同时比状态转移图有着更好的可读性。

（3）对具有并发、异步、分布及并行特征的系统有很好的适用性。

（4）可以较好地描述系统的时间特性、不确定性（指人为因素等）和系统的随机特性。

（5）Petri 网可以克服 Markov 模型要求状态转移时间服从指数分布的前提条件，因此对系统的动态行为可以进行更为真实的刻画。

Petri 网适用于系统与复杂系统级产品的可靠性建模分析过程。其建模过程直观形象，具有坚实的数学描述手段和行为分析技术，对并发、异步及并行等特征能恰当分析，比状态转移图有着更好的可读性。

二、可靠性预计

可靠性预计是在产品本身信息不足的情况下，根据同类元器件的统计数据对产品可靠性水平做出的早期估计。随着产品研制过程中的各种信息的积累，结果的可信度不断提高。可靠性预计是产品研制过程中的一项重要的基础工作，作为一种在研制过程中对产品可靠性水平进行评估把关的手段，对产品可靠性目标的实现有重要的控制作用。通过可靠性预计，可以对产品的可靠性水平进行估计，为方案择优和设计改进提供方向。

在可靠性预计领域，使用最广、影响最大的标准是 1957 年发布的 MIL-HDBK-217《电子设备可靠性预计手册》，当时的手册中不管元器件属于什么种类，都采用统一的环境系数。MIL-HDBK-217 总共更新了 6 次，最新的版本是 1995 年发布的 MIL-HDBK-217F（N2）。20 世纪 90 年代中期，受美国国防采办改革的影响，国防部不再对制造商在装备研制过程中采用的技术和方法做硬性规定，美国当时的国防部部长 William J. Perry 宣布减少采用军用规范和标准，鼓励制定能同时被军方采用的商业标准。同时，美国陆军宣布停止使用 MIL-HDBK-217 来预计电子设备的可靠性，其理由是这种预计方法是不可靠的，会导致错误的预计结果，包括 MIL-STD-217F 在内的许多美国军标也逐渐停止了更新工作。在此背景下，欧美一些国家的政府部门和企业转向发展自己的可靠性预计标准。例如，贝尔实验室的 Telcordia SR-332，法国电讯科学研究中心的 RDF2000，英国电信的 HRD5，等等。这些标准在应用范围和影响上远不及 MIL-STD-217F。

20 世纪 90 年代后期，美国空军指定罗姆实验室继续对 MIL-STD-217F 进行改进。在罗姆实验室的资助下，可靠性分析中心（RAC）开始了新的系统可靠性评估方法的研究。与此同时，RAC 还在美国国防部的资助下继续开展可靠性数据收集、分析工作。2000 年，RAC 发布了新的可靠性预计方法 PRISM，尽管 PRISM 覆盖的元器件模型并不全面，但是它已经具备了新的可靠性预计方法的雏形。经过美国几家制造商诺-格、雷神的使用，反馈效果良好，增强了 RAC 对 PRISM 继续改进的信心。2005 年，可靠性分析中心改名为可靠性信息分析中心（RIAC），更加注重信息分析能力。2006 年，RIAC 发布了《217PLUS 可靠性预计模型手册》，作为 PRISM 的替代方法。

2008 年 2 月，美国国防部项目办公室（Defense Standardization Program Office，DSPO）责成海军水面战争中心（Naval Surface Warfare Center，NSWC）对 MIL-STD-217F 的修订进行准备。他们制订了手册的修订计划，寻求一种新的方法对电子设备的可靠性进行预计。修订计划分为三个阶段：第一个阶段，保留现有的可靠性预计方法，在不修改原有模型的情况下更新原有数据，对基本失效率和 π 系数进行调整；第二个阶段，将尝试寻找一种更好的可靠性预计方法，比如对有耗损机理的元器件增加故障物理的方法，并制订下一步的修订计划；第三个阶段，执行第二阶段的修订计划，对 MIL-STD-217F 进行修订。

1. 元器件/零部件级产品可靠性预计

元器件/零部件级产品可靠性预计目前常用的有元器件计数法、应力分析法和故障率预计法。

（1）元器件计数法。根据经验确定各类元器件在不同工作环境下的通用故障率，将元器件通用故障率用质量系数修正得到其故障率。

（2）应力分析法。应力分析法用于产品详细设计阶段电子元器件的故障率预计，其方法也是基于概率统计，是对某种电子元器件在实验室的标准应力与环境条件下，通过大量的试验，并对其结果统计而得出该种元器件故障率，称为“基本故障率”。在预计电子元器件工作故障率时，应用元器件的质量等级、应力水平、环境条件等因素对基本故障率进行修正。

（3）故障率预计法。故障率预计法主要用于非电子产品的可靠性预计，其原理与电子元器件的应力分析法基本相同，而且对基本故障率的修正更简单。当系统研制进入详细设计阶段时，已有了产品的详细设计图，选定了零件，且已知它们的类型、数量、环境及使用应力，在具有实验室常温条件下测得的故障率时，可采用故障率预计法。

上述方法的应用须利用工程手册或试验历史数据来进行，因此其准确性受手册或历史数据的影响较大，且修正模型处理较为简单。

2. 设备/系统/复杂系统级产品可靠性预计

设备/系统/复杂系统级产品可靠性预计目前常用的有相似产品法、评分预计法、可靠性模型法。

（1）相似产品法。相似产品法就是利用与该产品相似的已有成熟产品的可靠性数据来估计该产品的基本可靠性的方法。成熟产品的可靠性数据主要来源于现场统计和实验室的试验结果。

（2）评分预计法。评分预计法是在可靠性数据非常缺乏的情况下，通过有经验的设计人员或专家对影响可靠性的几种因素评分，对评分进行综合分析而获得各产品之间的可靠性相对比值，再以某一个已知可靠性数据的产品为基准，预计其他产品的可靠性的方法。

（3）可靠性模型法。该方法的输入主要来自底层产品（元器件/零部件级产品）的预计数据。根据设备或系统构型和功能，建立其可靠性模型，然后计算出系统的可靠性指标。

上述方法中，相似产品法和评分预计法是较为粗略的预计方法，其结果受到各种主观因素的影响，而可靠性模型法的应用则主要受到所选用可靠性模型的制约。

第六节　可靠性分配

可靠性分配是指根据系统设计任务书中规定的可靠性指标，按一定的方法分配给组成该系统的分系统、设备和元器件，分配结果要写到设计任务书或者技术经济合同中。进行可靠性分配时，一般受系统设计的综合约束条件限制，如费用、体积、功耗等因素。如果对分配没有任何约束条件，可能存在无数个可行分配解。因此，可靠性分配的关键在于确定一个方法，通过它能得到合理的可靠性分配值。

一、可靠性分配遵循的原则

进行可靠性分配时需要遵循以下原则：

（1）对于复杂度高的分系统、设备等应分配较低的可靠性指标，产品越复杂，其组成单元就越多，要达到高可靠性就越困难。

（2）对于技术上不成熟的产品，应分配较低的可靠性指标。产品不成熟，提出高可靠性要求会延长研制时间，增加研制费用。

（3）对于在恶劣环境条件下工作的产品，应分配较低的可靠性指标，恶劣的环境会增大产品的故障率。

（4）对于需要长期工作的产品，应分配较低的可靠性指标，因为产品的可靠性随着工作时间的增加而降低。

（5）对于重要度高的产品，应分配较高的可靠性指标，因为重要度高的产品的故障会影响任务的完成。

二、可靠性分配方法

系统可靠性是建立在各单元可靠性的基础上的，只有各单元设计达到可靠性指标要求，系统才能达到可靠性指标要求，可靠性指标分配是落实系统可靠性指标的过程。可靠性指标分配的目的是把整机的可靠性指标逐层分配到系统、分系统、设备，使各级设计人员明确自己的可靠性设计目标。可靠性指标分配包括基本可靠性指标分配和任务可靠性指标分配。基本可靠性指标分配技术成熟，在信号工程中得到了普遍的开展。任务可靠性指标分配方法尚不成熟，特别是还没有实用的分配方法。

1. 相似产品法

这种方法适用于新设计的设备与老设备相类似（例如，新、老飞机都是由机体、动力装置、燃油、液压、导航等分系统组成），对新设备只是根据新的需求提出新的可靠性指标要求时对其进行可靠性分配。这种方法主要用于分配产品的基本可靠性，也可用于分配串联产品的任务可靠性。其数学表达式为

$$\lambda_{ix}^{*}=\lambda_{il}\frac{\lambda_{sx}^{*}}{\lambda_{sl}}$$

式中 λ_{ix}^{*}——分配给新设备中第 i 个单元的故障率；

λ_{sx}^{*}——新产品的故障率；

λ_{il}——老产品中第 i 个单元的故障率；

λ_{sl}——老产品的故障率。

这种方法的基本出发点是：考虑原有系统基本上反映了一定时期内产品能实现的可靠性，如果没有个别分系统在技术上的重大突破，那么按照现有水平，可以把新的可靠性指标按其原有能力成比例地进行调整。

该方法适用于新、老设备的结构、性能、环境条件、工艺方法相似，并且有统计数据的情况。

2. 考虑重要度和复杂度分配法

这种方法是一种既考虑重要度又考虑复杂度的分配方法。假设系统是由 K 个寿命服从指数分布的分系统组成，分配的可靠性指标以 T_{BF} 表示，则分配给第 i 个分系统的可靠性指标为

$$T_{\mathrm{BF}i}=\frac{NW_i t_i}{n_i[-\ln R_s^*(t)]}$$

式中 i——分系统编号；

t——系统的工作时间；

t_i——第 i 个分系统的工作时间；

W_i——以第 i 个分系统发生故障将会导致系统发生故障的概率表示的重要因子，由统计方式得到；

n_i——第 i 个分系统的部件数；

N——系统的部件总数；

$R_s^*(t)$——系统规定的可靠度指标；

$T_{\mathrm{BF}i}$——分配给第 i 个分系统的平均故障间隔时间值。

一般情况下，分配给第 i 个分系统的可靠性指标与该分系统的重要度成正比，与复杂度成反比。

3. 评分分配法

这种方法适用于缺乏有关的可靠性数据的情况，请有经验的工程师按照几种因素进行评分，并对评分值进行综合分析，以获得产品各组成单元之间的可靠性相对比值，根据评分情况给每个分系统或设备分配可靠性指标。应用这种方法时，时间一般应以产品工作时间为基准。这种方法主要用于分配产品的基本可靠性，也可用于分配串联产品的任务可靠性，一般假设产品寿命服从指数分布。这种方法适用于方案选择阶段和初步设计阶段。

（1）评分因素。评分分配法通常考虑的因素有：复杂程度、技术水平、工作时间和环境条件等。在工程实际过程中可以根据产品的特点增加或减少评分因素。

（2）评分原则。下面以产品故障率为分配参数说明评分原则。各种因素评分值范围为 1 分到 10 分，评分越高说明对产品的可靠性产生越恶劣的影响。

1）复杂程度。它是根据产品组成单元的数量以及它们组装的难易程度来评定的。最复杂的评 10 分，最简单的评 1 分。

2）技术水平。根据产品单元目前的技术水平和成熟程度来评定。水平最低的评 10 分，水平最高的评 1 分。

3）工作时间。根据产品单元的工作时间来评定。单元工作时间最长的评 10 分，最短的评 1 分。如果产品中所有单元的故障率是以产品工作时间为基准，即所有单元故障率统计是以产品工作时间为统计时间计算的，则各单元的工作时间不相同，而统计时间均相等。

4）环境条件。根据产品单元所处的环境来评定。单元工作过程中会经受极其恶劣而严酷的环境条件的评 10 分，环境条件最好的评 1 分。

（3）基于评分法的可靠性分配。设产品的可靠性指标为 λ_s^*，分配给每个单元的故障率 λ_i^* 为

$$\lambda_i^* = C_i \lambda_s^*$$

式中　i——单元数，$i=1, 2, \cdots, n$；

C_i——第 i 个单元的评分系数。

$$C_i = \frac{\omega_i}{\omega}$$

式中　ω_i——第 i 个单元的评分数；

ω——产品的评分数，有

$$\omega_i = \prod_{j=1}^{4} r_{ij}$$

式中　r_{ij}——第 i 个单元第 j 个因素的评分数，$j=1$ 为复杂程度，$j=2$ 为技术水平，$j=3$ 为工作时间，$j=4$ 为环境条件。

$$\omega = \sum_{i=1}^{n} \omega_i$$

4. 余度系统的比例组合法可靠性分配

常规的相似产品法只适用于基本可靠性指标的分配，而对于任务可靠性指标分配来说，其对应的可靠性模型多是一个串联、并联、旁联等混合模型。对于简单的冗余系统来说，可采用的分配方法有：考虑重要度、复杂度的分配法，拉格朗日乘数法，动态规划法等。这些方法多是从数学优化角度同时考虑某些约束条件来研究产品的冗余问题，在工程上往往不是简易可行的，而且不能应用于含有冷贮备等多种模型的情况。下面介绍如何把比例组合法应用于含有串联、并联、旁联等混合模型的产品可靠性分配。

根据比例组合法的基本原则，即新产品各组成单元故障率的分配值 λ_i^* 与老产品相似单元的故障率 λ_i 之比值相等，即

$$\frac{\lambda_i^*}{\lambda_i} = K, \quad i=1,2,\cdots,n$$

由于产品各组成单元的寿命服从指数分布，所以

$$R_i(t) - e^{-K\lambda_i t}, \; i=1,2,\cdots,n$$

因此，求解满足下式的 K 值

$$f(e^{-K\lambda_1 t}, e^{-K\lambda_2 t}, \cdots, e^{-K\lambda_n t}) = R_s^*(t)$$

各单元故障率的分配值 λ_i^* 为

$$\lambda_i^* = K\lambda_i$$

5. 有约束条件的可靠性分配方法

不考虑约束条件的可靠性分配方法计算起来简单，但是往往与实际情况差别较大。在设计一个系统时，需要考虑许多约束条件，如在费用、重量、体积、功率等限制条件下，使所设计系统的可靠性达到最大化，或者要求系统可靠度大于某个限制值，使系统的其他参数（如费用）最优化。在约束条件下分配可靠度指标的必要条件是用一些数据或公式将约束变量与可靠性指标联系起来。常用的有拉格朗日乘数法和动态规划法等。

第七节 可靠性分析

以往人们是依靠经验和知识来判断元器件故障对系统产生影响的，这种判断过分依赖个人的经验和技术水平，因而缺乏系统性和科学性。故障模式影响及危害性分析（FMEA 或 FMECA）为人们提供了一种系统、全面、标准化的有效分析工具，这种方法可以系统地分析零件、元器件、设备所有可能的故障模式、故障原因及后果，发现设计、生产中的薄弱环节，提高产品的可靠性。而故障树分析（FTA）可以帮助人们判断潜在的故障或计算产品发生故障的概率，用于指导故障诊断、改进运行和维修方案。

一、故障模式影响及危害性分析

1. FMEA 和 FMECA 的基本概念

故障模式及影响分析（Failure Mode and Effect Analysis，FMEA）是一种可靠性分析的重要定性方法。它是按照一定的格式有步骤地分析每一个部件、单元（或每一种功能）可能产生的故障（失效）模式，每一种失效模式对系统（设备）的影响及失效后的严重程度，是一种失效因果关系分析。

故障模式、故障影响及危害性分析（Failure Mode，Effect and Criticality Analysis，FMECA）是在 FMEA 的基础上再增加一项任务，即判断这种故障模式影响的致命程度有多大，使分析量化，因此，FMECA 也可看成是对 FMEA 的扩展。

总体说来，FMEA 和 FMECA 是对组成产品的部件可能发生的故障类型及其对上一级乃至整个系统的影响和危害度进行分析的方法。

FMEA（FMECA）的主要用途如下：

（1）发现设计、生产中的薄弱环节，有助于设计人员有针对性地采取改进措施。

（2）协助确定可靠性关键件和重要件。它们是改进设计、可靠性增长、生产质量控制的主要对象。

（3）为产品的检验程序、故障试点的设置、维修分析以及保障分析提供依据。

2. 故障模式中的基本概念

（1）故障模式。它是产品故障的一种表现形式，如断裂、接触不良、泄漏、腐蚀等。

（2）故障影响。它是指每种故障模式对产品使用、功能或状态所导致的后果。具体可分为以下三个层次的影响：①局部影响。它是指该故障模式对当前所分析层次产品的影响。②高一层次影响。它是指对当前所分析层次高一层的产品的影响。③最终影响。它是指对最高层次产品的影响。

（3）严重度。它是指某故障模式所产生后果的严重程度。它可分为四类：Ⅰ类——灾难的，是一种会引起人员或系统（如飞机、坦克、舰船等）毁坏的故障；Ⅱ类——致命的，是一种会引起人员严重伤害、重大经济损失或导致任务失败的系统严重损坏的故障；Ⅲ类——临界的，是一种引起人员轻度伤害、一定的经济损失或导致任务延误或降级的系统轻度损坏的故障；Ⅳ类——轻度的，是一种不足以导致人员伤害、一定的经济损失或系统损坏的故障，但它会导致非计划性维护或修理。

3. FMEA（FMECA）的工作程序

FMEA 是从基本单元的故障模式和产品的功能结构来确定单元故障与系统（产品）状态之间的关系。这是一种从“下”至“上”的分析方法，重点考虑构成系统的每一个单元出现故障对系统（产品）的影响，以列表的方式进行。

一种典型的 FMEA 表格如表 8-2 所示，可根据需要对其进行增补。

表 8-2　故障模式及影响因素分析表

初始约定层次　　任　务　　审核　　第　页共　页

约定层次　　分析人员　　批准　　填表日期

代码	产品或功能标志	功能	故障模式	故障原因	任务阶段与工作方式	故障影响			故障检测方法	补救措施	严重度类别	备注
						局部影响	高一层次影响	最终影响				

FMEA 的工作程序如下：

（1）列出产品（系统）中各部件的名称编号。

（2）假设并列出可能发生的所有失效模式。

（3）说明各失效模式对整个系统的影响。

（4）指出失效的危害程度。

（5）提出防止失效的纠正方法和补救措施。

一种故障模式是否值得重视不仅与它的后果有关，还与它出现的概率大小有关。对某种故障模式的后果及其发生概率的综合度量，称为危害性（度）。FMECA 在 FMEA 的基础上加上以下两条：

（1）确定故障影响的严重等级。

（2）估计基本组成单元故障模式的出现概率。

例如，高压锅是由锅体、锅盖、手柄、密封圈、排气管及降压阀等部件组成的，这些部件的故障模式及其影响后果和危害程度如表 8-3 所示。

表 8-3　高压锅的 FMEA 分析

部件名称	故障模式	影响后果	危险度	改进措施
锅体	接触面碰伤	漏气、开盖困难	轻度的	使用说明书提示
锅盖	接触面碰伤	漏气、开盖困难	轻度的	使用说明书提示
手柄	损坏	合盖困难、移动不便	轻度的	增加固定牢度
密封圈	变形、老化	漏气、完成任务欠佳	轻度的	用新材质代替，增加备件
排气管	堵塞	锅内压力过高	致命的	使用双保险安全阀
降压阀	丢失	压力不够、不能快速蒸熟	轻度的	重配

由表 8-3 可以看出，高压锅危险性最大的故障模式是排气管堵塞。为了保证高压锅能安全地完成蒸煮功能，通常高压锅都设有双保险安全阀。

二、故障树分析

1. FTA 的基本概念及主要用途

故障树分析（Fault Tree Analysis，FTA）是通过对可能造成产品故障的硬件、软件、环境及人为因素进行分析，画出故障树，从而确定产品故障原因的各种可能组合方式和（或）其发生概率的一种分析技术。其目的是帮助判明潜在的故障或计算产品发生故障的概率，以便采取相应的改进措施，也可用于指导故障诊断、改进运行和维修方案。

FTA 是美国电话试验室的维森于 1962 年首先提出的，当时主要用于航天产品。20 世纪 60 年代中期，FTA 从宇航范围扩展至核工业及其他工业部门。1974 年，美国原子能管理委员会组织撰写的主要用 FTA 分析商用原子能反应堆安全性的 WASH—1400 报告发表，成功地应用 FTA 进行安全性分析，获得了巨大成功。迄今，FTA 已被国内外公认为是对复杂系统进行安全性、可靠性分析的一种好方法。1978 年，我国颁布了 GB 7829《故障树分析程序》，使 FTA 分析在我国的应用达到规范化。

FTA 可用于故障的定性分析和定量分析。定性分析的思想类似于因果图，因果图一般用于故障原因和故障结果相对简单、直观的情况。当故障原因相对复杂或原因之间或者因果之间存在某种关联性时，就要使用故障树进行分析。故障树的定量分析，是依据底事件（基本事件）的发生概率按故障树的逻辑关系计算出顶事件（结果事件）的发生概率。

FTA 的主要用途包括以下几个方面：

（1）从安全性角度出发，比较各种设计方案；或者已确定了某种设计方案，评估其是否满足安全性要求。

（2）对于大型复杂系统，通过 FTA 可以发现由几个非致命的故障事件组合而导致的意外致命事件，并可据此采取相应的改进措施。

（3）为制定使用、试验及维修程序提供依据。

（4）为系统设计的管理、使用和维修人员提供一个形象的管理、使用和维修“指南”或查明故障的“线索表”。

2. 故障树的建立

故障树是一种倒状逻辑因果关系图，使用一系列的事件符号、逻辑门符号和转移符号描述产品（系统）中各种事件之间的因果关系。常用的故障树符号如表 8-4 所示。

故障树的建立是 FTA 的关键，因为故障树的完善程度将直接影响定性分析和定量计算的准确性。现以演绎法建树为例，对故障树的建立做一简单介绍。

表 8-4 常用的故障树符号

分类	符号	说明
事件	（矩形）	结果事件（包括顶事件与中间事件）
	（圆形）	基本事件
	（菱形）	未展开事件：其输入为无须或无法进一步分析的事件
	（房形）	房形事件：作触发事件用，或作开关用
逻辑门	&	与门
	≥1	或门
	=1	异或门：仅当一个输入存在时才有输出
	禁止条件	禁止门：若禁止条件不成立，即使有输入也无输出
	m n	表决门：n 个输入至少有 m 个存在，则有输出
子树转移相同	A 转向　A 转此	将树的一个完整部分（子树）转移到另一处复用，A 是标号
子树转移相似	A 转向　A 转此	转移前后的子树结构相同，但事件不同

先写出顶事件（即系统不希望发生的故障事件）表示符号作为第一行，在其下面并列写出导致顶事件发生的直接原因（包括软件、硬件、人及环境因素等）作为第二行。把它们用相应的符号表示出来，并用适合的逻辑门与顶事件相连。再将导致第二行的那些故障事件（称为中间事件）发生的直接原因作为第三行，用合适的逻辑门与中间事件相连。按这个线索步步深入，一直追溯到引起系统发生故障的全部原因，直到不需要继续分析为止（称为底事件）。这样就形成了一棵以顶事件为“根”、中间事件为“节”、底事件为“叶”的倒置的故障树。

图 8-18 是一个电动机工作原理图，图 8-19 是以“电动机过热”为顶事件的故障树。

3. 故障树的定性分析和定量分析

故障树的定性分析就是找出导致顶事件发生的原因和原因组合，即找出全部最小割集。最小割集是指一些底事件的集合，当它们都发生时顶事件必须发生，而这些底事件如果缺一个就不会导致顶事件发生。如图 8-19 中，最小割集就是：电动机一次故障、绕组一次故障及熔丝一次故障、电源一次故障及熔丝一次故障，共三个。最小割集中底事件的数量称为阶数。一般阶数越低的最小割集越重要；在低阶最小割集中的底事件比高阶中的更重要；在不同最小割集中重复出现次数越多的底事件越重要。根据上面三条原则，可将底事件及最小割集按重要性进行排序，以便确定改进措施的方向。

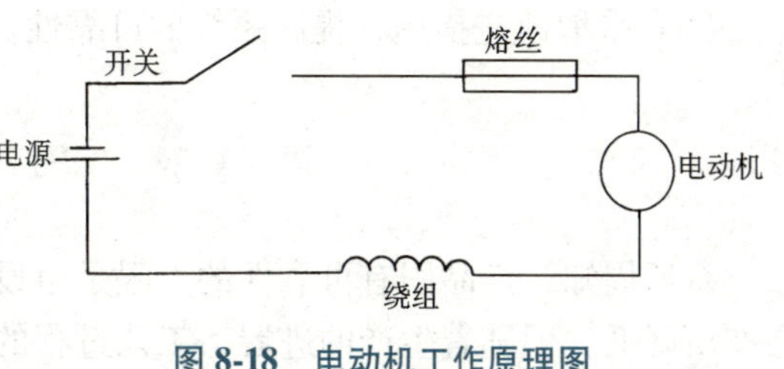

图 8-18　电动机工作原理图

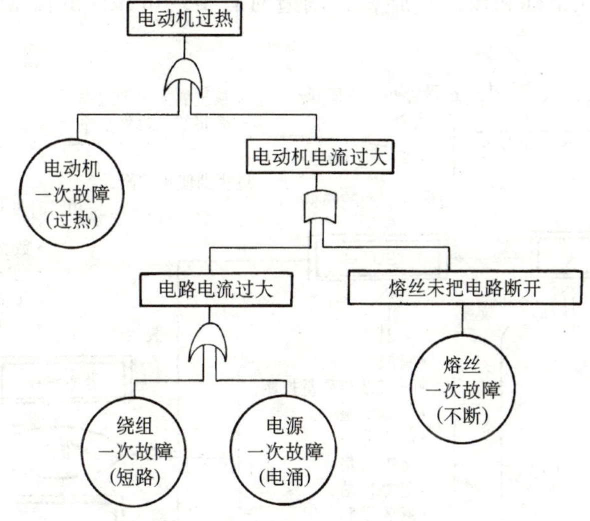

图 8-19　以“电动机过热”为顶事件的故障树

故障树的定量分析就是根据底事件的发生概率按故障树逻辑门关系，计算顶事件发生的概率，以判断是否满足规定的安全性和可靠性的要求。以图 8-19“电动机过热”为顶事件的故障树为例，有

$$
\begin{aligned}
P\{T\} &= P\{X_1\} + P\{G_1\} \\
&= P\{X_1\} + P\{G_2\}P\{G_3\} \\
&= P\{X_1\} + [P\{X_2\} + P\{X_3\}]P\{X_4\} \\
&= P\{X_1\} + P\{X_2\}P\{X_4\} + P\{X_3\}P\{X_4\}
\end{aligned}
$$

4. FTA 的流程

FTA 属于演绎法。它由上而下，由顶事件出发，分析顶事件的一切可能原因或原因组合。这种分析面向系统。其流程为：

（1）选择顶事件。

（2）构造故障树。

（3）定性分析识别系统故障模式。

（4）定量分析、计算顶事件发生的概率及单元的重要度。

（5）识别设计的薄弱环节。

（6）采取改进措施，提高系统的可靠性。

第八节 可靠性过程管理

众所周知，产品固有可靠性的上限是由设计决定的。随着产品投入生产，其可靠性一般会有所降低，但随着生产的进展、工艺过程的改进和生产经验的不断积累，其可靠性将会提高。产品出厂经过运输、储存后进入现场使用，其使用可靠性通常会再次降低。随着使用时间的推移及使用维护人员对产品越来越熟悉、使用维护经验不断积累，使用可靠性将有所提高。在产品生命周期内可靠性降低和提高的过程如图 8-20 所示。可靠性管理总的目标是使产品在设计时有可靠性指标和设计措施，在制造时有实现可靠性的保证措施，在使用时有维持可靠性水平的措施。

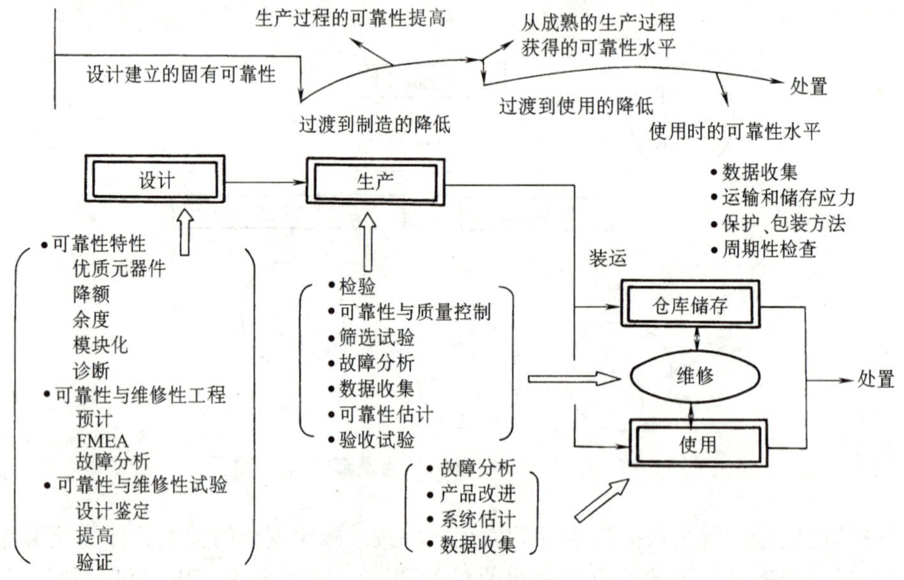

图 8-20 产品生命周期内可靠性降低和提高的过程

可靠性过程管理通常是按产品生命周期阶段划分的，主要有开发设计、生产、销售、使用、维修等阶段。在产品生命周期内，企业为提供满足使用要求的高可靠性产品而采取的提高可靠性的一切措施、方法和活动，称之为可靠性管理。实践证明，要保障产品的可靠性，除了进行可靠性分析和设计外，还要进行系统而周密的可靠性管理。产品的可靠性管理是建立在健全的质量管理基础上的。

本节主要介绍生产、使用和维修过程中的可靠性管理。

一、生产阶段的可靠性管理

设计为可靠性奠定了基础，制造保证了可靠性的实现，两者共同决定了产品的固有可靠性。经验表明，如果忽视生产过程中的可靠性管理，将会使实际的可靠性降低到预计值的 10%。生产过程中可靠性管理的重点：一是最大限度地排除和控制各种不利因素；二是最大限度地检出不可靠因素造成的缺陷。

大量故障统计资料表明，产品故障中有10%~20%是由于生产的原因造成的。生产过程中产生缺陷的主要原因是：①工艺设计不良；②生产过程中附加不良应力、搬运损伤或试验工作不当等；③由生产者的技术水平、疲劳等因素造成的人为差错；④外购件的质量得不到应有的保证，进厂没有按规定检验等。这些因素对产品可靠性产生综合作用的过程，也就是可靠性降低或提高的过程。

由生产缺陷造成的故障模式有：接触不良；元器件定位不当；表面或材料污染；焊接不牢；装配、紧固不当；材料有发纹、弯曲、变形等。这些缺陷又可分为两类：一类是与时间无关的质量缺陷；另一类是与应力、时间或两者均有关的可靠性缺陷。对于质量缺陷，采用一般的质量控制检验措施可以加以排除。检验和测试效率越高，缺陷被排除的可能性也就越大；而对于部分可靠性缺陷，采用一般的常规质量控制检验方法是不易发现的，通常采用受控的环境应力筛选将缺陷加以排除。

针对上述缺陷产生的原因，在生产过程中可采取的保证可靠性的方法主要有以下几种：

（1）加强生产过程的质量控制。制定严格的质量控制要求、检验和测试程序，以及数据的收集、分析和纠正要求等。

（2）根据产品的特点，制定生产过程中不同工序间必要的筛选试验程序，以便发现可靠性缺陷，加强潜在故障的暴露。

（3）优化工艺设计及生产技术、生产设备，严格操作规程。

（4）加强生产人员的培训，提高其技术水平，创造优良的生产条件。

（5）选择高质量的货源，加强进厂入库前的检验。

（6）建立有效的故障报告、分析和纠正措施系统。发现问题，及时报告并采取改进措施，使产品的固有设计可靠性得以保持。

二、使用和维修阶段的可靠性管理

使用和维修不当都可能导致产品的使用可靠性下降，其主要原因有以下几个方面：

（1）在使用过程中的粗暴装卸，不按产品使用规程操作。

（2）由于对产品不熟悉或疏忽、粗心等原因对产品施加的应力超过了设计极限。

（3）具有损耗特性的产品，随着使用时间的增加，可靠性降低。

（4）维修不当，即在计划或非计划维修中引入缺陷。例如，外来物遗留在产品中，螺栓没有拧紧或拧得过紧，元器件更换不当，注入了不合适的润滑剂，安装错误等。

（5）在现场使用和维修过程中所受的环境应力超出预期的应力。例如，在沙漠地区使用和维修时，产品可能会受到沙尘和高温等环境应力的影响。

因此，产品使用、维修阶段的可靠性与维修性和人机工程等多种因素有关，要保证产品使用的可靠性，应特别重视操作管理及维修管理。

在使用过程中另一项重要的可靠性工作是：可靠性数据的收集、分析及反馈。因为使用阶段收集和分析的可靠性数据，对产品设计和制造的评价最具权威性，它反映的使用及环境条件最真实，参与评估的产品数量较多，其评估结果反映了产品趋向成熟期或已达到成熟期时的可靠性水平，是该产品可靠性工作的最终检验，也是今后开展新产品可靠性设计和改进原产品设计的最有益的参考。其主要用途有以下几个方面：

（1）跟踪产品在现场的可靠性状况。

（2）对出现的故障或问题进行分析，为改进产品可靠性提供依据。

（3）评价改进措施的有效性。

（4）验证产品设计、生产过程中所采取的可靠性措施的正确性和合理性，环境应力筛选和可靠性提高试验的效果以及厂内可靠性鉴定试验的正确性。

思 考 题

1. 试述产品可信性、可靠性、维修性、可用性和保障性的概念。

2. 简述失效分布密度函数 $f(t)$ 与失效率的区别。

3. 试分析产品失效曲线各个不同时期的特点。

4. 可靠性特征量有哪几个？请写出指数分布的可靠性特征量。

5. 什么是可靠性模型？什么是可靠性框图？试以实例说明可靠性框图与产品原理图之间的区别。

6. 什么是可靠性分配？可靠性分配的原则是什么？

7. 为什么要进行 FMEA 或 FMECA 工作？试以一个你熟悉的产品进行 FMEA 或 FMECA 工作，并填写 FMEA 或 FMECA 表格。

8. 简述 FTA 的基本概念及主要用途。

9. 如何建立故障树？

10. 可靠性管理的主要内容有哪些？如何做好生产阶段、使用和维修阶段的可靠性管理？

作 业 题

1. 表 8-5 是某种型号产品 420 只在 12 天内的失效数据，试求此产品的可靠性函数，并画出可靠性曲线。

表 8-5 失效数据分布表

组　号	失效时间范围/h	失效数量/只
1	0~24	222
2	24~48	45
3	48~72	32
4	72~96	27
5	96~120	21
6	120~144	15
7	144~168	17
8	168~192	7
9	192~216	14
10	216~240	9
11	240~264	8
12	264~288	3

2. 对 1 575 台电视机进行高温老化试验，每隔 4h 测试一次，直到 36h 后共失效 85 台，具体数据如表 8-6 所示。

表 8-6　试验数据表

测试时间 t_i/h	4	8	12	16	20	24	28	32	36
Δt_i 内失效数量/台	39	18	8	9	2	4	2	2	1

试估计 $t=0$，4，8，12，16，20，24，28，32（单位：h）的失效率各是多少？并画出失效率曲线。

3. 设产品的失效率函数为：$\lambda(t)=ct$，$t>0$，这里 c 为常数，求其可靠性函数 $R(t)$ 和失效密度函数 $f(t)$。

4. 某电子设备的故障分布为指数分布，假如该设备在 50h 的工作时间内有 20% 发生故障，试求其平均寿命、中位寿命和可靠度为 0.9 的寿命。

5. 由 5 个相互独立的单元组成的一个串联系统，每个单元在 $t=1\,000$h 的可靠度都为 0.970，在相同的规定时间内此系统的可靠度是多少？假如用类似的单元 10 个组成一个串联系统，其系统可靠度又是多少？

6. 有三个元件的平均故障间隔时间分别为 300h、500h 和 150h，试求由这三个元件串联组成系统的平均故障间隔时间，并求此系统工作 100h 的可靠度。

7. 试计算图 8-21 所示的混联系统的可靠度。其中每个单元的可靠度分别为 $R_A=0.95$，$R_B=0.99$，$R_C=R_D=R_E=0.70$，$R_F=R_G=0.75$，$R_H=0.90$，它们都是在同一规定时间的可靠度。

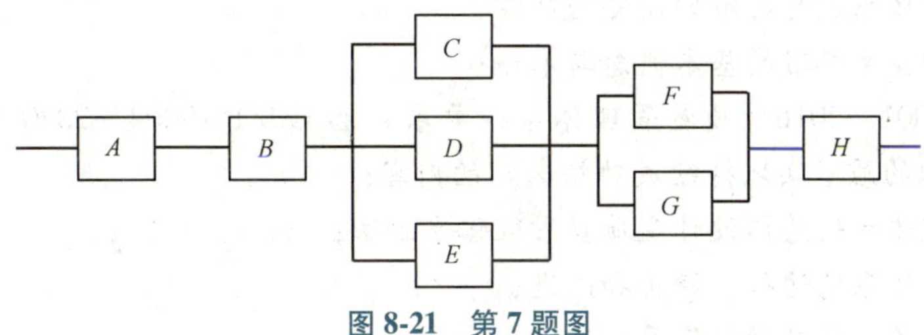

图 8-21　第 7 题图

8. 某系统的可靠性框图如图 8-22 所示，图中各元件的可靠度为 $R_A=0.30$，$R_{B1}=R_{B2}=0.10$，$R_{C1}=R_{C2}=0.20$，求系统的可靠度 R_s。

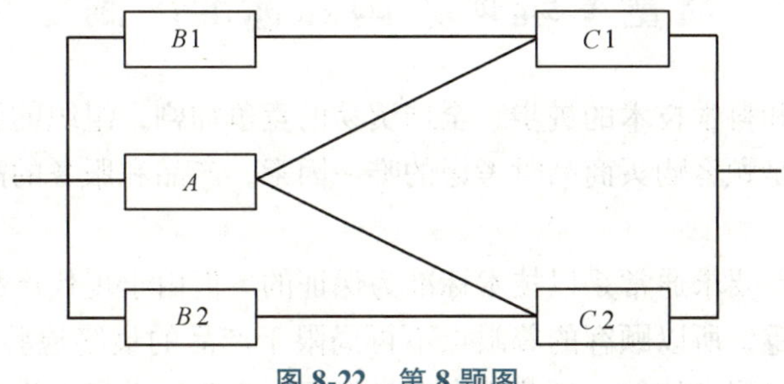

图 8-22　第 8 题图

9. 某系统由三个元件组成，如图 8-23 所示。已知各元件的故障率分别为：$\lambda_A=1.0\times10^{-3}$/h，$\lambda_B=2.5\times10^{-4}$h，$\lambda_C=5.0\times10^{-4}$/h。试求：

（1）系统工作 100h 后的可靠度。

（2）系统的故障率和平均故障间隔时间。

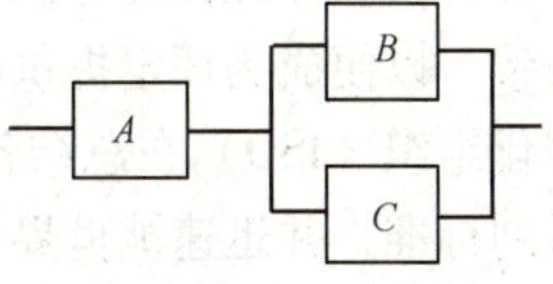

图 8-23　第 9 题图

第九章

质量管理体系

本章要点

- 质量管理体系国际标准的制定与修订；
- 质量管理体系标准的基本概念与术语；
- GB/T 19001—2016《质量管理体系　要求》和 GB/T 19004—2020/ISO 9004：2018《质量管理　组织的质量实现持续成功指南》的内容；
- 质量管理体系的总体设计及质量管理体系方法；
- 质量管理体系的运行、评价和改进；
- 产品、服务和质量管理体系认证。

第一节　质量管理体系国际标准的制定与修订

随着社会的发展和科学技术的进步，全球贸易的竞争加剧，组织的管理者已清醒地认识到，低廉的价格不再是顾客购买商品时考虑的唯一因素，产品和服务的高质量才是吸引顾客的真正原因。

产品和服务的质量要求通常是以技术标准为保证的。但由于现代产品技术含量高，不合格产品导致的后果严重，所以顾客的着眼点不再局限于产品的最终检验是否符合技术标准，而是要求产品在生产过程中的每一环节都有质量保证。为此，世界上许多国家都相应地制定了各种质量保证标准和制度。随着国际经济、技术合作的深入，要求各国所依据的标准协调一致，以便成为评定提供产品和服务各类组织质量保证活动的统一尺度。1987 年，国际标准化组织（ISO）在总结各国质量保证制度的基础上，颁布了 ISO 9000 质量管理和质量保证系列标准，并迅速被世界各国所采用。

一、质量管理体系国际标准的制定

（一）国际标准化组织

质量管理体系标准是由国际标准化组织（ISO）组织制定并颁布的。

国际标准化组织（ISO）是目前世界上具有权威性的国际标准化专门机构之一。它成立于1947年2月23日，有25个国家为创始成员，现在全世界已有众多国家和地区的标准化机构参加了这一组织。我国于1978年加入ISO，在2008年10月的第31届国际标准化组织大会上，正式成为ISO的常任理事国。

国际标准化组织的宗旨为：“在全世界范围内促进标准化工作的发展，以便于产品和服务的国际交流，并扩大在知识、科学技术和经济方面的合作。”遵循这一宗旨所开展的活动为：制定国际标准，协调全球范围内的标准化工作组织各成员和各技术委员会进行情报交流，并与其他国际机构进行合作，共同研究标准化问题。

国际标准化组织的宪章规定，ISO成员分为正式成员（P成员）和通讯成员（O成员）。ISO的正式成员，必须是本国或本地区最有代表性的全国性标准化机构，而且每个国家或地区只能有一个团体被接纳为正式成员；而未建立全国性标准化机构的发展中国家，可作为通讯成员参加ISO的工作。正式成员可参加ISO各技术委员会的活动，并有投票权；而通讯成员不能参加ISO的技术工作，只能与ISO保持联系，及时得到有关领域的技术情报。在召开ISO全体会议时，通讯成员可以观察员身份出席会议。

（二）质量管理和质量保证技术委员会

1979年，英国标准化学会（BSI）向国际标准化组织（ISO）递交了一份建议，要求制定有关质量保证技术和实践的国际标准，以便对管理活动和通用特性进行标准化。根据BSI的建议，1979年9月在ISO理事会全体会议上通过决议，决定正式成立第176技术委员，即ISO/TC 176（国际标准化组织/质量管理和质量保证技术委员会），专门研究国际质量保证领域内的标准化问题，并负责制定质量管理和质量保证国际标准的工作。ISO/TC 176的秘书国是加拿大，正式成员有美国、英国、法国、德国等200多个国家和地区，并有一些国家和地区作为观察员参加该委员会。我国于1981年参加了ISO/TC 176技术委员会，现已成为正式成员。ISO/TC 176的组织机构根据工作内容的需要几经变化，目前ISO/TC 176下设3个分委员会（SC）和十几个工作组（WG）。

（三）ISO 9000标准的制定

ISO/TC 176在总结各国质量管理经验的基础上，经过各国质量管理专家的努力工作，于1986—1987年正式发布了ISO 8402以及ISO 9000~ISO 9004系列标准，总标题为“质量管理和质量保证”系列标准。

ISO 9000系列标准由以下六项标准组成：

（1）ISO 8402：1986 《质量——术语》。

（2）ISO 9000：1987 《质量管理和质量保证标准——选择和使用指南》。

（3）ISO 9001：1987 《质量体系——设计、开发、生产、安装和服务质量保证模式》。

（4）ISO 9002：1987 《质量体系——生产和安装质量保证模式》。

（5）ISO 9003：1987 《质量体系——最终检验和试验的质量保证模式》。

（6）ISO 9004：1987 《质量管理和质量体系要素——指南》。

其中，ISO 9000为该系列标准的选择和使用提供原则与指导；ISO 9001、ISO 9002和ISO 9003是三个质量保证模式；ISO 9004是指导企业建立质量体系、强化内部质量管理的指南。

ISO 9000系列标准发布后，得到了各国工业界的广泛认同和推广，形成了ISO 9000热。国际贸易和国际交流的发展，以及世界范围内市场竞争的加剧进一步促进了ISO 9000系列标准的完善与发展。

二、质量管理体系国际标准的修订

1987 年正式发布 ISO 9000 系列标准后，ISO/TC 176 提出了 ISO 9000 系列标准的两阶段修订战略，第一阶段为“有限修改”，第二阶段为“彻底修改”，即针对标准本身存在的问题以及实施中出现的问题对标准进行全面的修订。2008 年，在两阶段修订的基础上又提出并实施了第三阶段的精细化修改。

1990 年，ISO/TC 176 决定启动修订战略的第一阶段工作，即“有限修改”。在修订中对标准结构没有做大的调整，仅对标准内容进行小范围修改。修改中注重趋向于未来的修订方向，以便更好地满足标准使用者的需要。1994 年，ISO/TC 176 完成了第一阶段的修订工作，并由 ISO 于 1994 年 7 月 1 日发布了 1994 版 ISO 9000 族标准，取代了 1987 版 ISO 9000 系列标准。

ISO/TC 176 完成了标准的第一阶段修订后，立即进入第二阶段的修订工作。1996 年，在广泛征求标准使用者意见，了解顾客对标准修订的要求，比较各种修改方案后，相继提出了“2000 版 ISO 9001 标准结构和内容的设计规范”和“ISO 9001 修改草案”，作为修订 1994 版标准的依据。1997—1999 年，ISO/TC 176 先后提出了工作组草案的第一稿（WD1）、第二稿（WD2）和第三稿（WD3），技术委员会草案的第一稿（CD1）和第二稿（CD2），并在广泛征求各方意见的基础上提出了 ISO/DIS 9000、ISO/DIS 9001、ISO/DIS 9004 国际标准草案。在对国际标准草案稿（DIS）做进一步修改后，2000 年 9 月 14 日 ISO/TC 176 发出了 ISO/FDIS 9000、ISO/FDIS 9001、ISO/FDIS 9004 最终国际标准草案，并提请会员团体在 2000 年 11 月 14 日之前对其进行最终表决。2000 年 12 月 15 日，ISO 正式颁布 2000 版 ISO 9000、ISO 9001、ISO 9004 国际标准。

2008 版标准的修订是从 2004 年开始的，各成员对 ISO 9001：2000 进行系统评审，评审结果表明，需要修正 ISO 9001：2000。2008 年 11 月 15 日，正式发布 ISO 9001：2008 标准。修正 ISO 9001 的目的是更加明确地表述 2000 版 ISO 9001 标准的内容，并加强与 ISO 14001：2004 的相容性。

随着社会经济和技术的发展，质量管理体系国际标准继前四个版本之后，ISO 在 2015 年 9 月 15 日正式发布 ISO 9001：2015 标准。新版标准与前版标准相比有显著变化。ISO 9001：2015 标准不仅是管理体系的认证依据，更是帮助组织适应新的变化环境，实现永续经营和持续成功的重要途径。

三、我国采用质量管理体系国际标准的情况

质量管理体系标准是国际标准化组织（ISO）组织制定并颁布的第一部管理类国际标准，引起世界各国各行业的强烈反响，迅速被各国采用，目前已遍及 150 多个国家和地区，在推动质量管理和质量保证思想和方法的普及，提高各类组织的管理，促进国际贸易、规范市场行为等方面发挥了积极作用。我国是世界上最早引进和采用 ISO 9000 族标准的国家之一。

早在 1988 年，我国等效采用 1987 版 ISO 9000 系列标准，发布了 GB/T 10300 系列标准，1992 年由等效采用改为等同采用，标准编号改为 GB/T 19000 系列。1994 年 7 月 1 日，ISO 颁

布 1994 版 ISO 9000 系列标准取代了 1987 年版标准，同年 12 月 24 日我国颁布了等同采用的国家标准 GB/T 19000—1994 质量管理和质量保证系列标准。2000 年我国及时修订并等同采用了 2000 版 ISO 9000 族标准，颁布国家标准 GB/T 19000—2000《质量管理体系　基础和术语》、GB/T 19001—2000《质量管理体系　要求》和 GB/T 19004—2000《质量管理体系　业绩改进指南》。2008 年，我国修订并颁布了等同采用 2005 版 ISO 9000 和 2008 版 ISO 9001 的国家标准 GB/T 19000—2008、GB/T 19001—2008；2011 年，我国修订并颁布了等同采用 2009 版 ISO 9004 的国家标准 GB/T 19004—2011。2016 年，我国修订并颁布了等同采用 2015 版的 ISO 9000 和 ISO 9001 的国家标准 GB/T 19000—2016、GB/T 19001—2016。2020 年，我国修订并颁布了 GB/T 19004—2020/ISO9004：2018《质量管理　组织的质量实现持续成功指南》。

第二节　质量管理体系标准

一、质量管理体系标准简介

1. GB/T 19000—2016/ISO 9000：2015《质量管理体系　基础和术语》

该标准为质量管理体系提供了基本概念、原则和术语，为质量管理体系的其他标准奠定了基础。标准可帮助使用者理解质量管理的基本概念、原则和术语，以便能够有效和高效地实施质量管理体系，并实现质量管理体系其他标准的价值。

2. GB/T 19001—2016/ISO 9001：2015《质量管理体系　要求》

该标准规定了质量管理的要求，已证实组织有能力提供满足顾客要求及适用法律法规要求的产品和服务；通过体系的有效应用，包括体系改进的过程，以及保证符合顾客要求和适用法律法规要求，旨在增强顾客满意。标准倡导在建立、实施质量管理体系以及提高其有效性时采用过程方法，可通过运用 PDCA 循环并基于风险的思维对过程和整个体系进行管理。该标准关注对组织的产品和服务提供信心。

3. GB/T 19004—2020/ISO 9004：2018《质量管理　组织的质量实现持续成功指南》

该标准基于 GB/T 19000—2016/ISO 9000：2015《质量管理体系　基础和术语》阐述的质量管理原则，为组织提供了在复杂、严峻和不断变化的环境中实现持续成功的指南。标准阐述了对组织整体绩效的系统性改进，包括对有效和高效的管理体系的策划、实施、分析、评价和改进。该标准关注对组织持续成功的能力提供信心。

二、质量管理体系标准的基本概念和质量管理原则

GB/T 19000—2016/ISO 9000：2015《质量管理体系　基础和术语》是质量管理体系标准的基础标准。标准在汇集了当前公认的有关质量的基本概念、原则、过程和资源的框架基础上准确定义质量管理体系，以帮助组织实现目标。其主要内容为：基本概念、质量管理原则、术语结构和概念图。

（一）基本概念

GB/T 19000—2016/ISO 9000：2015 标准中提出的基本概念包括：质量、质量管理体系、组织环境、相关方及支持。

1. 质量

一个关注质量的组织倡导通过满足顾客和其他有关相关方的需求和期望来实现其价值的文化，这种文化将反映在其行为、态度、活动和过程中。

组织的产品和服务质量取决于满足顾客的能力，以及对有关相关方的有意和无意的影响。

产品和服务的质量不仅包括其预期的功能和性能，而且还涉及顾客对其价值和受益的感知。

2. 质量管理体系

质量管理体系包括组织确定其目标以及为获得期望的结果确定其过程和所需资源的活动。

质量管理体系管理相互作用的过程和所需的资源，以向有关相关方提供价值并实现结果。

质量管理体系能够使最高管理者通过考虑其决策的长期和短期影响而优化资源的利用。

质量管理体系给出了在提供产品和服务方面，针对预期和非预期的结果确定所采取措施的方法。

3. 组织环境

理解组织环境是一个过程。这个过程确定了影响组织的宗旨、目标和可持续性的各种因素。它既需要考虑内部因素，如组织的价值观、文化、知识和绩效，还需要考虑外部因素，如法律、技术、竞争、市场、文化、社会和经济环境。

组织的宗旨可被表达为包括其愿景、使命、方针和目标。

4. 相关方

相关方的概念扩展了仅关注顾客的观点，而考虑所有有关相关方是至关重要的。

识别相关方是理解组织环境的过程的组成部分。有关相关方是指若其需求和期望未能满足，将对组织的持续发展产生重大风险的那些相关方。为降低这些风险，组织需确定向有关相关方提供何种必要的结果。

组织的成功，有赖于吸引、赢得和保持有关相关方的支持。

5. 支持

最高管理者对质量管理体系和全员积极参与的支持至关重要。最高管理者能够提供充分的人力和其他资源；监视过程和结果；确定和评估风险和机遇并采取适当的措施。最高管理者还应负责任地获取、分配、维护、提高和处置资源，以支持组织实现其目标。

（1）人员。人员是组织内不可缺少的资源。组织的绩效取决于体系内的人员的工作表现。通过对质量方针和组织所期望的结果的共同理解，可使组织内的人员积极参与并协调一致。

（2）能力。当所有人员理解并应用所需的技能、培训、教育和经验，履行其岗位职责时，质量管理体系是最有效的。为人员提供拓展必要能力的机会是最高管理者的职责。

（3）意识。意识来源于人员认识到自身的职责，以及他们的行为如何有助于实现组织的目标。

（4）沟通。经过策划并有效开展的内部（如整个组织内）和外部（如与有关相关方）沟通，可提高人员的参与程度并更加深入地理解“组织环境”“顾客和其他有关相关方的需求和期望”“质量管理体系”。

（二）质量管理原则

GB/T 19000—2016/ISO 9000：2015 标准中提出的质量管理原则，为质量管理体系标准奠定了基础。质量管理原则是对世界各国质量管理和质量保证的经验的高度概括，渗透了现代质量管理的思想和意识，用七项原则表述了质量管理的最基本、最通用的一般性规律。组织应将质量管理原则融入组织，形成组织的质量文化。组织在质量管理体系的建立、实施、保持和改进中，全面遵循质量管理原则，从而达到质量管理体系的预期绩效。

质量管理七项原则具体内容如下：

1. 以顾客为关注焦点

质量管理的首要关注点是满足顾客要求并且努力超越顾客期望。

组织只有赢得和保持顾客和其他有关相关方的信任才能获得持续成功。与顾客相互作用的每个方面，都提供了为顾客创造更多价值的机会。理解顾客和其他相关方当前和未来的需求，有助于组织的持续成功。

应用“以顾客为关注焦点”原则可为组织带来的益处有：①提升顾客价值；②增强顾客满意；③增进顾客忠诚；④增加重复性业务；⑤提高组织的声誉；⑥扩展顾客群；⑦增加收入和市场份额。

围绕“以顾客为关注焦点”原则组织可开展的活动包括：①识别从组织获得价值的直接顾客和间接顾客；②理解顾客当前和未来的需求和期望；③将组织的目标与顾客的需求和期望联系起来；④在整个组织内沟通顾客的需求和期望；⑤为满足顾客的需求和期望，对产品和服务进行策划、设计、开发、生产、交付和支持；⑥测量和监视顾客满意情况，并采取适当的措施；⑦在有可能影响到顾客满意的有关相关方的需求和适宜的期望方面，确定并采取措施；⑧主动管理与顾客的关系，以实现持续成功。

2. 领导作用

各级领导建立统一的宗旨和方向，并创造全员积极参与实现组织的质量目标的条件。

统一的宗旨和方向的建立，以及全员的积极参与，能够使组织将战略、方针、过程和资源协调一致，以实现其目标。

应用“领导作用”原则可为组织带来的主要益处有：①提高实现组织质量目标的有效性和效率；②组织的过程更加协调；③改善组织各层级、各职能间的沟通；④开发和提高组织及其人员的能力，以获得期望的结果。

围绕“领导作用”原则组织可开展的活动包括：①在整个组织内，就其使命、愿景、战略、方针和过程进行沟通；②在组织的所有层级创建并保持共同的价值观，以及公平和道德的行为模式；③培育诚信和正直的文化；④鼓励在整个组织范围内履行对质量的承诺；⑤确保各级领导者成为组织中的榜样；⑥为员工提供履行职责所需的资源、培训和权限；⑦激发、鼓励和表彰员工的贡献。

3. 全员积极参与

整个组织内各级胜任、经授权并积极参与的人员，是提高组织创造和提供价值能力的必要条件。

为了有效和高效地管理组织，各级人员得到尊重并参与其中是极其重要的。通过表彰、授权和提高能力，促进在实现组织的质量目标过程中的全员积极参与。

应用“全员积极参与”原则可为组织带来的主要益处：①组织内人员对质量目标有更深入的理解，以及更强的加以实现的动力；②在改进活动中，提高人员的参与程度；③促进个人发展、主动性和创造力；④提高人员的满意程度；⑤增强整个组织内的相互信任和协作；⑥促进整个组织对共同价值观和文化的关注。

围绕“全员积极参与”原则组织可开展的活动包括：①与员工沟通，以增强他们对个人贡献的重要性的认识；②促进整个组织内部的协作；③提倡公开讨论，分享知识和经验；④让员工确定影响执行力的制约因素，并且毫无顾虑地主动参与；⑤赞赏和表彰员工的贡献、学识和进步；⑥针对个人目标进行绩效的自我评价；⑦进行调查以评估人员的满意程度，沟通结果并采取适当的措施。

4. 过程方法

将活动作为相互关联、功能连贯的过程组成的体系来理解和管理时，可更加有效和高效地得到一致的、可预知的结果。

质量管理体系是由相互关联的过程组成的。理解体系是如何产生结果的，能够使组织尽可能地完善其体系并优化绩效。

应用“过程方法”原则可为组织带来的主要益处有：①提高关注关键过程的结果和改进的机会的能力；②通过由协调一致的过程所构成的体系，得到一致的、可预知的结果；③通过过程的有效管理，资源的高效利用及跨职能壁垒的减少，尽可能提升其绩效；④使组织能够向相关方提供关于其一致性、有效性和效率方面的信任。

围绕“过程方法”原则组织可开展的活动包括：①确定体系的目标和实现这些目标所需的过程；②为管理过程确定职责、权限和义务；③了解组织的能力，预先确定资源约束条件；④确定过程相互依赖的关系，分析个别过程的变更对整个体系的影响；⑤将过程及其相互关系作为一个体系进行管理，以有效和高效地实现组织的质量目标；⑥确保获得必要的信息，以运行和改进过程并监视、分析和评价整个体系的绩效；⑦管理可能影响过程输出和质量管理体系整体结果的风险。

5. 改进

成功的组织持续关注改进。

改进对于组织保持当前的绩效水平，对其内、外部条件的变化做出反应，并创造新的机会，都是非常必要的。

应用“改进”原则可为组织带来的主要益处有：①提高过程绩效、组织能力和顾客满意；②增强对调查和确定根本原因及后续的预防和纠正措施的关注；③提高对内外部风险和机遇的预测和反应能力；④增加对渐进性和突破性改进的考虑；⑤更好地利用学习来改进；⑥增强创新的动力。

围绕“改进”原则组织可开展的活动包括：①促进在组织的所有层级建立改进目标；②对各层级人员进行教育和培训，使其懂得如何应用基本工具和方法实现改进目标；③确保员工有能力成功地促进和完成改进项目；④开发和展开过程，以在整个组织内实施改进项目；⑤跟踪、评审和审核改进项目的策划、实施、完成和结果；⑥将改进与新的或变更的产品、服务和过程的开发结合在一起予以考虑；⑦赞赏和表彰改进。

6. 循证决策

基于数据和信息的分析与评价的决策，更有可能产生期望的结果。

决策是一个复杂的过程，并且总是包含某些不确定性。它经常涉及多种类型和来源的输入及其理解，而这些理解可能是主观的。重要的是理解因果关系和潜在的非预期后果。对事实、证据和数据的分析可使决策更加客观、可信。

应用“循证决策”原则可为组织带来的主要益处有：①改进决策过程；②改进对过程绩效和实现目标的能力的评估；③改进运行的有效性和效率；④提高评审、挑战和改变观点和决策的能力；⑤提高证实以往决策有效性的能力。

围绕“循证决策”原则组织可开展的活动包括：①确定、测量和监视关键指标，以证实组织的绩效；②使相关人员能够获得所需的全部数据；③确保数据和信息足够准确、可靠和安全；④使用适宜的方法对数据和信息进行分析和评价；⑤确保人员有能力分析和评价所需的数据；⑥权衡经验和直觉，基于证据进行决策并采取措施。

7. 关系管理

为了持续成功，组织需要管理与有关相关方（如供方）的关系。

有关相关方影响组织的绩效。当组织管理与所有相关方的关系，以尽可能有效地发挥其在组织绩效方面的作用时，持续成功更有可能实现。对供方及合作伙伴网络的关系管理尤为重要。

应用“关系管理”原则可为组织带来的主要益处有：①通过对每一个与相关方有关的机会和限制的响应，提高组织及其有关相关方的绩效；②对目标和价值观，与相关方有共同的理解；③通过共享资源和人员能力，以及管理与质量有关的风险，增强为相关方创造价值的能力；④具有管理良好、可稳定提供产品和服务的供应链。

围绕“关系管理”原则组织可开展的活动包括：①确定有关相关方（如：供方、合作伙伴、顾客、投资者、雇员或整个社会）及其与组织的关系；②确定和排序需要管理的相关方的关系；③建立平衡短期利益与长期利益的关系；④与有关相关方共同收集和共享信息、专业知识和资源；⑤适当时，测量绩效并向相关方报告，以增加改进的主动性；⑥与供方、合作伙伴及其他相关方合作开展开发和改进活动；⑦鼓励和表彰供方及合作伙伴的改进和成绩。

（三）术语结构和概念图

1. 术语结构

GB/T 19000—2016/ISO 9000：2015 标准从 13 个方面列出了 138 个术语（参见第一章附录 A）。

2. 概念图

标准中应用的术语不是相互独立的。遵循术语学中关于概念之间的关系建立在种类特征的层级结构上的理论，标准中术语概念之间存在三种主要形式，即属种关系、从属关系和关联关系，如图 9-1 所示。以有关管理的术语概念为例，使用概念图表示各个术语概念之间的关系，如图 9-2 所示。

三、GB/T 19001—2016《质量管理体系　要求》

管理体系是组织提高整体绩效并走向卓越的关键。GB/T 19001—2016/ISO 9001：2015《质量管理体系　要求》可用于帮助组织建立一个与自身经营系统相契合的质量管理体系，为推动组织可持续经营和发展奠定良好基础。

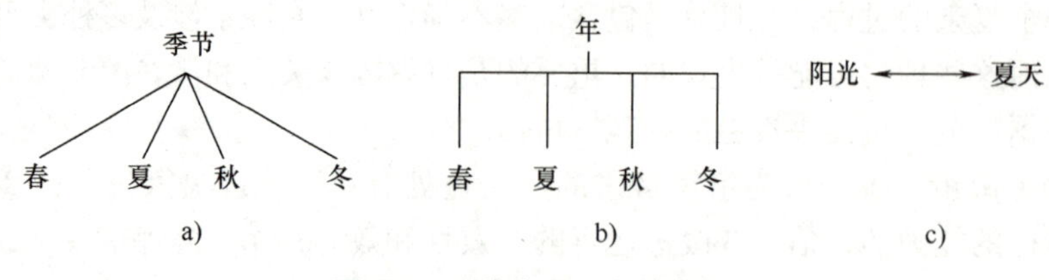

图 9-1　三种关系形式示意图

a）属种关系　b）从属关系　c）关联关系

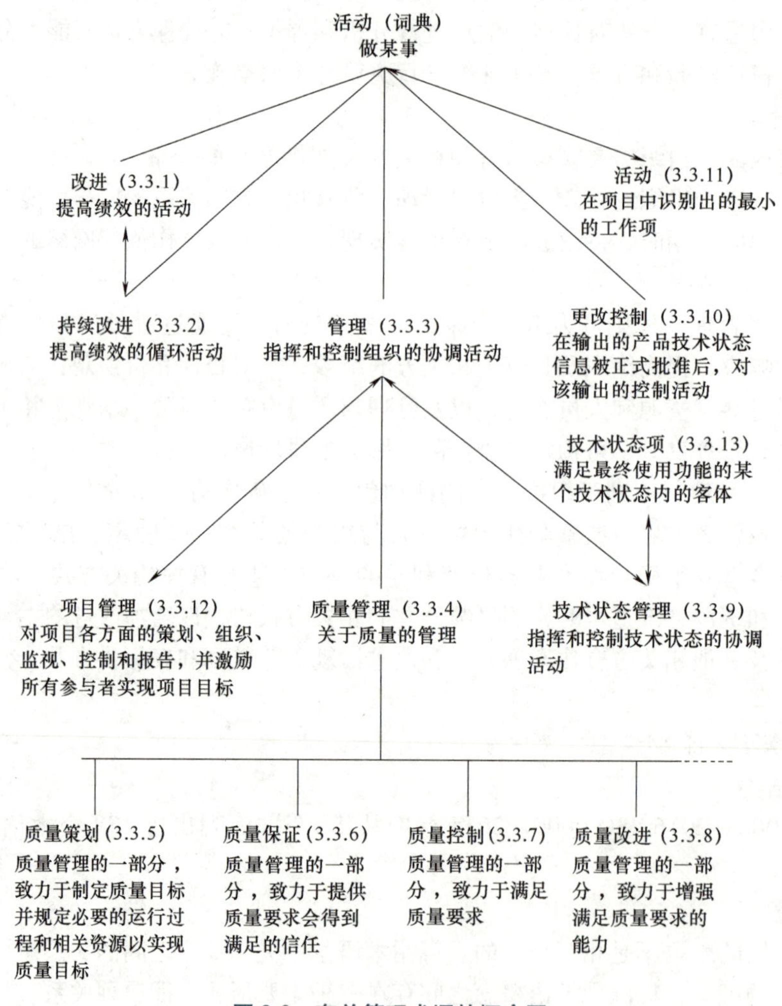

图 9-2　有关管理术语的概念图

（一）质量管理体系的作用和目的

1. 采用质量管理体系是组织的战略性决策

对于组织来说，按照 GB/T 19001—2016/ISO 9001：2015 标准建立、实施、保持和改进是组织的一项战略性决策，其全局性的策划涉及与体系覆盖产品相关的所有部门和过程，组织的最高管理者应予以充分理解和高度重视，需要全员积极参与，树立以质量管理原则为指导、持续改进组织绩效的管理理念，并将这一理念与组织的质量管理活动相结合，将 GB/T 19001—

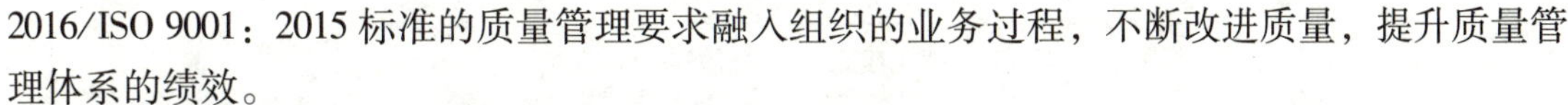

2016/ISO 9001：2015 标准的质量管理要求融入组织的业务过程，不断改进质量，提升质量管理体系的绩效。

2. 采用质量管理体系可促进组织整体绩效的提升

管理体系是组织在建立和实现方针、目标过程中的相互关联或相互作用的一组要素。组织的管理体系根据自身的情况可针对多个领域，如质量管理体系、环境管理体系、职业健康和安全管理体系。GB/T 19001—2016/ISO 9001：2015 标准将顾客及相关方的需求和期望作为质量管理体系的输入，并满足相关法律法规的要求，促进组织履行应尽的经济责任、生态责任和社会责任，发挥组织的整体效能，提升组织的整体绩效。

3. 实施质量管理体系的潜在收益

（1）稳定提供满足顾客要求以及适用的法律法规要求的产品和服务的能力。

（2）促成增强顾客满意的机会。

（3）应对与组织环境和目标相关的风险和机遇。

（4）证实符合规定的质量管理体系要求的能力。

4. 质量管理体系要求可用于组织内部和外部各方

GB/T 19001—2016/ISO 9001：2015 标准可用于建立和实施质量管理体系的指南，也可作为组织内外部评价质量管理体系符合性和有效性的依据，证实组织符合 GB/T 19001—2016/ISO 9001：2015 标准规定的质量管理体系要求的能力。

5. 质量管理体系要求是对产品和服务要求的补充

GB/T 19001—2016/ISO 9001：2015 标准提出的质量管理要求是通用的，适用于各种类型，不同规模和提供不同类别的产品和服务的组织。每个组织为符合质量管理体系标准的要求而采取的措施却是不同的。产品的要求是针对产品和服务的特性要求，是具体产品和服务特有的。一般应在技术规范、产品标准、过程标准或规范、合同、协议以及法律法规中规定。对每一个组织来说，产品和服务要求与质量管理体系要求缺一不可，质量管理体系要求是产品和服务要求的补充。

（二）质量管理体系方法

GB/T 19001—2016/ISO 9001：2015 标准采用基于风险思维的 PDCA（策划—实施—检查—处置）循环的过程方法。

1. 采用过程方法提高组织的整体绩效

过程方法包括按照组织的质量方针和战略方向，对各过程及其相互作用进行系统的规定和管理，从而实现预期的结果。GB/T 19001—2016/ISO 9001：2015 标准指出："可通过采用 PDCA 循环以及始终基于风险的思维对过程和整个体系进行管理，旨在有效利用机遇并防止发生不良结果。"这种方法使组织能够对其体系的过程之间相互关联和相互依赖的关系进行有效控制，以提高组织的整体绩效。

2. 过程方法有助于组织在质量管理体系中对过程进行有效策划

组织寻求了解组织环境，以识别顾客和相关方的需求与期望，这些信息用于过程策划和质量管理体系，并使其在受控条件下运行，以增加价值。

单一过程的各要素及其相互作用如图 9-3 所示。每一过程均有特定的监视和测量检查点，以用于控制，这些检查点根据相关的风险有所不同。

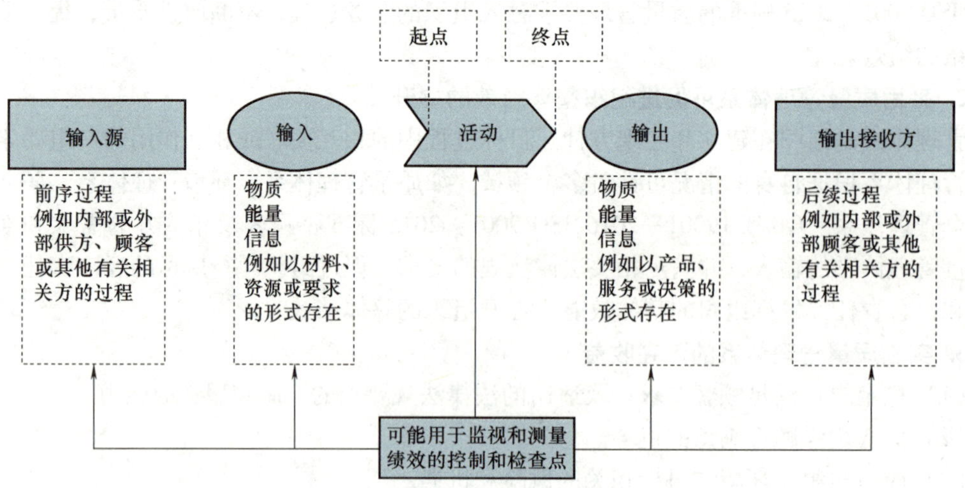

图 9-3　单一过程要素示意图

3. PDCA 循环应用于质量管理体系

PDCA 循环能够应用于所有过程以及整个质量管理体系。图 9-4 表明了 GB/T 19001—2016/ISO 9001：2015 标准第 4~10 章是如何构成 PDCA 循环的。

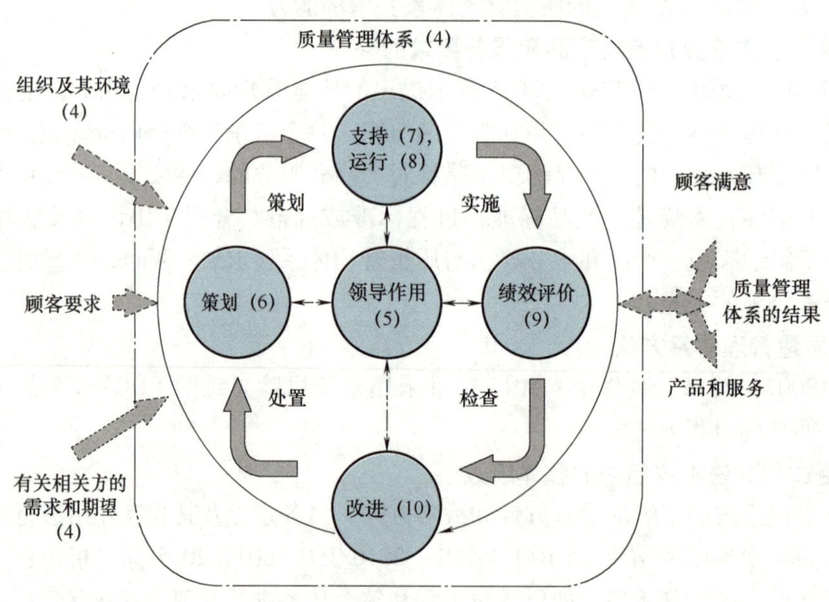

图 9-4　GB/T 19001—2016/ISO 9001：2015
《质量管理体系　要求》结构在 PDCA 循环中的展示

PDCA 循环是一种动态方法，组织可在内部的过程以及过程间的所有相互作用中实施 PDCA 循环。

4. 基于风险的思维

基于风险的思维是实现质量管理体系有效性的基础。在质量管理体系标准以前的版本中已经隐含基于风险思维的概念，例如：采取预防措施消除潜在的不合格，对发生的不合格进行分析，并采取与不合格的影响相适应的措施，防止其再发生。

为了满足 GB/T 19001—2016/ISO 9001：2015 标准的要求，组织需策划和实施应对风险和机遇的措施。应对风险和机遇，为提高质量管理体系有效性、获得改进结果以及防止不利影响奠定了基础。

某些有利于实现预期结果的情况可能导致机遇的出现，例如：有利于组织吸引顾客、开发新产品和服务、减少浪费或提高生产率的一系列情形。利用机遇所采取的措施也可能包括考虑相关风险。风险是不确定性的影响，不确定性可能有正面的影响，也可能有负面的影响。风险的正面影响可能提供机遇，但并非所有的正面影响均可提供机遇。

（三）GB/T 19001—2016/ISO 9001：2015 标准与其他管理体系标准的关系

GB/T 19001—2016/ISO 9001：2015 采用 ISO 制定的管理体系标准框架，以提高与其他管理体系标准的协调一致性，使组织能够应用过程方法，并结合 PDCA 循环和基于风险的思维，将其质量管理体系与其他管理体系标准要求进行协调或整合。

GB/T 19001—2016/ISO 9001：2015 与 GB/T 19000—2016/ISO 9000：2015 和 GB/T 19004—2020/ISO 9004：2018 存在如下关系：

（1）GB/T 19000—2016/ISO 9000：2015《质量管理体系　基础和术语》为正确理解和实施 GB/T 19001—2016/ISO 9001：2015《质量管理体系　要求》提供必要基础。

（2）GB/T 19004—2020/ISO 9004：2018《质量管理　组织的质量实现持续成功指南》为组织增强其实现持续成功的能力提供指南。

（3）GB/T 19001—2016/ISO 9001：2015 附录 B 给出了 SAC/TC 151 制定的其他质量管理和质量管理体系标准，这些标准是对组织实施质量管理体系的指南和技术支持性的标准，可以帮助组织更好地实施其质量管理体系。依据 GB/T 19001—2016/ISO 9001：2015 附录 B 列出以下标准（以目前最新版本列示）：

1）GB/T 19010—2021/ISO 10001：2018《质量管理　顾客满意　组织行为规范指南》，为组织策划、设计、开发、实施、保持和改进顾客满意行为规范提供指南，使顾客满意行为规范满足顾客需求和期望。实施该标准可以使组织对顾客的预期了解得更加准确，从而降低误解的可能性。

2）GB/T 19012—2019/ISO 10002：2018《质量管理　顾客满意　组织投诉处理指南》，为组织策划、设计、开发、运行、保持和改进有效与高效的投诉处理过程提供指南。使用该标准所描述的投诉处理过程能够增强顾客满意度，鼓励顾客反馈，能够为保持或增强顾客忠诚和认同提供机会，并提高组织在国内外的竞争力。

3）GB/T 19013—2021/ISO 10003：2018《质量管理　顾客满意　组织外部争议解决指南》，为组织策划、设计、开发、实施、保持和改进与产品和服务相关的外部争议解决提供指南。鼓励组织结合其顾客满意行为规范和内部投诉处理过程，并与组织的质量或其他管理体系结合起来使用。该标准可以帮助个人和组织评价一个组织的争议解决过程的有效性、效率和公正性。

4）GB/T 19014—2019/ISO 10004：2018《质量管理　顾客满意　监视和测量指南》，为组织建立有效的监视和测量顾客满意过程提供指南，监视和测量顾客满意获得的信息能帮助组织确定战略、产品、服务、过程和顾客关注特性与改进机会，实现组织的目标。

5）GB/T 19015—2021/ISO 10005：2018《质量管理体系质量计划指南》，为有关质量计划需求的组织提供指南。

6）GB/T 19016—2021/ISO 10006：2017《质量管理体系　项目质量管理指南》，为项目质量管理提供指南，概述了质量管理的原则和实践，这些原则和实践的应用将影响项目质量目标的实现。

7）GB/T 19017—2020/ISO 10007：2017《质量管理体系　技术状态管理指南》，旨在增强人们对技术状态管理的理解，促进技术状态管理的使用，并帮助组织应用技术状态管理提高其绩效。

8）GB/T 19018—2017/ISO 10008：2013《质量管理　顾客满意　企业-消费者电子商务交易指南》，为组织策划、设计、开发、实施、保持和改进有效与高效的企业-消费者电子商务交易（B2C ECT）体系提供指南，从而为消费者增强对企业-消费者电子商务交易的信心奠定基础，提高组织对消费者满意的能力，有助于减少投诉和争议。

9）GB/T 19022—2003/ISO 10012：2003《测量管理体系　测量过程和测量设备的要求》，为测量过程管理以及支持和证明符合计量要求的测量设备的计量确认提供指南。该标准规定测量管理体系的质量管理要求，以确保满足计量要求。

10）GB/T 19023—2003/ISO/TR 10013：2003《质量管理体系文件指南》，为编制和保持质量管理体系所需的文件提供指南。该标准能用于质量管理体系相关标准以外的管理体系，如环境管理体系和安全管理体系。

11）GB/T 19024—2008/ISO 10014：2006《质量管理　实现财务和经济效益的指南》，为组织的最高管理者提供通过了有效应用质量管理原则实现财务和经济效益的指南。标准给出的可实现效益的管理方法和工具，组织结合自身选用，有利于提升组织绩效。

12）GB/T 19025—2001/ISO 10015：1999《质量管理　培训指南》，为组织解决培训相关问题提供指南。该标准可用于指导组织实施质量管理体系相关标准中涉及“教育”与“培训”的事宜，所描述的“培训”包括所有类型的教育和培训。

13）GB/Z 19027—2005/ISO/TR 10017：2003《GB/T 19001—2000 的统计技术指南》，为组织在建立、实施、保持和改进质量管理体系时应用统计技术提供指南。采用统计技术可以更好地利用获得的数据进行决策，从而有助于持续改进产品和过程质量，使顾客达到满意。

14）GB/T 19028—2018/ISO 10018：2012《质量管理　人员参与和能力指南》，为人员积极参与组织的质量管理体系、增强参与能力提供指南。质量管理体系及其过程的整体绩效最终取决于具备必要能力人员的有效参与，这些人员的组织管理方式，对所需知识、技能、行为、工作环境的识别、发展和评价至关重要。

15）GB/T 19029—2009/ISO 10019：2005《质量管理体系咨询师的选择及其服务使用的指南》，指导组织如何选择质量管理体系咨询师以及使用其服务，并为质量管理体系咨询师的能力评价过程提供指南，帮助组织获得满足其需求和期望的咨询服务。

16）GB/T 19011—2021/ISO 19011：2018《管理体系审核指南》，提供了管理体系审核指南，包括审核原则、审核方案管理和管理体系审核实施，以及参与审核过程的人员能力评价指南。

GB/T 19001—2016/ISO 9001：2015 标准不包括针对环境管理、职业健康和安全管理或财务管理等其他管理体系的特定要求。

在 GB/T 19001—2016/ISO 9001：2015 标准的基础上，已经制定了若干行业特定要求的质量管理体系标准。其中的某些标准规定了质量管理体系的附加要求，而另一些标准则仅限于提供在特定行业应用 GB/T 19001—2016/ISO 9001：2015 标准的指南。

（四）质量管理体系要求的内容

GB/T 19001—2016/ISO 9001：2015《质量管理体系　要求》标准规定的所有要求是通用的，旨在适用于各种类型、不同规模和提供不同产品和服务的组织。标准为下列组织规定了质量管理体系要求：

（1）需要证实其具有稳定提供满足顾客要求及适用法律法规要求的产品和服务的能力。

（2）通过体系的有效应用，包括体系改进的过程，以及保证符合顾客要求和适用的法律法规要求，旨在增强顾客满意。

GB/T 19001—2016/ISO 9001：2015 标准的重点内容体现在第 4、5、6、7、8、9 和 10 章。

第 4 章“组织环境”的主要内容包括：理解组织及其环境；理解相关方的需求和期望；确定质量管理体系的范围；质量管理体系及其过程。

第 5 章“领导作用”的主要内容包括：领导作用和承诺；方针。

第 6 章“策划”的主要内容包括：应对风险和机遇的措施；质量目标及其实现的策划；变更策划。

第 7 章“支持”的主要内容包括：资源；能力；意识；沟通；成文信息。

第 8 章“运行”的主要内容包括：运行的策划和控制；产品和服务的要求；产品和服务的设计和开发；外部提供的过程、产品和服务的控制；生产和服务提供；产品和服务的放行；不合格输出的控制。

第 9 章“绩效评价”的主要内容包括：监视、测量、分析和评价；内部审核；管理评审。

第 10 章“改进”的主要内容包括：总则；不合格和纠正措施；持续改进。

（五）GB/T 19001—2016/ISO 9001：2015《质量管理体系　要求》标准的应用

GB/T 19001—2016/ISO 9001：2015《质量管理体系　要求》标准面向不同行业的各类组织。当组织的规模不同、生产的产品类别不同时，不影响标准的使用。标准的具体用途如下：

1. 用于组织的质量管理

组织参照 GB/T 19001—2016/ISO 9001：2015 标准建立、实施、保持和改进质量管理体系，使产品质量稳步提高，增强顾客满意度；通过内部审核，以标准为依据对组织的质量管理体系进行评价，以评定本组织满足顾客和法律法规要求以及组织自身要求的能力。

2. 用于第二方评定和注册

组织为了自身的目的对另一组织的质量管理体系或某一过程进行评定，当其符合规定要求时予以注册，称之为第二方评定和注册。在进行第二方评定时，可按照 GB/T 19001—2016/ISO 9001：2015 标准，对被评组织的质量管理体系进行评定。通过这种评定，做出是否符合标准的认定，并对认定合格的组织予以注册认可，与其结成互利的供方关系。

3. 用于第三方质量管理体系认证和注册

由认证机构（第三方）对组织的质量管理体系进行审核，当其符合规定要求时予以注册，称之为第三方认证和注册。组织为了提高其质量信誉、证实其能力，为在市场竞争中处于有利地位，或者为了减少不同顾客对其质量管理体系评定的工作量，节约评价费用，向独立的经主管部门认可的质量管理体系认证机构申请，依据 GB/T 19001—2016/ISO 9001：2015 标准对本组织质量管理体系进行审核，并做出是否符合的判断，当符合标准要求时应予以注册。通过第三方认证和注册的组织应保持并改进其质量管理体系，并承诺对所有的顾客都实施认证合格的质量管理体系。

4. 用于合同引用的情况

在订货合同中经双方协商，可引用 GB/T 19001—2016/ISO 9001：2015 标准条款，明确对供方组织质量管理体系的要求。需要强调的是，GB/T 19001—2016/ISO 9001：2015 标准本身虽不是强制性的，但一经引入订货合同，便成为强制性的要求。

5. 用于法规引用的情况

有些国家的政府、区域性组织和其他社会组织将 GB/T 19001—2016/ISO 9001：2015 标准作为一些法规的引用文件，从而使标准的各项要求变成了强制性的要求。

四、GB/T 19004—2020/ISO 9004：2018《质量管理　组织的质量实现持续成功指南》

GB/T 19004—2020/ISO 9004：2018 标准条目结构如图 9-5 所示。

前言
引言
1　范围
2　规范性引用文件
3　术语和定义
4　组织的质量和持续成功
4.1　组织的质量
4.2　组织持续成功的管理
5　组织的环境
5.1　总则
5.2　有关相关方
5.3　外部和内部因素
6　组织的特质
6.1　总则
6.2　使命、愿景、价值观和文化
7　领导作用
7.1　总则
7.2　方针和战略
7.3　目标
7.4　沟通
8　过程管理
8.1　总则
8.2　过程的确定
8.3　过程的职责和权限
8.4　过程的管理
9　资源管理
9.1　总则
9.2　人员
9.3　组织的知识
9.4　技术
9.5　基础设施和工作环境
9.6　外部提供的资源
9.7　自然资源
10　组织绩效的分析和评价
10.1　总则
10.2　绩效指标
10.3　绩效分析
10.4　绩效评价
10.5　内服审核
10.6　自我评价
10.7　评审
11　改进、学习和创新
11.1　总则
11.2　改进
11.3　学习
11.4　创新
附录 A　（资料性附录）自我评价工具

图 9-5　GB/T 19004—2020/ISO 9004：2018 标准的条目结构

GB/T 19004—2020/ISO 9004：2018 标准结构示意图如图 9-6 所示。

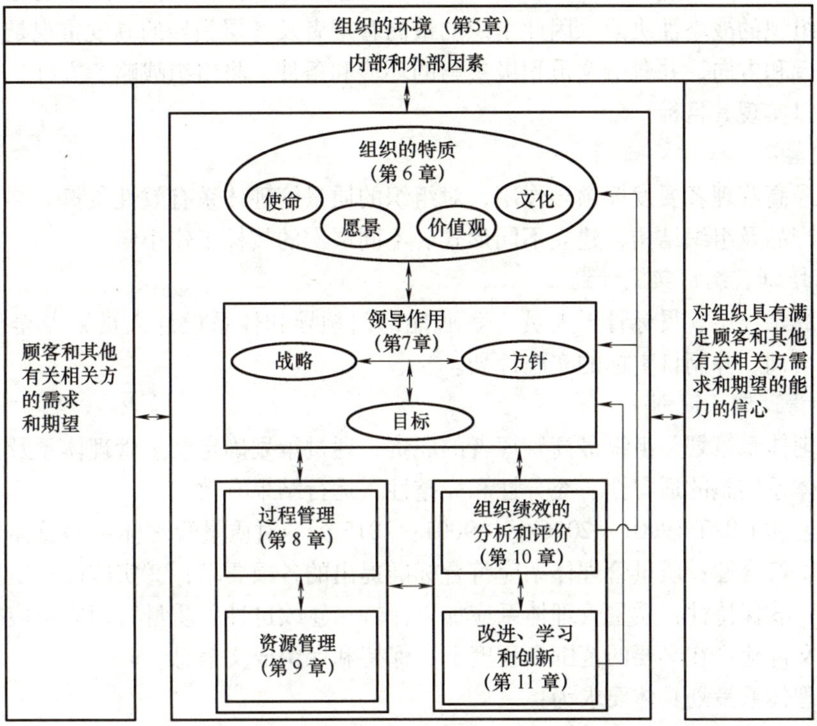

图 9-6　GB/T 19004—2020/ISO 9004：2018 标准结构示意图

GB/T 19004—2020/ISO 9004：2018《质量管理　组织的质量实现持续成功指南》与之前版本相比，主要技术变化表现如下：

（1）与 GB/T 19001—2016/ISO 9001：2015 和 GB/T 19000—2016/ISO 9001：2015 的概念和术语相一致。

（2）关注“组织的质量概念”。

（3）关注“组织的特质”。

第三节　质量管理体系的建立

质量管理体系的建立，应在贯彻 GB/T 19000/ISO 9000 族标准的基础上进行，包括质量管理体系的总体设计和编制质量管理体系文件。

一、质量管理体系的总体设计

质量管理体系的总体设计是按 ISO 9000 族标准在建立质量管理体系之初对组织所进行的统筹规划、系统分析和整体设计，并提出设计方案。

质量管理体系总体设计的内容为：领导决策，统一认识；组织落实，成立机构；教育培训，制订实施计划；质量管理体系策划。

1. 领导决策，统一认识

按照 GB/T 19001—2016/ISO 9001：2015《质量管理体系　要求》标准建立和实施质量管理体系是组织的战略性决策，因此组织的最高管理者及各层领导的高度重视是关键，应建立统一的宗旨和方向，并营造全员积极参与的环境和条件，将组织战略、方针、过程和资源协调一致，以实现其目标。

2. 组织落实，成立机构

首先，最高管理者要发挥领导作用，对组织的质量管理体系有效性负责。然后，根据组织的规模、产品及组织结构，建立不同形式、不同层次的贯标工作小组。

3. 教育培训，制订实施计划

对组织的领导层、贯标骨干人员（各职能部门领导和体系设计人员）及全体员工分层次进行教育培训，并制订贯标的实施计划。

4. 质量管理体系策划

质量管理体系策划是组织最高管理者的职责，通过策划确定质量管理体系及其过程，确保质量管理体系实施的适宜性、充分性和完整性，运行结果有效。

策划要遵循 GB/T 19001—2016/ISO 9001：2015 标准对质量管理体系的总体要求，这些要求包括：①符合性：质量管理体系应符合标准提出的各项要求；②实施性：质量管理体系应加以实施；③保持性：质量管理体系应加以保持；④改进性：质量管理体系应持续改进其有效性；⑤文件化：在必要的范围和程度上，保持和保留成文信息。

质量管理体系策划具体要求为：

（1）充分识别和分析组织环境，包括组织内、外部因素（正面或负面），并充分理解这些因素可能会影响组织实现质量管理体系预期结果的能力。

（2）识别并确定顾客以及与质量管理体系利益相关方的要求，并确定与产品有关的要求。

（3）在上述识别和确定的基础上，确定质量管理体系的边界和适用性，以确定其范围，并将此形成成文信息。同时，从组织的规模、组织的管理模式、组织的活动范围、面临的风险和机遇等方面评审 GB/T 19001—2016/ISO 9001：2015 标准对本组织的适用性，当确定了标准的某些要求不适用于本组织质量管理体系范围时，应予以说明。

（4）确定质量管理体系所需的过程及其在整个组织中的应用，且应：①确定这些过程所需的输入和期望的输出；②确定这些过程的顺序和相互作用；③确定和应用所需的准则和方法（包括监视、测量和相关绩效指标），以确保这些过程的有效运行和控制；④确定这些过程所需的资源并确保其可获得；⑤分配这些过程的职责和权限；⑥按照标准 6.1 的要求识别并应对风险和机遇；⑦评价这些过程，实施所需的变更，以确保实现这些过程的预期结果；⑧改进过程和质量管理体系。

（5）质量管理体系文件化系统的策划。

组织应按照 GB/T 19001—2016/ISO 9001：2015 标准要求，以及充分应对风险、确保过程受控、有效沟通信息、提供相关证据的需求，决定形成和保持的文件和记录。由于标准对成文信息的要求灵活，组织可结合自身的实际需求，从为质量管理体系增加价值的角度，在标准要求的基础上，确定质量管理体系文件和记录。例如：①组织结构图及职责描述；②过程路线图、流程图及过程描述；③质量手册；④各种需要成文的程序文件；⑤各种需要成文

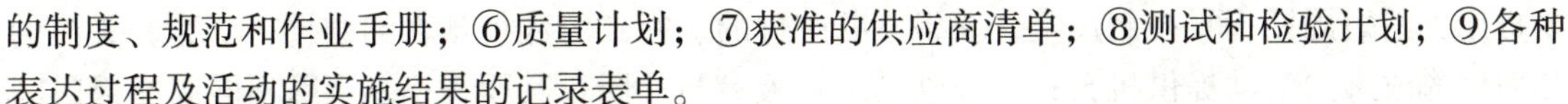

的制度、规范和作业手册；⑥质量计划；⑦获准的供应商清单；⑧测试和检验计划；⑨各种表达过程及活动的实施结果的记录表单。

二、建立质量管理体系的方法

（一）过程方法

GB/T 19001—2016/ISO 9001：2015 标准倡导在建立、实施质量管理体系以及提高其有效性时采用过程方法，通过满足顾客要求提高顾客满意度。

GB/T 19000—2016/ISO 9000：2015《质量管理体系　基础和术语》标准所述，“过程”是“利用输入实现预期结果的相互关联或相互作用的一组活动”。

所谓“过程方法”，是“将活动作为相互关联、功能连贯的过程组成的体系来理解和管理时，可更加有效和高效地得到一致的、可预知的结果”。为了实现组织的预期结果，GB/T 19001—2016/ISO 9001：2015 标准要求将组织相互关联的过程作为一个体系加以理解和管理，提高组织实现既定目标方面的有效性和效率，使组织有效和高效地实现其预期结果。过程的有效性和效率如图 9-7 所示。

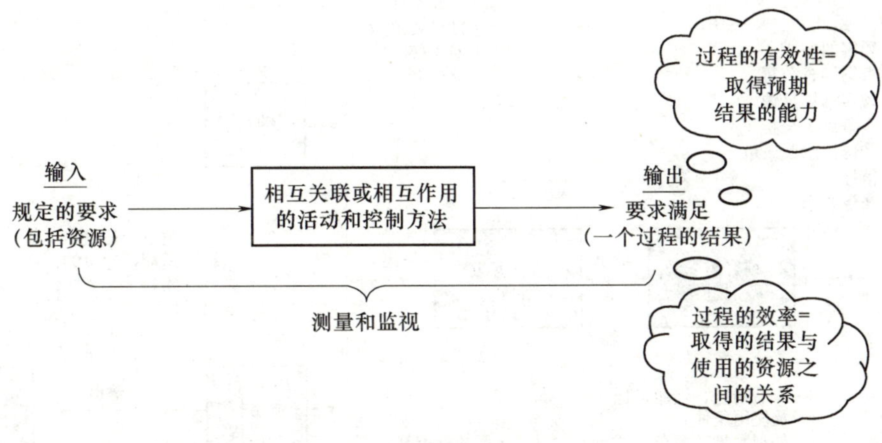

图 9-7　过程的有效性和效率

过程方法包括按照组织的质量方针和战略方向，对各过程及其相互作用进行系统的规定和管理，从而实现预期结果。可通过采用 PDCA 循环以及始终基于风险的思维对过程和整个体系进行管理，旨在有效利用机遇并防止发生不良结果。

1. 过程方法的优势和益处

应用过程方法建立的质量管理体系的优势可表现为以下方面：①理解并持续满足要求；②从增值的角度考虑过程；③获得有效的过程绩效；④在评价数据和信息的基础上改进过程。

应用“过程方法”原则可能为组织带来的主要益处已在 GB/T 19000—2016/ISO 9000：2015《质量管理体系　基础和术语》标准 2. 3. 4. 3 中表述。应用过程方法建立质量管理体系获得的主要益处，可以进一步理解为以下诸多方面：①对过程进行系统的识别和策划，已达到流程的优化：②可以提高组织专注于过程有效性和效率的能力；③让顾客和其他相关方相信组织具备取得稳定绩效的能力；④提高组织内部运作的透明度；⑤通过有效使用资源，减少费用，缩短周期；⑥控制风险，获得不断改进的、一致的和可预料的结果；⑦为受关注的和需优先改进的活动提供机会；⑧鼓励员工积极参与，履行其职责；⑨消除不同职能部门间的壁垒，并将其关注焦点集中到组织的目标上；⑩改进过程接口的管理。

2. 过程方法的实施

GB/T 19001—2016/ISO 9001：2015 标准确定的通用的质量管理体系过程包括：领导作用（第 5 章）、策划（第 6 章）、支持（第 7 章）、运行（第 8 章）、绩效评价（第 9 章）、改进（第 10 章）。组织应系统地识别和确定适合组织自身的质量管理体系所需的过程。识别和确定时应考虑组织的宗旨和方向，以及质量管理体系实现的预期结果、组织的环境及其风险、顾客及相关方的需求和期望。组织中一个过程的输入通常是其他过程的输出，而一个过程的输出又通常是其他过程的输入。因此，两个或两个以上相互关联和相互作用的连续过程也可视为一个过程。梳理过程之间的顺序，重点是确定过程之间输入与输出的流程关系；确定过程之间的相互作用，着重应厘清过程之间的接口关系和相互影响。识别过程顺序和相互作用示例如图 9-8 所示。

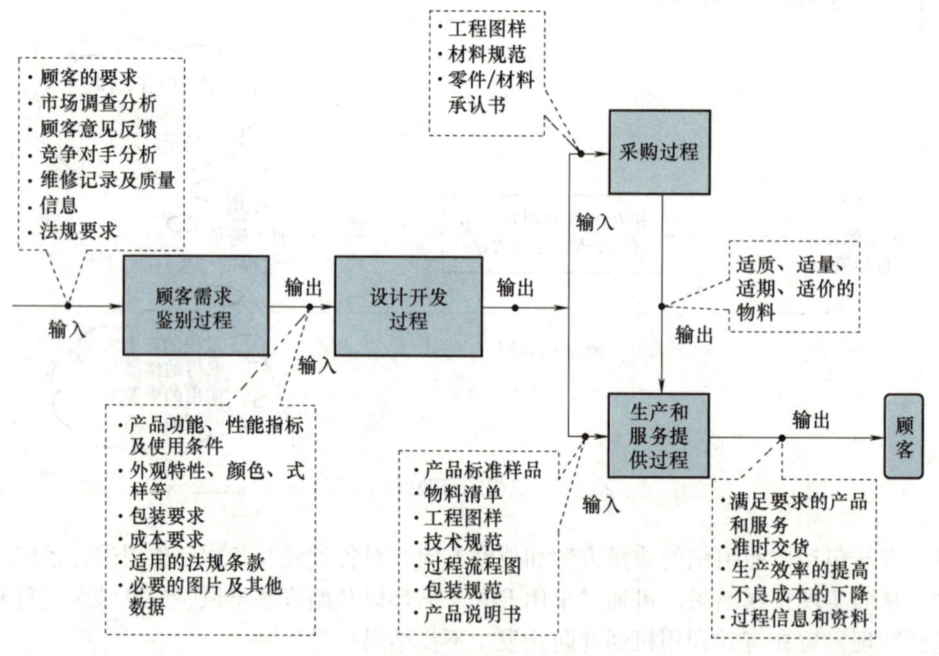

图 9-8 识别过程顺序和相互作用示例

（二）PDCA 循环

GB/T 19001—2016/ISO 9001：2015 标准 0.3.2 条款指出：“PDCA 循环能够应用于所有过程以及整个质量管理体系。”

PDCA 循环也称为“戴明环”，应用于建立质量管理体系，可简要描述如下：

策划（Plan）是根据顾客的要求和组织的方针，建立体系的目标及其过程，确定实现结果所需的资源，并识别和应对风险和机遇。

实施（Do）是执行所做的策划。

检查（Check）是根据方针、目标、要求和所策划的活动，对过程以及形成的产品和服务进行监视和测量（适用时），并报告结果。

处置（Act）是必要时，采取措施提高绩效。

PDCA 循环与标准章节的关系如图 9-9 所示。

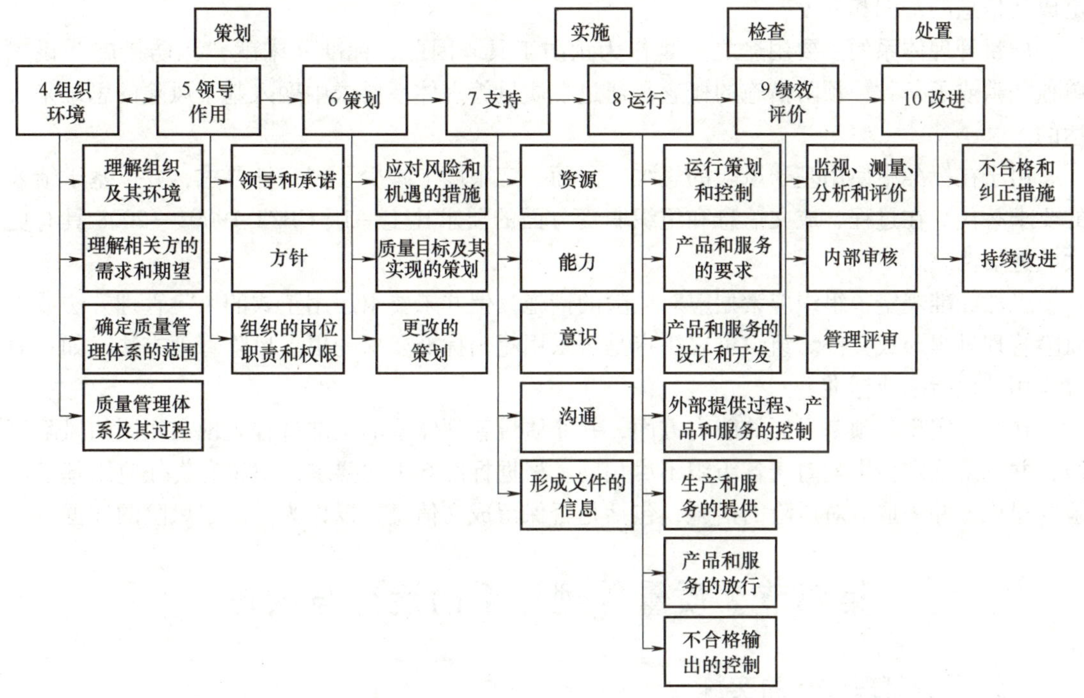

图 9-9 PDCA 循环与标准章节的关系

对于单一过程也可应用 PDCA 循环，如图 9-10 所示。

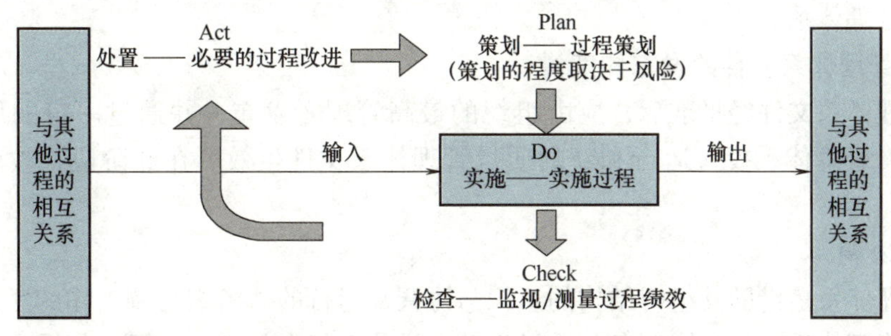

图 9-10 单一过程应用 PDCA 循环

（三）基于风险的思维

GB/T 19001—2016/ISO 9001：2015 标准 0. 3. 3 条款指出：“基于风险的思维是实现质量管理体系有效性的基础。”

风险即不确定性（对目标）的影响。影响是指偏离预期（目标），可以是正面的或负面的。不确定性是一种对某个事件或者事件的局部的结果或可能性缺乏理解或知识方面的信息的情形。风险是通过有关可能事件和后果或两者的组合来表述的。“风险”一词如在有负面影响的可能性时使用，即“威胁”；在有正面影响的可能性时使用，即“机遇”。在组织管理中，风险和机遇无处不在，掌握风险分析和决策技能，识别威胁，把握机遇十分重要。

GB/T 19001—2016/ISO 9001：2015 标准要求组织理解其组织环境，并以确定风险作为策划的基础。这意味着将基于风险的思维应用于策划和实施质量管理体系的过程，有助于确定成文信息的范围和程度。

质量管理体系的主要用途之一是作为预防工具。因此，标准并未就“预防措施”设置单独条款或子条款，预防措施的概念是通过在质量管理体系要求中融入基于风险的思维来表达的。

由于在标准中使用基于风险的思维，因而一定限度上减少了规定性要求，并以基于绩效的要求替代。在过程、成文信息和组织职责方面的要求比上一版 GB/T 19001—2008 具有更大的灵活性。

虽然标准规定了组织应策划应对风险的措施，但并未要求运用正式的风险管理方法或将风险管理过程形成文件。组织可以决定是否采用超出标准要求的更多风险管理方法，如：通过应用其他指南或标准。

在组织实现其预期目标的能力方面，并非质量管理体系的全部过程表现出相同的风险等级，并且不确定性影响对于各组织不尽相同。根据标准 6.1 的要求，组织有责任应用基于风险的思维，并采取应对风险的措施，包括是否保留成文信息，以作为其确定风险的证据。

第四节　质量管理体系的运行与改进

一、质量管理体系的实施

按照质量管理体系策划的内容完成体系的建立之后，体系将进入试运行阶段。试运行的目的是考验质量管理体系的有效性和协调性，并对暴露的问题采取纠正和改进措施，以进一步完善质量管理体系。

1. 质量管理体系文件的发布和宣讲

质量管理体系文件经批准后，应由组织的最高管理者发布，并通过一定的形式（会议等）宣布质量管理体系投入运行和新的质量管理体系文件生效。在此阶段，教育培训应该先行。

2. 组织协调

质量管理体系是借助其组织结构的组织与协调来运行的。组织协调工作的主要任务是组织实施质量管理体系文件，协调各项质量活动，排除运行中的各种问题，使质量管理体系正常运行。

3. 质量监控

质量管理体系在运行过程中，各项活动及其结果不可避免地会发生偏离标准的现象，因此必须实施质量监控。质量监控的主要任务是对产品、过程、体系进行连续监视、验证和控制，一旦发现偏离标准的问题，应及时反馈，以便采取纠正措施，使各项质量活动和产品质量均能符合规定的要求。

4. 信息管理

在质量管理体系运行中，质量信息反馈系统对异常信息进行反馈和处理，实行动态控

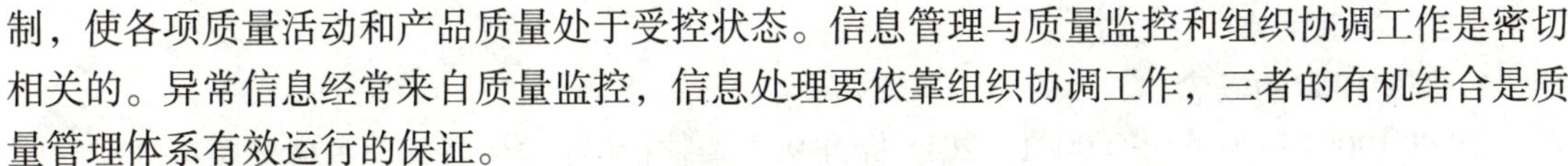

制，使各项质量活动和产品质量处于受控状态。信息管理与质量监控和组织协调工作是密切相关的。异常信息经常来自质量监控，信息处理要依靠组织协调工作，三者的有机结合是质量管理体系有效运行的保证。

二、质量管理体系评价

质量管理体系评价包括内部审核、管理评审和自我评价。

（一）内部审核

1. 内部审核的概念及要求

GB/T 19000—2016/ISO 9000：2015 标准中对内部审核的定义是：内部审核，有时称为第一方审核，是指由组织自己或以组织的名义进行，用于管理审核和其他内部目的，可作为组织自我合格声明的基础。

GB/T 19001—2016/ISO 9001：2015 标准 9.2 条款，要求组织按照策划的时间间隔进行内部审核，通过内部审核，提供组织质量管理体系两方面的信息：第一，是否符合组织自身的质量管理体系要求；第二，GB/T 19001—2016/ISO 9001：2015 标准的要求是否得到有效的实施和保持。

标准还要求组织应：①依据有关过程的重要性、对组织产生影响的变化和以往的审核结果，策划、制定、实施和保持审核方案，审核方案包括频次、方法、职责、策划要求和报告；②规定每次审核的审核准则和范围；③选择审核员并实施审核，以确保审核过程客观公正；④确保将审核结果报告给相关管理者；⑤及时采取适当的纠正和纠正措施；⑥保留成文信息，作为实施审核方案以及审核结果的证据。

2. 内部审核的策划与实施

组织策划、制定、实施和保持审核方案，目的是确保质量管理体系的有效性。审核方案包括频次、方法、职责、策划要求和报告。在策划内部审核时，应考虑的因素一般包括：过程的重要性、管理的优先级、过程的绩效、影响组织的变更、以往审核的结果、顾客投诉的趋势以及法律法规方面的问题等。

一般内部审核流程如下：

（1）审核准备与策划。这一阶段的主要工作有：编制审核计划；任命审核组长，指定审核员；编制检查表等。

（2）审核实施。审核员到达受审核部门，通过提问、验证、观察进行质量管理体系运行客观证据的收集，并做好现场审核记录。

（3）审核结果评价。现场调查、取证以后，根据审核发现判断审核内容是否符合标准或文件的规定。判定不合格项，编制不合格报告，并提交审核报告。

（4）制定和确认纠正措施。受审核部门针对审核中发现的不合格项制定纠正措施，审核员可以参与受审核部门对纠正措施的讨论和对有效性的评价。这一点与外部质量审核有较大的差异，外审员在审核时不能参与受审核方咨询性的活动。

（5）改进与评价效果。这是内部审核的后续工作。受审核部门要逐项落实纠正措施，并对采取的纠正措施进行评价。审核员要对前次审核中不合格项的纠正措施是否有效进行审核，并提交报告。只有当内部审核不合格项的纠正措施得到有效跟踪时，审核才告结束。

（二）管理评审

1. 管理评审的概念

GB/T 19001—2016/ISO 9001：2015 标准 9. 3 条款指出："最高管理者应按照策划的时间间隔对组织的质量管理体系进行评审，以确保其持续的适宜性、充分性和有效性，并与组织的战略方向一致。"这里，适宜是指是否仍适用于其用途；充分是指是否仍然足够；有效是指是否仍达成期望的结果。

管理评审不仅包括对质量方针和质量目标的评审，还应考虑组织的战略方向。

管理评审也可与组织其他业务协调安排，以增加价值，如战略策划、商业策划、运营会议以及其他管理体系评审。

组织应保留管理评审的成文信息，作为其结果的证据。

2. 管理评审的输入和输出

策划和实施管理评审时应考虑下列内容：

（1）以往管理评审所采取措施的情况。

（2）与质量管理体系相关的内外部因素的变化。

（3）下列有关质量管理体系绩效和有效性的信息，包括其趋势：①顾客满意和有关相关方的反馈；②质量目标的实现程度；③过程绩效以及产品和服务的合格情况；④不合格及纠正措施；⑤监视和测量结果；⑥审核结果；⑦外部供方的绩效。

（4）资源的充分性。

（5）应对风险和机遇所采取措施的有效性。

（6）改进的机会。

管理评审的输出应包括与下列事项相关的决定和措施：①改进的机会；②质量管理体系所需的变更；③资源需求。

坚持管理评审制度，有利于组织的质量管理体系持续有效和不断改进，也是组织建立自我改进、自我完善机制的重要措施。

（三）自我评价

GB/T 19004—2020/ISO 9004：2018 标准中明确指出，自我评价能够提供对组织绩效及其管理体系成熟度的总体认识，帮助组织识别改进和/或创新的领域，并确定后续措施的优先次序；自我评价提供对组织改进的总体认识，促进相关方的参与，并支持组织的整体策划；自我评价的结果可作为管理评审的重要输入。GB/T 19004—2020/ISO 9004：2018 标准中的附录 A 为组织提供了自我评价工具基于本标准的详细指南，提供了改进框架。组织可以按照给出的形式使用，也可以修改以适应组织的需要。

三、质量管理体系的持续改进

持续改进是组织永恒的目标。组织全面贯彻标准建立质量管理体系，在运行的过程中，"应利用战略方向、质量方针、质量目标、审核结果、管理评审及自我评价结果，持续改进质量管理体系的有效性"。

1. 突破性改进项目

突破性改进项目主要是对现有过程进行改进，或实施新过程。突破性项目一般由日常运作之外的跨职能小组来实施，通常包含对现有过程进行重大的再设计。

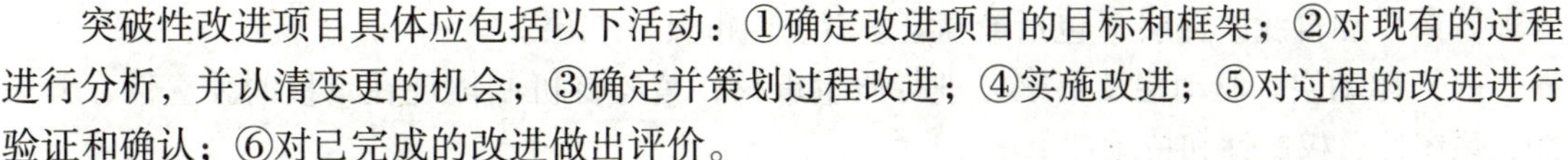

突破性改进项目具体应包括以下活动：①确定改进项目的目标和框架；②对现有的过程进行分析，并认清变更的机会；③确定并策划过程改进；④实施改进；⑤对过程的改进进行验证和确认；⑥对已完成的改进做出评价。

2. 渐进性持续改进项目

渐进性持续改进项目是由组织内人员对现有过程进行步幅较小的持续改进活动。持续改进项目由组织的员工通过参与工作小组来实施。在组织中有效开展渐进性改进活动，不仅可以获得渐进性改进成果，同时也起到推动全员参与质量改进的作用。

第五节　质量管理体系的运行机制

一、质量管理体系运行机制概述

质量认证认可体系本身就构成了一个制度性的系统，其系统目标在于促进组织的质量管理体系能有效运行，形成一种激励和约束机制，如图 9-11 所示。

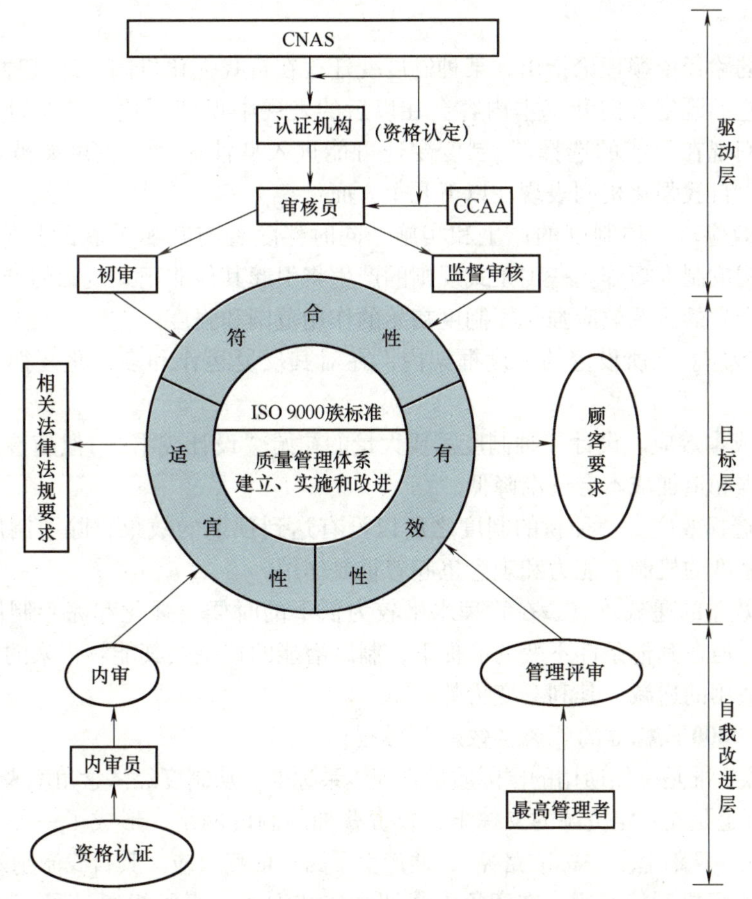

图 9-11　质量管理体系运行机制示意图

质量管理体系的运行机制可分为驱动层［包括中国合格评定国家认可委员会（CNAS）、中国认证人员与培训机构认可委员会（CCAA）、认证机构和审核员］、目标层（企业的质量管理体系）和自我改进层（包括最高管理者、内审员）三层。

（1）驱动层。驱动层及第三方进行质量审核，其监督机制体现在审核的独立性、公正性、系统性、权威性和持续性上。

（2）目标层。组织通过建立、实施和运行质量管理体系，来实现质量方针和质量目标，进而满足顾客、相关方的需求和期望以及相关法律法规的要求。

（3）自我改进层。2015 版 ISO 标准的基本结构是以 PDCA 循环为指导的不断改进的过程。为了持续地保持认证资格，组织在体系建立运行中要做到“四落实”，即组织落实、活动和资源落实、实施程序落实、目标落实。组织要通过管理评审、内审、顾客满意度、不合格控制以及测量分析与改进、纠正、预防措施等过程，形成持续改进的运行机制。

二、路径依赖与体系创新

（一）路径依赖的概念

路径依赖又称为路径依赖性，是指人类社会的技术演变或制度变迁均有类似于物理学中的惯性特征，即技术或制度一旦进入某一路径，无论其效率高或不高，都可能对这种路径产生依赖。

制度变迁的路径依赖理论指出，某种制度变迁存在自我强化机制，即某种制度一旦走上了某条路径，它的既定方向和基本内容会在以后的发展中得到强化。“人们过去做出的选择，决定了他们现在可能的选择。”制度变迁可能进入良性循环，也可能被锁定在无效状态。具体而言，自我强化机制表现在以下几个方面：

（1）协调效应。一项制度的产生和实施，同时伴随着与其相关联的其他制度的产生、补充和完善，构成制度矩阵。一项正式规则的产生将引起其他非正式规则的产生以补充这项正式规则，所产生的协调效应强化了制度初始的作用范围和强度。

（2）学习效应。在所设定的制度框架内，在对其反复运作和多次重复循环后，形成一种学习曲线。

（3）边际成本效应。设计一种制度需要大量的初始“设计成本”，但随着这项制度的推进，其单位成本和追加成本会逐渐降低。

（4）制度选择效应。一种新的制度之所以没有达到预期的效果，除了制度选择因素的影响外，实施制度的机制、能力和观念也起着重要作用。

（5）功能效益的递减效应。在管理水平较为低下的时候，强化和完善制度能够带来比较明显的效益；但在其他条件不变的前提下，制度潜能的挖掘及其能够带来的效益将会越来越有限，随着效用的递减，其利会变为弊。

（二）ISO 9000 族标准的“路径依赖”效应

ISO 9000 族标准是一族通用的国际质量管理体系标准。从制度经济学角度来看，组织的质量管理体系实际上是在一定资源的支撑下，权责叠加的制度网络，形成了一种“制度矩阵”。组织的贯标认证一旦踏上了“标准路径”，便产生了路径依赖效应。其自我激励效应如下：

（1）由于市场机制的作用，在竞争中强调合作和沟通，当组织通过了 ISO 9000 认证以后，有一种辐射要求，要求相互关联的供方也需要认证。在市场准入制度的要求下，这必然构成相互协调的路径自激励效应，有助于“标准族”的强化。迅猛发展起来的认证已经充分说明了这一点。

（2）ISO 9000 族标准为组织提供了一种制度框架，也是为组织通过有效运作质量管理体系而取得获利的机会。在认证的组织中，这种制度框架的具体表现就是“文件化的质量管理体系”，标准从某种意义上讲是质量管理从经验走向科学的框架。质量管理活动的程序化、规范化和标准化，节约了时间，提高了工作效率，通过体系框架构筑的渠道来传递和反馈信息，获得客观证据，必然促进了体系进一步完善，从而促使质量管理体系在其运作中进一步完善和成熟。这就是路径依赖的学习效应。

（3）贯标认证是一项（初始）投入很大的活动。由于标准内容本身让人费解，多数企业都要花费较多的咨询费和培训费，体系文件编制、建立和运行的费用，以及资源投入费用等都需要初始投入成本，必不可少的认证费价位也较高。这些费用随着体系的完善和成熟，其单位成本和追加成本都会逐渐降低。

总之，随着 ISO 9000 质量管理体系认证的深入和广泛开展，以及对国际互认制度的认同，质量管理体系认证形成的相互关联的网络会产生递增报酬，递增报酬又会使认证活动依据 ISO 9000 族标准的制度矩阵轨迹保持下去，这些反映出“路径依赖”效应的一个方面。

（三）无效锁定状态

“路径依赖”效应可以从一个方面反映出 ISO 9000 质量管理体系的机制效应，即沿着既定的良性循环道路迅速优化，达到人们期待的质量管理体系的有效性和效率。但制度经济学的基本原理又同时指出，“过去做出的选择决定了现在的可能选择”，也可能沿着原来的无效路径往下滑，被锁定而不能自拔，除非借助于外部效应，但这要付出沉重代价才能扭转。统计资料表明，获证企业真正取得效果的只占 1/3，尚有 1/3 基本没有效果，还有少量企业已经注销或撤销。被锁定的状态主要有下列形式：

（1）体系疲劳化。ISO 9000 族标准本身存在难以克服的制度缺陷，需有“放之四海而皆准”的功能本身就值得探讨，何况还必须与本组织的具体情况相结合。不少获证企业“求证心切”，照搬照抄标准或“范本”条款，加之监督和审核活动强化标准的制约功能，使体系制度矩阵变得缺乏生气，人们已经习惯了在形式主义下活动，审核员已经成为“文件要素审核的熟练工种”。出现了既无生气又无效率的体制疲劳，坚持也难，改正也难。

（2）体系退化。抽样调查发现，组织从贯标到获证平均时间为 16 个月，这期间无论是组织的员工、领导还是咨询人员，都付出了艰辛的劳动，获证以后都松了口气。从组织行为上讲，认证活动已从一种激励因素变成了保健因素。笔者在多次监督审核中发现，体系退化现象，如有章不循、内审走过场、管理评审形式化等比较明显。在没有形成自我改进创新的机制，没有超越“极限”的体系又弹回到原始“人治”的状态下，证书实际上变成了没有真才实学的“假文凭”。

（3）体系空洞化。质量管理体系的设计是以实现顾客（法规）要求为宗旨的，体现在组织的质量方针和目标之中。质量方针和目标与组织的日常运作相脱节的现象十分普遍，固然存在方针和目标确定与组织体系耦合困难等客观因素，但不少组织在过程运作中存在很多“无目标”的活动。即使作为过程控制的工艺标准，也存在“标准水平陈旧低下”、有标准不执行等基础性问题，体系实际上变成了一个“空壳”，空壳下运作的仍旧是传统的未经补充和完善的做法。还有不少组织双轨并行，表面一套，实际一套。

（4）体系“标准化”。质量管理体系的建立依据是 ISO 9001 标准。无论技术标准还是管理标准，只要是标准，其首要的功能就是“规范”，无规矩不成方圆。规范的结果带来秩序，减少重复发生的可能失误。“标准化”是伴随着大量生产的出现而产生、完善和发展的。ISO/TC 176 在制定标准时反复强调，推行标准并不是使组织质量管理体系标准化，但标准的制约功能，尤其是在经过第三方审核认证时，实际上已经成为强制性。特别是为求证而认证的组织“千人一面”已经成为体系无效的痼疾之一。实际调查表明，组织间质量管理体系的差别，因为认证活动的开展而逐渐缩小，显然与多样化、个性化的市场需求形成了鲜明的反差，因此体系的适宜性和有效性必然受到影响。

标准的属性是对既有结果的精简、统一和规范，从而达到效能。技术、市场等外部环境在变化，组织自身也在变化，而在市场经济中唯一不变的就是“一切都在动态变化中”。所以要充分认识标准的时效性，过时的标准不能促进组织体系有效，反而会成为创新的障碍。因此，体系创新是一种客观要求。

（5）认证“功利化”。认证作为合格评定的一部分，成为市场准入的手段，对于涉及的各方，利益取向是必然的。基于成熟度评价的 ISO 9004 标准在全世界被“边缘化”，就是很好的证明。但是，将认证作为“寻租的手段”实在是错误的做法。功利化所派生出的“潜规则”和“劣质文化”可荡平一切科学制度，严重损害认证事业，危害巨大。

（四）体系创新

体系被锁定在无效状态之后，由于路径依赖的惯性作用，实行体系创新是一件比较困难的活动，有时需借助外部的力量“激活体系”，才能使之改进和创新。除了依据标准要求进行体系结构的重组，实施相关管理体系标准的融合，以产品和过程创新的流程再造，以及资源有效配置等“实体内容”以外，管理者、最高管理者以及与审核认证活动相关人员的观念也要创新，现简述如下：

（1）管理者首先被管理。这是著名管理大师德鲁克的名言。管理的五大职能是计划、组织、指挥、控制和协调，在传统的体制下，管理者往往偏重于指挥和控制，特别是一些小型的家族色彩的企业，靠“家长权威”、家族伦理、亲情关系来运作，“以言代法”，贯标是对这种体制的挑战。企业获证后，建立了以标准为框架的管理体系，管理者感到自身受到约束，体系的运作难以进行下去，因此，这些组织的管理者如果不转变家族观念，树立“管理者首先被管理”的思想，别说体系创新，就是维持下去也很困难。无数事实均已证明：“一个不被组织约束的管理者，无论对其组织还是对其本人，后果都将是灾难性的。”

（2）正确认识“质量第一”。质量第一作为一种理念，无疑是应该肯定的，特别是某些特定行业和产品。但是世界上总是“第一”的事物是难以存在的，特别是从组织的经营战略的全局出发，无论此时彼时，凝固在一个具体目标上是不现实的。因为市场的需求是综合动态的，组织必须适应市场，而不是锁定在空洞的口号上。产品在从成长、成熟到衰退的生命周期内，质量不可能永远是第一。

将质量观念凝固化，从组织的具体运作上来看，就形成了就质量抓质量、封闭式的质量管理，其结果往往可能是无效的。造成质量问题的因素以及解决质量问题的措施往往是非质量管理方面。除了这种以因果关系为基础的线性思维外，还应具备更符合实际的非线性思维。ISO 9000：2015 标准的基本思想之一就是要破除质量管理运行的封闭状态，倡导以质量管理为基础的综合管理体系的建立。特别应当指出的是，我国目前处于经济发展模式转型期，体系的运行特别要关注原点，即产品质量本身，“质量是基础，安全是底线”，切忌离开产品质量本身而空洞虚无地运行体系。

（3）体系的“生命周期思想”。质量管理体系的建立、运行和改进是一个系统，实际上是有“生命”的，表现为体系建立、成熟、退化及创新的过程。

在不同的阶段，不管体系建立的关联者主观意愿如何，其本身都存在一定的客观性。例如建立初期，存在形式化、文牍主义、为标准而标准等现象不可避免；在体系成长（运作）中存在与旧体系的碰撞，基础性层面不合格多发等；到体系成熟期，体系运作方式已成习惯，效果明显，存在偶发的不合格；在退化期，在用户需求多变和市场激烈竞争的情况下，体系运作反应迟缓等。不同组织、不同水平的管理者可以延长某一个阶段的运作时间，但难以超越阶段性的制约。因此，管理者应当周密地进行体系策划，跟踪质量管理体系运作状态，把握好体系运作的时点，审时度势，使体系运作高效及低成本。这些观念的建立或更新都涉及认证的质量，而认证的质量是质量认证的生命。保持质量认证生命和活力的唯一途径就是不断提高其有效性和效率。

（4）让制度征服心灵。无论是贯标、审核认证，还是质量管理体系制度网的建立，都面临制度变革。制度的变革从来都不是一件轻而易举的事情。每个人都有因循守旧的趋向，如果没有美好的前景和来自外界的压力，也许不会去改变自我，更不要说改变制度。所以在制度变迁的机制设计过程中，要尊重与制度相关群体的正当利益，让他们看到制度的意义。体现在管理体系认证过程中，就是要让组织清楚地认识到制度创新所带来的效益和组织的持续发展。

第六节 质量认证

一、质量认证制度的产生和发展

（一）质量认证制度的产生

质量认证制度是随着市场经济的发展而逐步建立起来的。在现代质量认证产生之前，组织为推销自己的产品，往往采取“合格声明”的方式，以此取得顾客对产品质量的信任。随着科学技术的发展，产品结构和性能日趋复杂，产生了顾客对组织质量保证能力的评定或称“第二方合格评定”。

现代第三方质量认证制度起源于英国。1903 年，英国创立了世界上第一个质量认证标志，即由 B、S 字母组成的“风筝标志”，如图 9-12 所示。该标志以英国国家标准为检验依据，具有科学性和公正性。1922 年，该标志依照英国商标法注册，成为受法律保护的认证标志，至今仍在使用。1920 年起，德国、奥地利等国纷纷仿效英国，建立起以本国标准为依据的认证制度。第二次世界大战以后，英国、法国、日本、美国、加拿大、比利时等国家相继颁布并实行产品质量认证制度。到 20 世纪 50 年代，质量认证制度基本上在工业发达国家得到了普及；从 60 年代开始，苏联和东欧国家也陆续推行产品质量认证制度；发展中国家，除印度较早实行质量认证外，其他大多数国家是从 70 年代起推行质量认证制度的。

鉴于质量认证开始跨越国界这一新情况，1970 年，ISO 成立了“认证委员会”（ERTICO），1985 年，ISO 又将其更名为“合格评定委员会”（CASCO），开始从技术角度协调各国的认证制度，促进各国认证机构和检验结果的相互认可，以消除各国由于标准、检验和认

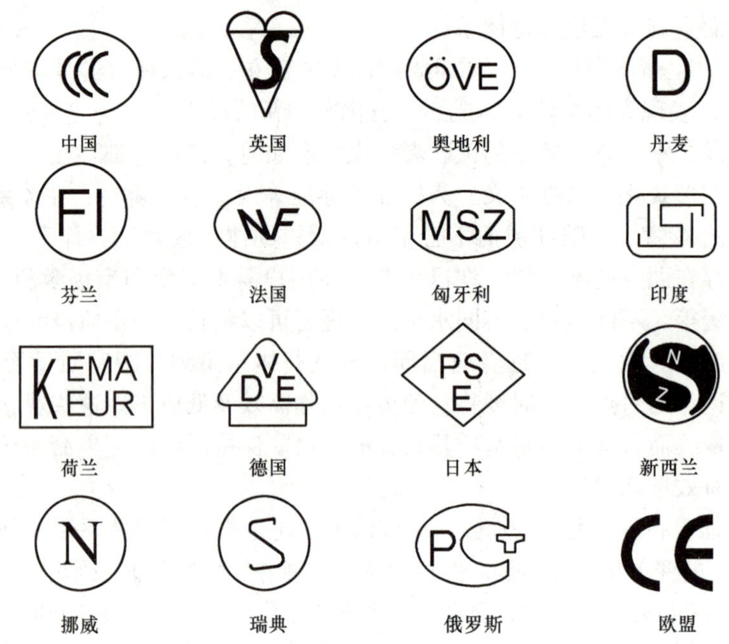

图 9-12　部分国家和欧盟的产品质量认证标志

证过程中存在的差异所带来的贸易困难，并进一步制定出国际质量认证制度。

世界各国实行的质量认证制度主要有八种类型，这些类型的质量认证制度所认证的对象和实施认证的方式存在差异，所能提供的信任程度也存在差异，具体内容如表 9-1 所示。

表 9-1　质量认证制度的类型

认证类型	认证对象	认证方式					特点
		资格条件		认证后监督			
		试验类型	质量管理体系评定	市场抽样	工厂抽样	质量管理体系复审	
1. 型式试验	产品	□					主要用于证实产品设计符合规范要求，不证明以后生产的同样产品符合标准。仅颁发合格证书，不使用认证标志，提供的产品质量信任程度较低
2. 型式试验加认证后监督——市场抽样验收	产品	□		□			证实生产的产品持续符合标准，使用产品认证标志，提供可靠的产品质量信任程度
3. 型式试验加认证后监督——工厂抽样检验	产品	□			□		
4. 型式试验加认证后监督——市场和工厂抽样检验	产品	□		□	□		

（续）

认证类型	认证对象	认证方式					特点
		资格条件		认证后监督			
		试验类型	质量管理体系评定	市场抽样	工厂抽样	质量管理体系复审	
5. 型式试验加工厂质量管理体系评定加认证后监督——质量管理体系复审加工厂和市场抽样检验	产品	□	□	□	□	□	证实生产的产品持续符合标准，使用产品认证标志，提供的产品质量信任程度高
6. 工厂质量管理体系评定	质量管理体系		□			□	
7. 批检	产品	□					仅证实某特定一批产品符合标准，提供的产品质量信任程度高
8. 百分之百检验	产品	□			□		证实每一件产品均符合标准，认证费用高，提供的产品质量信任程度高

由表 9-1 可知，第 5 种类型的认证制度是一种最完善的产品质量认证制度，第 6 种类型的认证制度是质量管理体系认证制度。第 5 种和第 6 种类型的认证制度也是 ISO 向各国推荐的两种认证制度。ISO 和 IEC 联合发布的所有有关认证工作的指南，都是以这两种认证制度为基础的。

（二）我国认证认可制度的发展沿革

我国经济已经进入了高质量发展阶段，实现高质量发展，必须做强国家质量基础设施，即计量、标准、合格评定（NQI）。国家质量基础 NQI 示意图如图 9-13 所示。NQI 是 2005 年由国际贸发会议和世界贸易组织（WTO）共同提出的。NQI 这一概念源于贸易便利化，但

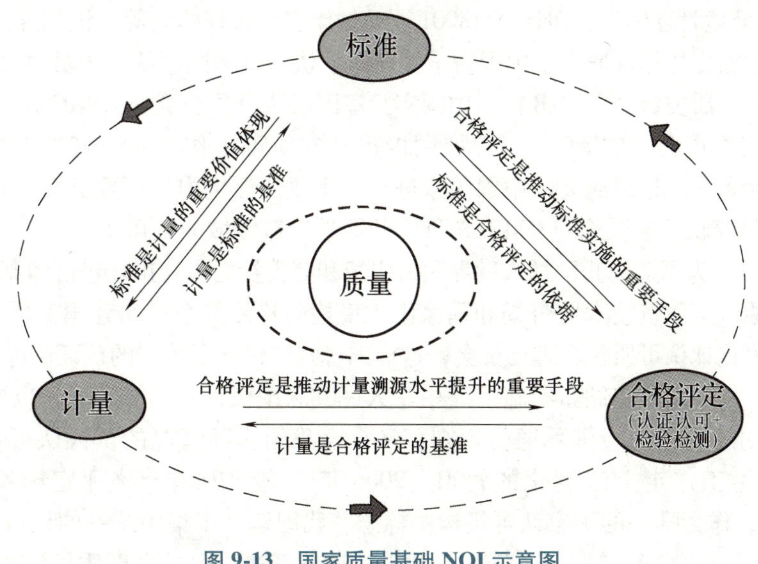

图 9-13 国家质量基础 NQI 示意图

当前不仅用于贸易，还用于国家的产业转型升级。现在，越来越多的国际贸易组织，如国际的公法组织、国际标准化组织、世界银行等都在应用 NQI。我国的国家质量基础设施（NQI）构建对形成产业链并促进产业链升级，提高质量、提升竞争力方面发挥着重要作用。

合格评定作为国家质量基础的三要素之一，是控制质量并建立质量信任的重要手段，能有效支撑国际贸易和可持续发展。同时，合格评定符合世界贸易组织规则的技术性贸易措施，是国际贸易的“通行证”。社会各行各业的组织应充分了解合格评定政策和规则，利用合格评定手段，积极应对绿色贸易壁垒，提高中国制造、中国服务的质量，提升国际竞争力。我国合格评定的内容包括认证、认可、检验、检测。

我国认证认可制度始于 20 世纪七八十年代，正值改革开放之初，随着我国市场经济的发展，认证认可制度油然而生。1978 年，我国重新加入国际标准化组织（ISO），开始了解到认证是对产品质量进行评价、监督、管理的有效手段。1981 年，我国加入国际电子元器件认证组织并成立了中国第一个产品认证机构，即中国电子元器件认证委员会，这标志着我国正式开始借鉴国外认证制度。

从 20 世纪 80 年代中期至 90 年代初期，我国相继建立了关于家用电器、电子娱乐设备、医疗器械、汽车、食品、消防产品等一系列产品认证制度。

1980 年，国家标准局和国家进出口商品检验局共同派员组团参加国际实验室认可大会（ILAC），国际认可活动在我国萌芽。1985 年，我国开始推行实验室认可制度。

检验和检测一直伴随着社会的生产、生活和市场交易等活动。改革开放后，作为第三方服务的检验检测行业特别是进出口商品检验得到了发展。1988 年，我国颁布实施《中华人民共和国标准化法》，随后又分别在 1989 年、1990 年颁布实施《中华人民共和国进出口商品检验法》和《中华人民共和国标准化法实施条例》。依据相关法律法规，部分地区开始设立质检机构。

1991 年 5 月，国务院第 83 号令正式颁布了《中华人民共和国产品质量认证管理条例》，这标志着我国的质量认证工作由试点起步进入了全面规范性推广。在认证领域，除全面建立和实施产品认证外，我国在管理体系认证方面也取得了重要进展，相继建立 ISO 9001 质量管理体系、ISO 14001 环境管理体系、OHSAS 18001 职业健康安全管理体系等认证制度。在认可领域，原国家质量技术监督局相继成立了中国质量管理体系认证机构国家认可委员会（CNACR）、中国认证人员国家注册委员会（CRBA）、中国实验室国家认可委员会（CNACL）和中国产品认证机构国家认可委员会（CNACP），开展国内市场的认可工作；原国家进出口商品检验局（出入境检验检疫局）相继成立了中国国家进出口企业认证机构认可委员会（CNAB）、中国进出口实验室国家认可委员会（CCIBLAC），开展进出口领域的认可工作。

2001 年 8 月，为了适应我国加入世界贸易组织和完善社会主义市场经济体制的需要，党中央、国务院将原国家质量技术监督局和国家出入境检验检疫局合并组建国家质量检验检疫总局，并成立国家认证认可监督管理委员会，这标志着我国建立了统一的认证认可管理体系。

2003 年 11 月，国务院颁布实施了《中华人民共和国认证认可条例》（以下简称《认证认可条例》），建立了既适应国际通行规则，又符合我国实际情况的认证认可管理制度。自此我国认证认可工作走上法制化的轨道。2006 年 3 月，中国合格评定国家认可委员会（CNAS）成立，作为唯一的国家认可机构，标志着我国建立了集中统一的认可体系。

2018 年 1 月，国务院印发《关于加强质量认证体系建设促进全面质量管理的意见》（国发〔2018〕3号)，明确将质量认证作为“推进供给侧结构性改革和放管服改革的重要抓手”。2018年2月，习近平总书记在十九届三中全会上代表中央政治局做工作报告时，专门强调“推进质量认证体系建设”。2018年4月，根据国务院机构改革方案，新组建的国家市场监督管理总局挂牌，将国家认证认可监督管理委员会的职责划入国家市场监督管理总局，统一管理认证认可检验检测工作。这些举措充分体现了党中央、国务院对认证认可检验检测工作的高度重视，认证认可检验检测工作进入新时代，从质量管理手段上升为国家治理的重要工具。

综上，我国开展认证认可工作起步较晚，但发展很快。经过多年的建设，目前我国已形成较为完善的认证认可工作体系，具体包括以下几种：

（1）法律体系。建立了以《认证认可条例》为核心的法律法规体系，目前已有21部法律、17部行政法规、15部规章明确写入认证认可的条款。

（2）制度体系。依据国际规则和我国实际情况，建立了强制性与自愿性相结合的产品认证制度、国家认可制度、检验检测机构资质认定制度、认证人员注册制度等，全面覆盖了认证、认可、检验、检测活动。

所谓认证，按照国际标准化组织（ISO）和国际电工委员会（IEC）的定义，是指第三方依据程序对产品、过程或服务符合规定的要求给予书面证明。

《认证认可条例》第一章第二条指出：“本条例所称认证，是指由认证机构证明产品、服务、管理体系符合相关技术规范、相关技术规范的强制性要求或者标准的合格评定活动。”该条例对认证机构的要求在第二章第九条中明确：“取得认证机构资质，应当经国务院认证认可监督管理部门批准，并在批准范围内从事认证活动。”

所谓认可，《认证认可条例》第一章第二条指出：“本条例所称认可，是指由认可机构对认证机构、检查机构、实验室以及从事评审、审核等认证活动人员的能力和执业资格，予以承认的合格评定活动。”

（三）我国实行质量认证的基本原则

根据国家有关质量认证的法律与法规，并参照国际有关标准和技术法规，确定了指导我国质量认证工作的基本原则。

1. 以国际指南为基础，同国际接轨

我国颁布的有关质量认证的法律与法规是以ISO和IEC联合发布的有关指南为基础制定的，因而有利于国际互认。

2. 认证工作统一管理

质量认证在国内实行统一管理。中国合格评定国家认可委员会对认证机构、实验室、检查机构以及认证人员实行统一管理，以确保认证结果的可信性。

3. 坚持公正性

有关认证的指南特别强调，认证是“第三方”从事的活动，以确保认证工作的公正性。我国实行的质量认证制度就是ISO和IEC推荐的典型的由第三方认证的制度。

4. 自愿性认证与强制性管理相结合

各工业发达国家都对安全性产品通过国家法令实行强制管理，这些产品如果没有通过认证，则不准生产与销售。我国颁布的《认证认可条例》中明确表明，任何法人、组织和个人可以自愿委托依法设立的认证机构进行产品、服务、管理体系认证。但是，为了保护国家

安全、防止欺诈行为、保护人体健康或者安全、保护动植物生命或者健康、保护环境，国家规定相关产品必须经过认证的，应当经过认证并标注认证标志后，方可出厂、销售、进口或者在其他经营活动中使用。国家对必须经过认证的产品，统一产品目录，统一技术规范的强制性要求、标准和合格评定程序，统一标志，统一收费标准。统一的产品目录（以下简称目录）由国务院认证认可监督管理部门会同国务院有关部门制定、调整，由国务院认证认可监督管理部门发布，并会同有关方面共同实施。

5. 质量认证的目的明确

质量认证的目的，一方面是帮助企业取得进入市场的“通行证”；另一方面是促进企业加强技术基础工作，建立健全企业的质量管理体系，提高企业的管理水平。

《认证认可条例》中明确指出：国家根据经济和社会发展的需要，推行产品、服务、管理体系认证。

二、产品认证

（一）产品认证的概念

产品认证是指由认证机构证明产品符合相关技术规范、相关技术规范的强制性要求或者标准的合格评定活动。依据产品标准和相应技术要求，经认证机构确认并通过颁发认证证书和认证标志来证明某一产品符合相应标准和技术要求的活动。

从前述可知，我国的认证认可制度是从产品认证开始的。

（二）我国强制性产品认证制度的有关内容

2001 年 12 月 7 日，国家质量监督检验检疫总局和国家认证认可监督管理委员会在人民大会堂召开新闻发布会，发布了我国强制性产品认证制度。强制性产品认证制度是政府为了保护国家安全、防止欺诈行为、保护人体健康或者安全、保护动植物生命或者健康、保护环境，依照有关法律法规实施的一种对产品是否符合国家强制标准和技术规则的合格评定制度。这种认证主要通过制定强制性产品认证的产品目录和强制性产品认证程序规定，对列入目录中的产品实施强制性检测和审核。

我国已颁布的强制性产品认证制度实施的主要文件包括《强制性产品认证管理规定》《强制性产品认证机构、检查机构和实验室管理办法》《强制性产品认证检查员管理办法》《强制性产品认证目录》等。这些文件是强制性产品认证的法律依据，对实施强制性产品认证的产品范围、强制性产品认证标志的使用、强制性产品认证的监督管理等做了统一的规定，即国家公布统一的产品目录，确定统一适用的国家标准、技术规则和实施程序，制定统一的标志，规定统一的收费标准。

图 9-14　中国强制性产品认证标志示意图

凡列入《强制性产品认证目录》的产品，必须经国家指定的认证机构认证合格，取得指定认证机构颁发的认证证书，并加施认证标志后，方可出厂、销售、进口或者在其他经营活动中使用。强制性产品认证标志的名称为“中国强制性认证”，英文缩写为“CCC”（China Compulsory Certification），如图 9-14 所示。

（三）我国自愿性产品认证的有关内容

《认证认可条例》中明确表明：任何法人、组织和个人可以自愿委托依法设立的认证机构进行产品认证。当前自愿性产品认证领域包括：绿色产品、节能产品、节水产品、环境标志产品、低碳产品、铁路产品、信息安全产品、光伏产品、食品农产品、电器电子产品有害物质限制使用、一般工业产品、城市轨道交通装备认证、农机产品认证、交通一卡通产品认证等，如图 9-15 所示。

图 9-15 自愿性产品认证类型

1. 绿色产品认证

绿色产品认证是国家市场监督管理总局在全国全面推行的一种自愿性产品认证。绿色产品是指从全生命周期，全过程角度满足资源节约、环境友好、消费友好要求的产品，具备资源能源消耗少、污染物排放低、易回收再利用、健康安全、品质高的产品。绿色产品认证分全项认证和分项认证。绿色产品认证标志如图 9-16 所示。

2. 食品农产品认证

食品农产品认证包括无公害农产品认证、绿色食品认证、有机农产品认证以及农产品地理标志。

（1）无公害农产品认证。无公害农产品认证是为保障农产品生产和消费安全而实施的政府质量安全担保制度，属于政府行为、公益性事业，不收取任何费用。无公害农产品的质量要求低于绿色食品和有机食品。无公害农产品认证采取产地认定与产品认证相结合的方式，具有公益性、普遍性、公正性、专业性特点。无公害产品认证标志如图 9-17 所示。

图 9-16 绿色产品认证标志示意图

图 9-17 无公害产品认证标志示意图

（2）绿色食品认证。绿色食品认证是指认证机构依据《绿色食品标志管理办法》对产自优良生态环境，按照绿色食品标准生产，实行全程质量控制的安全、优质食用农产品及相关产品进行合格评定的活动。

绿色食品分 A 级和 AA 级。绿色食品认证标志如图 9-18 所示。

图 9-18　绿色食品认证标志示意图

（3）有机产品认证。有机产品认证是指认证机构依照《有机产品认证管理办法》的规定，按照有机产品认证规则，对在生产、加工和销售过程符合中国有机产品国家标准的供人类消费、动物食用的产品进行合格评定的活动。

我国相关标准规定，有机产品在生产过程绝对禁止使用人工合成的农药、化肥、饲料添加剂、色素等化学物质，采用对环境无害的方式生产，并在销售过程中受专业认证机构全程监控的真正纯天然、高质量的产品。

为确保有机产品实现可追溯，国家认证认可监督管理部门要求认证机构必须按照统一的编号规则对每枚认证标志进行唯一编号，即有机码。有机认证标志的有机码需要报送“中国食品农产品认证信息系统”（网址 http//food. cnca. cn），任何个人都可在该网站上查到任何一枚有机产品认证标志对应的有机产品名称、认证证书编号、获证企业等信息。有机产品认证标志如图 9-19 所示。

（4）农产品地理标志。农产品地理标志是指标示农产品来源于特定地域，产品品质和相关特征主要取决于自然生态环境和历史人文因素，并以地域名称冠名的特有农产品标志。农业农村部负责全国农产品地理标志的登记工作，农业农村部农产品质量安全中心负责农产品地理标志登记的审查和专家评审工作。省级人民政府农业行政主管部门负责本行政区域内农产品地理标志登记申请的受理和初审工作。农业农村部设立的农产品地理标志登记专家评审委员会负责专家评审。农产品地理认证标志如图 9-20 所示。

图 9-19　有机产品认证标志示意图

图 9-20　农产品地理认证标志示意图

三、服务认证

（一）服务认证的概念

服务认证是由服务认证机构证明服务提供者的服务及管理符合相关要求的合格评定活动。服务认证是市场经济条件下，加强服务业质量管理，提高市场效率的基础性制度，其本质属性是“传递信任、服务发展”，具有市场化和国际化的典型特征。服务认证机构应满足我国相关认证认可的法律法规，以及 GB/T 27065—2015《合格评定 产品、过程和服务认证机构要求》等标准、规范和文件。

随着我国进入高质量发展阶段，服务认证应用日益广泛，覆盖了国民经济和社会生活的各个领域，不仅成为国家质量基础的重要支柱，同时助力我国服务业迈向新的高度。国民经济行业分类标准 GB/T 7635. 2 中几乎所有的服务领域都可以开展服务认证。

（二）常见的服务认证

在社会各个领域，商品售后、金融服务、养老服务、信息安全、验光配镜、绿色低碳、航空服务、数字化赋能等领域服务认证开展得较为活跃。

下面着重说明在社会生活中常见的几种服务认证。

1. 商品售后服务认证

商品售后服务认证是我国批准的第一个全国性全行业服务认证。从 2012 年正式依据 GB/T 27922—2011《商品售后服务评价体系》开展商品售后服务评价体系的认证工作。它是我国目前发放认证证书最多、服务最广的服务认证项目。

进入互联网时代以来，互联网商业业态对商品售后服务提出新需求，基于《良好售后服务要求（有形商品）》标准的良好售后服务认证应运而生。它重点关注消费者最关心的体验感知内容，有效促进商品售后服务品质和服务效率的提升。

2. 养老服务认证

养老服务认证通过鼓励养老机构、社区养老驿站、老年人服务中心等向社会和市场提供多样化、高水平服务选择，更好地满足老年群体多层次、多样化的服务需求。根据服务功能不同，养老服务机构可划分为兜底型、普惠型和多样化，为消费者选择个性化养老服务项目提供公正的辨别依据。

3. 验光配镜服务认证

验光配镜服务认证以消费者体验感知为核心，通过对服务特性深度挖掘，促进验光配镜机构提高服务质量，提升市场竞争力。同时，围绕消费者多元化服务需求，引导消费者选择更加适合的验光配镜机构。

4. 工业控制服务认证（企业信息化赋能服务认证）

工业自动化控制企业通过服务认证，对售后服务体系进行系统诊断和评价，可以帮助企业识别优势和不足，促进服务流程高效运转，提升售后服务能力，保障工业企业自动化控制系统持续有效运行，极大提升系统的可靠性、稳定性、可用性水平。

四、质量管理体系认证

质量管理体系认证是根据国际标准化组织（ISO）颁布的 ISO 9000 族质量管理体系国际标准，经过认证机构对企业的质量管理体系进行审核，并以颁发认证证书的形式证明企业的质量管理体系和质量保证能力符合相应要求，授予合格证书并予以注册的全部活动。

（一）质量管理体系认证机构

根据我国的法律法规，在国内从事质量管理体系认证的机构必须取得国家相关部门批准、取得从事质量管理体系认证的资质。

1. 质量管理体系认证规则对认证机构的基本要求

（1）认证机构的认证能力、内部管理和工作体系符合 GB/T 27021/ISO/IEC 17021-1《合格评定管理体系审核认证机构要求》。

（2）认证机构应建立内部制约、监督和责任机制，实现培训（包括相关增值服务）、审核和做出认证决定等工作环节相互分开，符合认证的公正性要求。

（3）鼓励认证机构通过国家相关部门确定的认可机构的认可，证明其认证能力、内部管理和工作体系符合 GB/T 27021/ISO/IEC 17021-1《合格评定管理体系审核认证机构要求》。

（4）认证机构不得将申请认证的组织是否获得认证与参与认证审核的审核员及其他人员的薪酬挂钩。

2. 国家资格认可

中国合格评定国家认可委员会（CNAS）统一负责质量管理体系认证国家资格认可和获准认可后的日常监督。经认可的认证机构的运作应满足下述规定：

（1）认证机构运作所遵循的原则和方针以及内部管理应具有公正性，并以公正的方式实施管理。

（2）认证机构的服务应向所有的申请人开放，不应附加过分的财务或其他条件。

（3）对申请人的质量管理体系进行评定所遵循的准则，应是质量管理体系标准或是与其职能有关的引用文件所给出的要求。

（4）认证机构应在拟认证的范围内规定其认证要求，进行评定并做出认证的决定。

（二）质量管理体系认证程序

质量管理体系认证是通过第三方审核活动完成的。所谓第三方审核，是由外部独立的审核组织（如：质量管理体系认证机构）为获得客观证据并对其进行客观评价，以确定满足审核准则的程度所进行的系统的、独立的并形成文件的过程。其内容包括：审核质量管理体系文件及各要素的活动是否符合所选定的标准模式要求；审核质量管理体系文件中的各项规定是否得到有效贯彻并适合于达到质量管理标准。

质量管理体系认证的实施程序如图 9-21 所示。

（三）质量管理体系的认证证书和认证标志

1. 认证证书

认证机构向获准认证通过的企业颁发质量管理体系认证证书。认证证书应至少包含以下信息：

（1）获证组织名称、地址和统一社会信用代码（或组织机构代码）。该信息应与其法律地位证明文件的信息一致。

（2）质量管理体系覆盖的生产经营或服务的地址和业务范围。若认证的质量管理体系覆盖多场所，表述覆盖的相关场所的名称和地址信息。

（3）质量管理体系符合 GB/T 19001/ISO 9001 标准的表述。

（4）证书编号。

（5）认证机构名称。

（6）有效期的起止年月日。

证书应注明：获证组织必须定期接受监督审核并经审核合格此证书方继续有效的提示信息。

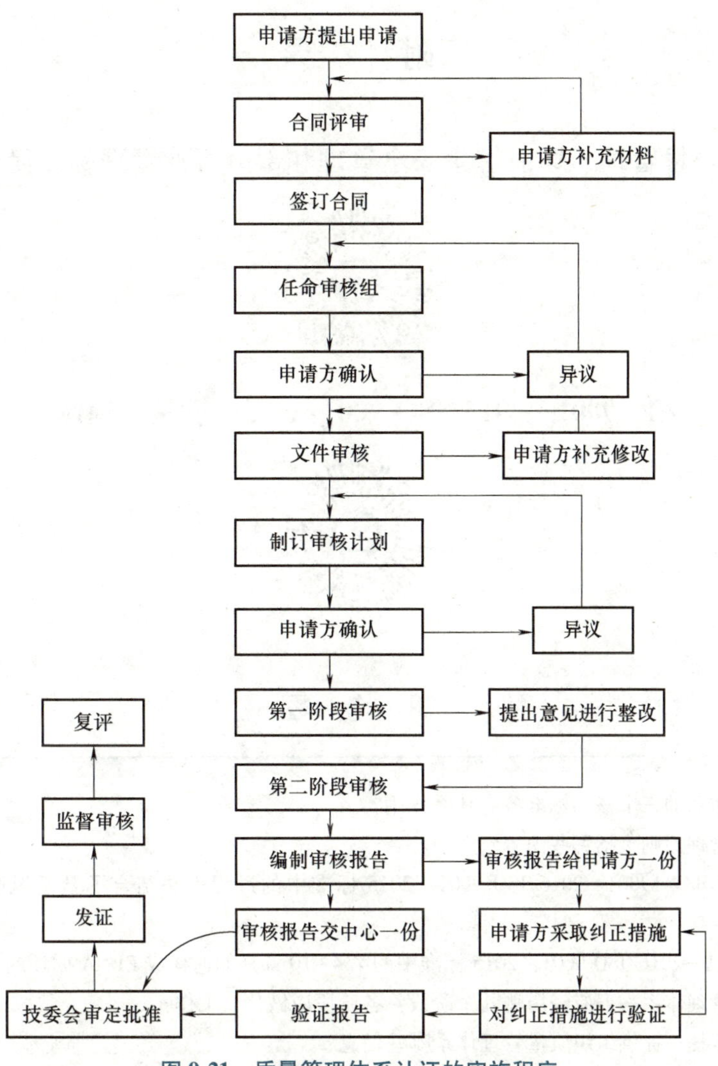

图 9-21 质量管理体系认证的实施程序

（7）相关的认可标识及认可注册号（适用时）。

（8）证书查询方式。认证机构除公布认证证书在本机构网站上的查询方式外，还应当在证书上注明“本证书信息可在国家认证认可监督管理委员会官方网站（www.cnca.gov.cn）上查询”，以便于社会监督。

初次认证的认证证书有效期最长为 3 年。再认证的认证证书有效期不超过最近一次有效认证证书截止期再加 3 年。

认证机构应当建立证书信息披露制度。除向申请组织、认证监管部门等执法监管部门提供认证证书信息外，还应当根据社会相关方的请求向其提供证书信息，接受社会监督。

2. 认证标志

认证机构向获准认证通过的企业颁发带有认证机构专有标志的体系认证标志。企业可以利用其做广告宣传，表明本企业所具有的质量信誉，但不得张贴在产品上，也不得以任何可能误认为产品合格的方式使用。

附　录

附录 A　环境管理、职业健康安全管理和部分行业管理标准简介

附录 B　GB/T 19001—2016/ISO 9001:2015《质量管理体系　要求》的框架

思　考　题

1. 质量管理体系的三个核心标准各有什么作用？
2. 七项质量管理原则包括哪些内容？
3. 如何理解 GB/T 19001—2016/ISO 9001：2015 标准中的过程方法结合了基于风险的思维和 PDCA 循环？
4. GB/T 19001—2016/ISO 9001：2015 标准中的第 4~10 章是如何构成 PDCA 循环的？
5. 建立质量管理体系一般应经历哪几个阶段？各阶段应做什么工作？
6. 通过内部审核，提供组织质量管理体系哪些信息？
7. 管理评审的输入和输出有哪些？
8. 何谓质量管理体系认证？
9. 何谓强制性产品认证？

作　业　题

一、单项选择题

1.（　　）来源于人员认识到自身的职责，以及他们的行为如何有助于实现组织的目标。

A. 能力　　B. 责任　　C. 意识　　D. 沟通

2. 下列（　　）属于第三方审核。

A. 顾客进行的审核　　B. 总公司对其下属公司组织的审核

C. 认证机构进行的审核　　D. 对协作厂进行的审核

3. “基于数据和信息的分析和评价的决策，更有可能产生期望的结果”是质量管理原则中的（　　）原则。

A. 循证决策　　B. 关系管理　　C. 领导作用　　D. 改进

4. 组织的产品和服务质量取决于满足顾客的能力，以及对有关相关方的（　　）的影响。

A. 致命　　B. 有意和无意　　C. 轻微　　D. 严重

二、多项选择题

1. 质量管理体系标准族的核心标准包括（　　）。

A. GB/T 19023 质量管理体系文件指南　　B. GB/T 19000 质量管理体系　基础和术语

C. GB/T 19011 管理体系审核指南　　D. GB/T 19001 质量管理体系　要求

E. GB/T 19004 追求组织的持续成功　质量管理方法

2. 组织的宗旨可被表达为其包括（　　）。

A. 愿景　　B. 使命　　C. 方针　　D. 目标　　E. 计划

3. 实施质量管理体系的潜在收益为（　　）。

A. 获得质量管理体系认证

B. 应对与组织环境和目标相关的风险和机遇

C. 证实符合规定的质量管理体系要求的能力

D. 促成增强顾客满意的机会

E. 稳定提供满足顾客要求以及适用的法律法规要求的产品和服务的能力

4. GB/T 19001—2016/ISO 9001：2015 标准对质量管理体系的总体要求包括（　　）。

A. 符合性　　B. 实施性　　C. 改进性　　D. 保持性　　E. 文件化

5. GB/T 19001—2016/ISO 9001：2015 标准的用途有（　　）。

A. 用于组织的质量管理　　B. 用于第二方评定和注册

C. 用于第三方质量管理体系认证和注册　　D. 用于合同引用情况

E. 用于法规引用的情况

6. 管理评审是为了确保质量管理体系的（　　）。

A. 适宜性　　B. 充分性　　C. 拓展性　　D. 灵活性　　E. 有效性

第十章

六西格玛管理

本章要点

- 六西格玛管理概述；
- 六西格玛管理常用的度量指标；
- 六西格玛方法论；
- 六西格玛管理的组织与实施；
- 六西格玛管理实施案例。

六西格玛管理作为一项高水平的统计质量改进技术，诞生于20世纪80年代中期的摩托罗拉（Motorola）公司。它最初被用来解决制造过程中的质量问题，例如，降低产品的质量缺陷，减少生产过程中的返工返修，以及顾客担保与赔偿等问题。经过几十年的发展，这项管理技术逐步成熟，形成了一套独具特色的、科学严谨的方法论和管理模式。而其应用领域也已突破了传统的生产制造过程质量改进的范畴，成为帮助企业改进质量、降低成本和缩短生产周期，从而提升企业竞争力的过程绩效改进的管理模式。许多企业将其作为一项管理变革或发展战略而加以引进和采用。例如，通用电气（GE）公司曾将六西格玛管理作为其四大发展战略之一，并称之为是GE公司最重要的发展举措，而六西格玛管理也为GE公司带来了巨大收益。企业通过实施六西格玛管理，极大地促进了生产力的提升。统计资料表明，实施六西格玛管理可以有效地提升顾客满意程度；促进市场份额的增加；突破性地降低成本和缩短生产周期；加快新产品和服务的开发；改善投资回报。

第一节　六西格玛管理概述

一、西格玛水平的含义

西格玛（Sigma）是希腊字母“σ”的读音，“σ”在统计学上用来表示数据的分散程度。对连续可计量的质量特性，用“σ”度量质量特性的分散程度。而σ水平（或西格玛水平）是将质量特性的平均值、标准差与要求的目标值、允许波动的范围联系起来并进行比较。其中，质量特性的目标值为顾客要求的理想值，允许波动范围是指顾客允许的质量特性的波动范围，其界限由上、下规格限表示。直观地说，σ 水平就是当过程输出质量特性服从正态分布且分布中心与目标值重合时，规格界限内所包含的 $2\sigma(\pm\sigma)$ 的个数。如图 10-1 所示，σ 越小，即过程质量特性的分布越集中于目标值，则 σ 水平越高，此时过程输出质量特性落到上、下规格限以外的概率就越小。这就意味着出现缺陷（本节所提到的缺陷是工程用语，是指未满足顾客要求或规定要求，并不是指与产品责任有关的法律用语）的可能性越小（σ 水平的详细计算方法见本章第二节六西格玛管理常用的度量指标）。

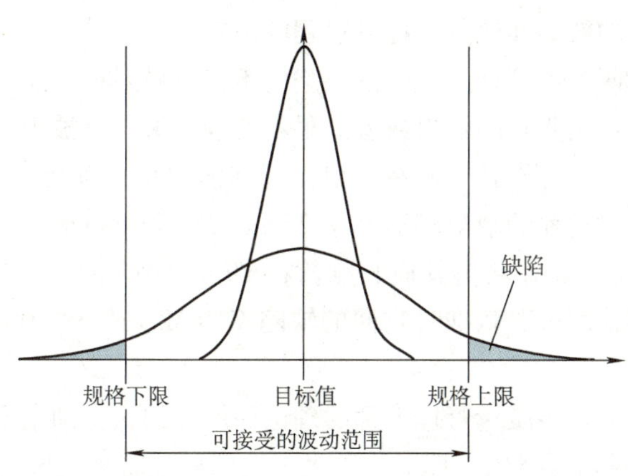

图 10-1　质量特性的波动与顾客可接受范围示意图

由图 10-1 可知，σ 越小，过程满足顾客要求的能力就越强。实际上，过程输出质量特性的分布中心与目标值完全重合只是理想状态。一些质量专家的研究结果表明，在一般情况下，过程平均值与目标值存在的偏移量（也称为“漂移”）不超过$\pm1.5\sigma$，偏移可引起过程输出缺陷率的增大。表 10-1 表示的是在无偏移和考虑了$\pm1.5\sigma$ 偏移的情况下，各个 σ 水平下的缺陷率。

表 10-1　不同 σ 水平下的缺陷率

σ 水平	缺陷率/ppm	
	无偏移	1.5σ 偏移
1	317 400	697 700
2	45 400	308 733
3	2 700	66 803
4	63	6 210
5	0.57	233
6	0.002	3.4

事实上，σ 水平提供了一种测量评价过程绩效的指标，它衡量的是过程输出缺陷率的大小。σ 水平与缺陷率之间是一一对应的。

也就是说，一个过程如果达到了 6σ 水平，那么它的缺陷率仅为 3.4ppm，即百万分之三点四左右。一个 3σ 水平的过程，其产生的缺陷是 6σ 水平的 19 600 倍。过程的缺陷率越低，σ 水平越高。

二、六西格玛管理的意义

六西格玛管理是关于降低过程缺陷的。在六西格玛管理看来，正是过程中存在这样或那样的缺陷，导致了过程效率低下，成本增加，周期延长，从而导致了顾客不满意。而降低缺陷可以有效地提升过程的效率和效益，提升过程的绩效。

需要指出的是，六西格玛管理所关注的缺陷已不仅仅局限在产品的质量缺陷上。任何过程，包括管理活动在内，只要它的输出或者结果不符合要求，就被视为缺陷。比如，顾客要求产品的交付期不超过 5 个工作日。而在交付给顾客的 100 批订货中，有 25 批超过了顾客要求的交付期，则该交付过程的缺陷率达到了 25%或者 250 000ppm，其 σ 水平为 2.15σ 左右（见表 10-2）。又比如，企业希望其应收账款在 10 个工作日内收回，而目前只有 42%的应收账款能够准时收回，那么账款准时收回的缺陷率为 58%或 580 000ppm，其 σ 水平仅为 1.3σ（见表 10-2）。

六西格玛管理是依据众多质量管理大师的理论而展开的，特别是质量管理大师戴明等人提出的“波动理论”，对六西格玛管理影响重大。按照质量管理大师们的观点，波动是客观存在的，它存在于任何事物中。世界上没有任何两个实体具有相同的测量结果。波动可以是非常小的，以至于使人无法感觉到它的存在；波动也可以是很大的。如果过程的波动较大，超过了其允许的范围，则会产生缺陷。可以这样说，出现缺陷的直接原因是过程输出的波动太大了。那么，过程波动又来自哪里呢？任何事物都是某些过程的结果或者输出，而输出的波动来源于过程的输入和过程本身。

戴明提出了过程输入、输出以及表征它们的闭环关系的 SIPOC 模型，即任何过程都是由供方（S-Supplier）—输入（I-Input）—过程（P-Process）—输出（O-Output）—顾客（C-Customer）等要素构成的。而 SIPOC 的闭环关系告诉人们：过程输出（O）的任何改变都将依赖于一个或多个供方、输入或过程活动（SIP）的改变；如果所有 SIP 是稳定的，则 O 将是稳定的；改变 O 则意味着 SIP 必须发生改变；如果 O 与 SIP 之间的关系违背了上述规律，则表明该过程是不完备的，即 SIP 或 O 中有遗漏的因素，这同时也表明，该过程存在改进机会以及提升组织对过程认知程度的机会。过程在 SIP 和 O 之间的闭环关系，提供了确定过程输入、输出间的相关性以及可能的因果关系的方法。

按照戴明的理论，如果过程输出的波动相对于顾客要求来说过大了，产生缺陷了，那么一定是 SIP 存在不完善之处。因此，可以这样说，过程的波动在某种限度上反映了企业在技术和管理上对过程的把握和控制能力，是过程能力的一种表现。因此，可以通过度量过程波动的大小，反映一个组织对过程的掌控能力。而西格玛水平恰恰表达的是相对于顾客要求来说过程波动的大小，是企业技术水平和管理能力的一种表达。

“没有测量就没有管理”，测量得出“缺陷”则是消灭“缺陷”的前提。只要建立起过程输出应达到的标准，那么按照这样的标准去衡量就一定会发现，在过程中有许多达不到标准的“缺陷”存在，而这些缺陷恰恰是过程改进的机会所在。在六西格玛看来，识别出缺陷是改进的前提，只有测量得出缺陷，才能谈得上消灭缺陷。当人们从质量、成本、周期、顾客满意等方面测量出过程的缺陷所在，那么随着围绕降低这些缺陷的改进活动的开展，随着这些缺陷的持续降低，经营绩效必然会持续增长。

六西格玛管理是通过对过程持续的突破性改进，不断提高顾客的满意程度，并持续地降低成本来提升组织的盈利能力和竞争力水平。之所以将这种管理方法命名为“六西格玛管理”，其目的是要体现其核心理念，即以“最高的质量、最快的速度、最低的价格”向顾客或市场提供产品和服务。正像六西格玛管理专家罗纳德·斯尼（Ronald Snee）指出的那样，六西格玛管理是“寻求同时增加顾客满意和企业经济增长的经营战略途径”。而另一位六西格玛管理专家汤姆·皮兹得克（Tom Pyzdek）则指出：“六西格玛管理是一种全新的管理企业的方式。六西格玛主要不是技术举措，而是管理举措。”

三、六西格玛管理的基本原则

1. 关注顾客

六西格玛管理强调关注顾客。按照六西格玛管理的原则，过程业绩的测量应从顾客开始，通过对顾客之声（VOC）的调查和分析，以及质量功能的展开（QFD），将顾客要求转化为过程的关键质量（CTQ），并通过 SIPOC 模型分析，来确定六西格玛项目。

2. 依据事实管理

六西格玛管理从识别影响经营业绩的关键指标开始，收集数据并分析关键变量，可以更加有效地发现、分析和解决问题。改进一个流程所需要的所有信息都包含在各种数据中，六西格玛管理强调使用支持决策的相关数据并用它们来指导决策过程。

3. 关注过程

六西格玛管理强调，任何工作或活动都可以视作过程，包括经营管理活动在内。无论把重点放在产品和服务的设计、业绩的测量、效率和顾客满意度的提高上，还是把重点放在业务经营上，六西格玛管理都把过程视为成功的关键载体。六西格玛活动的最显著突破之一是使得最高管理者确信“过程是构建向顾客传递价值的途径”。

4. 主动性的管理

六西格玛管理主张在问题发生之前采取积极措施防止问题的发生，而不是“事后救火”式的处理和被动应付。在六西格玛管理中，主动性的管理意味着制定明确的目标并经常进行评审，设定明确的优先次序，重视问题的预防而非事后补救，探求做事的理由而不是因为惯例就盲目地遵循。六西格玛管理综合利用各种工具和方法，以动态的、积极的、预防性的管理风格取代了被动应付的管理习惯。

5. 无边界合作

推行六西格玛管理，需要加强自上而下、自下而上和跨部门的团队工作，改善组织内部的协作，并与供应商和顾客密切合作，达到共同为顾客创造价值的目的。这就要求组织打破部门间的界限，甚至组织间的界限，实现无边界合作。

6. 追求完美，容忍失败

组织不断追求卓越的业绩并在运营中全力实践，但在追求完美的过程中，难免会遇到失败，这就要求组织有鼓励创新、容忍失败的文化氛围。通用电气的成功和安然公司的破产，其主要原因之一就是，通用电气在追求完美的同时能够容忍失败；而安然公司盛行“只许成功，不许失败”的企业文化，导致员工掩饰错误的情形普遍存在。

四、六西格玛管理给企业带来的益处

成功企业的经验表明，实施六西格玛管理将给企业带来以下益处：①降低成本；②提高生产力；③增加市场份额；④留住顾客；⑤缩短生产经营周期；⑥减少错误；⑦完善企业文化；⑧改进产品或服务。

五、六西格玛与精益的融合

六西格玛管理和精益管理的核心都是通过持续过程改进为顾客创造价值，都是通过提升质量效益使企业获得较强的竞争力的管理途径。六西格玛管理的出发点是减少缺陷和变异；精益管理的核心是消除浪费，缺陷造成浪费，消除缺陷也是精益管理的内容。两者管理目标一致，工具方法互补，管理模式可相互借鉴，使得六西格玛和精益的结合成为必然。

具体来说，六西格玛管理以严谨的方法论为特征，该方法论提供了非常好的解决问题的框架。它从顾客需求出发，以过程的测量及其数据的统计分析为基础，通过一系列结构化的方法，达到减小过程变异提高过程能力的目的；精益管理在消除浪费、优化流程、加快流转、准时化生产方面形成了其特有的工具和技术，比如，连续流/单件流生产、均衡化、单元化、看板管理、拉动式生产等。不论是减小变异还是消除浪费，都是为顾客创造价值，也是企业提高质量、降低成本、提高效率所关注的重要问题。它们都在持续过程改进的范畴内，因此，两种方法既有很强的融合需求，也有很强的互补的可能性。显然，对许多浪费源的识别和改进来说，只有统计分析工具和改进方法是不够的；同样，如果没有适当的统计分析方法，对变异引起的缺陷等浪费的分析和改进也很难有所突破。

六西格玛管理与精益管理融合所形成的精益六西格玛在改进质量、降低成本、缩短周期方面显现出更强的生命力。从方法论的角度来说，精益六西格玛保留了六西格玛方法论的框架（如 DMAIC 五步法），并将相应的精益工具纳入六西格玛方法论各阶段的工具包中。该方法论强化了顾客价值的识别和问题的界定过程，使得更多的质量效益提升的问题可以纳入该结构化的方法中，并且根据问题的不同类型嵌入适当的六西格玛工具或精益工具，使得提高质量和效率有了更全面、更适宜、更好的架构和工具方法。

近些年来，精益六西格玛管理方法为越来越多的企业所采用，成为六西格玛管理的发展趋势。

第二节　六西格玛管理常用的度量指标

六西格玛管理是在组织业绩度量的基础上开展起来的。六西格玛管理中的度量对象和度量方法不同于传统的做法，其中有若干种用于业绩度量的指标，本节将介绍一些常用的指标。

在六西格玛管理的业绩度量中，常用的术语如下：

（1）关键质量特性（Critical to Quality，CTQ）。关键质量特性是指满足顾客要求或过程要求的关键的产品、服务或过程特性。

（2）规范上限和规范下限（USL/LSL）。规范上限和规范下限分别是指顾客可接受的产品、服务或过程特性的最大值和最小值。

（3）目标值（Target）。目标值是指从顾客的角度出发，关键质量特性应达到的理想值。

（4）缺陷（Defect）。缺陷是指未满足顾客要求或规定要求的任何事件。

（5）单位（Unit）。单位是指对其计数缺陷的物和事，如一件产品、一份打印文件、一次电话服务等。

（6）缺陷机会数（Opportunity）。缺陷机会数是指可能产生缺陷之处的数量。例如，一块线路板上有 100 个焊点就有 100 个缺陷机会数，一份表格上有 10 个需要填写的栏目就有 10 个缺陷机会数。

一、DPMO 的意义与统计方法

DPMO 即百万机会缺陷数，它是英文 Defects Per Million Opportunity 的缩写。在统计和计算 DPMO 时，先要明确什么是缺陷以及什么是缺陷机会。正如前面所阐述的那样，缺陷是指产品或服务或输出没有达到顾客要求或超出规格规定。缺陷机会是指产品或服务或输出可能出现缺陷之处。

如果统计出了过程输出的缺陷数和缺陷机会数，就可以计算机会缺陷率 DPO（Defects Per Opportunity），即每个样本量中缺陷数占全部机会数的比例。其计算公式为

$$\text{DPO}=\frac{\text{缺陷数}}{\text{产品数}\times\text{机会数}} \tag{10-1}$$

【例 10-1】 顾客对某汽车换向器零件有 5 项关键要求。在生产出的 200 个换向器零件中，发现了 21 个缺陷。则

$$\text{DPO}=\frac{21}{200\times5}=0.002\ 1=0.21\%$$

DPMO 是 DPO 以百万机会的缺陷数表示，即 $\text{DPMO}=\text{DPO}\times10^6$，其单位为 ppm。其计算公式为

$$\text{DPMO}=\frac{\text{缺陷数}}{\text{产品数}\times\text{机会数}}\times10^6 \tag{10-2}$$

在例 10-1 中，DPMO=2 100ppm。

在六西格玛管理中，常常将 DPMO 折算为 σ 水平 Z。DPMO 对应于过程输出质量特性超出规格限的比率，可以通过对如图 10-2 所示的正态分布中规格限外的部分求积分而获得。此时，标准正态分布中的分位数点 Z，就是过程的 σ 水平。但六西格玛管理中常用的 Z 换算表是计有 $\pm1.5\sigma$ 漂移的，此时的西格玛水平换算表如表 10-2 所示。在例 10-1中，DPMO=2 100ppm 可以通过查表 10-2 得出，此时该生产过程的 σ 水平 Z 为 4.35σ 左右。

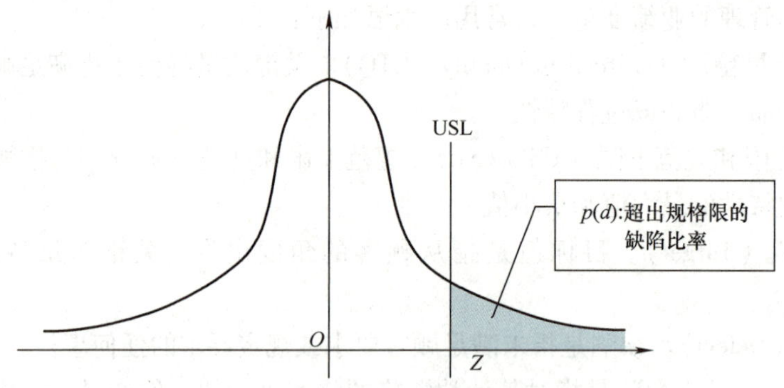

图 10-2 概率分布与 Z 的对应关系

表 10-2 西格玛水平换算表

西格玛水平（σ）	缺陷率/ppm	西格玛水平（σ）	缺陷率/ppm	西格玛水平（σ）	缺陷率/ppm
0. 00	933 193	1. 00	691 462	2. 00	308 537
0. 05	926 471	1. 05	673 645	2. 05	291 160
0. 10	919 243	1. 10	655 422	2. 10	274 253
0. 15	911 492	1. 15	636 831	2. 15	257 846
0. 20	903 199	1. 20	617 911	2. 20	241 964
0. 25	894 350	1. 25	598 706	2. 25	226 627
0. 30	884 930	1. 30	579 260	2. 30	211 856
0. 35	874 928	1. 35	559 618	2. 35	197 663
0. 40	864 334	1. 40	539 828	2. 40	184 060
0. 45	853 141	1. 45	519 939	2. 45	171 056
0. 50	841 345	1. 50	500 000	2. 50	158 655
0. 55	828 944	1. 55	480 061	2. 55	146 859
0. 60	815 940	1. 60	460 172	2. 60	135 666
0. 65	802 338	1. 65	440 382	2. 65	125 072
0. 70	788 145	1. 70	420 740	2. 70	115070
0. 75	773 373	1. 75	401 294	2. 75	105 650
0. 80	758 036	1. 80	382 088	2. 80	96 800
0. 85	742 154	1. 85	363 169	2. 85	88 508
0. 90	725 747	1. 90	344 578	2. 90	80 757
0. 95	708 840	1. 95	326 355	2. 95	73 529

（续）

西格玛水平（σ）	缺陷率/ppm	西格玛水平（σ）	缺陷率/ppm	西格玛水平（σ）	缺陷率/ppm
3.00	66 807	4.05	5 386	5.10	159
3.05	60 571	4.10	4 661	5.15	131
3.10	54 799	4.15	4 024	5.20	108
3.15	49 471	4.20	3 467	5.25	89
3.20	44 565	4.25	2 980	5.30	72
3.25	40 059	4.30	2 555	5.35	59
3.30	35 930	4.35	2 186	5.40	48
3.35	32 157	4.40	1 866	5.45	39
3.40	28 717	4.45	1 589	5.50	32
3.45	25 588	4.50	1 350	5.55	26
3.50	22 750	4.55	1 144	5.60	21
3.55	20 182	4.60	968	5.65	17
3.60	17 865	4.65	816	5.70	13
3.65	15 778	4.70	687	5.75	11
3.70	13 904	4.75	577	5.80	9
3.75	12 225	4.80	483	5.85	7
3.80	10 724	4.85	404	5.90	5
3.85	9 387	4.90	337	5.95	4
3.90	8 198	4.95	280	6.00	3.4
3.95	7 143	5.00	233		
4.00	6 210	5.05	193		

注：本表考虑了±1.5σ 偏移。

DPMO 可以用来综合度量过程的质量。例如，某产品部件是由若干零件组成的，每一种零件都有不同的要求，因此，它们在生产过程中各自的缺陷机会也不同。但是，不管是哪种零件，都可以统计其出现缺陷的数量和缺陷机会的数量，然后用总的缺陷数量除以总机会数，就可以得到 DPMO。用 DPMO 可以比较不同的产品符合要求的程度，以及其实现的过程能力。

二、DPU 的意义与统计方法

DPU 即单位缺陷数，是指平均每个单位上的缺陷数，是过程输出的缺陷数与该过程输出的单位数的比值。只要统计出了缺陷数和单位数，就可以通过式（10-3）计算 DPU。

$$\mathrm{DPU}=\frac{D}{U} \tag{10-3}$$

在许多情况下，人们可以统计得到过程输出的缺陷数，但无法统计出缺陷机会数，或者说只能得到一些计点型数据。例如，在 100 个登记表中，有 5 个填写错误之处。这时计算该流程的 DPU 则比较方便。根据式（10-3），可以得到该流程的 DPU 为 0.05。

可以根据统计得到的 DPU 换算出流程的 σ 水平或 Z 值。其换算过程如下：

由泊松分布可得到

$$Y=P(x=0)=\frac{e^{-\lambda}\lambda^{x}}{x!}=e^{-\lambda}=e^{-DPU} \tag{10-4}$$

$$p(d)=1-Y=1-e^{-DPU}$$

式中 Y——流程的一次合格率；

$p(d)$——缺陷率。

在计算得到 $p(d)$ 后，可通过查西格玛水平换算表（见表 10-2）找到对应的 Z，即为其对应的 σ 水平。

【例 10-2】 某公司在开单据的过程中，1 个月中共开出 1 000 张。每张各有 10 处需要填写的栏目。其中，共有 105 处填写错误。请计算该过程的 DPU σ 水平 Z。

（1）计算该过程的 DPU

$$DPU=\frac{D}{U}=\frac{105}{1\ 000}=0.105$$

（2）计算该过程的 σ 水平 Z

由式（10-4）可得出

$$Y=e^{-DPU}=e^{-0.105}=90\%$$

$$p(d)=1-e^{-0.105}=10\%$$

由 $p(d)=10\%$ 或 DPMO=100 000 查西格玛水平换算表 10-2，可以得到 $Z=2.80$。

三、RTY 的意义与统计方法

RTY 即流通合格率，是英文 Rolled Throughput Yield 的缩写。它描述的是由一系列过程所构成的大过程的一次提交合格率。构成过程链的每个子过程的一次合格率记为 FTY，则各个子过程的 FTY 的乘积，就是由这些子过程串联构成的大过程的 RTY，可以用式（10-5）表示

$$RTY=FTY_1\times FTY_2\times FTY_3\times\cdots\times FTY_n \tag{10-5}$$

【例 10-3】 某产品的生产过程有四个关键环节：首先是原材料的采购，进货合格率为 95.5%；其次是粗加工，一次合格率为 97%；再次是精加工，一次合格率为 95%；最后是装配调试，一次合格率为 94.4%。则该过程的流通合格率为

$$\begin{aligned}RTY&=FTY_1\times FTY_2\times FTY_3\times FTY_4\\&=95.5\%\times97\%\times95\%\times94.4\%=83.08\%\end{aligned}$$

用 FTY 或 RTY 测量，可以揭示过程由于不能一次达到顾客要求而造成的报废和返工返修以及由此而产生的质量、成本和生产周期的损失。这与通常采用的产出率的度量方法是不尽相同的。在很多企业中，只要产品没有报废，在产出率上就不计损失，因此掩盖了由于过程输出没有一次达到要求而造成的返修成本的增加和生产周期的延误。流通合格率是一种能够找出隐蔽工厂的“地点和数量”的测量方法。

【例 10-4】 某企业根据市场需求推出了一种新牌号的密封材料。这种新材料可以替代进口产品，而且价格较低。但是，在该材料的生产过程中，出现了该产品的产能不能满足市

场要求的情况，严重影响了产品的交付承诺，造成了顾客的抱怨。该生产过程的构成以及各个环节的一次合格率 FTY 如图 10-3 所示，而统计计算该生产过程的 RTY 将会对揭示产生该问题的主要环节和改进机会有所帮助。

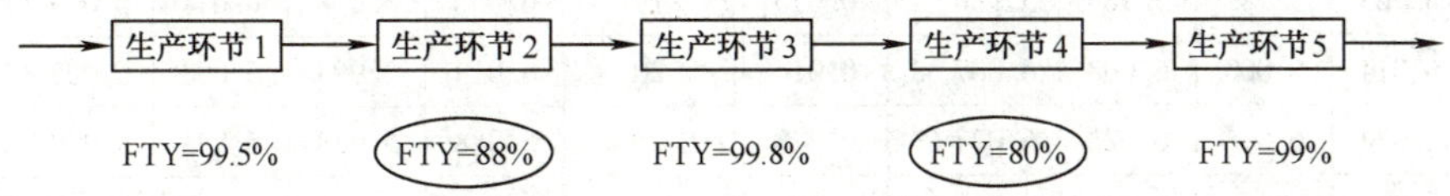

图 10-3　产品的主要生产过程及其 FTY

图 10-3 所示过程的流通合格率（RTY）很低，只有 69. 2%。显然，“隐蔽工厂”消耗了大量的时间和成本。通过提高各个子过程的 FTY，消灭“隐蔽工厂”，则会明显地提高该产品的产出率。同时，从 RTY 的统计计算过程可以看出，该材料生产过程的瓶颈是生产环节 2 和生产环节 4，而要提高整个生产过程的产出率，应重点从这两个环节入手。

四、西格玛水平 Z 与过程能力指数 C_p/C_{pk}

在许多情况下，可以直接通过测量和统计过程输出的平均值 μ 和标准差 σ，来计算过程的 σ 水平。通常有以下一些计算方式：

（1）仅有单侧上规格限时

$$Z=\frac{\mathrm{USL}-\mu}{\sigma} \tag{10-6}$$

（2）仅有单侧下规格限时

$$Z=\frac{\mu-\mathrm{LSL}}{\sigma} \tag{10-7}$$

（3）有双侧规格限时

$$Z_{\mathrm{USL}}=\frac{\mathrm{USL}-\mu}{\sigma} \qquad Z_{\mathrm{LSL}}=\frac{\mu-\mathrm{LSL}}{\sigma} \tag{10-8}$$

此时，双侧规格限下综合的 σ 水平 Z_{bench} 还需通过总缺陷率进行折算。

【例 10-5】　某机械产品的关键加工尺寸要求为 $\Phi=6.00\mathrm{mm}\pm0.02\mathrm{mm}$。为了统计分析该加工过程的过程能力并测算其 σ 水平，项目团队跟踪收集了如表 10-3 所示的数据，试计算其 σ 水平 Z_{USL} 和 Z_{LSL}，以及对应的总缺陷率。

表 10-3　例10-5 的数据表　　（单位：mm）

样本序号	测量值			$\bar{x}$	R	样本序号	测量值			$\bar{x}$	R
	x_1	x_2	x_3				x_1	x_2	x_3		
1	6. 028	6. 003	6. 020	6. 017 00	0. 025	6	6. 022	5. 998	6. 008	6. 009 33	0. 024
2	6. 014	5. 994	6. 008	6. 005 33	0. 020	7	6. 014	5. 991	6. 000	6. 001 67	0. 023
3	6. 002	5. 983	6. 014	5. 999 67	0. 031	8	5. 978	5. 980	5. 994	5. 984 00	0. 016
4	6. 012	5. 982	6. 036	6. 010 00	0. 054	9	6. 012	5. 998	5. 982	5. 997 33	0. 030
5	6. 024	6. 002	6. 008	6. 011 33	0. 022	10	6. 008	6. 002	5. 984	5. 998 00	0. 024

（续）

样本序号	测量值			$\bar{x}$	R	样本序号	测量值			$\bar{x}$	R
	x_1	x_2	x_3				x_1	x_2	x_3		
11	5.968	5.986	5.988	5.980 67	0.020	19	6.032	6.008	6.018	6.019 33	0.024
12	6.014	6.000	6.008	6.007 33	0.014	20	6.014	5.994	6.008	6.005 33	0.020
13	6.034	6.006	6.028	6.022 67	0.028	21	5.988	5.988	5.994	5.990 00	0.006
14	6.002	5.988	6.008	5.999 33	0.020	22	6.000	6.002	6.008	6.003 33	0.008
15	6.012	5.982	6.036	6.010 00	0.054	23	6.036	6.008	6.024	6.022 67	0.028
16	5.990	5.978	5.980	5.982 67	0.012	24	6.010	5.998	6.000	6.002 67	0.012
17	6.016	5.992	6.004	6.004 00	0.024			$\bar{\bar{x}}$		6.003 5	
18	6.014	5.992	5.998	6.001 33	0.022			$\bar{R}$		0.023 375	

（1）计算 Z_{USL} 和 Z_{LSL}。根据式（10-8）可得

$$Z_{\mathrm{USL}}=\frac{\mathrm{USL}-\mu}{\sigma}=\frac{6.02-6.003\ 5}{0.013\ 8}\mathrm{mm}=1.196\mathrm{mm}$$

$$Z_{\mathrm{LSL}}=\frac{\mu-\mathrm{LSL}}{\sigma}=\frac{6.003\ 5-5.98}{0.013\ 8}\mathrm{mm}=1.702\mathrm{mm}$$

（2）计算总缺陷率

$$\mathrm{ppm}_{\mathrm{USL}}=[1-\Phi(Z_{\mathrm{USL}})]\times10^6=0.115\ 070\times10^6=115\ 070$$

$$\mathrm{ppm}_{\mathrm{LSL}}=\Phi(Z_{\mathrm{LSL}})\times10^6=0.044\ 565\times10^6=44\ 565$$

$$\mathrm{ppm}_{\mathrm{total}}=115\ 070+44\ 565=159\ 635$$

可以根据此时过程总的缺陷率查表找到其对应的综合 σ 水平 Z_{bench}。查表 10-2 可以得到该加工过程的 σ 水平仅为 2.50 左右。

σ 水平与过程能力指数 C_p/C_{pk} 在统计方法上有相似之处。以 C_{pk} 为例，比较 C_{pk} 与 Z_{USL} 和 Z_{LSL} 的计算公式［C_{pk} 的计算公式见式（10-9）］。

$$C_{pk}=\frac{\min\{\mathrm{USL}-\mu,\mu-\mathrm{LSL}\}}{3\sigma}=\min\{C_{pU},C_{pL}\} \tag{10-9}$$

简单地说，当不考虑分布中心位置的影响，或者当过程输出均值与规格中心重合时，则 Z 与 C_p 之间存在下述近似关系

$$Z=3C_p \tag{10-10}$$

当考虑过程输出均值相对于规格中心的偏移时，则 Z 与 C_{pk} 之间存在下述近似关系

$$Z=3C_{pk} \tag{10-11}$$

当然，这样的近似是存在一定误差的。当过程波动较大，σ 水平或过程能力较低时，其误差就较大。在考察过程的缺陷率与 σ 水平的对应关系时，建议使用综合 σ 水平 Z_{bench} 的统计计算方法。

在六西格玛管理活动中，大多使用 σ 水平来评价过程能力。应用 σ 水平来评价过程能力的优点是，它与过程的不合格率 $p(d)$ 或 DPMO 是一一对应的。

运用 σ 水平作为过程绩效评价指标的益处是，它为不同的流程提供了统一的绩效评价指标，可以使不同的流程在同一指标下进行对比。表 10-4 给出了一些典型流程绩效的 σ 水

平的统计示例。

表 10-4　单位缺陷数、单位机会缺陷数及百万机会缺陷数示例

职能	产品/服务	单位	缺陷形式	缺陷机会数	发生缺陷数	单位数	单位缺陷数（DPU）	单位机会缺陷数（DPO）	百万机会缺陷数（DPMO）
顾客服务	热线应答	每次电话	五声铃响未应答	1	46	2 000	46/2 000=0.023	46/（2 000×1）=0.023	0.023×10^6
		每次来访	未做圆满答复	1	134	2 000	134/2 000=0.067	134/（2 000×1）=0.067	0.067×10^6
财务	财务报表	每份报表	不及时	1	6	500	6/500=0.012	6/（500×1）=0.012	0.012×10^6
		每个条目	不准确	2	50	5 000	50/5 000=0.01	50/（5 000×2）=0.02	0.02×10^6
餐厅	上菜	每桌	上菜错误	10	45	3 000	45/3 000=0.015	45/（3 000×10）=0.001 5	$0.001\,5\times10^6$
印刷车间	电话簿	每个条目	不准确	44	3 640	40 000	3 640/40 000=0.091	3 640/（40 000×44）=0.002 068	$0.002\,068\times10^6$
公共媒体	新闻报道	每条新闻	报道失实	1	10	5 000	10/5 000=0.002	10/（5 000×1）=0.002	0.002×10^6
保安	大厅门旁包裹检查	每个包裹	未检查	1	380	20 000	380/20 000=0.019	380/（20 000×1）=0.019	0.019×10^6

第三节　六西格玛方法论

六西格玛管理的魅力不仅在于它强调了测量对于管理的意义，同时还提出了一套科学严谨的用以支持过程绩效改进的方法论。

这套方法论基于戴明、朱兰等质量管理大师的理论，从识别过程输入与输出的相关关系入手，找到对输出波动具有较大影响的关键因素，从而完善对过程的认知程度和控制水平。在六西格玛方法论中，被广泛认同并使用的是用于对现有过程进行改进的 DMAIC 方法，以及对新产品和新的业务过程进行开发设计的 DFSS 方法。

一、DMAIC 方法

DMAIC 方法是由定义 D（Define）、测量 M（Measure）、分析 A（Analyze）、改进 I（Improve）和控制 C（Control）五个步骤构成的过程改进方法，也被称为过程改进五步法。DMAIC 方法将过程改进分为上述五个阶段或五个步骤，每一个阶段都需要完成该阶段的特定工作，并达到该阶段的特定要求。一个典型的 DMAIC 过程各个阶段的主要工作内容与常用工具方法如表 10-5 所示。

表 10-5 DMAIC 过程各个阶段的主要工作内容与常用工具和方法

阶段	主要工作内容	常用工具和方法	
定义阶段 D	确定顾客的关键需求，并识别需要改进的产品或过程，将改进项目界定在合理的范围内	平衡计分卡 顾客之声 VOC CT 分解 QFD 排列图 SIPOC 不良质量成本 项目管理	
测量阶段 M	通过对现有过程的测量，确定过程基线以及期望达到的目标，并对测量系统有效性做出评价	测量系统分析 过程能力分析 运行图 直方图 流程分析 因果图/因果矩阵 FMEA 价值流分析 VSM*	
分析阶段 A	识别影响过程输出 Y 的输入 Xs，通过数据分析确定影响输出 Y 的关键因素 Xs，即确定过程的关键影响因素	箱线图 散布图 点图 多变异分析 假设检验 方差分析 回归分析	5whys* 浪费分析* 作业时间分析* 流程步骤分析*
改进阶段 I	寻找优化过程输出 Y，并且消除或减小关键因素 Xs 影响的方案，使过程的缺陷或变异（或称为波动）降低	试验设计 田口方法 响应曲面法 调优运算 EVOP	测量系统分析 FMEA 过程改进 ECRS* 快速换型* 布局改善* 单元化* 看板*
控制阶段 C	使改进后的过程程序化，并通过有效的监测方法保持过程改进的成果	控制计划 防错方法* 标准操作（SPC）*	控制图（SPC） 5S* 定置管理* 目视化*

注：* 融入 DMAIC 各阶段的精益工具。

在 DMAIC 方法中，每一个要解决的问题都要充分地分解和定义，要明确什么是“缺陷”，以及对它的评判标准与测量方法，这是 D 阶段的主要目的；在明确了缺陷的定义与测量的基础上，在 M 阶段，需要通过收集过程的输出的测量数据，评价过程的实际表现，并在此基础上明确改进方向；在 A 阶段，需要在测量的基础上分析问题产生的根本原因，而每一个分析的结论，必须要有数据支持，体现“依据数据和事实决策”的管理原则；而 I 阶段和 C 阶段则是在正确地识别出了“根本原因”的基础上，有针对性地形成有效的改进和控制方案。

在运用 DMAIC 方法分析和解决问题的过程中，每个阶段都有明确的输入和输出要求，各阶段的工作辅以若干分析和解决问题的科学工具，比如统计工具等，用以帮助获得阶段结果。在 DMAIC 方法中，经常用到的工具方法有：质量功能展开（QFD）、因果矩阵分析、FMEA、SIPOC 分析、QC 老七种工具、方差分析（ANOVA）、回归分析、试验设计（DOE）、SPC 控制图技术等。

二、DFSS 方法

DFSS 称为六西格玛设计，它是 Design for Six Sigma 的英文缩写。与 DMAIC 不同的是，DFSS 关注的是新产品或新的业务过程的开发，并通过产品或业务过程的优化设计，从源头上保证其具有较高的符合顾客要求的能力。

设计质量（包括产品设计和过程设计）决定了固有质量。以机械工业产品为例，从产品研制的时间序列来看，产品设计、工艺设计、生产控制等不同阶段对产品质量的影响是不同的。其中，影响最大的是产品设计，其次是工艺设计，再次是生产控制。产品图样和技术规范一旦形成，固有质量就基本形成；其后的工艺设计是为了保证设计要求的实现；生产控制则是为了保证制造的符合性，一旦产品的固有质量形成了，则通过生产控制几乎没有进一步提高产品固有质量的可能。DFSS 方法则是通过提升设计质量而保证产品或过程具有较高的固有质量或固有西格玛水平。

目前 DFSS 的模式较多，比较有代表性的有通用电气公司使用的 DMADV 方法，以及美国 ASI 的著名六西格玛专家乔杜里提出的 IDDOV 过程。

与 DMAIC 相类似，DMADV 将过程或产品的设计过程分解为五个阶段，分别是定义 D、测量 M、分析 A、设计 D 和验证 V。而 IDDOV 则是将设计过程分解为识别 I、定义 D、研发 D、优化 O 和验证 V。

不论是 DMADV 还是 IDDOV，每个阶段都有明确的过程输出和要求，每个阶段又以若干工具方法为支持，以实现每个阶段的目标，并达到要求。以 IDDOV 模式为例，识别 I（Identify）阶段的主要目的是识别市场机会和顾客需求，VOC/VOM 技术、QFD 以及 QC 新七种工具等将有助于这一阶段目标的实现；定义 D（Define）阶段的主要工作是确定顾客需求，并将这些需求准确地转换成设计要求，QFD 等工具方法将是不可或缺的支持工具；研发 D（Develop）的主要工作是设计展开，而公理性设计、TRIZ（创造性解决问题的技术）、FMEA、DFX（面向 X 的设计）将有助于本阶段工作的实施；优化 O（Optimize）阶段的主要工作是进行设计优化，包括设计参数和容差的优化以及产品或过程的稳健性设计。这个阶段的常用工具方法包括：试验设计（DOE）、田口方法等；验证 V（Verify）阶段是对设计的验证，以及在此基础上对设计方案的改进，这一阶段各种统计分析工具的应用将有助于设计效果的预测以及有效地识别设计改进的信息等。总之，DFSS 是一整套不同于常规设计的方法，它以顾客需求为导向，以 QFD 为纽带，深入分析和展开顾客需求，综合应用 TRIZ、DOE、参数设计、容差设计以及 FMEA 等设计分析技术，并以此更好地把握顾客的需求，提升固有质量。不仅如此，DFSS 也是企业提升创新能力、加快创新速度的强有力的管理工具。

当然，DMAIC 方法和 DFSS 方法是相辅相成的。企业可以针对不同的问题和解决问题的需求，选用不同的方法。

近几年来，六西格玛管理方法在实践中得到了进一步发展。六西格玛管理与精益管理结合，形成了精益六西格玛（Lean Six Sigma）方法，使六西格玛方法在用于缩短周期、消除流程的浪费等方面的应用进一步拓宽，成为实现企业战略目标的重要工具。精益六西格玛将精益管理的减少浪费的管理理念、工具和方法与六西格玛的由顾客驱动的追求卓越绩效和持续改进的管理理念，以及通过消除过程波动降低缺陷和提高质量的六西格玛工具与方法有机地结合起来，形成实现企业经营绩效突破的精益六西格玛理念、文化和方法体系的集成。精益六西格玛吸收了两种管理模式的优点，但它不是精益管理和六西格玛的简单相加，而是两者的互相补充和有机结合。精益六西格玛管理保留了六西格玛管理的基本框架，比如DMAIC的五步法，以及通过项目的形式有效地组织绩效改进活动等。同时它还保留了六西格玛管理中关于各级管理角色，特别是黑带及绿带的组织方式，将由优秀人才领导的全员参与的绩效改进活动最大限度地组织起来。在方法论上，精益六西格玛强调了从识别顾客要求以及关键质量（CTQ）入手，强调了以数据与流程分析为基础，将典型的六西格玛工具，比如质量功能展开（QFD）、失效模式与影响分析（FMEA）、因果矩阵与因果图分析、方差分析（ANOVA）与回归分析、试验设计（DOE）等，与精益管理中的价值流分析（VSM）、约束理论、单件流拉动式生产、快速换模、防错、全面生产维护（TPM）等工具，有机地结合到结构清晰的精益六西格玛过程方法中。特别是 VSM 的引入，强化了从价值创造的角度系统识别流程中的非增值和浪费，使改进过程更加系统化，有力地支撑了顾客满意和企业目标的实现。通过实施精益六西格玛管理，可以减少业务流程的波动，提高过程的能力和稳定性，提高过程或产品的稳健性；可以减少在制品数量，减少库存，降低成本；可以缩短生产节拍，缩短生产准备时间，准确快速理解和响应顾客需求；可以有效利用资源；可以提高顾客满意度，提高市场占有率；可以有效地提升企业的竞争力。

第四节　六西格玛管理的组织与实施

六西格玛管理在许多企业的成功实践的过程中，逐渐形成了一套其特有的组织实施模式。归纳起来说，六西格玛管理是由企业的最高管理者（Chief Executives Officer）推进的，由六西格玛倡导者或领航员（Champion）以及六西格玛资深黑带（Master Black Belt）、黑带（Black Belt）和绿带（Green Belt）等关键角色领导并带领全员参与实施的，以六西格玛项目的形式组织的围绕企业经营绩效持续提升而开展的管理活动。

一、六西格玛管理中的关键角色

六西格玛管理作为一种管理方式、一项系统的改进活动，必须依靠组织体系的可靠保证和各管理职能的大力推动。因此，导入六西格玛管理时应建立健全组织结构，将系统培训的优秀人才安排在六西格玛管理活动的各相应岗位上，规定并赋予明确的职责和权限，从而构建高效的组织体系，为六西格玛管理的实施提供基本条件和必备资源。

实施六西格玛管理的组织系统，其管理层次一般分为三层，即领导层、指导层和执行层。领导层通常由最高管理者、倡导者、项目保证人以及财务主管等组成六西格玛推进委员会；指导层由组织的资深黑带或从组织外聘请的咨询师组成；执行层由执行改进项目的黑

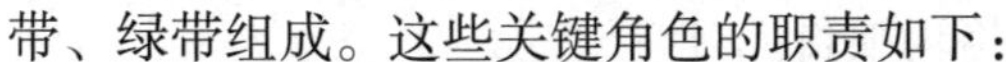

带、绿带组成。这些关键角色的职责如下：

（1）企业最高管理者（Chief Executives Officer，CEO）。六西格玛管理是由企业最高管理者推动的。其在六西格玛管理中负有以下职责：

1）建立企业的六西格玛管理愿景。

2）确定企业的战略目标和企业业绩的度量系统。

3）确定企业的经营重点。

4）在企业中建立促进应用六西格玛管理方法与工具的环境。

（2）倡导者或领航员（Champion）。六西格玛管理倡导者也被称为领航员，是实施六西格玛管理的企业中的关键角色，一般由最高管理团队中负责六西格玛管理推进的成员担任。其负有以下职责：

1）负责六西格玛管理推进规划和总体部署，包括制定六西格玛管理推进规划，明确阶段性工作方向与目标等。

2）负责六西格玛基础性管理活动的组织与构建，包括：六西格玛组织架构和管理职责的落实、六西格玛人员培训与认证管理、六西格玛项目管理等。

3）提供六西格玛实施资源、建立相关考核和激励机制等。

4）消除六西格玛管理推进中的组织障碍。

5）向最高管理团队报告六西格玛管理工作的进展等。

（3）项目保证人（Sponsor）。项目保证人也被称为部门倡导者或部门领航员，是对各部门六西格玛项目实施负有管理职责的领导人。其主要职责如下：

1）根据企业倡导者或领航员的部署，开展本部门的六西格玛管理推进工作，特别是六西格玛项目实施工作，确保本部门六西格玛项目的实施与总体规划和阶段性工作目标一致。

2）负责本部门绿带和黑带的选择和部署。

3）负责本部门六西格玛项目的选择，并为其配备绿带和黑带，组建项目团队。

4）监督六西格玛项目的进展，为项目的实施配置资源并且消除项目实施中的障碍。

5）向倡导者或领航员报告本部门六西格玛管理及项目工作的进展。

（4）资深黑带（Master Black Belt，MBB）。资深黑带又称为大黑带或黑带大师，他们在企业推进六西格玛管理的过程中起着承上启下的关键作用。一般来说，他们是六西格玛管理专家。他们为倡导者或领航员提供推进和实施六西格玛管理的建议与意见，同时为黑带提供项目指导与技术支持。他们对六西格玛管理理念和技术方法具有较深的了解与体验，并将它们传递到企业中来。其负有以下职责：

1）向倡导者或领航员提供企业六西格玛管理部署与实施建议。

2）协助倡导者或领航员选择并确定企业重要的六西格玛项目。

3）培训黑带和绿带，确保他们掌握适用的工具和方法。

4）为黑带和绿带的六西格玛项目提供指导。

5）协调和指导跨职能的六西格玛项目。

6）协助倡导者或领航员以及管理层选择和管理六西格玛项目。

（5）黑带（Black Belt，BB）。六西格玛黑带是六西格玛管理中的“关键的场上队员”。在一些企业中，他们是专职的，并具有一定的技术与管理工作背景。在任职期间，他们需完成一定数量的六西格玛项目并为企业带来相应的经济效益。其负有以下职责：

1）领导六西格玛项目团队，实施并完成六西格玛项目。

2）向团队成员提供适用的工具与方法的培训。

3）识别过程改进机会，并选择最有效的工具和技术实现改进。

4）向团队传达六西格玛管理理念，建立对六西格玛管理的共识。

5）向倡导者或领航员以及管理层报告六西格玛项目的进展。

6）将通过项目实施获得的知识传递给企业的其他人员。

7）培训绿带，并为绿带提供项目指导。

（6）绿带（Green Belt，GB）。六西格玛绿带是企业中经过六西格玛管理方法与工具培训的、结合自己的本职工作完成六西格玛项目的人员。他们一般是黑带领导的项目团队的成员，结合自己的工作开展涉及范围较小的六西格玛项目。

（7）六西格玛项目团队（Six Sigma Team）。六西格玛项目通常是通过团队合作完成的。项目团队由项目所涉及的有关职能（如技术、生产、工程、采购、销售、财务、管理等）人员构成，一般由 3～10 人组成，并应包括对所改进的过程负有管理职责的人员和财务人员。

图 10-4 所示的是一些企业所采用的六西格玛组织结构以及六西格玛管理关键角色的组织形式。

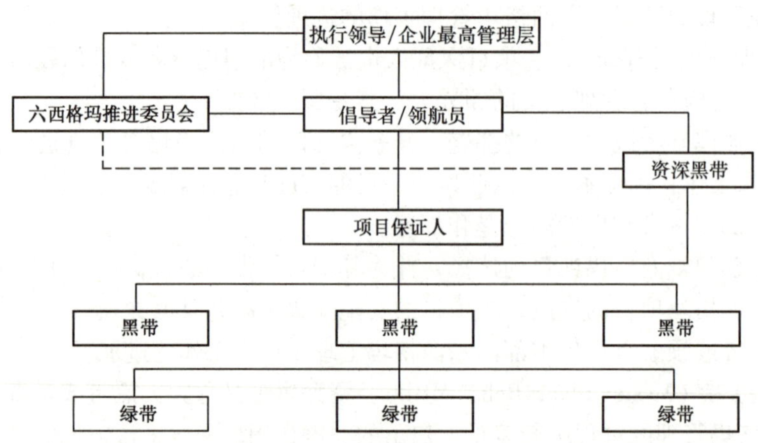

图 10-4　六西格玛组织结构以及六西格玛管理关键角色的组织形式

二、六西格玛管理的推进过程

推进六西格玛管理需要一个不断深化的过程，需要不断完善管理基础，不断在更深的层面上支持六西格玛管理的开展，并且从中获得更大的回报。以通用电气公司六西格玛管理的实践为例，从 1996 年引入六西格玛管理以来，通用电气公司的六西格码管理已经推行了 20 多年。20 年来，通用电气公司不断深化六西格玛管理的推进体系，使之成为其管理战略和组织文化不可或缺的部分，成为通用电气的一种工作方式，成为企业的基因。

一般说来，推进六西格玛管理需要在下述三个方面开展工作：

1. 开展六西格玛项目工作

六西格玛管理是以实施六西格玛项目为其主要载体的。正是通过不断地实施六西格玛项目，企业中的每一个人都参与到绩效改进活动中来，实践六西格玛方法，接受六西格玛管理理念，并使之成为一种工作方式。

六西格玛项目采用了项目管理的方式，每一个项目均有明确的项目目标，并且每一个项目都要组建项目团队，根据项目涉及的范围选择相关人员参加到项目团队中来，六西格玛黑带或绿带是这个团队的负责人。每一个项目要应用六西格玛方法深入开展工作，并在规定的时间内达到项目的预期目标。一般说来，每一个六西格玛项目应该在 4~6 个月的时间内完成。

一般说来，可按经营层、运营层、作业层的级层框架部署和组织六西格玛项目。应根据企业经营目标及经营战略的考虑，识别并梳理出企业级的六西格玛项目，这些项目对企业经营或战略目标的实现具有较为直接的影响。在企业最高管理团队的支持下，协同各相关职能、部门与资源，组织这些重大六西格玛项目的实施。通常，企业的资深黑带担任企业级六西格玛项目团队的负责人。他们运用六西格玛管理方法并通过项目团队的工作，将这些重大六西格玛项目进一步分解为一系列六西格玛黑带项目，并通过黑带项目群的实施，系统性地实现组织经营绩效的突破，使六西格玛管理成为支持组织战略目标实现的重要工具。

六西格玛黑带项目通常直接支持组织或部门关键绩效指标（KPI）的改进，对组织绩效改进的支持力度较高。一般来说，六西格玛黑带项目涉及的流程范围较大，通常需要经过黑带项目团队的工作将其分解到关键的作业流程上，即分解到关键问题点上，再由这些关键点上的改善活动——子项群的实施，最终实现黑带项目目标。而绿带项目通常在这些问题点上展开，它通常是黑带项目的重要子项。

六西格玛绿带除了作为六西格玛黑带项目团队的重要成员，负责完成黑带项目梳理分解出的重点六西格玛绿带子项外，还可以根据其负责的部门和作业环节的绩效改进需要，设立六西格玛绿带项目。通常，六西格玛绿带项目范围较小，并且与绿带们的日常工作密切相关，是工作流程层面的改进项目。

许多成功开展了六西格玛管理的企业不断创造出适于本企业的六西格玛或精益六西格玛项目形式，并构建以六西格玛或精益六西格玛为主线的，将组织现有的改进活动整合到六西格玛管理中来的项目体系，以此完成在优秀人才带领下全员参与的持续改进活动。

2. 培训培养六西格码管理骨干

六西格码管理非常重视人员的培养，特别是对六西格玛黑带和绿带的培养。在许多成功实施了六西格玛管理的企业，接受过完整的绿带培训并能够成功地组织绿带项目的人员，占企业管理和技术人员的 50%以上；接受过完整的黑带培训并能够成功地组织黑带项目的人员，占员工总数的 3%以上。

六西格玛绿带和黑带培训采用了学以致用的方法，培训与项目实施紧密结合。每一位学员不但要掌握六西格玛方法，在学习的同时，还需要成功地完成六西格玛项目。

3. 构建持续推进六西格玛管理的基础

事实上，一般企业现有的管理体系并不都支持六西格玛管理活动的开展，包括企业现有的各个管理层面的承诺与领导力、企业的绩效测量体系、支持持续改进活动的奖励与激励机制、人员的技能素养与对六西格玛方法的接受程度，企业的管理信息系统建设等。因此，随着六西格玛管理的不断深入，企业需要不断完善其管理基础，以支持六西格玛管理持续深入地开展。随着这些基础性工作的不断完善，企业收获的不仅是成功的六西格玛项目，同时也是更完善的管理体系。

引入六西格玛管理对任何企业都是一种挑战。在推进六西格玛管理的过程中，企业需要学习新方法，克服各种阻力，培育自己的专业人员，应对内外环境的变化等。所有这一切决定了成长为“六西格玛企业”不是一蹴而就的，而是需要经历一个不断深入的推进过程。一般说来，需要经过导入期、加速期、成长期和成熟期等不同的推进阶段。

导入期的重点是将六西格玛管理方法成功地引入企业中。通过培养企业自己的首批绿带和黑带，成功地实施1~2批六西格玛项目，赢得一些“短期战役”的成功，使六西格玛管理在企业中“软着陆”。

加速期的重点是在取得了初步成功经验的基础上，加大推进力度，包括扩大项目选择范围以及加大绿带和黑带的培养力度等。许多企业是以生产制造环节或日常管理活动中遇到的典型问题为切入点，开始选择和实施六西格玛项目的。在加速期，六西格玛项目的选择范围常常需要突破传统意义上的质量改进范畴，将更多的过程绩效改进的议题纳入六西格玛项目选择的范围内。同时，在这一时期，企业需要加大绿带和黑带的培养和部署力度，使绿带和黑带人数达到一定比例。

成长期的重点是深化六西格玛管理工作，包括深化六西格玛项目的选择与管理以及深入六西格玛管理基础构建等工作。在这一时期，特别需要适时地在业务流程层面或系统层面组织和实施六西格玛项目，使六西格玛项目系统性地支持顾客满意的改善及企业战略目标的实现。一些企业在这一阶段开展了精益六西格玛管理或战略六西格玛管理，以期取得业务流程改进的系统性成果。

成熟期的标志是六西格玛管理已经完全融入了企业的管理活动之中，成为人们的一种工作方式，在文化层面对企业产生了深刻的影响。只有步入这一时期的企业，才能称得上是“六西格玛企业”。

随着六西格玛管理的不断深入，企业将逐步获得越来越多的回报。在导入期，这些回报是由一些初步开展的项目带来的，可能是对一些局部性问题的突破；而在加速期和成长期，这些回报将是关于质量、成本和周期的系统性的突破；而那些进入了成熟期的企业，收获的不仅有能用经济效益衡量的收益，还包括企业文化层面的收益，这些企业将成为具有强大的竞争能力而且长盛不衰的组织。

由于推进六西格玛管理需要经过长期努力，因此企业在开始实施六西格玛管理的时候，应建立一个3~5年的推进计划，这对于减少盲目性、增加成功的把握是十分必要的。

三、成功实施六西格玛管理的关键因素

六西格玛管理在一些企业中得到了成功的实施。但并不是所有实施了六西格玛管理的企业都成功了，也存在失败的教训。美国质量协会（ASQ）在调查了成功的经验和失败的教训后，总结出成功推进六西格玛管理的关键因素，包括：

（1）高层管理者的承诺是必备的基础，它是主要的文化转变。

（2）六西格玛必须与现有的方法、战略、测量和实践进行整合，六西格玛必须是企业指导经营的一个完整的部分。

（3）定量分析和统计思想是关键的概念，应基于数据进行管理。

（4）必须将持续的努力用于了解顾客和市场上，知识收集和分析是十分关键的。

（5）六西格玛方法要求在一个合理的时间内得到显著的回报，成本节约需要实际验证。

（6）需要经过充分培训的并且由成功的经历证明了他们的信誉的梯队，将领导力扩展到企业的每一个层次。这个梯队由大黑带、黑带和绿带构成。

（7）需要建立绩效跟踪、度量和报告系统，监控过程进展。应将六西格玛方法与企业的目标和计划联系起来。一般说来，企业现有的绩效跟踪、度量和报告系统不尽完善。

（8）企业的奖励和认可体系应该在每一层面上持续地支持对成功实施六西格玛的人员进行认可。奖励体系尤其需要进行重新设计。

（9）一个成功的企业应经常在内部庆祝成功，因为“成功滋养成功”。

（10）为了进一步增强企业的形象，提升员工的自信和自尊，一个成功的企业应广泛地宣扬六西格玛方法的成就，扩展其可行性，并与其他企业分享它的指导原则和实践。

案例一　六西格玛管理 DMAIC 方法应用

BBS 型电流计是某航空仪表中的关键部件。随着该型号航空仪表的批量生产，该型电流计生产过程中的质量问题也日渐凸现出来。主要表现在：装配过程中出现了大量指针卡滞的现象，需要进行返工返修。严重的时候，甚至需要抽调其他生产线上的人员补充到该产品的返修上。这个问题严重影响了产品的交付期。

企业对这个问题非常重视，专门成立了技术攻关组，限期解决指针卡滞的问题。攻关小组的技术人员认为，卡滞是由于线圈组件变形引起的，而线圈组件变形的原因是骨架材料太软了。他们认为，当初在设计该型号电流计时，为了维持较低的制造成本，选择了比较便宜的线圈骨架材料，而这种材料的力学性能较差，在装配过程中易产生变形，由此造成了指针卡滞的现象。小组提交的解决方案是：更换线圈骨架材料。但随之而来的问题是，电流计的成本将增加 10%。这个方案使管理层很难接受，因为提高该产品的价格是不可能的，增加的成本只能在企业内部化解，而这将影响企业的利润。企业决定成立六西格玛项目团队，采用六西格玛方法解决该问题。

一、定义阶段

根据顾客要求（CTQ）和企业经营目标，六西格玛项目团队明确了本项目 Y 和缺陷定义，即本项目要消除的缺陷是指针卡滞。

当六西格玛团队接手这个项目的时候，小组成员首先统一了认识：第一，必须依据数据进行决策。对问题产生的原因要集思广益，但未经数据验证之前，所有原因均为可能的原因。不能以个人经验代替事实。第二，必须针对本企业的流程这个特定的对象进行分析。当前装配过程中出现的指针卡滞问题，其原因一定来自与其相关的流程。注意：面向过程和依据数据进行决策的质量管理原则，必须从始至终地贯彻于六西格玛项目实施之中。

二、测量阶段

项目小组将指针是否卡滞定义为装配流程输出 Y 的测量，并收集了三个月来每批产品卡滞的数据，表 10-6 所示的就是这些数据的一部分。

表 10-6　每批产品卡滞数及其 DPMO

序号	卡滞数	批量	DPMO/ppm	序号	卡滞数	批量	DPMO/ppm
1	6	100	60 000	11	16	150	106 667
2	10	150	66 667	12	3	150	20 000
3	7	150	46 667	13	2	100	20 000
4	3	100	30 000	14	15	130	115 385
5	19	130	146 154	15	3	130	23 077
6	3	130	23 077	16	9	130	69 231
7	4	130	30 769	17	5	100	50 000
8	6	100	60 000	18	11	150	73 333
9	9	150	60 000	19	13	100	130 000
10	9	100	90 000	20	12	150	80 000

图 10-5 是用这些数据作出的指针卡滞 DPMO 的趋势图，或称为时间序列图（Time Series Plot）。

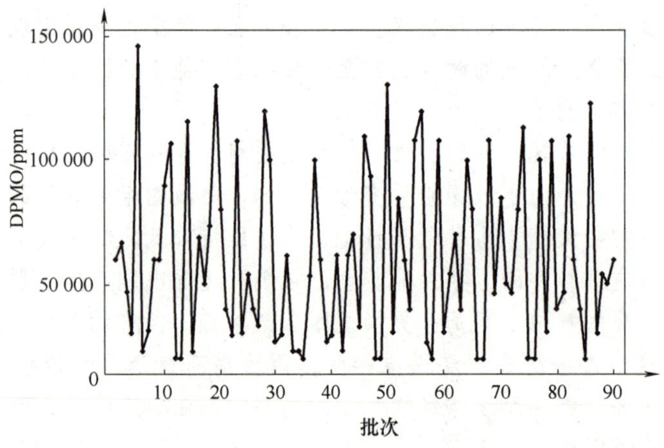

图 10-5　指针卡滞 DPMO 的趋势图

从趋势图上可以看出，指针卡滞的 DPMO 随批次波动非常大。虽然过去的三个月中，卡滞产品数占产品总数的 DPMO = 86 042ppm，但从各个批次的变化情况来看，DPMO 最小为（3/150×1 000 000）ppm = 20 000ppm，而最高达到了（19/130×1 000 000）ppm = 146 154ppm。这些即是本项目的基本情况。

三、分析阶段

从统计的意义上说，批次间的变化是否显著？小组用联表法对各个批次合格产品数量与卡滞产品数量进行统计检验。统计结果如图 10-6 所示。

从图 10-6 中可以看出，一些批次出现的卡滞的数量远低于期望值，而一些批次出现的卡滞数量又远高于期望值。χ^2 检验的结果表明，P-Value = 0. 000<0. 05，因此可以判定指针卡滞随批次的变化是显著的。也就是说，一定存在某种随批次而变化的影响因素，明显地影响着指针卡滞。这个结论与技术攻关小组得出的结论是完全不同的。因为产品

χ^2检验：卡滞数和合格数

	卡滞数	合格数	合计		卡滞数	合格数	合计
1	6	94	100	11	16	134	150
	6.52	93.48			9.78	140.22	
2	10	140	150	12	3	147	150
	9.78	140.22			9.78	140.22	
3	7	143	150	13	2	98	100
	9.78	140.22			6.52	93.48	
4	3	97	100	14	15	115	130
	6.52	93.48			8.48	121.52	
5	19	111	130	15	3	127	130
	8.48	121.52			8.48	121.52	
6	3	127	130	16	9	121	130
	8.48	121.52			8.48	121.52	
7	4	126	130	17	5	95	100
	8.48	121.52			6.52	93.48	
8	6	94	100	18	11	139	150
	6.52	93.48			9.78	140.22	
9	9	141	150	19	13	87	100
	9.78	140.22			6.52	93.48	
10	9	91	100	20	12	138	150
	6.52	93.48			9.78	140.22	
				Total	165	2 365	2 530

Chi-Sq
DF=19，P-Value=0.000

图 10-6 批次间指针卡滞变化显著性的统计分析

各个批次使用的是同一种骨架材料，而各个批次间的变化来自骨架材料之外的影响因素的可能性更大。

正是有了对流程的这样的理解，小组把寻找关键 X 的方向定在批次之间的变化上。通过集思广益，他们将关注的重点放在了线圈供应商（S）以及线圈装配操作（O）等因素上，并设计了相应的收集数据计划。对于这两个可能的关键 X，数据分析的结果如图 10-7 所示。

二进制逻辑回归:批卡滞、批量与供应商、装配操作

逻辑回归表

自变量	系数	系数标准误	Z	P	优势比	95%置信区间 下限	95%置信区间 上限
常量	−3.479 4	0.265 2	−13.12	0.000			
供应商							
A	1.174 8	0.273 5	4.30	0.000	3.24	1.89	5.53
B	0.736 9	0.297 4	2.48	0.013	2.09	1.17	3.74
装配操作							
2	−0.096 1	0.161 8	−0.59	0.553	0.91	0.66	1.25

对数似然= −597.511
检验所有斜率是否为零：G=24.884, DF=3,P-Value=0.000

图 10-7 供应商以及装配操作影响显著性的统计分析

从图 10-7 的结果中，小组得出的结论是：在为本企业供货的 A、B、C 三个线圈供应商

中，其供货对指针卡滞的影响是显著的。与供应商C相比，供应商A提供的线圈出现卡滞的概率是供应商C的3倍（*P*-Value=0.000，Odds Ratio=3.24）；供应商B提供的线圈出现卡滞的概率是供应商C的2倍（*P*-Value=0.013，Odds Ratio=2.09）；而从事装配操作的两个班次间出现卡滞的概率没有显著差异（*P*-Value=0.553>0.05）。据此，小组可以判定供应商之间的差异是产生批次间存在较大差异的主要原因。

但是，供应商之间的差异到底表现在什么地方，以致他们提供的线圈出现了如此大的差异？问题产生的根本原因是什么？小组并没有停留在问题的表象上，他们希望能够真正听懂流程的声音。

进一步的分析表明，差异可能来自线圈外框的几何尺寸上。为了调查线圈外框尺寸的影响，他们从A、B、C三个供应商提供的线圈中继续抽样，测量外框尺寸以及对应的指针卡滞情况，并得到了进一步的测量数据，如表10-7所示。

表10-7 线圈外框尺寸与卡滞情况的数据（单位：mm）

序号	卡滞否	外框1	外框2	序号	卡滞否	外框1	外框2
1	1	7.77	8.61	11	0	7.75	8.62
2	1	7.70	8.60	12	0	7.80	8.51
3	0	7.75	8.55	13	1	7.70	8.53
4	0	7.80	8.51	14	0	7.80	8.56
5	1	7.80	8.61	15	0	7.80	8.51
6	1	7.80	8.56	16	1	7.75	8.59
7	0	7.79	8.55	17	0	7.78	8.50
8	1	7.80	8.67	18	0	7.75	8.50
9	1	7.75	8.57	19	0	7.73	8.56
10	1	7.75	8.61	20	⋮	⋮	⋮

注：表中卡滞=1，灵活=0。

在此基础上，小组应用统计工具得出了如图10-8所示的结果。

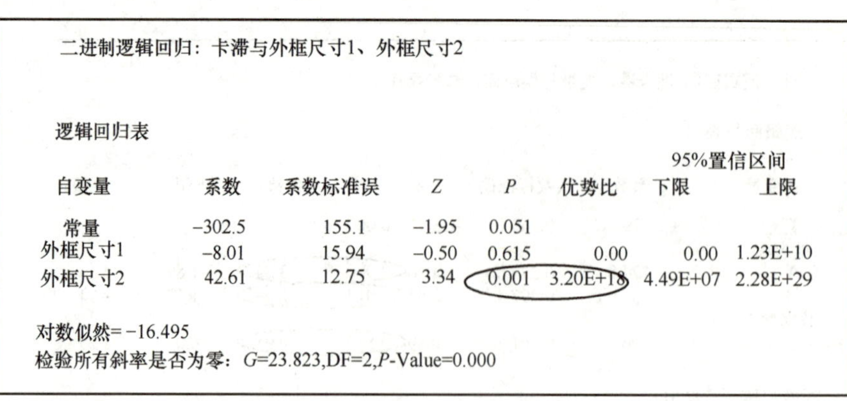
二进制逻辑回归：卡滞与外框尺寸1、外框尺寸2

逻辑回归表

自变量	系数	系数标准误	*Z*	*P*	优势比	95%置信区间 下限	95%置信区间 上限
常量	−302.5	155.1	−1.95	0.051			
外框尺寸1	−8.01	15.94	−0.50	0.615	0.00	0.00	1.23E+10
外框尺寸2	42.61	12.75	3.34	0.001	3.20E+18	4.49E+07	2.28E+29

对数似然=−16.495

检验所有斜率是否为零：*G*=23.823,DF=2,*P*-Value=0.000

图10-8 线圈外框尺寸影响的统计分析

从这个分析结果中可以得出，在影响卡滞的两个外框尺寸中，外框尺寸2对卡滞的影响是显著的（*P*-Value=0.001<0.05）。

四、改进和控制阶段

进一步的统计分析表明：当外框尺寸 2 控制在 8.45mm 以下时，发生卡滞的概率将降低到 1%以下。而对照现有的技术规范，其对线圈外框尺寸 2 的要求是：不大于 8.55mm。显然，技术规范的规定是不合适的。项目小组修改了技术规范，要求供应商将线圈外框尺寸控制在 8.45mm 以下。根据这个要求，各个供应商采取了相应的改进措施，改进了绕线和浸漆等流程，使线圈外框尺寸达到技术规范的要求。

改进的效果是十分明显的，装配过程中出现卡滞的 DPMO 从改进前的 86 042ppm 降低到 734ppm。图 10-9 是六西格玛项目实施的各个阶段 DPMO 降低的情况。

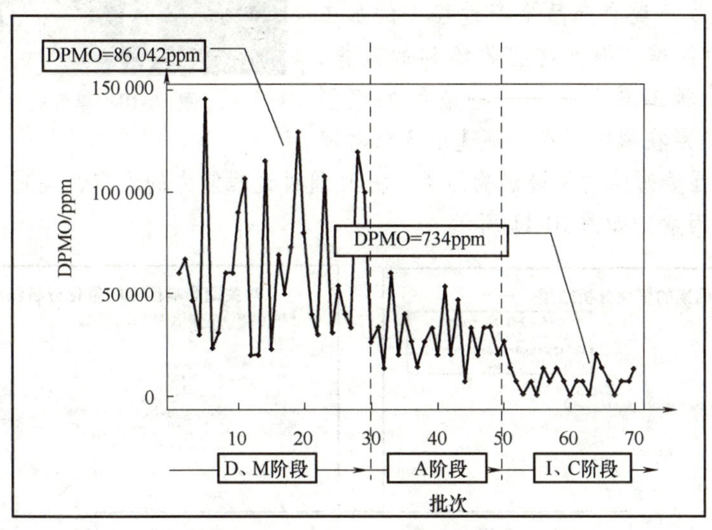

图 10-9　各个阶段 DPMO 降低情况

由于找到并有针对性地改进和控制了流程的关键 X，生产过程变得顺畅起来，顾客满意度得到了提高。而该电流计的生产成本不但没有增加，反而因减少了返工返修的次数，得到了进一步的降低。

从认为线圈骨架材料太软到认识到批次间存在较大波动因素，从识别出供应商间的差异到把握线框尺寸的范围，六西格玛项目小组对流程的认识在不断深化，这个过程一直是建立在对流程不断沟通的基础上的，而“数据”和“测量”是小组与流程沟通的唯一渠道。

DMAIC 正是一步一步地通过数据对流程进行分析，揭示“关键的 X”，并寻求对“关键的 X”最佳改进和控制方案的科学方法。从方法论的角度来看，每一个 DMAIC 过程都遵循了从“数据”到“信息”再到“知识”的科学的认知过程，是识别流程的改进空间，把握流程的改进机会，并最终实现改进效果的系统化解决问题的方法。

案例二　某公司 2007 年黑带项目“提高某型号主起撑杆偏心一次装配合格率”

随着某型号主起落架生产数量的逐年增加，其装配工作量也相应地增加，由于主起撑杆（见图 10-10）偏心的调整在装配中需多次选配、调整相关零件才能合格，致使整个起撑杆的装配周期较长，不能满足现有产品生产进度的要求。根据 2006 年的统计，该型号主起偏心量一次装配合格率不足 10%，撑杆偏心的调整装配次数需要 3~8 次才能满足要求，而每次调整需要5h。因此，减少主起撑杆偏心调整次数成为缩短该产品生产周期不可回避的问题。

按照精益六西格玛的方法，团队首先界定了项目欲解决的问题及其测量，收集了历史数据，对流程的现状特别是过程能力进行分析测定，同时对测量系统进行了分析验证。随后，在头脑风暴分析的基础上，团队筛选出15个对偏心调整可能有影响的潜在影响因素，并编制了收集数据计划表，尽可能地收集现有产品生产过程中的加工以及装配调整的数据。根据这些收集到的数据，团队应用统计分析工具之一——一般线性模型（GLM），从15个潜在影响因素中筛选出3个对偏心等装配结果有显著影响的关键影响因素，并且通过过程能力的测定，确定了1个过程保证能力亟待改进的因素，如图10-11所示。

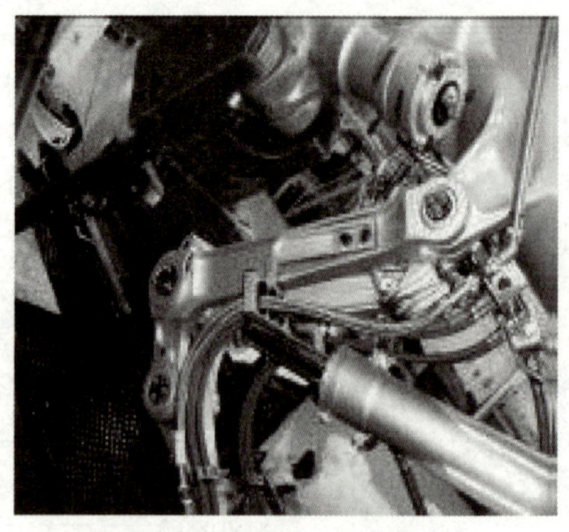

图10-10 某型号主起撑杆

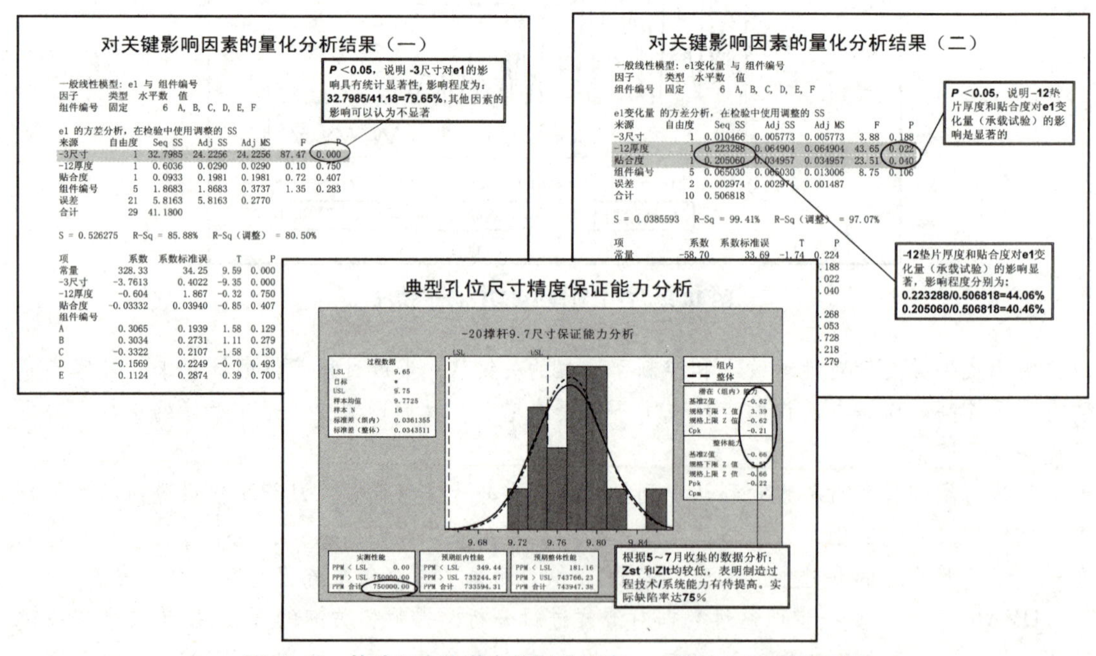

图10-11 筛选和定位潜在的影响因素——统计工具应用示例

针对筛选出的关键影响因素，团队进一步运用多元线性回归分析方法，建立了回归方程。随后，团队利用这个回归模型进行了统计模拟（蒙特卡罗方法），确定了关键影响因素（配合尺寸）的公称尺寸和公差。图10-12所示的是回归分析及统计模拟的部分结果。

通过系统性地运用DMAIC方法及其工具，团队通过生产过程中产生的数据信息，找到了偏心量（Y）与关键装配尺寸（X）之间的相关关系，并利用这些关系找到了满足偏心量装配要求的关键零部件加工和控制的要求，从而将主起撑杆偏心装配一次合格率从不足10%提高到80%以上，改进效果十分显著，如图10-13所示。仅用了比较短的时间和比较少的资源，团队便解决了长期困扰企业的难题。

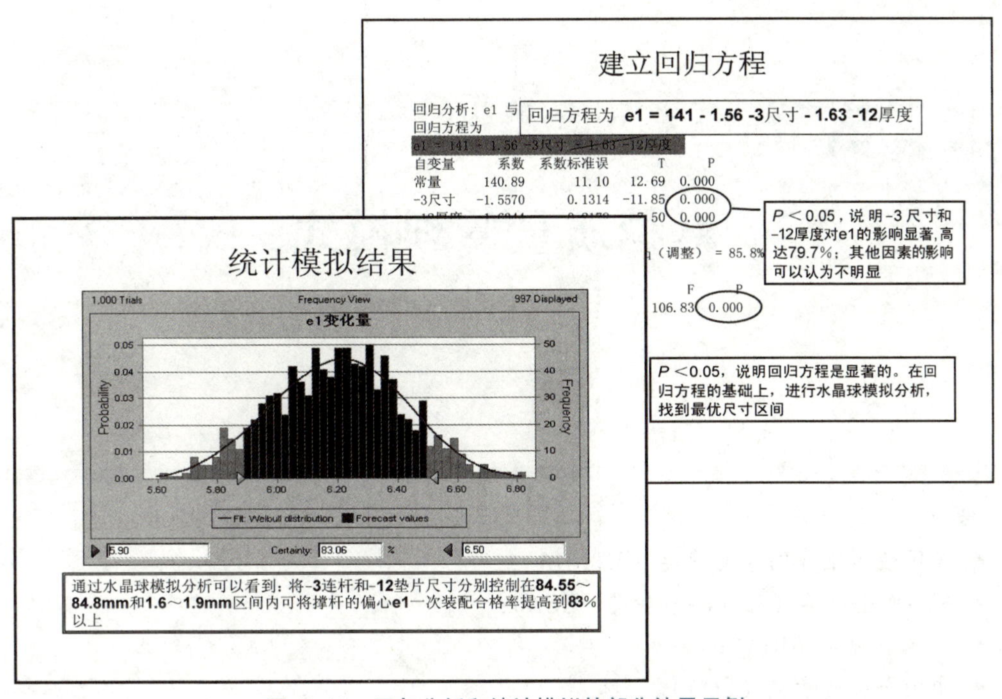

图 10-12　回归分析和统计模拟的部分结果示例

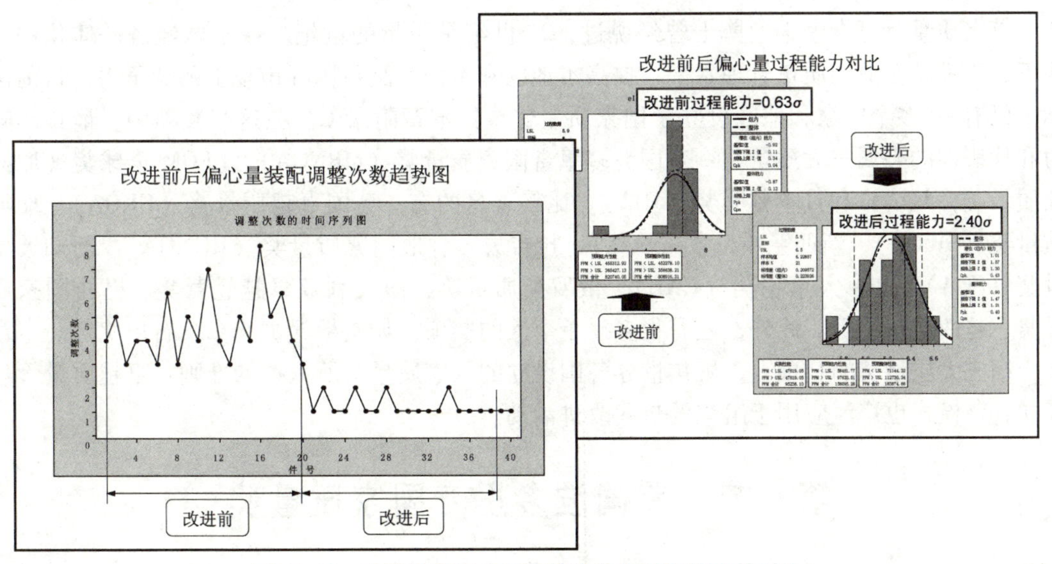

图 10-13　改进前后偏心量调整次数与过程能力的对比

思　考　题

1. 六西格玛管理的过程改进模式 DMAIC 与 PDCA 循环有何联系？
2. 试述六西格玛管理的基本原则，并与 TQM 进行比较分析。
3. 比较分析六西格玛管理中 σ 水平 Z 与 SPC 中的 C_p。

第十一章

卓越质量管理模式

本章要点

- 美国波多里奇国家质量奖（MBNQA）；
- EFQM 全球奖（原欧洲质量奖，EQA）；
- 日本戴明奖（JDA）；
- 中国全国质量奖（CQA）。

著名质量管理专家朱兰博士曾经说过，21 世纪是质量的世纪。在全球经济一体化的趋势下，为推动企业的质量管理水平，提高本地区和本国产品在国际市场上的竞争力，目前国际上已有 80 多个国家和地区设立了国家质量奖，见本章附录 C。在这些奖项中，最具影响力和代表性的当属三大质量奖：美国波多里奇国家质量奖（MBNQA）、EFQM 全球奖（原欧洲质量奖，EQA）和日本戴明奖（JDA）。比较著名的有：英国卓越质量奖（UKQA）、瑞典质量奖（SWQA）、新西兰质量奖（SQA）、拉吉夫 · 甘地国家质量奖（RGNQA）、新加坡质量奖（SQA）、加拿大卓越奖（CAE）、俄罗斯质量奖、澳大利亚卓越经营奖、巴西国家质量奖、越南质量奖等。此外，还有很多授予个人的奖项，如费根堡姆奖章、石川奖等。本章在介绍三大质量奖的基础上，聚焦世界各国设立的国家质量奖所依据的准则：卓越质量管理模式，该模式也广泛应用于组织的自我改进活动。

第一节　美国波多里奇国家质量奖

一、波多里奇国家质量奖概述

美国国家质量奖以 20 世纪 80 年代里根政府商业部部长马尔科姆 · 波多里奇的名字命名，是因为波多里奇在任期内，成功地将商业部的预算削减 30% 以上，行政人员削减了 25%，并且为提高美国产品的质量和质量管理水平做出了很大的贡献。波多里奇奖是依据《1987 年马尔科姆 · 波多里奇国家质量提高法》（又称《101 ~ 107 公共法》）建立的，其评选工作从 1988 年正式开始。最初的美国国家质量奖是针对制造业企业、服务业企业和小企业的；从 1999 年开始，增加了教育质量奖和医疗卫生质量奖，2022 年新增了社区奖项类别。波多里奇奖评选的目的是促进各组织将改进业绩作为提高竞争力的一个重要途径，并且使达到优秀业绩组织的成功经验得以广泛推广，并由此取得效益。

开展波多里奇奖评选工作的费用来源：一是美国联邦政府每年给该项目的拨款；二是国家质量奖基金；三是参加评选企业所缴纳的费用。美国商业部负责波多里奇奖的评奖工作和奖励，美国国家标准和技术研究院（NIST）负责奖项的管理工作，美国质量协会（ASQ）通过和 NIST 签订合同的方式协助奖项的日常行政管理。经美国商业部部长提名，由来自美国各经济领域各行业的著名领导人组成监督机构，负责对波多里奇奖工作进行监督和顾问。评审人员由美国著名的企业、健康卫生和教育机构的专家组成，并由 NIST 对申请人通过竞争选拔而定。评审部门的所有成员都必须参加评审员准备课程的学习。

波多里奇奖对参评企业的评审过程分为三个阶段：第一阶段由至少五个评审委员会的成员对企业的书面申请进行独立的审核，评审成绩比较好的企业进入下一轮的集体评审；第二阶段对成绩比较好的企业再次进行评审，并选择优秀企业作为实地考核的候选企业；第三阶段是实地考察候选企业，并进行实地考核，评审出最优秀的企业，由最高评审人员联名向美国商业部部长推荐，作为美国国家质量奖的候选企业。在这三个阶段中，审核结果都要集体讨论，统一意见，达成共识，并且对落选企业都要求给出书面的评审报告，指出这些企业的优势和有待改进的地方，然后反馈给这些企业。

波多里奇奖提倡“追求卓越”（Quest for Excellence）的质量管理理念，每年评选 2~3 家获奖企业。它已经成为美国质量管理界的最高荣誉，对美国乃至世界的质量管理活动都起到了巨大的推动作用。波多里奇卓越框架每两年更新一次，以确保内容始终处于“被证明有效的领导和绩效管理实践最前沿”。波多里奇卓越绩效项目委员会发布了《2023—2024 年波多里奇卓越框架》（2023—2024 *Baldrige Excellence Framework*），包括商业/非营利、教育、医疗卫生三个版本。2023—2024 版波多里奇卓越绩效核心价值观及其排序如表 11-1 所示。

表 11-1 2023—2024 版波多里奇卓越绩效核心价值观及其排序

核心价值观	
1. 系统的视角	7. 关注成功和创新
2. 远见卓识的领导	8. 基于事实的管理
3. 以顾客为中心的卓越	9. 社会贡献
4. 重视人员	10. 道德与透明度
5. 敏捷性和韧性	11. 交付价值与结果
6. 组织学习	

二、波多里奇国家质量奖的核心价值观

波多里奇卓越框架的构建是基于“系统的视角”“远见卓识的领导”，这两条是驱动力。中间七条核心价值观是构建高效系统的运作体系。最后两条“道德与透明度”“交付价值与结果”，是运用波多里奇准则作为指导产生的结果。基于核心价值观构成了准则的框架结构运行机理。

（一）波多里奇奖评审标准的框架结构

波多里奇奖评审标准的框架结构如图 11-1 所示。图顶部是组织简介，全面描述组织运

作的轮廓，包括环境、工作关系和面临的竞争挑战。图中央是由六个评审项目组成的业绩管理系统。评审项目的领导、战略、顾客构成领导作用三角；评审项目的员工、运营、结果构成结果三角。框架中的水平箭头连接领导作用三角和结果三角，采用粗箭头指示，是要说明在一个有效的业绩管理系统中反馈的重要性。评审项目的测量、分析与知识管理作为业绩管理系统的基础放在框架的底部。

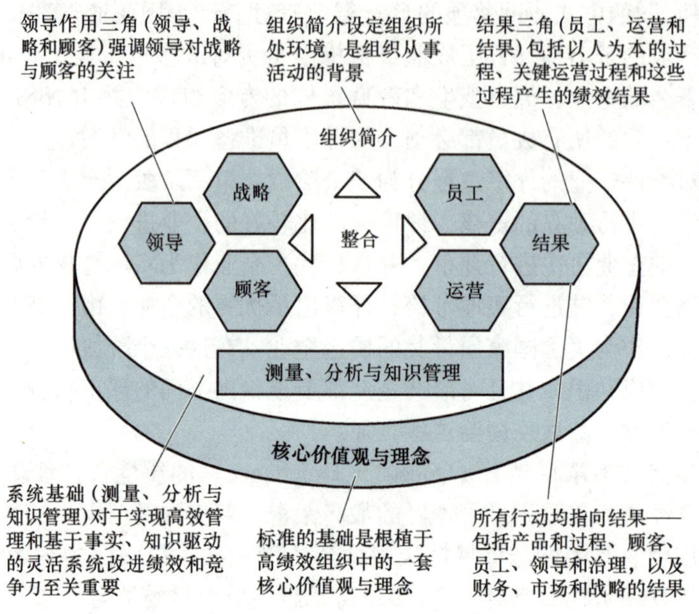

图 11-1 波多里奇奖评审标准的框架结构

（二）评审标准运行机理

评审标准运行机理如图 11-2 所示。

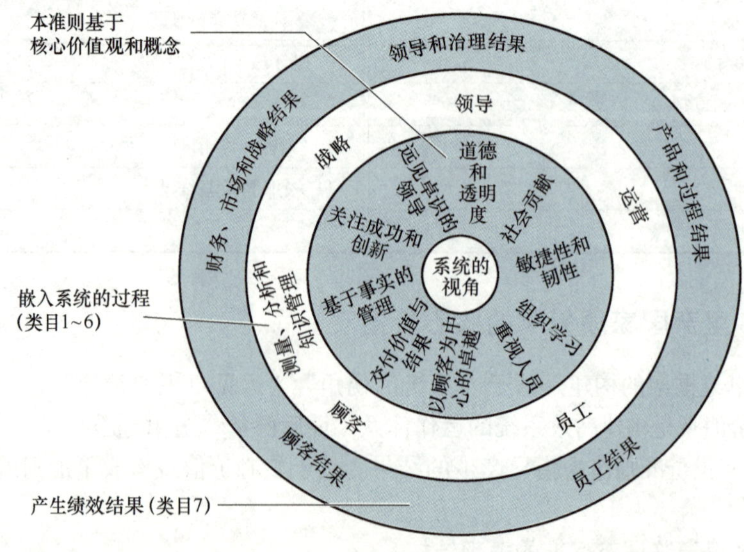

图 11-2 评审标准运行机理

三、波多里奇国家质量奖评审标准的内容

波多里奇奖评审标准中每个评审项目分成若干条款，每年度评审条款的数目和内容都要进行修订。2023—2024 年度波多里奇奖评审标准共有 7 个评审类目，17 个评分条款，32 个需要说明的范畴。每个类目和条款的分值见表 11-2。

表 11-2　波多里奇奖评审类目和条款及其分值

类目和条目		分值
1	领导	115
1. 1	高层领导	65
1. 2	治理和社会贡献	50
2	战略	90
2. 1	战略制定	45
2. 2	战略实施	45
3	顾客	85
3. 1	顾客期望	40
3. 2	顾客契合	45
4	测量、分析和知识管理	90
4. 1	组织绩效的测量、分析与改进	45
4. 2	信息和知识管理	45
5	员工	85
5. 1	员工环境	40
5. 2	员工契合	45
6	运营	85
6. 1	工作过程	40
6. 2	运营有效性	45
7	结果	450
7. 1	产品和过程结果	120
7. 2	顾客结果	80
7. 3	员工结果	80
7. 4	领导和治理结果	80
7. 5	财务、市场和战略结果	90
总分		1 000

四、条款的格式

波多里奇卓越绩效模式标准，在具体条款的编写上遵照规范的格式，各条款的编排有共同的体例。如图 11-3 所示，波多里奇卓越绩效准则七大章又进一步分为条款和着重方面，每个条款包括一个或多个着重方面。条款的问题分为三个层次，即基本问题、总体问题和详

细问题。基本问题在条款标题中表述。对于初次接触卓越绩效的组织而言，应考虑这些基本问题，它包括了支撑组织绩效的基本概念。总体问题是组织回应准则要求的起点，这些具有引导性的问题在准则中以黑体字表示。紧随总体问题的是一系列详细问题。需要注意的是，在某些特殊情况下，总体问题后边没有再列出详细问题，此时总体问题本身也是详细问题。

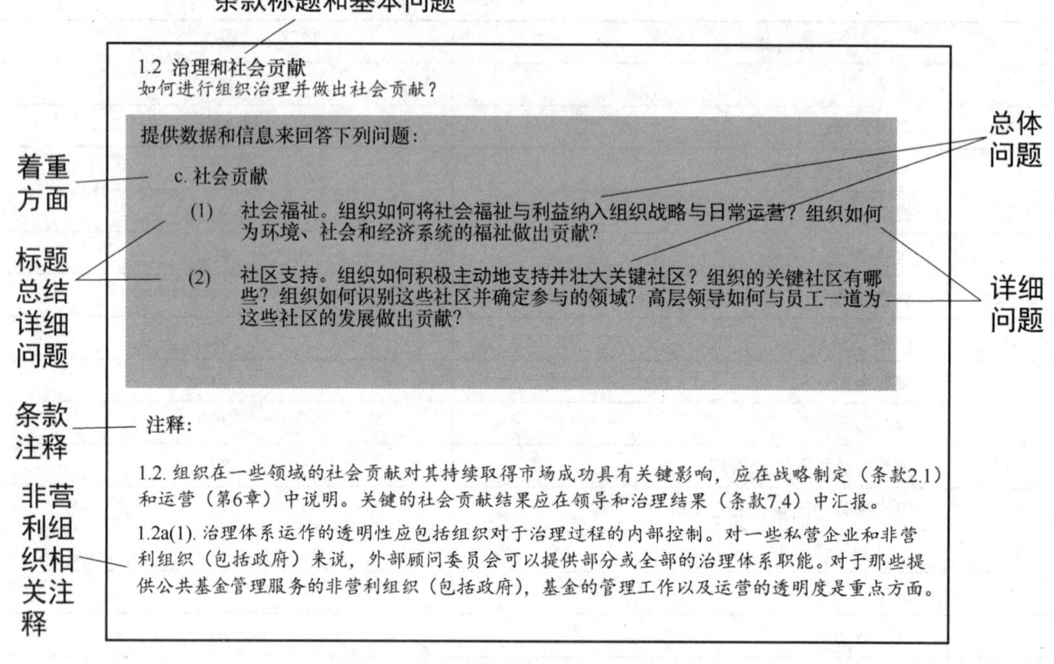

图 11-3　波多里奇卓越绩效准则格式示例

第二节　EFQM 全球奖

一、EFQM 全球奖概述

1988 年，欧洲的 14 家大公司发起成立了欧洲质量管理基金会（EFQM）。EFQM 所发挥的巨大作用在于：强调质量管理在所有活动中的重要性，把促成开发质量改进作为企业达成卓越的基础，从而提高欧洲企业的效率和效果。1991 年 10 月，欧洲质量基金会设立了欧洲质量奖，后更名为 EFQM 全球奖。

EFQM 全球奖是欧洲最具声望和影响力的用来表彰优秀企业的奖项，代表着 EFQM 表彰优秀企业的最高荣誉。该奖项一共设有两个等级，分别是全球奖、单项奖，除奖项外还提供 3~7 星的 EFQM 星级认证。

全球奖：获奖者不仅在竞争中表现突出，还应在管理系统的所有方面展现出优秀的成果。单项奖：获奖者是表现优于同行业，并且在某一特定领域表现出色的组织，比如领导力、可持续发展或创新等。星级认证：根据申请认证组织的管理成熟度水平，进行 3~7 星的 EFQM 星级认证。

申请者首先根据模型自我评估，然后以文件的形式将结果提交给 EFQM，一组有经验的评审员再对申请进行评分。质量奖评判委员会由欧洲各行业领导者，包括以前获奖者的代表和欧盟委员会、欧洲质量管理基金会以及欧洲质量管理组织的代表组成。他们首先确定评审小组将对哪一家申请者进行现场访问。现场访问之后，基于评审小组的最终报告，评判委员会确定奖项获得者。获奖者都将参加秋季的 EFQM 论坛。媒体将对此做广泛、大量的报道，他们在整个欧洲都将得到认可，成为其他组织的典范。在论坛会后的一年中，将举办一系列的会议，请获奖者与其他组织分享他们的经验以及通往卓越的历程。

二、EFQM 全球奖评审标准（2020 年）

（一）卓越的基本理念

EFQM 模型 2020 版修订后，不再保留基本理念的明确阐释，但仍延续传统，强调以下三个准则的重要性：

（1）顾客至上。

（2）秉持长远且以利益相关方为中心的视角。

（3）理解组织为什么做、怎么做和结果之间因果关系。

强调使用该模型的组织需要：

（1）认识到组织不是在真空中运营的，组织是一个更大、更复杂的生态系统的一部分，这个系统中的其他组织，不管是熟知的还是陌生的，都可能帮助或阻碍其发展。与生态系统中的其他组织交流并最大限度地利用学习和成长的机会，是符合自身利益的。

（2）把握在组织有影响力的领域担任领导者的机会，激励其他组织，展示共赢成果。

（3）了解组织会面临前所未有的快速变化，并且准备好适当地预测和应对这些变化。拥抱当下的管理挑战，同时预测未来并确保做好准备。

（二）EFQM 模型框架

EFQM 模型框架如图 11-4 所示。

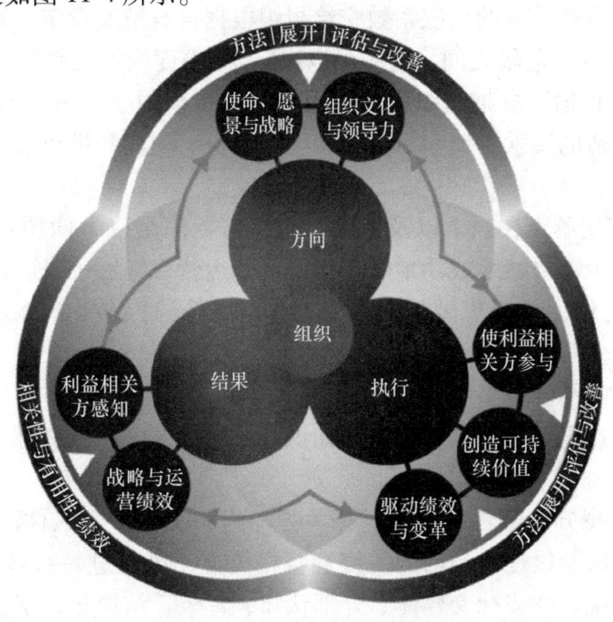

图 11-4 EFQM 模型框架

EFQM 模型架构立足于简单、有力的三个逻辑问题：

（1）组织“为什么”存在？要履行什么使命？为什么采取这样的战略？（方向）

（2）组织“如何”实现其使命和战略？（执行）

（3）迄今为止组织真正实现了“什么”？组织未来要实现“什么”？（结果）

在方向、执行、结果三部分下共有 7 项准则条款。图 11-4 中的 7 项条款都有各自严格的定义，定义从更深层次上诠释标准的内涵。为了挖掘各项标准更深层次的意义，每项标准都由一系列细则组成，这些细则在评价过程中予以体现，充分体现了卓越组织的典型特征。

1. 方向

（1）使命、愿景与战略。一个鼓舞人心的使命、一个远大宏伟的愿景和一套切实可行的战略，是成为卓越组织不可缺少的要素。

组织的使命解释组织工作的重要性，设置为利益相关方创造和交付可持续价值的场景，提供为生态系统做出贡献和带来影响的负责任的框架。

组织的愿景描述组织要实现的长期目标，为组织选择当下和未来的行动路线提供清晰的指引，与组织的使命一起为战略制定提供基础。

组织的战略描述组织如何履行其使命，为组织实现战略重点、向愿景迈进提供具体的计划。

（2）组织文化与领导力。组织文化是组织中员工和团队共同接受的价值观和行为规范的特定集合，随着时间的推移影响他们互相之间以及与组织外部利益相关方互动的方式。组织领导力是指组织作为一个整体而非任何个人或团队从顶层提供指导。组织在其生态系统里作为领导者而被其他组织视为标杆，而不是传统意义上的高管团队。

2. 执行

（1）使利益相关方参与。组织高效执行战略需要确保了解哪些是生态系统中的利益相关方，同哪些关乎组织成败的相关方保持紧密联系。标准罗列了五大公认的利益相关方：顾客、员工、业务和治理利益相关方、社会、合作伙伴和供应商。

因为我们生活在一个动态且时刻变化的世界中，所以进行评审和打分时应具有灵活性。标准将打分时每个利益相关方的加权系数交给组织根据自身情况设定，每类利益相关方的加权系数在 10%下限和 40%上限之间，组织可以决定 5%幅度的加权系数。

（2）创造可持续价值。卓越组织相信创造可持续价值对于实现长远成功和打造经济优势十分重要。价值创造的要素主要包括设计和生产价值、交流和推销价值、交付价值、界定和实施整体体验。

（3）驱动绩效与变革。在当下以及未来，组织需要满足以下两项重要要求来取得并保持成功。一方面，组织需要继续成功地管理当下业务运营（“驱动绩效”）；另一方面，组织内、外不断发生着变化，组织想要取得持续成功需要同时应对这两方面的变化（“驱动变革”）。

驱动绩效与变革的结合是组织正常运转并面向未来的必要条件。驱动绩效与变革的关键在于创新和科技、日益重要的数据、信息和知识以及对关键资产和资源的集中使用。

3. 结果

（1）利益相关方感知。聚焦关键利益相关方与组织交往中个人体验（即感知）反馈的结果。这些感知可能涉及以往和当前的关键利益相关方，可通过一系列渠道获得，如调查、焦点小组、评级、传统媒体或社交媒体、外部认知、宣传、结构化评审会议、投资者报告和其他赞赏或投诉，包括由顾客关系管理团队整理的反馈。

除关键利益相关方基于个人体验对于组织的感知外，感知也可能被组织环境和社会影响声誉塑造。

（2）战略和运营绩效。关注与组织绩效相关联的结果，总体分为组织履行使命、实施战略和创造可持续价值的能力和组织对未来的适应能力两类。这些结果指标包括但不限于达成使命、战略和创造可持续价值的成就，实现关键利益相关方期望，经济和财务绩效，驱动绩效和变革的成就，对未来的预测指标。

组织使用这些结果去监测、了解和改进整体绩效，预测组织绩效对关键利益相关方感知和未来战略目标的影响。

图 11-4 中箭头强调了模型的动态特性。EFQM 模型还通过 RADAR 工具来帮助组织更好地管理当前的工作方式，并诊断组织当前的优势和改进计划。RADAR 逻辑从最高层级阐述了一个组织需要做的：

1）将其计划要实现的结果（Results）作为组织战略的一部分。

2）计划并采取一整套合理的方法（Approaches）去推进当前和未来预期结果的实现。

3）以适当的方式展开（Deploy）这些方法。

4）评估（Assess）和改善（Refine）所展开的方法，实现学习与改进。

RADAR 工具应用在“方向”和“执行”中关注方法、展开、评估与改善三类要素，应用在“结果”中关注相关性与有用性、绩效两类要素。EFQM 模型与 RADAR 工具相结合，为希望实现可持续发展的组织提供一套管理指南。

第三节　日本戴明奖

一、日本戴明奖概述

日本戴明奖（JDA）于 1951 年由日本科学技术联盟（JUSE）设立，每年用来奖励在质量控制和提高生产率方面做出最大贡献的公司和个人。该奖以美国已故质量管理专家 W. 爱德华兹 · 戴明博士的姓氏命名，JUSE 负担维持该奖运作的全部经费。

日本戴明奖的评审并非要求符合戴明奖委员会提出的质量管理模式，而是要求企业自己认识自己的现状，制定目标，对于整个组织改进、变革的结果与过程以及将来的有效性进行评估。无疑，评审由作为第三者的评审委员会进行，但其判定却是根据企业对全面质量管理（TQM）所采取的措施、运营状况以及所获得的成效等做出综合判断。并不是戴明奖委员会抛出问题，而是要由申奖组织准备好问题和解决方案，其中蕴含了发展的要因。

二、日本戴明奖的全面质量管理概念

日本戴明奖认为，全面质量管理是一种有体系的活动，需要整个组织有效、高效运营，为达成组织目的做贡献，以便及时地、以适当的价格提供质量过关、顾客满意的产品或服务。

（1）顾客。顾客不仅指买主，还包括使用者、利用者、消费者和受益者等利益相关者。

（2）质量。质量是指有用性（功能、心理特性等）、可靠性、安全性等，需要考虑对第三者或社会、环境及后代的影响等。

（3）产品与服务。除了产品（不仅是指成品，还包括零部件和材料）和服务之外，还包括系统、软件、能源、信息等向顾客提供的所有内容。

（4）提供。它是指从生产出“产品或服务”到交给顾客为止的活动，即除了调查、研究、策划、开发、设计、生产准备、购买、制造、施工、检验、接受订货、运输、销售、营销等之外，还包括顾客使用过程中的维护与售后服务及使用后的废弃或再生等活动。

（5）有效、高效地运营整个组织。它是指在适当的组织、经营管理的基础上，以质量保证体系为中心，综合成本、数量、交货期、环境、安全等各个管理体系，以尽可能少的经营资源，迅速实现企业的目的，所有部门、所有职级的员工共同推进的工作。为此，需要在尊重人性的价值观基础上，培养能够支撑核心技术、组织的速度与活力的员工；适当地运用统计方法，根据事实对 PDCA 进行管理和改进，进而通过适当地运用科学方法与有效、灵活地运用信息技术重新构筑经营系统。

（6）组织目的。通过长期、持续地实现顾客满意，以确保组织的长期性合理利益和成长为目的，包括在员工满意的同时，谋求社会、交易对象、股东等与企业有关者的利益。

（7）有体系的活动。它是指为了达成企业的使命（目的），而制定中长期愿景、战略及适当的质量战略、质量方针，在最高经营层具有强烈使命感、拥有强大领导力的基础上开展的一系列有组织的活动。

三、日本戴明奖评审标准

（一）日本戴明奖的种类

目前，日本戴明奖分为五大类：戴明奖、戴明奖大奖、戴明奖本奖、戴明奖普及推进贡献奖（国外）、日经品质管理文献奖，如表 11-3 所示，其中又以戴明奖大奖最具影响力。

表 11-3　戴明奖的种类

类别	授予对象
戴明奖	授予有效开展与实施符合经营理念、行业、经营状况、规模、经营环境的全面质量管理活动的申报组织（年度奖）
戴明奖大奖	授予荣获戴明奖的组织在获奖 3 年后仍持续推进全面质量管理并取得了优秀成果的申报组织（年度奖）
戴明奖本奖	授予在“全面质量管理”或全面质量管理数理统计手法等方面的研究上取得杰出成就，或者对全面质量管理的普及做出重大贡献的个人或团体
戴明奖普及推进贡献奖（国外）	授予对全面质量管理的普及与推进做出重大贡献、取得杰出成就的个人或团体（3~5 年评一次）
日经品质管理文献奖	授予对质量管理的进步和发展做出重大贡献并获得广泛认可的优秀文献（限在日本出版著作）

（二）日本戴明奖的评审标准

日本戴明奖的评奖准则及其运营方式经历了多次修订和改进，其评审标准由以下三部分构成：①经营目标、战略的制定与高层的领导能力；②全面质量管理的恰当应用、实施；③全面质量管理的效果。戴明奖的基本准则条款框架如图 11-5 所示。

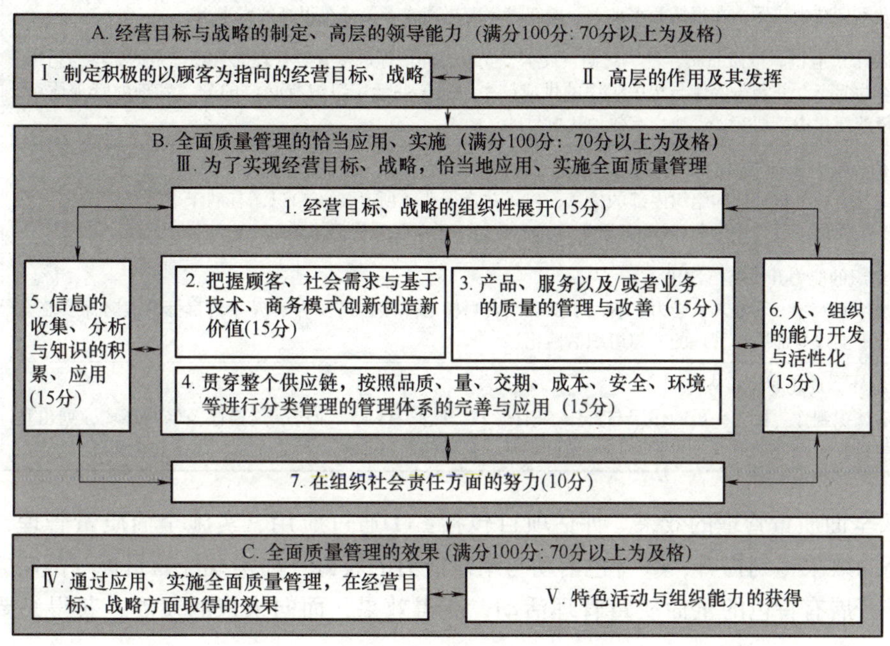

图 11-5　戴明奖的基本准则条款框架

（1）经营目标、战略的制定与高层的领导能力。评价项目包括以下方面：

1）制定积极的顾客导向的经营目标与战略。根据经营理念、行业、业态、规模、经营环境，基于明确的经营意志、积极的顾客导向、组织的社会责任，制定经营目标与战略；能够明确组织今后的目标状态以及未来计划。

2）高层的作用及其发挥。高层在制定积极的顾客导向经营目标与战略、全面质量管理实施中发挥领导能力。高层对于经营目标、战略以及环境变化有远见卓识，能够理解提高组织能力、培育人才、组织社会责任的重要性；对于全面质量管理有理解、有热情。

（2）为了实现经营目标、战略，恰当地应用、实施全面质量管理。评价项目与相应的分值如表 11-4 所示。

表 11-4　评价项目和相应的分值

评价的项目	分值
1. 经营目标、战略的组织性展开 在全员参加、部门间以及相关组织间密切合作的基础上，组织能够上下一心实施经营目标与战略	15 分
2. 把握顾客、社会需求与基于技术、商务模式创新创造新价值 以此为目标，积极有效地开拓新业务、开发新商品（产品、服务）和/或改革业务（过程）	15 分

（续）

评价的项目	分值
3. 产品、服务以及/或者业务的质量的管理与改善 （1）日常管理：通过标准化和培训，日常业务基本不出现问题，各个部门的主要业务可以稳定开展 （2）持续改善：有计划地、持续地进行产品质量、服务质量和/或业务质量相关的改善。市场和/或后工序的投诉及不良减少或保持在很低的水平上。顾客满意度提高或者保持在很高的水平上	15分
4. 贯穿整个供应链，按照品质、量、交期、成本、安全、环境等进行分类管理的管理体系的完善与运用 在以顾客为起点，并涵盖伙伴与相关组织的供应链中，完善并运用组织所必要的分类管理的管理体系，在经营环境的变化中，切实、迅速、有效地达成目的	15分
5. 信息的收集、分析与知识的积累、应用 成体系地收集并分析市场和组织内部的信息，积累并活用业务所必要的知识，有助于创造新的价值，管理并改善产品质量、服务质量和/或业务质量，完善并运用经营要素管理体系	15分
6. 人、组织的能力开发与活性化 有计划地培养人才、开发人员能力，有助于实现经营目标与战略，以及为实现经营目标与战略而实施全面质量管理、支撑全面质量管理的人与组织活性化	15分
7. 在组织社会责任方面的努力 组织能够认识到作为社会一员的作用与责任，根据经营理念、行业、业态、规模以及经营环境，列出具体指标，积极开展相应举措（如保护环境、地区贡献、公正的常规业务、尊重人权、信息安全等）	10分

（3）全面质量管理的效果。评估项目包括：①通过应用、实施全面质量管理，经营目标与战略的效果得到提升；②特色活动与组织能力的获得：在实现经营目标与战略方面的核心部分，开展有特色的全面质量管理活动，获得效果，面向未来的发展，获得必要的组织能力。

日本戴明奖的效果表现在经营结果和管理水平两方面。在经营结果方面，通过挑战日本戴明奖而改进了质量，促进了新产品的开发，提高了生产率，增加了销售量和利润；在管理水平方面，改善了部门间的沟通，提高了工作质量，改进成为持续的活动，促进了经营计划的落实、经营方针的沟通，改进了综合管理体制。

第四节　中国全国质量奖

一、中国全国质量奖概述

为了有效提高我国的产品质量和质量管理水平，激励和引导企业追求卓越质量经营，增强企业乃至国家的整体竞争能力，中国质量协会在借鉴其他国家质量奖，特别是美国波多里奇国家质量奖的基础上，于2001年启动了全国质量奖的评审工作。全国质量奖是中国质量协会的奖项。

全国质量奖（China Quality Award）是对应用卓越绩效模式，并在各方面取得显著绩效的组织所授予的在经营发展质量方面的崇高荣誉。它遵循为申报组织创造价值的宗旨，坚持“高标准、少而精、树标杆”的原则，依据《卓越绩效评价准则》（GB/T 19580—2012）国家标准和《卓越绩效准则》（T/CAQ 10115—2021）团体标准，科学、客观、公正地开展评审。

全国质量奖共设立组织类、项目类（卓越项目奖）、个人类（中国杰出质量人、中国质量工匠）、团队类（全国优秀质量管理小组）四个类别。组织类奖按照组织管理成熟度水平划分为全国质量奖、全国质量奖提名奖、实施卓越绩效先进组织三个等级。目前，全国质量奖每两年评审一次，由中国质量协会负责组织评审工作。评审程序包括自愿申报、资格审查、资料评审、答辩、现场评审、评审委员会审议、公示、审定和表彰。

中国全国质量奖评审组织架构实行“三三制”，即三方（评审专家组、评审委员会、审定委员会）、三审（资格审查、资料评审、现场评审）、三会（答辩评审会、推荐获奖评审会、获奖审定会）。审定委员会、评审委员会、评审专家组依据评审管理办法和评审程序规范的规定，各自履行职责，既保持独立性，又相互制约。评审委员会主任、副主任均由外部专家担任，确保评审的公正与公平。

2016 年 10 月，中国质量协会成为全球卓越绩效委员会（GEC）核心成员。2022 年 9 月，中国质量协会与 11 个国家或区域质量奖组织机构共同签署《全球卓越绩效委员会宣言》。中国全国质量奖也已经成为与日本戴明奖、美国波多里奇国家质量奖、EFQM 全球奖齐名的世界级质量奖项。

二、《卓越绩效评价准则》的基本理念

卓越绩效是包括先进理念、内容严谨的框架结构以及科学的方法体系的管理模式。基于“学习先进、结合国情、融入条款、科学严谨”的原则，2012 版 GB/T 19580 标准在“引言”中提出了九项基本理念。框架结构为两种类型：过程与结果。共有七大类目。

“过程”类型：4.1 领导，4.2 战略，4.3 顾客与市场，4.4 资源，4.5 过程管理，4.6 测量、分析与改进；“结果”类型：4.7 结果。

七大类目由 23 个评分项构成，每一个评分项都由基本要求、总体要求、详细要求三个结构层次构成，详见本章附录 A 中图 A-1。

九项基本理念如下：

（1）远见卓识的领导。以前瞻性的视野、敏锐的洞察力，确立组织的使命、愿景和价值观，带领全体员工实现组织的发展战略和目标。

（2）战略导向。以战略统领经营管理活动，获得持续发展和成功。

（3）顾客驱动。将顾客当前和未来的需求、期望和偏好作为改进产品和服务质量，提高经营管理水平及不断创新的动力，以提高顾客的满意度和忠诚度。

（4）社会责任。为组织的决策和经营活动对社会的影响承担责任，促进社会的全面、协调、可持续发展。

（5）以人为本。员工是组织之本，一切管理活动应当以激发和调动员工的主动性、积极性为中心，促进员工的发展，保障员工的权益，提高员工的满意度。

（6）合作共赢。与顾客、关键的供方及其他相关方建立长期伙伴关系，互相为对方创造价值，实现共同发展。

（7）重视过程与关注结果。组织的绩效源于过程，体现于结果。因此，既要重视过程，又要关注结果；要通过有效的过程管理实现卓越的绩效结果。

（8）学习、改进与创新。培育学习型组织和个人是组织追求卓越的基础，传承、改进和创新是组织持续发展的关键。

(9) 系统管理。将组织视为一个整体，以科学、有效的方法实现组织经营管理的统筹规划、协调一致，提高组织管理的有效性和效率。

其中，(1)~(3) 体现了组织运行的动力，(4)~(6) 体现了组织行为的理念，(7)~(9) 体现了运行方法的理念。

三、中国全国质量奖评审标准

(一) 标准的内容和特征

中国全国质量奖评审标准从2005年起依据的是2004年发布的GB/T 19580《卓越绩效评价准则》和GB/Z 19579《卓越绩效评价准则实施指南》，该标准于2012年进行了修订，适用于追求卓越绩效的各类组织，是一对联合使用的标准。前者规定了组织卓越绩效的评价要求，既可用于质量奖的评价，也可作为组织追求卓越绩效进行自我评价的准则；后者对前者的内容做了详细说明，为组织追求卓越提供了实施指南，包括各类目分值的分配、评分系统及组织简介（详见本章附录A）。正如标准审定的决议所指出的：该标准"形成了具有中国特色的卓越绩效管理标准，达到了国外主要国家卓越绩效管理标准的同等水准"。2021年中国质量协会发布了《卓越绩效准则》（T/CAQ 10115—2021）团体标准。团体标准在《卓越绩效评价准则》国家标准的基础上，参考国际上卓越绩效准则的最新变化，并结合中国质量协会卓越绩效模式推进和全国质量奖评审20多年的实践，以及经济、社会、科技等方面的环境变化，补充了评价要求，同时增加了说明和理解有关要求的"注"，增加了评价方法等内容，旨在确保GB/T 19580—2012在实践中契合时代发展，延伸其生命周期并提升其活力，以引导组织更加深化理解和有效应用卓越绩效评价准则国家标准。

1. 标准的内容

《卓越绩效评价准则》共分七个部分，如图11-6所示。

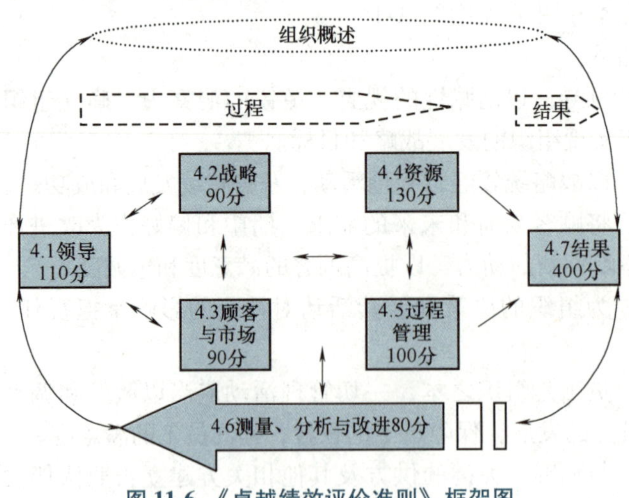

图11-6 《卓越绩效评价准则》框架图

2. 基本构架和特征

(1) 规范、改进和创新的系统。纵观国际上重要的管理标准，如ISO 9000族标准、三大质量奖（美国波多里奇国家质量奖、EFQM全球奖及日本戴明奖）标准等均表现为一种板块式的系统结构，即形成质量管理系统。系统理论告诉人们：系统的功能取决于系统的结构。

图 11-6 所示的 GB/T 19580《卓越绩效评价准则》的结构总体上是由三部分组成的。

“领导”“战略”“顾客与市场”构成的三角是带动力，“资源”“过程管理”“结果”构成的三角是从动力，通过“测量、分析与改进”连接起来，依据 PDCA 循环方式，形成不断改进和创新的系统，引导企业去追求卓越。其管理职能层次结构如图 11-7 所示。

（2）类目、项、条构成的评价网络。作为标准，不论是技术标准还是管理标准，其编制都必须遵照标准的统一规则。除此之外，其结构还必然根据具体标准的性质和要求的不同而不同。就管理标准而言，管理性质、实现的途径和手段决定标准的具体构成。例如，ISO 9000 标准依据“过程方法”编制和实施标准，实现组织的方针目标。而国家标准《卓越绩效评价准则》着眼于组织战略目标，促进组织可持续发展。实施《卓越绩效评价准则》便于衡量组织在质量征途上所处的位置，类似于 ISO 9004 对组织有效性以及组织成熟水平（度）的评价，而不是 ISO 9001 质量管理体系认证得出的通过或不通过结论。ISO 9001 标准基本上是对组织运作实施“符合性”评价，而国家标准《卓越绩效评价准则》是对组织过程与结果进行评价。它提出了追求卓越的管理准则，标准具体内容由 7 个类目、23 个评分项组成，形成一个完整的评价网络。在《卓越绩效评价准则实施指南》中，为了进行量化评价，7 个类目总分为 1 000 分，对 23 个评分项的分值分别做了规定，作为具体评价的依据。与国外同类评价标准分值相比较，国家标准根据我国过程运作相对薄弱的实际，分值有所倾斜，并针对我国经营环境的现状增加了诚信经营、安全、环保和创新等内容。

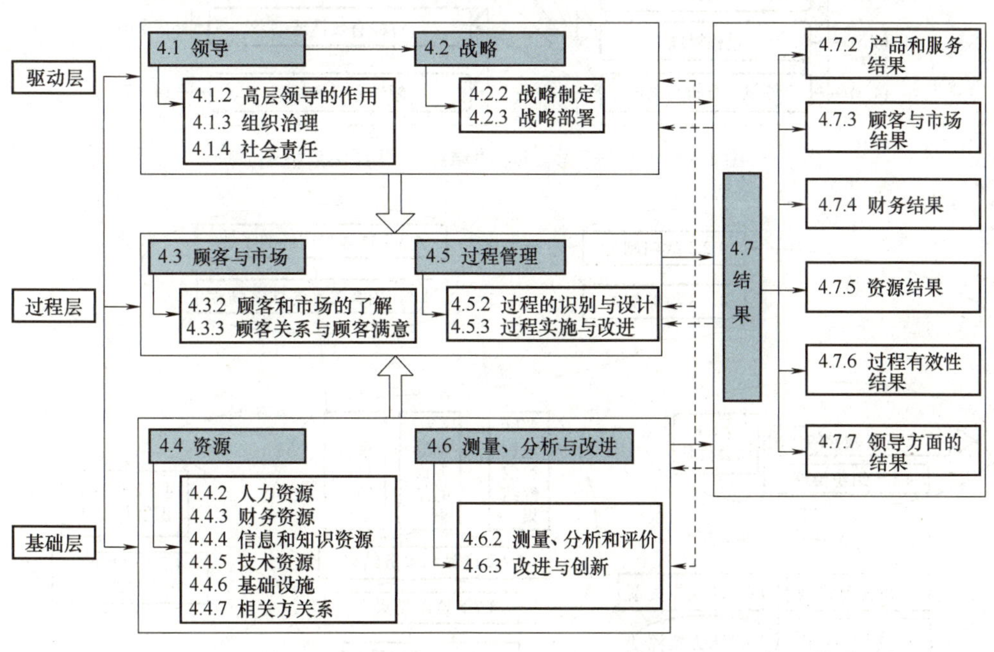

图 11-7 《卓越绩效评价准则》管理职能层次结构

（7 个类目、23 个评分项）

（3）可遵循、可追溯、不断改进、注重结果的运作规则。管理标准与技术标准在标准的基本属性上是相同的，即统一、精简、效能。但一般来说，管理标准所提供的是实现管理目标的途径和要求，追求过程的稳定和绩效或目标的持续实现。因此，管理过程应可遵循、可描述，按既定的程序展开，当过程出现异常或目标发生偏离时可追溯，从而将异常作为继续改进的机会。从这一点来说，管理标准作为一种“准则”“模式”，具有可借鉴性和可操作性。符合标准条款的要求只能说是最基本的，特别对于《卓越绩效评价准则》这样的标准，是远远不够的。世界著名的管理大师德鲁克说过：“管理是一种实践，其本质不在于知，而在于行。其验证不在于逻辑，而在于成果，其唯一的权威评价就是成就。”国家标准贯穿全部内容的是“绩效目标”的导向。不仅经营结果注重绩效，而且方法展开过程控制也注重绩效，绩效指标有三种形式：第一种是财务、经营活动结果评价传统绩效的滞后性指标；第二种是顾客满意、市场增长等影响组织绩效的当期性指标；第三种是企业内部流程效率、员工学习成长、社会责任、道德行为等影响企业未来经营绩效的领先性指标。《卓越绩效评价准则》特别关注“结果”与“方法”的互动和“链接”。图 11-8 显示了“过程”类目与“结果”类目的评分项之间较为直接的对应关系。图 11-9 显示了 23 个评分项之间的相互关系。

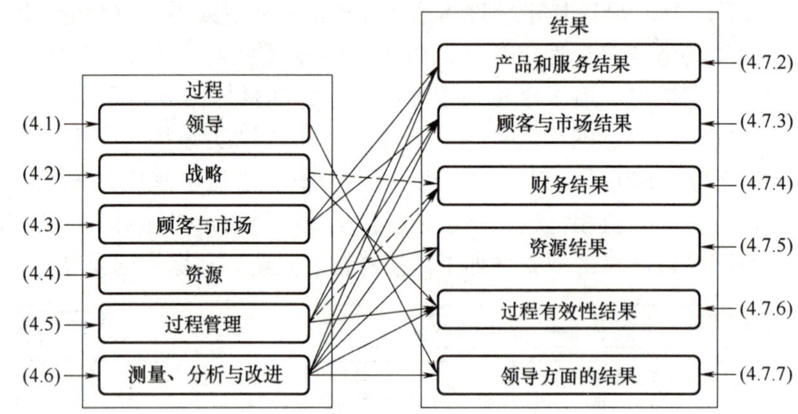

图 11-8 “过程”类目与“结果”类目关系框图

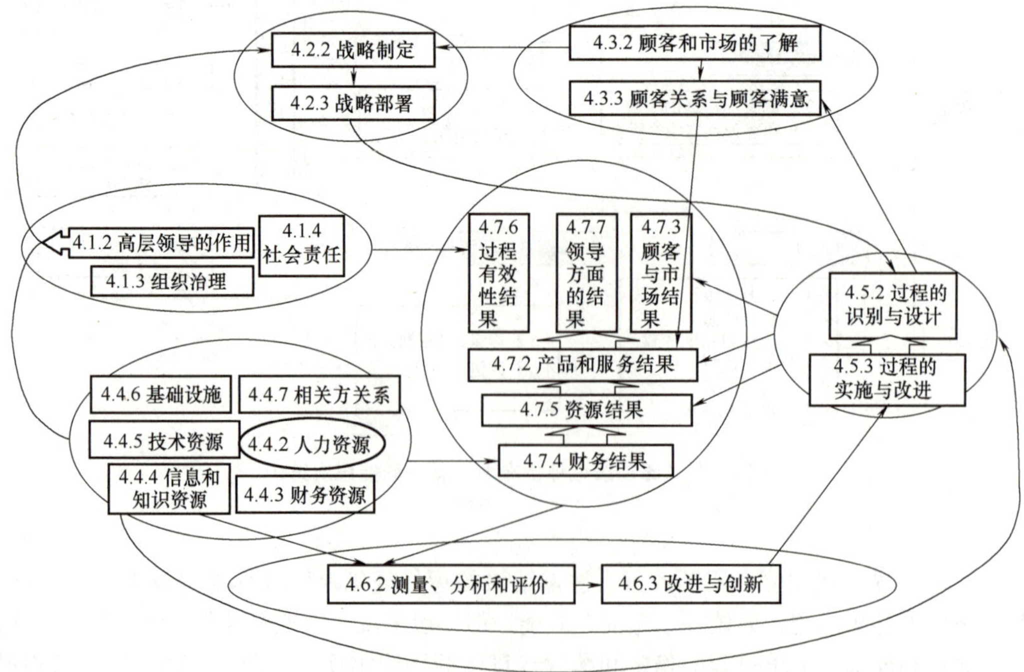

图 11-9 23 个评分项之间的相互关系

在图 11-8 中，“4.1 领导”对应“4.7.7 领导方面的结果”；“4.2 战略”对应“4.7.6 过程有效性结果”以及“4.7.4 财务结果”；“4.3 顾客与市场”对应“4.7.3 顾客与市场结果”；“4.4 资源”对应“4.7.5 资源结果”；“4.5 过程管理”对应“4.7.6 过程有效性结果”“4.7.3 顾客与市场结果”“4.7.2 产品和服务结果”“4.7.4 财务结果”；“4.6 测量、分析与改进”则对应所有的结果。

图 11-8 表明，标准揭示了两个方面：①管理工具和方法是否适用、是否科学，唯一的评价标准就是看其是否实现了预期的目的；②结果的绩效只有通过预期实施的过程和方法加以实现，才是稳定的、可持续的。即结果绩效的取得源于方法的展开，而方法的展开（实施）应在结果的绩效中体现。

应当指出的是，绩效结果的测量指标的参照系不仅与组织过去的业绩相比较，更重要的是搜集竞争情报和标杆与对手的数据与信息，与竞争对手和标杆相比较，从而明确继续改进的方向。

（二）标准的实施

从标准实施层面上看，有以下几点需要关注：

一是对标准的理解。与标准相关的 GB/T 19001 已推行多年，无论是企业还是具体的咨询、评审人员，由于路径依存所形成的锁定状态，把 GB/T 19580 仍视作符合性标准，所以具体实施中很宽泛、很迷茫，没有抓住战略绩效导向的评价思路和组织可持续发展的经营目标。其实两者在标准要求上，简单地讲，可以归纳为“如何”与“应”、“成熟度”与“符合性”两种思维和方法。GB/T 19580 在过程评价中提出了 140 个如何。关于“如何”（How）的定义是：组织用来实现其使命要求的系统和方法。在回答“过程评分项要求”中关于“如何”的问题时，对过程的描述应包括诸如方法（方式与指标）、展开、学习和整合等因素的信息。通过四要素循环对过程实施管理：

A——通过识别过程、确定对过程的要求和过程设计，建立方法；

D——通过过程实施和监测，进行方法的展开；

L/I——通过过程的评价、改进和创新并分享其成果，实现方法的学习和整合，使方法在实践中与时俱进，成熟度不断提升，并使实施方法的各部门之间、各过程的方法之间协调一致、融合互补，以战略目标为导向凸显核心能力及所关联的关键过程的识别、设计、实施与改进。如何体现过程系统和方法与成熟度评价相关联并体现组织可持续发展中的绩效？GB/T 19001 属于质量管理体系是否合格的符合性评定标准，基点是“应”，即做好规定动作，类似于体育达标、电影审查合格；GB/T 19580 是实现组织战略目标的自选动作，属于组织综合管理体系卓越程度的成熟度评价，类似于运动会拿奖牌、电影得奖。

二是功利性干扰。无论哪个标准，其基本推动都具有功利性。与 GB/T 19001 相比，GB/T 19004 更利于组织持续发展，但处于被冷落的境地。其核心原因是市场壁垒的驱动。GB/T 19580 也是因质量奖的驱动而一哄而起，难以落地。在现实功利性弥漫的环境下，美容不健身几乎是常态。有位企业家曾经说过：“企业获得 ISO 9000 认证就如同有了保持身体健康的方法，但不按此方法锻炼身体或不按医嘱吃药，也只是一时健康，日久天长其结果仍是病魔缠身，不能健康发展，从而断送其生命。”

三是组织追求卓越绩效，或争创质量奖，按照《卓越绩效评价准则》的要求建立管理体系，实施过程中一般要面临两个方面的整合：一是与组织已有体系或管理模式整合；二是与相关方整合。

前者经常表现为一种融合前的“排异反应”，特别是为了通过评审获得奖项，往往呈现“两张皮”现象；后者表现为利益的冲突和关系的协调。

根据制度经济学理论，一种管理模式或制度体系一经建立，将会形成制度的依赖，或称“路径依赖”。一方面表现出标准的稳定和规范的增值效应，同时也可能出现“锁定效应”而僵化。根据我国类似活动的经验教训，标准的实施并取得“卓越绩效”，可能比标准的制定和颁布更为重要和困难。不仅通过标准“美容”，更重要的是“健身”。

四、《卓越绩效评价准则》标准的理论基础

在信息全球化和经济国际化的背景下，“三流国家卖苦力，二流国家卖产品，一流国家卖技术，超级国家卖标准”。这句话揭示出从产品到技术再到标准的升级过程，同样，管理的实践需要理论的指导，而理论的升华便衍生出相应的模式。

在经济全球化时代，消费者的需求趋于多元化，市场细分，产品创新，生产也从单个品种大批量生产转向多品种小批量生产，因此产品质量的基础也变成了零部件层次的“标准化”和产品层次的“定制化”相结合。不断为消费者迅速设计、开发和生产高附加值的产品，与时代同步，是管理创新的重要视角和理论基础。特别是工业经济时代的企业管理，分工基础上的专业化衍生出不同的专业管理。而今，全局视角的战略高度层面的基于各专业管理的整合是企业管理实践的应是、应时及应求。从质量管理的基本理论来看，标准是在综合质量概念、管理模式理论、绩效评价理论及标杆管理、成熟度理论的基础上提出的。

（一）综合质量概念

标准是对一定的管理理论及实践加以提炼的结果，任何概念都是从属和定位于一定的理论与学说的。一门学科的发展与创新，首先都是界定该学科或理论的概念或术语。纵观质量管理发展的历史，可以看出这同时也是质量观念不断演化的历史。与质量管理的三个发展阶段——质量检验、统计质量管理及全面质量管理相适应，质量概念的演化也可以归结为三个方向：第一个方向是质量“符合标准”，这是标准化的概念，重视证明；第二个方向是质量“达到顾客的要求”，这是“适用性”的概念，重视改进；第三个方向是质量协调“相关方利益”，重视可持续发展。从市场的需求看，生产主导型的质量是符合性质量，关注优劣；消费者主导型的质量是适用性质量，关注顾客满意；竞争性主导型的质量是经营质量，关注持续发展综合质量。

综合质量观从朱兰的内部顾客和外部顾客，扩展到顾客、员工、供应商和合作伙伴、股东、社会五大利益相关方的范畴，已经发展成为一个复杂系统。所以，现代质量管理也就相应地由组织建立质量管理体系，并使之有效地运行发展到对复杂的质量系统的经营层面，现代质量的概念最终发展成为质量系统在追求卓越绩效的质量经营活动中所表现出的整体性系统功能属性。质量概念的演化如图 11-10 所示。

《卓越绩效评价准则》标准的依据是关注战略导向下的综合质量观。

（二）管理模式理论

1997 年，美国科学家库恩提出了科学范式理论。他指出，任何一门科学，从哲学层面来看都可以包括三个方面的结构：基本原则（价值观或理念）、内容框架及实施路径或方法。正如德国著名科学史学家波塞尔指出的：“范式决定我们的着眼点和应该提出哪些问

题，同时还决定如何回答所提出的具体问题以及解决问题的方法和手段。”从管理科学来看，范式亦称模式，也具有这些特征。管理范式（模式）是划分管理共同体的标准，不同的范式决定管理学发展的某一历史时期、某个特定研究方向和领域所特有的共同世界观、共识、基本观点、基本理论和方法等形成的管理共同体。正是管理研究和实践者掌握了共有的模式，才组成了这个管理共同体。管理模式的通用性是，它提出组织追求卓越的管理要素、一般路径与方法，不同组织可以加以借鉴，并结合本组织的具体情况形成独具特色的管控模式。

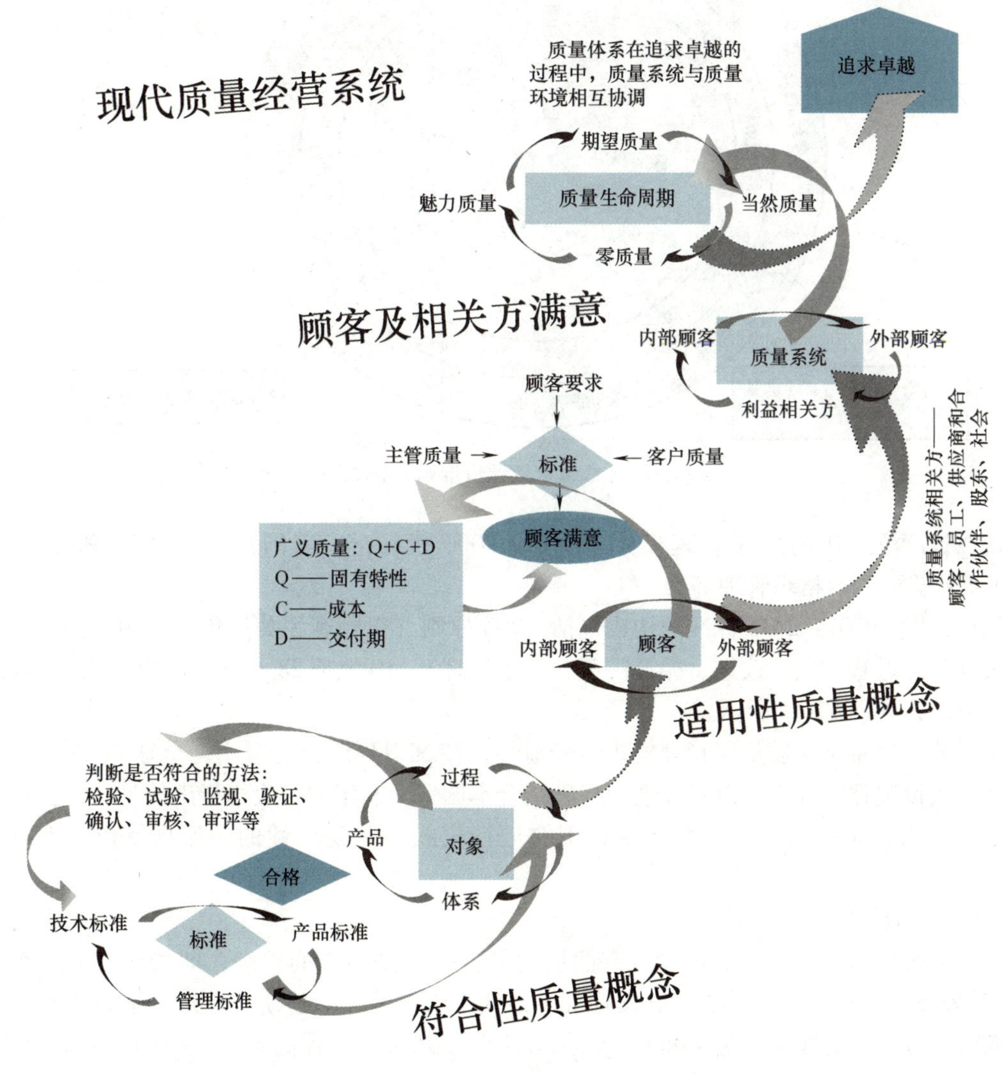

图 11-10　质量概念的演化

《卓越绩效评价标准》7 大类目由 23 个评分条款构成，是基于成熟度视角（ADLI）的过程评价及基于标杆管理（LeTCI）的结果评价方法的体系。

《卓越绩效评价准则》管理模式包括：9 项基本理念、“6+1”条目的框架结构及由 1000 分总分体现的成熟度评价方法等。三个层次的相互关系是：“准则建立在 9 项基本理念之上，

9 项基本理念嵌入 6 个过程之内，收获于 6 个结果之中。”高层领导可运用这些基本理念引导组织追求卓越。《卓越绩效评价准则》模式如图 11-11 所示。

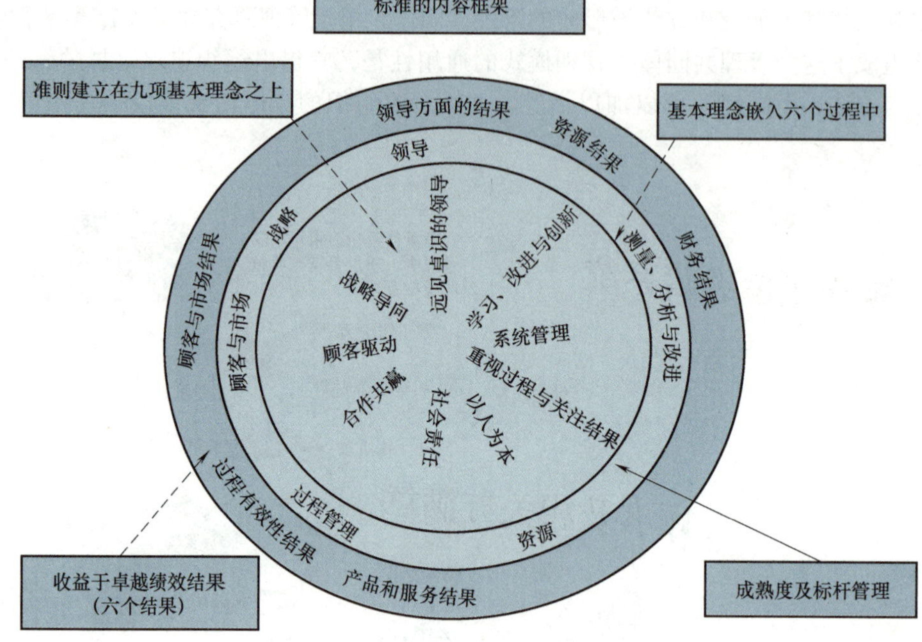

图 11-11 《卓越绩效评价准则》模式图

现在被广泛运用的质量管理模式有：ISO 9000 族标准、美国波多里奇国家质量奖、EFQM 卓越奖、六西格玛管理等。

例如，ISO 9001：2015 标准的构成包括：7 项原则（以顾客为关注焦点、领导作用、全员积极参与、过程方法、改进、循证决策、关系管理）、10 大项 28 小项的内容结构及 PDCA 的运行方法，如图 11-12 所示。

美国波多里奇国家质量奖管理模式的普适性，使其得到广泛的应用，全球 80 多个国家和地区的质量奖评定标准是以其标准为基础结合本国情况制定的。应当指出的是，管理模式只是给出方向、路径和方法，而企业真正的运行模式一定是个性的、独具特色、不可复制的。

（三）绩效评价理论

卓越绩效作为一个术语或概念，有两层含义：一个是结果的程度，即指标；另一个是《卓越绩效评价准则》标准的含义，即标准术语 3.1 给出的，卓越绩效是指“通过综合的组织绩效管理方法，为顾客、员工和其他相关方不断创造价值，提高组织整体的绩效和能力，促进组织获得持续发展和成功”。

从结果评价的视角来看，企业的绩效评价经历了四个发展阶段：成本绩效评价、财务绩效评价、人力资源绩效评价及战略绩效评价。其演化的背景与组织自身的特点及经营目标是相关联的，也是与市场环境逐步从卖方市场向买方市场的演变相适应的。企业处在不同的生命周期、不同的经营环境下，具有不同的经营战略与目标，都会有关注重点不同的绩效评价方法和绩效评价指标，具有权变性。

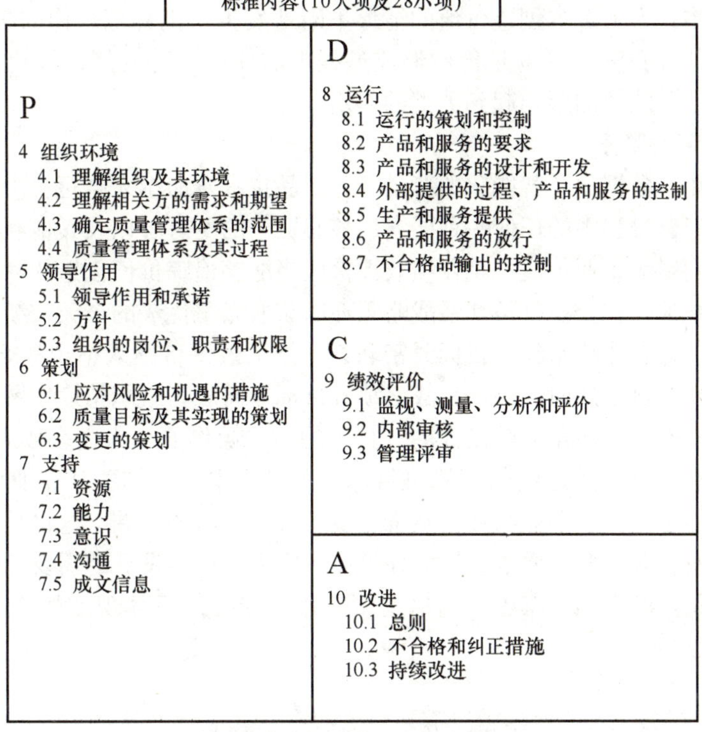

图 11-12　ISO 9001：2015 标准的内容

1. 成本绩效评价阶段

19 世纪中叶，西方资本主义工业经济的发展，尤其是纺织业、机械制造业等工业经济的发展，使资本主义商品不断丰富。商品货币经济的出现促使企业开始关注企业的经营业绩，主要是采用一些简单的成本业绩评价指标或者与标准成本业绩的指标做比较的方法，比如，简单的成本业绩评价指标体系中有每码成本、每磅成本、每台成本等；标准成本业绩指标评价中可采用标准成本的执行情况和差异分析结果作为该阶段评价企业经营业绩的主要指标。

2. 财务绩效评价阶段

20 世纪初，西方资本主义由自由竞争阶段过渡到垄断竞争阶段，工业化社会进入了大机器工业时代，资本主义市场经济步入稳步发展时期。这时，由于资本市场的发展和所有权与经营权的进一步分离，企业经营更加注重财务业绩。20 世纪初的财务业绩评价体系以销售利润为中心，如预算、税前利润、剩余收益等。到 20 世纪 30 年代以后，企业的主要经营目标则是通过提高生产率来追求利润最大化，以投资报酬率指标为中心的财务业绩评价成为企业绩效评价的核心指标，包括投资报酬率、销售利润率、每股收益、现金流量等。这一方面推动了企业财务绩效评价体系的深化；另一方面，随着全球化竞争的日益激烈，也凸显出其不足：这些指标体系主要体现了以财务业绩为主的评判标准，不能全面地体现财务指标与非财务指标之间的因果关系，因此不利于企业核心竞争力的形成、保持和评价。

3. 人力资源绩效评价阶段

在 20 世纪 80 年代后期，企业的核心资本由主要体现为物质资本和财务资本的财务绩效评价向关注价值创造的模式转变。尤其是进入 21 世纪后，物质资本已不再独占鳌头，而开始让位于人力资本，人力资本创造价值的情形不断地发生于世界范围内的各种企业组织中。决定企业竞争力的核心资产可以是价值形成过程中的任何一种要素，特别是在知识经济时代，人力资本对经营绩效的影响起到关键的作用。

4. 战略绩效评价阶段

在当今信息化、数据化及智能化的背景下，产品技术寿命越来越短，决定企业竞争力的核心资产可以是经营过程中的任何一种要素，核心资产的所有者以及其他利益相关者按照他们的谈判能力共同影响企业价值。企业绩效评价应当能够追踪价值创造的动因，关注更广泛的利益相关者的要求。在企业日益加强战略管理以获取竞争优势的今天，绩效评价还应适应整体战略的要求，与企业战略经营目标紧密联系，把绩效评价纳入整个战略管理过程之中，并且更加凸显创新与目标导向。因此，战略绩效目标导向成为组织持续发展的关键绩效评价体系，把企业的战略目标转化为阶段性的、具体的、可操作的、为大多数人所理解的目标，使企业的高层管理人员清楚达到长期战略目标的关键因素，更加关注企业可持续发展的能力。可持续发展能力反映了企业与社会经济环境和自然环境的协调，这也是自然环境、社会及利益相关群体对企业的共同要求。绩效评价体系应适应社会发展的需要，把对创新能力的评价放在重要地位。图 11-13 描述了《卓越绩效评价准则》所体现的战略绩效导向的评价路径。

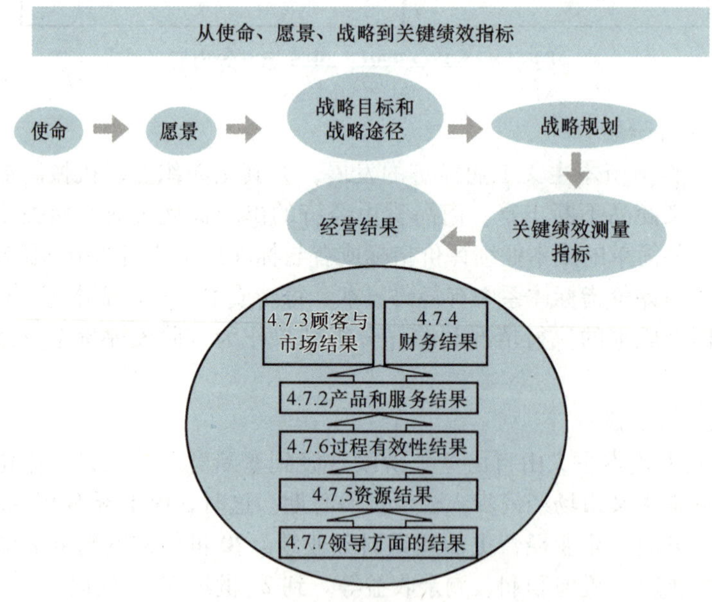

图 11-13 《卓越绩效评价准则》所体现的战略绩效导向的评价路径

企业的绩效评价所经历的四个发展阶段，不是相互替代的过程，而是相互包容、不断完善的过程，是绩效评价关注重点的演化。

（四）标杆管理及成熟度评价方法

事物的性质是由参照系决定的。任何事物都处于一定的关系之中，并且决定具体事物性质的参照系是无限多的，具体事物可以选择或变换参照系，由此而具有其特殊性和开放性。

标杆管理法由美国施乐公司于 1979 年首创，是现代西方发达国家企业管理活动中支持企业不断改进并获得标杆管理竞争优势的最重要的管理方式之一。西方管理学界将其与企业再造、战略联盟一起并称为 20 世纪 90 年代三大管理方法。标杆管理法较好地体现了现代知识管理中追求竞争优势的本质特性，因此具有极大的实效性和广泛的适用性。

如今，标杆管理已经在市场营销、成本管理、人力资源管理、新产品开发、教育部门管理等各个方面得到广泛的应用。其中，杜邦、微软、通用电气、福特、英特尔等知名企业在日常管理活动中均应用了标杆管理法；在我国，像海尔、联想等知名企业也通过采用标杆管理的方法取得了巨大成功。

标杆管理是一个将产品、服务和实践与最强大的竞争对手或行业领导者相比较的持续过程，“没有最好、只有更好”。其实质是定点赶超的管理方法，从距离中寻求接近。标杆管理可具体划分为内部标杆管理、竞争标杆管理、职能标杆管理、流程标杆管理等，是一个立标、追标、超标、创标的过程。

从标杆管理的视角出发，《卓越绩效评价准则》标准可以说明卓越其实是一种超越，在超越中追求卓越，在改进与创新中持续发展。特别是，在结果的评价中有四个要素：①组织绩效的当前水平；②组织绩效的趋势——改进的速度和广度；③竞争对手和标杆数据的获取和对比，看其绩效的高度与深度；④聚焦于重要的绩效指标，着眼于“过程”的链接、整合。标杆的选取对于激励组织明确方向、持续发展具有重要的作用。

实施标杆管理必须做好两项基础性工作：一是明确基础，写好组织简介，“知己”，GB/Z 19579 附录 B 已给出编写纲要；二是搜集竞争性情报，找准方向，“知彼”。“知己知彼，百战不殆。”搜集竞争性情报是指通过合乎职业伦理的方式，搜集有关竞争环境、竞争对手和竞争策略的信息，并根据客观事实对信息进行整理和分析，最后将具有可操作性的情报及时传递给企业决策者，为其决策提供准确、可靠的依据。

成熟度评价方法是对组织管理水平或完善程度的度量。根据《卓越绩效评价准则》的规定和被评价组织的信息，按过程和结果两种评分项进行评分，参见本章附录 A。

如果说《卓越绩效评价准则》的内容是关于标准是什么的，那么其理论基础则是阐明了为什么。知其然，更要知其所以然。对标准理论依据的探讨有助于人们更好地理解和实施标准，实现在追求卓越的过程中持续发展的目标。

附　　录

附录 A　GB/T 19580—2012《卓越绩效评价准则》国家标准评分指南

附录 B　卓越绩效评价——从组织概述开始

附录 C　设立质量奖的国家和地区

参 考 文 献

[1] 拉兹洛，等. 管理的新思维［M］. 文昭，等译. 北京：社会科学出版社，2001.

[2] 朱兰. 朱兰质量手册：通向卓越绩效全面指南［M］. 焦叔斌，等译. 北京：中国人民大学出版社，2014.

[3] 费根堡姆. 全面质量管理［M］. 杨文士，廖永平，等译. 北京：机械工业出版社，1991.

[4] 格兰特，利文沃斯. 统计质量管理［M］. 胡良欢，等译. 北京：机械工业出版社，1989.

[5] 田口玄一. 开发、设计阶段的质量工程学［M］. 中国兵器工业质量协会，译. 北京：兵器工业出版社，1990.

[6] LEENDERS M R，FEARON H E. 采购与供应管理［M］. 张杰，张群，译. 北京：机械工业出版社，2001.

[7] CAVINATO J L，KAUFFMANZ R C. 采购手册：专业采购与供应人员指南［M］. 吕一林，等译. 北京：机械工业出版社，2001.

[8] 孙静春，苏秦，王刊良. 供应商组构过程的多准则特征及多目标特征［J］. 管理工程学报，2002（1）.

[9] 张晓东，安景文，濮津. 质量机能展开［M］. 北京：中国计量出版社，1997.

[10] 张公绪. 新编质量管理学［M］. 北京：高等教育出版社，2003.

[11] 廖永平，韩福荣. 工业企业质量管理［M］. 北京：北京工业大学出版社，2001.

[12] 陈志田，李铁男，徐有刚. 质量成本管理［M］. 北京：中国标准出版社，1992.

[13] 何国伟. 可信性概述［M］. 北京：北京工业大学出版社，1997.

[14] 章国栋，等. 系统可靠性与维修性的分析与设计［M］. 北京：北京航空航天大学出版社，1990.

[15] 潘德，等. 6σ 管理法［M］. 刘合光，等译. 北京：机械工业出版社，2001.

[16] GEORGES. Total quality management-strategies and techniques proven at today's most successful companies［M］. New York：John Wiley & Sons Inc.，2001.

[17] ROMANO N C. Proceedings of the America's conference on information systems（AIS2000）［C］. Longbeach，California：［s. n.］，2000：811-819.

[18] ROMANO N C. Customer relations management research：an assessment of sub field development and maturity，Proceedings of the Thirty-Fourth Annual Hawai'i International Conference on System Sciences［C］. Maui，Hawai'i：［s. n.］，2001.

[19] BARKER T B. Engineering quality by design［M］.［s. l.］：Marcel Dekker Inc.，1990.

[20] CHAPMAN R L，Hunt R. Proccedings of the world innovation strategy conference［C］. Macarthur：University of Western Sydney，1998.

[21] LACKRITZ J R. TQM within FORTUNE 500 corporations［J］. Quality Progress，1997（2）.

[22] HARTMAN M C. Developing a new kind of certification［J］. Quality Progress，2002，35（5）.

[23] 温德成，张守真，陈杰华. 互利共赢的供应商质量控制［M］. 北京：中国计量出版社，2003.

[24] 上海质量管理科学研究院. 2000 年北京国际质量高层论坛论文集［C］.［s. n.］，2000.

[25] 温德成，宋孔杰. 外购件的质量评价与供应商选择［J］. 世界标准化与质量管理，2000.

[26] 韩福荣. 质量生态学［M］. 北京：科学出版社，2005.

[27] 肖诗唐，王毓芳，郝凤. 新产品开发设计与统计技术［M］. 北京：中国计量出版社，2001.

[28] 周纪芗，茆诗松. 质量管理统计方法［M］. 北京：中国统计出版社，1999.

[29] 蒋仁言，左明健. 可靠性模型与应用［M］. 北京：机械工业出版社，1999.

[30] 茆诗松，王玲玲. 可靠性统计［M］. 上海：华东师范大学出版社，1984.

[31] 杨为民. 可靠性、维修性、保障性总论［M］. 北京：国防工业出版社，1995.

[32] 贺国芳. 可靠性数据的收集与分析［M］. 北京：国防工业出版社，1995.

[33] 何国伟. 可信性概述［M］. 北京：北京工业大学出版社，1997.

[34] 张根保，刘英. 质量管理与可靠性［M］. 北京：中国科学技术出版社，2001.

[35] 章国栋，等. 系统可靠性与维修性的分析与设计［M］. 北京：北京航空航天大学出版社，1990.

[36] 国家质量检验检疫总局. 卓越绩效评价准则国际标准理解与实施［M］. 北京：中国标准出版社，2005.

[37] 刘章胜，黄向阳. 中外企业绩效评价体系的演进及评析：基于社会责任导向的研究［J］. 会计之友，2011（20）.

[38] 赵亦军. 企业绩效评价的历史演变及发展趋势［J］. 企业家天地，2006（9）.

[39] 中华人民共和国国家质量监督检验检疫总局，中国国家标准化管理委员会. 质量管理体系　基础和术语：GB/T 19000—2016/ISO 9000：2015［S］. 北京：中国标准出版社，2017.

[40] 中华人民共和国国家质量监督检验检疫总局，中国国家标准化管理委员会. 质量管理体系要求：GB/T 19001—2016/ISO 9001：2015［S］. 北京：中国标准出版社，2017.

[41] 方圆标志认证集团有限公司. 2015 版 ISO 9001 质量管理体系内审员培训教材［M］. 北京：中国标准出版社，2016.

[42] 中国认证认可协会. 质量管理体系审核员 2015 版标准转换培训教材［M］. 北京：中国标准出版社，2015.

[43] 中国质量协质量活动推进部. 2023—2024 波多里奇卓越绩效准则，2023.

[44] 中国质量协质量活动推进部. 2022 年修订版戴明奖评审标准，2022.

[45] 中共中央　国务院关于开展质量提升行动的指导意见［Z］. 2017-09-05.